वेदान्त-दर्शन

वेदान्त दर्शन

(श्रीब्रह्मसूत्र)

द्वैताद्वैत-सिद्धान्त

(मूल, संस्कृत भाष्य, हिन्दी व्याख्या और अर्थ सहित
महन्त श्रीस्वामी सन्तदास जी व्रजविदेही वेदान्त-सुबोधिनी नाम्नी भाषा व्याख्या
श्रीनिम्बार्काचार्यकृत 'वेदान्त-पारिजात-सौरभ' नामक भाष्य)

व्याख्याकार
महन्त श्रीस्वामी सन्तदासजी ब्रजविदेही

BKP

भारतीय कला प्रकाशन

दिल्ली : : (भारत)

प्रथम संस्करण : 1929
संशोधित संस्करण : 2011

प्रकाशक : सी.पी. गौतम

भारतीय कला प्रकाशन

3421–ए, द्वितीय तल, नारंग कॉलोनी, त्री नगर,
दिल्ली–110035
टेलीफैक्स : 27393083 फोन : 32967505
E-mail : info@bkpbooks.com
Website : www.bkpbooks.com

ISBN : 978-81-8090-281-9

लेज़र टाईप सैटिंग :
क्रियेटिव ग्राफिक्स

मुद्रक :
जी. एस. ऑफसेट प्रिंटर्स
दिल्ली

विषयानुक्रमणिका

भूमिका

जगत् के सृष्टि, स्थिति और ध्वंस किस प्रकार से साधित होते हैं, जीव का स्वरूप क्या है, श्रुतिप्रतिपाद्य जो ब्रह्म है उसका ही स्वरूप क्या है, उसके साथ जीव का सम्बन्ध क्या है, जीव उसको किस प्रकार से पा सकता है, उसका साक्षात्कार हो जाने पर जो मोक्ष-प्राप्ति होती है, उसका स्वरूप क्या है, मोक्ष-प्राप्त जीव की किस रूप में संस्थिति रहती है, एतद्विषयक समस्त श्रुतियों का उपदेश संग्रह करके, श्री भगवान् वेदव्यास जी ने यह ब्रह्मसूत्र नामक वेदान्तदर्शन प्रकाशित किया है। उनके चरणों में एवं भाष्यकार श्रीभगवान् निम्बार्काचार्य के चरणों में दण्डवत् प्रणतिपूर्वक ब्रह्मसूत्र एवं श्री भगवान् निम्बार्ककृत भाष्य के व्याख्यान में प्रवृत्त होता हूँ। वे दोनों बुद्धि पर आरूढ़ हो तद्विषयक पथ प्रदान करें। ॐ शान्तिः ३।।

वेदान्तदर्शन के बहुविध भाष्य भिन्न-भिन्न सम्प्रदायों के आचार्यों ने बनाये हैं। श्रीमद्बौधायन ऋषि ने ब्रह्मसूत्र की व्याख्या-सहित एक "वृत्ति" प्रणयन की है। कालक्रम से बौधायन-वृत्ति इस समय लोपप्राप्त हो गई है। पाणिनिगुरु पण्डितवर उपवर्ष ने भी ब्रह्म-सूत्र की एक व्याख्या बनाई थी, वह भी इस समय लोपप्राप्त हो गई है। श्रीरामानुजस्वामिकृत भाष्य में किसी-किसी स्थान पर बौधायनकृत वृत्ति उद्धृत हुई है, किन्तु स्वतन्त्र रूप से ये सब व्याख्यायें इस समय प्रचलित नहीं हैं।

वेदान्तदर्शन मोक्षमार्गावलम्बी साधकों का आदरणीय ग्रन्थ है। मोक्षमार्गावलम्बी भारतवर्षीय साधक-सम्प्रदाय वर्तमान समय में साधारणतः दो प्रधान श्रेणियों में विभक्त हैं। वर्तमान काल में एक श्रेणी का नाम संन्यासी और अपर श्रेणी का नाम वैष्णव है।

संन्यासि-सम्प्रदाय अति प्राचीन है। एतत्-सम्प्रदायभुक्त साधकगण ज्ञानमार्गावलम्बी, निर्गुण-ब्रह्म के उपासक हैं। महर्षि दत्तात्रेय इस सम्प्रदाय के एक प्रधान प्राचीन आचार्य थे। उनके नाम के अनुसार उन लोगों में एक सम्प्रदाय वर्तमान

समय में भी प्रचलित है। किन्तु आधुनिक समय में श्रीमच्छङ्कराचार्य से संन्यासि-सम्प्रदाय की प्रभा विशेषरूप से वृद्धि-प्राप्त हुई है। एक सहस्त्र वर्ष से कुछ अधिक काल पूर्व श्रीमच्छङ्कराचार्य आविर्भूत हुए थे, ऐसा ज्ञात होता है। नास्तिक बौद्ध-नामधारी पण्डितों ने बौद्ध-धर्म के अपभ्रंशकाल में, जब भारतवर्ष में एकाधिपत्य स्थापन किया था, भारतीय ब्रह्मविद्या और धर्म प्रवर्त्तक समस्त श्रुतियों को अनादृत कर, जिस समय उन लोगों ने स्वीय-युक्ति प्राधान्य-स्थापनपूर्वक क्षणिक-विज्ञानवाद, सर्वशून्यवाद प्रभृति को ही जगत्तत्त्वनिर्णायक कहकर प्रचारित किया था, उस समय श्रीमच्छङ्कराचार्य आविर्भूत हुए थे; उन्होंने असाधारण बुद्धि-शक्ति-प्रभाव से इन समस्त बौद्ध पण्डितों के तर्क-जालों का खण्डन करके श्रुति का प्रमाण्य स्थापित किया। उस समय से लेकर अब तक नास्तिक बौद्धमत पुनः भारतवर्ष में उन्नतशिर नहीं होने पाया। इस समय के अधिकांश संन्यासि-सम्प्रदायस्थ साधकगण श्रीमच्छङ्कराचार्य के मतानुवर्त्ती हैं। श्रीमच्छङ्कराचार्य ने ब्रह्मसूत्र के अतिविस्तृत भाष्य की रचना की है; वही भाष्य इस समय भारतवर्ष में, विशेषतः श्रीकाशीधाम और वङ्गदेश के पण्डित-समाज में अधिकरूप से प्रचलित है। नास्तिक बौद्ध-मत के आक्रमण से भारतवर्ष के उद्धार के कारण श्रीमच्छङ्कराचार्य की प्रतिपत्ति भारतवर्ष के सर्वस्थानिक पण्डित-समाजों में अब तक सुप्रतिष्ठित है। वस्तुतः श्रीशङ्कराचार्य की विचार-शक्ति ऐसी अद्‌भुत थी कि पाठक-मात्र उससे मुग्ध हुए बिना रह ही नहीं सकते। श्रीमच्छङ्कराचार्य निरवच्छिन्न अद्वैतवादी थे। उनके मत में जगत् भ्रम-मात्र है, सत्य नहीं। एक एकान्त-निर्गुण, निर्विकार ब्रह्म ही सत्य है। वह निष्क्रिय, मनोबुद्धि के अगम्य एवं सर्वप्रकार से अनिर्द्देश्य है। जीव पूर्ण-ब्रह्म स्वरूप है, अविद्या के कारण अपने को पृथक् कहकर बोध करता है;-तत्त्व-ज्ञान-द्वारा इस अविद्या के विनष्ट होने से ही उसकी जगद्-भ्रान्ति दूर होती है, एवं जीवरूप में उसका अस्तित्व विलुप्त होता है।

वैष्णव-सम्प्रदाय चार श्रेणियों में विभक्त है। श्रीमन्मध्वाचार्य एक सम्प्रदाय के प्रधान उपदेष्टा हैं; उनके नाम के अनुसार इस सम्प्रदाय का नाम माध्वि-सम्प्रदाय हुआ है; इसका प्राचीन नाम 'ब्रह्म-सम्प्रदाय' है। श्रीमन्मध्वाचार्य ने ब्रह्मसूत्र का एक भाष्य प्रणयन किया है। वे द्वैतवादी थे। निजकृत भाष्य में उन्होंने द्वैतवाद ही संस्थापन करने का प्रयत्न किया हे। वङ्गदेशस्थ गौड़ीय वैष्णव-समाज इस माध्विसम्प्रदाय की एक शाखा के नाम से इस समय प्रचलित है; परन्तु 'बलदेव विद्याभूषण' कृत "गोविन्दभाष्य" नामक ब्रह्मसूत्र का व्याख्यान्तर गौड़ीय सम्प्रदाय में विशेष आदरणीय

है। श्रीमन्मध्वाचार्यकृत भाष्य अद्यापि प्रचलित है। नित्यभगवत्सामीप्य नामक मुक्ति इस सम्प्रदाय की अभीष्ट है।

द्वितीय वैष्णव-सम्प्रदाय के आचार्य श्रीमद्विष्णुस्वामी थे; वे विशुद्धाद्वैतवादी थे; उन्होंने भी ब्रह्मसूत्र का भाष्य प्रणयन किया है; किन्तु यह भाष्य इस समय इस देश में दुष्प्राप्य है। जीव विशुद्धावस्था में ब्रह्मसायुज्य लाभ करता है, यही इस सम्प्रदाय का मत कहकर प्रसिद्ध है। उनके नाम के अनुसार तत्सम्प्रदायभुक्त वैष्णवगण "विष्णुस्वामी" सम्प्रदाय नाम से प्रसिद्ध हैं, इसका प्राचीन नाम "रुद्रसम्प्रदाय" है। इस सम्प्रदाय के साधु प्रायः नहीं दिखाई देते,-कहीं-कहीं उन लोगों के दो चार अखाड़े वर्तमान हैं। श्रीक्षेत्रप्रभृति स्थानों में उनके बृहत् अखाड़े हैं। तथापि इस सम्प्रदाय की साधु-संख्या बहुत कम है।

तृतीय वैष्णव-सम्प्रदाय का नाम 'श्री' सम्प्रदाय है, उन लोगों के प्रधान आचार्य श्रीरामानुज स्वामी थे। श्रीमच्छङ्कराचार्य के अल्पकाल पश्चात् ही श्रीरामानुज स्वामी आविर्भूत हुए; उन्होंने ब्रह्मसूत्र का अतिविस्तीर्ण भाष्य बनाया। उन्होंने स्वीय भाष्य में श्रीशङ्कराचार्य के उपदिष्ट एकान्ताद्वैतवाद की अधिक विस्तार से समालोचना करके उसका खण्डन किया है, एवं निरवच्छिन्न अद्वैत मत में नाना प्रकार से दोष प्रदर्शन करके, उन्होंने ''विशिष्टाद्वैत'' मत संस्थापन किया है। उनके मत में ब्रह्म सगुण है, जगत् और जीव के साथ उसका शरीर-शरीरि-सम्बन्ध है, एतदुभय उसके बाह्य शरीर हैं, वह तदधिष्ठाता देही है, ये दोनों सर्वदा उसके अधीन रहते हैं, इन दोनों का अन्तर्यामी और नित्य नियन्ता ईश्वर (ब्रह्म) है; वह सर्वज्ञ, सर्वशक्तिमान् है, निर्गुण नहीं है। किन्तु जगत् और जीव के सर्वदा तदधीन होने पर भी, उसका स्वरूप इन दोनों से भिन्न है, ये भी उससे पृथक् सत्ताशील हैं। जीव सूक्ष्म चिद्रूप है, किन्तु मोक्षावस्था में भी जीव का अचेतन के साथ संयोगोपयोगिता रहती है। और वास्तव में सूक्ष्मावस्थास्थित चेतनाचेतनसङ्घ ही जगत् का मूल उपादान है; इस चेतनाचेतन-समष्टि के नित्य ब्रह्म के शरीरस्थानीय होने से, श्रुति ने उसके जगत् का उपादान एवं एतत्समस्त को ही उसका रूप कहकर वर्णन किया है। अनादि कर्म के कारण जीव देवतिर्यगादि देहों को प्राप्त होता है, और भगवत्कृपा से मोक्षावस्था में वह स्वरूप में प्रतिष्ठित होता है। भक्ति ही मोक्ष-साधन का उपाय है, भक्ति का अवलम्बन करके जीव क्रमशः उच्च अवस्थाओं को प्राप्त होता है, और पश्चात् ब्रह्मसालोक्य-रूप मुक्ति लाभ करता है।

श्री रामानुज-कृत भाष्य उत्तरपश्चिमाञ्चल में बहुपरिमाण से आदृत है।

श्रीमद्रामानुज स्वामी के पश्चात् श्रीमद्रामानन्दस्वामी इस सम्प्रदाय में प्रकशित हुये थे, उनका भी एक भाष्य है, ऐसा सुनने में आता है। इस सम्प्रदाय के साधुओं के 'श्री' सम्प्रदाय नाम से शास्त्रों में उल्लिखित होने पर भी, इस समय ये प्रायशः 'रामानन्दी' अथवा 'रामानुज' किंवा 'रामात' सम्प्रदाय के नाम से ही विशेषरूप से प्रचलित हैं। श्रीमद्रामानुज स्वामी की प्रवर्तित साधन-प्रणाली के अनुसरणकारियों को प्रायशः 'आचारी' कहते हैं, एवं रामानन्द स्वामी के अनुसरणकारियों को 'रामात' अथवा रामानन्दी कहते हैं। अयोध्या ही 'रामात' सम्प्रदाय का केन्द्रस्थान है। भातरवर्ष में सर्वत्र ही, विशेषतः उत्तरपश्चिमाञ्चल में, इस सम्प्रदाय के साधु देखे जाते हैं। वैष्णव साधुओं में इस सम्प्रदाय की साधु-संख्या इस समय सर्वापेक्षा अधिक है। आचारियों का प्रधान केन्द्रस्थान दाक्षिणात्य में श्रीरङ्गजी है। वे सब प्रायः गृहस्थ हैं।

चतुर्थ वैष्णव सम्प्रदाय का नाम "निम्बार्क" अथवा "निम्बादित्य" सम्प्रदाय है। विश्वस्रष्टा ब्रह्मा के प्रथम मानसपुत्र अविद्यारहित भगवान् सनक, सनन्द, सनातन और सनत्कुमार ऋषि इस सम्प्रदाय के प्रथम आचार्य थे। हंसावतार से उक्त सनकादि ऋषियों ने प्रथमतः सम्यक् ब्रह्म-विद्या प्राप्त की; श्रुति ने अनेक स्थलों पर उक्त ऋषियों को ब्रह्मविद्या के आचार्य कहकर उल्लेख किया है। इनके नाम के अनुसार यह सम्प्रदाय "चतुःसन" सम्प्रदाय नाम से भी आख्यात है, एवं शास्त्रों में "ऋषि" सम्प्रदाय नाम से भी किसी-किसी स्थल पर इसका उल्लेख हुआ है। नारदमुनि इन सनकादि आचार्यों के प्रथम शिष्य थे; नारद से श्रीमन्नियमानन्दाचार्य ने यह ब्रह्मविद्या प्राप्त की; नारद-शिष्य नियमानन्दाचार्य ही पश्चात् "निम्बार्क" अथवा "निम्बादित्य" नाम से प्रसिद्ध हुए।[१] कहते हैं कि, एक समय-बहुसंख्यक यति अतिथिरूप से दिवसावसान में आचार्य के गोवर्द्धन गिरि-समीपवर्ती आश्रम में उपस्थित हुए; उन्होंने याग-बल से समस्त आहार्य वस्तुएँ उपस्थित कीं; परन्तु उन यतियों ने कहा कि सूर्यास्त के पश्चात् वे भोजन नहीं करते; वे (यति) अभुक्त रहेंगे, ऐसा देखकर, आचार्य ऋषि ने निजाश्रमस्थ बृहत् निम्बवृक्ष के ऊपर चढ़ कर, उसके ऊपर आकाश में श्रीभगवान् के सुदर्शन-चक्र को आह्वान कर स्थापित किया, एवं वह चक्र सूर्य के समान प्रभायुक्त होकर अतिथि यतियों के निकट सूर्य के समान प्रतिभात हुआ; इसको देखकर यतियों ने भोजनसामग्री ग्रहण की। परन्तु उन लोगों के भोजन कर लेने पर,

१. श्रीनिम्बार्क स्वामीजी श्रीमन्नारदजी के शिष्यथे, यह वेदान्तदर्शन के प्रथम अध्याय के तृतीय पादस्थ अष्टम सूत्र के श्रीनिम्बार्ककृत भाष्य में स्पष्ट उल्लिखित है, एवं गुरु-परम्परा-विवरण में जो कि निम्बार्क-सम्प्रदाय में प्रचलित है, उल्लिखित है।

आचार्य ने सुदर्शन-चक्र को लौटा दिया, तो अतिथि यतियों ने देखा कि उस समय रात्रि का चतुर्थांश बीत चुका था। इस अपूर्व घटना के कारण आचार्य का नाम ''निम्बादित्य'' हुआ; उन्होंने निम्बवृक्ष के ऊपर आरूढ़ होकर आदित्य को धारण किया था, इसीलिए वे 'निम्बादित्य' अथवा 'निम्बार्क' नाम से प्रसिद्ध हुए और तभी से यह सम्प्रदाय भी 'निम्बादित्य' अथवा 'निम्बार्क' नाम से विशेष रूप से परिचित हुआ। व्रजधाम इस निम्बार्क सम्प्रदाय के साधुओं का केन्द्रस्थान है। श्रीरामानुज सम्प्रदाय की साधु-संख्या की अपेक्षा इस सम्प्रदाय की साधु-संख्या कम है। महर्षि वेद्-व्यास कृत ब्रह्मसूत्र का एक भाष्य श्रीनिम्बादित्य स्वामी ने भी बनाया है। यह पूर्वाचार्यों के भाष्यों के समान अतिसंक्षिप्त, परन्तु सारगर्भ है। यह भाष्य 'वेदान्त-पारिजात-सौरभ' नाम से प्रसिद्ध है। इसको कुछ विस्तृत कर निम्बार्क-शिष्य श्रीनिवासाचार्य ने 'वेदान्त-कौस्तुभ' नाम से दूसरा एक भाष्य प्रचारित किया। वह भी अपेक्षाकृत संक्षिप्त ही है। वङ्ग-देश में जिस समय श्रीमन्महाप्रभु आविर्भूत हुए थे, तत्समकाल में श्रीकेशवाचार्य नाम के इस सम्प्रदाय के एक सिद्ध आचार्य ने इस भाष्य के अवलम्बन द्वारा वेदान्त-दर्शन की एक टीका प्रकाशित की थी; वह अद्यापि प्रचलित है। श्रीनिम्बार्क स्वामी एवं श्रीनिवासाचार्य कृत भाष्य इसके पूर्व इस देश में प्रकाशित नहीं थे; श्रीवृन्दावन-वासी एक साधु श्रीकिशोरदास बाबाजी के उद्योग से वह मुद्रित हुआ है; किन्तु उसे साधारण लोग नहीं पा सकते; क्योंकि वह बिकता नहीं। श्रीनिम्बार्कस्वामिकृत भाष्य के अवलम्बन से वर्तमान ग्रन्थ रचित हुआ है।

श्रीनिम्बार्क स्वामी ने स्वीय भाष्य में "द्वैताद्वैत" (भेदाभेद) की मीमांसा स्थापित की है। भेदाभेदसिद्धान्त यह है कि, दृश्यमान जगत् और जीव दोनों ही मूलतः 'ब्रह्म' हैं; किन्तु जगत् और जीव ही तक उसकी सत्ता पर्याप्त नहीं है; अपितु इन दोनों को अतिक्रमण करके भी उसकी सत्ता है, यह अतीत स्वरूप ही जगत् का मूल उपादान कारण है; जगत् और जीव ब्रह्म के अंश-मात्र हैं। (वेदान्तदर्शन २य अध्याय, ३य पाद, ४३ सूत्र और ३य अध्याय, २य पाद, २२ सूत्र तथा भाष्य प्रभृति देखने योग्य हैं)। अंश के साथ अंशी का जैसा भेदाभेद (द्वैताद्वैत) सम्बन्ध है, जगत् और जीव के साथ ब्रह्म का भी वैसा ही सम्बन्ध है। अंश सम्पूर्ण अवयवों से अंशी के अङ्गीभूत है-अतएव अभिन्न है; परन्तु अंशी अंश को अतिक्रमण करके भी है; अंश-मात्र में अंशी की सत्ता पर्याप्त नहीं है; अतएव अंशी अंश से भिन्न भी है। इसलिए दोनों का सम्बन्ध भेदाभेद कहकर ही निर्देश किया जाता है। अंशांशि-सम्बन्ध और भेदाभेद अथवा द्वैताद्वैत सम्बन्ध एक ही अर्थ के बोधक हैं।

ब्रह्म चिदानन्दरूप अद्वैतसत्पदार्थ है। अपने चिदंश के द्वारा निजस्वरूपगत आनन्द का वह अनुभव (भोग) करता है। इसी 'चित्' के दर्शन-शक्ति, ईक्षण-शक्ति, ज्ञान-शक्ति, अनुभव-शक्ति आदि नाम हैं। उसका स्वरूपगत आनन्द भूमा (अनन्त) है। इस आनन्द में अनन्तरूप से भुक्त (दृष्ट, ज्ञात) होने की योग्यता है; एवं तत्स्वरूपगत चित्-शक्ति में भी, अनन्तभाव से प्रसारित होकर, इस आनन्द को अनन्तरूप से अनुभव करने की योग्यता है;-(वेदान्तदर्शन प्रथम अध्याय, प्रथमपाद के पञ्चम से लेकर विंशसूत्र और तद्भाष्य तथा व्याख्यान द्रष्टव्य हैं)। मनुष्य के चित्त का जैसे कोई विशेष रूप न रहने पर भी, जस किसी मूर्त्ति की चाहे उसमें कल्पना करके मनुष्य उसको मनन कर सकता है, परन्तु वह कल्पित मूर्त्ति चित्त से अभिन्न है, (कोई बाह्य वस्तु नहीं है) अपितु चित्त का ही अंश है; सुतरां मनुष्य चित्त में, एकत्व की हानि न होकर, विभिन्नरूप रूप से दृष्ट होने की योग्यता है, और मनुष्य में भी उस चित्त को बहुरूपों में देखने की शक्ति है। एवं जिस प्रकार एक बड़ा दर्पण एक अविकृत रूप में रहने पर भी, एक संग असंख्य प्रतिमूर्त्तियाँ धारण कर सकता है, ऐसी ही योग्यता दर्पण की है। तद्रूप ब्रह्म के स्वरूपगत आनन्द में भी विभिन्नरूपों से दृष्ट होने की योग्यता है; एवं इस आनन्द को विभिन्न रूपों से अनुभव करने की शक्ति ब्रह्म के स्वरूपस्थ चित् में है। जिस प्रकार सूर्यदेव स्वीय स्वरूपानुरूप अनन्ततेजोमय किरणों को प्रसारित कर, निजाश्रयीभूत आकाश एवं आकाशस्थ समस्त वस्तुओं के सर्वांश को स्पर्श और प्रकाशित करते हैं; तद्रूप ब्रह्म का स्वरूपगत चिदंश भी अनन्त सूक्ष्म चिदात्मक भागों में अपने को विभक्त करके अनन्त रूपों से अपने स्वरूपगत आनन्द का अनुभव एवं प्रकाशन करता है। ये सकल सूक्ष्म चिदंश ही (चित्-अणु ही) जीव के स्वरूप हैं, एवं जीव ब्रह्मस्वरूपगत आनन्द का, जिन अनन्त विभिन्न और विशेष-विशेष रूपों से अनुभव (दर्शन) करता है, वे समस्त विभिन्न-रूप ही जगत् हैं। (वेदान्तदर्शन २ अ०, ३ पा०, १७, १९, २१, २२ प्रभृति सूत्र एवं भाष्य द्रष्टव्य हैं)।

परन्तु जी एक समय एक साथ अनन्त जगत् को नहीं देख सकता। इसके विशेष-विशेष अंश को जीव का एक समय देख सकता है। वस्तुतः ब्रह्मस्वरूपगत अनन्त आनन्द के विशेष-विशेष रूप के दर्शन निमित्त ही जीवशक्ति का प्रकाश है। अतएव स्वरूपतः जीव व्यष्टि-द्रष्या (ब्रह्मस्वरूपगत आनन्द के विशेष-विशेष अंशों का द्रष्या) है। परन्तु ब्रह्म आत्मस्वरूपगत आनन्द को अनन्त विभिन्न रूपों में समग्रभाव से एक समय भी अनुभव करता (देखता) है; उसमें रहने वाले सभी को उसकी

चिच्छक्ति एक साथ ही निज ज्ञान का विषय भी करती है। इस अनन्तरूप समूह के समग्रदर्शनकर्त्ता होने से ही वह ईश्वर-संज्ञा-प्राप्त होता है। अतएव ईश्वररूपी ब्रह्म सर्वज्ञ, एवं जीव विशेषज्ञ है। जिस प्रकार एक वृक्ष के समस्त अवयवों का एक साथ एक समय में दर्शन होता है, और उसके साथ-साथ वृक्ष के प्रत्येक शाखा-प्रशाखा, पत्रप्रभृति अङ्गों का भी विशेष रूप से अवलोकन होता है, ये सकल विशेष अङ्गों के दर्शन समस्त वृक्ष-दर्शन के अङ्गीभूत हैं; तद्रूप समग्रद्रष्टा ईश्वर के दर्शन के अङ्गीभूतरूप से व्यष्टि (पृथक्-पृथक्) दर्शनकारी प्रत्येक जीव का दर्शन वर्तमान है; जो समग्र-दर्शन में है, उसको अतिक्रमण करके तदन्तर्भूत विशेष दर्शन में न कुछ रहता है, और न रह सकता। सतरां विशेष-द्रष्टा जीव सदैव ईश्वराधीन है; उसको कदापि अतिक्रमण नहीं कर सकता। वस्तुतः जीव और जगत् के नियन्ता होने से ही ब्रह्म की ईश्वर संज्ञा है।

अतएव ब्रह्म युगपत् (साथ ही साथ) चतुर्विध रूपों से नित्य विद्यमान है, यथाः-

(१) वह चिदानन्दरूप सद्वस्तु है; निजस्वरूपगत आनन्द को निर्विशेष रूप से नित्य अनुभव करता है। इसमें किसी प्रकार की विशेष क्रिया नहीं है; यह नित्यानन्द-निमग्नावस्था है। इस अवस्था के प्रति लक्ष्य करके उसको 'अक्षर-ब्रह्म' 'निर्गुण-ब्रह्म' अथवा 'सद्ब्रह्म' कहते हैं।

(२) उसके स्वरूपगत आनन्द में अनन्त भिन्न रूपों से अनुभूत होने की योग्यता रहने के कारण इस आनन्द को वह अनन्त विभिन्न रूपों से भी अनुभव करता है। इन सब अनन्त विभिन्न रूपों के समग्र भाव से नित्य अनुभवकारी रूप में जो उसकी स्थिति है, उसके प्रति लक्ष्य करके उसकी ईश्वर संज्ञा होती है। सर्व प्रकार से विशेष भाव रहित एकमात्र आनन्द का अनुभव, एवं इस आनन्द का पुनः असंख्य विशेष-विशेष रूपों में अनुभव साथ ही साथ किस प्रकार से हो सकता है, इस भाँति की आशङ्का नहीं हो सकती, क्योंकि ब्रह्म-सम्बन्ध में सर्वश्रेष्ठ प्रमाण 'श्रुति' है। श्रुति ने ब्रह्म को एक ओर अक्षर-स्वभाव निर्विशेष सत् कहकर वर्णन किया है, दूसरी ओर सर्वरूपी, सर्वज्ञ, सर्वप्रकाशक, सृष्टि स्थिति और लय का एकमात्र कारण भी कहकर वर्णन किया है। इस प्रकार से द्विविध अवस्था की स्थिति का कोई दृष्टान्त नहीं है, ऐसा भी नहीं; क्योंकि इसके दृष्टान्त सर्वत्र विद्यमान हैं। प्रत्येक वृक्ष (दृश्यवस्तु) के अवयव प्रति मुहूर्त्त परिवर्तित होते हैं, अथ च प्रत्यभिज्ञावृत्ति-द्वारा उसका निरवच्छिन्न (अखण्ड) एकत्व सर्वदा ज्ञात होता है। मनुष्य के बाल्यादि वार्द्धक्यपर्यन्त अनन्त

परिवर्तन होते रहते हैं, किन्तु प्रत्येक परिवर्तन के अन्तरालय में स्थायी रूप से वह स्वयं वर्तमान रहता है। बाल्यकाल में और वार्द्धक्य में वही एक पुरुष वर्तमान रहता है। मनुष्य एक ओर निद्रारयुक्त रहता है, और साथ ही साथ स्वप्न भी देखता रहता है। साधक व्यक्ति एक ओर आत्मचिन्ता में निमग्न रहता है, एवं उसी समय दूसरों से वार्तालाप भी करता है। तत्त्ववित् पुरुषों के सम्बन्ध में भी इसी प्रकार से दो प्रकार की स्थिति का स्वयं भगवान् ने गीताशास्त्र में वर्णन किया है। यथा:–

"नैव किञ्चित्करोमीति युक्तो मन्येत तत्त्ववित्।
पश्यन्, शृण्वन्, स्पृशन्, जिघ्रन्नश्नन्, गच्छन्, स्वपन्, श्वसन्"।।

इत्यादि

अतएव श्रुतिसिद्ध ब्रह्म के युगपत् (साथ ही साथ) अक्षरत्व और ईश्वरत्व की आशङ्का का कोई भी कारण नहीं है। श्रुति ने ब्रह्म के जगत्-रूप, जीव-रूप, एवं ईश्वर-रूप-इन विविध रूपों का उल्लेख करके स्पष्ट रूप से कहा है :–

"उद्गीतमेतत् परमं तु ब्रह्म
तस्मिंस्त्रयं सुप्रतिष्ठाऽक्षरं च" इत्यादि।

(आगे वेदान्तदर्शन की व्याख्या में इस विषय का विशेष स्पष्टीकरण होगा।)

(३) ब्रह्म के स्वरूपगत आनन्द के सम्यक्-दर्शन (अनुभव) के अङ्गीभूत रूप से जिस विशेष दर्शन (अनुभव) का रहना वर्णित हुआ है, उस विशेषानुभव-कर्त्तृरूप में स्थिति के प्रति लक्ष्य कर उसकी जीव संज्ञा होती है। समाधिकाल में ध्येय वस्तु में आत्यन्तिक अभिनिवेशवश जैसे साधक को आत्मस्वरूप की विस्मृति हो जाती है, केवल ध्येयाकार में ही उसका चित्त भासमान होता है; वैसे ही व्यष्टि दर्शनकारी जीव के स्वीय आनन्दांश के प्रति अत्यन्त अभिनिवेशवश स्वीय चिदंश के सम्बन्ध में उसको विस्मृति होती है; स्वीय चिद्रूपता की विस्मृति होने से उसका भोग्य आनन्दांश भी चित्-शून्य (अचेतन) रूप से प्रतिभात होता है। चिदंश के ज्ञान (स्मृति) की सर्वापेक्षा अधिक विलुप्ति से पृथिवी तत्त्व प्रकाशित होता है; और इस स्मृति के तारतम्यानुसार उद्भिज, स्वदेज, मनुष्य, देवता प्रभृति देह-विशिष्ट जीव प्रकाशित होते हैं।

इन सभी को बद्धजीव कहते हैं। क्योंकि स्वीय चिद्रूप के सम्यक् ज्ञान के अभाव से, ये सब न्यूनाधिक परिमाण में अचेतनात्मक भाव से रहते हैं और जिनका स्वीय चिद्रूपता का सम्यक् ज्ञान उदित होता है-विस्मृत चिद्रूप प्रकाशित होता है, वे सभी

चिदानन्द रूप में प्रतिष्ठा लाभ करते हैं, और उनको 'मुक्त पुरुष' कहते हैं। आनन्द की जो आनन्दरूप से स्थिति है, उसको तद्विषयक ज्ञान की अपेक्षा है;–अचेतन वस्तु को अपने स्वरूप का ज्ञान नहीं होता, जिस प्रकार गुड़ अपने मीठेपन को नहीं जानता, उसका मीठापन मनुष्य के अनुभवसापेक्ष है। अतएव स्वीय चिद्रूपता की विस्मृति के कारण, बद्धजीव का आनन्दानुभव भी उत्तरोत्तर कम होता जाता है, इसीलिए आनन्दाभाव से जीव दु:खभोगी होता है। किन्तु उसी आनन्द और चिद्रूपता के ज्ञान के प्रच्छन्न रूप से अन्तर्निहित रहने के कारण, उसकी पुन: प्राप्ति के हेतु जीव में नित्य अभिलाषा वर्तमान रहती है। यही बद्धजीव का लक्षण है। परन्तु मुक्तजीव की चिद्रूपता के स्फुरणहेतुक उसके आनन्द का भी अभाव नहीं होता; वह सदा चिदानन्द में मग्न रहता है; जगत् को भी चिदानन्द रूप ही से देखता है, अचेतन रूप से नहीं।

(४) ईश्वररूपी ब्रह्म जो अपने स्वरूपगत आनन्द को अनन्त विभिन्न रूपों से देखता है, वे समस्त विभिन्न रूप ही जगत् नाम से आख्यात हैं। बद्धजीव की स्वीय चिद्रूपता की विस्मृति के कारण बद्ध जीव के ज्ञान में जगत् अचेतन रूप से प्रतिभात होता है। इस अचेतन रूप में ब्रह्म की जो स्थिति है, वही उसका प्रकट रूप है। अतएव अक्षर-ब्रह्म, ईश्वर-ब्रह्म, जीव-ब्रह्म, और जगत्-ब्रह्म, इन चतुर्विध रूपों में ब्रह्म युगपत् अवस्थित है, इन चतुर्विध भावों से वह पूर्ण है। परन्तु ईश्वरत्व, जीवत्व, और जगद्रूपत्व, ये तीन उसके अक्षर रूप में प्रतिष्ठित हैं, इस अक्षर रूप को अतिक्रमण करके इनमें से किसी का भी अस्तित्व नहीं है। अनन्त विभिन्न रूप–विशिष्ट जगत् के ब्रह्म के ही स्वरूपगत आनन्दांश के प्रकाशभाव मात्र होने के कारण, इसके क्षुद्र क्षुद्रतर, क्षुद्रतम (छोटे से छोटे) बृहत्, बृहत्तर, बृहत्तम (बड़े से बड़े) सर्व प्रकार के अवयवों में उसका चिदंश अनुप्रविष्ट है। यह तो कहा गया है कि, इस चिदंश के नित्य ईश्वरत्व और जीवत्व दोनों भाव हैं। सुतरां जगत् के उक्त प्रत्येक अंश के अन्तर्गत साधारण जीव के अदृश्य भाव से नियन्तृरूप में ईश्वर और भोक्तृरूप में जीव वर्तमान हैं।

स्वरूपस्थ आनन्द को ब्रह्म ईश्वर रूप में अनन्त विभिन्न भावों से देखता है; सुतरां जगत् के सर्वांश में जो ईश्वर वर्तमान है, यह सहज में ही बोधगम्य होता है। परन्तु अंश–द्रष्य जीव भी जो उसमें अनुप्रविष्ट है, इसको बोधगम्य करने के लिए एक दृष्यन्त दिया जाता है। राम नामक एक मनुष्य है, इसके शरीर को हम लोग अचेतन कहते हैं, किन्तु इस समग्र शरीर के अधिष्ठातृरूप से चेतनस्वभाव जीव वर्तमान है यह सभी कहते हैं। किन्तु राम नामक जीव भी स्वीय चित्स्वरूप के ज्ञान

से शून्य है, अन्य लोग भी उसके चिद्रूप को नहीं देख सकते, वे उस विषय के विशेष ज्ञान से शून्य हैं। परन्तु चिच्छक्ति अन्तर्निहित भाव से इस देह में विद्यमान है, यह सभी की धारणा है। किन्तु राम का शरीर साधारणत: अचेतन ही कहा जाता है। परन्तु अणुवीक्षण प्रभृति मन्त्रों की सहायता से दिखाई पड़ता है कि इस शरीर के प्रत्येक रक्त बिन्दु, प्रत्येक मांस-खण्डप्रभृति अवयव सूक्ष्म जीवमय हैं; वस्तुत: राम का शरीर उन सूक्ष्म देहों का समष्टि-मात्र है। इसी प्रकार से समग्र पृथिवी जिसकी देह है ऐसा पृथिवी का अधिष्ठाता एक जीव वर्तमान है; उसकी पृथिवीरूप बृहत् देह के क्षुद्र-क्षुद्र एक-एक अंश में मनुष्य, पशु, पक्षी, उद्भिदादि भिन्न-भिन्न जीव वर्तमान हैं। प्रत्येक धूलिकण की भी रचना-कौशल प्रभृति के प्रति लक्ष्य करने से, उसमें भी अदृश्य भाव से चिच्छक्ति अनुप्रविष्ट है यह अवधारित किया जा सकता है। अतएव निरवच्छिन्न अचेतन वस्तु जगत् में कुछ भी नहीं है। जगत् में असंख्य ब्रह्माण्ड हैं। हम जिस ब्रह्माण्ड में वर्तमान हैं, उसके विस्तारपर्यन्त ही हमारी कल्पना-शक्ति धावित होती है। हमारी कल्पना-शक्ति उसको अतिक्रमण नहीं कर सकती। इस ब्रह्माण्डरूप प्राकृत देह का अवलम्बन करके जो जीव वर्तमान है, उसको हिरण्यगर्भ, कार्य-ब्रह्म, संकर्षण इत्यादि नामों से श्रुति एवं अपरापर शास्त्रों ने वर्णन किया है। चतुर्मुख ब्रह्मा भी हिरण्यगर्भ नाम से कभी-कभी वर्णित किये जाते हैं; किन्तु यह उनकी स्तुति के निमित्त है। इस प्रकटित ब्रह्माण्ड में वे सर्वापेक्षा महान् कहे जाते हैं। किन्तु ब्रह्माण्ड से लेकर क्षुद्रतम परमाणु पर्यन्त कुछ भी निरवच्छिन्न अचेतन नहीं है। अतएव ब्रह्माण्ड के सर्वांश में ही विशेष द्रष्टारूप जीवचैतन्य भी ईश्वर की भाँति अनुप्रविष्ट है, इसमें कोई संशय नहीं। स्वरूपगत आनन्दांश में स्वयम् अविकृत रहकर भी अनन्त विभिन्न रूपों से प्रकाशित होने की योग्यता जो ब्रह्म में है, इसी को ब्रह्म की 'माया शक्ति'' कहते हैं। बद्धजीव को जो स्वीय चिद्रूपता की विस्मृति होती है, उसको 'अविद्या' कहते हैं। यह द्वैताद्वैत सिद्धान्त का मुख्यांश संक्षेपत: वर्णित हुआ। मूल ग्रन्थ के व्याख्यान में इसका विशेष विस्तार किया जायेगा।

मूल ब्रह्म-सूत्र में भगवान् वेदव्यास ने इस द्वैताद्वैत मीमांसा ही को वेदान्तों का उपदेश कहकर प्रतिपन्न किया है, ब्रह्मसूत्र का आगे-आगे पाठ करने पर यह सहज ही में बोधगम्य होगा। श्रीमच्छङ्कराचार्य ने भी स्वीय भाष्य में उसको किसी-किसी स्थान पर स्वीकार किया है। ब्रह्मसूत्र के प्रथमाध्याय के प्रथम पाद में वेद-व्यास ने बहुविध सूत्रों के द्वारा ब्रह्म ही को जगत् का निमित्त और उपादान कारण कहा है। ब्रह्म ही के जगत् कारण होने से उसको केवल निर्गुण कहकर व्याख्या नहीं की जा सकती।

वेदव्यासकृत सूत्र की व्याख्या करते समय ब्रह्म की जगत्कारणता विषयक बहुविध श्रुतियों को श्रीमच्छङ्कराचार्य ने भी प्रथम अध्याय के प्रथम पादस्थ चतुर्थ सूत्र के भाष्य में और अन्यान्य स्थानों में उद्धृत किया है, उक्त पादस्थ एकादश सूत्र के भाष्य में शङ्कराचार्य ने श्रुति-मीमांसा इस रूप से वर्णित की है; यथाः-

"द्विरूपांहि ब्रह्मावगम्यते, नामरूपविकारभेदोपाधिविशिष्टम्, तद्विपरीतञ्च सर्वोपाधिवर्जितम्। "यत्र हि द्वैतमिव भवति तदितर इतरं पश्यति, यत्र त्वस्य सर्वमात्मैवाभूत्, तत् केन कं पश्येत्", "यत्र नान्यत्पश्यति नान्यच्छृणोति नान्यद्विजानाति स भूमा, यत्रान्यत्पश्यत्यन्यच्छृणोत्यन्यद्विजानाति तदल्पम्, यो वै भूमा तदमृतम्, अथ यदल्पं तन्मर्त्यम्" "सर्वाणि रूपाणि विचित्य धीरो नामानि कृत्वाभिवदन् यदास्ते," "निष्कलं निष्क्रियं शान्तं निरवद्यं निरञ्जनम्, अमृतस्य परं सेतुं दग्धेन्धनमिवानलम्," "नेति नेति, अस्थूलमनण्वह्रस्वमदीर्घमिति", "न्यूनमन्यत् स्थानम्, सम्पूर्णमन्यत्," इति चैवं सहस्रशो विद्याविद्याविषयभेदेन ब्रह्मणो द्विरूपतां दर्शयन्ति वाक्यानि"।

अस्यार्थः-श्रुति में ब्रह्म का द्विरूपत्व उपदिष्ट हआ हैः- नामरूपादिवैकारिकभेदोपाधि-विशिष्टरूप, एवं तद्विपरीत सर्वविधोपाधिवर्जित रूप। "जिस अवस्था में ब्रह्म द्वैत के सदृश होता है, उसी अवस्था में भेद लक्षित होता है- एक द्रष्य, दूसरा दृश्य ऐसा विभिन्न प्रतिभात होता है; जिस अवस्था में समस्त ही ब्रह्म के आत्मस्वरूपभूत होता है उस अवस्था में भेदरहित हो जाता है, कौन किसको किससे देखेगा", "जब ब्रह्म से भिन्न किसी वस्तु का दर्शन नहीं होता, श्रवण नहीं होता, ज्ञान नहीं होता, वह भूमा (बृहत् श्रेष्ठ) है, ब्रह्म से भिन्न रूप में अवस्थित कह कर जो दर्शन, श्रवण और ज्ञान होते हैं, वह अल्प है; जो भूमा है, वह अमृत (अनश्वर) है; जो अल्प है, वह नश्वर है"; "वही धीर (ब्रह्म) सर्वविध रूपों को प्रकाश करके तथा उन सभों को पृथक्-पृथक् नाम से संज्ञित करके, उनमें प्रविष्ट होकर रहता है। ब्रह्म निष्कल (विभागरहित, अद्वय), निष्क्रिय, शान्त, शुद्धस्वभाव (दोषरहित), निरञ्जन (आवरणविहीन, सर्वव्यापी, सर्वज्ञ) है; मोक्ष का सेतुस्वरूप, निर्धूम पावकस्वरूप है; वह यह नहीं, वह नहीं, स्थूल नहीं, सूक्ष्म नहीं, ह्रस्व नहीं, दीर्घ नहीं है", "जो न्यून है, वह सीमाबद्ध है; जो पूर्ण है वह इससे विभिन्न है", इत्यादि विद्याऽविद्या-विषयक भेदान्तर्गत सहस्रशः श्रुतियाँ ब्रह्म की द्विरूपता का प्रतिपादन करती हैं।

भाष्यकारजी का इस स्थल पर कथन है कि, सहस्रशः श्रुतियाँ ब्रह्म की द्विरूपता (सगुणत्व, निर्गुणत्व) का प्रतिपादन करती हैं। किन्तु उन्होंने कहा है कि,

विद्याऽविद्याविषयक भेदों के कारण ये रूप वर्णित हुए हैं; विद्वान् के निकट वह एकान्त निर्गुण, निष्क्रिय, अक्षर एवं एकरूपी है; अविद्वान् के निकट वह सगुण एवं बहु है। यह सिद्धान्त उन्होंने स्वकृत भाष्य में प्रकाशित किया है। किन्तु यह उनका निज सिद्धान्त है; किसी श्रुति ने किसी स्थल पर इस रूप से उपदेश नहीं किया है। ''अहं बहुस्यां प्रजायेय'' इत्यादि श्रुतियाँ ब्रह्म के सूर्य स्वरूपोपदेश के प्रतिज्ञा-स्थल में ही उक्त हैं। अविद्या विदूरित करना ही इन समस्त श्रुतियों का अभिप्राय है; अविद्वान् लोग इस रूप से देखते हैं, किन्तु यह सत्य नहीं है, ऐसा यह उपदेश का सार नहीं है। ब्रह्म से विभिन्न अस्तित्वशील रूप से जो बोध है, वही अविद्या है। श्वेतकेतु की वही अविद्या दूर करने के निमित्त, दृष्टतः विभिन्नता में भी जो एकत्व रह सकता है, इसको मृत्तिका एवं तन्निर्मित घटशरावादि, एवं सुवर्ण तथा तन्निर्मित वलय-कुण्डलादि के दृष्यन्तों के द्वारा दिखाकर, एक ब्रह्म से ही यह विचित्ररूपी जगत् प्रकाशित है यह उपदेश करने के अभिप्राय से, उनके पिता ने इन समस्त श्रुतिवाक्यों को कहा था, इसको छान्दोग्य उपनिषद् ने व्यक्त किया है। अन्यान्य स्थलों में भी श्रुति ने इस रूप से अविद्या दूर करने के निमित्त उक्त प्रकार का उपदेश, असंख्य प्रणाली से असंख्य स्थानों पर वर्णन किया है। एवञ्च ब्रह्मवित् होने से जो दृष्टतः जागतिक अनन्त पदार्थों का एक ही ब्रह्म के विभिन्न रूपों में दर्शन होता है, उसको श्रुति ने स्पष्याक्षरों में बहुस्थलों पर वर्णन किया है। यथा, बृहदारण्यक के प्रथमाध्याय के चतुर्थ ब्राह्मण में श्रुति ने कहा है, "ब्रह्म....... सर्वमभवत्। तद्योयो देवानां प्रत्यबुध्यत स एव तदभवत्। तथर्षीणाम्, तथा मनुष्याणाम्। तद्धैतत् पश्यन् ऋषिर्वामदेवः प्रतिपेदेऽहं मनुरभवं सूर्यश्चेति। तदिदमप्येतर्हि य एवं वेदाहं ब्रह्मास्मीति, स इदं सर्वं भवति"। अर्थात् ब्रह्मः.... एतत्समस्त (दृश्यमान जगत्-रूप) हुआ था। देवताओं में जो जो "मैं ब्रह्म हूँ," इस रूप से ज्ञानयुक्त हुए थे, वे भी समस्त (सर्वमय) हुए थे। तद्रूप ऋषियों तथा मनुष्यों में जो ब्रह्मज्ञ हुए थे, वे भी इसी भाँति हुए। अतएव वामदेव ऋषि ने इस रूप से आत्मज्ञान-सम्पन्न होकर कहा था:-"मैं मनु, मैं सूर्य हुआ था।" इस समय में भी जो अपने को ब्रह्म कहकर (ब्रह्म से अभिन्न कहकर) अवगत करते हैं, वे भी इसी प्रकार समस्त (सर्वमय) होते हैं।" इस प्रकार अपना एवं समस्त जागतिक पदार्थों का जो ब्रह्मरूप में ज्ञान ब्रह्मज्ञ पुरुष को होता है, उसका श्रुति ने अनेक स्थलों पर वर्णन किया है। अतएव एक ब्रह्म के ही बहुरूपों से दर्शन को अविद्या नहीं कहते, इसको विद्या (ब्रह्मज्ञान) कहते हैं। बहुरूपों से प्रतिभात होने की योग्यता ब्रह्मस्वरूप को है, सुतरां अनन्त जगत्-रूप से वह दृष्ट हो सकता है। किन्तु उन समस्त रूपों को उसी का रूप कहकर जब ज्ञान नहीं होता है-पृथक् सत्ताशील वस्तु कहकर जब ज्ञान होता

है–तब उसको अविद्या कहते हैं। जिस स्थल में ब्रह्म से भिन्न कहकर बोध नहीं होता, ब्रह्म कहकर बोध होता है उस स्थल में उसका नाम अविद्या नहीं, उसका नाम ब्रह्मविद्या (ब्रह्मज्ञान) है। रज्जु में जो सर्पभ्रम होता है, उसका कारण रज्जु की सर्परूप में दृष्ट होने की योग्यता है–दोनों की आकृति में सादृश्य है, तन्निमित्त ही रज्जु में सर्पभ्रम हो सकता है। सूर्य में कभी सर्पभ्रम नहीं होता, क्योंकि सर्परूप में दृष्ट होने की योग्यता सूर्य के स्वरूप में नहीं है। इसी प्रकार ब्रह्म की भी अनन्त रूपों में दृष्ट होने की योग्यता है, इसी कारण वह विभिन्न रूपों से प्रकाशित होता है। अतएव जागतिक अनन्त रूपों का ब्रह्मरूप जो दर्शन है, यह अविद्या (भ्रमदर्शन) नहीं है, ब्रह्म से भिन्न कहकर जो ज्ञान है, वह अपूर्ण ज्ञान, अविद्या, असत्य ज्ञान है। श्रुति ने इस रूप से भिन्न दर्शन की निन्दा की है, एवं उसको दूर करके सर्वत्र एक ब्रह्मात्मकत्वबुद्धिस्थापन का उपदेश किया है। दृष्ट पदार्थों को, एकान्त मिथ्या कहकर, श्रुति ने वर्णन नहीं किया है, उन समस्त को ब्रह्मस्वरूप के ही अन्तर्गत कहकर उपदेश किया है। यह स्पष्ट रूप से पूर्वोद्धृत बृहदारण्यक प्रभृति श्रुतियों ने वर्णन करके कहा है कि ब्रह्मज्ञ होने पर निज और जागतिक समस्तरूपों का ब्रह्म के साथ अभिन्न रूप से दर्शन होता है। ये समस्त रूप यदि ब्रह्मज्ञ को दृष्ट न होते, तो ऋषि वामदेव ब्रह्मज्ञ होकर भी क्यों सूर्य मनु प्रभृति का उल्लेख करके कहते हैं कि ये समस्त ब्रह्म हैं? जिस बुद्धि से 'एतत् समस्त एकदा नहीं है, अनस्तित्वशील है', उसी बुद्धि से उन सबकी ब्रह्मत्वावधारण कथा अर्थशून्य होती है। अतएव ब्रह्म के सगुणत्व का वर्णन जो श्रुति ने किया है, वह अविद्या कल्पित नहीं है; उसकी उभयरूपता ही (सगुणत्व तथा निर्गुणत्व) ही सत्य है; एवं ब्रह्म की इस प्रकार की द्विरूपता का उपदेश जो श्रुति ने किया है, वह विद्याऽविद्याभेद से किया है, यह सिद्धान्त, सत्सिद्धान्त नहीं है।

ब्रह्माभिन्नत्व ब्रह्मोपादानत्व "सर्वं खल्विदं ब्रह्म" (परिदृश्यमान समस्त ही ब्रह्म है) इत्यादि अशेषविध वाक्यों के द्वारा श्रुति ने दृश्यमान् जगत् की नाना स्थलों पर नाना रूपों से घोषणा की है। श्वेताश्वतर, बृहदारण्यक प्रभृति उपनिषद् जो शङ्कराचार्यकृत भाष्य में स्थान-स्थान पर उद्धृत हुए हैं, उनमें विशेष रूप से सर्वत्र ही ब्रह्म के सगुणत्व एवं निर्गुणत्व प्रतिपादित हुए हैं। अतएव ब्रह्म का द्विरूपत्व जो सर्वश्रुतिसिद्ध है, उसको न मानने का कोई उपाय नहीं है। वेदव्यास ने वेदान्त का ही मर्म ब्रह्मसूत्र में व्याख्यात किया है, सुतरां उन्होंने भी स्वप्रणीत ग्रन्थ में ब्रह्म की द्विरूपता का ही उपदेश किया है। ब्रह्म की द्विरूपता के सिद्ध होने से, जीव एवं जगत् के साथ उसका भेदाभेद-सम्बन्ध तथा ब्रह्म का द्वैताद्वैतत्व प्रतिपादित होते हैं।

पहले कहा गया है कि दृश्यमान जगत् के सम्बन्ध में वेदान्तशास्त्र का उपदेश

यह है कि ब्रह्म ही इसका उपादान तथा निमित्त कारण है। जगत् का स्रष्टा तथा लयकर्ता होने के कारण, वह जगत् से अतीत भी है, यह अवश्य स्वीकार्य है। जगत् से अतीत होकर स्थित रहने के कारण, जगत् और ब्रह्म में भेद-सम्बन्ध स्थापित होता है। एवञ्च जगत् सर्वव्यापी ब्रह्म में ही प्रतिष्ठित है, ब्रह्म से भिन्न कोई इसका उपादान नहीं है; सुतरां ब्रह्म के साथ जगत् का जो अभेद सम्बन्ध है, वह भी अवश्य स्वीकार्य है। अतएव ब्रह्म के साथ जगत् का सम्बन्ध सम्पूर्ण रूप से वर्णन करने से यह सम्बन्ध भेदाभेद सम्बन्ध कहकर वर्णन किया जाता है। जगत् गुणात्मक है, ब्रह्म गुणी है; गुणी वस्तु से गुण (शक्ति) पृथक् रूप से अस्तित्वशील नहीं है, अथ च गुणी वस्तु गुण से अतीत भी अवश्य है; सुतरां दोनों में जो सम्बन्ध है, उसको भेदाभेद सम्बन्ध कहते हैं। ब्रह्म इसी अर्थ में जगत् का आश्रय कहकर वर्णन किया जाता है, और किसी दूसरे अर्थ में नहीं। ब्रह्म और जगत् में इसी प्रकार का भेदाभेद सम्बन्ध है, एवं ब्रह्म के सगुणत्व और निर्गुणत्व दोनों ही वेदान्त-शास्त्र के सम्मत हैं। महाभारत में भी भगवान् वेदव्यास ने नाना स्थानों में यह स्पष्ट रूप से कहा है। यथा, शान्तिपर्व के ३३८ अध्याय, तृतीय श्लोक में कहा है, "निर्गुणाय गुणात्मने" इत्यादि।

सगुणत्व और निर्गुणत्व, इन दोनों में केवल दृष्टत: ही विरोध है; यह वाक्य-विरोध है, प्रकृतविरोध नहीं; गुण और गुणी इन दोनों के सम्बन्ध में वस्तुत: कोई विरुद्धता नहीं है; 'गुणी' कहने से ही, उसके स्वरूपत: गुणातीत होने पर भी, गुणयुक्त कहकर उसकी स्वभावसिद्ध धारणा होती है; उससे कोई विरुद्धता किसी को अनुभूत नहीं होती भेदाभेद सम्बन्ध में भी वस्तुत: कोई विरोध नहीं है। अंश सर्वावयव से अंशी के अन्तर्गत, अतएव अभिन्न है। किन्तु अंशी अंश को अतिक्रम करके भी वर्तमान है। अतएव अंशी अंश से भिन्न भी अवश्य है; सुतरां दोनों का सम्बन्ध भेदाभेद सम्बन्ध है, इसमें कोई भी विरोध नहीं दृष्ट होता।

जगत् जो गुण-विकार है, यह सांख्यशास्त्र का भी मत है। परन्तु सांख्यकार ने गुण (गुणात्मिका प्रकृति) को परमात्मा ब्रह्म से पृथक् रूप से अस्तित्वशील, अथ च स्वभावत: गर्भदासवत् ब्रह्म के अधीन एवं तदर्थसाधक कहकर व्याख्यात करके, ब्रह्म को केवल निर्गुण कहकर वर्णन किया है; वेदान्त-दर्शनकार ने गुण एवं गुणात्मक जगत् का ब्रह्म का ही गुण एवं अंश कह कर श्रुतिप्रमाण के आधार पर वर्णन करके, ब्रह्म को पुन: स्वरूपत: गुणातीत तथा गुणात्मक जगत् का नियन्ता कह कर उपदेश किया है। दोनों दर्शनों की उपदेश प्रणाली में यही प्रभेद है।

पहले कहा गया है कि वेदान्त की मीमांसा यह है कि ब्रह्म सर्वज्ञस्वभाव,

जड़-स्वभाव नहीं, तथा आनन्दरूप है, एवं जगत् ब्रह्म से अभिन्न है। ब्रह्म के सर्वज्ञ-स्वभाव होने के कारण, भूत, भविष्य एवं वर्तमान में प्रकाशित समस्त जागतिक रूप, ब्रह्म के साथ अभिन्न भाव से नित्य उसके ज्ञान में प्रतिष्ठित हैं, यह अवश्य स्वीकार करना पड़ता है, अन्यथा उसकी सर्वज्ञता की हानि होती है।* अतएव ब्रह्मस्वरूप में किसी विकार की सम्भावना नहीं है; सुतरां काल-शक्ति भी ब्रह्मस्वरूप में अस्तमित है; गुण और गुणी रूप में कोई भेद भी ब्रह्म के उक्त स्वरूप में वर्तमान नहीं रह सकता; एवं ज्ञान, ज्ञेय और ज्ञाता रूप से कोई भेद भी उक्त स्वरूप में नहीं है। परन्तु उसके ज्ञातृत्व का कभी लोप नहीं होता; जगत् के भी ब्रह्म के स्वरूपभुक्त होने के कारण, ब्रह्म स्वयं अपना ही अनुभव करता है। उसका स्वरूप आनन्दमय है; जगत् इस आनन्द का प्रकाश भाव है। यह स्वरूपगत आनन्द ही ब्रह्म के नित्य अनुभव का विषय होता है। अनन्त प्रकार-विशिष्ट रूपों में जो इस आनन्द का अनुभव है, उसके प्रति लक्ष्य करके उसकी ईश्वर संज्ञा की जाती है; और सर्वविध विशेषभाववर्जित निरवच्छिन्न आनन्द-मात्र के अनुभव के प्रति लक्ष्य करके उसकी अक्षर संज्ञा की जाती है।

ब्रह्म जगत् की सृष्टि, स्थिति और प्रलय का भी एकमात्र कारण है; सुतरां वह सर्वशक्तिमान् है। इस अनन्त जगत् की सृष्टि, स्थिति और लय साधिका जो ब्रह्म की शक्ति है, वह उसकी नित्य अङ्गीभूत शक्ति है; कारण, वह जगत्-प्रकाश के पूर्व और पश्चात् भी समभाव से ब्रह्म की सत्ता में रहती है, उसकी शक्तिबल से ब्रह्म जगत् को प्रकाशित करता है; एवं जागतिक समस्त चित्रों को पृथक्-पृथक् रूपों से देखता है; और सभों के नियन्तृ-रूप से भी रहता है। इस शक्ति के उसके स्वरूपगत होने के कारण ब्रह्म की ईश्वर संज्ञा हुई है; इस ऐशी शक्ति के प्रभाव से ब्रह्म जगद्व्यापार-समाधान करके भी निर्विकार रहता है। इसी शक्ति के प्रभाव से सर्वज्ञ पूर्णस्वरूप ब्रह्म-स्वीय स्वरूपान्तर्गत जगत् को पृथक्-पृथक् रूप से समग्र भाव से देखता मात्र है; सुतरां तद्द्वारा उसके विकारित्व की आशङ्का नहीं हो सकती। परन्तु जैसे किसी एक शरीरविशिष्ट वस्तु के पूर्णाङ्ग के ज्ञान के अन्तर्भूत रूप से उसको क्षुद्र, क्षुद्रतर, क्षुद्रतम, प्रत्येक अङ्ग-विशेष का ज्ञान भी अवश्य रहता है, उन समस्त अङ्गों का ज्ञान विभिन्न इन्द्रियों के द्वारा भी लब्ध होता है; तद्रूप जागतिक समस्त रूपों के समग्र दर्शन (अनुभव) के साथ-साथ प्रत्येक रूप का विशेष दर्शन भी इस समग्र

---

*. इस संबंध में "ब्रह्मवादी ऋषि तथा ब्रह्मविद्या" नामक ग्रन्थ के द्वितीय अ० के ३य पाद के उपसंहारांश और चतुर्थ पाद द्रष्टव्य हैं।

दर्शन के अङ्गीभूत रूप से वर्तमान है। अनन्त रूप से प्रकाशित होने ही योग्यता से विशिष्ट स्वीय स्वरूपगत आनन्द को पूर्वोक्त प्रकार से व्यष्टिभाव से भी ब्रह्म नित्य देखता है। यही व्यष्टि-भाव से दर्शन-शक्ति ही जीव है; सुतरां जीव ईश्वरांश-मात्र है। अतएव जीव के साथ भी ब्रह्म का भेदाभेद सम्बन्ध है। इसी भेदाभेद को लक्ष्य करके ब्रह्मा को 'द्वैताद्वैत' कहकर व्याख्या की जाती है।

जीव का स्वरूप, एवं ब्रह्म के साथ जीव का इस प्रकार भेदाभेद सम्बन्ध श्रीभगवान् वेदव्यास ने स्वयं श्रुतिप्रमाण के अवलम्बन द्वारा विशद रूप से स्वीय ग्रन्थ में प्रदर्शित किया है। यह भेदाभेद सम्बन्ध ही पूर्वोक्त निम्बादित्य-सम्प्रदाय का सम्मत है। यह सम्बन्ध ही वेदव्यास द्वारा ब्रह्मसूत्र में प्रदर्शित हुआ है, ऐसा निम्बार्कभाष्य में व्याख्यात है। जीव ईश्वर से विभिन्न नहीं है, यह 'तत्त्वमसि' इत्यादि वेदवाक्यों में प्रतिपादित हुआ है। अतएव जीव और ईश्वर में अभेद सम्बन्ध है; परन्तु जीव और ब्रह्म में भेद भी 'ज्ञाज्ञौ' इत्यादि श्रुति-वाक्यों में स्पष्ट रूप से उपदिष्ट हुआ है अतएव श्रुति के अनुसार ब्रह्म और जीव में भेद और अभेद, ये दोनों प्रकार के सम्बन्ध हैं। किन्तु अंश और अंशी में ही भेद और अभेद ये दोनों सम्बन्ध रह सकते हैं, अन्यत्र नहीं। अतएव जीव ब्रह्म का अंश है; जीव अपूर्णदर्शी है, ब्रह्म पूर्णदर्शी है, ब्रह्म सर्वशक्तिमान है; वह सृष्टि, स्थिति प्रलय इत्यादि जगद्व्यापार साधन करता है; जीव का मुक्तावस्था में भी सम्पूर्ण शक्तिमत्ता नहीं होती, इसको भगवान् वेदव्यास ने ब्रह्मसूत्र में स्पष्ट रूप से प्रदर्शित किया है। जीव, स्वरूपतः ब्रह्म का अंशमात्र होने के कारण, परम मोक्षावस्था में भी अंश ही रहता है; क्योंकि किसी वस्तु के स्वरूप का ऐकान्तिक विनाश नहीं होता; सुतरां मुक्त जीव भी जीव ही रहता है, वह पूर्ण ब्रह्म नहीं होता है, एवं उसकी सर्वशक्तिमत्ता नहीं होती है [ब्रह्मसूत्र के चतुर्थाध्याय के चतुर्थ पाद के १७ संख्यक सूत्र प्रभृति द्रष्टव्य हैं; उक्त सूत्र यथास्थान व्याख्यात होंगे]। चतुर्थ अध्याय के चतुर्थ पाद में मुक्ति और मुक्त पुरुष के स्वरूप का श्रीभगवान् वेदव्यास ने विशद रूप से वर्णन किया है। जीव के उक्त प्रकार स्वरूप और ब्रह्म के साथ उक्त भेदाभेद सम्बन्ध का, ब्रह्मसूत्र के द्वितीयाध्यायस्थ तृतीय पाद के ४२ संख्यक सूत्र में, वेदव्यास ने स्वयं उपदेश किया है। इस सूत्र के व्याख्या सम्बन्ध में निम्बार्कभाष्य एवं शाङ्करभाष्य में कोई प्रभेद नहीं है; अतएव यह सूत्र इस स्थल में उद्धृत किया जाता है, एतद्द्वारा ग्रन्थ का उपदिष्ट विषय बोधगम्य करने में सुविधा होगी।

द्वितीय अध्याय, तृतीय पाद, ४२ सूत्रः-

"अंशो नाना व्यपदेशादन्यथा चापि दाशकितवादित्वमधीयत एके"।

इस सूत्र का सम्यक् निम्बार्कभाष्य निम्नोद्धृत है:-

निम्बार्कभाष्यः—अंशांशिभावाज्जीवपरमात्मनोर्भेदाभेदौ दर्शयति। परमात्मनो जीवोंऽशः, "ज्ञाज्ञौ द्वावजावीशानीशावि" त्यादि भेदव्यपदेशात् "तत्त्वमसी"-त्याद्यभेदव्यपदेशाच्च। अपि च आथर्वणिकाः "ब्रह्मदाशा ब्रह्मदासा ब्रह्मकितवा" इति ब्रह्मणो हि कितवादित्वमधीयते।

अस्यार्थः—जीव एवं परमात्मा के अंशांशिभाव हेतु, दोनों में भेदाभेद सम्बन्ध सूत्रकारजी प्रदर्शित करते हैं–जीव परमात्मा का अंश है; कारण, परमात्मा 'ज्ञ' (पूर्णज्ञ) है, जीव 'अज्ञ' (अपूर्णज्ञ) है, परमात्मा 'ईश्वर' (सर्वशक्तिमान्) है, जीव 'अनीश्वर' (अल्पशक्तिमान्) है, दोनों ही 'अज' (अनादि) हैं। इत्यादि बहुश्रुतियों ने जीव और परमात्मा का भेद प्रदर्शित किया है; और 'तत्त्वमसि' (जीव परमात्मा ही है, उससे अभिन्न है) इत्यादि बहुश्रुतियों ने जीव और परमात्मा का अभेद भी प्रदर्शित किया है। एवञ्च अथर्ववेदीय श्रुति ने कहा है, "दाश (कैवर्त्तादि अपकृष्ट जाति) ब्रह्म हैं, दास (भृत्य) भी ब्रह्म हैं, धूर्त्त भी ब्रह्म हैं", इन समस्त श्रुतियों में धूर्त्त लोगों का भी ब्रह्मत्व कहा गया है।

इस सूत्र का शाङ्करभाष्य एतदपेक्षा बहुविस्तृत है; किन्तु नाना प्रकार के विचारों के अन्त में शङ्कराचार्य ने भी सिद्धान्त किया है कि, वेदव्यास ने इस सूत्र में भेदाभेद सम्बन्ध ही स्थापित किया है, भाष्य की शेष मीमांसा यह है :-

"चैतन्यं चाविशिष्टं जीवेश्वरयोर्यथाऽग्निविस्फुलिङ्गयोरौष्ण्यम्। अतो भेदाभेदावगमाभ्यामंशत्वावगमः।"

अस्यार्थः—जैसे अग्नि और स्फुलिङ्ग के उष्णत्व-विषय में भेद नहीं है, वैसे ही चैतन्य-विषय में जीव और ईश्वर में कोई प्रभेद नहीं है। अतएव सिद्धान्त यही हुआ कि श्रुति वाक्यों के द्वारा जीव और ब्रह्म के अभेद और भेद के उक्त होने से जीव ईश्वर का अंश है।

तत्परवर्ती चार सूत्रों के द्वारा यह भेदाभेद-सम्बन्ध और भी विशेष रूप से प्रमाणित हुआ है, तत्सम्बन्ध में कोई व्याख्याविरोध नहीं है। वे समस्त सूत्र यथास्थान व्याख्यात होंगे।

इस प्रकार ईश्वर का अंश कहकर अवधारित होने के कारण, जीव ईश्वर के

सदृश पूर्णज्ञ नहीं हो सकता; सुतरां जीव ईश्वर के समान विभुस्वभाव नहीं कहा जा सकता; जीव के परमेश्वर के सदृश विभुस्वभाव होने से जीव और ब्रह्म का सम्पूर्ण अभेदत्व ही सिद्ध होता, जीवत्व पुनः सिद्ध ही नहीं होता; जीव की स्वभावसिद्ध जो अपूर्णज्ञता और असर्वशक्तिमत्ता दृष्ट होती हैं, वे पुनः नहीं रह सकतीं। जो 'विभु' है, उसका आवरण कौन उत्पादित कर सकता है? किन्तु ज्ञान का आवरण न होने से जीवत्व घटित नहीं होता। श्रुति ने कहा है कि, पूर्णज्ञ सर्वशक्तिमान् ईश्वर ने बहु होने की इच्छा से ही जीव और जगत् को प्रकटित किया है; उसकी यह इच्छाशक्ति नित्य है। एतत्सम्बन्धी कुछ श्रुतियाँ ब्रह्मसूत्र के व्याख्याकाल में उद्धृत की जायेंगी, एवं सूत्रव्याख्या के उपलक्ष्य में जीव के विभुत्वाभाव के विषय में विस्तारित विचार भी किया जायेगा। इस स्थल में इतना ही कहना है कि ब्रह्म की इस इच्छा के नित्य एवं स्वरूपगत होने के कारण जीव का जीवत्व भी नित्य है। मुक्तजीव और बद्धजीव में इतना ही प्रभेद है कि बद्धावस्था में जीव स्वीय ब्रह्मरूपता एवं जगत् की ब्रह्मरूपता की उपलब्धि नहीं कर सकता, दृश्य जगत् के साथ एकात्मताबुद्धि को प्राप्त होता है। मुक्तावस्था में वह अपनी और जगत् की ब्रह्म से अभिन्नत्व बुद्धि को प्राप्त होता है; अपने को एवं जगत् को ब्रह्म रूप ही देखता है। श्रुति ने बहुस्थलों में इस तथ्य को प्रकाशित किया है; यथा:-

"तदात्मानमेवावेदाहं ब्रह्मास्मीति तस्मात् तत्सर्वमभवत्", "तत्र को मोह कः शोक एकत्वमनुपश्यतः" इत्यादि।

(बृहदारण्यक, १म अध्याय)

अस्यार्थः-"उसने अपने को मैं ब्रह्म (भूमा अद्वितीय) हूँ", ऐसा कहकर जाना था, अतएव वह सभी के साथ अभिन्नता को प्राप्त हुआ था। "उक्तावस्था में जब समस्त एकाकार देखे जाएँ, तब शोक अथवा मोह किस प्रकार हो सकता है।"

पहले कहा गया है कि वामदेव ने परम मोक्ष लाभ किया था, इसको श्रुति ने स्वयं प्रकाशित किया है, एवं सभी भाष्यकारों को वह स्वीकार्य है। पूर्वोद्धृत श्रुतिवाक्य के पश्चात् ही श्रुति ने कहा है कि, जब वामदेव मोक्ष-दशा-प्राप्त हुए थे, तब उन्होंने जाना था और कहा था "मैं सूर्य हूँ, मैं मनु हूँ" इत्यादि ("ऋषिर्वामदेवः प्रतिपेदेऽहं मनुरभवं सूर्यश्चेति") सभी भाष्यकारों ने उनका यह वाक्य स्वस्व प्रणीत भाष्यों में नाना स्थलों पर उद्धृत किया है। सुतरां इसके द्वारा स्पष्ट ही प्रतीयमान होता है कि मुक्त पुरुष अपने को और जगत् को ब्रह्मरूप से ही देखता है। इतना ही बद्धजीव और मुक्तजीव में प्रभेद है। मुक्त होने पर पुरुष का अस्तित्व एकदम विनष्ट नहीं होता;

ब्रह्मज्ञ होने से ही सर्वविध देह विलुप्त हो जाती हैं, ऐसा भी नहीं; जीवित ब्रह्मज्ञ पुरुष की देह ब्रह्म से अभिन्न है, ऐसा उसे ज्ञात होता है, ब्रह्मज्ञ पुरुष की स्थूल देह के पतन होने पर भी सूक्ष्म देह वर्तमान रहती है। तदवलम्बन से उन लोगों को ब्रह्मलोक प्राप्त होने पर, यह सूक्ष्म देह भी आनन्दमय ब्रह्मरूपता लाभ करती है (अर्थात् पृथक् रूप से प्रकाशभाव विलुप्त होकर, उनके ज्ञान में आनन्दमय ब्रह्म ही होता है,) एवं विमुक्त जीव स्वीय चिन्मय रूप में प्रतिष्ठित होता है। वह उस समय कर्मबन्धन से सर्वथा विमुक्त होता है; परन्तु इच्छा करने पर जो देह चाहे धारण कर सकता है। यह इसी ब्रह्मसूत्र के चतुर्थ अ० के चतुर्थ पाद में भगवान् वेदव्यास ने श्रुति के आधार पर उपदेश किया है। ऐसा पुरुष 'विदेहमुक्त' कहा जाता है।

ब्रह्म का द्विरूपत्व श्रुतिप्रतिपाद्य कहकर पूर्व ही उल्लिखित हुआ है। इस द्विरूपत्व ही के द्वारा प्रतिपन्न होता है कि दृश्यमान जगत् ब्रह्म से अभिन्न, अंशमात्र है और इस जगत् के प्रत्येक अंश में ब्रह्म अनुप्रविष्ट है। ("सर्वाणि रूपाणि विचित्य धीरः" इत्यादि श्रुतियाँ द्रष्टव्य हैं)। इस प्रत्येक अंश के व्यष्टिभाव से द्रष्टा होने के कारण उसकी जीव संज्ञा है; सुतरां जीव भी उसका अंश है, एवं उससे अभिन्न है। ब्रह्म अपने अंश रूप जगत् का जीवरूप से पृथक्-पृथक् रूपों में दर्शन करता है। पहले कहा गया है कि यह दर्शन द्विविध है; ब्रह्मरूप से दर्शन एवं ब्रह्मभिन्न रूप से दर्शन; ब्रह्मभिन्न रूप से दर्शन को बद्धावस्था, एवं ब्रह्मरूप से दर्शन को मुक्तावस्था कहते हैं। किन्तु इन दोनों अवस्थाओं के अतीत रूप में भी ब्रह्म है; वह पूर्व वर्णित उसकी सद्रूपावस्था एवं सर्वज्ञ ईश्वरावस्था है, जिसको उसकी स्वरूपावस्था भी कहते हैं। सद्रूपावस्था में दृग्दृश्यात्मक (जीव तथा जड़ात्मक) समग्र विश्व विभिन्न नाम-रूप-वर्जित भाव से ब्रह्म स्वरूप में अवस्थित है; इसमें ज्ञान, ज्ञेय, ज्ञाता कहकर किसी प्रकार के भेद का स्फुरण नहीं है; इसमें ज्ञान का किसी प्रकार से आनन्तर्य नहीं है। जीव* और जगत्-रूप अवस्थाओं से विभिन्न होने पर भी यह स्वरूपावस्था सर्वमय है।

यही ब्रह्म का विभुत्व है; यह विभुत्व मुक्त जीव में नहीं है। मुक्तजीव भी ध्यानमात्र से अतीत, अनागत सम्पूर्ण विषयों को जान सकता है इसमें सन्देह नहीं; (एवं यह भी सत्य है कि वह भी जगत् को और अपने को ब्रह्मरूप से ही देखता है,)

* ईश्वरस्वरूप ब्रह्मसूत्र के प्रथम अध्याय के प्रथम पाद के द्वितीय से विंश सूत्रों में और तत्परवर्त्ती अन्यान्य स्थानों में विशेषरूप से व्याख्यात हुआ है; इस स्थल पर केवल साधाराण भाव से दिग्दर्शन-मात्र किया गया है।

और इसी हेतु उसको शास्त्र में किसी-किसी स्थल पर सर्वज्ञ कहा है; किन्तु अतीत, दूरस्थ एवं अनागत विषयों का ज्ञान उसके ध्यानसापेक्ष है; पुराण, इतिहास, स्मृति, श्रुति प्रभृति शास्त्रों में जिस किसी स्थान पर किसी मुक्त पुरुष की लीला वर्णित हुई है, उसी स्थान पर उसका सर्वज्ञत्व ध्यानसापेक्ष कहकर उक्त हुआ है। विदेहमुक्त पुरुषों की अवस्था का वर्णन करते समय श्रुति ने कहा है, "स यदि पितृलोककामो भवति, सङ्कल्पादेवास्य पितरः समुत्तिष्ठन्ति" इत्यादि। वेदव्यास ने भी ब्रह्मसूत्र के चतुर्थ अध्याय के चतुर्थ पाद में इसी रूप से वर्णन किया है। योगसूत्र के कैवल्यपाद के ३३ संख्यक सूत्र के भाष्य में भी वेदव्यास ने उल्लेख किया है कि, कैवल्यप्राप्त मुक्तपुरुषों के सम्बन्ध में भी कालक्रम का अनुभव है। सुतरां नित्य-सर्वज्ञ ब्रह्म में जैसे कालशक्ति अस्तमित है, मुक्तपुरुषों के सम्बन्ध में तद्रूप सम्पूर्ण रूप से कालशक्ति अस्तमित नहीं है। अतएव उनके ज्ञान का पारम्पर्य एकदम तिरोहित नहीं होता-किन्तु परमेश्वर का सर्वज्ञत्व ध्यान-क्रिया की अपेक्षा नहीं करता; अनादि, अनन्त, सर्वकाल में प्रकाशित जगत् उसमें नित्यरूप से विराजमान रहता है; सुतरां ब्रह्म की स्वरूपावस्था पूर्वोक्त अवस्थाद्वय से अतीत अथ च सर्वमय है। श्रीमद्भगवद्गीता में वेदव्यास ने श्रीभगवदुक्ति प्रसङ्ग में यह स्पष्ट रूप से वर्णित किया है। "एकांशेन स्थितो जगत्" (१०म अ०, ४२ श्लोक) जगत् मेरा एक अंशमात्र है, तथा "ममैवांशो जीवलोके जीवभूतः सनातनः" (पञ्चविंश अ०, ७ श्लोक) यह जो जीव है, वह भी मेरा ही अंश, सनातन है, इत्यादि वाक्यों में जीव और जगत् को भगवदंश कहकर व्याख्यात करते हुए गीता ने प्रकाशित किया है कि-

"मया ततमिदं सर्वं जगदव्यक्तमूर्त्तिना।
मत्स्थानि सर्वभूतानि न चाहं तेष्ववस्थितः।।"

नवम अ०, चतुर्थ श्लोक।

"न च मत्स्थानि भूतानि पश्य मे योगमैश्वरम्।
भूतभृन्न च भूतस्थो ममात्मा भूतभावनः।।"

नवम अ०, पंचम श्लोक।

"द्वाविमौ पुरुषौ लोके क्षरश्चाक्षर एव च।
क्षरः सर्वाणि भूतानि कूटस्थोऽक्षर उच्यते।।"

पञ्चदश अ०, १६ श्लोक।

"उत्तमः पुरुषस्त्वन्यः परमात्मेत्युदाहृतः।
यो लोकत्रयमाविश्य बिभर्त्यव्यय ईश्वरः।।"

पञ्चदश अ०, सप्तदश श्लोक।

"यस्मात्क्षरमतीतोऽहमक्षरादपि चोत्तमः।
अतोऽस्मि लोके वेदे च प्रथितः पुरुषोत्तमः।।"

पञ्चदश अ०, अष्टादश श्लोक।

अस्यार्थः—अव्यक्तरूपी मैं इस समग्र जगत् में व्याप्त हूँ, समस्त चराचर भूत मुझ में अवस्थित हैं, किन्तु मैं तत्समस्त को अतिक्रमण करके अवस्थित हूँ। (नवम अ०, चतुर्थ श्लोक)। मेरा योगैश्वर्य देखो, भूतसमूह भी मेरे स्वरूप में अवस्थित नहीं हैं, परन्तु मैं समस्त भूतों को धारण और पोषण करता हूँ, तथापि उनको अतिक्रमण करके विराजमान हूँ। (नवम अ०, पंचम श्लोक)। क्षरस्वभाव एवं अक्षर-स्वभाव द्विविधपुरुष लोक में प्रसिद्ध हैं; उनमें समस्त भूतगण क्षर-स्वभाव हैं, एवं कूटस्थ (देहस्थ, देहरूप गृहस्थित) जो पुरुष है उसको अक्षर-स्वभाव कहते हैं। (पञ्चदश अ०, षोडश श्लोक)। इन दोनों से भिन्न उत्तम पुरुष है, जो परमात्मा नाम से उक्त है, यही ईश्वर है, यह सदा निर्विकार, यह लोकत्रय में प्रविष्ट होकर उनका भरण करता है। (पञ्चदश अ०, सप्तदश श्लोक)। मैं क्षर से अतीत, एवं अक्षर की अपेक्षा भी श्रेष्ठ हूँ, अतएव लोक और वेद में पुरुषोत्तम नाम से प्रसिद्ध हूँ। (पञ्चदश अ०, अष्टादश श्लोक)।

उपर्युक्त स्थल में एवं इसी प्रकार अपरापर स्थलों में परमात्मा कूटस्थ जीवचैतन्य से भी श्रेष्ठ कहा गया है। परमात्मा के विभुत्व, एवं कूटस्थ प्रत्येक चैतन्य के अविभुत्व में केवल यही प्रभेद दिखाई देता है, और किसी प्रकार का प्रभेद नहीं है।

दृश्यमान जगत् भी ब्रह्म का अंशमात्र है, यह पूर्व ही कहा गया है; सुतरां यह एकदा अलीक नहीं है। जैसे एक विस्तृत पट के विशेष-विशेष अंशों के ऊपर दृष्टि स्थिर करने से कल्पना द्वारा इस एक अविकृत पट में ही असंख्य मूर्त्तियाँ दृष्ट हो सकती हैं, तद्रूप ब्रह्म के स्वरूपगत आनन्दांश के भी विभिन्न प्रकार ईक्षण-द्वारा उसमें विभिन्न रूप प्रकाशित होते हैं। ये सभी, परिच्छिन्न होने पर भी, ब्रह्म से अभिन्न चिदानन्दरूप हैं। परन्तु जीव स्वरूपगत अपूर्ण दर्शनकारी (असर्वज्ञ) विशेष द्रष्टामात्र है; अतएव भोग्य स्थानीय आनन्दमात्र के दर्शन (अनुभव) में अत्यन्त निष्ठायुक्त होकर, तत्प्रति अत्यन्त अभिनिवेशयुक्त होने के कारण उसके स्वीय चित्स्वरूप के प्रति अभिनिवेश का अभाव एवं तन्निमित्त विस्मृति होती है। उस अवस्था में वह

आनन्द भी चिद्युक्त आनन्द-रूप में प्रतिभात नहीं होता है, यह चित्-हीन (अचेतन) रूप में प्रतिभात होता है, एवं इसी में उसकी आत्म-बुद्धि प्रतिष्ठित रहती है; सुतरां जीव भी अचेतनवत् हो जाता है, एवं अचेतनरूप में प्रतिभात देह में ही उसका आत्मज्ञान आबद्ध हो जाता है। यही जीव की बद्धावस्था है। स्वरूप के इस ज्ञानाभाव का ही नाम है अविद्या। एवञ्च जिस अवस्था में स्वीय चिद्रूप का भी दर्शन प्रस्फुटित होता है, उसी अवस्था में भोग्यस्थानीय देहादि भी चिदानन्दरूप में चिन्मय आत्मा से अभिन्न रूप में प्रतीयमान होते हैं, अचेतन और पृथक् रूप में नहीं दृष्ट होते। यही जीव की मुक्तावस्था है। सुतरां जगत् सर्वदा ही ब्रह्मरूप है; परन्तु बद्धावस्था में जीव की दृष्टि में वह अचेतन कह कर प्रकाशित होता है। शास्त्र में किसी-किसी स्थान में जगत् मिथ्या कहा गया है, इसमें सन्देह नहीं; किन्तु उसका अर्थ स्वयं श्रुति ने प्रदर्शित किया है। यथा-"यथा सौम्येकेन मृत्पिण्डेन सर्वं मृण्मयं विज्ञातं स्याद्वाचारम्भणं विकारो नामध्येयं मृत्तिकेत्येव सत्यम्" (छान्दोग्य षष्ठ प्रपाठक प्रथम खण्ड) इत्यादि। (हे सौम्य श्वेतकेतु! जैसे एक मृत्पिण्ड का ज्ञान होने से समस्त मृण्मय वस्तुओं का ज्ञान होता है; घटशरावादि सभी एक ही मृत्तिका के विकार हैं; केवल वाक्यावलम्बन-द्वारा (केवल पृथक्-पृथक् नामों के द्वारा) ही पृथक्-पृथक् कहकर बोधगम्य होते हैं, परन्तु केवल मृत्तिका ही सद्वस्तु है, (मृत्तिका से पृथक् घटशरावादि किसी का अस्तित्व नहीं); तद्रूप जगत्कारणभूत ब्रह्म ही सत्य है, उसका ज्ञान होने से ही समस्त जगत् का ज्ञान होता है। जगत् इस अर्थ में मिथ्या कहा गया है; अर्थात् मृत्तिका से अतिरिक्त घट का अस्तित्व जैसे मिथ्या है, ब्रह्म से अतिरिक्त जगत् का अस्तित्व भी तद्रूप मिथ्या है। जगत् ब्रह्म से भिन्न है, यह जो एक प्रकार का ज्ञान है, उसको वैदान्तिक भाषा में भ्रम-ज्ञान या अविद्या कहते हैं; यह असम्यक्-दर्शन के एक प्रकार का भेद-मात्र है; जैसे अन्धकार मय-स्थल में रज्जु को देखकर लोग सर्प-भ्रम में पड़ते हैं, पुनः दीपक की सहायता से उसको रज्जु कहकर अवधारित करते हैं, तद्रूप ब्रह्म-स्वरूप-दर्शन होने पर, जगत् को पृथक् अस्तित्वशील कहकर ज्ञान नहीं होता, ब्रह्म कहकर ही बोध होता है; दृष्ट वस्तु मिथ्या नहीं है, उसको रज्जु से भिन्न सर्प कहकर जो ज्ञान है, वही भ्रम और मिथ्या है, वह रज्जु-ज्ञान द्वारा विनष्ट होता है; तद्रूप जगत् मिथ्या नहीं है; ब्रह्म से भिन्न एवं स्वतन्त्र वस्तु कहकर जो बोध है, वही भ्रम और मिथ्या है; ब्रह्म ज्ञान होने से यह भ्रम विनष्ट होता है, और जगत् ब्रह्म ही है, ऐसा बोध होता है। पूर्वोद्धृत श्रीमद्भगवद्गीता वाक्यों से भी जगत् का एकदामिथ्यात्व प्रतिपन्न नहीं होता; वरन् इसका ब्रह्मा भिन्नत्व ही स्थापित होता है। जगत् ब्रह्म से अभिन्न-उसका अंशमात्र है।

जगत् को सर्वथा मिथ्या (अस्तित्वहीन) कहना उक्त श्रुति वाक्यों का अभिप्राय नहीं है, यह तत्परवर्त्ती उपदेश द्वारा और भी स्पष्ट रूप से सिद्ध होता है। श्रुति ने कहा है:-"तद्धैक आहुरसदेवेदमग्र आसीदेकमेवाद्वितीयं तस्मादसतः सज्जायते। कुतस्तु खलु सौम्येवं स्यादिति होवाच, कथमसतः सज्जायते? सदेव सौम्येदमग्र आसीत् एकमेवाद्वितीयम्" इस सम्बन्ध में कोई-कोई कहते हैं कि, उत्पत्ति के पूर्व में असत्-मात्र था, अर्थात् अस्तित्वशील कुछ भी नहीं था, उसी असत् से सत् (जगत्) उत्पन्न हुआ है। परन्तु हे सौम्य! यह किस प्रकार से हो सकता है, असत् से किस भाँति सत् (जगत्) उत्पन्न हो सकता है? हे सौम्य! विशिष्ट भाव से प्रकाशित होने के पूर्व जगत् एक अद्वैत सद्रूप में ही वर्तमान था)। इस स्थल में जगत् को सत् कहकर ही श्रुति ने स्पष्ट रूप से उपदेश किया है। अधिकन्तु कार्यकारणविषयक, अभिन्नत्व, जो वेदान्तशास्त्र का सम्मत है, वह भाष्यकारों को भी स्वीकार्य है; श्रीमान् शङ्कराचाय ने भी वेदान्तदर्शन के द्वितीय अध्याय के व्याख्यान में स्पष्ट रूप से उसी का उल्लेख किया है। सद्वस्तु ब्रह्म ही के जगत्कारण रूप से वेदान्त में स्पष्टतः उल्लिखित होने के कारण तत्कार्य जगत् भी सत् है, इसको अवश्य स्वीकार करना पड़ेगा। सुतरां कारण वस्तु ब्रह्म से यह (जगत्) भिन्न है एवं अचेतन है, इस प्रकार का ज्ञान मिथ्या अर्थात् भ्रम है; एवं 'जगत् मिथ्या है' इस वाक्य का यही अर्थ है; जगत् एकदा अलीक, अस्तित्वहीन है, यह उक्त वाक्य का अभिप्राय नहीं है; और श्रुति ने भी इस रूप से कभी उपदेश नहीं किया, वस्तुतः जगत् एकदा अलीक है, ऐसा श्रुति का अभिप्राय होने से सुवर्ण और मृत्तिका का दृष्टान्त सम्पूर्ण रूप से अनुपयुक्त हो जाता है। एक वस्तु के ज्ञान द्वारा जो अनेक वस्तुओं का ज्ञान हो सकता है, इसी का दृष्टान्त सुवर्ण एवं तन्निर्मित वलय कुण्डलादि के द्वारा श्रुति ने प्रदर्शित किया है। यदि दृश्यस्थानीय समस्त ही एकदा अलीक हैं, एक ब्रह्ममात्र वस्तु है, एवं वह नित्य सर्वविध विशेषत्वरहित अक्षर रूप से वर्तमान है, सुतरां एक रूप में ही द्रष्टव्य है, ऐसा श्रुति का अभिप्राय होता, तो सुवर्ण एवं वलयकुण्डलादि का दृष्टान्त निपट ही अप्रयोज्य हो जाता। वलयकुण्डलादि रूपों को सुवर्ण धारण कर सकता है, अतएव परस्पर में विभिन्न-रूप-विशिष्ट होने से भी, वलयकुण्डलादि सभी सुवर्ण-मात्र ही हैं। सुतरां सुवर्ण के सम्पूर्ण ज्ञान से वलयादि का भी ज्ञान हो जाता है। इसी प्रकार एक मृत्तिका के ज्ञान से घटशरावादि का भी ज्ञान होता है। इतना ही उपदेश का सार है। वलयकुण्डलादि एवं घटशरावादि के सम्पूर्ण मिथ्या होने से, सुवर्ण एवं मृत्तिका के ज्ञान द्वारा इन समस्त मिथ्या वस्तुओं का ज्ञान होता है, ऐसा कहने से यह अर्थशून्य, प्रलाप वाक्य हो जाता है।

श्रीमद्भगवद्गीता के पञ्चदश अध्याय के पूर्वोद्धृत षोडश एव सप्तदश संख्यक श्लोकों में श्रीभगवान् ने कहा है कि जीव एवं जड़ जगत् से अतीत होकर ब्रह्म अवस्थित है; किन्त तद्रूप रहकर भी वह जगत् का अन्तर्यामी, नियन्ता, एवं विधाता है; ये समस्त शक्तियाँ उसके स्वरूपगत हैं; सुतरां वह ईश्वर (सर्वशक्तिमान्) नाम से प्रसिद्ध है। जीव एवं जगत् को स्वतः प्रकाशित करके, ब्रह्म इनसे सम्पूर्ण पृथक् होकर है, ऐसा नहीं। वस्तुतः जगत् एवं जीव ब्रह्म की शक्तिमात्र हैं; शक्ति कभी शक्तिमान् को छोड़कर पृथक् रूप से नहीं रह सकती। अतएव ब्रह्म सर्वगत एवं सर्वनियन्ता है; ये सर्वगतत्व और सर्वनियन्तृत्व उसकी स्वरूपगत शक्तियाँ हैं, इन्हीं शक्तियों के द्वारा वह (ब्रह्म) जीव एवं जड़वर्ग समस्त को धारण और नियमित करता है; सुतरां ये शक्तियाँ जीव तथा जड़वर्ग से अतीत, उसकी स्वरूपान्तर्गत शक्तियाँ हैं; इन्हीं स्वरूपगत शक्तियों के कारण परब्रह्म के ईश्वर नाम की सार्थकता हुई है। परन्तु परब्रह्म में नित्यसर्वज्ञत्व रहने के कारण, वह सर्वगत एवं सर्वनियन्ता होने पर भी जीव के समान अविद्या-पाश से बद्ध नहीं होता, नित्य शुद्ध मुक्त-स्वभाव ही रहता है।

श्रीभगवान् वेदव्यासजी ने ब्रह्म-सूत्र में अनेकविध श्रुतिप्रमाणों एवं युक्तियों के द्वारा ब्रह्म का एवंविध स्वरूप ही संस्थापित किया है। शङ्कर के मतानुसार परब्रह्म में ईश्वरत्व आरोपित है, वह उसके स्वरूपगत नहीं है। यह सिद्धान्त सत्सिद्धान्त कहकर गृहीत नहीं हो सकता; कारण, जीव एवं सृष्टि अनादि हैं; यह सर्ववादिसम्मत है। एक प्रकार की सृष्टि के पश्चात् लय एवं उसके पश्चात् फिर उदय, इस रूप से जगत् का प्रतिनियत आवर्तन होता है। जीव नित्य है, यह भी सर्ववादिसम्मत है। सुतरां जगत् एवं जीव-विषय नियन्तृत्व-शक्ति जो परब्रह्म को है, वह भी नित्य है। इसके आकस्मिक होने पर, इसके आविर्भाव के निमित्त अपर कारण की कल्पना करनी पड़ती है, जो कि सर्वथा श्रुति एवं युक्ति के विरुद्ध है। अतएव परब्रह्म की ऐशी शक्ति औपचारिक नहीं है, वह उसकी स्वरूपगत नित्य शक्ति है। इस शक्ति का अवलम्बन करके ही सर्वविध साधक उसके साथ सम्बन्ध लाभ करते हैं, एवं मोक्ष को प्राप्त होते हैं। उसका ऐश्वर्य न रहने से, वह जगत् के साथ सर्वविध सम्बन्ध-रहित होता। उससे सम्पूर्ण भेदवाद स्थापित होता है; ब्रह्म की जगत्कारणता अस्वीकार करनी पड़ती है; सर्वविध उपासनाओं का आनर्थक्य स्थापित होता है, एवं जगत्तत्त्व और जीवतत्त्व तथा जीव की बद्धावस्था और मोक्षावस्था किसी प्रकार से व्याख्यात नहीं होती। श्रीभगवान् वेदव्यास ने ब्रह्मसूत्र के द्वितीयाध्याय में एवं प्रथमाध्याय के द्वितीय पाद प्रभृति में इसको निःशेष रूप से प्रदर्शित किया है। अतएव परब्रह्म सत्य ही ईश्वर है; एवं उसको ईश्वर कहकर समस्त श्रुतियों और स्मृतियों ने व्याख्यात किया है।

श्रीमद्भगवद्गीता के पूर्वोद्धृत श्लोकों में एवं अपरापर स्थानों में भी वेदव्यास ने सुस्पष्ट रूप से इसको प्रदर्शित किया है।

भगवान् वेदव्यासजी ब्रह्मसूत्र में स्वरचित भगवद्गीता के विरुद्ध मत का संस्थापन करके स्वीय वाक्य की विरुद्धता दिखायेंगे, यह विश्वास योग्य नहीं है। निम्बार्कभाष्य में गीतावाक्य एवं समस्त श्रुतियाँ समन्वित होती हैं, सुतरां इस ग्रन्थ में ब्रह्मसूत्र के व्याख्यान में निम्बार्क भाष्य का ही अनुसरण किया गया है। जीव एवं जगत् के ब्रह्मांशत्व, सुतरां सत्यत्व-विषयक गीतावाक्य तथा बहुविध श्रुतियों एवं अपर शास्त्र वाक्यों के साथ शङ्कराचार्य के निरवच्छिन्न अद्वैत मत का विरोध उत्पन्न होता है, एवं उनके स्वीय विवृत पूर्व-कथित ब्रह्म की द्विरूपत्व विषयक मीमांसा के साथ भी असामञ्जस्य स्थापित होता है। ब्रह्मसूत्र के सूत्रों की सहज व्याख्या का परिहार करके, अनेक स्थलों में कूट व्याख्या का अवलम्बन करना पड़ता है, और सभी सूत्र परस्पर विरोधी हो जाते हैं। द्वैतवादि भाष्य का भी श्रुति, स्मृतिप्रभृति शास्त्रों के उल्लिखित अद्वैतत्व के साथ सामञ्जस्य नहीं होता, एवं विशिष्टाद्वैत नाम से जो मत प्रसिद्ध है, उसमें ब्रह्म के स्वरूपगत पूर्ण भाव की हानि होती है, एवं जीव और जगत् के ब्रह्मांशत्व, सुतरां ब्रह्माभिन्नता सम्बन्धी बहुविध श्रुति वाक्यों के साथ विरोध उत्पन्न होता है, वह पश्चात् प्रदर्शित किया जायेगा। सुतरां सर्वविध श्रुति-स्मृति-वाक्यों की मर्यादा, एवं श्रीमद्भगवद्गीता प्रभृति स्मृति शास्त्रों के साथ एकवाक्यता की रक्षा करके, निम्बार्क भाष्य में जो द्वैताद्वैत मत का स्थापन किया गया है, वही सङ्गत है, ऐसा सिद्धान्त होता है; और युक्ति द्वारा भी यही संगत प्रतीत होता है; यह ब्रह्मसूत्र व्याख्यायन में नाना स्थलों पर प्रदर्शित किया जायेगा। (द्वितीय अध्याय के प्रथम पाद के चतुर्दश, एवं तृतीय अध्याय के द्वितीय पाद के एकादश सूत्रों की व्याख्यायें इस स्थल में द्रष्टव्य हैं)।

श्रीमद्रामानुजस्वामि-कृत ब्रह्मसूत्र के भाष्य में उन्होंने जो सिद्धान्त स्थापित किया है, उसको 'विशिष्टाद्वैत सिद्धान्त' कहते हैं। उन्होंने अपने सिद्धान्त की व्याख्या इस प्रकार से की है, यथा :-",कार्यावस्थ: कारणवस्थश्च स्थूलसूक्ष्मचिदचिद्वस्तु-शरीरः परमपुरुषः। सूक्ष्मचिदचिद्वस्तु शरीरं ब्रह्मैव कारणम्।" "ब्रह्मोपादानत्वेऽपि सङ्घातस्योपादानत्वे चिदचितो ब्रह्मणश्च स्वभावासङ्करोऽप्युपपन्नतरः। यथा शुल्करक्तकृष्णतन्तुसङ्घातोपादानत्वेऽपि चित्रपटस्य तत्तत्तन्तुप्रदेश एवं शौक्लादिसम्बन्धः, इतिकार्यावस्थायामपि न सर्वत्र सङ्करः, तथा चिदचिदीश्वरसङ्घातोपादान्त्वेऽपि जगतः कार्यावस्थायामपि भोक्तृत्व-भोग्यत्व-नियन्तृत्वाद्यसङ्करः। तन्तूनां पृथक् स्थिति-योग्यानामेव पुरुषेच्छया कदाचित् संहतानां कारणत्वं कार्यत्वं च। इह तु

सर्वावस्थावस्थयो: परमपुरुषशरीरत्वेन चिदचितोस्तत्प्रकारतयैव पदार्थत्वात्तत्प्रकार: परमपुरुष: सर्वदा सर्वशब्दवाच्य इति विशेष:। स्वभावभेदस्तसङ्करश्च तत्र चात्र च तुल्य:।" अर्थात् "कार्य एवं कारण रूप से अवस्थित जो स्थूल सूक्ष्म चेतनाचेतन वस्तु है, परमात्मा तच्छरीरविशिष्ट होता है। सूक्ष्मचिदचिद्वस्तुरूपशरीरविशिष्ट ब्रह्म ही स्थूल जगत् का कारण है।" "ब्रह्म ही जगत् का उपादान कहकर निर्देश किया गया है, यह सत्य है; परन्तु वास्तव में चिदचित् की जो सूक्ष्म समष्टि (सङ्घात) है, उसी के जगत् के उपादान होने के कारण इस चिदचिद्वस्तु निचय का स्वभाव और ब्रह्म का स्वभाव, परस्पर संक्रमित नहीं होते। जैसे शुक्ल, रक्त, एवं कृष्ण वर्णों से रञ्जित, किन्तु एकत्र स्थित, तन्तुओं के द्वारा निर्मित वस्त्र के भिन्न-भिन्न अंशों में ही शुक्लादि वर्णों का सम्बन्ध रहना दृष्ट होता है, (वस्त्र के सर्वांशों में इन तीनों वर्णों का संक्रमण नहीं होता है), तद्रूप चित्, अचित्, एवं ईश्वर इन तीनों की समष्टि के जगत् के उपादान होने पर भी, प्रकाशित कार्यावस्थापन्न स्थूल जगत् में भी, भोक्तृत्व (जीवत्व), भोग्यत्व (अचेतनत्व) एवं नियन्तृत्व (ईश्वरत्व) प्रभृति भावों का पारस्परिक विमिश्रण (संक्रमण) नहीं होता है। परन्तु तन्तुयें परस्पर पृथक् होकर रहती हैं, और रह सकती हैं; वस्त्रकर्त्ता की इच्छा के अनुसार समवेत होकर कारणस्थानीय सूत्र रूप में एवं कार्यस्थानीय वस्त्र रूप में वे अवस्थिति करती हैं। किन्तु यहाँ जागतिक चेतन एवं अचेतन समस्त वस्तुयें, सर्वावस्था में ही सदैव परम पुरुष के शरीर स्थानीय होने के कारण, उसी के प्रकार विशेष पदार्थ रूप से नित्य अवस्थित हैं। इसी निमित्त यह चेतनाचेतन 'प्रकार'-विशिष्ट परमात्मा सर्वदा 'सर्व'-शब्द-वाच्य हुआ है, अर्थात् एतत्समस्त ही ब्रह्म है, (सर्वं खल्विदं ब्रह्म) इस रूप में श्रुति ने कहा है। किन्तु दृष्यान्त स्थल में जैसे तन्तुओं के प्रकृति का भेद सदैव वर्तमान रहता है, (रक्तवर्ण तन्तु कदापि शुक्ल अथवा कृष्ण वर्ण नहीं होती), तद्रूप इस स्थल पर भी चित्, अचित्, एवं ईश्वर इन सभी के स्वभाव पृथक् ही पृथक् रहते हैं; इस विषय में दृष्यान्त और दार्ष्यन्त दोनों ही तुल्य हैं।

निविष्ट चित होकर विचार करने पर दृष्ट होता है कि श्रीमद्रामानुज स्वामी के कथन के अनुसार स्थूल एवं सूक्ष्मावस्थापन्न जगत् और जीव ब्रह्म के शरीर हैं। यह चिदचित् की सूक्ष्म समष्टि ही प्रकाशित स्थूल जगत् का मूल उपादान है। इन दोनों के ब्रह्म के शरीर होने के कारण ही ब्रह्म को जगत् का उपादान कहते हैं। किन्तु ब्रह्मस्वरूप का कदापि इस चिदचित् के साथ विमिश्रण (सङ्कर) नहीं होता, ये नित्य सान्निध्य में अवस्थित होने पर भी सर्वदा पृथक् ही रहते हैं। जैसे शुक्ल, रक्त और कृष्ण वर्ण तीन प्रकार की विभिन्न तन्तुओं के मिलने से वस्त्र निर्मित होता है; किन्तु वस्त्र में विभिन्न

वर्णों की तन्तुयें पारस्परिक सान्निध्य में अवस्थित होने पर भी परस्पर पृथक् ही रहती हैं, मिलती नहीं (वस्त्र के एक ही स्थान में एक समय त्रिवर्ण तन्तुयें नहीं रह सकतीं; केवल पृथक्-पृथक् संलग्न स्थान को अधिकार करके रहती हैं); तद्रूप प्रकाशित कार्यभूत स्थूल जगत् में भी ईश्वर, जीव और जड़ वर्ग, इन तीनों के वर्तमान होने पर भी, ये परस्पर पृथक् रहते हैं, कभी इनका विमिश्रण नहीं होता। अर्थात् कारणावस्था में तन्तुयें पृथक् हैं ही; परन्तु कार्य भूत वस्त्रावस्था में भी एकत्र रहने पर भी परस्पर पृथक् ही रहती हैं, मिलती नहीं; तद्रूप ईश्वर, जीव और जड़वर्ग कारणावस्था में तो पृथक् हैं हीं, कार्यावस्था में भी पृथक् ही रहते हैं। इस स्थल में ब्रह्म और ईश्वर शब्द एकार्थ में व्यवहृत देखे जाते हैं; कारण, वाक्यारम्भ में ब्रह्म के ही 'असङ्कर' भांव की वार्त्ता कही गई है, यथा "चिदचितो ब्रह्मणश्च स्वभावासङ्करः" एवं दृष्टान्त में चिदचित् और 'ईश्वर' का स्वभावासङ्कर वर्णित हुआ है।

किन्तु इस रूप से पृथक् कहकर वर्णन करने पर भी श्रीमद्रामानुजस्वामी कहते हैं कि जीव और जगत् (चित् और अचित्) ब्रह्म के ही 'प्रकार' विशेष पदार्थ हैं। इस 'प्रकार' शब्द के अर्थ को, उनके पूर्वोक्त वर्णन को देखने से, निरूपण करना अत्यन्त कठिन होता है; कारण, अन्यत्र इस प्रकार 'असङ्कर' के स्थान में 'प्रकार' शब्द का व्यवहार नहीं देखा जाता। यथा, पशु के गो, अश्व प्रभृति प्रकार-भेद कहे जाते हैं; किन्तु गो, अश्व प्रभृति सभी पशु हैं, पशु से भिन्न नहीं हैं; 'पशुत्व' प्रत्येक प्रकार के पशुओं में विभिन्नि जातिगत विशेष-विशेष गुणों के साथ सङ्कर होकर वर्तमान है। गो में पशुत्व के अभिन्न भाव से वर्तमान न रहने पर, गो को पशु ही नहीं कह सकते। गोत्व और पशुत्व दोनों सङ्कर भावापन्न हैं; अतएव गो को पशु का प्रकार-मात्र कहते हैं। किन्तु श्रीमद्रामानुज स्वामी कहते हैं कि जीव एवं जड़वर्ग कभी ब्रह्म के साथ सङ्कर नहीं होते-सर्वदा पृथक् ही रहते हैं; ब्रह्म में कभी चिदचित् धर्म विद्यमान नहीं होता; एवं मोक्षावस्था में जीव ब्रह्म से पृथक् ही रहता है। अवश्य जीव मोक्षावस्था में भी ईश्वर नहीं होता; यह द्वैताद्वैत सिद्धान्त के भी अभिमत है; यह पहले ही वर्णन किया गया है। किन्तु जीव भी ब्रह्म ही है; वह नित्य ब्रह्म का अंश है; किन्तु स्वरूपतः अपूर्ण द्रष्टा है; सुतरां ईश्वर नहीं है; ईश्वर पूर्णद्रष्टा है; नित्य सर्वज्ञ होने के कारण उसकी ईश्वर संज्ञा है। ईश्वर, जीव, और जगत्-ये तीनों ही ब्रह्म हैं; यही द्वैताद्वैत सिद्धान्त है। किन्तु श्रीमद्रामानुज स्वामी के मत में ब्रह्म शब्द के केवल ईश्वरत्व प्रतिपादक होने के कारण उनके सिद्धान्त के साथ विरोध उपास्थित होता है।

श्रीमद्रामानुज स्वामी ने पूर्वोद्धृत वाक्यों में ऐसा भी वर्णन किया है कि जीव और

जगत् के साथ ब्रह्म का शरीर-शरीरि-सम्बन्ध है, 'प्रकार' शब्द इसी शरीर-शरीरि-सम्बन्ध के ज्ञापनार्थ उन्होंने प्रयुक्त किया है, ऐसा मान लेने से दृष्ट होता है कि साधारण ज्ञान में शरीरी आत्मा से शरीर पृथक् है, शरीर को शरीरी आत्मा कहकर कोई स्वीकार नहीं करता, शरीर आत्मा का भोग साधक और भोग के निमित्त कार्यसाधक है, यह शरीरी जीव के अधीन है, एवं उस जीव के द्वारा परिचालित होता है; इसके प्रति अत्यन्त अभिनिवेशवश इसी में जीव आत्मबुद्धि स्थापन करके निज चिन्मय स्वरूप को भूल जाता है, इसके साथ तादात्म्यता (अभेद) को प्राप्त होता है, और तदात्मक रूप में प्रकाशित होता है। यही शरीर का लक्षण है; एवं इसी रूप के सम्बन्ध को ही शरीर-शरीरि-सम्बन्ध कहते हैं। परन्तु अचेतन शरीर के साथ यह एकात्मभाव जीव के अज्ञान से ही उत्पन्न हुआ है; जीव अचेतन नहीं है, शरीर को अचेतन कहकर धारणा उसकी नहीं है, ऐसा भी नहीं; तथापि जो उसमें आत्मबुद्धि स्थापित करता है, यह अज्ञान का ही फल है। किन्तु ब्रह्म में कभी किसी प्रकार का अज्ञान सम्बन्ध नहीं है, यह नित्य सर्वज्ञ ईश्वररूपी है; श्रीमद्रामानुज स्वामी का भी यही सिद्धान्त है। सुतरां अचेतनावस्थापन्न शरीर में उसकी कभी आत्मबुद्धि नहीं रह सकती। परन्तु आत्मबुद्धि-विवर्जित शरीर के साथ केवल भेद-सम्बन्ध ही रह सकता है। अतएव साधारण बद्धजीव के सम्बन्ध में शरीर शब्द जिस अर्थ में प्रयुक्त होता है, ब्रह्म के सम्बन्ध में उस अर्थ में इसका प्रयोग नहीं हो सकता। एवञ्च उक्तविशिष्टाद्वैत मत में शरीर ब्रह्म से पृथक् ही है। बद्धजीव की भी देहात्मबुद्धि जब मिथ्या कहकर स्वीकार्य है; तब ब्रह्म के सम्बन्ध में भी देह पृथक् है ही। परन्तु जीव और जड़-जगत् के ब्रह्म से भिन्न पदार्थ होने पर, इनके ब्रह्म के कार्यसाधक और सर्वदा उसके नियन्तृत्व के अधीन होने पर भी, भेदवाद ही इसके द्वारा प्रतिपन्न होता है। जैसे सांख्य-मत में प्रकृति के गर्भदासवत् पुरुष सान्निध्य में नित्य वर्तमान रहने पर भी ये पृथक् पदार्थ हैं, तद्रूप चिदचित् संघात भी ब्रह्म से पृथक् है, केवल नित्यसान्निध्यनिबन्धन एक नहीं कहा जा सकता। अतएव 'ब्रह्म ने ईक्षण किया मैं बहुत होऊँगा' इत्यादि मर्म की समस्त श्रुतियाँ और ब्रह्म की अद्वैतत्व, भूमात्व, और पूर्णत्व विषयक, समस्त श्रुतियाँ इस मत की सम्पूर्ण विरोध हो जाती हैं; ब्रह्म के पृथक् रूप में स्थित इस चिदचित् संघात ही को जगत् का मूल उपादान कहने से सर्ववादिसम्मत जगत् के ब्रह्मोपादानत्वविषयक श्रुति का सभी उपदेश अग्राह्य करना होता है, एवं ब्रह्म को 'सर्व' शब्द-वाच्य प्रकृतपक्ष में नहीं कह सकते।

श्रुति ने किसी-किसी स्थान में जगत् को ब्रह्म का शरीर कहकर वर्णन किया है,

यह सत्य है; जैसे बृहदारण्यक के तृतीयाध्याय के सप्तम ब्राह्मण में याज्ञवल्क्य ने कहा है, "यस्य पृथिवी शरीरम्", "यस्य आपः शरीरम्" इत्यादि क्रम से अन्त में "यस्य विज्ञानं शरीरम्" (२२) "यस्य रेतः शरीरम्" (२३)। किन्तु निविष्ट चित्त होकर विचार करने से दृष्ट होगा कि, जगत् की प्रकाशित जड़रूप में अभिव्यक्तावस्था के प्रति लक्ष्य करके, इसके अन्तर्यामी एवं निन्यतृ-रूप में जो ईश्वरब्रह्म विद्यमान है, उसी का इन समस्त स्थलों पर श्रुति ने वर्णन किया है। यह सप्तम ब्राह्मण में उक्त है कि, उद्दालक (गौतम) ने याज्ञवल्क्य से एक गन्धर्वोक्त प्रश्न की जिज्ञासा की थी। यथा, "वेत्थ नु त्वं.... तमन्तर्य्यामिणं, य इमञ्च लोकं परञ्च लोकं सर्वाणि च भूतानि योऽन्तो यमयति?" (तुम क्या उस अन्तर्यामी को जानते हो जो सबके भीतर रहकर इहलोक और परलोक को नियमित करता है?) उसके उत्तर में इस अन्तर्यामी आत्मा का उपदेश करते समय याज्ञवल्क्य ने "जो पृथिवी में है, पृथिवी जिसका शरीर है" इत्यादि श्रुति-वाक्यों को प्रकाशित किया था। इस प्रकाशित अचेतन जगत् की वृक्षरूप में भी कल्पना करके, इसके फलभोक्तृरूप में जीव, एवं नियन्ता और द्रष्यमात्ररूप में परमात्मा ईश्वर है, यह श्रुति ने बहुस्थलों में वर्णित किया है। यथा, "द्वा सुपर्णा सयुजा सखाया समानं वृक्षं परिषस्वजाते।" "अन्तःप्रविष्टः शास्ताजनानाम्" इत्यादि वाक्यों में भी जगन्नियन्तृरूप में ईश्वरत्व ही वर्णित हुआ है। एतत्समस्त जगत् की प्रकाशित अचेतन अवस्था के प्रति लक्ष्य करके उपदेश किया गया है; ये समस्त उक्तियाँ जगत् की शेष कारणावस्था के सम्बन्ध में नहीं हैं। इस शेष कारणावस्था के प्रति लक्ष्य करके श्रुति ने कहा है "सदेव सौम्येदमग्र आसीदेकमेवाद्वितीयम् (छा० ६ अ०, २ ख०) अर्थात् यह जगत् (इदम्) एक अद्वितीय सत् (ब्रह्म) रूप में (अग्रे) पृथक् रूप से प्रकाशित होने के पूर्व (आसीत्) वर्तमान था। इस रूप में बृहदारण्यक श्रुति ने कहा है "ब्रह्म वा इदमग्र आसीत्"। ऐतरेय श्रुति ने कहा है-"आत्मा वा इदमेक एवाग्र आसीत्, नान्यत् किञ्चनमिषत्" इत्यादि। जगत् की इस मूल सद्ब्रह्मरूप कारणावस्था के प्रति लक्ष्य करके जगत् की 'शरीर' संज्ञा का पूर्वोद्धृत बृहदारण्यक श्रुति ने तृतीय अध्याय में ज्ञापन नहीं किया है। मूलकारणावस्था का पूर्वोक्त रूप से वर्णन करके छान्दोग्य श्रुति ने तत्पश्चात् कहा है "**तदैक्षत बहुस्यां प्रजायेयेति;** तत्तेजोऽसृजत,..... तदापोऽसृजत... ता अन्नमसृजन्त.... सेयं देवतैक्षत हन्ताहमिमांस्तिस्रो देवता अनेन जीवेनात्मनानुप्रविश्य नामरूपे व्याकरवाणीति।'' अर्थात् उसी मूलकारण सद्ब्रह्म ने इस रूप से ईक्षण किया कि मैं बहु होऊँ, मेरा बहुरूप में प्रकाश (उत्पत्ति) हो; उसने तेज की सृष्टि की।.....इस तेज ने (देवता ने) अप् की सृष्टि की। इस अप् ने अन्न को (पृथिवी को) सृजा। तब उस देवता ने (ब्रह्म ने) विचार (ईक्षण) किया

कि, इस (निजस्वरूपस्थित) जीवात्मा द्वारा इन तीन (तेजः, अप्, पृथिवी रूप) देवताओं में अनुप्रविष्ट होकर, मैं (इन सभी को) विभिन्न नामों और रूपों से व्याकृत (प्रकाश) करूँगा। अतएव निज स्वरूप से बहुरूपी जगत् को प्रकाशित करके, तत्पश्चात् इस अनन्तनामरूपविशिष्ट जगत् में असंख्य अनन्त जीवरूप में अनुप्रविष्ट होकर भी जो ब्रह्म इन सभी के नियन्ता और प्रकाशक रूप से भी उसमें वर्तमान है, इसी का इस स्थल में एवं इस प्रकार के अन्य अनेक स्थलों में श्रुति ने उपदेश किया है। बृहदारण्यक के तृतीयाध्यायोक्त पूर्वोक्त याज्ञवल्क्य के वाक्य इस शेषोक्त वाक्य के श्रेणीभुक्त हैं। पृथक् रूप से प्रकाशित अचेतन जगत् का द्रष्टा और नियन्ता ईश्वर है; इस अवस्था में द्रष्टा और दृश्य में जो भेद परिलक्षित होता है, उसके प्रति लक्ष्य करके ये समस्त वाक्य कहे गये हैं। ईश्वर जगत् का निर्लिप्त द्रष्टा है, जगत् तत्कर्तृक दृष्ट है, वह नियामक है और जगत् नियम्य है। किन्तु मूलकारणावस्था में वह भेद नहीं रहता है, यह श्रुति ने "सदेव सौम्येदमग्र आसीत्" इत्यादि पूर्वोद्धृत वाक्यों में कहा है। "यत्र सर्वमात्मैवाभूत्, तत् केन कं पश्येत्" इत्यादि श्रुतियाँ भी इस शेष कारणावस्था की ज्ञापिका हैं। पूर्णब्रह्मज्ञ मुक्त पुरुषों के सम्बन्ध में भी श्रुति ने स्पष्ट कहा है:-

"यदा ह्येवैष एतस्मिन्नुदरमन्तरं कुरुते, अथ तस्य भयं भवति"।

(तै० ब्र० ७ अ०)।

अर्थात् जब जीव ब्रह्म से अल्पमात्र भी (अपना) भेद देखता है, तभी उसकी भयाधीनता रहती है। एवं ''यत्र नान्यत् पश्यति स भूमा। यो वै भूमा तदमृतमथ यदल्पं तन्मर्त्त्यं'' (छा० ७ अ०, २४ ख०, १ अ०) अर्थात् ब्रह्मभिन्न कुछ है ऐसा जब देखा नहीं जाता.....। वही भूमा (बृहत्, अनन्त) कहा जाता है। जो भूमा है, वही अमृत; जो अल्प है, वही मृत्युधर्माक्रान्त है।

ब्रह्मात्मबुद्धि में अवस्थित ब्रह्मज्ञ पुरुष इस प्रकार जानते हैं:- ''अहमेवाधस्तादहमुपरिष्यात्.... अहमेवेदं सर्वमिति'' (छा० ७ अ०,२४ ख०, १ अ०) अर्थात् मैं ही नीचे हूँ; मैं ही ऊपर हूँ.... मैं ही एतत्समस्त हूँ।

बृहदारण्यक श्रुति ने भी कहा है:- ''य एवं वेदाहं ब्रह्मस्मीति, स इदं सर्वं भवति (१ अ०, ४ ब्र०, १० ख०) अर्थात् मैं ब्रह्म हूँ, इस रूप से जिसने जान लिया है, वही सर्वमय होता है।

जीव की सर्वशेष अवस्था के सम्बन्ध में इन समस्त एवं इस प्रकार के बहुवाक्यों

के अर्थ का विचार करने से, यह निर्देश करना किसी प्रकारा से सङ्गत नहीं होता कि मोक्षावस्था में भी जीव का ब्रह्म के साथ शरीर-शरीरि-रूप-भेद-सम्बन्ध रहता है। अतएव जीव एवं जगत् (चिदचित्) और ब्रह्म में शरीर-शरिरि-सम्बन्ध-मात्र कहने से, शेष तत्त्व यथार्थतः प्रकाशित नहीं होता। इससे श्रुतिकथित ब्रह्म के अद्वैतत्व, भूमात्व, सर्वत्व, सर्वदा पूर्णत्व, प्रभृति लक्षण वास्तव में नहीं व्याख्यात होते। प्रकाशित जगदधिष्ठाता नारायणपर्यन्त ही यह शरीर-शरीरि-सम्बन्ध-शेष प्राप्त होता है।

श्रीरामानुजस्वामिकृत भाष्य में जिस रूप से विशिष्टाद्वैत सिद्धान्त वर्णित हुआ है, इस स्थल में संक्षेपतः उसी पर किञ्चित् विचार किया गया है। परन्तु श्रीसम्प्रदाय के अन्यतर आचार्य श्रीमद्रामानन्द स्वामी का भी एक भाष्य है, ऐसा लोग कहते हैं; वह अद्यपर्यन्त छपा नहीं; सुतरां यह भी नहीं जाना जा सकता कि, उनका सिद्धान्त किस रूप का है। सम्प्रति इस सम्प्रदाय के एक महात्मा श्रीस्वामी रघुवरदासजी वेदान्ती ने 'विशिष्टाद्वैत सिद्धान्तसार' नामक पुस्तक हिन्दी-भाषा में प्रकाशित की है; उसमें उन्होंने लिखा है कि, 'चित्' और 'अचित्' (जीव और जड़वर्ग) ईश्वर के 'अपृथक्सिद्ध विशेषण' हैं, अर्थात् एतदभुय ब्रह्मस्वरूप के नित्यविशेषण है, जिससे पृथक् होकर इनका स्वरूप कभी नहीं रहता; एवं उसके स्वरूप से पृथक् होकर ये कभी नहीं रहते।* इस सिद्धान्त के साथ द्वैताद्वैत सिद्धान्त का वास्तव में कोई विरोध नहीं है—इसमें केवल भाषामात्र का ही प्रभेद है। सद्ब्रह्म की नित्य सर्वज्ञ ईश्वररूप में, एवं जीव और जगत् रूप में स्थिति इस मत में स्वीकार्य है; यही द्वैताद्वैत सिद्धान्त है; सुतरां विरोध केवल भाषामात्र का है। सद्ब्रह्म सदा ही चिद्युक्त है; इस चित् को किसी-किसी स्थान में उसका स्वरूप कहकर, उसको चिदात्मक (ज्ञानरूप) कहकर श्रुति ने वर्णन किया है, यथा सत्यं "**ज्ञानमनन्तं ब्रह्म**।" इस स्थल में ब्रह्म को 'ज्ञान' चित्)- स्वरूप कहा है। और कहीं-कहीं इस चित् को उसकी शक्ति कहकर भी श्रुति ने वर्णन किया है; यथा, "**तदैक्षत बहुस्याम्**"। इस स्थल में ईक्षणकार्य के प्रति लक्ष्य करके चित् को ब्रह्म की शक्ति कहकर वर्णन किया है, ऐसा कहा जायेगा। वह ईक्षण करता है; अतएव ईक्षण-शक्ति विशिष्ट है। वस्तुतः किसी कारण-वस्तु के कार्य के प्रति लक्ष्य करके, जो कारणवस्तु की शक्ति कहकर वर्णन की जाये, कार्यविरहित भाव से दृष्टि करने पर, वही इस कारणवस्तु की स्वरूपगत कहकर प्रतीत होती है। इसी कारण शक्ति और शक्तिमान्, एवं गुण और गुणी का अभेदत्व सिद्ध है। ईश्वर विभुचित् है, जीव तदंशीभूत अणु-चित् है। यह आनन्द ही ब्रह्म का

*. जगत् को ब्रह्म का विशेषण कहकर वर्णन रामानुजभाष्य में भी कहीं-कहीं है।

स्वरूप है, ऐसा श्रुति ने बहुस्थलों में वर्णन किया है; यथा, "आनन्दो ब्रह्मेति व्यजानात्" (तै० ३) अर्थात् भृगु ने जाना था कि, आनन्द ही ब्रह्म है। और जब इस आनन्द का उसके ईक्षण के (चित् के) भोग्यरूप में वर्णन किया है, तब उसको उसके गुणरूप में प्रदर्शित किया है। यथा, "आनन्दं ब्रह्मणो विद्वान्" (ब्रह्म के आनन्द को) जिसने जाना है। इस स्थल में आनन्द को ब्रह्माश्रित, सुतरां गुणरूप में वर्णन किया है। इस आनन्द का ही प्रकाशभाव जगत् है, आनन्द ही जगत् का सर्वशेष उपादान है। अन्न, प्राण, मन और विज्ञान को क्रमशः जगत् के उपादानरूप में वर्णन करके, तैत्तिरीय श्रुति ने स्पष्टतः वर्णन किया है कि, सर्वशेष में आनन्द ही जगत् का मूल उपादान है। इस कारण जगत् को ब्रह्म का गुणात्मक कहकर वर्णन करते हैं। जीव जगत् को आनन्ददायक (आनन्दरूप) कहकर अनुभव करता है, और अनुभव करने की इच्छा करता है। श्रुति ने भी कहा है, "आनन्देन जातानि जीवन्ति" (आनन्द के द्वारा ही समस्त जीव जीवित रहते हैं, "को वा अन्यात, कः प्राण्यात् यद्येष आकाश आनन्दो न स्यात्" (कौन कर्म की चेष्टा करता, अथवा कौन प्राणन करता, यदि आनन्द न रहता– यदि इसके द्वारा आनन्द का अनुभव न करता)। इस प्रकार अन्यान्य स्थलों में भी वर्णन है। अतएव जगत् को ब्रह्म का "अपृथक्सिद्ध विशेषण" कहने से ब्रह्म का द्वैताद्वैत सिद्धान्त के साथ वास्तविक पक्ष में कोई विरोध नहीं है; जीव और जगत् ब्रह्म के अङ्गीभूत अंश हैं, 'अपृथक्सिद्ध' गुण भी ब्रह्म का अंश ही है; उससे पृथक् वस्तु नहीं है। श्रीस्वामी रघुवरदासजी वेदांती ने निजकृत पूर्वोक्त "विशिष्टाद्वैत-सिद्धान्तसार" ग्रन्थ के प्रारम्भ में श्रीमद्रामानन्द स्वामी की ही वंदना करके विशिष्टाद्वैत-सिद्धान्त की व्याख्या की है। उससे अनुमान होता है कि, उन्होंने उक्त स्वामीजी के भाष्यानुसार ही उस ग्रन्थ में सिद्धांत की व्याख्या की है। इसके साथ द्वैताद्वैतसिद्धांत के मूल विषय में कोई विरोध नहीं दृष्ट होता। श्रीमद्रामानुज स्वामी के वर्णित पूर्वोक्त 'शरीर' और 'प्रकार' शब्द यदि 'विशेषणार्थक' होवे, तो उनके मत के साथ भी कोई प्रकृत विरोध नहीं रहता। अतएव विशिष्टाद्वैत सिद्धांत सम्बन्ध में इस ग्रन्थ में और अधिक समालोचना न होगी।

सर्वरूपी और अरूपी, सर्वरूपमय, और सर्वरूपातीत, प्राकृतिक गुणातीत अथ च सर्वजगन्नियन्ता तथा आश्रय ऐसे ब्रह्म की भक्ति द्वारा प्राप्ति की जाती है; भक्ति ही इस पूर्ण ब्रह्मप्राप्ति की पूर्णसाधिका है (तृतीय अध्याय द्वितीय पाद के २४ संख्यक प्रभृति सूत्र द्रष्टव्य हैं)। अपनी एवं समग्र विश्व की ब्रह्मरूप में भावना भक्तिमार्ग के अङ्गीभूत है। ज्ञानमार्ग के साधक केवल अपनी ही ब्रह्म रूप में भावना करते हैं, एवं

जगत् को अनात्म कहकर परिहार करते हैं। भक्ति-मार्ग के साधक के निकट अनात्म कहकर कुछ है ही नहीं, वे अपनी जैसे ब्रह्म से अभिन्न रूप में भावना करते हैं, तद्रूप परिदृश्यमान जगत् को भी ब्रह्म से अभिन्न कहकर भावना करते हैं। एवं ब्रह्म को जीव और जगदतीत सर्वज्ञ सर्वशक्तिमान् अच्युत आनन्दमय कहकर भी चिंतन करते हैं। इस भक्तिमार्ग की उपासना को केवल सगुण उपासना कहकर व्याख्या करना ठीक नहीं। भक्तिमार्ग की उपासना त्रिविध अङ्गों से पूर्ण है; जगत् का ब्रह्मरूप में दर्शन इसका एक अङ्ग है; जीव की ब्रह्मरूप में भावना इसका द्वितीय अंग है, एवं जीव और जगत् से अतीत, सर्वज्ञ सर्वशक्तिमान् और सर्वाश्रय एवं आनन्दमयरूप से ब्रह्म का ध्यान इसका तृतीय अङ्ग है। उपासना के प्रथम दो अङ्गों के द्वारा साधक का चित्त सर्वतोभाव से निर्मल होता है, तृतीय अङ्ग के द्वारा ब्रह्म साक्षात्कार लाभ होता है। भक्त के निकट ब्रह्म सगुण और निर्गुण दोनों ही है; जागतिक कोई भी वस्तु केवल गुणात्मक नहीं है; ब्रह्म से विच्छिन्न होकर गुण अवस्थिति कर नहीं सकता; कारण, गुण का स्वातंत्र्य वेदांत-शास्त्र में निषिद्ध है। सुतरां भक्त-साधक जिस किसी मूर्ति का दर्शन करता है, उसी को ब्रह्म कहकर तत्प्रति स्वभावतः प्रेमयुक्त होता है। इस प्रकार सर्वविध द्वैतधारणा एवं असूयाविवर्जित होने से चित्त निर्मल होता है और परब्रह्म में सम्यक् निष्ठा का उदय होता है, यही पराभक्ति कहकर शास्त्र में उल्लिखित है, और इसी के द्वारा परब्रह्म साक्षात्कार होता है। ब्रह्मसूत्र में भी भगवान् वेदव्यास ने इन्हीं विविध उपासनाओं को मोक्षसाधन का उपाय कहकर व्याख्या की है। (वेदांत-सूत्र के प्रथम अध्याय, प्रथम पाद, शेष सूत्र, एवं तृतीय अध्याय, द्वितीय पाद, २४ सूत्र प्रभृति द्रष्टव्य हैं)। भक्ति की प्राथमिक अवस्था को 'साधनभक्ति' कहते हैं। इसके द्वारा चित्त का प्रसारण होने से, चित्त के अनन्तत्व प्राप्त होने पर, 'पराभक्ति' नामक भक्ति की शेषावस्था उपस्थित होती है। इस पराभक्ति के द्वारा ही परब्रह्म का साक्षात्कार होता है। श्रीमद्भगवद्गीता में भी इस पराभक्ति को ही ब्रह्म साक्षात्कार का उपाय कहकर भगवान् वेदव्यास ने भगवदुक्तिप्रसङ्ग में स्पष्ट रूप से वर्णन किया है; यथाः-

ब्रह्मभूतः प्रसन्नात्मा, न शोचति न कांक्षति।
समः सर्वेषु भूतेषु, मद्भक्तिं लभते पराम्।।

अ० १८, ५४ श्लोक।

भक्त्या मामभिजानाति यावान् यश्चास्मि तत्त्वतः।
ततो मां तत्त्वतो ज्ञात्वा, विशते तदनन्तरम्।।

अ० १८, ५५ श्लोक।

अस्यार्थः—मैं ब्रह्म से अभिन्न हूँ, इस प्रकार निश्चित बुद्धि से (ब्रह्मरूप में) अवस्थित प्रसन्नचित्त पुरुष किसी विषय में शोक नहीं करता, कुछ भी आकांक्षा नहीं करता; सर्वभूतों में उसकी ब्रह्मबुद्धि होने के कारण वह सम्यक् समदर्शी होता है। ('अनात्मा' कहकर उसके पक्ष में कुछ भी परिहार्य नहीं है।) एतद्रूपावस्थापन्न पुरुष ही मत्सम्बन्धिनी पराभक्ति लाभ करता है। १८श अ०, ५४ श्लो०।। भक्त मेरे यथार्थस्वरूप को (परमविभुस्वभाव, सर्वैश्वर्यसम्पन्न चिदानन्दात्मकरूप को) सर्वतत्त्वों के सहित इस पराभक्ति-द्वारा जानकर ही मुझमें प्रवेश करता है। अ० १८, ५५ श्लोक।।

तो द्वैतबुद्धि से किसी विशेष मूर्त्ति की ब्रह्मरूप में उपासना के साक्षात्सम्बन्ध में मोक्षदातृत्व का अभाव है, यह अवश्य स्वीकार करना होगा। श्रुति और स्मृति के वाक्यों की निविष्टचित्त होकर पर्यालोचना करने से यह उत्पन्न होगा; और श्रीभगवान् वेदव्यास ने भी यही ब्रह्मसूत्र में प्रतिपन्न किया है। परन्तु श्रुतिस्मृत्युल्लिखित तत्सम्बन्धीय वाक्यों के द्वारा केवल 'अहं ब्रह्म' इत्याकार भावनारूप ज्ञानयोग ही एकमात्र मोक्षसाधनोपाय कहकर अवधारित नहीं होता। सुतरां श्रीमच्छङ्कराचार्य का एतत्सम्बन्धीय मत भी समीचीन कहकर ग्रहण नहीं किया जा सकता। द्वैतभाव से भगवद्विग्रह की ब्रह्मज्ञान से उपासना, साक्षात्सम्बन्ध में मोक्षप्रदा न होने पर भी, चित्त की निर्मलता साधन करके, ज्ञानयोग की अपेक्षा अल्प समय में और अल्पकष्ट से अद्वैत ज्ञान उत्पादन करती है; इस अद्वैत ज्ञान के प्रतिष्ठित होने से, पराभक्ति स्वयं प्रकाशित होती है, एवं साधक अंत में ब्रह्मसाक्षात्कार प्राप्त हो मोक्ष-लाभ करता है। आत्मानात्मविचार-प्रधान ज्ञानयोग द्वारा भी मोक्षसाधन हो सकता है, इसमें संदेह नहीं); परन्तु इस प्रणाली का साधन अति कठिन है; यह श्रीमद्भगवद्गीता के पञ्चमाध्याय में विशेषरूप से विवृत हुआ है। परन्तु यह किसी प्रमाण-द्वारा स्थिरीकृत नहीं होता कि, केवल इस प्रकार का ज्ञान-योग ही मोक्षलाभ का उपाय है। भगवान् वेदव्यास ने पातञ्जल-दर्शन के भाष्य में ज्ञानयोग की विशेषरूप से व्याख्या की है। परन्तु स्वरचित वेदांत-दर्शन में उन्होंने भक्ति-योग ही को प्रशस्त साधनोपाय बतलाया है। (३ अ०, २ पाद, २४ सूत्र, १ अ० १ पाद, ३२ सूत्र इत्यादि द्रष्टव्य हैं।) पातञ्जल भाष्य में भी 'ईश्वरप्रणिधानात्'' इत्यादि सूत्रों के व्याख्यान में भाष्यकार ने वर्णन किया है कि भक्तियोग अतिशीघ्र फलोत्पादन करता है; परन्तु पातञ्जलदर्शन के प्रधानतः ज्ञानमार्गीय ग्रन्थ होने के कारण उसमें ज्ञानयोग का ही विस्तृत वर्णन किया गया है। अतएव सांख्य दर्शन और पातञ्जल दर्शन ज्ञानयोगियों के उपादेय हैं; ब्रह्मसूत्र भक्तिमान् योगिसमूह का विशेष उपादेय है।

अब ब्रह्मज्ञों का शेषगतिविषयक किञ्चित् वर्णन करके यह भूमिका समाप्त की जाती है। उसके सम्बन्ध में श्रीमच्छङ्कराचार्य का सिद्धांत यह है कि, देहान्तकाल उपस्थित होने पर यह शरीर पतित होता है; ब्रह्मज्ञ पुरुषों के पूर्ण ब्रह्मत्व रहने के कारण, उनके जीवत्व का एकदम विलय होता है। ब्रह्म तो है ही, जैसा है, तद्रूप ही रहता है; अविद्याहेतुक उसमें ही शरीर एवं शरीराश्रित जीवत्व प्रकाशित हुए थे, अविद्या के विनाश होने से वे भी विनष्ट हो जाते हैं, उनके और कुछ रहते नहीं। भ्रमवश ही रज्जु में सर्पबुद्धि होती है; उसी भ्रम के दूर होने पर जैसे सर्प का अस्तित्व एकांत विलुप्त हो जाता है, रज्जु जैसे पहले थी तद्रूप ही रहती है; तद्रूप अविद्या-हेतु ही ब्रह्म में जीवत्व प्रकाशित हुआ था; अविद्या के विनाश होने पर शरीराश्रित इस जीवत्व का संपूर्ण विनाश होता है; ब्रह्म तो यद्रूप नित्य है, तद्रूप ही रहता है।

श्रीमच्छङ्कराचार्य का यह मत श्रुति और ब्रह्मसूत्र का एकांतविरोधी है, यह अधुना संक्षेपतः प्रदर्शित किया जायेगा।

छान्दोग्योपनिषद् के षष्ठ अध्याय के १४वें खण्ड में ब्रह्मज्ञ जीवित स्थूलदेहधारी पुरुष के सम्बन्ध में उल्लिखित है कि, "तस्य तावदेव चिरं यावन्न विमोक्ष्येऽथ सम्पत्स्ये" ब्रह्मज्ञ पुरुष का (स्वीय आत्मस्वरूप लाभ करने में) तावत्पर्यन्त विलंब रहता है, यावत्पर्यन्त प्रारब्ध कर्म (देहपातद्वारा); क्षय-प्राप्त नहीं होता; तत्पश्चात् वे आत्मस्वरूप को प्राप्त होते हैं। यह देह प्रारब्ध-कर्म का ही फलस्वरूप है, प्रारब्ध-कर्मक्षय होने पर इसका पतन अवश्य ही होता है, और तत्पश्चात् वह स्वीय आत्मस्वरूप लाभ करता है। इस श्रुति के अर्थसम्बन्ध में कोई मतान्तर नहीं है। परन्तु ब्रह्मदर्शन होने पर ही पुरुष को यथार्थ ब्रह्मज्ञ पुरुष कह सकते हैं। किन्तु ब्रह्मदर्शन होने पर, मुण्डकप्रभृति श्रुतियों में कहा है कि, "क्षीयन्ते चास्य कर्माणि तस्मिन्दृष्टे परावरे" (ब्रह्मदर्शी पुरुष के समस्त कर्म क्षय-प्राप्त होते हैं)। किन्तु समस्त कर्मों के क्षय प्राप्त होने पर, ब्रह्मदर्शन होते ही ब्रह्मज्ञ पुरुष का शरीर नष्ट होना उचित है; कारण, शरीर कर्म-भोग के निमित्त ही सृष्ट हुआ था। किन्तु पूर्वोक्त 'तस्य तावदेव चिरं यावन्न विमोक्ष्येऽथ सम्पत्स्ये' इस छान्दोग्यश्रुति ने कहा है कि, तब भी कर्मबन्धन एकांत विनष्ट नहीं होता; तन्निमित्त शरीरपात नहीं होता; कर्म के शेष होने से, शरीर-पात होने पर, वह विमुक्त आत्म-स्वरूप लाभ करता है। यह दृष्टतः विरोध प्रकृत विरोध नहीं है; इसकी भगवान् वेदव्यास ने चतुर्थ अध्याय के प्रथम पाद के पञ्चदश सूत्र में इस रूप से व्याख्या की है कि, "क्षीयन्ते चास्य कर्माणि" वाक्य में जो कर्मक्षय का वर्णन है, उसका अर्थ यह है कि, एतज्जन्मकृत समस्त कर्म, एवं

जन्मान्तरकृत समस्त सञ्चित कर्म, ब्रह्मदर्शन होने पर क्षय-प्राप्त होते हैं। किन्तु प्रारब्ध कर्म, (फलोन्मुखी जन्मान्तर के कर्म,) जिनको भोगने के निमित्त इस शरीर की सृष्टि हुई है, ब्रह्मदर्शन से विलुप्त नहीं होते; उनके भोग-द्वारा क्षय होने पर देह का पतन होता है; तदुपरान्त ब्रह्मज्ञ पुरुष निज स्वाभावाविक आत्मरूप को प्राप्त होता है।

ब्रह्मज्ञ पुरुष ब्रह्म को ही जगन्नियन्ता जानते हैं; सुतरां निजदेह-कृतकर्मों में अनात्मबुद्धियुक्त होने के कारण देहधारी होते हुए भी ब्रह्मज्ञ पुरुष जो समस्त पाप अथवा पुण्य कहते हैं, उनमें वे किसी प्रकार लिप्त नहीं होते। छान्दोग्योपनिषद् के चतुर्थ अध्याय के १४वें खण्ड में उक्त है, 'यथा पुष्करपलाश आपो न श्लिष्यन्त, एवमेवं विदि पापं कर्म न श्लिष्यते' (पद्मपत्र में जैसे जल लिप्त नहीं होता, -अथ च जल पद्मपत्र में संलग्न रहता है; तद्रूप ब्रह्मज्ञ में भी कोई पाप लिप्त नहीं होता)। किन्तु कर्म, कृत होने पर, अपना फल दिये बिना कभी भी क्षय-प्राप्त नहीं हो सकता; अथ च उन समस्त कर्मों के करने पर भी ब्रह्मज्ञ पुरुष के स्वयं निर्लिप्त रहने के कारण, उसके ऊपर वे सब कर्म कोई कार्य नहीं कर सकते। इस सम्बन्ध में श्रुति ने कहा है कि ब्रह्मज्ञ पुरुषों के स्थूल देहपतन के पश्चात् ही उनकी सूक्ष्म देह का भी पतन नहीं होता; इस सूक्ष्म देह के अवलम्बन-द्वारा वे देवयान गति को प्राप्त होकर अर्च्चिरादिमार्ग से ब्रह्मलोक में गमन करते हैं; विरजा नामक नदी को वे गमन-काल में प्राप्त होते हैं; इसको उत्तीर्ण होने के समय, यह पाप-पुण्य-संस्कार जो उनके सूक्ष्म शरीर को आश्रय करके वर्तमान रहते हैं, इस शरीर से वियुक्त हो जाते हैं, एवं उनके कृत पाप-समूह उनके द्वेष्टाओं को आश्रय करते हैं और उनके पुण्य-समूह उनके बन्धुजनों को आश्रय करते हैं; वे इनको भोग करते हैं। यथा कौषितकी श्रुति ने उसको वर्णन करते समय कहा है "स आगच्छति विरजां नदीं; तां मनसेवात्येति। तत्सुकृतदुष्कृते धुनुते। तस्य प्रिया ज्ञातयः सुकृतमुपयन्त्यप्रिया दुष्कृतम्" (वह विरजा नामक नदी को प्राप्त होता है, उसको मन के (संकल्प) द्वारा उत्तीर्ण होता है; वहाँ वह पुण्य-पाप को परित्याग करता है, यह नदी उसको धोती है; उसके प्रिय बंधु-गण समस्त सुकृत को प्राप्त होते हैं, एवं उसके विद्वेषी उसके दुष्कृत को भोगते हैं)। ब्रह्मलोक को प्राप्त होने के पश्चात् उनकी (ब्रह्मज्ञ पुरुषों की) सूक्ष्मदेह के साथ जो आत्मभाव था, वह भी विनष्ट हो जाता है, एवं तब वे स्वीय आत्मरूप में (चिद्रूप में) प्रतिष्ठित होते हैं। वास्तव में ब्रह्मज्ञ पुरुष जब तक स्थूल अथवा सूक्ष्म शरीरधारी रहते हैं, तभी तक तत्तच्छरीरनिष्ठ कर्म-संस्कार के रहने के कारण उनकी कर्माधीनता सम्पूर्णरूप से परित्यक्त नहीं होती; सुतरां साधारण कर्मों के साथ उनकी अलिप्तता उत्पन्न होने पर

भी, तत्तद्देहेनिष्ठ संस्कार रहने के कारण प्रियाप्रिय बोध संपूर्णरूप से विलुप्त नहीं होता; एवं निरवच्छिन्न आनन्दमयता भी लब्ध नहीं होती।

शिष्य इन्द्र को प्रजापति ने ब्रह्मविद्या का उपदेश करते समय कहा था:–"मघवन्मर्त्यं वा इदं शरीरं.....न वै सशरीरस्य सतः प्रियाप्रिययोरपहतिस्त्यशरीरं वाव सन्तं न प्रियाप्रिये स्पृशतः"। (हे इन्द्र! यह शरीर निश्चय ही विनाशवान् है....सशरीर (शरीयुक्त) रहने पर प्रियाप्रिय का (संपूर्ण) विनाश कभी नहीं होता। अशरीर (शरीररहित) होने से प्रियाप्रिय कुछ स्पर्श नहीं करता। (छान्दोग्य अष्टम अ० १२ श ख० १ म वाक्य)। मोक्षप्राप्त जीव किस प्रकार से देह के साथ एकत्व भाव को, सुतरां अपने स्वरूप में अनवस्थिति को, परित्याग करते हैं, इसको स्पष्ट करने के समय तत्परवर्त्ती द्वितीय और तृतीय वाक्यों में प्रजापति ने यह दृष्टांत दिया है कि, "अशरीरी वायुरभ्रं विद्युत् स्तनयित्नुशरीराण्येतानि, तद्यथैतान्यमुष्मादाकाशात् समुत्थाय परं ज्योतिरुपसम्पद्य स्वेन स्वेन रूपेणाभिनिष्पद्यन्ते" (द्वितीय वाक्य)। (अर्थात् वायु जब आकाश के साथ मिलती है, तब वह आकाश के साथ एक हो जाती है, उसके स्वरूप का आकाश से भेद नहीं रहता; आकाश शरीररहित है; इस हेतु वायु भी (उस समय) अशरीर रहती है; इसी प्रकार अभ्र, विद्युत् और मेघ भी अशरीर रहते हैं। किन्तु ये जैसे आकाश से उठकर, परम ज्योतिर्मय सूर्य का ताप पाकर स्वीय स्वीय वायु, अभ्र इत्यादि रूपों में अभिव्यक्त होते हैं); "एवमेवैष सम्प्रसादोऽस्माच्छरीरात् समुत्थाय परं ज्योतिरुपसम्पद्य स्वेन रूपेणाभिनिष्पद्यते स उत्तमपुरुषः" (तृतीय वाक्य)। (अर्थात् वैसे ही ब्रह्मदर्शनलाभ से ये सुप्रसन्न जीव ('सम्प्रसाद') इसी शरीर से समुत्थित होकर सर्वप्रकाशक परमात्मा को प्राप्त होकर अपने स्वाभाविक रूप में (स्वीयचिद्रूप में) स्थिति लाभ करते हैं। वे उस समय (देह-सम्बन्ध विनिर्मुक्त) उत्तम पुरुष के रूप में स्थित होते हैं।

एवञ्च छान्दोग्योपनिषद् के अष्टम अध्याय के प्रारंभ में दहर ब्रह्मविद्या के उपदेश के अंत में हृदिस्थ आत्मा के अपहत पाप्मत्व एवं सत्यसंकल्पत्वादि गुणों का वर्णन करके, प्रथम खण्ड के शेष भाग में श्रुति ने कहा है "य इहात्मानमनुविद्य व्रजन्त्येतांश्च सत्यान् कामांस्तेषां सर्वेषु लोकेषु कामचारो भवति।" (जो लोग आत्मा को एवं आत्मा के सत्यकामत्वादि गुणों को जानकर प्रस्थान करते हैं, देह को परित्याग करके जाते हैं, वे सब लोकों में यथेच्छक्रम विचरण कर सकते हैं।) उन लोगों का कामचारत्व किस प्रकार का है, उसे द्वितीय खण्ड में उदाहरणों के द्वारा वर्णन करके, अंत में इसी खण्ड के अन्तिम वाक्य में श्रुति ने कहा है, "यं यमन्तमभिकामो भवति,

यं कामं कामयते, सोऽस्य संकल्पादेव समुत्तिष्ठति, तेन सम्पन्नो महीयते।" (वे जिन जिन विषयों में अभिलषित हों, जो कामनायें करें, वे सब उनकी इच्छामात्र से उपस्थित होती हैं, वे उन्हें प्राप्त कर प्रीतियुक्त होते हैं)। तत्पश्चात् तृतीय खण्ड के प्रथम दो वाक्यों में कहा गया है कि, बद्धावस्था में जीव के विशुद्ध स्वरूपगत इन्हीं सत्यसंकल्पत्वादि गुणों के अज्ञान द्वारा आवृत रहने के कारण, उन लोगों की कामनायें पूर्ण नहीं होतीं। तत्पश्चात् तृतीय वाक्य में कहा गया है कि, यह आत्मा हृदय ही में है; वह हृदि में है, इसी से इसका नाम 'हृदय' है (हृदि अयम् इति हृदयः)। इस प्रकार हृदयस्थ आत्मा को जिन्होंने जाना है, वे नित्य प्रति (सुषुप्ति समय में) स्वर्ग लोक को प्राप्त होते हैं, अर्थात् आनन्दमयता लाभ करते हैं,– 'सत्–सम्पन्न' होते हैं। अतःपर चतुर्थ वाक्य में कहा गया है:–"**अथ य एष सम्प्रसादोऽस्माच्छरीरात् समुत्थाय परं ज्योतिरुपसम्पद्य स्वेन रूपेणाभिनिष्पद्यत, एष आत्मेति,** होवाचैतदमृतमभयमेतद् ब्रह्मेति, तस्य वा एतस्य ब्रह्मणो नाम सत्यमिति।" अर्थात् जो हृदयस्थ परमात्मा को जानकर प्रसन्नचित्त हुए हैं, वे ही सम्यक् प्रसन्नताप्राप्त जीव (सम्प्रसाद) इस शरीर से समुत्थित होकर सर्वप्रकाशक परमात्मा को प्राप्त हो 'स्वीय' (विशुद्ध चिन्मय) रूप में स्थित होते हैं; यह आत्मा है; ऐसा (भगवान् सनत्कुमार ने) कहा है। यह अमृत है, अभय है, एवं ब्रह्म रूप में स्थित है। इसी ब्रह्म का नाम सत्य है।

दहरविद्याप्रकरण के इस शेषोक्त वाक्य एवं द्वादश खण्ड के उल्लिखित पूर्वोक्त प्रजापति के वाक्यों को मिलाकर देखने से, वे ठीक एक ही वाक्य समझे जाते हैं। अतएव उभय वाक्यस्थ 'सम्प्रसाद' शब्द का अर्थ 'पूर्ण ब्रह्मज्ञ पुरुष' है; इसमें कोई भी संदेह नहीं हो सकता; एवं पूर्वोद्धृत समस्त वाक्यार्थ पर विचार करने से यही सिद्धांत होता है कि, ब्रह्मवित् पुरुष, देहान्त होने पर, शरीर से उत्थित होकर स्वीय चिन्मयरूप में अविचलित प्रतिष्ठा लाभ करते हैं और सर्वत्र सत्यसङ्कल्प होते हैं। "ये इहात्मानमनुविद्य व्रजन्ति" इत्यादि पूर्वोद्धृत वाक्यों में ब्रह्मज्ञ के स्थूल शरीर को परित्याग करके अन्यत्र जाने की वार्ता स्पष्टरूप से उल्लिखित हुई है; और सब वाक्यों का भी मर्म यही है। परन्तु उन लोगों के जीवित काल में ही ब्रह्मसाक्षात्कार लाभ करने पर भी, संस्काररूप में उनके प्रारब्ध कर्म रह जाते हैं; तन्निमित्त उनका शरीर तत्क्षण छूटता नहीं, बना रहता है, यह श्रुतियों के द्वारा पहले ही प्रदर्शित किया गया है। अतएव देहधारी ब्रह्मज्ञों की देहात्मबुद्धि एकांत विलुप्त नहीं होती।

बालकों की अनिष्ट शङ्का निवारणार्थ माता उनको भूत का भय दिखाकर किसी

एक स्थान में जाने को रोकती है; पर वे जब बड़े होते हैं, एवं यह निश्चित रूप से जानते हैं, कि उस स्थान में कोई भी भूत नहीं है, तो भी उस एकान्त स्थान में रात्रि में जाने से उन्हें भय ही हो जाता है; इसी प्रकार ब्रह्मज्ञ होकर अपने को अचेतन प्राकृतिक शरीर से पृथक् चिद्रूप कहकर निश्चित रूप से जानने पर भी, पहले के बहुत दिनों के देहात्मभाव के दृढ़ संस्कार एकांत नाश को प्राप्त नहीं होते, ये ही संस्कार अवश्य इस भाँति शिथिलता को प्राप्त होते हैं, जिससे वर्तमान कर्म पुनः नवीन संस्कारों की सृष्टि करके जन्मान्तर-संघटन करने में समर्थ नहीं होते हैं। किन्तु तथापि संस्काररूप से यह देहात्मबुद्धि कुछ रह ही जाती है। विधाता के इसी नियम से सांसारिक लोगों के कल्याण का ही साधन होता है; कारण यह है कि, जीवित ब्रह्मज्ञगण ब्रह्मविषयक आचार्य होकर औरों को मोक्ष-पथ-प्रदर्शन कर सकते हैं; और ये सब कर्म ब्रह्मज्ञ लोगों का कुछ अनिष्ट साधन नहीं कर सकते; वे लोग शरीर को त्याग करके, उससे उत्थित होकर उसी परमपद को प्राप्त होते हैं। अतएव पूर्वोद्धृत प्रजापति वाक्यों में यह उपदेश दिया गया है कि, 'अशरीर' होने ही से ब्रह्मज्ञगण स्वीय विशुद्ध चिन्मयरूप में स्थित होते हैं, और दहरविद्या-प्रकरण में श्रीभगवान् सनत्कुमार का उपदेश भी इसी प्रकार से है।

ब्रह्मज्ञ पुरुष स्थूल-शरीर-परित्याग के पश्चात् जो 'स्वीय' स्वाभाविक चिन्मयरूप को प्राप्त होते हैं, इसको पूर्वोद्धृत श्रुतियाँ उपदेश करती हैं, किन्तु स्थूल-शरीर-परित्याग के पश्चात् किस प्रकार से उन्हें चिन्मयता प्राप्त होती है, यह उन समस्त श्रुतियों ने विशद रूप से वर्णन नहीं किया। यह अन्यान्य श्रुति-वाक्यों में वर्णित हुआ है। यथा छान्दोग्योपनिषद् के उसी अष्टम अध्याय के षष्ठ खण्ड के पञ्चम और षष्ठ वाक्यों में कहा गया है कि, "अथ यत्रैतदस्माच्छरीरादुत्क्रामत्यथैतैरेव रश्मिभिरुद्ध्वमाक्रमते; स ओमिति वा होद्वा मीयते; स यावत् क्षिप्येन्मनस्तावदादित्यं गच्छत्येतद्वै खलु लोकद्वारं विदुषां प्रपदनं निरोधोऽविदुषाम्"।।५।।

शतं चैका च हृदयस्थनाड्यस्तासां मूर्द्धानमभिनिःसृतैका। तयोद्र्ध्वमायान्नमृतत्वमेति, विष्वङ्ङन्या उत्क्रमणे भवन्ति।।६।।

अर्थात् अतःपर (मृत्यु-काल में) जिस समय जीव इस शरीर से निकलता है, उस समय (वह अब्रह्मज्ञ वैदिकर्मानुष्ठायी होने से) पूर्वोक्त सूर्यरश्मि-द्वारा ऊद्ध्र्वस्थ स्वर्गादि लोकों में गमन करता है; और यदि वह ब्रह्मज्ञ हो, तो ॐकारध्यान-पूर्वक और भी ऊद्ध्र्व को जाता है। मन को आदित्य को प्रेरणा करने में जितना समय लगता है, उतने समय में (अर्थात् अति अल्प समय में) वह आदित्य को प्राप्त होता है। यही

आदित्य ब्रह्म-लोक-प्राप्ति-विषय में ब्रह्मज्ञ पुरुषों के लिए द्वार के सदृश है और अब्रह्मज्ञ कर्मी पुरुषों के लिए अवरोधक (प्रतिबंधक करने को कपाट-स्वरूप) है।।५।।

हृदय में एक शत एक नाड़ियाँ हैं, उनमें से एक मस्तक की ओर ऊपर गई है। इसी नाड़ी के मार्ग-द्वारा उत्थित होकर ऊद्ध्र्वगमन करके ब्रह्मज्ञ पुरुष अमृतत्व लाभ करता है। और दूसरी ओर और सब नाड़ियाँ गई हैं। ये ही सब अपर जो अमृतत्व के अधिकारी नहीं हैं, उनके देह से निकलने के निमित्त पथस्वरूप हैं।

कठोपनिषद् के द्वितीय अध्याय की तृतीय वल्ली में भी उक्त षष्ठ वाक्यस्थ श्लोक वर्णित है। पश्चात् इस तृतीय वल्ली के चतुर्दश एवं पञ्चदश श्लोकों में निम्नरूप से वर्णित है कि :-

यदा सर्वे प्रमुच्यन्ते कामा, येऽस्य हृदि स्थिताः।
अथ मर्त्योऽमृतो भवत्यत्र ब्रह्म समश्नुते।।१४।।
यदा सर्वे प्रभिद्यन्ते हृदयस्येह ग्रन्थयः।
अथ मर्त्योऽमृतो भवत्येतावदनुशासनम्।।१५।।

अर्थात् जिस समय पूर्णभाव से निष्काम होता है, उसी समय मृत्युधर्मा जीव अमृत होता है; जीवित रहते ही (यह देह रहने पर ही) ब्रह्म को प्राप्त होता है अथवा ब्रह्म साक्षात्कार हेतु जो आनन्द है उसे भोग करता है, **(अश्नुते)**। १५।। (बृहदारण्यक के चतुर्थ अध्याय के चतुर्थ ब्राह्मण में भी यही श्लोक लिखित है।)। और जिस समय हृदय की समस्त ग्रन्थियाँ छिन्न हो जाती हैं, उसी समय जीव अमृत होता है; इसे ही निश्चित उपदेश समझो।

अतः पर पूर्वव्याख्यात श्लोक वर्णित हुआ है; यथा:-शतं चैका हृदयस्य नाड्यस्तासां मूर्द्धानमभिनिःसृतैका। **तयोद्ध्र्वमायान्नमृतत्वमेति**........।।१६।।

चतुर्दश एवं पञ्चदश श्लोकों में जो अमृतत्व लाभ की कथा कही हुई है, उसकी पूर्णरूप से प्राप्ति जो मृत्युकाल में ब्रह्मनाड़ी द्वारा शरीर से निर्गत होने पर होती है, वह स्पष्टतः षोडश श्लोक में श्रुति-द्वारा उपदिष्ट हुई है। सम्पूर्ण रूप से कामना-रहित होने से हृदय-ग्रंथि छिन्न होती है, एवं मृत्युकाल में मूर्द्धन्य नाड़ी द्वारा उत्क्रान्ति होती है; और तत्पश्चात् अमृतत्व-लाभ होता है; यही पूर्वोक्त तीनों श्लोकों के उपदेश का सार है। जीवित रहने पर ही जो अमृतत्वलाभ होता है, उसमें देह का सम्बन्ध सम्पूर्ण रूप से विलुप्त नहीं होता, अतएव सम्पूर्ण अमृतत्व देह से निर्गत होने के पश्चात् होता

है, यही इसके द्वारा श्रुति ने उपदेश किया है। छान्दोग्य श्रुति ने भी कहा है :-"तस्य तावदेव चिरं यावन्न विमोक्ष्येऽथ सम्पत्स्ये" यह पहले ही व्याख्यात हुआ है। अतएव श्रुतिवाक्य के विचार-द्वारा यह निश्चित रूप से सिद्धान्त किया जाता है कि ब्रह्मज्ञ पुरुष मृत्युकाल में (स्थूल देह के पतनकाल में) सूक्ष्मदेह के अवलम्बन से ब्रह्मनाड़ी द्वारा शरीर से निकलकर सूर्यमण्डल में गमन करते हैं। किन्तु सूर्यमण्डल-प्राप्ति से ही ब्रह्मज्ञों की गति का शेष नहीं होता। सूर्यमण्डल उनकी गति का द्वारस्वरूपमात्र है, ऐसा पूर्वोक्त छान्दोग्य श्रुति उपदेश करती है। तत्पश्चात् ब्रह्मज्ञ की गति, छान्दोग्योपनिषद् के चतुर्थ अध्याय के पञ्चदश खण्ड में, और कौषितकी उपनिषद् के प्रथम अध्याय में, एवं बृहदारण्यक के षष्ठ अध्याय द्वितीय ब्राह्मण में, विशेष रूप से वर्णित हुई है। उनमें कहा है कि, आदित्य लोक पार होकर ब्रह्मज्ञ पुरुष अपरापर लोकों को पार करते हुए, अंत में अमानव पुरुषों की सहायता से ब्रह्मलोक में उपस्थित होते हैं। वहाँ पर उपस्थित होने के पश्चात् उनके सूक्ष्मदेहनिष्ठ संस्कार भी एकान्त विलुप्त होते हैं; और वे परब्रह्म में मिल जाते हैं। इसी ब्रह्मलोक में जाने के पश्चात् ही उनको जो पूर्ण विमुक्ति की प्राप्ति होती है, उसका मुण्डक इत्यादि श्रुतियों ने भी स्पष्ट रूप से वर्णन किया है। यथा, तृतीय मुण्डक के द्वितीय खण्ड में कहा है:-

वेदान्तविज्ञानसुनिश्चितार्थाः संन्यासयोगाद्यतयः शुद्धसत्त्वाः।
ते ब्रह्मलोकेषु परान्तकाले परामृताः परिमुच्यन्ति सर्वे।।६।।

अर्थात् वेदान्त-विज्ञान के लाभ से जो लोग सुनिश्चित रूप से ब्रह्म को जान गये हैं, एवञ्च संन्यासयोग द्वारा जिनका चित्त विशुद्ध हुआ है, वे सभी देहांत के समय ब्रह्मलोकों में (जाकर) परम अमृतत्व को प्राप्त हो सम्यक् मुक्त होते हैं।

वस्तुतः ब्रह्मपुरुषों के स्थूलदेहपतन होने के साथ ही साथ जो सूक्ष्मदेहात्मक समस्त संस्कार भी एकांत विदूरित होते हैं, इसका कोई कारण भी दृष्ट नहीं होता। किसी विशेष स्थूल देह के साथ जीव का एक जन्म का सम्बन्ध है; किन्तु एक ही सूक्ष्म देह के साथ सम्बन्ध अनादि काल से चला आता है। इसलिए तदात्मक समस्त संस्कार स्थूलदेहात्मक संस्कारों से अधिकतर दृढ़ हैं। अतएव स्थूलदेहात्मक संस्कारों के विनष्ट होने से ही सूक्ष्मदेहात्मक संस्कारविनष्ट होवें, इसका कोई कारण नहीं है। इसलिए स्थूलशरीरान्त होने पर सूक्ष्मशरीरावलम्बन करके सूक्ष्मब्रह्मलोकप्राप्तिरूप जीवों की गति का जो श्रुति ने उपदेश किया है, वह युक्ति से भी समीचीन समझा जाता है।

पुराणसमूह वेदांत का ही अर्थ विस्तार करते हैं। उनमें लिखित है कि, लोक सात

हैं; यथा:–१ भूर्लोक, २ भुवर्लोक, ३ स्वर्लोक, ४ महर्लोक, ५ जनलोक, ६ तपोलोक, ७ सत्यलोक। जो सकाम उपासक हैं, वे साधारणत: देहांत होने पर धूममार्गावलम्बन कर स्वर्लोकपर्यन्त जाकर, भोग द्वारा पुण्य क्षीण होने से पुन: मर्त्यलोक में आकर, जन्म ग्रहण करते हैं। स्वर्लोक के उद्ध्र्वस्थित महर्लोक को प्रजापतिलोक कहते हैं; तदुपरिस्थित जन, तप: और सत्यलोकों को ब्रह्मलोक कहते हैं। भूर्लोक, भुवलोक और स्वर्लोक ब्रह्मा के एक दिनमात्र स्थायी है, तत्पश्चात् इन लोकों का प्रलय होता है। निष्काम साधक विज्ञान एवं उपासना के तारतम्य के अनुसार पूर्वोक्त तीन ब्रह्मलोकों में से किसी को प्राप्त होते हैं। जो लोग ब्रह्मलोक को प्राप्त होते हैं, उनमें से किसी को भी साधारणत: पुन: मर्त्यलोक में जन्ममरणादि क्लेशयुक्त नश्वर शरीर धारण करना नहीं पड़ता। इस ब्रह्मलोक को हिरण्यगर्भलोक भी कहते हैं।* जो हिरण्यगर्भोपासक हैं, वे कल्पान्तपर्यन्त इसी लोक में वास करते हैं, तदनुकूल आनन्द भोग करते हैं; वहाँ पर जिनका परब्रह्मज्ञान पूर्णपरूप से प्रस्फुटित होता है, वे कल्पान्त में परब्रह्म में लीन होकर कैवल्य लाभ करते हैं; और सब पुन: सृष्टि के प्रादुर्भूत होने पर, ब्रह्मलोक में ही उत्पन्न होते हैं–इस मर्त्यलोक में नहीं आते। और जो परब्रह्मोपासक हैं, एवञ्च जीवितकाल में ही ब्रह्मज्ञ हुए हैं, वे स्थूल शरीरान्त होने पर पूर्वोक्त प्रकार से चरम ब्रह्मलोक को प्राप्त होकर, वहाँ पर सूक्ष्मदेह–जनित संस्कार भी सम्यक् परित्याग करते हैं; और परब्रह्म को प्राप्त होकर स्वीय विशुद्ध चिन्मयरूप में प्रतिष्ठित होते हैं। वे अपने को उस समय ब्रह्म से अभिन्न समझते हैं। (ब्रह्मसूत्र, चतुर्थ अध्याय, चतुर्थपाद ऊनविंश सूत्र एवं भाष्य द्रष्टव्य हैं।)। वे विदेह रहकर ब्रह्मानन्द का अनुभव करते हैं; इच्छा होने पर शरीर भी धारण कर जिस किसी लोक में विचरण करते हैं (ब्र० सू० चतुर्थ अ० चतुर्थ पाद १३–१५ सू० द्रष्टव्य हैं)। अशरीरी रहने पर भी मन के द्वारा ब्रह्मलोकादिगत सुखों का अनुभव कर सकते हैं। वे उस समय सर्वज्ञता लाभ करते हैं, छान्दोग्य के अष्टम अ० द्वादश ख० का पंचम वाक्य द्रष्टव्य हैं; उसमें उल्लिखित है "स वा एष एतेन दैवेन चक्षुषा मनसैतान् कामान् पश्यन् रमते, यच एते ब्रह्मलोके" अर्थात् ब्रह्मलोक में जो समस्त भोग्य विषय हैं, उन्हें वे दैवमानसचक्षु द्वारा दर्शन करके आनन्दानुभव करते हैं। (ब्रह्मसूत्र चतुर्थ अ०, चतुर्थ पाद, षष्टदश

---

* "ब्रह्मैवलोक: ब्रह्मलोक:" इसी भांति कर्मधारय समास करके ब्रह्म अर्थ में ही ब्रह्मलोक शब्द श्रुति में किसी–किसी स्थान में व्यवहृत हुआ है। परन्तु प्रसिद्ध ब्रह्मलोक नामक लोक अर्थ में भी अनेक स्थानों में व्यवहृत हुआ है। विवक्षानुसार विशेष–विशेष स्थानो में अर्थ जानना होगा।

इत्यादि सूत्र भी द्रष्टव्य हैं)। उनके सत्यसंकल्पत्व का उस समय प्रादुर्भाव होता है) सुतरां वे 'स्वराट्' होते हैं। (छा० सप्तम अ०, पञ्चविंश ख०, एवं ब्र०सू० चतुर्थ अ०, चतुर्थ पाद, नवम् सूत्र द्रष्टव्य हैं)। किन्तु तद्रूप होने से भी इनके ब्रह्म के अंशमात्र होने के कारण, जगत् की सृष्ट्यादि शक्तियाँ इनमें नहीं होतीं (ब्र० सू० चतुर्थ अ०, चतुर्थ पाद, सप्तदश सूत्र द्रष्टव्य है।)

इन्हीं सब श्रुतियों और सूत्रों के विचार से यह स्पष्ट रूप से प्रतिपन्न होगा कि, ब्रह्मवित् पुरुषों की शेषावस्था, जो श्रीमच्छङ्कराचार्य द्वारा वर्णित हुई है, वह शास्त्र के अनभिप्रेत है। "अत्र ब्रह्म समश्नुते" (ब्रह्मविद्गण इसी देह से ब्रह्म को प्राप्त होते हैं), यह जो पूर्वोद्धृत कठ एवं बृहदारण्यक श्रुतियों में उल्लिखित है उसका अर्थ ब्रह्मज्ञों का एकांत विनाश नहीं है। देहसम्बन्ध की रक्षा करते हुए भी जो ब्रह्मदर्शन होता है, वही इन श्रुतियों ने व्यक्त किया है। यह पूर्वोक्त श्रुतियों का पाठ करने से ही विदित होता है। ब्रह्मसूत्र के व्याख्यान में यही शाङ्करिक मत का भ्रान्तत्व युक्ति द्वारा और भी विशेषरूप से प्रतिपादित किया जायेगा। जीव के जीवत्व का कभी विनाश नहीं है; जीव अनादि और नित्य अक्षर है। श्रुतियाँ बारंबार इसको ज्ञापित करती हैं। मोक्षलाभ करके वे सर्व प्रकार के दुःखों से विमुक्त होकर अच्युत आनन्द को प्राप्त होते हैं। "तरति शोकमात्मवित्" एवं "रसं ह्येवायं लब्ध्वानन्दी भवति" इसी प्रकार बहुवाक्यों के द्वारा श्रुतियों ने यह प्रदर्शित किया है कि, मोक्ष-पद अच्युतानन्ददायक है। वास्तव में, जीव के जीवत्व का सम्यक् विनाश ही मोक्ष है, इसके बोधगम्य होने से अतिस्वल्प ही पुरुष मोक्ष के प्रार्थी होंगे। यह शास्त्र का उपदेश नहीं है, प्रत्युत सर्वविध शास्त्र इसके विरोधी हैं।

संक्षेपतः वेदांत-दर्शन का उपदिष्ट विषय वर्णन किया गया। इस समय मूल दर्शन के व्याख्यान में प्रवृत्त होना चाहते हैं। इस ग्रन्थ में श्री निम्बार्काचार्य के सूत्रपाठ एवं भाष्य का ही अनुसरण किया गया है; सम्यक् निम्बार्क भाष्य अनुवाद सहित अधिकांश सूत्रों के नीचे लिपिबद्ध किया गया है। किसी-किसी स्थान में भाष्य का भावार्थ ग्रहण करके सरलभाव से सूत्रार्थ की भी व्याख्या की गई है; एवं प्रयोजनानुसार किसी-किसी स्थल में विशेषरूप से उल्लिखित कर शाङ्करभाष्य भी अनुवाद-सहित वर्णन किया गया है।

प्रथम अध्याय

। प्रथम पाद ।

प्रथम अ० प्रथम पाद, प्रथम सूत्रः–**अथातो ब्रह्मजिज्ञासा।**

(अथ–अतः–ब्रह्मजिज्ञासा।)

व्याख्याः–"अथ"=अनन्तरः; वेदाध्ययन के पश्चात् धर्ममीमांसा पाठ से वेदोक्त धर्मानुष्ठान के फल को जानकर, और उपनिषद् पाठ के द्वारा ब्रह्म की सर्वोत्कर्षता के साधारण भाव से ज्ञात होने के पश्चात्; : 'अतः'=अतएव, वह फल परिच्छिन्न और अन्तविशिष्ट है, ऐसा श्रुत होने के कारण; एवं कर्मकाण्ड में प्रतिपाद्य देव-देवी सभी को ईश्वराधीन और ब्रह्म की विभूति समझकर; ब्रह्म के प्रति आकृष्ट चित्त होने के कारण। "ब्रह्मजिज्ञासा" ब्रह्मविषयक प्रकृत तत्त्वों को जानने के निमित्त, और उसके साक्षात्कार लाभ के उपायविषयक उपदेश प्राप्त करने के निमित्त, ब्रह्मविद् गुरु के निकट अनुगत शिष्य इच्छा प्रकाश करते हैं।

भाष्यः–अथाधीतषडङ्गवदेन कर्मफलक्षयाक्षयत्वविषयकविवेकप्रकारक-वाक्यार्थजन्यसंशयाविष्टेन, तत एव जिज्ञासितधर्ममीमांसाशास्त्रेण तन्निश्चितकर्म-तत्प्रकार-तत्फल-विषयक-ज्ञानवता, कर्मब्रह्मफलसांतात्व-सातिशयत्व-निरतिशयत्व-विषयक-व्यवसायजात-निर्वेदेन, भगवत्प्रसादेप्सुना तद्दर्शनेच्छा-लम्पटेनाचार्य्यैकदेवेन श्रीगुरुभक्त्येकहार्द्देन, मुमुक्षुणाऽनन्ताचिन्त्यस्वाभाविक-स्वरूपगुणाशक्त्यादिभिर्बृहत्तमो यो रमाकान्तः पुरुषोत्तमो ब्रह्मशब्दाभिधे-यस्तद्विषयिका जिज्ञासा सततं सम्पादनीयेत्युपक्रमवाक्यार्थः।

अस्यार्थः–षड़ङ्गयुक्तवेदाध्ययन के पश्चात् कर्म फल के क्षयाक्षयत्वविषयक विभिन्न वेदवाक्यार्थों का चिन्तन करने से कर्मफल के क्षयाक्षयत्वविषयक विचारों के उपस्थित होने से उनके प्रति संशय उत्पन्न होने पर, धर्म का (वैदिक धर्म का) स्वरूप

जानने के हेतु इच्छा का उद्रेक होता है; तदनुसार धर्मतत्त्वजिज्ञासु पुरुष को पूर्वमीमांसादर्शन पढ़ने से धर्म के स्वरूप, और प्रकारभेद एवं तत्फल का ज्ञान उत्पन्न होता है। अत:पर कर्म फल के सान्तत्व, सातिशयत्व एवं निरतिशयत्व विषयक विचार द्वारा इसकी परिच्छिन्नता के विषय में निश्चित ज्ञान उत्पन्न होने से, तत्प्रति अनास्था उपजात होती है। इस प्रकार कर्मफल में अनादरविशिष्ट मुमुक्षु पुरुष श्रीभगवान् के गुणग्रामश्रवण से तत्प्रति आकृष्टचित्त होकर भगवत्प्रसन्नता एवं भगवद्दर्शन-लाभेच्छावश, प्रीतिपूर्वक सद्गुरु के एकान्त शरणापन्न हो, भक्तिपूर्वक उनके निकट स्वभावत: अनन्त, अचिन्त्य, स्वरूपगुण और शक्ति प्रभृति द्वारा सर्वश्रेष्ठ, सर्वविध विभूतियों के अधिपति, ब्रह्मशब्दवाच्य पुरुषोत्तम के विषय को बोधगम्य करने की इच्छा प्रकाश करता है। यही ग्रन्थारम्भक वाक्य का अभिप्राय है।

श्रीमद्रामानुजस्वामिकृत भाष्य में इस सूत्र की बौधायनऋषिकृत वृत्ति उद्धृत है, तद्यथा:-"वृत्तात् कर्माधिगमादनन्तरं ब्रह्मविविदिषा" (पूर्वाधीत वेदोक्त कर्मविषयक ज्ञानलाभ के एवं साधारणभाव से उपनिषद्-पाठ के पश्चात् ब्रह्मविषय में ज्ञान लाभ करने की इच्छा होती है) वस्तुत: ब्रह्मसूत्र के पाठ करने से यह सम्यक् प्रतिपन्न होता है कि वेद के सम्यक् अधीत न होने से इस ग्रन्थ के पाठ में अधिकार नहीं उपजात होता; श्रुतिवाक्यों के प्रति लक्ष्य करके ही इस ग्रन्थ के अधिकांश सूत्र रचित हुए हैं। उन श्रुतियों को जिसने नहीं पढ़ा है, उसके पक्ष में यह ग्रन्थ सम्यक् बोधगम्य करना असम्भव है; बहुत सूत्र केवल श्रुति की ही व्याख्या के निमित्त रचित हुए हैं; एवं स्थान-स्थान पर जैमिनि सूत्रों के प्रति भी विशेष रूप से लक्ष्य किया गया है। कर्म-प्राधान्य एवं तद्विषयक विधिवाक्य बहुपरिमाण से वेद के कर्मकाण्ड में उक्त हैं; इसके तथ्य को विगत होने के निमित्त महर्षि जैमिनिकृत मीमांसादर्शन प्रथम पढ़ना उचित है; यह धर्ममीमांसा है; वेदोक्त धर्माचरण के और तत्फल के अन्तवत्ताविषयक सम्यक् ज्ञान न होने से, अनादिकाल से आचरित कर्मसंस्कार शिथिल नहीं होते, एवं प्रकृत ब्रह्मजिज्ञासा का भी उदय नहीं होता। इस कारण, वेदाध्ययनान्त में प्रथम धर्ममीमांसा अध्ययन करना उचित है; तद्द्वारा कर्म फल के अवगत होने से, पश्चात् विचार द्वारा इस फल की अन्तवत्ता के विषय में निश्चित ज्ञान उपजात होता है; इस रूप से ज्ञानोदय होने पर, कर्म के प्रति अनास्था उपजात होती है। कर्मफल की अनित्यता का ज्ञान होने से, तत्प्रति अनास्था का उदय होता है, एवं तद्धेतु स्वभावत: ही श्रुत्युक्त कर्मातीत ब्रह्म के विषय में ज्ञान के निमित्त चित्त धावित होता है, यही सूत्रार्थ है। इसके द्वारा जिज्ञासु शिष्य का अधिकार और ग्रन्थ का विषय अवधारित

हुए हैं, ऐसा जानना चाहिए। जैमिनिसूत्र को पूर्वमीमांसा अथवा धर्ममीमांसा और ब्रह्मसूत्र को उत्तरमीमांसा अथवा ब्रह्ममीमांसा कहते हैं; वस्तुतः इन दोनों मीमांसाओं के पठन करने से, सम्यक् वेदार्थ परिज्ञात हो जाता है। बौधायनऋषिकृत वृत्ति अति प्राचीन है; ब्रह्मसूत्र पहले गुरु-परम्परा-क्रम से जिस रूप से उपदिष्ट होता था, तदनुसार ही बौधायन मुनि ने वृत्तिरचना की थी, ऐसा अनुमान होता है, सुतरां उक्त प्रकार की व्याख्या को ही सूत्रकार वेदव्यासजी का अभिमत कहकर सिद्धान्त करना उचित है।[१]

श्रीमच्छङ्कराचार्य ने भी स्वीय भाष्य में 'अथ' शब्द का 'अनन्तर' अर्थ किया है; किन्तु उन्होंने कहा कि, वेदाध्ययन के पश्चात् धर्मजिज्ञासा न होने पर भी, उपनिषद्पाठ से ही, ब्रह्मजिज्ञासा किसी-किसी के मन में उदित हो सकता है; धर्मजिज्ञासा और ब्रह्मजिज्ञासा का कोई अङ्गाङ्गिभाव नहीं है, धर्म और ब्रह्मज्ञान में कोई साध्य-साधक-सम्बन्ध भी नहीं है; अतएव धर्मज्ञान के पश्चात् ब्रह्मजिज्ञासा का उदय होता है, अथवा ब्रह्मजिज्ञासा करनी चाहिए, इस प्रकार सूत्रार्थ करना उचित नहीं है। शङ्कर के मत में, (१) नित्यानित्यवस्तुविवेक, (२) ऐहिक एवं पारत्रिकभोग के प्रति वैराग्य, (३) शम (बहिरिन्द्रिय-संयम), (४) दम (अन्तरिन्द्रिय-निग्रह), (५) तितिक्षा (शीतोष्ण-क्षुधा-तृष्णा इत्यादि द्वन्द्वसहिष्णुता), (६) उपरति (विषयानुभव से इन्द्रियगण की विरति), (७) समाधान (आत्मतत्त्व का ध्यान); (८) श्रद्धा (गुरु एवं वेदान्तवाक्यों में सम्यक् आस्था), और (९) मुमुक्षुत्व[२] (मोक्ष के निमित्त प्रबल इच्छा), ये समस्त जिसमें प्रतिष्ठित हुए हैं, वही ब्रह्मजिज्ञासा का अधिकारी है। अतएव शङ्करमतानुसार 'अथ' शब्द का अर्थ "एतत्समस्त नित्यानित्यविवेकप्रभृति साधनसम्पत्ति-लाभ के अनन्तर" है।

इस सम्बन्ध में वक्तव्य यह है कि किसी-किसी पुरुष के पक्ष में, वेद के कर्मकाण्डाध्ययन के अनन्तर धर्मजिज्ञासा न होने पर भी, उपनिषदों के अध्ययन-द्वारा, ब्रह्मजिज्ञासा का उदय हो सकता है, इसमें सन्देह नहीं; एवञ्च बिना वेदाध्ययन किये ही शैशवावस्था में भी ब्रह्मजिज्ञासा का उदय होता है, ऐसे भी पुरुषों की कथा श्रुत

---

१. निम्बार्कभाष्य का समय निरूपण नहीं किया गया। इस कारण बौधायनभाष्य का विषय ही इस स्थल में विशेष रूप से वर्णन हुआ है।

२. भाष्य में "नित्यानित्यवस्तुविवेकः, इहामुत्रार्थफलभोगविरागः, शमदमादिसाधनसम्पत्, मुमुक्षुत्वञ्च" उल्लिखित है। इसी 'आदि' शब्द-द्वारा तितिक्षा, उपरति, समाधान एवं श्रद्धा परिलक्षित हुई है, यही शङ्कराचार्य-कृत विवेकचूडामणिप्रभृति ग्रन्थों और भाष्यों की टीका प्रभृति के पाठ से अवधारित होता है।

होती है। किन्तु इससे ऐसा मालूम नहीं होता कि उनके ही प्रति लक्ष्य करके ब्रह्मसूत्र की रचना हुई है। साधारण नियमों के प्रति लक्ष्य करके ग्रन्थ रचित हुआ है, ऐसा ही अनुमित होता है। सूत्रार्थ करने के निमित्त भारतवर्ष में प्रचलित साधारण नियमों के प्रति लक्ष्य करके ही सूत्रार्थ करना उचित है। पूर्वमीमांसा के प्रथम सूत्र "अथातो धर्मजिज्ञासा" के गठन एवं उत्तरमीमांसा (वेदान्तदर्शन) के प्रथम सूत्र "अथातो ब्रह्मजिज्ञासा' के गठन के प्रति लक्ष्य करने पर भी यही प्रतिपन्न होता है। यज्ञादिकर्म और ब्रह्मज्ञान में साक्षात्सम्बन्ध में अङ्गाङ्गिभाव एवं साध्य-साधक-भाव नहीं है, यह ठीक है; परन्तु अनादिकाल से जीव कर्मों का अनुष्ठान करता आया है, तज्जनित संस्कार अतिशय दृढ़ हैं। सूक्ष्म विचार-द्वारा कर्मफल के स्वरूप के अवगत न होने पर्यन्त तत्प्रति सम्पूर्ण अनास्था साधारणतः उपजात नहीं होती। विशेषतः विहितकर्माचरण के द्वारा चित्त परिशुद्ध होता है; चित्त के परिशुद्ध न होने से ब्रह्मज्ञानेच्छा बद्धमूल नहीं होती। कदली वृक्ष, जैसे फल देकर, स्वयं विनाश को प्राप्त होता है; किन्तु वृक्ष से भिन्न फल उत्पन्न होता नहीं; तद्रूप विहितकर्मानुष्ठान भी चित्त-परिशुद्धिपूर्वक ब्रह्मजिज्ञासा अथवा मुमुक्षुत्वरूपफलोत्पादन करके स्वयं पर्यवसित होता है; किन्तु कर्मानुष्ठान-भिन्न चित्त की यह परिशुद्धि स्वयं उपजात नहीं होती। किसी-किसी के मन में बाल्यकाल में ही ब्रह्मजिज्ञासा का उदय हुआ है, ऐसा श्रवण किया जाता है, किन्तु यह साधारण नियम नहीं है; और उन लोगों को भी पूर्व-जन्मार्जित साधन संस्कार के बल से ही इस जन्म में इस रूप की अवस्था मिली है, ऐसा अनुमित होता है, शास्त्रकारों ने भी तद्रूप व्याख्या की है। विशेषतः ब्रह्मजिज्ञासा के उदय होने के पश्चात् भी समुदयकर्मानुष्ठान-वर्जन करना इस ब्रह्मसूत्र में स्वयं सूत्रकार भगवान् वेदव्यास ने आश्रमी के पक्ष में निषेध किया है (ब्र० सू० तृतीय अ०, चतुर्थ पाद के २६, २७ संख्यक एवं अपरापर सूत्र द्रष्टव्य हैं)। श्रीमद्भगवद्गीता में भी विहितकर्मानुष्ठान का सम्यक् वर्जन अनुमोदित नहीं हुआ। अतएव ब्रह्मजिज्ञासा के विषय में कर्म का, एवं कर्मज्ञान का सम्पूर्ण सम्बन्धाभाव स्वीकार नहीं किया जाता। ब्रह्मदर्शनसम्बन्ध में कर्म की साक्षात् फलजनकता के न रहने पर भी, ब्रह्मजिज्ञासा उत्पादन करने के हेतु कर्म की एवं कर्मफल-विज्ञान की सम्पूर्ण उपयोगिता है; इस ब्रह्मविषयक जिज्ञासा का उत्पादन करना ही जो कर्मानुष्ठान का श्रेष्ठ फल है, उसको श्रुति ने स्वयं "तमेतमात्मानं वेदानुवचनेन ब्राह्मणा विविदिषन्ति यज्ञेन दानेन तपसाऽनाशकेन" (बृहदारण्यक चतुर्थ अ०, चतुर्थ ब्राह्मण) इत्यादि वाक्यों में सिद्ध किया है। अतएव ब्रह्मज्ञान के उत्पादन-विषय में न हो, किन्तु ब्रह्मजिज्ञासा के उत्पादन-विषय में कर्मज्ञान की आवश्यकता है। सूत्र में ब्रह्मज्ञान का विषय उल्लिखित नहीं है, ब्रह्मजिज्ञासा का विषयमात्र उल्लिखित है।

नित्यानित्यविवेक प्रभृति को भी, जो ब्रह्मजिज्ञासा के साक्षात् कारण कहकर शङ्कराचार्य ने निर्दिष्ट किया है, वह सम्यक् सङ्गत कहकर स्वीकृत नहीं हो सकता। नित्यानित्यविवेक प्रभृति जिसको उत्पन्न हुए हैं, वह ब्रह्मतत्त्व को एक प्रकार से अवगत ही हुआ है, ऐसा कहा जा सकता है; समस्त जगत् ही अनित्य है, आत्मा ही नित्य है, इस रूप से ज्ञान जिसको उपजात हुआ है, एवं इस आत्मा के ध्यान ही को कर्त्तव्य रूप से जिसने बोधगम्य किया है, वही नित्यानित्यविवेकी है; जो इस नित्यानित्यविवेक से सम्पन्न हुआ है, एवं नित्य आत्मा में 'चित्तसमाधान'-रूप साधनविशिष्ट हुआ है, उसको तदतिरिक्त किसी जिज्ञासा का उदय होना सम्भव नहीं; उसने जब आत्मा को एकमात्र नित्यवस्तु कहकर जान लिया, एवं उसी आत्मा के स्वरूप को देखने के निमित्त समाधान-रूप साधनसंपन्न हुआ है, तब उस साधन के फल के प्राप्त न होने तक, अपर किसी विषय में जिज्ञासु होना उसके पक्ष में स्वाभाविक नहीं है, एवञ्च आत्मस्वरूप के परिज्ञात होने पर, जिज्ञासा का ही विषय और क्या रहता है? सुतरां आत्मानात्मविवेक, समाधान एवं शमदमादिसाधन-सम्पत्तियों से संपन्न होने के पश्चात् ब्रह्मजिज्ञासा होती है, इस प्रकार से सूत्रार्थ का जो शङ्कराचार्य ने वर्णन किया है, वह सङ्गत नहीं माना जा सकता। विशेषत: बौधायनमुनिकृत वृत्ति अति प्राचीन है; बौद्धमत के प्रवर्तित होने पर भारतवर्षीय प्राचीन शिक्षा-प्रणाली की विशृङ्खलता स्थापित होने के बहुत पूर्व बौधायनकृत वृत्ति विरचित हुई थी; आचार्य परम्परा से ब्रह्मसूत्र की व्याख्या जिस रूप से पूर्वावधि प्रचलित थी, तदनुसार ही यह वृत्ति ग्रथित हुई है, ऐसा अनुमित होता है; सुतरां तदनुमोदित सूत्रव्याख्या का परिहार कर शाङ्करव्याख्या का ग्रहण करना सङ्गत नहीं प्रतीत होता।

ग्रन्थारम्भ में इस सूत्र के 'अथातो' अंश के द्वारा जिज्ञासु शिष्य की योग्यता, एवं 'ब्रह्मजिज्ञासा' अंश के द्वारा सम्पूर्ण ब्रह्मविद्या ही जो इस ग्रन्थ का विषय है यह अवधारित हुआ, ऐसा समझना चाहिए।

इति जिज्ञासाधिकरणम्।

—•—

प्रथम अ० प्रथम पाद द्वितीय सूत्र:–**जन्माद्यस्य यत:।।**

(अस्य विश्वस्य, जन्मादि, यत: यस्मात्, भवित तद् ब्रह्म।)

भाष्य:–तल्लक्षणापेक्षायां सिद्धान्तमाह–अस्याऽचिन्त्यविचित्रसंस्थान-सम्पन्नस्यासंख्येयनामरूपादिविशेषाश्रयस्याचिन्त्यरूपस्य विश्वस्य सृष्टिस्थितिलया यस्मात् सर्वज्ञाद्यनन्तगुणाश्रयाद् ब्रह्मेशकालादिनियन्तुर्भगवतो भवन्ति, तदेव पूर्वोक्तनिर्वचनविषयं ब्रह्मेति लक्षणवाक्यार्थ:।

व्याख्या:–जिज्ञासित ब्रह्म के लक्षण-सम्बन्ध में सूत्रकारजी सिद्धान्त करते हैं–पारस्परिक सम्बन्ध युक्त अनन्तअङ्ग-विशिष्ट, अनन्त नामों और रूपों से प्रकाशित, इस अचिन्त्य विचित्र विश्व के सृष्टि स्थिति एवं लय का साधनकर्त्ता सुतरां, जो सर्वज्ञ एवं अनन्त गुणों का आश्रय है, तथा जो ब्रह्मा महेश्वर एवं कालादिकों का भी नियन्ता है, वही वह जिज्ञासित ब्रह्म है। जिज्ञासित ब्रह्म का लक्षण इस रूप से इस सूत्र के द्वारा अवधारित हुआ।

कृष्णयजुर्वेदीय तैत्तिरीयोपनिषद् की तृतीय वल्ली में उल्लिखित ब्रह्मविषयक प्रश्न एवं उत्तर के प्रति लक्ष्य करके यह सूत्र विरचित हुआ है; वह निम्नोद्धृत है:–

"भृगुव वारुणि:। वरुणं पितरमुपससार। अधीहि भगवो ब्रह्मेति। तस्मा एतत् प्रोवाच। अन्नं प्राणं चक्षु: श्रोत्रं मनो वाचमिति। तं होवाच। यतो वा इमानि भूतानि जायन्ते। येन जातानि जीवन्ति। यत् प्रयन्त्यभिसंविशन्ति। तद्विजिज्ञासस्व। तद्ब्रह्मेति।"

अस्यार्थ:–वरुणपुत्र भृगुजी ने, अपने पिता वरुण के निकट जाकर निवेदन किया, "भगवन्! मुझको ब्रह्मोपदेश कीजिए"। उनसे वरुण ने कहा:–अन्न, प्राण, चक्षु:, श्रोत्र, मन: और वाक्, एतत् समस्त ब्रह्म हैं; और भी कहा, जिससे यह दृश्यमान विश्व उत्पन्न हुआ है, जिसके द्वारा जन्मप्राप्त समस्त जीव जीवितावस्था में रचित होते हैं, जिसमें एतत्समस्त लय-प्राप्ति एवं प्रविष्ट होते हैं, उसको तुम विशेष रूप से जानने के हेतु प्रयत्न करो, वही ब्रह्म है।

ब्रह्म को इस विचित्र जगत् का कारण कहने से, ब्रह्म की सर्वज्ञता एवं सर्वशक्तिमत्ता भावत: उक्त हुई हैं यह बोधगम्य करना होगा। सूत्र का शब्दार्थ इतना ही है कि, "इस जगत् की सृष्टि प्रभृति जिससे होती हैं" (वही जिज्ञासित ब्रह्म है)। इस संक्षिप्त वाक्य का सम्यक् अर्थ निश्चित करके, भाष्यकारों ने पूर्वोल्लिखित रूप से सूत्रार्थ की व्याख्या की है। श्रीमच्छङ्कराचार्य ने भी इस सूत्र के भाष्य में कहा है:–"जगत्-कारणत्व प्रदर्शनेन सर्वज्ञं ब्रह्मेत्युपक्षिप्तम्" [ब्रह्म को जगत्कारण रूप से प्रदर्शित करने से, ब्रह्म का सर्वज्ञत्व भी उपक्षिप्त (भावत: उपदिष्ट) हुआ है]। कारण, सार्वज्ञभिन्न कोई इस विचित्र अनन्त जगत् की सृष्टि करने में समर्थ नहीं होता। परन्तु यह लक्ष्य करना होगा कि, सूत्र में ब्रह्म को जगत् का केवल स्रष्टा कहकर उपदेश नहीं किया; सूत्रोक्त 'जन्मादि' शब्द में जगत् के जन्म (सृष्टि), स्थिति एवं लय तीनों कथित हुए हैं। ब्रह्म जगत् का केवल स्रष्टा नहीं, वह इसका पालनकर्त्ता, नियन्ता, एवं नित्य विनाशकर्त्ता भी है।

इस स्थल में एवं मूलसूत्र में कहा गया है कि, ब्रह्म से ही जगत् के जन्मादि होते हैं; वही जगत् का एकमात्र कारण है। किन्तु कुम्भकार जैसे मृत्तिका रूप उपादान को लेकर कुम्भनिर्माण करता है, तद्रूप ब्रह्म अन्य उपादानों के अवलम्बन–द्वारा जगत् की रचना करता है, ऐसा कहने से ब्रह्म ही जगत् का एकमात्र कारण नहीं होता; वह अन्य पदार्थ भी जगत् का दूसरा एक कारण होता है। परन्तु सूत्र में ब्रह्म को एकमात्र कारण कहने से, वह जगत् का निमित्त और उपादान दोनों कारण है, ऐसा सूत्र का उपदेश समझना होगा। ब्रह्म में ही जगत् अन्त में लीन होता है, ऐसा कहने से, ब्रह्मभिन्न जगत् का अन्य उपादान कारण नहीं है, यह सुस्पष्ट भाव से ही सिद्ध होता है। सुतरां जगत् के विलुप्त होने पर भी जगत् की सृष्टि स्थिति लय–साधिनी शक्ति ब्रह्म में नित्य वर्तमान रहती है; तद्द्वारा वह इसका पुनः पुनः प्रवर्त्तनादि साधन करता है। अतएव स्वरूपतः ही उसकी सर्वशक्तिमत्ता भी है, ऐसा सूत्र में उक्त है यह बोधगम्य करना होगा। अधिकन्तु जो जागतिक सृष्टि, स्थिति तथा लयकर्ता है, वह अवश्य जगत् से परे, जगत को अतिक्रमण करके भी वर्तमान है। अतएव ब्रह्म का जगदतीतत्व भी एतद्द्वारा उक्त हुआ है, यह बोधगम्य करना होगा। शाङ्करभाष्य में भी इस सूत्र का सारांश इसी रूप से व्याख्यात हुआ है, यथाः–

"अस्य जगतो नामरूपाभ्यां व्याकृतस्यानेककर्तृभोक्तृसंयुक्तस्य प्रतिनियतदेशकाल–निमित्तक्रियाफलाश्रयस्य मनसाप्यचिन्त्यरचनारूपस्य जन्मस्थितिभङ्गं यतः सर्वज्ञात् सर्वशक्तेः कारणाद्भवति तद्ब्रह्मेति वाक्यशेषः।"

अस्यार्थः–विविध नामों और रूपों से प्रकाशित, अनेक कर्त्ता भोक्ता संयुक्त, प्रतिनियत देशकालादिहेतुक क्रियाफल का आश्रयीभूत, मन के द्वारा भी अचिन्त्यरचनाविशिष्ट, इस जगत् के सृष्टि स्थिति लय जिस सर्वज्ञ सर्वशक्तिमान् कारण से होते हैं, वही ब्रह्म है; यही वाक्यार्थ है।[१]

अतएव इस सूत्र का फलितार्थ यह है कि, प्रथम सूत्र का जिज्ञासित ब्रह्म जगदतीत, सर्वज्ञ, सर्वशक्तिमान्, एवं जगत् का एकमात्र निमित्त और उपादान कारण है। ब्रह्म के जगत् के निमित्त और उपादान कारण होने से जगत् उसका ही रूप है। जैसे सुवर्णनिर्मित वलयकुण्डलादि सुवर्ण के ही रूप हैं, ये सब सुवर्ण ही हैं, सुवर्णभिन्न और कुछ नहीं हैं; जगत् भी तद्रूप ब्रह्म से अभिन्न है। सुतरां ब्रह्म अद्वैत, सर्वव्यापी और

---

१. जिस स्थान में विशेष प्रयोजनीय है, उसी स्थान में शाङ्करभाष्य उद्धृत किया जायेगा; अन्यत्र नहीं।

सद्वस्तु हैं। इस जगत् का प्रकाशक होने के कारण, वह जगत् से भी व्यापक वस्तु एवं सर्वज्ञ, सर्वशक्तिमान् है। वह जगद्रूपी एवं जगदतीत भी है।

इति ब्रह्मस्वरूपनिरूपणाधिकरणम्।

—•—

परन्तु इस स्थान में जिज्ञास्य यह है, कि ब्रह्म ही जो जगत् का एकमात्र कारण है, इसका प्रमाण क्या है? तदुत्तर में सूत्रकारजी कहते हैं:-

प्रथम अ० प्रथम पाद तृतीय सूत्रः–**शास्त्रयोनित्वात्।**

(यानिः–प्रमाणम्।)

भाष्यः–किं प्रमाणकमित्याकांक्षायां सिद्धान्तमाह-शास्त्रमेव योनिस्त-ज्ज्ञप्तिकारणं यस्मिंस्तदेवोक्तलक्षणलक्षितं वस्तु ब्रह्मशब्दाभिधेयमिति।

व्याख्याः–यह ब्रह्म किस प्रकार प्रमाणगम्य है, तत्सम्बन्ध में सूत्रकार जी सिद्धान्त करते हैं:- शास्त्र ही उपर्युक्त लक्षणाक्रान्त ब्रह्म की योनि अर्थात् ज्ञापक है, उसके सम्बन्ध में शास्त्र ही एकमात्र प्रमाण है। पूर्वोक्त लक्षणाक्रान्त कहकर ब्रह्मशब्दाभिधेय वस्तु शास्त्र में निर्दिष्ट की गई है। (जागतिक सृष्टि, स्थिति तथा लय का एकमात्र कारण, सर्वज्ञ और सर्वशक्तिमान वस्तु ही ब्रह्म है; यह शास्त्र-प्रमाण-द्वारा अवगत होता है।)

ब्रह्म अनुमान प्रमाण-गम्य नहीं है; कारण, अनुमान इन्द्रियप्रत्यक्ष के ऊपर स्थापित है, ब्रह्म तद्रूप प्रत्यक्ष का विषय नहीं है। इन्द्रियप्रत्यक्ष केवल बाह्य रूपरसादि को विषय करता है; जो एतत्समस्त के सृष्टि स्थितिलय का विधानकर्त्ता है, वह तद्द्वारा पर्याप्त नहीं है; वह उन सभी से अतीत है। सुतरां वह इन्द्रियग्राह्य नहीं है, एवं इन्द्रियप्रत्यक्ष के ऊपर स्थापित अनुमान-प्रमाण-गम्य भी नहीं है। केवल शास्त्र ही उसके विषय में एकमात्र प्रमाण है।

श्रीमच्छङ्कराचार्य ने इस सूत्र की व्याख्या द्विविध रूप से की है, यथाः–"महतः ऋग्वेदादेः शास्त्रस्य.....सर्वज्ञकल्पस्य योनिः कारणम् ब्रह्म"। (महान् सर्वज्ञतुल्य जो ऋग्वेदादि शास्त्र हैं, उनकी योनि अर्थात् उत्पत्तिस्थान ब्रह्म)। "अथवा यथोक्तं ऋग्वेदादिशास्त्रं योनिः कारणम् प्रमाणमस्य ब्रह्मणो यथावत्स्वरूपाधिगमे। शास्त्रादेव प्रमाणात् जगतो जन्मादिकारणं ब्रह्माधिगम्यत इत्यभिप्रायः"। (अथवा पूर्वोक्त प्रकार सर्वज्ञकल्प ऋग्वेदादि शास्त्र ही ब्रह्म के यथावत् स्वरूपज्ञान के कारण अर्थात् प्रमाण हैं। ब्रह्म जो जगत् के जन्मादि का कारण है, यह केवल शास्त्र-प्रमाण-द्वारा ही गम्य है, यही सूत्र का अभिप्राय है)। इसी द्वितीय अर्थ को शङ्कराचार्य ने ग्रहण किया है।

किन्तु इस स्थल में इस प्रकार की आपत्ति हो सकती है कि, वेद ने कर्म को ही मुख्य रूप से उपदिष्ट किया है, यह जैमिनि मीमांसा में प्रतिपन्न किया गया है; परन्तु इस स्थल में कहा गया है कि, शास्त्र में ब्रह्म को ही जगत्कारण एवं मुख्य वस्तु कहकर वर्णन किया है; यह शेषोक्त सिद्धान्त कैसे गृहीत हो सकता है? एवञ्च ब्रह्म को जैसे प्रत्यक्ष एवं अनुमान के अगम्य कहकर श्रुति ने वर्णन किया है; तद्रूप उसको शाब्दप्रमाण का भी अविषय कहकर श्रुति ने ही व्याख्यात किया है। अतएव ब्रह्म कैसे श्रुतिप्रमाणगम्य कहा जा सकता है? तदुत्तर में सूत्रकार कहते हैं कि:–

प्रथम अ० प्रथम पाद चतुर्थ सूत्रः–**तत्त समन्वयात्।**

("तु" शब्द आशङ्कानिरासार्थः। तस्मिन् ब्रह्मणि सर्वस्य वेदस्य सम्यग्वाच्यतया अन्वयस्तस्मात् शास्त्रैकवेद्यम् उक्तलक्षणं ब्रह्मैव)

ब्रह्म ही समस्त श्रुतिवाक्यों का प्रतिपाद्य है; एक ब्रह्म में ही समस्त श्रुतियों का समन्वय होता है; अतएव उक्तलक्षण सम्पन्न (जगत् के जन्मादि को हेतु) ब्रह्म ही एकमात्र शास्त्रप्रमाणगम्य है। (श्रुति ने स्वयम् ही कहा है "सर्वे वेदा यत्पदमामनन्ति" कठ० १ अ०, २ व)।

भाष्यः–ननु समस्तस्यापि वेदस्य क्रियापरत्वेन तद्भिन्नविषयकाणां वेदान्तवाक्यानामप्यर्थवादवाक्यानां तत्प्राशस्त्यप्रतिपादनद्वारा परम्परया, विधिवाक्यैकवाक्यतावत् क्रत्वङ्गकर्तृप्राशस्त्यप्रतिपादनेन विध्येकपरत्वात्, कथमिव शास्त्रैकप्रमाणकं ब्रह्मेति प्राप्ते, राद्धान्तः, तज्जिज्ञास्यं विश्वकारणं शास्त्रप्रमाणकं ब्रह्मैव न कर्मादि; तत्रैव प्रतिपादकतया कृत्स्नस्यापि वेदस्य समन्वयात् मुख्यवृत्त्याऽन्वयः। यद्वा वेदेषु तस्यैव प्रतिपादकतया समन्वयादितिसंक्षेपः। न च कर्मणि तत्समन्वयो वक्तुं शक्यः; तस्य तु विविदिषोत्पादनेनैव नैराकाङ्क्ष्यात् क्रत्वङ्गं ब्रह्मेति तु बालभाषितम्। तस्य सर्वकर्मकर्त्रादिकारकनियन्तृत्वेन स्वातन्त्र्यात्, तत्फलदातृत्वाच्च। प्रत्युत कर्मण एव विविदिषोत्पादनेन परम्परया तत्प्राप्तिसाधनीभूत ज्ञानोत्पत्त्युपकारकत्वेन समन्वय इति निश्चीयते विविदिषा श्रुतेः। ननु प्रत्यक्षादिप्रमाणाविषयकत्ववच्छब्दप्रमाणाविषयत्वस्यापि श्रुतिसिद्धत्वान्न शास्त्रैकप्रमेयं ब्रह्मेतिप्राप्ते, ब्रूमः, जिज्ञास्यं ब्रह्मशास्त्रप्रमाणकमेव, नान्यप्रमाणकम्; समस्तश्रुतीनां साक्षात्परम्परया वा तत्रैव समन्वयात्। तत्र लक्षणप्रमाणादिवाक्यानां स्वत एव तद्विषयकत्वेन, शाण्डिल्यपञ्चाग्निमधुविद्यादिवाक्यानां प्रतीकादि-प्रकारकाणां च परम्परया समन्वयः। यद्वा सर्वेषामपि वाक्यानां

भिन्नप्रवृत्तिनिमित्तकत्वेऽपि साक्षादेव ब्रह्मणि समन्वयः, तत्तद्वाक्यविषयाणां सर्वेषामपि ब्रह्मात्मकत्वाविशेषेण मुख्यवाक्यत्वात्। न चैवं विषयनिषेधपराणां बाधः शङ्कनीयस्तेषां ब्रह्मस्वरूपगुणादिविषयकेयत्तानिषेधपरत्वेन समविषयत्वात्। किञ्चात्र प्रष्टव्यो भवान् "शब्दाऽविषयं ब्रह्मे"ति वाक्यस्य वाच्यं ब्रह्माभिप्रेतं न वेति? आद्ये वाच्यत्वसिद्धेरवाच्यत्वंप्रतिज्ञाभङ्गः, द्वितीये सुतरां वाच्यतेति। तस्मात् सर्वज्ञः सर्वाचिन्त्यशक्तिविश्वजन्मादिहेतुर्वेदैकप्रमाणगम्यः सर्वभिन्नाभिन्नो भगवान् वासुदेवो विश्वात्मैव जिज्ञासाविषयस्तत्रैव सर्वं शास्त्रं समन्वेतीत्यौपनिषदानां सिद्धान्तः।

अस्यार्थः–(पूर्वसूत्र में कहा गया है, कि शास्त्र ही ब्रह्मविषय में प्रमाण अर्थात् ज्ञान-कारण है)। किन्तु इससे इस प्रकार की आपत्ति हो सकती है कि (जैमिनिमीमांसा के "आम्नायस्य क्रियार्थत्वादानर्थक्यमेतदर्थानाम्" इत्यादि सूत्रों में कहा गया है कि) समस्त वेद यज्ञादि क्रियाओं को ही मुख्य रूप से प्रतिपादित करते हैं; क्रियार्थ का नहीं प्रकाश करते, इस रूप के जो वेदोक्त अर्थवादवाक्य हैं, तत्समस्त परम्परा सूत्रों के द्वारा क्रियाबोधक सकल विधिवाक्यों का ही अर्थ विस्तार-पूर्वक प्रकाश करते हैं; (ये सभी विधिवाक्यों के ही स्तावक हैं। "विधिना त्वेकवाक्यत्वात् स्तुत्यर्थेन विधीनां स्युः" इत्यादि जैमिनिसूत्रों में ये सब प्रकाशित हैं;) इस रूप से ये अर्थवादवाक्य, परम्परा सूत्रों के द्वारा समस्त विधिवाक्यों के साथ एकार्थता प्राप्त होकर सार्थक होते हैं, इनका स्वतः कोई स्वतन्त्र अर्थ नहीं है। तद्रूप ब्रह्मविषयक वेदान्तवाक्यसमूह भी यज्ञादि क्रिया-बोधक विधिवाक्यों से स्वतन्त्र अर्थ प्रतिपादन नहीं करते, ऐसा सिद्धान्त करना उचित है। कर्मकर्त्ता क्रतु का ही एक अङ्ग है; "तत्त्वमसि" इत्यादि वेदान्तवाक्यों में उस कर्मकर्त्ता का ही ब्रह्मत्व उपदिष्ट हुआ है; तद्द्वारा यह सिद्ध होता है कि, वेद के अर्थवाद वाक्यों के सदृश, वेदान्त के ब्रह्मविषयक वाक्यसमूह भी क्रतु के अङ्गीभूत जो कर्मकर्त्ता है, उसी के स्तावकवाक्य-मात्र हैं; इन वाक्यों के द्वारा वेदों ने स्वतन्त्र कोई अर्थ प्रकाशित नहीं किया। इन्होंने परम्परा सूत्रों के द्वारा वेदोक्त कर्मविषयक विधिवाक्यों का ही प्राधान्य प्रकाश किया हे, सर्वप्रधान रूप से ब्रह्म का नहीं प्रतिपादन किया। अतएव विश्वकारण रूप से (सुतरां यागादि कर्मों के भी कारण रूप से) ब्रह्म को शास्त्र प्रमाणित करता है, ऐसा जो सिद्धान्त पूर्वसूत्र में किया गया, वह ग्राह्य नहीं है। इस प्रकार की आपत्ति के उत्तर में सूत्रकार सिद्धान्त करते हैं:-"तत्तु समन्वयात्"; 'तत्' अर्थात् ब्रह्म ही विश्वकारण है; एवं शास्त्र उसी को सिद्ध करता है; कारण, मुख्य ज्ञातव्य विषय रूप से ब्रह्म में ही मुख्यवृत्ति द्वारा समस्त वेदवाक्यों का अन्वय होता है। अथवा संक्षेपतः सूत्रार्थ यह है कि, वेदवाक्यों के ब्रह्म-प्रतिपादक होने के

कारण, उनमें ब्रह्म का ही समन्वय होता है। यह नहीं कहा जा सकता कि, कर्म में ही वेदवाक्यों का समन्वय होता है; कारण, ब्रह्म को जानने की इच्छा-मात्र उत्पादन करके ही, कर्मशक्ति क्षय प्राप्त होती है; यह इच्छामात्र उत्पन्न करना ही कर्म का अन्तिम फल है; अतएव ब्रह्म को क्रतु के अङ्गस्वरूप में उपदेश करना-मात्र ही वेद का अभिप्राय है, यह निर्बोधबालकोपयुक्त वार्त्ता है। क्रतुसम्बन्धीय कर्म, कर्त्ता, करण इत्यादि समुदय कारकों को ही ब्रह्म के नियन्तृत्व के अधीन कहकर श्रुति ने वर्णन किया है, एवं यज्ञ का फलदाता भी वही है। ("यतो वा इमानि भूतानि जायन्ते", "अन्तः प्रविष्टः शास्ता जनानां", "यं सर्वे देवा नमन्ति", "ब्रह्मैवेदं सर्वम्" इत्यादि श्रुतियाँ द्रष्टव्य हैं); सुतरां वह उन सभी से स्वतन्त्र है। एवञ्च "तमेतमात्मानं वेदानुवचनेन ब्राह्मणा विविदिषन्ति यज्ञेन दानेन तपसा नाशकेन" इत्यादि (बृ० चतुर्थ अ०, चतुर्थ ब्रा०) श्रुतिवाक्यों से यह स्पष्ट रूप से प्रमाणित होता है कि, ब्रह्मसम्बधीय विविदिषा (जिज्ञासा) उत्पादन करके, ब्रह्मप्राप्ति का साधनभूत जो ज्ञान है, उसकी उत्पत्ति के विषय में परम्परासूत्र से उपकारक होने के कारण ही कर्मों का सार्थक्य होता है, एवं श्रुति ने भी इसी निमित्त कर्मों का उपदेश किया है।

परन्तु कोई-कोई इस प्रकार की आपत्ति करते हैं कि, शास्त्र ने जैसे एक ओर ब्रह्म को प्रत्यक्षादि प्रमाणों के द्वारा अगम्य कहकर वर्णन किया है, तद्रूप उसको शब्दप्रमाण द्वारा भी अगम्य कहकर प्रतिपन्न किया है, अतएव पूर्वोक्त तृतीय सूत्र में जो ब्रह्म को शास्त्रप्रमाणगम्य कहकर सिद्धान्त किया गया है, वह अपसिद्धान्त है; कारण, शास्त्र के वाक्य भी शब्दमात्र हैं; शब्द के अविषय होने के कारण, 'ब्रह्म' शास्त्रप्रमाणगम्य नहीं हो सकता। इस आपत्ति के उत्तर में हम कहते हैं कि, 'तत्' जिज्ञासित ब्रह्म निश्चय ही शास्त्रप्रमाणगम्य है; वह प्रत्यक्षादि अन्यप्रमाणगम्य नहीं है; कारण, साक्षात्सम्बन्ध से अथवा परम्परा सम्बन्धविचार से ब्रह्म में ही समस्त श्रुतियों का समन्वय होता है। उनमें जो सब श्रुतिवाक्य ब्रह्म के लक्षण एवं प्रमाणादि के विषय में हैं, साक्षात्सम्बन्ध में ही उनका ब्रह्म में समन्वय होता है। और शाण्डिल्यविद्या, पञ्चाग्निविद्या, मधुविद्याप्रभृतिविषयक भिन्न-भिन्न प्रतीकोपासनाओं के समस्त वाक्य भी परम्परासम्बन्ध-विचार से ब्रह्म में ही समन्वित होते हैं। वस्तुतः, भिन्नार्थबोधक होने पर भी सभी वेदवाक्यों का साक्षात्सम्बन्ध में ब्रह्म में ही समन्वय होता है, ऐसा निर्देश किया जाता है; कारण, उन समस्त वाक्यों के विषयीभूत समस्त पदार्थों का समभाव से ब्रह्मात्मकरूप से ही मुख्यवाच्यत्व निर्णीत होता है। (अर्थात् ब्रह्म ही उन सब वाक्यों का मुख्यार्थ है तद्भिन्न कोई दूसरा पदार्थ नहीं है। ("सर्वं

खल्विदं ब्रह्म" इत्यादि श्रुतिवाक्य उसके प्रमाण हैं)। इस सिद्धान्त में इस प्रकार की आपत्ति नहीं हो सकती कि, ब्रह्म को श्रुति-प्रमाणगम्य कहने से, शब्द के अविषयरूप से जिन समस्त श्रुतियों ने उसको वर्णन किया है, (यथा "अवाङ्मनसागोचरः" "अशब्दमस्पर्शम्" "यतो वाचो निवर्त्तन्ते" इत्यादि), वे (श्रुतियाँ) इस मीमांसानुसार निरर्थक हो जाती हैं; किन्तु श्रुतियों को निरर्थक कहकर स्वीकार नहीं कर सकते; अतएव यह सिद्धान्त अपसिद्धान्त है, ऐसा प्रतीत होता है। किन्तु वस्तुतः इस सिद्धान्त के साथ पूर्वोक्त श्रुतिवाक्यों का कोई विरोध नहीं है; कारण, जिन श्रुतियों ने ब्रह्म को शब्द के अविषय-रूप से वर्णित किया है, वे सब श्रुतियाँ ब्रह्म के स्वरूप एवं स्वरूपगत गुणों की 'इयत्ता'-निषेधपरमात्र हैं, अर्थात् ब्रह्म इतना ही नहीं है, एवं केवल शब्दादि शक्तिमत्ता से ही तत्स्वरूपगत समस्त शक्ति पर्याप्त नहीं होती, तदतिरिक्त भाव से भी वह है, एतावन्मात्र प्रकाश करना ही उन श्रुतियों का अभिप्राय है। कारण, उन श्रुतियों ने स्वयं शब्दमात्र होने पर भी ब्रह्म को ही वाच्य रूप से प्रकाश किया है। और इस स्थल में आपत्तिकारी से प्रश्न है कि, "शब्द का अविषय ब्रह्म है" यह जो वाक्य है, इसका वाच्य ब्रह्म है अथवा नहीं, इस विषय में उसका अभिमत क्या है? यदि कहे कि, इस वाक्य का वाच्य ब्रह्म है, तब तो उसकी प्रतिज्ञा भङ्ग हुई; ब्रह्म शब्द का वाच्य हो गया। और यदि कहे कि, नहीं; तब भी इस "नहीं" कहने के द्वारा ही कार्यतः ब्रह्म का शब्दवाचित्व सिद्ध हुआ है। (कारण "ब्रह्म"-शब्द का वाच्य जो ब्रह्म वस्तु है, उसको उसने इस शब्द द्वारा ही समझा है, नहीं समझने से इस प्रकार उत्तर नहीं दे सकता)। अतएव समस्त उपनिषदों का सिद्धान्त यही है कि, ब्रह्म में ही समस्त शास्त्र समन्वित होता है; ग्रन्थारम्भ में जिज्ञासा का विषय कहकर जिस ब्रह्म का वर्णन हुआ है, व सर्वज्ञ है, वह अचिन्त्यशक्तिक है, विश्व के सृष्टिस्थितिलय का हेतु है, वह एकमात्र वेदप्रमाणगम्य है; वह समस्त विश्व से भिन्न भी है एवं अभिन्न भी है, एवं वह सर्वविध ऐश्वर्यपूर्ण विश्वात्मा वासुदेव है। उसी में समस्त शास्त्र समन्वित होता है। यही उपनिषद्वेताओं का सिद्धान्त है।

(अनिरुद्ध, प्रद्युम्न, संकर्षण और वासुदेव,-ये चारों रूप ब्रह्म के हैं। अहं-तत्त्व के अधिष्ठाता विराट् देहधारी पुरुष का नाम अनिरुद्ध है। महत् (बुद्धि)-तत्त्व के अधिष्ठाता पुरुष का नाम प्रद्युम्न है। प्रकृति-तत्त्व के अधिष्ठाता पुरुष का नाम संकर्षण है। संकर्षण से प्रद्युम्न, तथा प्रद्युम्न से अनिरुद्ध का प्रकाश है। इन त्रितय के अतीत, सर्वाश्रय, सबका मूल परब्रह्म ही वासुदेव पदवाच्य है। वासुदेव ही मूलग्रन्थ के प्रथम सूत्र के उल्लिखित ब्रह्म शब्द का अर्थ है। उसी (ब्रह्म ही) में सब शास्त्रों का समन्वय होता है।)

इस व्याख्यान में भाष्यकार ने यह सिद्ध किया है कि, ब्रह्म वेदोक्त यागादि कर्मों से अतीत है, एवं इन यागादि कर्मों का कर्त्ता जो पुरुष है, उसकी सत्ता-मात्र से ब्रह्मसत्ता पर्याप्त नहीं होती, वह समस्त कर्मकर्त्ता पुरुषों का एवं तत्कृत सर्वविध कर्मों का नियन्ता और विधाता है। एवञ्च समस्त जगत् की ब्रह्मात्मकता को प्रदर्शन करके, भाष्यकार ने मधुविद्याप्रभृति में वर्णित उपासना कर्मों की भी सार्थकता सिद्ध की है। अतएव भाष्यकार की अंतिम मीमांसा यह है कि, जीव और जगत् के साथ ब्रह्म के भिन्नाभिन्न सम्बन्धों ही को द्वितीय से चतुर्थ सूत्र पर्यन्त सूत्रकार ने स्थापित किया है। "एकांशेन स्थितो जगत्" एवं "ममैवांशो जीवलोके जीवभूतः सनातनः" "क्षरादतीतोऽहमक्षरादपि चोत्तमः" इत्यादि गीतावाक्यों में भी इसी प्रकार भिन्नाभिन्न सम्बन्ध को ही वेदव्यास ने सिद्ध किया है। अपिच तृतीय और चतुर्थ सूत्रों में ब्रह्म के साथ शास्त्र का वाच्यवाचकसम्बन्ध स्थापित हुआ है। इस वाच्यवाचक-सम्बन्ध का रहना पातञ्जलदर्शन में "तस्य वाचकः प्रणवः" सूत्र में श्रीभगवान् पतञ्जलि ने भी निर्देश किया है। इस सूत्र में भाष्य में श्रीभगवान् वेदव्यास ने भी इसी प्रकार के मत को प्रकाशित किया है, यथा:-'वाच्य ईश्वरः प्रणवस्य।.... सम्प्रतिपत्तिनित्यतया नित्यः शब्दार्थ सम्बन्धः" और ब्रह्म के निर्गुणत्वविषयक समस्त श्रुतियाँ उसके "एतावन्मात्रत्व" (जगत् और जीवमात्रत्व) को ही निषेध करती हैं, ऐसा जो भाष्यकार ने सिद्ध किया है; उसको भगवान् वेदव्यास ने स्वयं ही इस ब्रह्मसूत्र के तृतीय अध्याय के द्वितीय पाद के द्वाविंश सूत्र में स्पष्ट किया है। वेदान्त-दर्शन के प्रथम और द्वितीय अध्याय विशेषरूप से ब्रह्मविषयक हैं। इनमें ब्रह्मसम्बन्ध में इसी प्रकार के सिद्धान्त को सूत्रकार ने प्रतिपादित किया है। सूत्रकार ने किसी स्थल पर ब्रह्मसम्बन्ध में केवल निर्गुणत्व अथवा केवल गुणावच्छिन्नत्व का नहीं वर्णन किया है।

इस सूत्र का शाङ्करभाष्य अति विस्तीर्ण है; उसमें नानाविध विचार प्रवर्तित किये गये हैं; उन सभों को इस स्थल पर उद्धृत करना निष्प्रयोजनीय है। इसका सार यह है कि, ब्रह्म प्रत्यक्ष एवं अनुमानप्रमाणों के द्वारा गम्य नहीं है, केवल शास्त्र ही उसके सम्बन्ध में प्रमाण है; फल के द्वारा शास्त्र का प्रामाणिकत्व सिद्ध होता है। मीमांसकगण कहते हैं कि, "ब्रह्म स्वतन्त्र और जगदतीत नहीं है", कारण, कर्म अथवा उपासनाविधि के अङ्ग रूप से ही वह वेद में वर्णित हुआ है; अतएव कर्मातीत ब्रह्मशास्त्र का प्रतिपाद्य नहीं है; वैदिककर्म के अङ्गीभूत जो कर्मकर्ता है, ब्रह्मविषयक समस्त वाक्य उसके ही स्तुतिसूचक कहे जायेंगे; कारण इस कर्मकर्त्ता ही को श्रुति ने ब्रह्म कहकर उपदिष्ट किया है। मीमांसकों का यह मत सङ्गत नहीं है; कारण, ब्रह्म-प्राप्तिरूप मोक्ष

कर्मसाध्य नहीं है; इसको श्रुति ने स्पष्ट कहा है; एवं श्रुति ने यही भी कहा है कि, आत्मा असङ्गस्वभाव और शरीरादिव्यतिरिक्त है; सुतरां ब्रह्म कर्मसाध्य नहीं हो सकता है; एवं ब्रह्मज्ञ पुरुष भी सर्वकर्मातीत होते हैं, ऐसा श्रुति ने स्पष्टरूप से उपदेश किया है; इससे ब्रह्म को कर्म के अङ्गीभूत रूप से किसी प्रकार वर्णन नहीं कर सकते। ब्रह्म को ज्ञानरूप क्रिया का भी कर्म नहीं कह सकते; कारण, श्रुति ने उसको विदित एवं अविदित सभी से भिन्न कहकर व्याख्यायित किया है। श्रुति ने जो आत्मा को ज्ञातव्य, ध्यातव्य इत्यादि रूपों से वर्णित किया है, उसका अर्थ यह नहीं है कि, आत्मा साक्षात्सम्बन्ध में ध्यानक्रिया के गम्य है। अपर सर्वविषयक ज्ञानवृत्तियों का निरोध करना ही उक्त उपदेशों का सार है; अपर वृत्तियों के निरुद्ध होने से, चैतन्यस्वरूप ब्रह्म स्वत: प्रकाशित होता है। जैमिनिसूत्र में कहा है कि, कर्म में प्रवृत्ति उत्पन्न करना ही वेद का सार है, यह वाक्य वेद के कर्मकाण्डसम्बन्ध में ही प्रयुक्त करने के योग्य है, वेदान्त सम्बन्ध में नहीं। कर्मकाण्ड में भी निषेधसूचक सभी वाक्य अधिकांश स्थलों में अभाव अर्थात् औदासीन्यबोधक हैं, कोई क्रिया-बोधक नहीं; अतएव कर्म में प्रेरणा ही वेदार्थ कहकर किसी प्रकार स्वीकृत नहीं की जा सकती। इत्यादि इत्यादि।

परन्तु शाङ्करभाष्य में मूलसूत्रार्थ की व्याख्या इस प्रकार से की गई है, यथा:-

"तु"-शब्द: पूर्वपक्षव्यावृत्त्यर्थ:। तद्ब्रह्म सर्वज्ञं सर्वज्ञशक्तिजगदुत्पत्ति-स्थिति-लय-कारणम् वेदान्तशास्त्रादवगम्यते। कथं? समन्वयात्; सर्वेषु वेदान्तेषु वाक्यानि तात्पर्येणैतस्यार्थस्य प्रतिपादकत्वेनसमनुगतानि।

अस्यार्थ:-सूत्र में जो 'तु' शब्द है, वह आपत्तिभञ्जनबोधक है। वही ब्रह्म सर्वज्ञ, सर्वशक्तिमान्, जगत् के सृष्टि-स्थिति-लय का हेतु है, वेदान्तशास्त्र द्वारा वह इस प्रकार ज्ञात होता है। ऐसा क्यों कहते हैं? (उत्तर:-) इस प्रकार के ब्रह्म में ही वेद का समन्वय होता है। समस्त वेदान्तोल्लिखित श्रुतिवाक्यों का तात्पर्य प्रतिपाद्य रूप से ब्रह्म का ही अनुसरण करता है।

वस्तुत: कठप्रभृति श्रुतियों ने स्वयं "सर्वे वेदा: यत्पदमामनन्ति, सर्वे वेदा यत्रैकीभवन्ति" इत्यादि वाक्यों में स्पष्ट रूप से उपदेश किया है कि, ब्रह्म में ही श्रुतियाँ समन्वित होती हैं, उसको प्रतिपन्न करना ही समस्त श्रुतियों का अभिप्रेत है। किन्तु इस स्थल में यह लक्ष्य करना उचित है कि, ब्रह्म को सर्वज्ञ, सर्वशक्तिमान्, जगत्कारण कहकर उपदेश करना भगवान् वेदव्यास का अभिप्रेत है, ऐसा जब आचार्य शङ्कर ने इन सूत्रों की व्याख्या में स्वीकार किया है, तो ब्रह्म को एकान्त निर्गुण और अकर्त्ता

कहकर जो उन्होंने पश्चात् अपना मत ज्ञापन किया है, वह वेदान्त और भगवान् वेदव्यास के अभिप्राय के विरुद्ध है।

इति ब्रह्मविषयकप्रमाणाधिकरणम्।

—•—

परन्तु एतत्सम्बन्ध में यह आपत्ति हो सकती है कि, त्रिगुणात्मक प्रधान को ही जगत्कारण कहकर सांख्य शास्त्र में निर्देश किया है, एवं प्रधान की जगत्कारणता के विषय में सांख्यवादी श्रुतिप्रमाण भी उद्धृत करते हैं, यथा :–

"अजामेकां लोहितशुक्लकृष्णां बह्वीः प्रजाः सृजमानां सरूपाम्।" इत्यादि (श्वेताश्वतरोपनिषद् चतुर्थ अध्याय)

[शुक्ल लोहित और कृष्ण वर्ण (सत्त्वरजतमोगुणात्मिका) प्रकृति अपने समान रूपविशिष्ट (त्रिगुणात्मक) बहुविध प्रजाओं की सृष्टि करती है] इत्यादि। अतएव श्रुति प्रमाण–द्वारा एकमात्र ब्रह्म ही को जगत्कारण कहकर किस प्रकार निर्देश कर सकते हैं? इसी आपत्ति के खण्डन के अभिप्राय से परवर्त्ती सूत्र का अवतरण किया गया है, यथा:–

प्रथम अ०, प्रथम पाद, पञ्चम सूत्र–**ईक्षतेर्नाशब्दम्।**

["ईक्षतेः–न–अशब्दम्"।]

भाष्यः–सांख्याभिमतचेतनं प्रधानं तु अशब्दं श्रुतिप्रमाणवर्जितम्, अतो नैव जगत्कारणम्; जगत्कर्त्तुश्चेतनधर्मस्येक्षस्य श्रवणात्।

व्याख्याः–सांख्यशास्त्र में कथित अचेतनप्रधान की जगत्कारणता के विषय में कोई श्रुतिप्रमाण नहीं है, वह जगत्कारण नहीं है, अचेतन–प्रधान को जगत्कारण कहना श्रुति का अभिप्राय नहीं है कारण, श्रुति ने स्पष्ट रूप से जगत्कारण की "ईक्षणशक्ति" (ज्ञानपूर्वक दर्शन शक्ति) के रहने का उल्लेख किया है; प्रधान की वह शक्ति का न रहना स्वीकार्य है; कारण प्रधान अचेतन है। अतएव सांख्याभिमत अचेतनप्रधान का जगत्कारणत्व श्रुति–विरुद्ध है।

ईक्षतेः=[जगत्कारण का ईक्षण कार्य (श्रुति में) उक्त रहने के कारण,] न=सांख्याभिमत अचेतनप्रधान जगत्कारण नहीं है; अशब्दम्=(अश्रौतम्) यह श्रुतिसिद्ध नहीं है–श्रुतिप्रमाणविरुद्ध है। जगत्कारण की ईक्षणकार्यविषयक श्रुतियाँ ये हैं; यथा:–

"सदेव सौम्येदमग्र आसीदेकमेवाद्वितीयम्। तदैक्षत बहुस्यां प्रजायेयेतिः, तत्तेजोऽसृजत" इत्यादि (छान्दोग्य षष्ठ प्रपाठक द्वितीय खण्ड)।

अस्यार्थः–हे सौम्य! यह जगत् पहले (सृष्टि के पूर्व) भेदरहित एकमात्र अद्वितीय सद्वस्तु (ब्रह्म) था। उसी सत् ने ईक्षण किया था (मनन किया था) कि, हम बहुत होंगे, हमारी अनेक रूप से सृष्टि हो; इस प्रकार से ईक्षण करके उसी सत् ने तेज की सृष्टि की।

ऋग्वेदीय ऐतरेयोपनिषद् में इस प्रकार उक्त है, यथा:–"आत्मा वा इदमेक एवाग्र आसीत्। नान्यत् किञ्चनमिषत्। स ऐक्षत लोकान् नु सृजा इति। स इमाँल्लोकानसृजत"।

अस्यार्थः–"यह विश्व पहले एक आत्मरूप से अवस्थित था, अन्य किसी का स्फुरण नहीं था। उस आत्मा ने ईक्षण किया, लोकों को क्या सृजन करेंगे? उसने लोकों की सृष्टि की।"

"ब्रह्म वा इदमग्र आसीत्" इत्यादि बृहदारण्यकोक्त श्रुतियाँ भी इसी मर्म की हैं। श्रुति ने इस प्रकार जगत्कारण के 'ईक्षण' कार्य का उल्लेख करके कहा है कि, जो जगत्कारण है, उसने 'ईक्षण' पूर्वक जगद्रचना की। सांख्याभिमत प्रधान अचेतन है; सुतरां वह 'ईक्षण' कार्य अचेतनप्रधान के सम्बन्ध में उक्त हो नहीं सकता; अतएव प्रधान की जगत्कारणता श्रुतिविरुद्ध है, सुतरां अग्राह्य है। (इस सूत्र का फलितार्थ यह है कि, जगत्कर्त्ता ईक्षणशक्ति विशिष्ट है, अतएव चैतन्यमय ब्रह्म ही जगत्कर्त्ता है; सुतरां श्रुति के अनुसार सांख्योक्त अचेतनप्रधान का जगत्कर्तृत्व सिद्ध नहीं होता)।

इस स्थल में यह पहले लक्ष्य करना होगा कि, श्रुति ने कहा है "तदैक्षत बहुस्याम्" अर्थात् उस सत् ने इस प्रकार ईक्षण किया जिससे वह अनेक रूपों से प्रकाशित हो सके; परन्तु जब उससे भिन्न अन्य कुछ या कोई नहीं है, तो इस वाक्य का अर्थ यही है कि, उसने इस भाँति ईक्षण किया कि, उसके स्वयं एक अद्वैत होने पर भी, उसमें बहुरूप का प्रकाश होवे, अतएव बहुरूपता का निमित्त कारण यह ईक्षणशक्ति ही है। उपादान वस्तु भी स्वयं ब्रह्म ही है। किन्तु उसका परिवर्तन असम्भव है; कारण, परिच्छिन्न वस्तु होने से ही रूप का परिवर्तन सम्भव होता है; आकाश तत्त्व की अपेक्षा भी व्यापक बुद्धि तत्त्व के रहने के कारण आकाश का भी परिवर्तन सम्भव हो सकता है, बुद्धि उसका संघटन कर सकती है; किन्तु सर्वाधार अद्वैत ब्रह्म के सर्वव्यापित्व के कारण, मृत्तिकादि का भाँति उसके परिवर्तन की कल्पना भी नहीं की जा सकती। किन्तु पूर्वोक्त ईक्षणकार्य का विषय स्वयं वह सद्ब्रह्म ही है; परन्तु उसका स्वरूप परिवर्तन के योग्य नहीं है। अतएव यही सिद्धान्त होता है कि, उसकी जो बहुरूपता उक्त हुई है, वह उसकी ईक्षणशक्ति की ही भेदनिमित्तक है अपने स्वरूप की किसी

प्रकार परिवर्तन निमित्तक नहीं। इसके दृष्टान्त का अभाव नहीं है। जैसे साधारण रीति से देखने पर वस्तु एक प्रकार देखी जाती है; नेत्र वक्र करके देखने से किञ्चित् भिन्नरूप दृष्ट होती है, दृष्टि सङ्कुचित करके देखने से अन्य भाँति दृष्टिगोचर होती है; वस्तु के एक अवयव मात्र की ओर दृष्टि स्थिर करने से, वह अवयव ही दृष्टि में भासमान होता है; इसी वस्तु के समग्र अवयवों के प्रति दृष्टि और मन स्थिर करने से सम्पूर्ण अवयवों के दर्शन होते हैं। अतएव दृश्य वस्तु के एक अधिकृत रूप से रहने पर भी, दर्शन के प्रकार-भेद से वह भिन्न-भिन्न रूपों में दृष्ट हो सकती है। इसी दृष्टान्त के द्वारा पूर्वोक्त श्रुति के भी तात्पर्यावधारण के विषय में सहायता मिलती है। ब्रह्म के स्वरूप में कोई परिवर्तन नहीं होता; परन्तु उसकी ईक्षणशक्ति के नाना प्रकार भेद हैं, एवं उसके स्वरूप में भी, इस विभिन्न प्रकार ईक्षण के द्वारा, विभिन्न रूप से प्रतिभात होने की योग्यता है। अतएव श्रुति ने कहा है कि, सद्ब्रह्म ने इस प्रकार ईक्षण किया, जिससे एक अद्वैत वही बहुरूप से दृष्ट होवे। उसके स्वरूप में अनेक रूप से दृष्ट होने की योग्यता है, यही जगत् का मूल उपादान है; यह अनन्त जगद्रूप में उसके ईक्षण कार्य की विषयीभूत होकर ब्रह्म के गुणरूप से प्रकाशित होती है। सुतरां जगत् गुणात्मक कहा जाता है; गुण की ही सूक्ष्मावस्था का नाम प्रकृति है।

इस स्थान पर यह भी स्मरण रखना होगा कि, श्रुति ने कहा है–"अनेक हूँगा", इस प्रकार ईक्षण (मनन) करके ब्रह्म ने प्रजारूप से अपने को सृष्ट किया। "जन्माद्यस्य यतः" सूत्र में (इसी पाद के द्वितीय सूत्र में) उक्त हुआ है कि, ब्रह्म ही जगत् का सृष्टिकर्त्ता, पालनकर्त्ता और प्रलयकर्त्ता है। सुतरां यह सिद्ध हुआ कि, ब्रह्म की स्वरूपगत 'ईक्षण' शक्ति जगत् की केवल सृष्टिविषयक नहीं है, इसके रक्षण और लयसाधन की शक्ति भी इसी के अन्तर्गत है। यह प्रत्यक्ष सिद्ध है कि, परिवर्तन ही संसार का स्वरूपगत धर्म है। 'परिवर्तन' शब्द पर विचार करने से ज्ञात होता है कि, सृष्टि स्थिति और लय, तीनों परिवर्तन शब्द के अर्थ हैं। अनादिकाल से सृष्टि के पश्चात् प्रलय और प्रलय के पश्चात् सृष्टि होती आई है, ऐसा श्रुति ने भी अनेक स्थानों पर कहा है; और अन्यान्य शास्त्रों में भी यही मत प्रकाशित हुआ है। इस विषय में दार्शनिकों में भी कोई मतभेद नहीं है। सुतरां यह ईक्षणशक्ति पहले ब्रह्मस्वरूप में नहीं थी, अकस्मात् आई है, इस प्रकार श्रुति का अभिप्राय कहकर अनुमान करना असङ्गत है। ब्रह्म में पहले मननशीलता नहीं थी, पश्चात् यह उत्पन्न हुई है, इस प्रकार कहने पर इसका कोई कारण भी बतलाना उचित है; कारण के बिना कोई कार्य हो नहीं सकता। एवं च ब्रह्म की कालाधीनता तथा परिणामशीलता भी स्वीकृत करनी

होंगी; परन्तु श्रुति ने उसका बारम्बार निषेध किया है। सुतरां यह 'ईक्षण'-शक्ति भी अनादि और ब्रह्म की स्वरूपगत नित्यशक्ति है, ऐसा सिद्ध होता है। ब्रह्म की जो सृष्टि-शक्ति है, वह उसकी स्वरूपगत शक्ति है, इसका श्वेताश्वतर श्रुति ने "देवात्मशक्तिं स्वगुणैर्निगूढ़ाम्" इत्यादि वाक्यों के द्वारा स्पष्ट रूप से निर्देश किया है। इस सूत्र में उक्त हुआ है कि, ईक्षणशक्ति सृष्टिशक्ति है; अतएव, इसके द्वारा भी यह प्रमाणित होता है कि, ईक्षण शक्ति ब्रह्म की नित्य आत्मभूता है।

"सदेव सौम्येदमग्र आसीत्" इत्यादि श्रुतियाँ पूर्व ही उक्त हुई हैं, जिनमें ब्रह्म का सृष्टिविषयक 'ईक्षण' विशेषरूप से वर्णित हुआ है, उन पर भली-भाँति विचार करने से और भी दृष्ट होता है कि, सृष्टि की जो अतीतावस्था है, जिसका ब्रह्म की स्वरूपावस्था कहकर शास्त्र में वर्णन है, उसी की उक्त वाक्यों के द्वारा श्रुति ने विशेष रूप से प्रकाशित किया है। श्रुति ने पहले कहा कि, चराचर समस्त संसार उस अवस्था में ब्रह्मरूप में अवस्थित है, ब्रह्म के अतिरिक्त किसी वस्तु का स्फुरण नहीं है। पुनः कहती है, कि ब्रह्म उस अवस्था में सृष्टिविषयक ईक्षणविशिष्ट है, अर्थात् वह सृष्टि के प्रकाश, रक्षण और संहार करने के हेतु उपयुक्त ज्ञान और शक्ति से सम्पन्न है, सुतरां सर्वज्ञ और सर्वशक्तिमान् है। श्रुति पुनः कहती है-वह जगत्-रूप में प्रकाशित हुआ, अर्थात् ब्रह्म केवल सृष्टिस्थितिलयोपयुक्त ज्ञान एवं शक्ति से युक्त है, इतना ही नहीं; वह उस शक्ति का परिचालन भी करता है; वह जगत् को वस्तुतः अपने स्वरूप ही से उत्पन्न करता है, वस्तुतः ही पालन करता है और वस्तुतः ही संहार करता है। इस प्रकार का शक्तिपरिचालन भी उसका नित्य है; सुतरां ब्रह्मस्वरूप के ज्ञान के निमित्त इन सभी का ग्रहण करना आवश्यक है। पहली बात यह दृष्ट होती है कि, वह जगदतीत तथा नित्य सद्वस्तु है; दूसरी बात यह है कि, अतीत अनागत और वर्तमान समस्त जगत् तद्रूप में (तत्सत्ता में) एकीभूत होकर अवस्थित है; सुतरां वह एक-अद्वैत है। एवं वह अविकारी है; क्योंकि विकार कहने से एक अवस्था का अभाव और दूसरी अवस्था का भाव होना ज्ञात होता है; किन्तु ब्रह्म तो सर्वाभावशून्य है। त्रिकाल में प्रकाशित वस्तुमात्र उसके स्वरूप में अवस्थित हैं। सुतरां उसके सम्बन्ध में नहीं कहा जा सकता कि, वह कुछ नूतन करता है। जब सर्वकाल में प्रकाशित समस्त वस्तुएँ उसके स्वरूपगत हैं, तो "उसने नवीन कुछ सृष्ट किया" इसका कोई अर्थ ही नहीं होता। अतएव उसको अकर्त्ता और सर्वविध विकाररहित होकर भी अनेक श्रुतियों ने वर्णित किया है। सुतरां केवल उस अवस्था की ओर लक्ष्य करके ब्रह्म को 'सगुण' न कहकर 'निर्गुण' कहना चाहिए। तीसरी बात यह है कि, इस प्रकार केवल

निर्गुण कहने से ही ब्रह्मस्वरूप का सम्यक् रूप से वर्णन नहीं होता, वह स्वरूपतः ही सर्वज्ञस्वभाव और सर्वशक्तिमान् है। सृष्टि, स्थिति और लय भी उसी का कार्य हैं, इस प्रकार अनेक श्रुतियों ने प्रकाशित किया है। यह कार्य वह कभी करता है, कभी नहीं करता, ऐसा हो नहीं सकता; क्योंकि ऐसा होने से वह विकारी और कालाधीन हो जाता है; बहु श्रुतियों ने इसका निषेध किया है। अतएव सर्वज्ञ, सर्वशक्तिमान् तथा सृष्टि-स्थिति-लय-कर्त्ता-रूप से ब्रह्म नित्य ही सगुण भी है। इस रूप से ब्रह्म के नित्य सगुणत्व और निर्गुणत्व दोनों सिद्ध होते हैं। अतएव ब्रह्म के ये दोनों रूप श्रुतिप्रमाणों के द्वारा प्रतिपादित होते हैं, और श्रुति ही तद्विषयक अनुभव को भी उत्पादन करती है। जिस प्रकार अनुमान प्रभृति प्रमाण भी अनुभव उत्पन्न करके चरितार्थ होते हैं, उसी प्रकार श्रुतिवाक्य भी आत्म-विषयक अनुभव उत्पन्न कराकर ही सार्थक होते हैं। इस अनुभव का बीज प्रत्येक जीव में वर्तमान है; उक्त प्रकार की द्विरूपता न्यूनाधिक परिमाण से प्रत्येक मनुष्य को आत्मानुभवसिद्ध है। बाल्य, यौवन, वार्द्धक्य आदि हमारी असंख्य अवस्थाओं का नियत परिवर्तन हो रहा है, प्रतिमुहूर्त्त हममें अनेक प्रकार के चिन्तास्रोत प्रवर्तित होते हैं, एक के पश्चात् एक सुख-दुःखादि भोग नियत रूप से प्रवाहित हो रहे हैं; जिस समय जो अवस्था उपस्थित होती है, उसी समय हमारा उस अवस्था में आत्मज्ञान होता है; हम मोटे हैं, हम दुर्बल हैं, हम बालक हैं, हम युवा हैं, हम वृद्ध हैं, हम सुखी हैं, हम दुःखी हैं, इत्यादि रूपों से अपने को हम तत्तद्भावापन्न अनुभव करते हैं। पक्षान्तर में ये ही सब अवस्थायें एक के पश्चात् एक बीती जा रही हैं; किन्तु हम एक ही हैं, ऐसा अनुभव करते हैं। बाल्यावस्था में जो 'हम' रहे, युवावस्था एवं वृद्धात्रस्था में भी वही 'हम' हैं; पीड़ितावस्था में जो 'हम' हैं, नीरोगावस्था में भी वही 'हम' हैं; स्वप्नावस्था में जो हम अनेक प्रकार की क्रीड़ायें किया करते हैं, उस स्वप्न के द्रष्टा भी वही 'हम' हैं; स्वप्नदृष्ट जो हम हैं उसके आश्रयरूप से अपरिवर्तनीय भाव से स्वप्नद्रष्टा हम अवस्थान करते हैं। सुतरां अनेक रूपों से प्रकाशित होकर उनका भोग करना, एवं अपरिवर्तनीय तथा सर्वावस्थाओं के द्रष्टृरूप से अवस्थान करना, यह उभयरूपता प्रत्येक को आत्मानुभवसिद्ध है। अतएव श्रुतिप्रतिपादित ब्रह्म की द्विरूपता को अनुभूत करने का बीज न्यूननाधिक रूप से प्रत्येक जीव में है। श्रुतिवचनों के मर्म का चिन्तन करने से वह बीज अङ्कुरित होकर क्रमशः जीव को ब्रह्मस्वरूप के अवगत करने के हेतु योग्य बनाता है। वस्तुतः जीव ब्रह्म का ही अंश है। सुतरां जीव के स्वरूप के प्रति लक्ष्य करके ब्रह्म के स्वरूप को अवधारण करने की चेष्टा करना असङ्गत नहीं है।

पुनः जगत् की ओर दृष्टिपात करने से दृष्ट होता है कि, गुण अथवा शक्ति गुणी

अथवा शक्तिमान् के आश्रय बिना अवस्थान नहीं कर सकती, यह सर्वदा ही प्रत्यक्ष और आत्मानुभवसिद्ध है। यह अवश्य स्वीकार करना होगा कि, गुणी अथवा शक्तिमान् पदार्थ गुण अथवा शक्ति से अतीत है; गुणी एवं शक्तिमान् शब्द का यही अर्थ है। अतएव प्रत्येक गुणी वस्तु स्वरूपतः गुणातीत अर्थात् निर्गुण है; तथा जब उसमें गुण भी युक्त है तो उसे सगुण भी अवश्य कहना होगा। उसी प्रकार ब्रह्म भी स्वरूपतः निर्गुण है, परन्तु गुण भी उसी का है, अतः वह सगुण भी है। यथार्थ में उसका गुणातीत स्वरूप है, यह श्रुतिप्रमाणों से सिद्ध होता है।

अतएव श्रीनिम्बार्क स्वामी ने जो ब्रह्म को सगुण और निर्गुण इन दोनों रूपों से व्याख्यायित किया है, वही समीचीन सिद्ध होता है। एक ओर ब्रह्म पूर्णस्वभाव, सर्वविध विकाररहित एक अद्वैत है, यही उसका निर्गुणत्व है; और दूसरी ओर वह सर्वशक्तिमान् है, अपने स्वरूप को अनन्त भाव से प्रकट करके पृथक्-पृथक् रूपों से उनका आस्वादन करता है–अद्वैत होकर भी द्वैत होता है, यही उसका सगुणत्व और द्वैतत्व है। पूर्णज्ञ ईश्वर, विशेषज्ञ जीव एवं जगत्, ये तीनों ही उसके रूप हैं। परन्तु यह स्मरण रखना आवश्यक है कि, जगद्रूप से जो ब्रह्म कार प्रकाश है, वह केवल 'ईक्षण' का ही प्रभेद-मूलक है; ब्रह्मस्वरूप विकारप्राप्त होकर जगद्रूपता प्राप्त होता है, ऐसा नहीं। पहले कहा गया है कि, ब्रह्मस्वरूप में बहुरूपों से दृष्ट होने की योग्यता है; वही बहुरूपों से 'ईक्षित' होता है। इसी ईक्षण के भेद से ही उससे सृष्टि स्थिति-लय-धर्मविशिष्ट जगत् प्रकाशित होता है, ब्रह्मस्वरूप के परिवर्तन-निमित्तक नहीं। इस प्रकार का ज्ञान होने से समस्त शास्त्रों के वाक्यों का सामञ्जस्य हो जाता है।

योगसूत्र में जीव को चिति-शक्ति और दृक्शक्ति के नाम से विशेषित किया है, एवं दृश्यशक्ति के नाम से जड़-जगत् को और 'पुरुषविशेष' नाम से ईश्वर को उक्त किया है। श्रीरामानुजस्वामिकृत वेदान्तभाष्य में कहा है कि, उक्त 'चित्' अथवा 'चिति शक्ति' एवं 'अचित्' जड़ शक्ति (दृश्य शक्ति) इन दोनों की समष्टि ही जगत् का मूल उपादान है। सर्वशक्तिविशिष्ट ब्रह्म के शरीरस्थानीय ये सब हैं; वह उक्त प्रकार के शरीर से विशिष्ट है; किन्तु वह इन दोनों से भिन्न है; वह चिदचित् समष्टिवस्तु से अतीत है, ये उसके स्वरूपभुक्त नहीं हैं, ये पृथक पदार्थ हैं, किन्तु नित्य तदधीन हैं।

केवल एक ही विषय में इन दोनों मतों के मध्य प्रभेद है। योग और सांख्य के मतों में प्रकृति स्वयं ही स्वभावतः गर्भदासवत् पुरुषार्थ-साधिका है; पूर्वोक्त विशिष्टाद्वैतमत में प्रकृति का प्रेरक ईश्वर है, वह एकान्त अकर्त्ता नहीं है। किन्तु जीव और जगत् परस्पर भिन्न अर्थ में मिलते हैं, एवं ईश्वर (ब्रह्म) इन दोनों से पृथक् है,

यह दोनों को स्वीकृत है। विशिष्टाद्वैत मत में एकमात्र ईश्वरत्व ही ब्रह्म का लक्षण और स्वरूप है, किन्तु जीव और जगत् ईश्वर से पृथक् होते हुए भी, उसके साथ नित्य अधीनत्व सम्बन्ध में अवस्थित हैं; इस सम्बन्ध का व्यतिक्रम कदापि नहीं हो सकता। योगसूत्र में कहा गया है कि, प्रकृति नित्य पुरुष के साथ सान्निध्य सम्बन्ध में रहती है और पुरुषार्थ साधन करती है। इन दोनों मतों में कार्यतः कोई भेद नहीं है; दोनों मतों में प्रकृति नित्य ईश्वर–सान्निध्य में स्थित, और पुरुषार्थसाधिका है; योगमत में यह पुरुषार्थ–साधकत्व प्रकृति का ही स्वरूपगत धर्म है, रामानुज–मत में यह ईश्वर–प्रेरित है; किन्तु ईश्वर(ब्रह्म) प्रकृति का प्रेरक होते हुए भी नित्य निर्विकार–स्वभाव है। योग और सांख्य मतों में ईश्वर को निर्गुण कहते हैं; उसका भी फल यह है कि वह नित्य निर्विकार है। अतएव दोनों मतों में फलतः अत्यंत अल्पभेद है। किन्तु ब्रह्मस्वरूप के निरवच्छिन्न पूर्णत्व, अद्वैतत्व और अखण्डत्व प्रतिपादक जो अनेक श्रुतिवाक्य वर्तमान हैं, उन सभों की सुव्याख्या इनमें से किसी के द्वारा नहीं की जा सकती। वस्तुतः ब्रह्म के द्विरूपत्वविषयक सिद्धान्त में ही समस्त श्रुतिवाक्यों का सामञ्जस्य होता है।

ब्रह्म का जो द्विरूपत्व पहले वर्णित हुआ है, वही द्वैताद्वैतसिद्धान्त के नाम से विख्यात है; इसी सिद्धान्त का वर्णन भगवान् वेदव्यास ने ब्रह्मसूत्र में पीछे विशद रूप से किया है। ब्रह्म के द्वैताद्वैतत्व के कारण जीव का ब्रह्म के साथ जा सम्बन्ध है, वही भेदाभेद सम्बन्ध है। पीछे भगवान् वेदव्यास ने इसका भी विशद रूप से वर्णन किया है, वह यथास्थान प्रदर्शित होगा।

पहले उक्त हुआ है, कि, जगत्कारण की 'ईक्षणशक्ति' के रहने का विषय श्रुति ने निर्दिष्ट किया है। सुतरां सांख्य–सम्मत अचेतन–प्रधान की जगत्कारणता श्रुतिविरुद्ध है। किन्तु इसमें इस प्रकार की आपत्ति हो सकती है कि, श्रुत्युक्त यह 'ईक्षण' शब्द मुख्यार्थ में व्यवहृत नहीं हुआ है, यह 'ईक्षण' गौण अर्थात् औपचारिक है, मुख्य 'ईक्षण' नहीं है, क्योंकि उक्त छान्दोग्यश्रुति ने पूर्वोक्त वाक्य के पश्चात् कहा है:–"तत्तेज ऐक्षत बहु स्याम्" इत्यादि (उस तेज ने ईक्षण किया, हम अनेक होंगे); किन्तु तेज का ईक्षण आरोपित है, इसे मुख्य ईक्षण नहीं कह सकते; क्योंकि तेज अचेतन पदार्थ है। अतएव जगत्कारण के सम्बन्ध में जो ईक्षण की वार्ता कही गई है, उसे भी आरोपित–मात्र समझना चाहिए, वह मुख्यार्थक ईक्षण नहीं है। अतएव अचेतन होने पर भी प्रधान के जगत्कारणत्व को श्रुतिविरुद्ध नहीं कह सकते। इस आपत्ति के उत्तर में षष्ठ सूत्र की अवतारणा हुई है; यथा:–

प्रथम अ०, प्रथम पाद, ६ सूत्रः–**गौणश्चेन्नत्मशब्दात्।**

भाष्यः–गौणापीक्षतिरयुक्ता, कुतः? आत्मशब्दात्।

व्याख्याः–श्रुति ने गौण अर्थ में ईक्षण शब्द का व्यवहार किया है, ऐसा कहना सङ्गत नहीं है, क्योंकि श्रुति ने अन्त में जगत्कारण के सम्बन्ध में 'आत्मा' शब्द का व्यवहार किया है। इस 'आत्मा' शब्द का व्यवहार अचेतन-प्रधान अर्थ में कभी नहीं हो सकता। श्रुति यथा :–

"ऐतदात्म्यमिदं सर्वं, तत्सत्यं, स आत्मा, तत्त्वमसि श्वेतकेतो!" (छान्दोग्य षष्ठ प्रपाठक, अष्टम खण्ड)।

अस्यार्थः–वही सत् जो जगत्कारण नाम से उक्त है, यह जगत् तदात्मक है। वह सत्य है, वह आत्मा है; हे श्वेतकेतो! तुम भी वही आत्मा हो।

इस स्थल में जो आत्मा शब्द का व्यवहार हुआ है, वह अचेतन-प्रधान-वाचक कदापि नहीं हो सकता। अतएव प्रथमोक्त श्रुति में 'ईक्षण' शब्द भी गौणार्थ में व्यवहृत नहीं हुआ है। "तत्तेज ऐक्षत.....ता आप ऐक्षन्त" इत्यादि वाक्य जो श्रुति ने उक्त स्थान में कहे हैं, उनमें भी तेजः और अप् शब्द अचेतन अग्नि और जल अर्थ में व्यवहृत नहीं हुए हैं, क्योंकि उक्त वाक्यों के पश्चात् ही दृष्ट होता है कि श्रुति कहती है:–

"हन्ताहमिमांस्तिस्रो देवता अनेन जीवेनात्मनानुप्रविश्य नामरूपे व्याकरवाणीति" (छान्दोग्य षष्ठ प्रपाठक, तृतीय खण्ड)।

अस्यार्थः–हम (ब्रह्म) इन तीन देवताओं में (तेज आदि देवताओं में) अपने जीव-चैतन्य के द्वारा अनुप्रविष्ट होकर नामरूप द्वारा जगत् को प्रकाशित करेंगे।

इस स्थान में तेजः प्रभृति देवता नाम से उक्त हुए हैं, एवं इनमें चैतन्य का प्रवेश होना स्पष्ट रूप से श्रुति ने कहा है। अतएव श्रुति ने तेजःप्रभृति शब्दों का जीव अर्थ में प्रयोग किया है।

परन्तु 'आत्मा' शब्द का व्यवहार चेतन-अचेतन दोनों स्थलों में दृष्ट होता है। सुतरां केवल 'आत्मा' शब्द के व्यवहार के द्वारा प्रधान का अश्रौतत्व सिद्ध नहीं होता। इसी आपत्ति के उत्तर में सप्तम सूत्र की अवतारणा हुई है। यथा :–

प्रथम अ०, प्रथम पाद, सप्तम सूत्रः–**तन्निष्ठस्य मोक्षोपदेशात्।**

भाष्यः–सदीक्षित्रात्मादिपदार्थभूतकारणनिष्ठस्य विदुषस्तद्भावापत्तिलक्षण-मोक्षोपदेशान्न प्रधानं सदात्मशब्दवाच्यम्।

व्याख्या:–इस स्थल में सत् और आत्मा शब्दों का व्यवहार अचेतन प्रधान के अर्थ में नहीं हुआ है, क्योंकि 'सदेव' इत्यादि पूर्वोद्धृत श्रुति वर्णित 'सत्' 'आत्मा' 'ईक्षणकर्त्ता' प्रभृति पदवाच्य जो आदिकारण है, उसके चिन्तन में भजनकारी पुरुष को जो ध्येयस्वरूप प्राप्त होता है, उसको मोक्ष कहकर छान्दोग्य श्रुति ने पश्चात् उल्लेख किया है। यथा :–

"तस्य तावदेव चिरं यावन्न विमोक्ष्येऽथ सम्पत्स्ये।"

अस्यार्थ:–उस पुरुष को तावत् विलम्ब होता है यावत् देहपात के द्वारा कर्म-बंधन से विमुक्ति नहीं होती। एवं इसके अनन्तर उसको उस उपास्य के स्वरूपप्राप्तिरूप मोक्ष की प्राप्ति होती है।

परन्तु अचेतनप्रधान की स्वरूप प्राप्ति से मोक्षलाभ नहीं होता, इसे सांख्यशास्त्र भी स्वीकार करता है। अतएव आत्मनिष्ठ पुरुष के मोक्षलाभसम्बन्धी उपदेश के रहने के कारण श्रुत्युक्त 'सत्' और 'आत्मा' शब्द प्रधानवाचक हो नहीं सकते। इस विषय में अन्य प्रकार के कारण भी निम्नोल्लिखित पाँच सूत्रों में प्रदर्शित होते हैं:–

१म अ०, १म पाद, ८म सूत्र:–**हेयत्वावचनाच्च।**

भाष्य:–सर्वज्ञेन हितैषिणा सदादिशब्दैरुपदिष्टस्याचेतनस्य मोक्षे हेयस्य हेयत्वमवश्यं वक्तव्यमुपदेशेऽप्रयोजनञ्च वक्तव्यम्, तदुभयवचनाभावान्न सदादिपदवाच्यं प्रधानम्।

अस्यार्थ:–यदि अचेतन प्रधान ही श्रुत्युक्त 'सत्' प्रभृति शब्दो का अर्थ होता तो परमहितैषिणी श्रुति उसको हेय (त्याज्य) कहकर उपदेश करती और यह भी उपदेश करती कि, वह साधक के हेतु अप्रयोजनीय है। ऐसा न करके "स आत्मा तत्त्वमसि" इत्यादि वाक्य कहकर साधक को प्रतारित न करती। पूर्वकथित वाक्य में उक्त 'सत्' 'आत्मा' इत्यादि पदवाच्य वस्तु का हेयत्व श्रुति ने नहीं वर्णन किया, अत: वह अचेतन-प्रधान नहीं है।

प्रथम अ०, प्रथम पाद, नवम सूत्र:–**प्रतिज्ञाविरोधात्।**[1]

भाष्य:–किञ्चैकविज्ञानात् सर्वविज्ञानप्रतिज्ञाविरोधादपि नाचेतनकारणवाद: साधु:।

व्याख्या:–जिस एक वस्तु के विज्ञान से सबका विज्ञान होता है, उसका उपदेश

१. यह सूत्र शाङ्करभाष्य में नहीं है।

करने के हेतु, श्रुति ने पूर्वोक्त 'सदेव सौम्य' इत्यादि का प्रयोग करके वाक्य आरम्भ किया। परन्तु यदि इन वाक्यों का प्रतिपाद्य पदार्थ अचेतनप्रधान होता तो तदतिरिक्त चैतन्य वस्तु के उपदेश के षष्ठ प्रपाठक में न रहने के कारण श्रुति की प्रतिज्ञा भङ्ग हो जाती। क्योंकि अचेतनप्रधान का विज्ञान होने पर भी चैतन्य स्वरूप परमात्मा का ज्ञान नहीं होता; इसमें सांख्यशास्त्र की भी सम्मति है। अतएव श्रुति की प्रतिज्ञा का विरोध होता है, इसलिए भी अचेतन प्रधान 'सत्' शब्द का वाच्य नहीं हो सकता।

प्रथम अ०, प्रथम पाद, दशम सूत्र। **स्वाप्ययात्।**

(स्व-अप्ययात् स्वस्मिन् अप्ययः-लयः, तस्मात्।)

भाष्यः-सच्छब्दार्थं जगत्कारणं प्रकृत्य "स्वप्नान्तमेव सौम्य विजानीहीति यत्रैतत् पुरुषः स्वपिति नाम सता सौम्य तदा सम्पन्नो भवती"-त्यादिनोक्तस्यार्थस्याचेतनकारणावगतेरसम्भवात् ब्रह्मैव जगत्कारणं युक्तम्।

व्याख्या:-'सत्' शब्छ जो उक्त स्थल में प्रधानवाचक नहीं है, इसका कारणान्तर यह है कि, जगत्कारण को 'सत्' कहकर, उसके सम्बन्ध में इसी प्रपाठक में श्रुति ने कहा है कि, सुषुप्ति-काल में जीव इसी सदात्मा में लीन होता है। श्रुति यथा :-

"यत्रैतत्पुरुषः स्वपिति नाम सत्य, सौम्य, सम्पन्नो भवति, स्वमपीतो भवति, तस्मादेनं स्वपितीत्याचक्षते, स्वंह्यपीतो भवति।"

अस्यार्थः-हे सौम्य! सुप्तिकाल में इस पुरुष का 'स्वपिति' नाम होता है, उस समय वह सत्सम्पन्न होता है; 'स्व' में (आत्मा में) अपीत (लीन) होता है; अतएव इसका स्वपित नाम से आख्यात करते हैं; क्योंकि लीन होकर स्वप्रतिष्ठित होता है।

इन सब वाक्यों से यह स्पष्ट दृष्ट होता है कि, अचेतन कोई पदार्थ जगत् का कारण हो नहीं सकता। अतएव इस श्रुति-द्वारा ब्रह्म का ही जगत्कारणत्व स्थिरीकृत होता है।

प्रथम अ०, १ पाद, ११ सूत्र। **गतिसामान्यात्।**

भाष्यः-सर्वेषु वेदान्तेषु चेतनकारणवगतेस्तुल्यत्वात् अचेतनकारणवादो न हि युक्तः।

व्याख्या:-केवल छान्दोग्य-श्रुति नहीं, अपरापर समस्त श्रुतियों ने जगत् के चेतनकारणत्व का उपदेश किया है। सुतरां समस्त श्रुतियों का एक ही रूप से यही विज्ञापन है कि सर्वज्ञ ब्रह्म ही जगत् का कारण है। अतएव अचेतन-प्रधान जगत् का कारण नहीं है।

१ म अ०, १ पाद, १२ सूत्र। **श्रुतत्वाच्च।**

भाष्यः–तस्मात् सदादिशब्दाभिधेयस्य सर्वज्ञस्य सर्वनियन्तुः सर्वेश्वरस्य चेतनत्वेन कारणत्वस्य श्रुतत्वान्न प्रधानग्रहः।

व्याख्याः–जो 'सत्' प्रभृति शब्दवाच्य जगत् का कारण है, वह सर्वज्ञ सर्वनियन्ता, सर्वेश्वर और चेतन-स्वभाव है, ऐसा कहकर श्रुति स्पष्ट रूप से प्रकाश कर रही है, अतः अचेतन-प्रधान जगत् का कारण नहीं है। (एवं प्रधानलीन प्रधानताप्राप्त कोई जीव भी जगत् का कारण नहीं है।)

ब्रह्म ही जगत् का कारण है एवं अचेतन-प्रधान जगत् का कारण नहीं है, उसे श्रुतिवाक्य की अनेक समालोचना-द्वारा सिद्ध करना निष्प्रयोजन है, क्योंकि यह श्रुति ने स्पष्ट रूप से कहा है। श्रुति यथा–

"आत्मन एवेदं सर्वम्" इत्यादि। आत्मा से ही यह समस्त उत्पन्न हुआ है। श्वेताश्वतर श्रुति ने भी पहले सर्वज्ञ ईश्वर के विषय का उल्लेख करके पश्चात् उस सम्बन्ध में कहा है:–"स कारणं कारणाधिपाधिपो न चास्य कश्चिज्जनिता च चाधिपः"। (वह सर्वज्ञ ईश्वर ही जगत् का कारण है, एवं इन्द्रियाधिप जीव का भी वही अधिपति है। उसको उत्पन्न करने वाला कोई नहीं है, एवं उसका अधिपति भी कोई नहीं है। एवं 'देवात्मशक्तिम्' इत्यादि वाक्यों में श्वेताश्वतर श्रुति ने यह स्पष्टरूप से ज्ञापित किया है।

इति ईक्षत्यधिकरणम्।

—•—

जगत् का कारण सद्वस्तु एवं चेतन-स्वभाव है (ईक्षण करता है), केवल यही पूर्वपूर्व सूत्रों की लक्ष्यीकृत श्रुतियों के द्वारा प्रमाणित होता है, सही; किन्तु उसका सम्पूर्ण स्वरूप इनके द्वारा स्पष्ट नहीं होता। वह ईक्षणकर्त्ता, सद्वस्तु है, इतना ही उनके द्वारा ज्ञात होता है। परन्तु क्या उस सत् के स्वरूप के सम्बन्ध में और कुछ ज्ञातव्य नहीं है। इसके उत्तर में सूत्रकार कहते हैं:–

प्रथम अ०, प्रथम पाद, १३ सूत्र। **आनन्दमयोऽभ्यासात्।**

आनन्दमयः (परमात्मा स्वरूपत आनन्दमय एव, तैत्तिरीयोपनिषदि यत् यत् आनन्दमय इति नाम्ना वर्णितं तदेव ब्रह्म), अभ्यासात् (पुनः पुनरुक्तत्वत्; तस्मिन् उपनिषदि ब्रह्मणः आनन्दरूपतया पुनः पुनरुक्तित्वात् एतत् सिध्यते)।

ब्रह्म स्वरूपतः आनन्दमय है। तैत्तिरीय उपनिषद् में जिसकी आनन्दमय नाम से

वर्णना की गई है, वही ब्रह्म है; क्योंकि ब्रह्म आनन्दरूप कहकर इस उपनिषद् में बारम्बार वर्णित हुआ है।

भाष्य—आनन्दमयः परमात्मेव न तु जीवः; कुतः? परमात्मविषय-कानन्दपदाभ्यासात्।

व्याख्याः—तैत्तिरीयोपनिषदुक्त "आनन्दमय आत्मा" शब्द का विषय परमात्मा परब्रह्म है, परमात्मा ही इस शब्द का वाच्य है जीव नहीं है। क्योंकि इस श्रुति ने आनन्दमय शब्द का पर ब्रह्म के अर्थ में बारम्बार व्यवहार किया है।

इस सूत्र में, एवं इसके परवर्त्ती और कई सूत्रों में एवं इस वेदान्त दर्शन के अनेक स्थानों में, तैत्तिरीयोपनिषद् की द्वितीय वल्ली में जो ब्रह्मानन्दवल्ली के नाम से अभिहित है, तदुल्लिखित वाक्यों के अर्थ पर विचार किया गया है। इन सब सूत्रार्थों को समझने के लिए नीचे इसी ब्रह्मानन्दवल्ली का कुछ अंश उद्धृत हुआ है। यथा :—

"ॐब्रह्मविदाप्नोति परम्। तदेषाभ्युक्ता। सत्यं ज्ञानमनन्तं ब्रह्म। यो वेदनिहितं गुहायां परमे व्योमन्। सोऽश्नुते सर्वान् कामान् सह ब्रह्मणा विपश्चितेति।। १।।

तस्माद्वा एतस्मादात्म आकाशः सम्भूतः। आकाशाद्वायुः। वायोरग्निः। अग्नेरापः। अद्भ्यः पृथिवी। पृथिव्या ओषधयः। ओषधिभ्योऽन्नम्। अन्नाद्रेतः। रेतसः पुरुषः। स वा एष पुरुषोऽन्नरसमयः।। २।। तस्येदमेव शिरः। अयं दक्षिणः पक्षः। अयमुत्तरः पक्षः। अयमात्म। **इदं पुच्छं प्रतिष्ठा। तदप्येष श्लोको भवति।। ३।।** इति प्रथमोऽनुवाकः।

अन्नाद्भूतानि जायन्ते। जातान्यन्नेन वर्द्धन्ते।
अद्यतेऽत्ति च भूतानि तस्मादन्नं तदुच्यत इति।। १।।

तस्माद्वा एतस्मादन्नरसमयात् अन्योऽन्तर आत्मा प्राणमयः। तेनैष पूर्णः। स वा एष पुरुषविध एव। तस्य पुरुषविधताम्। अन्वयं पुरुषविधः। तस्य प्राण एव शिरः। व्यानो दक्षिणः पक्षः। अपान उत्तरः पक्षः। आकाश **आत्मा। पृथिवी पुच्छं प्रतिष्ठा। तदप्येष श्लोको भवति।। २।।** इति द्वितीयोऽनुवाकः।

सर्वमेव तु आयुर्यन्ति। ये प्राणं ब्रह्मोपासते। प्राणो हि भूतानामायुः। तस्मात् सर्वायुषमुच्यत इति।। ११।

तस्यैष एव शारीर आत्मा। यः पूर्वस्य। तस्माद्वा एतस्मात् प्राणमयात् अन्योऽन्तर आत्मा मनोमयः। तेनैष पूर्णः। स वा एष पुरुषविध एव। तस्य पुरुषविधताम्। अन्वयं

पुरुषविधः। तस्य यजुरेव शिरः। ऋग् दक्षिणः पक्षः। सामोत्तरः पक्षः। आदेश आत्मा। **अथर्वाङ्गिरसः पुच्छं प्रतिष्ठा। तदप्येष श्लोको भवति।। २।।** इति तृतीयोऽनुवाकः।

यतो वाचो निवर्त्तन्ते। अप्राप्त मनसा सह।
आनन्दं ब्रह्मणो विद्वान्। न बिभेति कदाचनेति।। १।।

तस्यैष एव शारीर आत्मा। यः पूर्वस्य। तस्माद्वा एतस्मान्मनोमयात् अन्योऽन्तर आत्मा विज्ञानमयः। तेनैष पूर्णः। स वा एष पुरुषविध एव। तस्य पुरुषविधताम्। अन्वयं पुरुषविधः। तस्य श्रद्धैव शिरः। ऋतं दक्षिणः पक्षः। सत्यमुत्तरः पक्षः। योग आत्मा। **महः पुच्छं प्रतिष्ठां तदप्येष** श्लोको भवति।। २।। इति चतुर्थोऽनुवाकः।

विज्ञानं यज्ञं तनुते। कर्माणि तनुतेऽपि च।
विज्ञानं देवाः सर्वे। ब्रह्म ज्येष्ठमुपासते।। १।।

तस्यैष एव शारीर आत्मा। यः पूर्वस्य। तस्माद्वा एतस्माद्विज्ञानमयात् अन्योऽन्तर **आत्मानन्दमयः** तेनैष पूर्णः। स वा एष पुरुषविध एव। तस्य पुरुषविधताम्। अन्वयं पुरुषविधः। तस्य प्रियमेव शिरः। मोदो दक्षिणः पक्षः। प्रमोद उत्तरः पक्षः। आनन्द आत्मा। **ब्रह्म पुच्छं प्रतिष्ठा। तदप्येष** श्लोको भवति। २। इति पञ्चमोऽनुवाकः।

असन्नेव स भवति। असद्ब्रह्मेति वेद चेत्।
अस्ति ब्रह्मेति चेद्वेद। सन्तमेनं ततो विदुरिति।
तस्यैष एव शारीर आत्मा। यः पूर्वस्य।। १।।

अथातोऽनुप्रश्नाः। उताविद्वानमुं लोकं प्रेत्य। कश्चन गच्छति। आहो विद्वानमुं लोकं प्रेत्य। कश्चित् समश्नुता उ। सोऽकामयत। बहु स्यां प्रजायेयेति। स तपोऽतप्यत। स तपस्तप्त्वा। इदं सर्वमसृजत। यदिदं किञ्च। तत् सृष्ट्वा तदेवानुप्राविशत्।। २।।

तदनुप्रविश्य। सच्च त्यच्चाभवत्। निरुक्तञ्चानिरुक्तञ्च। निलयञ्चानिलयञ्च। विज्ञानञ्चाविज्ञानञ्च। सत्यञ्चानृतञ्च। सत्यमभवत्। यदिदं किञ्च। तत् सत्यमित्याचक्षते। तदप्येष श्लोको भवति। ३।। इति षष्ठोऽनुवाकः।

असद्वा इदमग्र आसीत्। ततो वै सदजायत। तदात्मनं स्वयमकुरुत। तस्मात् तत्सुकृतमुच्यत इति।। १।।

यद्वै तत् सुकृतं। **रसो वै सः। रसं ह्येवायं लब्ध्वानन्दीभवति।** को ह्येवान्यात् कः प्राण्यात्। यदेष आकाश आनन्दो न स्यात्। एष **ह्येवानन्दयति।। २।।** यदा ह्येवैष एतस्मिन्नदृश्येऽनात्म्येऽनिरुक्तेऽनिलयनेऽभयं प्रतिष्ठां विन्दते। अथ सोऽभयं गतो भवति।। ३।। यदा ह्येवैष एतस्मिनुदरमन्तरं कुरुते। अथ तस्य भयं भवति। तत्त्वेव भयं विदुषोऽमन्वानस्य। तदप्येष श्लोको भवति।। ४।। इति सप्तमोऽनुवाकः।

भीषास्माद्वातः पवते। भीषोदेति सूर्यः।
भीषास्मादग्निश्चन्द्रश्च। मृत्युर्धावति पञ्चम इति।। १।।

सैषानन्दस्य मीमांसा भवति।..... स यश्चायं पुरुषे। यश्चासावादित्ये।। १।। स एकः। स य एवंवित्। अस्माल्लोकात् प्रेत्य। एतमन्नमयमात्मानमुपसङ्क्रामति। एतं प्राणमयमात्मानमुपसङ्क्रामति। एतं मनोमयमात्मानमुपसङ्क्रामति। एतं विज्ञानमयमात्मानमुपसङ्क्रामति। एतमानन्दमयमात्मानमुपसङ्क्रामति। तदप्येष श्लोको भवति।। २।। इत्यष्टमोऽनुवाकः।

यतो वाचो निवर्त्तन्ते। अप्राप्य मनसा सह।
आनन्दं ब्रह्मणो विद्वान्। न बिभेति कुतश्चनेति।

अस्यार्थः—ॐ; ब्रह्मवित् पुरुषश्रेष्ठ ब्रह्मपद लाभ करता है। उसी के सम्बन्ध में यह ऋक् मन्त्र कहा गया है। ब्रह्म सत्यस्वरूप, ज्ञान स्वरूप एवं अनन्त है। जिसने गुहा के मध्य में (गुह्यस्थान में–बुद्धि में) लुक्कायित, श्रेष्ठ आकाश में (हृदयाकाश में) स्थित, उस ब्रह्म को निश्चित रूप से जान लिया है, वह उसी ब्रह्म के सहित समस्त भोग्य-वस्तुओं का भोग किया करता है।। १।।

इस आत्मा से आकाश उत्पन्न हुआ है। आकाश से वायु, वायु से अग्नि, अग्नि से अप्, अप् से पृथिवी, पृथिवी से सब ओषधियाँ; ओषधि से अन्न, अन्न से रेतः, रेतः से पुरुष उत्पन्न हुआ है। यह पुरुष अन्न-रस के विकार से उत्पन्न है।। २।।

इस पुरुष के अंगविशेष को शिर कहते हैं; अंगविशेष का नाम दक्षिणबाहु; अंगविशेष का नाम वामबाहु; अंगविशेष का नाम आत्मा, अर्थात् मध्यभाग; अंगविशेष का नाम पुच्छ (नाभि के निम्नस्थ मेरुदण्ड का निम्न भाग) जिस पर यह देह प्रतिष्ठित है, उसके सम्बन्ध में निम्नोक्त श्लोक कहा जाता है। इति प्रथम अनुवाक।

× × × × ×

अन्न से सब जीव उत्पन्न होते हैं; जन्म ग्रहण करके अन्न के द्वारा ही वर्द्धित होते हैं; दूसरें के आहार्य होते हैं; एवं दूसरे को आहार करते हैं; अतएव उन सभी को अन्न (अन्नविकार) कहते हैं।

इस अन्नरसमय पुरुष से पृथक्, किन्तु उसी के अभ्यन्तर में, 'प्राणमय' पुरुष अवस्थित है; यह प्राणमय पुरुष ही अन्नमय के सम्बन्ध में आत्मा है। इसी प्राणमय के द्वारा अन्नमय पूर्ण (व्याप्त) है। वह भी पुरुषाकार है, अन्नमय पुरुष की भाँति तदनुरूप यह प्राणमय भी पुरुष विशेष है। प्राणवायु इसका सिर है, व्यान दक्षिणबाहु,

अपान उत्तर बाहु, आकाश आत्मा, पृथिवी पुच्छ–आश्रयस्थान है। उसके सम्बन्ध में निम्नोक्त श्लोक कहा जाता है। इति द्वितीय अनुवाक।

× × × × ×

(**मन्तव्य**–इस स्थल में आकाश शब्द से देह के मध्यभाग-स्थित आकाशस्थ समान-वायु, एवं पृथिवी-शब्द से देहस्थ ऊर्ध्वगामी उदान वायु अर्थ किये जाते हैं।)

जो लोग प्राणरूपी ब्रह्म की उपासना करते हैं, वे लोग दीर्घायु प्राप्त करते हैं; प्राण ही प्राणिमात्र की आयु है। अतएव प्राण को सबका आयुःप्रद कहते हैं।

अन्नमय का जो आत्मस्वरूप है, वही प्राण है; यह प्राणमय द्वितीय पुरुष की देह है; प्राणमय से पृथक्, परन्तु उसके अभ्यन्तर 'मनोमय' अवस्थित है; यही मनोमय पुरुष ही प्राणमय के सम्बन्ध में आत्मा है; इसी मनोमय के द्वारा प्राणमय पूर्ण (व्याप्त) है; वह भी पुरुषाकार है, प्राणमय के सदृश तदनुरूप मनोमय भी पुरुष-विशेष है। यजुः (यजुरादि-विषयक मनोवृत्ति) इसका शिर, ऋक् दक्षिणा बाहु, साम उत्तरबाहु, आदेश (वेद का ब्राह्मण-भाग) इसकी आत्मा, अथर्वाङ्गिरस इसकी पुच्छ-आश्रयस्थान है। उसके सम्बन्ध में निम्नोक्त श्लोक कहा जाता है। इति तृतीय अनुवाक।

× × × × ×

जिसको प्राप्त न होकर मन के सहित वाक्य निवर्त्तित होता है, उसी ब्रह्म के आनन्द को जिसने जान लिया है, उसको कदापि भय नहीं प्राप्त होता।

जो प्राणमय का अन्तरात्मा-स्वरूप है, वही मन इस मनोमय पुरुष की देह (अर्थात् स्वरूप) है; यह मनोमय से पृथक् है, परन्तु उसके अभ्यन्तर 'विज्ञानमय' अवस्थित है; यह विज्ञानमय पुरुष ही मनोमय के सम्बन्ध में आत्मा है। इसी विज्ञानमय के द्वारा मनोमय पूर्ण (व्याप्त) है। वह भी पुरुषाकार है; मनोमय के सदृश विज्ञानमय भी पुरुषविशेष है। श्रद्धा ही उसका शिर, ऋत इसका दक्षिणबाहु, सत्य इसका उत्तरबाहु, योग इसकी आत्मा; महः (बुद्धि) इसकी पुच्छ-आश्रयस्थान है। इस सम्बन्ध में निम्नोक्त श्लोक कहा जाता है। इति चतुर्थ अनुवाक।

× × × × ×

विज्ञान ही सम्पूर्ण यज्ञ का सम्पादन और विस्तार करता है; विज्ञान ही वैदिक सकल कर्मों का विस्तार करता है; देवगण विज्ञान की ही श्रेष्ठ ब्रह्मरूप से उपासना किया करते हैं।

मनोमय का जो अन्तरात्मा-स्वरूप है, वही विज्ञान इस विज्ञानमय पुरुष का देहस्वरूप है; यह विज्ञानमय से पृथक् है, किन्तु उसके अभ्यन्तर 'आनन्दमय' अवस्थित है। यह आनन्दमय पुरुष ही विज्ञानमय के सम्बन्ध में आत्मा है; इसी आनन्दमय के द्वार विज्ञानमय पूर्ण (व्याप्त) है। यह भी पुरुषाकार है, विज्ञानमय के सदृश आनन्दमय भी पुरुषविशेष है। प्रिय ही (प्रीति ही) उसका शिर, मोद (हर्ष) उसका दक्षिणबाहु, प्रमोद उत्तरबाहु, आनन्द आत्मा, ब्रह्म पुच्छ-प्रतिष्ठा है। उसके सम्बन्ध में निम्नोक्त श्लोक कहा जाता है। इति पञ्चम अनुवाक।

× × × × ×

ब्रह्म को जो असत् (अस्तित्वविहीन) जानता है, वह भी असत् ही है। ब्रह्म है, ऐसा जो जानता है, वही उस ज्ञानहेतुक सद्ब्रह्म का साक्षात्कार प्राप्त करता है। विज्ञानमय का अन्तरआत्मा-स्वरूप आनन्द ही इस आनन्दमय पुरुष की देह (अर्थात् स्वरूप) है।

अनन्तर शिष्य आचार्य से इस प्रकार प्रश्न करता है—क्या कोई अविद्वान् व्यक्ति मृत्यु के उपरांत इस लोक को प्राप्त होता है? एवं कोई विद्वान् व्यक्ति भी क्या मृत्यु के पश्चात् उस लोक को प्राप्त होता है? (उत्तर) उस आनन्दमय ब्रह्म ने इच्छा की, हम अनेक होंगे, प्रजारूप से हमारा प्रकाश हो, उसने ध्यान किया, ध्यान करके यह समस्त जो कुछ है, उसकी सृष्टि की, सृष्टि करके उसमें प्रविष्ट हुआ। प्रविष्ट होकर वह स्थूल मूर्त्त और सूक्ष्म अमूर्त्त (व्यक्त और अव्यक्त) रूपों से प्रकाशित हुआ, देहादि-आश्रय विशिष्ट तथा तदतीत हुआ, विज्ञान एवं अविज्ञान हुआ, सत्य हुआ एवं मिथ्या भी हुआ। वही सत्यस्वरूप परिदृश्यमान सब कुछ हुआ; अतएव वही सत्य के नाम से विख्यात होता है। उस सम्बन्ध में यह श्लोक कहा जाता है। इति षष्ठ अनुवाक।

× × × × ×

यह जगत् पहले असत् (अप्रकाश, अजगत्-रूप) था; उसी असत् से सत् (दृश्यमान जगत्) प्रकाशित होता है। उस असत् ने अपने ही अपने को प्रकाशित किया था; अतएव इसको स्वयंकृत कहते हैं।। १।।

जिसने अपने को आप प्रकाशित किया था, वह रसस्वरूप है; जीव उसी रसस्वरूप को प्राप्त होकर आनन्दित होता है। यदि हृदयाकाश में वह आनन्दी पुरुष न होता, तो कौन श्वास-क्रिया और कौन प्रश्वास-क्रिया करता है? यही (हृदय में अवस्थित होकर) सबको आनन्द दान करता है। जब जीव उस अदृश्य, अशरीरी,

वाक्यातीत, स्वप्रतिष्ठ वस्तु में सम्यक् प्रतिष्ठा लाभ करता है, तभी वह सर्वविध भयविरहित होकर अमृत-स्वरूप होता है। किन्तु जब तक अत्यल्प परिमाण में भी उसका भेददर्शन रहता है, तब तक उसका भय भी वर्तमान रहता है (वह मर्त्य-धर्मविशिष्ट रहता है)। पण्डित व्यक्ति के भी अमननशील होने से उसको ब्रह्म से भय रहता है। उस सम्बन्ध में निम्नलिखित श्लोक कहा जाता है। इति सप्तम अनुवाक।

× × × × ×

इसी के भय से वायु प्रवाहित होता है, इसी के भय से सूर्य का उदय होता है, इसी के भय से अग्नि, इन्द्र और पञ्चम देवता मृत्यु, अपने अपने कर्म में नियोजित होते हैं।। १।।

ब्रह्मानन्द की मीमांसा (परिमाण) कही जा रही है। यदि एक वेदज्ञ साधुप्रकृतिक शुभलक्षण-सम्पन्न दृढ़काय युवा पुरुष धनरत्नसम्पन्न समस्त पृथिवी का अधिकारी हो, तो उसके आनन्द को एक गुण आनन्द मान लेने से इसका शतगुण आनन्द एक मनुष्यगन्धर्व का आनन्द है; मनुष्यगन्धर्व का शतगुण आनन्द एक देवगन्धर्व का आनन्द है; इसका शतगुण आनन्द पितृलोक का; इसका शतगुण आनन्द 'आजानज' देवताओं का; इसका शतगुण आनन्द कर्म-देवताओं का; इसका शतगुण आनन्द इन्द्र का; इस का शतगुण आनन्द बृहस्पति का; इसका शतगुण आनन्द प्रजापति का; इसका शतगुण आनन्द ब्रह्म का है।। २।। यहाँ तक आनन्द की मीमांसा (परिमाण) कहकर् श्रुति कहती है:-इस पुरुष में जो आत्मा है एवं आदित्य में जो आत्मा है, वे एक ही हैं। जिसने ऐसा जान लिया है, वह इस लोक से अंतिरत होकर प्रथमतः अन्नमय आत्मा में प्रविष्ट होता है; पश्चात् प्राणमय आत्मा में; अनन्तर मनोमय आत्मा में; इसके पश्चात् विज्ञानमय आत्मा में; तदनन्तर आनन्दमय आत्मा में प्रविष्ट होता है। इस सम्बन्ध में निम्नोक्त श्लोक कहा जाता है। इति अष्टम अनुवाक।

× × × × ×

मन के सहित वाक्य जिसको न पाकर निवर्तित होता है, उस ब्रह्म के आनन्द को जिसने जान लिया है, उसको और किसी का भय नहीं रहता।

तृतीय वल्ली में कहा गया है कि, वरुणपुत्र भृगु ने पिता से कहा–"हमको ब्रह्म का उपदेश कीजिए"। इस पर पिता ने कहा–"जिससे यह जीवसमूह उत्पन्न होता है, जिसमें स्थित रहता है, जिसमें लीन होता है, वह ब्रह्म है। उसको (ध्यान के द्वारा) जानो"–। भृगु ने ध्यानमग्न होकर जान लिया, अन्न से जीवसमूह उत्पन्न होता है, अन्न

से ही जीवित रहता है, अन्न ही में लीन हो जाता है। अनन्तर पिता के आदेशानुसार पुनः ध्यानपरायण होकर उन्होंने जाना कि, प्राण से, अनन्तर मन से, तदनन्तर विज्ञान से, एवं सबके अन्त में उन्होंने जाना कि आनन्द से ही समस्त उत्पन्न होता है; आनन्द में ही जीवित रहता है; एवं आनन्द में ही लीन हो जाता है, एवं आनन्द ही ब्रह्म है ("आनन्दो ब्रह्मेति व्यजानात्। आनन्दाद्ध्येव खल्विमानि भूतानि जायन्ते। आनन्देन जातानि जीवन्ति। आनन्दं प्रयन्त्यभिसंविशन्तीति। एषा भार्गवी वारुणी विद्या परमे व्योमन् प्रतिष्ठिता)"।

इन दोनों वल्लियों में अनेक स्थानों में ब्रह्म ही आनन्द-रूप कहा गया है, ऐसा दृष्ट होता है; यथा-"यदेष आकाश आनन्दो न स्यात्", "एष ह्येवानन्दयति", (द्वितीय वल्ली सप्तम अनुवाक), "आनन्दमयात्मानमुपसङ्क्रामति" (द्वितीयवल्ली अष्टम अनुवाक) "आनन्दो ब्रह्मेति व्यजानात्" (तृतीय वल्ली षष्ठ अनुवाक), "सैवानन्दस्य मीमांसा भवति," "आनन्दं ब्रह्मणो विद्वान्न बिभेति कुतश्चन" इत्यादि। अतएव तैत्तिरीय उपनिषदुक्त आनन्दमय आत्मा ही ब्रह्म है। ब्रह्म स्वरूपतः आनन्दमय है।

प्रथम अ०, १ पाद, १४ सूत्र। **विकारशब्दान्नेति चेन्न, प्राचुर्यात्।**

(विकार-शब्दात्-न; इति चेत् न;-प्राचुर्यात्।)

भाष्यः-विकारार्थे मयट् श्रवणान्नानन्दमयः परमात्मेति चेन्न, कस्मात्? प्राचुर्यार्थकस्यापि मयटः स्मरणात्।

व्याख्याः-आनन्दमय शब्द मयट्प्रत्ययान्त है; यह मयट् प्रत्यय विकारार्थबोधक है; अतएव अविकारी परमात्मा आनन्दमय शब्द का अर्थ हो नहीं सकता; यदि इस प्रकार आपत्ति करो तो वह ग्राह्य नहीं है; क्योंकि प्राचुर्य अर्थ में भी मयट् प्रत्यय का विधान है। अर्थात् ब्रह्म असीम आनन्द का स्थान है; उसमें किसी प्रकार के दुःख का संपर्क नहीं है, वह आनन्दस्वरूप है--यही आनन्दमय शब्द का अर्थ है।

प्रथम अ०, १ पाद, १५ सूत्र। **तद्धेतुव्यपदेशाच्च।**

भाष्य-जीवानन्दहेतुत्वादपि परमात्मैवानन्दमयः।

व्याख्याः-ब्रह्म जीव के आनन्द का हेतु है, ऐसा श्रुति उपदेश करती है, इस कारण से भी परमात्मा ही आनन्दमय शब्द का अर्थ है। श्रुति पहले उद्धृत हो चुकी है; यथाः-"एष ह्येवानन्दयति" (द्वितीय वल्ली सप्तम अनुवाक)।

प्रथम अ०, १ पाद, १६ सूत्र। **मान्त्रवर्णिकमेव च गीयते।**

(मान्त्रवर्णिकम्=मन्त्रप्रोक्तम्।)

भाष्यः–"सत्यं ज्ञानमनन्तं ब्रह्मेति मन्त्रप्रोक्तं मान्त्रवर्णिकं तदेवानन्दशब्देन गीयते।"

व्याख्याः–तैत्तिरीय श्रुति की द्वितीय वल्ली के प्रारम्भ में ही जो ऋक् मन्त्र "सत्यं ज्ञानमनन्तं ब्रह्म" उल्लिखित है, उस मन्त्र में उक्त ब्रह्म ही आनन्दमय वाक्य द्वारा वर्णित है। अतएव ब्रह्म ही आनन्दमय शब्द का अर्थ है।

प्रथम अ०, १ पाद, १७ सूत्र। **नेतरोऽनुपपत्तेः।**

(न–इतरः–अनुपपत्तेः। इतरः–जीवः ब्रह्मेतरः।)

भाष्यः–आनन्दमयपदार्थमुद्दिश्य श्रूयमाणानां तदसाधारणधर्माणां तदितरस्मिन्ननुपपत्तेरितरो जीवो नानन्दमयपदार्थः।

व्याख्याः–आनन्दमय को लक्ष्य करके तैत्तिरीय श्रुति ने जिन सब असाधारण धर्मों की वर्णना की है, वे जीव में उत्पन्न हो नहीं सकते; अतः ब्रह्म ही आनन्दमय शब्द का अर्थ है,–जीव नहीं। जिन असाधारण लक्षणों को इस तैत्तिरीय श्रुति ने आनन्दमय के सम्बन्ध में कहा है, उसका कुछ अंश वर्णन किया जाता है; यथाः–

"सोऽकामयत। बहु स्यां प्रजायेयेति", "स तपोऽतप्यत। स तपस्तप्त्वा इदं सर्वमसृजत"। [द्वितीय वल्ली षष्ठ अनुवाक]।

सृष्टि–प्रकाश के पूर्व जीव प्रकाशित नहीं था; तो जीव में किस प्रकार ये सब लक्षण, जिनका आनन्दमय के सम्बन्ध में वर्णन किया गया है, वर्तमान हो सकते हैं?

१ अ०, १ पाद, १८ सूत्र। **भेदव्यपदेशाच्च।**

भाष्यः–"रसं ह्येवायं लब्ध्वानन्दी भवती"ति वाक्येन लब्धृलब्धव्ययोर्भेदव्यपदेशाज्जीवो नानन्दमयः।

व्याख्याः–"रसो वै सः। रसं ह्येवायं लब्ध्वानन्दी भवति" (द्वितीय वल्ली सप्तम अनुवाक)। इस वाक्य द्वारा लब्धव्य आनन्दमय ब्रह्म और लब्धा जीव का भेद श्रुति दिखाती है, अतः जीव उक्त आनन्दमय शब्द का अर्थ नहीं है।

१ अ०, १ पाद, १९ सूत्र। **कामाच्च नानुमानापेक्षा।**

भाष्य–प्रत्यगात्मनः कारणत्वस्वीकारे, अनुमानस्य प्रधानस्य करणादिरूपस्यापेक्षा भवेत्, कुलालादेर्घयदिजनने मृदाद्यपेक्षावत्; अप्राकृतस्या-नन्दमयस्य सर्वशक्तेः पुरुषोत्तमस्य तु न, कुतः? कामात् सङ्कल्पादेव "सोऽकामयत बहु स्या"–मित्यादि श्रुतेः। अतस्तद्भिन्न आनन्दमयः।

व्याख्या:–आनन्दमय के सम्बन्ध में इस श्रुति ने कहा है:–"सोऽकामयत बहु स्यां प्रजायेयेति"। उसके द्वारा स्पष्ट ज्ञात होता है कि, आनन्दमय ने स्वयं ही केवल अपनी इच्छा से, अन्य किसी उपादान की अपेक्षा न करके, सृष्टि का विस्तार किया; किन्तु जीव यदि यह आनन्दमय होता, तो अनुमानगम्य का (प्रधानरूप उपादान का) साहाय्य न लेकर, केवल अपनी इच्छा से, वह सृष्टि-रचना कर नहीं सकता; जिस प्रकार मृत्तिका के बिना घट बनाने में कुम्भकार समर्थ नहीं होता; अतएव इस आनन्दमय शब्द का जीव अर्थ किसी प्रकार नहीं हो सकता; आनन्दमय शब्द का अर्थ अप्राकृत सर्वशक्तिमान् पुरुषोत्तम है, यह अवश्य स्वीकार करना होगा।

प्रथम अ०, १ पाद, २० सूत्र। **अस्मिन्नस्य च तद्योगं शास्ति।**

(अस्मिन्–अस्य–च तद्योगं शास्ति; तद्योगं=तद्भावापत्तिम् आनन्दमय-ब्रह्मभावापत्तिम्; शास्ति=उपदिशति)।

भाष्य–तद्योगमानन्दयोगं शास्ति श्रुतिः "रसो वै सः, रसं ह्येवायं लब्ध्वानन्दी भवती" ति जीवस्य यल्लाभादानन्दयोगः स तस्मादन्य इति सिद्धम्।

व्याख्या:–"रसो वै सः" इत्यादि एवं "रसं ह्येवायं लब्ध्वानन्दी भवति" "यदा ह्येवैष एतस्मिन्....प्रतिष्ठां विन्दते" इत्यादि वाक्यों में तैत्तिरीय श्रुति ने आनन्दमय को पाकर जीव के आनन्दमयत्व-प्राप्ति का एवं संसारभय से मुक्ति का उपदेश किया है। सुतरां आनन्दमय शब्द से ब्रह्म के अतिरिक्त जीव का ज्ञान हो नहीं सकता।

शांकरभाष्य में १३ सूत्र [आनन्दमयोऽभ्यासात्] से आरम्भ करके २० [अस्मिन्नस्य च तद्योगं शास्ति] सूत्र पर्यन्त पूर्वलिखित मर्म की ही व्याख्या की गई है। इसी प्रकार की व्याख्या अन्य भाष्यकारों ने भी की है। परन्तु पहले इस प्रकार की व्याख्या करके अन्त में शाङ्करभाष्य में इन प्रचलित व्याख्याओं के प्रति अनेक प्रकार की आपत्तियाँ की गई हैं; इन सबका सार नीचे वर्णित होता है:–

१३वें सूत्र की व्याख्या में कहा गया है:– [१] 'आनन्दमय' शब्द की उक्ति ब्रह्म के सम्बन्ध में श्रुति ने बारम्बार वस्तुतः नहीं की है, 'आनन्द' शब्द की ही उक्ति श्रुति में बारम्बार की गई है; यथा "रसो वै सः रसं ह्येवायं लब्ध्वानन्दी भवति, को ह्येवान्यात्, कः प्राण्यात्, यदेष आकाश **आनन्दो** न स्यात्, एष **ह्येवानन्दयति** "**सैषानन्दस्य** मीमांसा भवति", "**आनन्दं** ब्रह्मणो विद्वान्न बिभेति कुतश्चनेति;" "**आनन्दो** ब्रह्मेति व्याजानात्"। इन सब स्थलों में आनन्द शब्द की ही उक्ति हुई है; 'आनन्दमय' शब्द की नहीं। यदि 'आनन्दमय' शब्द एकान्ततः ब्रह्मवाचक होता, तो

इस प्रकार कहा जाता कि, "**आनन्द**" शब्द की बारम्बार उक्ति द्वारा ही "आनन्दमय" शब्द भी कहा गया है। किन्तु मयट् प्रत्यय का विकारार्थ भी प्रसिद्ध ही है। [२] और आनन्दमय को लक्ष्य करके तैत्तिरीय श्रुति ने कहा है "तस्य प्रियमेव शिर:" (प्रिय ही उसका मस्तक है) इत्यादि। इसके द्वारा निश्चित रूप से ज्ञात होता है कि, उक्त श्रुतिकथित आनन्दमय आत्मा सावयव सविशेष है; सगुण है, निर्गुण नहीं; उसके मस्तक प्रभृति अवयव हैं। किन्तु इसी श्रुति ने ब्रह्म के सम्बन्ध में कहा है–"यतो वाचो निवर्त्तन्ते अप्राप्य मनसा सह," "आनन्दं ब्रह्मणो विद्वान्न बिभेति कुतश्चन" इत्यादि; इसके द्वारा उक्तश्रुतिकथित ब्रह्म सगुण नहीं है, निर्गुण है, यह स्पष्ट ज्ञात होता है। अन्यान्य अनेक श्रुतियों ने उसको निरवयव नाम से कहा है। अतएव 'आनन्दमय' ब्रह्म हो नहीं सकता। (३) एवञ्च श्रुति ने पहले अन्नमय आत्मा, पश्चात् प्राणमय आत्मा, अनन्तर मनोमय आत्मा, तदनन्तर विज्ञानमय आत्मा, तत्पश्चात् आनन्दमय आत्मा का वर्णन किया है। अन्नमयादि स्थलों में मयट् प्रत्यय का विकारार्थ में ही जो प्रयोग हुआ है वह स्वीकार करना ही होगा; सुतरां, एक ही पर्याय में 'आनन्दमय' शब्द का 'मयट्' विकारार्थक न होकर प्राचुर्यार्थक है, यह बात युक्तियुक्त नहीं है। 'आन्नदमय' स्थल में भी पूर्ववत् विकारार्थ में ही इसका प्रयोग होना स्वाभाविक अनुमित होता है। आनन्दमय ब्रह्म नहीं है इसलिए 'ब्रह्म' शब्द 'आनन्दमय' शब्द के साथ युक्त न होकर 'पुच्छ' शब्द के साथ युक्त हुआ है। [५] यदि कहो कि अन्नमयादि आत्मा की अब्रह्मता इसी श्रुति–द्वारा सिद्ध हुई है, क्योंकि श्रुति ने स्पष्ट कहा है:–अन्नमय में प्राणमय, प्राणमय में मनोमय, मनोमय में विज्ञानमय; इतना ही कहकर विज्ञानमय के भीतर आनन्दमय आत्मा का उपदेश करके इस आनन्दमय के भीतर भी और कुछ है, यह उपदेश नहीं किया; सुतरां आनन्दमय में ही उपदेश का शेष हो जाता है, अतएव इसमें सन्देह नहीं रह जाता कि यह आनन्दमय ही अविकारी ब्रह्म है; सुतरां अन्नमयादि अन्य सब आत्मा विकारी हैं, आनन्दमय अविकारी और शेष पदार्थ है; अतएव और सब स्थलों में मयट् का विकारार्थ ही संगत है; किन्तु आनन्दमय स्थल में प्राचुर्यार्थ ही ठीक है। यही परमात्मा है,–और सब जीव हैं।

इसका उत्तर यह है कि, श्रुति ने आनन्दमय के भीतर अन्य किसी आत्मा की बात नहीं कही, यह ठीक है; किन्तु इसी श्रुति ने कहा है कि, आनन्दमय के "आनन्द आत्मा, ब्रह्म पुच्छं प्रतिष्ठा" (आनन्द इसकी आत्मा है, ब्रह्म इसकी पुच्छ और प्रतिष्ठा है)। तैत्तिरीय उपनिषद् की द्वितीय वल्ली के प्रारम्भ में "सत्यं ज्ञानमनन्तं ब्रह्म" इस मन्त्र में श्रुति ने पहले 'ब्रह्म' की वर्णन की है; तत्पश्चात् जो ब्राह्मणभाग है उसी में

उक्त "ब्रह्म पुच्छं प्रतिष्ठा" वाक्य है; ब्राह्मणभाग मन्त्र ही का विस्तारमात्र है; अतएव 'पुच्छ' वाक्य में जो ब्रह्म शब्द है, उसको मन्त्रोक्त ब्रह्मबोधक जानना चाहिए) 'आनन्दमय' को ब्रह्म कहना उचित नहीं है। अन्नमय आदि कोषों की भाँति आनन्दमय भी कोष है; उसका पुच्छ अर्थात् आश्रयस्थान ब्रह्म है; जिस प्रकार पक्षी पुच्छ के ऊपर रहता है, उसी प्रकार आनन्दमय कोष ब्रह्मरूप आश्रय पर अवस्थित है। पुच्छ शब्द के पश्चात् जो प्रतिष्ठा शब्द है, उससे भी यही ज्ञापित होता है। इसमें सन्देह नहीं कि, पुच्छ पक्षी का अवयव (अंग)-विशेष है; किन्तु इस स्थल में ब्रह्मरूप पुच्छ को अवयव और आनन्दमय को अवयवी कहना श्रुति का अभिप्राय है, ऐसा समझना उचित नहीं है; उसमें ब्रह्म स्वप्रधान नहीं रहता; वह आनन्दमय अवयवी का एक अवयव-मात्र हो जाता है; सुतरां अप्रधान हो जाता है। किन्तु पुच्छ-ब्रह्म जो स्वप्रधान है, आनन्दमय का अंगविशेष-मात्र नहीं है, परन्तु सर्वशेष ज्ञातव्य वस्तु है, यह परवर्त्ती "असन्नेव भवति असद् ब्रह्मेति वेद चेत्" जो व्यक्ति ब्रह्म को असत् जानता है, वह भी असत् ही है, और जो ब्रह्म को सत् जानता है, वह भी सत् ज्ञात होता है, इत्यादि वाक्यों से, एवं "आनन्दं ब्रह्मणो विद्वान् न बिभेति कुतश्चन" इत्यादि वाक्यों से प्रतिपन्न होता है। पूर्वोक्त "असन्नेव भवति" इत्यादि वाक्य ब्रह्म शब्द के ठीक पश्चात् कहे गये हैं; सुतरां उस ब्रह्मसम्बन्ध में ही वह कहा गया है, ऐसा कहना होगा, दूरवर्त्ती आनन्दमय सम्बन्ध में नहीं कहा गया है।

[५] यदि कहा कि इन सब वाक्यों के अन्त में पूर्वोक्त अष्टम और नवम ब्राह्मणों में कहा गया है कि, ज्ञानी पुरुष अन्नमयादि आत्मा को प्राप्त होकर अन्त में 'आनन्दमय' आत्मा को प्राप्त होता है। ("एतदानन्मदयमात्मामुपसङ्क्रामति"); अतएव 'आनन्दमय' शब्द की पुनरुक्ति नहीं है, ऐसा नहीं कहा जा सकता; एवं यह आनन्दमय ही ज्ञानी का अंतिम प्राप्तव्य है, ऐसा जब श्रुति ने वर्णन किया है, तो इसके ब्रह्म ने होने से ज्ञानी की मोक्षप्राप्ति भी नहीं हो सकती, ऐसा कहना पड़ेगा। ऐसा कभी नहीं कह सकते; कारण कि, इसके अनन्तर ही श्रुति ने "आनन्दं ब्रह्मणो विद्वान् न बिभेति कुतश्चन" इत्यादि वाक्यों में ज्ञानी की मोक्ष-प्राप्ति का उपदेश किया है।

इसका उत्तर यह है कि, अन्नमयादि के पर्याय में आनन्दमय शब्द का व्यवहार होने के कारण, यह आनन्दमय शब्द भी विकारवाची हो जाता है। तो आनन्दमय की प्राप्ति ही शेष प्राप्ति है, ऐसा पूर्वोल्लिखित वाक्य में जो वर्णन हुआ है, इसका कारण यही है कि, आनन्दमय की प्राप्ति से तत्पुच्छ ब्रह्म की प्राप्ति हो जाती है, श्रुति ने इसका ही निर्देश किया है। इस पुच्छ-ब्रह्म के पश्चात् यथार्थ में और कुछ नहीं है;

इसलिए आनन्दमय की प्राप्ति में ही ज्ञानी पुरुष की गति समाप्त हो जाती है; एतद् द्वारा आनन्दमय का कोषत्व निवारित नहीं होता। अतएव आनन्दमय शब्द का मयट् प्रत्यय विकारार्थ है–प्राचुर्य-बोधक नहीं।

[६] आनन्दमय शब्द में मयट् का प्राचुर्यार्थ करने पर भी उसका ब्रह्म अर्थ नहीं होता, क्योंकि प्रचुर शब्द का अर्थ अधिक होता है; अधिक कहने से कुछ दुःख भी है ऐसा कहना होगा। किन्तु परमात्मा में दुःख का अभाव है ("यत्र नान्यत्पश्यति") इत्यादि श्रुतियों ने स्पष्ट कहा है।

अतएव १३वें सूत्र ("आनन्दमयोऽभ्यासात्") की व्याख्या यह है:-

शाङ्करभाष्य–"ब्रह्मपुच्छं प्रतिष्ठे"-त्यत्र किमानन्दमयस्यावयवत्वेन ब्रह्म विवक्ष्यते उत स्वप्रधानत्वेनेति। पुच्छशब्दावयवत्वेनेति प्राप्ति उच्यते:–आनन्दमयोऽभ्यासात्। "आनन्दमय आत्मा" इत्यत्र ''ब्रह्मपुच्छं प्रतिष्ठेति" स्वप्रधानमेव ब्रह्मोपदिश्यते; अभ्यासात् "असन्नेव स भवति" इत्यस्मिन् निगमश्लोके ब्रह्मण एव केवलस्याऽभ्यसमानत्वात्"।

अर्थात् "ब्रह्मपुच्छं प्रतिष्ठा" इस वाक्य में ब्रह्म आनन्दमय के अवयव रूप में कहा गया है अथवा स्व-प्रधान (स्व-प्रतिष्ठ शेष पदार्थ) रूप से उक्त हुआ है? इस प्रश्न के विचार से आपाततः देखा जाता है कि पुच्छ शब्द अवयववाचक है। अतएव अवयवरूप से ही ब्रह्म उक्त हुआ है; इसके उत्तरमें आनन्दमयोऽभ्यासात् सूत्र में कहा जाता है कि 'आनन्दमय आत्मा' विषयक प्रकरण में 'ब्रह्मपुच्छं प्रतिष्ठा' यह वाक्य कहा गया है; तदुल्लिखित ब्रह्म स्व-प्रधानरूप से ही उपदिष्ट हुआ है; क्योंकि "असन्नेव स भवति" इस परवर्त्ती सर्व शेष पदार्थ (ब्रह्म)-निरूपक श्लोक में श्रुति ने पुनः कहा है (अभ्यास कया है) कि, उसको जो नास्ति कहता है वह भी नास्ति हो जाता है; अर्थात् ब्रह्म ही शेष पदार्थ है, कदापि उसका अपलाप नहीं हो सकता। (अतएव वह अन्य किसी व्यापक वस्तु का अवयव नहीं है; वह स्व-प्रतिष्ठ, स्व-प्रधान है)।

१४वाँ सूत्र, "विकारशब्दान्नेति चेन्न प्राचुर्य्यात्" भी इस रूप से व्याख्यायित होना उचित है कि:-

विकारशब्दोऽवयवशब्दोऽभिप्रेत:। पुच्छमित्यवयवशब्दात् न स्वप्रधानत्वं ब्रह्मण इति यदुक्तं तस्य परिहारो वक्तव्य:। अत्रोच्यते; नायं दोष: प्राचुर्य्यादप्यवयवशब्दोपपत्ते:। प्राचुर्यं प्रायापत्तिरवयवप्रायवचनमित्यर्थ:। अन्नमयादीनां हि शिर आदिषु पुच्छान्तेष्ववयवेषूक्तेष्वानन्दमयस्यापि शिर आदीन्यवयवान्तराण्युक्त्वाऽवयवप्रायापत्त्या

ब्रह्म पुच्छं प्रतिष्ठेत्याह, नावयवविवक्षया, यत्कारणमभ्यासादिति स्वप्रधानत्वं ब्रह्मणः समर्थितम्।

अस्यार्थः–[सूत्र में] विकार शब्द का प्रयोग अवयव शब्द को लक्ष्य करके किया गया है। (श्रुत्युक्त) "पुच्छ" शब्द अवयववाची है; जब श्रुति ने इस अवयववाची शब्द का व्यवहार किया है, तब यह पुच्छ स्थानीय ब्रह्म स्वप्रधान भाव से नहीं कहा गया है (अवयव–अङ्गविशेष रूप से ही कहा गया है), इस आपत्ति का उत्तर देना भी आवश्यक है। पर इस सूत्रकार कहते हैं कि, पुच्छ शब्द के व्यवहार में कोई दोष नहीं है (इससे ब्रह्म के स्वप्रधानत्व की न्यूनता नहीं होती); क्योंकि अवयव शब्द का प्राचुर्य अर्थ भी होता है। प्राचुर्य अर्थात् 'प्रायापत्ति'; अवयव-प्राय (अवयव बहुल)। प्रथम अन्नमय आदि का शिर से पुच्छ तक वर्णन किया गया है, अतः आनन्दमय के भी शिर आदि अन्य अवयवों का वर्णन करके, अवयव अर्थात् 'अवयव-प्राय' अर्थ में 'ब्रह्मपुच्छं प्रतिष्ठा' वाक्य का श्रुति ने व्यवहार किया है; इसमें साधारण अवयव (अंगविशेष) कहने का उद्देश्य नहीं है। कारण, पूर्ववर्त्ती सूत्र में "अभ्यासात्" हेतु के द्वारा ब्रह्म का स्वप्रधानत्व निरूपित हुआ है।

१५वाँ सूत्र 'तद्धेतुव्यपदेशाच्च' भी इस रूप से व्याख्यातव्य है; यथाः–"सर्वस्य च विकारजातस्य सानन्दमयस्य कारणत्वेन ब्रह्म व्यपदिश्यते, इदं सर्वमसृजत यदिदं किञ्चेति। न च कारणं सद्ब्रह्म स्वविकारस्यानन्दमयस्य मुख्यया वृत्त्यावयव उपदिश्यते"। अर्थात् आनन्दमयपर्यन्त समस्त विकार वस्तुओं के कारणरूप से ब्रह्म उपदिष्ट हुआ है, यथा;–"जो कुछ है, वह सब उसने बनाया"। इस प्रकार जो सबका कारण कहा गया, वह अपने विकारस्थानीय आनन्दमय के मुख्यार्थ में अवयव-मात्र है, ऐसा नहीं कहा जा सकता।

इन तीन सूत्रों की इस प्रकार व्याख्या के पश्चात् शाङ्करभाष्य में कहा गया है कि १६वें से २० वें सूत्र पर्यन्त इसी प्रकार व्याख्या होनी चाहिए "अपराण्यपि सूत्राणि यथासम्भवं पुच्छवाक्यनिर्दिष्टमेव ब्रह्मण उपपादकानि द्रष्टव्यानि"।

अर्थात् १६ से २० सूत्र पर्यन्त और जो सूत्र उक्त सिद्धान्त के पोषक रूप में कहे गये हैं उनको भी पुच्छवाक्यस्थ ब्रह्म के ही प्रतिपादक कहकर यथासम्भव व्याख्यायित करना होगा।

अब इन सब व्याख्याओं की योग्यता पर विचार करना चाहिए। १३वाँ सूत्र यह है:–आनन्दमयोऽभ्यासात् (आनन्दमयः अभ्यासात्)। अभ्यासात् शब्द का अर्थ बारम्बार की उक्ति-हेतु है। इस हेतु के द्वारा सिद्धान्त क्या होता है? इसका उत्तर सूत्र के

शब्द–रचना–द्वारा सूत्रकार ने दिया है, ऐसा ही कहा जायेगा; परन्तु ऐसा कहने से यह स्वीकार करना होगा कि, आनन्दमय शब्द के द्वारा ही सूत्रकार ने इसका उत्तर दिया है। अर्थात् पुनः पुनः उक्ति द्वारा क्या सिद्धान्त होता है? उत्तर–"ब्रह्म आनन्दमय है"। शांकरभाष्य में कहा गया है कि, सूत्र के 'आनन्दमय' शब्द का अर्थ आनन्दमय नहीं है; किन्तु आनन्दमयविषयक प्रकरण का शेषांश में जो "ब्रह्म पुच्छं प्रतिष्ठा" (ब्रह्म आनन्दमय आत्मा की पुच्छ और प्रतिष्ठा–स्थान है) वाक्य है, तदुक्त ब्रह्म शब्द ही इस 'आनन्दमय' शब्द का अर्थ है; एवं इस ब्रह्म के सम्बन्ध में सूत्रकार क्या कहते हैं? **उत्तर**–उक्त ब्रह्म स्वप्रधान है ऐसा उक्त स्थल में श्रुति ने विवृत किया है (आनन्दमय आत्मा का केवल पुच्छरूप से, एक अवयवमात्र रूप से नहीं)। और सूत्र में 'अभ्यासात्' पद का अर्थ यह है कि इसके अव्यवहित परवर्त्ती श्लोक में "जो ब्रह्म को असत् जानता है वह स्वयवं असत् होता है, अर्थात् आत्मनाश करता है (ब्रह्म ही शेष पदार्थ है उसका कदापि अपलाप नहीं हो सकता)"[१] इस वाक्य के द्वारा फिर भी ब्रह्म ही ज्ञातव्य है, ऐसा कहा गया है। आनन्दमय आत्मा (जीव) ज्ञात ही है; सुतरां उसका निश्चय इस श्लोक के द्वारा हुआ है, ऐसा नहीं कह सकते। पुच्छस्थानीय ब्रह्म के आपाततः अवयव–मात्र बोधक होने पर भी, जब वह इस श्लोक में शेषपदार्थ रूप से **पुनर्वार उक्त** हुआ है, तो यह पुच्छस्थ ब्रह्म स्वप्रधान ब्रह्म है। भाष्यकार के मत में सूत्र का यही अर्थ है।

इस व्याख्या में कितनी कष्ट कल्पना है यह व्याख्या के पढ़ने ही से ज्ञात होता है; यदि आनन्दमय शब्द से आनन्दमय आत्मा को लक्ष्य करना सूत्र का अभिप्रेत न होता, "ब्रह्म पुच्छं प्रतिष्ठा" शब्द प्रभृति को ही लक्ष्य करना अभिप्रेत होता, तो इन शब्दों का अथवा केवल पुच्छ शब्द का सूत्र में उल्लेख न कर आनन्दमय शब्द का व्यवहार करने का क्या प्रयोजन था, यह समझना अत्यंत कठिन है। सूत्रगठन में तो भगवान् वेदव्यास को अन्य किसी स्थल में इस प्रकार करते नहीं देखा। इस प्रकार अर्थयुक्त शब्द के द्वारा सूत्र रचना करने से, पाठक को यथार्थ उपदेश न करके, एक प्रकार से ठगना ही है। इस प्रकार की व्याख्या की पोषकता में भाष्य में कहा गया है कि, प्रकरणोक्त 'आनन्दमय' को लक्ष्य न करके जब पुच्छ वाक्य के ठीक पश्चात् ही सर्व–शेष रूप से उपदेष्टव्य पदार्थ का "असन्नेव स भवति" इत्यादि वाक्यों में श्रुति ने वर्णन किया है, एवं जब यह आनन्दमय जीव कभी इस शेषवाक्य का विषय नहीं हो

१. १३वें सूत्र की मूलव्याख्या के पश्चात् जो तैत्तिरीय उपनिषद् की २य वल्ली उद्धृत हुई है उसका पंचम अनुवाक देखो।

सकता है, तो पुच्छस्थ ब्रह्म ही इस वाक्य में लक्ष्य किया गया है, ऐसा समझना होगा। किन्तु आनन्दमय को जीव कहकर किस निमित्त निश्चय करना होगा यह इस व्याख्या में किसी प्रकार प्रकाशित नहीं हुआ।

तैत्तिरीय उपनिषद् की 'ब्रह्मानन्दवल्ली' नामक द्वितीय वल्ली में ये सब वाक्य कहे गये हैं। तत्परवर्त्ती भृगुवल्ली नामक तृतीय वल्ली में आख्यायिका द्वारा द्वितीय वल्ली के उपदिष्ट विषयों को पुनः स्पष्ट किया है। उसमें उल्लिखित है कि, भृगु ने अपने पिता वरुण के निकट जाकर जब ब्रह्म-स्वरूप जानने की इच्छा प्रकट की, तो उन्होंने कहा कि "जिससे यह जीव-समूह उत्पन्न हुआ है, जिसके अवलम्बन से जीवित रहता है, एवं अन्त में जिसमें प्रविष्ट होता है, वही ब्रह्म है। तुम (ध्यान के द्वारा) उसे विशेष रूप से समझो"। उस समय भृगु ने ध्यानमग्न होकर समझा कि ब्रह्म 'अन्नरूप' है। 'अन्न' से प्राणी उत्पन्न होते हैं अन्न ही से जीते रहते हैं, एवं अन्न ही में लीन होते हैं। इस प्रकार जानकर उन्होंने (उससे तृप्त न होकर) पुनः पिता के निकट जाकर कहा-"भगवन्! हमें ब्रह्म का उपदेश कीजिए"। तो पिता ने कहा-"तुम फिर से ध्यान करो (जान सकोगे)"। तब भृगु ने फिर ध्यानमग्न होकर समझा कि, ब्रह्म प्राणरूप है। प्राण से समस्त उत्पन्न होता है, प्राण के द्वारा जीवित रहता है, एवं प्राण में ही लीन होता है। पिता की आज्ञानुसार उन्होंने पुनः ध्यानमग्न होकर जाना कि, मन ही ब्रह्म है; अनन्तर समझा कि, विज्ञान ही ब्रह्म है; एवं सबके अन्त में ("आनन्दो ब्रह्मेति व्याजानात्। आनन्दाद्ध्येव खल्विमानि भूतानि जायन्ते, आनन्देन जातानि जीवन्ति; आनन्दं प्रयन्त्यभिसंविशन्तीति") उन्होंने समझा कि, ब्रह्म आनन्दरूप है; आनन्द से ही समस्त जीव उत्पन्न होते हैं, उसी से जीवित रहते हैं, अन्त में उसी में लीन होते हैं, इत्यादि। इन दानों वल्लियों के उपदेशों का ऐक्य करके विचारने से यह निस्संशय भाव से सिद्ध होता है कि, ब्रह्मवल्ली में वर्णित अन्नमय आत्मा, प्राणमय आत्मा, मनोमय आत्मा, विज्ञानमय आत्मा एवं आनन्दमय आत्मा, क्रम से भृगुवल्ली में उपदिष्ट अन्नब्रह्म, प्राणब्रह्म, मनोब्रह्म, विज्ञानब्रह्म और आनन्दब्रह्म हैं। परन्तु भृगुवल्ली में वर्णित आनन्द-ब्रह्म परब्रह्म है,-जीव नहीं, इसमें कोई सन्देह नहीं है; एवं भाष्यकार का भी यह सम्मत है, कारण, उन्होंने भी भृगुवल्ली में उपदिष्ट पूर्वोक्त "आनन्दो ब्रह्मेति व्यजानात्" वाक्य को परब्रह्मबोधक कहकर इस विचार में ही उद्धृत किया है। अतएव ब्रह्मवल्ली-कथित आनन्द मय आत्मा भी परब्रह्म है,-जीव नहीं, इस विषय में सन्देह करने का कोई कारण नहीं देख पड़ता। तृतीय वल्ली में शेष-पदार्थ ब्रह्म को 'आनन्दरूप' कहा है; द्वितीय वल्ली में इसी शेष-पदार्थ का वर्णन करते हुए इसको

'आनन्दमय' अर्थात् प्रभूत आनन्दरूप कहा है। आनन्दमय को जीव कहना होगा, यह बात उक्त दोनों वल्लियों के उपदिष्ट वाक्यों पर विचार करने से सिद्ध नहीं की जा सकती है। वस्तुत: आनन्दमय ही ब्रह्म है, इसलिए आनन्दमयविषयक अनुवाक के शेष भाग में जो "तदप्येष श्लोको भवति" वाक्य है, उसके द्वारा इस अनुवाक में कथित आनन्दमय आत्मा की ही स्तुति जो परवर्त्ती श्लोक में उक्त है इसमें सन्देह नहीं हो सकता है। अन्नमय आत्मा से आरम्भ कर विज्ञानमय आत्मविषयक अनुवाकपर्यन्त प्रत्येक अनुवाक में ही इसी प्रकार तत्तत् अनुवाकोक्त आत्मा की ही स्तुति जो परवर्त्ती श्लोक में उक्त है इसे "तदप्येष श्लोको भवति" वाक्य को प्रत्येक स्थल में पुच्छवाक्य के पश्चात् अनुवाक के अन्त में युक्त करके श्रुति ने दिखाया है। पुच्छवाक्य के अन्त में ही स्तुतिविषयक श्लोक वर्णित हुआ है इसलिए अन्य किसी स्थल में भी यह श्लोक केवल पुच्छ के सम्बन्ध में कहा गया है ऐसा कोई नहीं समझ सकता है। यदि कहो कि, आनन्दमयविषयक अनुवाक में 'पुच्छ' वाक्य में ही ब्रह्म शब्द का उल्लेख है, एवं स्तुतिसूचक श्लोक में भी ब्रह्म शब्द का ही उल्लेख है, आनन्दमय शब्द का नहीं; इसलिए इस श्लोक को 'पुच्छब्रह्म' विषयक कहेंगे, यह भी संगत नहीं है; क्योंकि मनोमय स्थल में भी श्लोक में ब्रह्म शब्द ही है, मनोमय का कोई उल्लेख नहीं है; तथाप "तदप्येष श्लोको भवति" वाक्यस्थ 'तत्' शब्द अनुवाकोक्त मनोमय आत्मा का ही वाचक है; अत: यह श्लोक तत् सम्बन्ध में ही कहा गया है ऐसा कहा जाता है; उसी प्रकार आनन्दमय सम्बन्धीय अनुवाक में भी "तदप्येष श्लोको भवति" वाक्यस्थ 'तत्' शब्द अनुवाकोक्त आनन्दमय आत्मा का ही ज्ञापक है, यह केवल पुच्छ–वाक्योक्त ब्रह्म का ज्ञापक नहीं है।

१४ सूत्र–विकारशब्दान्नेति चेन्न, प्राचुर्य्यात्।

मयट् प्रत्यय का विकारार्थ भी है इसमें सन्देह नहीं है; किन्तु इसका प्राचुर्य अर्थ भी प्रसिद्ध है। (पाणिनि ने स्वयं "तत्प्रकृतवचने मयट्" सूत्र में यह स्पष्ट रूप से व्यक्त किया है; अन्नप्रचुर अर्थ में "अन्नमय यज्ञ" प्रभृति शब्द का व्यवहार भी प्रसिद्ध है।) अतएव मयट् प्रत्यान्त होने के कारण आनन्दमय ब्रह्म नहीं है, ऐसी उक्ति संगत नहीं है।

यह तो सूत्र की भाषा के अनुरूप स्वाभाविक अर्थ हुआ। शाङ्करभाष्य में इसके स्थान में इस सूत्र का अर्थ करते हुए कहा है कि 'आनन्दमय' शब्द अथवा 'पुच्छ' शब्द को भी लक्ष्य करके सूत्रोक्त 'विकार' शब्द का व्यवहार नहीं हुआ है। परन्तु पुच्छ एक शारीरिक 'अवयव' मात्र है। उस काल्पनिक अवयव शब्द को लक्ष्य करके

यह 'विकार' शब्द व्यवहृत हुआ है। ("विकारशब्दोऽवयव- शब्दोऽभिप्रेत:")। भाष्यकार के मत में सूत्र का अर्थ यह है कि, यदि कहो कि पुच्छ शरीर का एक अवयव-मात्र है, शरीर ही प्रधान है, पुच्छ उसका एक अंग-मात्र है; अत: यह अप्रधान है। सुतरां जब ब्रह्म आनन्दमय के पुच्छ के नाम से निर्दिष्ट हुआ है, तो इस वाक्य में वर्णित ब्रह्म स्वप्रधान नहीं है, किन्तु जीव है; तो उसके उत्तर में हम कहते हैं कि, अवयव शब्द का प्राचुर्य अर्थ भी है; प्राचुर्य शब्द का अर्थ है, 'प्रायापत्ति,' 'अवयवप्राय'। अन्नमय आदि का वर्णन करते हुए शिर से पुच्छपर्यन्त वर्णित हुआ है; उसी के सदृश आनन्दमय के भी शिर प्रभृति अन्य अवयवों को वर्णन करके "अवयव प्रायापत्ति' अर्थ में ब्रह्म को "पुच्छं प्रतिष्ठा" कहकर वर्णित किया है, शरीर के एक विशेष अवयव (अंग) अर्थ में नहीं।

यह सच है कि 'प्राय' शब्द का प्रयोग बहुल अर्थ में भी होता है, यथा प्रायश:= बहुल रूप में। बाहुल्य और प्राचुर्य दोनों एकार्थबोधक हैं। अतएव भाष्योक्त "प्रायापत्ति' एवं "अवयव-प्राय" शब्द का "प्राचुर्य प्राप्ति" एवं "अवयव बहुल" अर्थ किया जा सकता है। यद्यपि अवयव शब्द से साधारणत: शरीर का एक अंग प्रतीत होता है, तथापि समस्त शरीर अर्थ में भी कभी-कभी अवयव शब्द का व्यवहार हो सकता है। अतएव अवयव शब्द का प्राचुर्य अर्थ भी हो सकता है यह स्वीकृत हुआ। किन्तु सूत्र में श्रुत्युल्लिखित वाक्यों की ही व्याख्या की गई है, यही स्वाभाविक अनुमान है; परन्तु श्रुति में 'अवयव' शब्द नहीं है, एवं सूत्र में भी 'अवयव' शब्द नहीं है। श्रुति में केवल 'पुच्छ' शब्द व्यवहृत हुआ है। इसमें सन्देह नहीं कि पुच्छ शरीर का एक अवयव है; किन्तु पुच्छ के अतिरिक्त शरीर के और हस्तपादादि अवयव भी हैं; अवयव कहने पर केवल पुच्छ का बोध नहीं होता, एवं पुच्छ शब्द का अर्थ अवयव नहीं है। सुतरां, अवयव शब्द का प्रयोग प्राचुर्य अर्थ में भी हो सकता है, यह स्वीकार कर लेने पर भी, पुच्छ शब्द का प्राचुर्य अर्थ करना ही होगा, इसका कोई भी कारण नहीं है। जब पुच्छ शब्द का प्राचुर्य अर्थ नहीं हो सकता, तब किसी-किसी वाक्य में अवयव शब्द का प्राचुर्य अर्थ में व्यवहार रहने पर भी, श्रुति के "ब्रह्म पुच्छं प्रतिष्ठा" वाक्य का अर्थ, आनन्दमयादि सम्बन्धीय वाक्यों के अन्त में जो "पुच्छं प्रतिष्ठा" प्रभृति शब्द हैं, उनके अनुरूप ही अवश्य करना होगा; यह दूसरा अर्थ करने का स्थल नहीं है; क्योंकि पुच्छ शब्द का दूसरा अर्थ नहीं होता। अतएव "पुच्छं प्रतिष्ठा" शब्द का अर्थ, पुच्छदेश, जिस पर जीव उपविष्ट होता है। दूसरी ओर आनन्दमय वाक्य में मयट् प्रत्यय का अर्थ अन्नमयादि की भाँति विकारार्थ न करने का यथेष्ट कारण है।

अन्नमय से आरम्भ कर विज्ञानमय पर्यन्त प्रत्येक स्थल में श्रुति कहती है कि, प्रत्येक के अन्तर में अन्य एक आत्मा है; जैसे अन्नमय के भीतर प्राणमय, प्राणमय के भीतर मनोमय, मनोमय के भीतर विज्ञानमय, विज्ञानमय के भीतर आनन्दमय है। किन्तु आनन्दमय के भीतर और कुछ नहीं है; आनन्दमय में ही उपदेश का शेष हुआ है। सुतरां, आनन्दमय स्थल में मयट् का अन्य अर्थ करना ही होगा; क्योंकि आनन्दमय अन्य किसी का विकार नहीं है; आनन्दमय ही शेष पदार्थ है। अतएव जब मयट् का प्राचुर्य अर्थ भी प्रसिद्ध है, एवं यह अर्थ करने से पूर्वापर समस्त श्रुतियों का सामञ्जस्य हो जाता है, तो वही अर्थ करना संगत है; एवं सूत्र में उल्लिखित शब्दों के अवलम्बन से सूत्र का अर्थ करने से यह स्पष्ट सिद्ध होता है कि, आनन्दमय के सम्बन्ध में ही यह सूत्र रचा गया है, काल्पनिक 'अवयव' शब्द के सम्बन्ध में नहीं।

और भी आपत्ति की गई है कि १३वें सूत्र में 'अभ्यासात्' (पुनः पुनरुक्तत्वात्) शब्द के द्वारा बारंबार उक्ति का उल्लेख है; किन्तु वस्तुतः 'आनन्दमय' शब्द की पुनः पुनः उक्ति नहीं है, आनन्द शब्द की पुनः पुनः उक्ति है; किन्तु यदि आनन्दमय शब्द का भी प्रचुर (अपरिसीम) आनन्द ही अर्थ हो, तो आनन्द शब्द की पुनः पुनः उक्ति द्वारा ही क्या आनन्दमय की उक्ति नहीं हुई? आनन्दमय तो आनन्द के अतिरिक्त अन्य कुछ है नहीं। वस्तुतः 'आनन्दमय' शब्द की ही पुनरुक्ति नहीं है, ऐसा भी नहीं। पंचम अनुवाक में आनन्दमय के स्वरूप का वर्णन है; षष्ठ अनुवाक में ब्रह्म ने ही अपने को जगद्रूप में प्रकाशित किया, ऐसा वर्णन करके, सप्तम अनुवाक में कहा गया है, वह 'रस' (आनन्द) स्वरूप है, इसको पाकर ही जीव भयरहित होता है, एवं अच्युत-आनन्द प्राप्त करता है। इसके पश्चात् अष्टम अनुवाक में ब्रह्मानन्द ही सर्वापेक्षया अधिक है, ऐसा वर्णन करके श्रुति कहती है कि, ज्ञानी लोग देहत्याग के पश्चात् इस लोक से जाकर पहले अन्नमय आत्मा का अवलम्बन करते हैं; अनन्तर प्राणमय आत्मा में, पश्चात् मनोमय आत्मा में, तदनन्तर विज्ञानमय आत्मा में, एवं सबसे अन्त में आनन्दमय आत्मा में प्रवेश करते हैं ("आनन्दमयात्मानमुपसंक्रामति") एवं इसके अनन्तर कहते हैं कि, उसके सम्बन्ध में यह श्लोक है कि "यतो वाचो निवर्तन्ते अप्राप्य मनसा सह। आनन्दं ब्रह्मणो विद्वान् न बिभेति कुतश्चनेति"; अतएव "आनन्दमय शब्द की पुनरुक्ति तो इस स्थान पर है ही; अधिकंतु ज्ञानी पुरुष का शेष गन्तव्य आनन्दमय ही है, यह भी स्पष्ट रूप से उल्लिखित होने के पश्चात्, वही अभयपद [मोक्ष] भी है, यह भी वर्णित है।

परन्तु भाष्य में इसके उत्तर में कहा गया है कि, आनन्दमय के प्राप्त होने पर

उसकी पुच्छ और प्रतिष्ठारूपी ब्रह्म भी प्राप्त हो जाता है; यही यह श्रुति निर्देश करती है, केवल आनन्दमय की प्राप्ति ही इसके द्वारा निर्दिष्ट नहीं होती।

परन्तु यह उत्तर अत्यन्त अयौक्तिक, है। भाष्यकार के मत में 'आनन्दमय' विकारी जीव है; ब्रह्म एकान्त निर्गुण है; यह "यत्र नान्यत् पश्यति" इत्यादि श्रुतियों के द्वारा भाष्य में स्थिर किया गया है; किन्तु आनन्दमय के प्रियशिरस्त्वादि अवयवों के वर्णित होने से वह आनन्दमय सगुण है; सुतरां वह ब्रह्म नहीं हो सकता; ब्रह्म इसका आश्रयस्थानीय है, ऐसा "पुच्छं प्रतिष्ठा" शब्द के द्वारा वर्णन किया गया है। यही भाष्यकार का मत है। इन वाक्यों की सारवत्ता कहाँ तक है इसका विचार पीछे किया जायेगा। किन्तु आपाततः यह स्वीकार कर लिया गया कि, आनन्दमय आत्मा जीवबोधक है; उसकी 'प्रतिष्ठा' अर्थात् आश्रयस्थान एकान्त निर्गुण ब्रह्म है। इस क्षण में जिज्ञासा यह है कि, जब इस मत में आनन्दमय आत्मा ब्रह्म नहीं है-विकारी जीव है, तो इस आनन्दमय के प्राप्त होने से ही ब्रह्मप्राप्तिरूप फल किस प्रकार निश्चित हो सकता है? ब्रह्म तो आनन्दमय से विभिन्न पदार्थ है, और एकान्त निर्गुण स्वभाव है; सविकार, सावयव जीव को प्राप्त होने से ही निर्विकार ब्रह्म की प्राप्ति हो जायेगी, यह सम्पूर्ण युक्ति-विरुद्ध है, एवं तदनुकूल कोई श्रुति-प्रमाण भी नहीं है; एवं भाष्य में भी कोई ऐसा प्रमाण उल्लिखित नहीं है; तो किस प्रकार ऐसा कहा जा सकता है कि, आनन्दमय को प्राप्त होने से ही ब्रह्म को प्राप्त होता है एवं इसी निमित्त श्रुति ने आनन्दमय को लक्ष्य करके तदतिरिक्त ब्रह्म की ही स्तुति की है? अतएव इस युक्ति को असार कहकर ही सिद्धान्त करना होगा। जब श्रुति ने आनन्दमय की प्राप्ति ही ज्ञानी का शेष फल मोक्ष है ऐसा कहकर उल्लेख किया है, तो इस आनन्दमय ब्रह्म से भिन्न विकारी जीव हो नहीं सकता। यदि वह जीव हो, तो यह जीव तो उसको प्राप्त है ही, इसके सम्बन्ध में प्राप्ति की बात कहना एकदम अयोग्य है।

भाष्य में और भी कहा गया है कि, आनन्दमय शब्द के मयट् का प्रचुर अर्थ करने पर भी तद्द्वारा ब्रह्म का बोध नहीं होता; कारण, आनन्द को प्रचुर कहने से, केवल आनन्द का आधिक्यमात्र ज्ञात होगा; प्रचुर शब्द के द्वारा उसके साथ दुःख के अंश का भी रहना नहीं निवारित होता है किन्तु ब्रह्म में दुःख का लेश भी नहीं रह सकता, यह सर्ववादिसम्मत है। अतएव मयट् का प्राचुर्य अर्थ करने पर भी आनन्दमय का ब्रह्मत्व अवधारित नहीं होता।

परन्तु आनन्द प्रचुर कहने से वास्तविक दुःख का अभाव ही ज्ञात होता है; प्रचुर अर्थात् जितना आनन्द चाहो उतना ही है-अभाव नहीं है। जिस प्रकार अन्नमय यज्ञ

कहने से, जितना अन्न चाहो, उतना इस यज्ञ में है–अन्न का कोई अभाव नहीं जान पड़ता है, तदनुसार आनन्दमय स्थल में भी जितना आनन्द चाहो, उतना उसमें है–आनन्द का अभाव नहीं है, यही बोधगम्य होता है। छान्दोग्य में भूमाश्रुति में भी कहा है, "यो वै भूमा तत् सुखं, नाल्पे सुखमस्ति, भूमैव सुखम्" (अर्थात् जो भूमा, सबकी अपेक्षा महत्, अनन्त है, वही सुख-आनन्द है, अल्प में सुख नहीं है; भूमा ही सुख है, –जो कुछ सीमाबद्ध, परिच्छिन्न है, सुतरां अल्प है, उसमें सुख नहीं है, भूमा ही सुख है)। ब्रह्म स्वयं अनन्त है, अतः उसके आनन्द के अनन्त न होने से इस आनन्द को प्रचुर कह नहीं सकते। आनन्द जितना ही अधिक हो, अनन्त के साथ तुलना में वह समुद्र में बिन्दु की भाँति है– सुतरां अल्प है;–प्रचुर नहीं। भूमा (बृहत्) और प्रचुर शब्द को एकार्थवाचक ही कहना, होगा। अतएव जिस प्रकार भूमा में क्षुद्रत्व के अस्तित्व की आशङ्का नहीं है, उसी प्रकार इस स्थल में प्रचुर में भी अल्पत्व की आशङ्का नहीं है। सुतरां भाष्योक्त यह आपत्ति भी अकिञ्चित्कर है।

भाष्योक्त ये आपत्तियाँ अति पारिभाषिक हैं; और भी एक आपत्ति है, जो भाष्यकार की मूल आपत्ति है, उसकी पुष्टि के लिए ही ये सब आपत्तियाँ कही गई हैं। मूल आपत्ति यह है कि:–

"नानन्दमयस्य ब्रह्मत्वम्; यत आनन्दमयं प्रकृत्य श्रूयते, अस्य प्रियमेव शिरो, मोदो दक्षिणः पक्षः प्रमोद उत्तरः पक्षः, आनन्द आत्मा, ब्रह्म पुच्छं प्रतिष्ठेति। आनन्दमयस्य ब्रह्मत्वे प्रियाद्यवयवत्वेन सविशेषब्रह्मभ्युपगन्तव्यं, निर्विशेषन्तु ब्रह्मवाक्यशेषे श्रूयते, वाङ्मनसयोरगोचरत्वाभिधानात्। "यतो वाचो निवर्त्तन्ते अप्राप्य मनसा सह। आनन्दं ब्रह्मणो विद्वान् न बिभेति कुतश्चनेति" अर्थात् आनन्दमय ब्रह्म हो नहीं सकता; कारण, आनन्दमय का वर्णन करते हुए श्रुति ने कहा है कि "प्रिय इसका सिर है, मोद इसका दक्षिण पक्ष, प्रमाद इसका वाम पक्ष, आनन्द इसकी आत्मा, ब्रह्म इसकी पुच्छ और प्रतिष्ठा है"। यदि आनन्दमय ही ब्रह्म कहो, तो उसके प्रिय आदि अवयवों के रहने के कारण वह सविशेष (सगुण) ही सिद्ध होगा। किन्तु ब्रह्म तो निर्विशेष है, उसका कोई विशेषण नहीं है, इसे वाक्यशेष में श्रुति ने ज्ञापित किया है; क्योंकि वाक्यशेष में यह वाक्य और मन के अगोचर कहकर वर्णित हुआ है। यथा "जिसे प्राप्त न होकर मन के सहित वाक्य निवर्तित होता है। ब्रह्म के आनन्द का ज्ञान होने से और किसी का भय नहीं रहता।" इस आपत्ति के उत्तर में वक्तव्य यह है कि, प्रिय-शिरस्त्वादि के द्वारा ब्रह्म का सगुणत्व वर्णित हुआ है, यह ठीक है; परन्तु ब्रह्म का इस प्रकार का सगुण सर्वशक्तिमान् रूप ही सूत्रकार द्वारा अब तक अवधारित हुआ है। प्रथमतः "जन्माद्यस्य यतः" ब्रह्मनिर्णायक इस प्रथम सूत्र में ही ब्रह्म सर्वज्ञ सर्वशक्तिमान्,

जगत् का **उपादान** और **निमित्त** कारण है, ऐसा वर्णन करके, तत्परवर्त्ती, तृतीय सूत्र में ("शास्त्रयोनित्वात्" सूत्र में) वेदव्यास ने कहा है कि, शास्त्र ही इसका प्रमाण है; एवं तत्परवर्त्ती चतुर्थ सूत्र में ("तत्तु समन्वयात्" सूत्र में) और भी स्पष्ट करके कहा है कि, इसी प्रकार के ब्रह्म में समस्त शास्त्र वाक्य समन्वित होते हैं। भाष्यकार ने भी इस चतुर्थ सूत्र की व्याख्या में ऐसा ही कहा है, यथा-"तद्ब्रह्म सर्वज्ञं सर्वशक्तिजगदुत्पत्तिस्थितिलयकारणं वेदान्तशास्त्रादवगम्यते। कुत:? समन्वयात् सर्वेषु वेदान्तेषु वाक्यानि तात्पर्येण तस्यार्थस्य प्रतिपादकत्वेन समनुगतानि"। यह यदि सत्य हो, तो यह आनन्दमय-सम्बन्धी श्रुति जो ब्रह्म को सविशेष (विशेषणयुक्त, सगुण) कहकर वर्णन करेगी? उसमें क्या विरोध हो सकता है? "तस्यैष एव शरीर आत्मा, यः पूर्वस्य" इस शेष वाक्य में सविशेषत्व और भी स्पष्ट किया गया है। किन्तु 'यतो वाचो निवर्त्तन्ते, अप्राप्त मनसा सह' इस शेष वाक्य के प्रति लक्ष्य करके भाष्यकार कहते हैं, इसके द्वारा ब्रह्म का एकान्त निर्गुणत्व सिद्ध होता है। कितु यह वाक्य तत्पूर्ववर्त्ती अष्टम अनुवाकोक्त 'आनन्दमय' के सम्बन्ध में ही कहा गया है; ज्ञानी पुरुष सर्वशेष आनन्दमय को प्राप्त होते हैं यह बात कहकर, ठीक इसके अनन्तर ही श्रुति ने "यतो वाचो निवर्तन्ते" इत्यादि वाक्यों का प्रयोग किया है, यह पहले कहा जा चुका है। सुतरां इस शेष वाक्य के साथ ब्रह्म के आनन्दमयत्व का कोई विरोध नहीं हे, यही इसके द्वारा सिद्ध होता है। वस्तुतः इस वाक्य का इतना ही अर्थ है कि, ब्रह्म वाक्य और मन के अगोचर है-वह इनसे अतीत है। अन्नमय, प्राणमय, मनोमय तो विज्ञानमय पर्यन्त ही शेष-प्राप्त होते हैं; सुतरां वाक्य और मन का सम्यक् लय विज्ञानमय ही हो जाता है; तदतीत आनन्दमय को वाक्य और मन नहीं प्राप्त होते, यह तो स्वाभाविक ही है। इसे तो श्रुति ने पूर्व वाक्य में ही प्रदर्शित किया है। तो इस शेष वाक्य में आनन्दमय को मन के [सुतरां वाक्य के भी] अगोचर कहकर जो श्रुति ने वर्णन किया है, इससे किस प्रकार शेष पदार्थ का एकान्त निर्गुणत्व सिद्ध होता है, यह समझना कठिन है। वस्तुतः श्रुति ने मनोमय आत्मा की स्तुति के निमित्त भी ठीक इसी श्लोक का व्यवहार किया है। किन्तु मनोमय तो एकान्त निर्गुण कभी नहीं कहा जा सकता।[१] वस्तुतः आनन्दमय के शरीरावयव रूप में जो प्रिय, मोद, प्रमोद और

---

१. मनोमय के सम्बन्ध में यह वाक्य क्यों कहा गया है कि इस विषय का विचार इस स्थल में करना अप्रासंगिक है; अतएव इस स्थल में तद्विषयक विचार में प्रवृत्ति नहीं की गई, इस स्थल में इतना ही कहना पर्याप्त होगा कि, मनोमय आत्मा के सम्बन्ध में जो वाक्य मन का अगोचरत्व और अभयत्व लाभ वर्णित हुआ है, वह आपेक्षिक अगोचरत्व और अभयत्व है। जैसा भूमाविचार-वर्णित प्राणोपासक का अतिवादित्व आपेक्षिक अतिवादित्व है, यह भी ऐसा है।

आनन्द शब्दों का व्यवहार किया गया है, वे सब किसी प्रकार दर्शनयोग्य आकृति के परिचायक नहीं हैं; ये सभी शब्द आनन्द के पर्याय हैं; ब्रह्मस्वरूप निरवच्छिन्न आनन्दमय है, यही इनके द्वारा विशेष रूप से कहा गया है; जितने प्रकार का उत्कृष्टतम आनन्द हो सकता है, वह सब उसके स्वरूप में वर्तमान है, उसके स्वरूप का सर्वांश ही आनन्द है–आनन्द ही उसकी आत्मा है; एवं उसके स्वरूपगत आनन्द ही समस्त आनन्द का मूल है। अन्नमय से लेकर विज्ञानमय पर्यंत सभी में इस आनन्द की अभिव्यक्ति है; यही आनन्द ही जगत् का मूल उपादान कारण है। तैत्तिरीय उपनिषद् के परवर्ती तृतीयवल्ली में सुस्पष्ट रूप से कहा गया है कि, अन्न, प्राण, मन, विज्ञान, ये सब क्रमशः आनन्द से ही अभिव्यक्त हुए हैं, ऐसा भृगु को ध्यानयोग के अवलम्बन से सर्वशेष में ज्ञान हुआ था। श्रुति ने ऐसा ही कहा है कि, भृगु ने अन्त में "आनन्दो ब्रह्मेति व्याजनात्। आनन्दाद्धयेव खल्विमानि भूतानि जायन्ते" [जान लिया था कि, आनन्द ही ब्रह्म है, आनन्द से ही समस्त उत्पन्न होता है]। भाष्यकार ने कहा है, ब्रह्म समझाने के लिए अनेक स्थानों पर श्रुति ने आनन्द शब्द की आवृत्ति की है [यद्यपि 'आनन्दमय' शब्द की आवृत्ति वे इस अर्थ में स्वीकार नहीं करते]। जो हो यदि आनन्द ब्रह्म के स्वरूपान्तर्गत हो, तो इस आनन्द को उसका शरीरस्थानीय कह कर अन्नमय आदि वाक्यों के प्रवाह में वर्णन करके, अनेक नामों से इस आनन्दमय को ही इस कल्पित शरीर के अवयव रूप से वर्णन करने के कारण इस स्वरूप में किसी प्रकार परिच्छिन्नत्व और इन्द्रियगम्यत्व दोष की आशंका नहीं हो सकती। अतएव भाष्योक्त यह आपत्ति भी एकान्त अमूलक है।

भाष्य की इस आपत्ति की पुष्टि के लिए और एक युक्ति दी गई है कि, मन्त्रभाग में श्रुति ने ब्रह्म को "सत्यं ज्ञानमनन्तं" कहकर निर्देश किया है; सुतरां यही शेष वस्तु है, यह अवश्य स्वीकार करना होगा। आनन्दमय प्रकरण में आनन्दमय के शरीर का वर्णन करते हुए "ब्रह्म पुच्छं प्रतिष्ठा" वाक्य में जो ब्रह्म शब्द व्यवहृत हुआ है, वह अवश्य पूर्व मन्त्रोक्त शेष पदार्थ ब्रह्म है, ऐसा स्वीकार करना होगा। किन्तु इस ब्रह्म को आनन्दमय का पुच्छरूप अवयवमात्र (अतएवव अप्रधान) कहना कभी भी इस वाक्य के मुख्यार्थ में सङ्गत नहीं हो सकता। और 'प्रतिष्ठा' शब्द भी आश्रयस्थानबोधक है; अतएव इस वाक्य में कथित ब्रह्म आनन्दमय से अतीत–तदाश्रयरूपी है, ऐसा स्वीकार करना होगा।

परन्तु यह आपत्ति भी निर्मूल है। आनन्दमय प्रकरण में जैसे "ब्रह्म पुच्छं प्रतिष्ठा" वाक्य है, उसी प्रकार अन्नमय से लेकर विज्ञानमय पर्यन्त प्रत्येक के अवयववर्णनस्थल में "पुच्छं प्रतिष्ठा" शब्द है। अन्नमय स्थल में एकदम अङ्गुलीनिर्देश द्वारा पुच्छ को

दिखाकर "इदं पुच्छं प्रतिष्ठा" शब्दों का उच्चारण हुआ है; उस स्थल में प्रतिष्ठा शब्द अन्य पदार्थबोधक नहीं है। पक्षिदेह पुच्छ पर (मनुष्यदेह भी चरणरूपी पुच्छ पर] अवस्थान करती है; इसीलिए पुच्छ ही देह का प्रतिष्ठा-स्थान है, ऐसा कहकर प्रतिष्ठा शब्द के द्वारा इसे विशेषित किया है; किन्तु यह पुच्छ देह के अन्तर्गत ही है-तदातीत नहीं है। प्राणमय आदि स्थलों में भी ठीक ऐसा ही है। इस वाक्य-प्रवाह में आनन्दमय के शरीर की कल्पना करके उसके सम्बन्ध में भी "पुच्छं प्रतिष्ठा" की कल्पना की गई है; इसके द्वारा यह पुच्छ प्रतिष्ठास्थानीय ब्रह्म आनन्दमयातीत पदार्थ नहीं होता। और जब आनन्दमय भी ब्रह्म ही है तो उसके एक अवयव का वर्णन करने में ब्रह्म शब्द का व्यवहार किया है इसलिए ब्रह्म का अप्रधानत्व कभी नहीं उक्त होता, आनन्दमय के अन्यान्य अवयवों का वर्णन करने में भी आनन्द अथवा आनन्द के पर्यायवाची अन्य-शब्दों का व्यवहार किया गया है, उससे आनन्द अप्रधान नहीं किया गया है; तद्रूप पुच्छ के वर्णन में भी ब्रह्म शब्द का व्यवहार होने के हेतु ब्रह्म अप्रधान नहीं किया गया है। पुच्छ के अङ्ग होने पर भी अन्यान्य अङ्गों के आश्रय होने के कारण इसे प्रधान अंग ही कहा है। और 'प्रतिष्ठा' शब्द के द्वारा भी सगुण पदार्थ ही प्रतीत होता है; जिस पर प्रतिष्ठित है, उस वस्तु में आधेय वस्तु को धारण करने की सामर्थ्य अवश्य है; आधेय वस्तु के आधार रूप से स्थित होने की योग्यता इस आधार में न रहने से किस प्रकार आधेय को धारण करेगा? अतएव इस प्रतिष्ठा शब्द के द्वारा भी ब्रह्म की एकान्त निर्गुणता सिद्ध नहीं होती।

तो जिज्ञासा हो सकती है कि, अन्यान्य अवयवों के वर्णन में आनन्दवाचक शब्द का व्यवहार करके, पुच्छवर्णनास्थल में 'ब्रह्म' शब्द व्यवहार करने का क्या विशेष उद्देश्य हो सकता है? इस स्थल में भी आनन्दवाची किसी शब्द का प्रयोग क्यों नहीं हुआ? इसका उत्तर यह है कि , आनन्द की आनन्दरूप में जो स्थिति है वह ज्ञान-सापेक्ष है; आनन्द का बोध न रहने से उस आनन्द को आनन्द नहीं कह सकते। चीनी मीठी है, किन्तु स्वयं अचेतन होने के कारण वह मिष्टत्व चीनों के सम्बन्ध में नहीं है, ऐसा कहना होगा। मनुष्य उसी मिष्टत्व का अनुभव करता है, इसीलिए चीनी की जो मिष्टता है, वह इसी अनुभव द्वारा गम्य है; अनुभव न रहने से वह भी नहीं के तुल्य है। अतएव ब्रह्म की जो आनन्दरूपता है, वह उसकी ज्ञानरूपता की अपेक्षा करके स्थित होती है। ब्रह्म चिदानन्दरूप है-केवल आनन्दरूप नहीं है। मन्त्र में ब्रह्म को पहले ज्ञानस्वरूप (चिन्मय-ईक्षिता) और अनन्त कहकर वर्णन किया है; ब्राह्मणभाग में विस्तारक्रम से उसके ज्ञान के विषयरूप से उसके निज स्वरूपस्थ अनन्त आनन्द की विद्यमानता व्याख्यात हुई है। अनन्त जगत् के उपादानभूत आनन्द के अनन्तत्व द्वारा ही मन्त्रो

अनन्त शब्द की सार्थकता होती है; मन्त्रोक्त अनन्त पद की ही व्याख्या ब्राह्मणभाग में 'आनन्दमय' शब्द के द्वारा की गई है; एवं ज्ञान (चिद्रूपता) ही, जिसके निमित्त उसका स्वरूपस्थ अनन्त आनन्द आनन्दरूप से उत्पन्न होता है, प्रतिष्ठा–स्थान है, उसी को पुच्छ कहकर श्रुति ने व्याख्या की है। अतएव इस प्रकार की वर्णना सार्थक सिद्ध होती है। एवं आनन्दमय के पुच्छ का निर्देश करने के लिए, इस आनन्दमय से अभिन्न ज्ञानमय ब्रह्म के उल्लेख द्वारा, किसी प्रकार इस ब्रह्म की अप्रधानता सिद्ध नहीं होती है। ब्रह्म केवल आनन्दात्मक नहीं है–वह चिदानन्द–रूप है, एवं उसका स्वरूपस्थ आनन्द चित् पर प्रतिष्ठित है, यही श्रुति का तात्पर्य है।

—•—

प्रथम सूत्र में जो ब्रह्मस्वरूपविषयक जिज्ञासा उक्त हुई है, उसी जिज्ञासा का उत्तर द्वितीय सूत्र से २० सूत्र पर्यन्त भगवान् सूत्रकार ने दिया है। द्वितीय सूत्र में इस अनन्त जगत् की सृष्टि, स्थित और लय के एकमात्र कारण–रूप से ब्रह्म का निर्देश हुआ है–एतद्द्वारा ब्रह्म अद्वैत, सर्वशक्तिमान्, सद्वस्तु है, यह अवधारित हुआ है। तृतीय और चतुर्थ सूत्रों में शास्त्र ही ब्रह्म के सम्बन्ध में एकमात्र प्रमाण है, यह अवधारित हुआ है। पञ्चम से लेकर द्वादश सूत्र पर्यन्त ब्रह्म को 'ईक्षिता' (द्रष्टा, ज्ञाता, अनुभवकर्त्ता) रूप से वर्णन करके भगवान् सूत्रकार ने ब्रह्म की चिद्रूपता निर्धारित की है, एवं त्रयोदश से लेकर २० सूत्र पर्यन्त ब्रह्म का अनन्तानन्दरूपत्व वर्णन किया गया है। अतएव इन सूत्रोक्त उपदेशों का सम्मिलित फल यह है कि , ब्रह्म सच्चिदानन्दस्वरूप है, वह सर्वज्ञ, सर्वशक्तिमान् एक अद्वैत पदार्थ है; अनन्तरूपी जगत् उसी का ईक्षणशक्तिमूलक, उसके स्वरूपस्थ आनन्दरूप उपादान से प्रकाशित हुआ है; अपने स्वरूपस्थ आनन्द को अनन्तरूप से अनुभव करने के निमित्त अपनी चित् शक्ति की [ईक्षणशक्ति की] मानो अनन्त चित्कणरूप शाखाविस्तार करके वह इस आनन्द का अनन्त प्रकार से आस्वादन करता है। ये चित्कण ही जीव नाम से आख्यात हैं। अतएव ब्रह्म अरूपी होकर भी सर्वरूपी है; इतिहास, पुराण आदि में वेदव्यास ने वेदान्त के संक्षिप्त उपदेशों का विस्तृत रूप से वर्णन किया है, उनमें ब्रह्म का यही रूप सर्वत्र वर्णित हुआ है। यथा विष्णुपुराण में जिसके प्रामाणिक होने से कोई मतभेद नहीं है, ब्रह्मस्वरूप का वर्णन करते हुए ग्रन्थकार ने ऐसा कहा है, यथाः–

विष्णुपुराण अष्टमांश सप्तम अध्याय।

आश्रयश्चेतसो ब्रह्म, द्विधा तच्च स्वभावतः।
भूप! मूर्त्तामूर्त्तञ्च परञ्चापरमेव च।।४७।।

× × ×

अमूर्त्तं ब्रह्मणो रूपं यत् सदित्युच्यते बुधैः।
समस्ताः शक्तयाश्चैता नृप! यत्र प्रतिष्ठिताः।। ६९।।

तद्विश्वरूप-रूपं वै रूपमन्यद्धरेर्महत्।
समस्तशक्तिरूपाणि तत् करोति जनेश्वर।। ७०।।

उक्त ४७ संख्यक श्लोक में पुराण-कर्त्ता ने कहा है कि, मूर्त्त और अमूर्त्त ये दो प्रकार के ब्रह्म के रूप हैं। इस श्लोक की टीका में श्रीधर स्वामी ने कहा है:-"मूर्त्तं मूर्त्तिमत्, अमूर्त्तं तद्रहितम्। तत्पुनः प्रत्येक परञ्चापरञ्चेति द्विधा; तत्र परममूर्त्तं निर्गुणं ब्रह्म; अपरञ्चामूर्त्तं षड्गुणेश्वररूपम्।" अर्थात् ४७ श्लोक में कहा गया है कि, ब्रह्म के मूर्त्त [मूर्त्तिमान्] एवं अमूर्त्त (रूपविहीन) जो दो स्वरूप हैं, उनमें प्रत्येक पर और 'अपर' भेद से दो प्रकार का है। उनमें 'पर अमूर्त्त' रूप 'निर्गुण ब्रह्म' शब्दवाच्य है; 'अपर-अमूर्त्तं' रूप ही षडैश्वर्य-युक्त 'ईश्वर' रूप है।

इस 'निर्गुण ब्रह्म' को ही ६९ संख्यक श्लोक में 'सत्' शब्दवाच्य पर अमूर्त्त रूप कहकर पहले निर्देश करके, उसमें जो सर्वशक्तिमत्ता नित्य प्रतिष्ठित है, उसका पुराणकर्त्ता ने स्पष्ट रूप से वर्णन किया है। इस सर्वशक्तिमद्भाव से ही उसकी ईश्वर संज्ञा होती है, वही उसका अपर अमूर्त्त भाव है। एवं ७० संख्यक श्लोक में कहा है कि, महत् विश्वरूप उसका अन्यतर अर्थात् परमूर्त्त रूप है; इस रूप से ही सब व्यष्टिशक्तिमय पृथक्-पृथक् रूपसमूह प्रकाशित होते हैं, [जो उसका "अपरमूर्त्तरूप" है;] इसी चार प्रकार में [१] अनन्त व्यष्टिरूप [२] विराट् रूप (यही उभयमूर्त्त है); एवं [३] अमूर्त्त ईश्वररूप और [४] अमूर्त्त सद्रूप में ब्रह्म पूर्ण है। एकान्त निर्गुण रूप ही जो उसका एकमात्र रूप है, ऐसा नहीं; यह युगपत् चतुर्विध-रूपविशिष्ट है।

श्वेताश्वतर उपनिषद् में श्रुति ने स्वयं भी स्पष्ट रूप से ही ब्रह्म का युगपत् चतुर्विधत्व अन्य भाषा में वर्णन किया है; यथा-

उद्गीतमेतत् परमं तु ब्रह्म
तस्मिंस्त्रयं सुप्रतिष्ठाऽक्षरञ्च। प्रथम अ०, सप्तम श्लो०।

अर्थात् इस ब्रह्म को ही वेद ने परमवस्तु कहकर उपदेश किया है; इसमें त्रिविधत्व [ईश्वरत्व, जीवत्व, जगद्रूपत्व] नित्य प्रतिष्ठित है; एवं वह अक्षर [अविकृत सन्मात्र] भी है। इत्यादि।

स्वयं शंकराचार्य ने भी इस पाद के पूर्व व्याख्यात एकादश सूत्र की व्याख्या समाप्त करके उपसंहार में कहा है:-द्विरूपं हि ब्रह्मावगम्यते; नामरूपविकार-

भेदोपाधिविशिष्टं तद्विपरीतञ्च सर्वोपाधिवर्जितम्। "यत्र हि द्वैतमिव भवति तदितर इतरं पश्यति, यत्र त्वस्य सर्वमात्मैवाभूत्, तत् केन कं पश्येत्....." "सर्वाणि रूपाणि विचिन्त्य धीरो नामानि कृत्वाभिवदन् यदास्ते" "निष्कलं, निष्क्रियं, शांतम्"....इति चैवं सहस्रशो विद्याविद्याविषयभेदेन ब्रह्मणो द्विरूपतां दर्शयन्ति वाक्यानि। इसका अनुवाद भूमिका में किया गया है। इस स्थल में भाष्यकार ने स्वीकार किया है कि, श्रुति ने ब्रह्म को द्विरूप कहकर ही वर्णन किया है; किन्तु उस सम्बन्ध में उन्होंने अपना सिद्धान्त इस प्रकार ज्ञापित किया है कि यह द्विरूपिता का उपदेश विद्या एवं अविद्या भेद से दिया गया है। किन्तु उनकी उद्धृत सम्पूर्ण श्रुतियाँ स्वयं इस विषय में कुछ नहीं कहतीं; पक्षान्तर में ब्रह्म का उपदेश करते समय श्रुति ने कहा है "तदैक्षत बहुस्यां प्रजायेय" "तदात्मानं स्वयमकुरुत"। "सर्वाणि रूपाणि विचिन्त्य....यदास्ते" इत्यादि। इन सब और अन्यान्य बहुत से वाक्यों का जीव की अविद्या को लक्ष्य करके मिथ्या कल्प में श्रुति ने उपदेश किया है, उसे सिद्धान्त करने की तो कोई भी संगत कारण की कल्पना नहीं की जाती। भगवान् वेदव्यास ने इन सब श्रुतियों पर निर्भर करके ब्रह्म के जगत्कारणत्व, सर्वशक्तिमत्व, सर्वज्ञत्व, प्रभृति का रहना सर्वत्र वेदान्त दर्शन में अवधारित किया है; एवं वेदान्त के दुर्विज्ञेयत्वनिबन्धन उसके व्याख्यास्वरूप उन्होंने इतिहास पुराण प्रभृति जो रचे हैं, उनमें भी श्रुति के अनुरूप ब्रह्म को सगुण, निर्गुण, सर्वरूपी अथ च अरूपी कहकर सर्वत्र वर्णन किया है। यह दृश्यतः विरुद्ध धर्मद्वय एक आधार पर नहीं रह सकते, कहकर भाष्यकार ने परवर्त्ती तृतीय अध्याय के द्वितीय पाद के एकादश सूत्र के भाष्य में जो तर्क उत्थापन करके सगुणत्व–स्थापक श्रुतियों को अग्राह्य किया है, यह तर्क समीचीन नहीं है, यह उक्त सूत्र की व्याख्या में प्रदर्शित हुआ है। परन्तु किसी प्रकार भी यह अस्वीकार नहीं किया जा सकता है कि भगवान् वेदव्यास ने, जिन्होंने वर्तमान आकार में श्रुतियों को विभागक्रम से प्रकाशित किया है, स्वयं दोनों प्रकार की श्रुतियों को ग्रहण करके ब्रह्म की स्वरूपतः द्विरूपता ही समस्त शास्त्रों में प्रकाशित किया है, एवं अनुमान भी इसी सिद्धान्त के अनुकूल है, इसका प्रदर्शन करने में भी त्रुटि नहीं की है। एवं श्रुति ही जब ब्रह्मस्वरूप के अवधारण के विषय में एकमात्र प्रमाण कहकर सब भाष्यकारों को स्वीकृत है, तो असंख्य श्रुतियों को अग्राह्य करके केवल अप्रतिष्ठतर्कमूलक श्रुतिविरुद्ध मत का कभी अवलम्बन नहीं किया जा सकता है। जगत् को ब्रह्म से भिन्न कहना ही अविद्या है; जगत् का जो ब्रह्मरूप कहकर ज्ञान है, वह अविद्या नहीं है; यह इसी ग्रन्थ की भूमिका से सप्रमाण विशेष रूप से प्रदर्शित हुआ है।

अतएव यही सत् सिद्धान्त है कि, ब्रह्म का एकान्त निर्गुणत्व और निष्क्रियत्व वेदान्त का अभिप्रेत नहीं है। वह जगद्रूपी, जीवरूपी, एवं गुणातीत चिदानन्दमय सद्रूपी है। भाष्यकार का एकान्त निर्गुणत्वाद सर्वशास्त्र और युक्ति के विरुद्ध है।

इति ब्रह्मण आनन्दमयत्व-निरूपणाधिकरणम्।

—•—

इस क्षण में छान्दोग्यादि उपनिषदों में विवृत ब्रह्मोपासना-विषयक वाक्यों का अवलम्बन करके, सिद्ध जीव प्रभृति के जगत्-कारणत्व-विषयक जो सब आपत्तियाँ हो सकती हैं, उनका क्रम से खण्डन करने में, एवं नाना लिङ्गावलम्बन में एक ब्रह्म की ही उपासना को जो श्रुति ने नाना प्रकार से वर्णन किया है, उसको प्रदर्शन करने में सूत्रकार प्रवृत्त होते हैं। प्रथमतः उद्गीथ-उपासना के सम्बन्ध में छान्दोग्य उपनिषद् में निम्नलिखित वाक्य देखे जाते हैं, यथाः-

"अथ य एषोऽन्तरादित्ये हिरण्मयः पुरुषो दृश्यते हिरण्यश्मश्रुर्हिरण्यकेश आप्रणखात् सर्व एव सुवर्णः"।

"तस्य यथा कप्यासं पुण्डरीकमेवमक्षिणी, तस्योदिति नाम, स एष सर्वेभ्यः पाप्मभ्य उदितः, उदेति ह वै सर्वेभ्यः पाप्मभ्यो य एवं वेद।"

"तस्यर्क च साम च गेष्णौ, तस्मादुद्गीथ-स्तस्मात्त्वेवोद्गातैर्तस्य हि गाता, स एष ये चामुष्मात् परांचो लोकास्तेषां चेष्टे देवकामानां चेत्यधिदैवतम्। (छांदोग्य प्रथम प्रपाठक षष्ठ खण्ड)

"चक्षुरेवर्गात्मा साम, तदेतदेतस्यामृच्यध्यूढं साम, तस्मादृच्यध्यूढं साम गीयते। चक्षुरेव सात्मामस्तत् साम।.....अथ य एषोऽन्तरक्षिणि पुरुषो दृश्यते सैव ऋक् तत् साम तदुक्थं तद्यजुस्तद्ब्रह्म; तस्यैतस्य तदेव रूपं, यदमुष्य रूपं, यावमुष्य गेष्णौ, तौ गेष्णौ यन्नाम तन्नाम।" (छान्दोग्य प्रथम प्रपाठक सप्तम खण्ड)

(छान्दोग्य श्रुति ने ब्रह्म की उद्गीथोपासना वर्णन के प्रसंग में प्रथम प्रपाठक के षष्ठखण्ड के आरम्भ में पृथ्वी, अग्नि, आकाश, स्वर्ग, नक्षत्र, चन्द्रमा और आदित्य की यथाक्रम से ऋक्सामत्व-रूप में उपासना की व्यवस्था करके, पश्चात् कहा है):-

अस्यार्थः-जो हिरण्मय (ज्योतिर्मय) पुरुष आदित्यमण्डल के अभ्यन्तर (समाहितचित्त निर्मल उपासक द्वारा) दृष्ट होता है, उसी हिरण्मय पुरुष का श्मश्रु हिरण्मय, केश हिरण्मय, उसका नखपर्यन्त सर्वाङ्ग ही हिरण्मय है।

उसकी दोनों आँखें रक्तवर्ण पुण्डरीक तुल्य हैं, (कपिपृष्ठ के निम्न भाग में जो रक्तवर्ण स्थान है, जिस पर कपि उपवेश करता है, इसी अर्थ में कप्यास, तद्वत् रक्तवर्ण; अथवा रक्तवर्ण कमल की भाँति रक्तवर्ण हैं; उसका नाम 'उत्,' वह सब पाप (विकार) से उदित (मुक्त) है; अतएव वह 'उत्' है, जो उपासक यह जानता है वह सब पापों से मुक्त होता है।

पूर्वोक्त पृथिव्यादि आदित्यपर्यन्त गीतपर्व सब उसके ऋक् और साम हैं (पृथिवी अग्नि इत्यादि जो ऋक् और साम रूप में गीत होते हैं, वे सब उसी के रूप हैं;) अतएव (जिस कारण उसका नाम 'उत्' है एवं ऋक् और साम उसी के गान हैं, अतएव) वही उद्‌गीथ है; अतएव उद्‌गाता भी वही है; 'उत्' नामक जो वह है, उसका गाता (गानकर्त्ता) है, इसी निमित्त उद्‌गाता है। वही 'उत्' नामक देवता आदित्य और तदूर्ध्वस्थित लोकों का नियामक, एवं तत्तदेवताओं का भोगदाता [पालनकर्त्ता] भी है। आदित्यादि देवगण का वह नियामक और पालक है इसीलिए यह अधिदैवत है।

चक्षु ही ऋक् है, आत्मा (चक्षु:प्रतिष्ठ आत्मा) साम है; यही सामरूप आत्मा ऋक्‌रूप चक्ष पर अधिरूढ़ [तदुपरि प्रतिष्ठित] है; अतएव ऋक् के ऊपर स्थापित होकर सामगीत होता है। चक्षु ही साम का 'सा' अंश है, एवं आत्मा 'अम्' अंश है); अतएव–चक्षु और आत्मा, ये दोनों साम शब्द के वाच्य हैं। ......इन दोनों नेत्रों के बीच में जो पुरुष (समाहितचित्त उद्‌गीथोपासक साधक द्वारा) दृष्ट होता है; वह ऋक्, वह साम, वह उक्थ, वह यजु:, एवं वह ब्रह्म (वेद) है; आदित्यांतर्गत पुरुष के जो रूप वर्णित हुए हैं, वे सब इस चक्षु के अभ्यन्तरस्थ पुरुष के ही रूप हैं; पूर्वोक्त पृथिव्यादि रूपों में गीत ऋक् और साममय जो सब रूप आदित्यांतर्गत पुरुष के सम्बन्ध में गीत होते हैं, वे सभी इसी आत्मा के गान हैं। आदित्यांतर्गत पुरुष का जो 'उत्' नाम है, वह 'उत्' भी इसी का नाम है।

इन सब श्रुतिवाक्यों की ओर लक्ष्य करके आपत्ति हो सकती है कि, आदित्यान्तर्गत और चक्षु के अन्तर्गत जो पुरुष है, जिसे ब्रह्म कहा है, वह प्रकृत प्रस्ताव में जीव है–ब्रह्म नहीं; कारण श्रुति ने "हिरण्यश्मश्रु: हिरण्यकेश आप्रणखात् सर्व एव सुवर्ण:" तस्य यथा कप्यासं पुण्डरीकमेवमक्षिणी" इत्यादि वाक्यों में आदित्य और चक्षु के अन्तर्गत उपास्य पुरुष के विशेष-विशेष रूप वर्णन किये गये हैं। वे ब्रह्म के वर्णन कभी हो नहीं सकते; अथ च वह सर्वनियन्ता कहकर उक्त श्रुति में वर्णित हुआ है; सुतरां, सृष्टिस्थिति-लय-कर्त्ता कहकर जो ब्रह्म श्रुति में कथित हुआ है, वह जीवविशेष हो सकता है। इस आपत्ति के उत्तर में सूत्रकार कहते हैं:–

प्रथम अ०, प्रथम पाद, २१ सूत्र। **अन्तस्तद्धर्मोपदेशात्।।**

भाष्य–आदित्याऽक्ष्णोरन्तरस्थो मुमुक्षध्येयो हि परमात्मैव, न तु जीवविशेषः, कुतस्तस्यैवापहतपाप्मत्वसर्वात्मत्वादीनां धर्माणामुपदेशात्।

व्याख्याः–आदित्य और चक्षु के अन्तर स्थित जो पुरुष मुमुक्षुओं के उपास्य रूप से उक्त हुआ है, वह ब्रह्म [जीव नहीं] है; कारण, निष्पापत्व सर्वात्मकत्व, देवादि समस्त प्रधान जीवों का भी नियन्तृत्व प्रभृति गुण उस पुरुष के हैं, ऐसा उक्त श्रुति ने वर्णन किया है। परन्तु सब जीवों का नियन्ता और सर्वव्यापी कहने से वह ब्रह्म है, जीव हो नहीं सकता; ये सब धर्म जीवातीत, ब्रह्म के ही धर्म हैं।

इसके द्वारा स्पष्ट सिद्ध होता है कि आदित्य और चक्षु इत्यादि के अन्तर्गत रूप में, एवं सर्वज्ञ सर्वव्यापी, जगत्कर्त्ता जगन्नियन्ता इत्यादि रूपों में (इन उभयविध रूपों में), श्रुति ने एक साथ ब्रह्म की ही उपासना की व्यवस्था की है; यह आदित्यान्तरस्थ पुरुष ही विकारातीत ब्रह्म है; "स एष सर्वेभ्यः पाप्मभ्यः उदित" [वह पापसम्बन्ध-रहित है], इस प्रकार जानकर जो उसकी उपासना करेगा, वह स्वयं सम्पूर्ण शुद्धि अर्थात् मुक्तिलाभ करेगा ["उदेति ह वै सर्वेभ्यः पाप्मभ्यो य एवं वेद"]; सुतरां उपनिषदुक्त ब्रह्म की उपाासना केवल निर्गुण उपासना नहीं है।

प्रथम अ०, प्रथम पाद, २२ सूत्र। **भेदव्यपदेशाच्चान्यः।**

[भेदव्यपदेशात्–च–अन्यः, जीवात् अन्यः ब्रह्म इति।]

भाष्य–आदित्यादिजीववर्गादन्योऽस्ति परमात्मा कुतः? "आदित्ये तिष्ठन्नि"त्यादिना भेदव्यपदेशात्।

व्याख्याः–बृहदारण्यक श्रुति में आदित्यादि शरीराभिमानी जीवों से तदंतरस्थ पुरुष भिन्न है, ऐसा उपदेश है। श्रुतियाँ परस्पर विरुद्ध नहीं हो सकतीं, सुतरां छांदोग्य का उद्गीथोपासनोक्त आदित्यांतरस्थ पुरुष ब्रह्म है,–जीव नहीं। बृहदारण्यक का श्रुति-वाक्य नीचे उद्धृत हुआ है:-

"य आदित्ये तिष्ठन्नादित्यादंतरो, यमादित्यो न वेद, यस्यादित्यः शरीरं, य आदित्यमन्तरो यमयत्येष, त आत्मान्तर्याम्यमृतः", (बृहदारण्यक तृतीय अध्याय सप्तम ब्राह्मण)।

अस्यार्थः–जो आदित्य में रहकर भी आदित्य के अन्तवर्ती है, जिसे आदित्य भी नहीं जानता, जिसका शरीर आदित्य है, जो आदित्य के भीतर रहकर आदित्य को

नियमित करता है (आदित्य का परिचालक है), वही तुम्हारा जिज्ञासित आत्मा अन्तर्यामी और अमृत है।

इति आदित्याक्ष्णोरंतस्थितस्य ब्रह्मरूपतानिरूपणाधिकरणम्।

—•—

प्रथम अ०, प्रथम पाद, २३ सूत्र। **आकाशस्तल्लिङ्गात्।**

(आकाशः आकाशशब्दार्थः परमात्मैवः; कुतः? तल्लिंगात्, तस्य परमात्मनः लिंगं सर्वभूतोत्पादकत्वादि, तस्मात्, परमात्मासाधारणधर्मात्।)

भाष्य–"अस्य लोकस्य का गतिरित्याकाश इति होवाचे"–त्यत्राकाश-शब्दवाच्यः परमात्मा; कुतः? "सर्वाणि ह वा इमानि भूतान्याकाशादेवोत्पद्यन्ते" इति सर्वस्रष्टृत्वादि तल्लिङ्गात्।

व्याख्या–छान्दोग्य उपनिषद् के प्रथम प्रपाठक के नवम खण्ड में जो आकाश ही समस्त लोकों की गति कहकर उक्त हुआ है, उस आकाश शब्द से ब्रह्म ही ज्ञात होता है; कारण उक्त वाक्य के पश्चात् ही परमात्मा के स्रष्टृत्वादि लिंग इस आकाश में वर्तमान हैं, ऐसा श्रुति ने उल्लेख किया है। श्रुति यथाः–

"अस्य लोकस्य का गतिरित्याकाश इति होवाच। सर्वाणि ह वा इमानि भूतान्याकाशादेव समुत्पद्यन्त आकाशं प्रत्यस्तं यन्त्याकाशो ह्येवैभ्यो ज्यायानाकाशः परायणम्" [छान्दोग्य प्रथम प्रपाठक, नवम खण्ड]

इति आकाशाऽधिकरणम्।

—•—

प्रथम अ०, प्रथम पाद, २४ सूत्र। **अतएव प्राणः।**

भाष्य–"सर्वाणि ह वा इमानि भूतानि प्राणमेव संविशन्ति प्राणमभ्युज्जिहते" इत्यत्रापि संवेशनोद्गमनरूपाद्ब्रह्मलिङ्गात् परमात्मैव प्राणः।

व्याख्याः–उद्गीथोपासना के वर्णन में छान्दोग्य श्रुति ने कहा है कि, सचराचर विश्व प्राण में लीन होता है, उस स्थल में भी प्राण शब्द से ब्रह्म समझा जाता है; कारण, इस श्रुति ने ब्रह्मबोधक लिंग (चिह्न, धर्म) प्राण के रहने का उल्लेख किया है। श्रुति यथा :–

"सर्वाणि ह वा इमानि भूतानि प्राणमेवाभिसंविशन्ति प्राणमभ्युज्जिहते सैषा देवता प्रस्तावमन्वायत्ता" [छान्दोग्य प्रथम प्र०, एकादश खण्ड]।

चराचर समस्त भूतग्राम प्राण में लीन होता है, एवं प्राण से ही उत्पन्न होता है, यह प्राण ही इस स्तव का देवता है। जगत् की सृष्टि ब्रह्म से ही होती है, एवं लय भी ब्रह्म में ही होता है, यह छान्दोग्य श्रुति ने पीछे व्याख्या की है; सुतरां इस स्थल में कथित इन सब चिह्नों के द्वारा प्राण शब्द का ब्रह्म अर्थ ही सिद्ध होता है।

इति प्राणाधिकरणम्।

—•—

प्रथम अ०, प्रथम पाद, २५ सूत्र **ज्योतिश्चरणाभिधानात्।**

(ज्योति:शब्दवाच्यं ब्रह्मैव, चरणाभिधानात् सर्वभूतानि तस्य एकपाद इति वचनात्।)

भाष्य–"दिवो ज्योतिरिति" ज्योतिर्ब्रह्मैव, "पादोऽस्य सर्वाभूतानी"-ति चरणाभिधानात्।।

व्याख्या–छान्दोग्य तृतीय प्रपाठक के १३ खण्ड में 'दिवो ज्योतिः' इत्यादि वाक्यों में जो 'ज्योतिः' शब्द है, वह भी ब्रह्मार्थ-बोधक है; क्योंकि पूर्व में मन्त्र भाग में यह सचराचर विश्व इस ज्योति का एक पाद कहकर वर्णित हुआ है। 'दिवो ज्योतिः" इत्यादि श्रुतियाँ निम्नोद्धृत हुई हैं:–

''यदतः परो दिवो ज्योतिर्दीप्यते विश्वतः पृष्ठेषु सर्वतः पृष्ठेषु अनुत्तमेषूत्तमेषु लोकेष्विदं वाव तद्यदिदमस्मिन्नन्तः पुरुषे ज्योतिस्तस्यैषा दृष्टिः"।

अस्यार्थः–यह स्वर्गलोक से श्रेष्ठ जो ज्योतिः प्रदीप्त होती है, यह समस्त विश्व के ऊपर (अतीत) है, संसार के समस्त प्राणिवर्गों के ऊपर है; यह ज्योतिः उत्तमाधम समस्त लोकों में ही प्रविष्ट है; इस पुरुष [जीव] के अभ्यन्तर जो ज्योतिः है, वह भी यही ज्योतिः है; इसके द्वारा ही समस्त प्रकाशित होते हैं।

सूत्र का लक्षित मन्त्रांश नीचे उद्धृत होता है:–

तावानस्य महिमा, ततो ज्यायांश्च पुरुषः।
पादोऽस्य सर्वाभूतानि, त्रिपादस्यामृतं दिवि।

अस्यार्थः–[''गायत्री वा इदं सर्वं" इत्यादि वाक्यान्त में गायत्री छन्द के भूत, पृथिवी, शरीर और हृदय-इस चतुष्पादत्व एवं षडक्षरत्व की पहले वर्णना करके श्रुति कहती है] ''इतना ही गायत्र्याख्य ब्रह्म का माहात्म्य-विस्तार है, पुरुष इससे श्रेष्ठ है, स्थावर-जङ्गमात्मक समस्त भूत इसके पादस्वरूप हैं; यह त्रिपाद है, यही त्रिपादाख्य

पुरुष गायत्र्यात्मक ब्रह्म का अमृत है, स्वीय द्योतनात्मक स्वरूप में यह त्रिपाद अवस्थित है। [अर्थात् विश्वात्मक गायत्री को अतिक्रम करके भीवह अपनी महिमा से अवस्थित है, विश्व उसका एकपाद–मात्र है।]

प्रथम अ०, प्रथम पाद, २६ सूत्र। **छन्दोऽभिधानान्नेति चेन्न तथा चेतोऽर्पणनिगदात्ताथाहि दर्शनम्।**

[छन्दः, गायत्र्याख्यछन्दः–अभिधानात् कथनात्, न, चरणश्रुतिर्न ब्रह्मपरा, इति चेत्, यदि शङ्क्यते; न तन्नः कुतः? तथा चेतः–अर्पणनिगदात्, गायत्रीशब्दवाच्ये ब्रह्मणि चित्तसमाधानस्य अभिधानात्; अथाहि दर्शनं, तथैव दृष्टान्तः "एतं ह्येव बह्वृचा" इत्यादिः।]

भाष्य–पूर्ववाक्ये गायत्र्याख्यछन्दोऽभिधानात् तत्परा चरणश्रुतिरस्तु, न ब्रह्मपरेति चेन्न, गुणयोगात् गायत्रीशब्दाभिधेयो भगवति चेतोऽर्पणाभिधानात् दृष्टश्च विराट्शब्दः प्रकृतपरः।

व्याख्या–पूर्वोक्त "पादोऽस्य सर्वाभूतानि" [तृतीय अ०, १२ खण्ड] इत्यादि वाक्यों के पूर्व "गायत्री वा इदं सर्वम्" इत्यादि वाक्यों में गायत्र्याख्य छन्दमात्र कथित हुआ है, इसलिए उसी गायत्री–छन्द के ही पादरूप में विश्व परवर्ती मन्त्र में वर्णित हुआ है, ऐसा ज्ञात होता है; अतएव ब्रह्म उस मन्त्र का प्रतिपाद्य नहीं है। यदि ऐसी आपत्ति हो, तो यह संगत नहीं है; कारण, गायत्रीशब्दवाच्य ब्रह्म में चित्त–समाधान करने की व्यवस्था इस श्रुति ने की है; वह अन्य श्रुति में स्पष्ट रूप से प्रदर्शित हुआ है। यथाः–

"एतं ह्येव बह्वृचा महत्युक्थे मीमांसन्त, एतमग्नावध्वर्यव, एतं महाव्रते छन्दोगा" इति।

ऋग्वेदी लोग परमात्मा की महत् उक्थरूप में उपासना किया करते हैं, यजुर्वेदी अध्वर्युगण अग्नि में उसकी उपासना करते हैं, एवं सामवेदीय छान्दोगागण भी यज्ञ में इसकी ही उपासना किया करते हैं, इत्यादि।

विशेषतः ब्रह्मसम्बन्ध में ही शास्त्र में विराट्–रूपत्व उक्त हुआ है। अतएव यह आपत्ति सङ्गत नहीं है।

प्रथम अ०, प्रथम पाद, २७ सूत्र। **भूतादिपादव्यपदेशोपपन्नेश्चैवम्।**

भूतादिपादव्यपदेश–उपपत्तेः–च–एवम्। भूत–पृथिवी–शरीरहृदयाख्यैः पादैश्चतुष्पदा गायत्रीति व्यपदेशस्य ब्रह्मण्येव उपपत्तेश्च।

भाष्य—न केवलं तथा चेतोऽर्पणनिगदाद्गायत्री ब्रह्मेत्युच्यते, भूतपृथिवीशरीरहृदयानां ब्रह्मणि भगवत्युपपत्तेश्चैवम्।

व्याख्या:—केवल चित्त-समाधान के उपदेश के कारण ही गायत्री को ब्रह्म नाम से सिद्धान्त करना उचित है, ऐसा नहीं, गायत्री को (भूत, पृथिवी, शरीर, और हृदय) चतुष्पाद-विशिष्ट कहकर उपदेश करने के कारण एवं इन सब उक्तियों के ब्रह्म में ही प्रयोज्य होने के कारण, ब्रह्म ही गायत्री शब्द द्वारा अभिहित हुआ है ऐसा उपपन्न होता है।

प्रथम अ०, प्रथम पाद, २८ सूत्र। **उपदेशभेदान्नेति चेन्नोभयस्मिन्नप्यविरोधात्।**

(उपदेशभेदात्-न इति चेत्,-उभयस्मिन्-अपि-अविरोधात्।)

भाष्य:—पूर्वमधिकरणत्वेन, पुनरवधित्वेन ("त्रिपादस्यामृतं दिवि" इत्यत्र सप्तमीविभक्त्या अधिकरणत्वेन, पुनरपि "अतः परोदिवोज्योतिर्दीप्यते" इत्यत्र पञ्चम्या विभक्त्या अवधित्वेन) द्यौर्निर्दिश्यते इत्युपदेशभेदान्न ब्रह्म प्रत्यभिज्ञायते; इति न; कुतः? उभयत्रापि ब्रह्मण एकत्वस्याविरोधात्।

व्याख्या:—परन्तु यदि कहो कि, पूर्वोक्त "त्रिपादस्यामृतं दिवि" स्थल में दिव् शब्द के सप्तमी विभक्त्यन्त रहने से, वह अधिकरणार्थ-ज्ञापक है, एवं पश्चात् उक्त "यदतः परो दिवो ज्योतिः" इत्यादि वाक्यों में दिवशब्द के पञ्चमी विभक्त्यन्त होने से वह अवधित्व (सीमा)-ज्ञापक है; अतएव श्रुति में इस प्रकार उपदेश-भेद रहने के कारण, उभयवाक्योक्त ब्रह्म एक नहीं है; यह आपत्ति संगत नहीं है; कारण, पूर्वापर श्रुति का पाठ करने से, ये दोनों श्रुतियाँ अविरोध में एक परब्रह्म का प्रतिपादन करती हैं, ऐसा प्रतिपन्न होता है। जैसे "वृक्षाग्रे श्येनः" "वृक्षात् परतः श्येनः" इत्यादि स्थलों में एक ही श्येन उक्त होता है, वृक्षशब्द में एक बार सप्तमी एवं पुनः पञ्चमी विभक्ति का योग रहने से अर्थ में कोई तारतम्य नहीं होता; तद्रूप उक्त श्रुतियों में भी अर्थ का कोई तारतम्य नहीं है। एक ब्रह्म ही उभय स्थलों में उक्त हुआ है।

इति ज्योतिरधिकरणम्।

—•—

प्रथम अ०, प्रथम पाद, २९ सूत्र। **प्राणस्तथाऽनुगमात्।**

("प्राणशब्दवाच्यं ब्रह्म विज्ञेयम्। कुतः? तथानुगमात् पौर्वापर्येण पर्यालोच्यमाने वाक्ये पदानां समुच्चयो ब्रह्मप्रतिपादनपर उपलभ्यते।)

भाष्य–प्राणोऽस्मीत्यादिवाक्ये प्राणादिशब्दवाच्यः परमात्मा हिततमत्वानन्तत्वादिधर्माणां परमात्मपरिग्रहेऽवगमात्।

कौषीतकी-ब्राह्मणोपनिषद् के तृतीय अध्याय में प्राणोपासना वर्णन में प्राण का ही उपास्य नाम से निर्देश हुआ है; उक्त स्थल में भी प्राण शब्द ब्रह्मवाचक है; कारण, पूर्वापर इन श्रुतिवाक्यों की समालोचना द्वारा ब्रह्म ही इन वाक्यों के द्वारा प्रतिपन्न हुआ है, ऐसा सिद्धान्त होता है। कारण, हिततमत्व, अनन्तत्व प्रभृति धर्म जो परमात्मबोधक हैं, उसका प्राणसम्बन्ध में श्रुति का उल्लेख किया है।

कौषीतकि उपनिषद् के तृतीय अध्याय में उल्लिखित है, कि दिवोदासपुत्र प्रतर्दन ने युद्ध और पुरुषार्थ प्रदर्शन करके, इन्द्रधाम में गमन किया, एवं इन्द्र ने उस पर संतुष्ट होकर वर-प्रार्थना की अनुमति दी। उस समय प्रतर्दन ने कहा–"त्वमेव मे वृणीष्व यत् त्वं मनुष्याय हिततमं मन्यसे'। (मनुष्य के पक्ष में हिततम जो आप समझते हों, वही वर मुझे दीजिए)। पश्चात् इन्द्र ने कहा, "मामेव विजानीह्येतदेवाहं मनुष्याय हिततमं मन्ये" (हमारा स्वरूप जानो, यही मनुष्य के पक्ष में हम हिततम समझते हैं) "प्राणोऽस्मि प्रज्ञात्मा तं मामायुरमृतमित्युपासस्व" (हम प्राण हैं, हम प्रज्ञात्मा हैं, हमें आयुः एवं अमृत जानकर उपासना करो); "प्राणेन ह्येवास्मिँल्लोके अमृतत्त्वमाप्नोति" (प्राण से ही जीव परलोक में अमृतत्व लाभ करता है।)। इस इन्द्र-प्रतर्दन-संवाद में सर्वशेष में उक्त हुआ है "स एष प्राण एव प्रज्ञात्मानन्दोऽजरोऽमृतः" वह प्राण ही प्रज्ञात्मा, आनन्द, अजर और अमृत है। किन्तु ब्रह्मप्राप्ति ही जीव के पक्ष में हिततम है; अजरत्व, अमरत्व, प्रभृति धर्म प्राणवायु के नहीं हैं, एवं मुख्य प्राण के भी नहीं हैं; अजरत्व, अमृतत्व प्रभृति वाक्यों का ब्रह्म-सम्बन्ध में ही श्रुति ने उल्लेख किया है; कारण, उसके ही ये धर्म हैं; सुतरां इन धर्मों के एवं ब्रह्मप्राप्ति-रूप मोक्ष ही के मनुष्य के पक्ष में हिततम होने के कारण, उक्त श्रुति में उपास्य रूप से जो 'प्राण' उपदिष्ट हुआ है; उसी 'प्राण' शब्द-द्वारा ब्रह्म का ही लक्ष्य हुआ है, ऐसा समझना होगा।

प्रथम अ० प्रथम पाद ३० सूत्र। **न वक्तुरात्मोपदेशादिति चेदध्यात्मसम्बन्धभूमा ह्यस्मिन्।**

भाष्य–प्राणादिशब्दवाच्यं ब्रह्म न भवति, कुतः? "मामेव विजानीहि" इति वक्तृस्वरूपाभिन्नोपदेशादिति चेत् (यदि आशङ्क्यते, सा अनुपपन्ना; कुतः?) अस्मिन् प्रकरणे परमात्मसम्बन्धस्य बाहुल्यमस्त्यतः प्राणेन्द्रादिपदार्थ परमात्मैव।

व्याख्या–यदि कहो कि, ब्रह्म प्राणादिशब्द-वाच्य नहीं है; कारण, वक्ता इन्द्र ने

"मामेव विजानीहि" (हमको ही जानो, यही मनुष्य के पक्ष में हिततम है) इत्यादि वाक्यों में अपने स्वरूप को ही उपास्य रूप में अवगत करने का विषय उपदेश किया है, ऐसा अनुमित होता है, ऐसा नहीं; कारण इस अध्याय में परमात्मविषयक उपदेश ही अनेक हैं। मातृ-पितृवधादि पाप कुछ भी इन्द्र के उपासक को स्पर्श नहीं करता, वह प्राणोपासक साधु कर्म करके वृद्धि-प्राप्त, एवं असाधु कर्म करके क्षय-प्राप्त, नहीं होता; वह प्राण ही लोगों के द्वारा साधु एवं असाधु कर्म करवाकर ऊद्ध्र्व एवं अधोलोकों में प्रेरित करता है, इत्यादि वाक्य केवल सामान्य प्राण-सम्बन्ध में व्यवहृत हुए हैं, ऐसा कभी सिद्धान्त हो नहीं सकता; अतएव उक्त स्थल में प्राण, इन्द्र इत्यादि शब्दों का वाच्य ब्रह्म है।

प्रथम अ० प्रथम पाद ३१ सूत्र। **शास्त्रदृष्ट्या तूपदेशो वामदेववत्।**

(शास्त्रदृष्ट्या-तु-उपदेशः-वामदेववत्।)

भाष्य-इन्द्रो हि सर्वस्य ब्रह्मात्मकत्वमवधार्य "मामेव विजानीहि" इति शास्त्रदृष्ट्या युक्तमुक्तवान्। "तत्र कः शोकः को मोह एकत्वमनुपश्यत" इत्यादि शास्त्रम् यथा "अहं मनुरभवं सूर्यश्च" इति वामदेव उक्तवान्, तद्वत्।

व्याख्या-"जो सबको एकब्रह्म रूप में देखता है, उसको शोक अथवा मोह नहीं है" इत्यादि श्रुतिवाक्यों में अपने को ब्रह्मरूप में भावना का उल्लेख है। बृहदारण्यक श्रुति ने इसका भी उल्लेख किया है कि, वामदेव ऋषि ने परमात्म तत्त्व जानने के पश्चात् कहा था और जाना था कि "हम ही मनु हैं, हम ही सूर्य हैं" इत्यादि। इस शास्त्रीय दृष्टांत में इन्द्र ने भी अपना और विश्व का परमात्मत्व चिन्तन करके ऐसा कहा था कि, "मामेव विजानीहि"। उनकी यह उक्ति वामदेव की उक्ति के सदृश ही जाननी होगी। अतएव उनकी यह उक्ति संगत है।

प्रथम अ० प्रथम पाद ३२ सूत्र। जीवमुख्यप्राणलिङ्गान्नेति चेन्नोपासात्रैविध्यादाश्रितत्वादिह तद्योगात्।

(जीव-मुख्यप्राण-लिङ्गात्-न, इति चेत्, न, उपासात्रैविध्यात् आश्रितत्वात् इह तद्योगात्। इन्द्र-प्रतर्दन-संवादे जीवलिङ्गस्य (धर्मस्य) मुख्यप्राणलिङ्गस्य च दर्शनात्, न ब्रह्म तस्मिन् श्रुतौ उपविष्ट इति चेत्; तन्न। कुतः? ब्रह्मोपासनायाः त्रैविध्यं सर्वश्रुतिषु उक्तत्वात्; अन्यत्रापि त्रिविधधर्मेण ब्रह्मण उपासनम् आश्रितम्; अत्रापि तद्योज्यते; तस्मात् ब्रह्म एव प्रतिपन्नः।)

कौषीतकी उपनिषद् के तृतीय अध्याय में इन्द्र-प्रतर्दन-संवाद में उक्त है, कि इन्द्र ने उसे उपास्य रूप में जानने का उपदेश करके उससे अपने सम्बन्ध में कहा था, "त्रिशीर्षाणां त्वाष्ट्रमहन्" हम ही ने त्रिशीर्ष का और त्वष्ट्रपुत्र का विनाश किया था इत्यादि। इस वाक्य-द्वारा स्पष्ट रूप से देखा जाता है कि, उन्होंने अपने को जीवरूप में ही उपास्य कहा था; कारण जीवरूप में ही उन्होंने अपने को जीवरूप में ही उपास्य कहा था; कारण जीवरूप में ही उन्होंने त्रिशीर्ष प्रभृति का वध किया था। और देखा जाता है कि, उन्होंने कहा है-"न वाचं विजिज्ञासीत। वक्तारं विद्यात्" वाक्य को जानने का प्रयोजन नहीं है, जो वक्ता है उसी को जानो। इस वाक्य में वागीन्द्रिय के अध्यक्ष जीव के जानने का ही उपदेश किया है। सुतरां इस इन्द्र-प्रतर्दन-संवाद में जो इन्द्र का उपास्य रूप में निर्देश किया गया है, उस इन्द्र को उक्त जीवसाधारण लिंग (धर्म) द्वारा जीवरूपी इन्द्र जानना उचित है। एवं च इस संवाद में उपास्य रूप में निर्दिष्ट प्राण के जो लिंग कथित हुए हैं, तद्द्वारा मुख्य प्राण ही लक्षित हुआ है, ऐसा बोध होता है; कारण, इस संवाद में उक्त है कि, प्राण ही शरीर की रक्षा करता है, और उत्थापित करता है; यथा-"अस्मिन् शरीरे प्राणो वसति तावदायुः" इस शरीर में जब तक प्राण है, तब तक आयु है इत्यादि। किन्तु यह सब मुख्यप्राण का कार्य है; अतएव उक्त श्रुति में कथित उक्त जीवबोधक वाक्य और मुख्यप्राणबोधक वाक्य-द्वारा जीवरूपी इन्द्र और मुख्यप्राण ही उपास्य रूप में उपदिष्ट हुए हैं, ऐसा सिद्धान्त होता है; ब्रह्म इस 'इन्द्र' और 'प्राण' शब्द का वाच्य है, ऐसा प्रतिपन्न नहीं होता। यदि ऐसी आपत्ति की जाये, तो यह आपत्ति संगत नहीं है; कारण ब्रह्मोपासना का त्रिविधत्व है, यह श्रुत्यन्तर में भी उल्लिखित है। इस स्थल में भी तदनुसार एक ही ब्रह्म की यह त्रिविध उपासना उल्लिखित हुई है।

भाष्य–"न वाचं विजिज्ञासीत वक्तारं विद्यात्" "त्रिशीर्षाणं त्वाष्ट्रमहन्नित्यादि जीवलिङ्गात्" "प्राण एव प्रज्ञात्मेदं शरीरं परिगृह्योत्थापयती"ति मुख्यप्राणलिंगाच्च नात्र ब्रह्मपरिग्रह इति चेन्न उपासकतारतम्येन ब्रह्मोपासनायास्त्रैविध्याज्जीव-वर्गान्तर्य्यामित्वेन प्राणाद्यचेतनान्तर्यामित्वेन तदुभयविलक्षणेन चान्यत्राश्रितत्वादिहापि तद्योगात्।

अस्यार्थः–"न वाचं विजिज्ञासीत। वक्तारं विद्यात्" "त्रिशीर्षाणं त्वाष्ट्रमहन्" इत्यादि जीवधर्म प्रतिपादक वाक्य एवं "प्राण एव प्रज्ञात्मेदं शरीरं परिगृह्येत्थापयति" इत्यादि मुख्यप्राण-धर्म-प्रतिपादक वाक्य (जो इन्द्र-प्रतर्दन-संवाद में उक्त हुए हैं) उनके द्वारा देखा जाता है कि, उक्त संवाद में उपास्यरूप में ब्रह्म परिगृहीत नहीं हुआ

है। ऐसी आशङ्का होने पर कहते हैं, कि वह प्रकृत नहीं है। उपासक के अधिकार के विषय में तारतम्य के कारण ब्रह्मोपासना त्रिविध है:–जीववर्ग के अन्तर्यामि रूप से, प्राणादि अचेतन पदार्थ के अन्तर्यामिरूप से, एवं तदुभयव्यतिरिक्त रूप से, यह त्रिविध रूप ब्रह्मोपासना अन्यत्र श्रुति में भी अवलम्बित हुई है; तद्रूप इस श्रुति में भी यह त्रिविधत्व उपदिष्ट हुआ है; अतएव ब्रह्म ही इस स्थल में इन्द्र और प्राण शब्द का वाच्य है।

इस सूत्र का रामानुजभाष्य भी निम्बार्कभाष्य के अनुरूप है। शाङ्करभाष्य में अन्य एक प्रकार की व्याख्या पहले उल्लिखित हुई है; अन्त में निम्बार्क-भाष्यानुरूप ही व्याख्या का शङ्कराचार्य ने भी अनुमोदन किया है। शाङ्करभाष्य का कुछ अंश नीचे उद्धृत हुआ:–

"न ब्रह्मवाक्येऽपि जीवमुख्यप्राणलिङ्गं विरुध्यते। कथम्? उपासनात्रैविध्यात्; त्रिविधमिह ब्रह्मण उपासनं विवक्षितम्-प्राणधर्मेण, प्रज्ञाधर्मेण, स्वधर्मेण च। "तत्रायुरसमृतमित्युपास्व आयुः प्राण इति", "इदं शरीरं परिगृह्योत्थापयति तस्मादेतदेवोक्थमुपासीत" इति च प्राणधर्मः।....'प्रज्ञया ाचं समारुह्य वाचा सर्वाणि नामान्याप्नोति' इत्यादिः प्रज्ञाधर्मः। 'स एष प्राण एव प्रज्ञात्मा' इत्यादिर्ब्रह्मधर्मः। तस्माद्ब्रह्मण एवैतदुपाधिद्वयधर्मेण स्वधर्मेण चैकमुपासनं त्रिविधं विवक्षितम्। अन्यत्रापि मनोमयः प्राणशरीर इत्यादावुपाधिधर्मेण ब्रह्मण उपसनमाश्रितम्। इहापि तद्योज्यते। वाक्यस्योपक्रमोपसंहाराभ्यामेकार्थत्वागमात् प्राणप्रज्ञाब्रह्मलिङ्गावगमाच्च। तस्माद्ब्रह्मवाक्यमेतदिति सिद्धम्।"

अस्यार्थः–श्रुतिवाक्य की ब्रह्मपरता जो उक्त हुई है, वह जीवधर्म और मुख्यप्राणधर्म के उल्लेख-द्वारा बाधित नहीं होगी; जीव और मुख्यप्राणबोधक वाक्य तद्विरुद्ध नहीं हैं। कारण, ब्रह्मोपासना का त्रिविधत्व है; इस इन्द्र-प्रतर्दन-संवाद में भी वह तीन प्रकार से विवृत हुई है–प्राणधर्म में उपासना, प्रज्ञाधर्म में उपासना, एवं स्वधर्म में उपासना। "तत्रायुरमृतमित्युपासस्स्व, आयुः प्राण इति" "इदं शरीरं परिगृह्योत्थापयति" "तस्मादेतदेवाक्थमुपासीत" इत्यादि वाक्यों में प्राणधर्म उल्लिखित हुआ है.....। "प्रज्ञया वाचं समारुह्य" इत्यादि वाक्यों में प्रज्ञाधर्म उल्लिखित हुआ है। "स एष प्राण एव प्रज्ञात्मा" इत्यादि वाक्यों में ब्रह्मधर्म उक्त हुआ है। अतएव इस उपाधिद्वयधर्म (प्रज्ञा और प्राणरूप उपाधिद्वयात्मक धर्म) और स्वधर्म द्वारा ब्रह्म की ही एक उपासना त्रिविध रूप से उक्त हुई है। अन्यत्र भी श्रुति में मनोमय और प्राणमय शरीर इत्यादि उपाधिधर्म में ब्रह्म की उपासना कथित हुई है। (छान्दोग्य)। वाक्य के

आरम्भ और शेष के द्वारा एक ही अर्थ प्रतिपन्न होता है, इसलिए, एवं प्राण, प्रज्ञा और ब्रह्म इन तीनों के धर्म के उपदिष्ट होने के कारण, इस स्थल में भी उसकी योजना करनी उचित है। अतएव ब्रह्म ही इन्द्र और प्राण शब्द का वाच्य है, यह सिद्ध होता है।

अन्यत्र श्रुतियों में ब्रह्मोपासना का जो त्रिविधत्व प्रदर्शित है, वह निम्बार्कशिष्य श्री श्रीनिवासाचार्यकृत वेदान्त–कौस्तुभ–नामक व्याख्यान में उत्तम रूप से प्रदर्शित हुआ है, वह नीचे प्रदर्शित हुआ है। तैत्तिरीय श्रुत्युक्त ब्रह्मोपासनाविषयक वाक्य पहले उल्लिखित हुए हैं, उनके प्रति लक्ष्य करके श्री श्रीनिवासाचार्य कहते हैं:–

"सत्यं ज्ञानमनन्तं ब्रह्म, आनन्दो ब्रह्मेति स्वरूपेण उपास्यत्वम्। तत्सृष्ट्वा तदेवानुप्राविशत्, तदनुप्रविश्य सच्चत्यच्चाभवत्। निरुक्तं चानिरुक्तञ्च निलयनञ्चानिलयनञ्च विज्ञानञ्चाविज्ञानञ्चेत्यादिषु चिदचिदन्तरात्मतया च तस्योपास्यत्वम्।"

अस्यार्थः–तैत्तिरीय श्रुति मं "सत्यं ज्ञानमनन्तं ब्रह्म" "आनन्दो ब्रह्म" ये सब वाक्य ब्रह्म के स्वरूप के उपासनाव्यञ्जक हैं, (इन वाक्यों ने ब्रह्म के विश्वातीत स्वरूप का वर्णन किया है), एवंविध स्वरूप का ध्यान ब्रह्मोपासना का एक अंग है। "तत्सृष्ट्वा तदेवानुप्राविशत् तदनुप्रविश्य सच्चत्यच्चाभवत् निरुक्तञ्चानिरुक्तञ्च निलयनञ्चानिलयनञ्च विज्ञानञ्चाविज्ञानञ्च" इत्यादि वाक्यों में चेतन और अचेतनात्मक विश्व का अन्तरात्मा–रूप में, एवं सर्वात्मक–रूप में ब्रह्म की उपासना का विधान किया गया है। इसी भाँति ब्रह्मोपासना का त्रिविधत्व सर्वत्र श्रुति में दृष्ट होता है।

इति प्राणेन्द्राधिकरणम्।

—•—

ब्रह्मसूत्र के प्रथम अध्याय के प्रथम पाद की व्याख्या हुई; इसके द्वितीय से विंश सूत्रपर्यन्त व्याख्यान में प्रदर्शित हुआ है कि, ब्रह्मविषयक श्रुतियों के विचार के द्वारा श्रीभगवान् वेदव्यास ने प्रतिपन्न किया है कि, चेतनाचेतन चराचर विश्व ब्रह्म से उत्पत्ति, स्थिति और लय–प्राप्त होता है; एवं यह विश्व ब्रह्म में ही प्रतिष्ठित, उसी का एकांशस्व रूप है; ब्रह्म इस विश्व से अतीत भी है, वही अतीत रूप ही उसका स्वरूप कहकर उक्त होता है, इसी अतीत–रूप में भी अप्रकट भाव से वह नित्य सर्वज्ञ और सर्वशक्तिमान् है; एवञ्च इस अतीत–रूप में चेतनाचेतन समग्र विश्व, सर्वविधि गुणों, सर्वविधि शक्तियों, सर्वविध कार्यों के उसके स्वरूपभुक्त होने के कारण, गुण और गुणी नाम से, उस अवस्था में, कोई भेद नहीं है; अतएव स्वरूप में वह पूर्णाद्वैत,

गुणातीत, नित्यमुक्त शुद्ध अपापविद्धस्वभाव है। परन्तु जगत् का सृष्टि-स्थिति-लय-व्यापार भी उसका नित्य-धर्म है, आकस्मिक नहीं है; यह नित्य ही उसके अंगीभूत है; अतएव वह सशक्तिक सगुण भी है। सुतरां उसके सम्पूर्ण स्वरूप के प्रति लक्ष्य करने से, वह निर्गुण और सगुण उभयरूपी उपपन्न होता है।

ब्रह्मोपासना-विषयक जो सूत्र इस पाद में श्रीभगवान् वेदव्यास ने सन्निवेशित किये हैं, उन सबका उपसंहार करके, सर्वशेष सूत्रों में ब्रह्मोपासना का त्रिविधत्व उन्होंने स्पष्टाक्षर में स्थापन किया है। चेतनाचेतन सबका अन्तर्यामी और नियन्तृरूप में उसका चिन्तन प्रथमांग है; सर्वात्मक-रूप में चिन्तन द्वितीयांग, एवं तदुभयातीत-रूप में चिन्तन उसकी उपासना का तृतीयांग है; इन्हीं त्रिविध अंगों में ब्रह्मोपासना पूर्ण होती है। उक्त सूत्र के पूर्वोद्धृत व्याख्यान में श्रीमच्छङ्कराचार्य ने भी कहा है, "ब्रह्मण...... एकमुपासनं त्रिविधं विवक्षितम्" ब्रह्म की एक ही उपासना के त्रिविध अंग हैं। सूर्य की उपासना में सूर्य के ज्योतिर्मय पिण्ड और प्रकाशादि शक्ति, एवं तन्निहित जीवचैतन्य, एवं एतदुभयातीत सर्वज्ञ सर्वशक्तिमान नित्य शुद्ध ब्रह्मरूप, इन तीनों की एक ब्रह्मबुद्धि में उपासना करनी होगी। इस प्रकार की उपासना के द्वारा साधक अमृतत्व लाभ करता है, यही श्रुति का उपदेश है। छन्दों में श्रेष्ठ गायत्री है; अतएव गायत्री की भी इसी प्रकार ब्रह्मबुद्धि से उपासना करनी होगी। गायत्री के पृथिव्यादि पाद समस्त ही ब्रह्म हैं, गायत्री-निष्ठ पुरुष ब्रह्म है, एवं सर्व-नियन्ता ब्रह्म है; अतएव गायत्री की उपासना ब्रह्मोपासना है, तद्द्वारा उपासक अमृतत्व लाभ करता है; इसे श्रुति ने स्पष्टाक्षरों में प्रकाशित किया है। देवताओं का भी अधिपति इन्द्र है; इसकी अपरिसीम शक्ति, जिसका श्रुति ने पूर्व ही वर्णन किया है, ब्रह्म का ही ऐश्वर्य है; इसी अपरिसीम शक्तिशाली इन्द्र की ब्रह्मस्वरूप से उपासना करनी होगी। देह का परिचालक जो प्राण है, वह इन्द्र का ही मूर्ति-विशेष है, इस प्राण और इन्द्र की ब्रह्मरूप से उपासना करनी चाहिए। इनकी महिमा-वर्णन से ब्रह्म की ही महिमा वर्णित होती है। इस महिमा के श्रवण और चिन्तन से मानवचित्त स्वभावतः ब्रह्म के प्रति आकृष्ट होता है; ऐसी महिमा जिसकी है, जो हमारे प्राणरूप में समस्त इन्द्रियवृत्ति का अधिनायक है, जो इन्द्र-रूप में दुष्कार्यकारी का शासन-कर्त्ता है, वह अवश्य हमारा भजनीय है। सुतरां चेतनाचेतन अधिष्ठान में ब्रह्म का चिन्तन तत्प्रति प्रेमभक्ति-सञ्चार का अमोघ उपाय है। श्रुति ने इन दोनों अङ्गों के उपदेश के साथ पुनः कहा है, ब्रह्म अमृत, अजर, नित्य-शुद्ध-स्वभाव एवं आनन्दमय है; अतएव इन त्रिविध अङ्गों में ब्रह्मोपासना परिपूर्ण होती है। अधिकारी-भेद से किसी के एक अङ्ग में, किसी के अपर अङ्ग में, किसी के सर्वांग में साधन प्रतिष्ठित होता है। जिसका एक अंग में ही साधन आरम्भ

होता है वह भी क्रमशः सर्वाङ्गसाधनक्षम होकर अमृतत्व लाभ करता है। यही भक्तिमार्ग है; एवं यही मार्ग ब्रह्मसूत्र में उपदिष्ट हुआ है। ज्ञानमार्ग के साधन के सहित भक्तिमार्ग के साधन के प्रभेद का विषय इस क्षण में विशेष रूप से उपलब्ध होगा। ज्ञानयोगी साधक अपने को मुक्तस्वभाव ब्रह्म समझे, यही ज्ञानयोग का सार है। सांख्य के मत से दृश्यमान संसार गुणात्मक है, शंकराचार्य के मत से यह मायामात्र है; दोनों के मत से जगत् अनात्मा है, इसी से त्याज्य है। इसीलिए उसके प्रति तीव्र वैराग्य भी ज्ञानयोग का पुष्टिकारक अंग है। इसी से यह ज्ञानयोग पूर्ण ब्रह्मोपासना का एक अंशमात्र है। भक्तियोगी साधक भी अपने को ब्रह्मांश ही समझते हैं; और ब्रह्मांश ही बतलाते हैं। किन्तु ब्रह्म की सत्ता उपासक की सत्ता से ही पर्याप्त नहीं है। ब्रह्म व्यापक–स्वभाव है, उपासक व्यापक स्वभाव नहीं है, ब्रह्म का अंश मात्र है, और ब्रह्म की नियति के अधीन है, यह वेदव्यास ने आगे भली–भाँति प्रमाणित कर दिया है। एवञ्च ब्रह्म सर्वगुण–सम्पन्न है। भक्त यह सब विचार करके स्वभावतः ही ब्रह्म के प्रति प्रेम करेगा। इसी प्रेम की वृद्धि के साथ ही साथ भक्त के स्वतन्त्र संस्कार बहुत शीघ्र विलीन हो जायेंगे। संसार में भी यह देखा जाता है कि, प्रेम ही पार्थक्य बुद्धि के लोप होने का अव्यर्थ उपाय है। प्रेम में ही स्त्री–पुरुष एक हो जाते हैं, पिता–पुत्र एक हो जाते हैं, मित्र–मित्र एक हो जाते हैं, सम्पूर्ण रूप से भेद–बुद्धि का नाश ही प्रेम की पराकाष्ठा है। ब्रह्म के अनन्त गुणों के चिन्तन से उसके प्रति जो प्रेम उपजात होता है वही भक्ति है। सुतरां भक्ति–मार्ग का साधन सरस है, और ज्ञान–मार्ग का साधन नीरस है।

उपासना–प्रणाली का उपदेश करके भी श्रीवेदव्यास ने पूर्व–प्रतिपादित द्वैताद्वैतत्व सिद्धान्त ही निश्चित किया है। उपासना के पहले दो अंग ब्रह्म के सगुणधर्म–ज्ञापक हैं। तृतीय अंग गुणातीत तथा जीवातीत बतलाता है। ब्रह्म सगुण भी है और निर्गुण भी है; ब्रह्म के इन दो रूपों के होने से उसकी पूर्ण उपासना भी उक्त उभय–धर्म–विशिष्ट है; यही बात भगवान् वेदव्यास ने प्रथम पाद के अंतिम सूत्र में कही है।

प्रथम पाद में ब्रह्मसूत्रवर्णित समस्त विषयों की अवतारणा की गई है। जीव–तत्त्व, जगतत्त्व, ब्रह्मतत्त्व, उपासनातत्त्व इन सभों के आभास का इस प्रथम पाद में वेदव्यास ने वर्णन किया है। ग्रन्थ के अवशिष्टांश में श्रुति, स्मृति और युक्तितर्कद्वारा इन समस्त तत्त्वों का विशद रूप से वर्णन होगा।

इति वेदान्तदर्शन प्रथमाऽध्याये प्रथमपादः समाप्तः।

—•—

द्वितीय पाद

प्रथम पाद में श्रुति से ब्रह्म का ज्ञान होता है, यह साधारण रूप से कहा गया है। परन्तु भिन्न-भिन्न उपासनाओं का वर्णन करने में श्रुति नाना प्रकार के वाक्यों का व्यवहार करती है, उस विषय में शंका हो सकती है कि तत्तद्वाक्यों का प्रतिपाद्य ब्रह्म नहीं है। उन सब श्रुति-वाक्यों का विचार करके ही श्रीभगवान् वेदव्यास ने इस प्रथमाध्याय के द्वितीय और तृतीय पादों से सिद्धान्त किया है कि, ब्रह्म ही उन सम्पूर्ण वाक्यों का प्रतिपाद्य है। यदि भली-भाँति उपनिषदों का अभ्यास न होगा तो इन दो पादों के सूत्रोक्त विचार पूर्णरूप से समझ में नहीं आयेंगे? साधारणतया इतना समझ लेना आवश्यक है कि, उपनिषदों में ब्रह्म ही उपास्य कहकर निर्णीत हुआ है। जितने प्रकार की उपासना-प्रणालियों का वर्णन है, उन समस्त का ब्रह्म ही लक्ष्य है; श्रुति उसी को अनेक प्रकार से अनेक विभूतियों के द्वारा उपास्य कहकर निश्चित करती है। यदि श्रुतियों को सम्पूर्ण रूप से उद्धृत करके सूत्रों की व्याख्या की जाये, तो ग्रन्थ बहुत बढ़ जायेगा; इसलिए सब श्रुतियों के थोड़े-थोड़े अंशों को उद्धृत करके सूत्रार्थों की व्याख्या की जायेगी।

परन्तु ब्रह्म का सगुणत्व वेदव्यास का स्थित सिद्धान्त है-उसका निरवच्छिन्न निर्गुणत्व इनका सिद्धान्त नहीं है, इसको दिखलाने के लिए प्रथमाध्याय के प्रथम पाद के विचार का फल शांकरभाष्य में द्वितीय पाद के प्रारम्भ में जिस प्रकार उक्त है, वह यहाँ उद्धृत करते हैं:-

प्रथमपादे ज़न्माद्यस्य यत इत्याकाशादेः समस्तस्य जगतो जन्मादिकारणं ब्रह्मेत्युक्तम्। तस्य समस्तजगत्कारणस्य ब्रह्मणो व्याप्तित्वं, नित्यत्वं, सर्वज्ञत्वं, सर्वात्मकत्वमित्येवजातीयको धर्म उक्त एव भवति। अर्थान्तरप्रसिद्धानां केषांचिच्छब्दानां ब्रह्मविषयत्वे हेतुप्रतिपादनेन कानिचिद्वाक्यानि सन्दिह्यमानानि ब्रह्मपरतया निर्णीतानि।"

अस्यार्थः-प्रथम पाद में "जन्माद्यस्य यतः" सूत्र-द्वारा आकाशादि समस्त जगत् का कारण जो ब्रह्म है उसी का वर्णन है। समस्त जगत्-कारण ब्रह्म में सर्वव्यापित्व, नित्यत्व, सर्वज्ञत्व, सर्वात्मकत्व, प्रभृति जातीय धर्मों का रहना भी उक्त है। श्रुति-प्रतिपादित किसी-किसी शब्द का, जिनका अन्य अर्थों में प्रयोग प्रसिद्ध है, उन श्रुतियों में ब्रह्म के अर्थ में प्रयोग होना, और सन्दिग्धार्थक किसी-किसी श्रुति-वाक्य का भी ब्रह्म के अर्थ में प्रयोग होना निर्देश किया गया है।

अतएव शङ्कराचार्य की व्याख्या से भी यही सिद्धान्त हुआ कि, वेदव्यास ने ब्रह्म

के सर्वशक्तिमत्व, सर्वव्यापित्व सर्वात्मकत्व आदि धर्मों का प्रथम पाद में उपदेश किया है। द्वितीय पाद के प्रथम भाग में भी वेदव्यास ने ब्रह्म के सत्यसंकल्पत्वादि गुणों का वर्णन किया है। अतएव उसको निरवच्छिन्न निर्गुण और निःशक्तिक कहकर वर्णन करना वेदव्यास और श्रुति का अभीष्ट नहीं है, यह अस्वीकार करना असम्भव है।

१अ० २ पाद १ सूत्र। **सर्वत्र प्रसिद्धोपदेशात्।**

भाष्यः–"सर्वं खल्विदं ब्रह्म तज्जलानीति शान्त उपासीत" इत्युपक्रम्य श्रूयते "मनोमयः प्राणशरीर इति"। अत्र मनोमयत्वेनोपास्यः सर्वकारणभूतः परमात्मा गृह्यते न प्रत्यगात्मा; कुतः? सर्वेषु वेदान्तेषु प्रसिद्धस्य परमात्मन एव पूर्वत्र सर्वं खल्विदं ब्रह्मेत्याद्युपदेशात्"।

शाङ्करभाष्य–छान्दोग्ये इदमाम्नायते "सर्वं खल्विदं ब्रह्म, तज्जलानिति शान्त उपासीत। अथ खलु क्रतुमयः पुरुषो, यथाक्रतुरस्मिँल्लोके पुरुषो भवति, तथेतः प्रेत्य भवति; स क्रतुं कुर्वीत।। १।। मनोमयः प्राणशरीरो भारूपः" इत्यादि। तत्र संशयः– किमिह मनोमयत्वादिभिर्धर्मैः शारीर आत्मोपास्यत्वेनोपदिश्यत आहोस्विद्ब्रह्मेति। किं तावत् प्राप्तम्? शारीर इति।.....इतयेवं प्राप्ते ब्रूमः–परमेव ब्रह्मेह... उपास्यम्। कुतः? सर्वत्र प्रसिद्धोपदेशात् यत् सर्वेषु वेदान्तेषु प्रसिद्धं ब्रह्म, ब्रह्मशब्दस्य चालम्बनं जगत्कारणम्, इह च सर्वं खल्विदं ब्रह्मेति वाक्योपक्रमे श्रुतं, तदेव मनोमयत्वादिधर्मविशिष्टमुपदिश्यत इति युक्तम्।"

अस्यार्थः–छान्दोग्य उपनिषद् (३अ० १४ ख०) में, ऐसी उक्ति हैः–यह समस्त ही ब्रह्म है, यह समस्त ही तज्ज है। (उससे पैदा हुआ है) तल्ल है (उसी में लय हो जाता है) तदन् है (उसी में निवास करता है, उसी के द्वारा परिचालित होता है)। यह समझ कर शान्त (अर्थात् कामक्रोधादि–विकाररहित और मैं तू बुद्धि–रहित) होकर उपासना करे। और भी कहा है कि, पुरुष क्रतुमय है (पुरुष ध्येयगुणविशिष्ट होता है; क्रतु=उपासना, ध्यान); इस लोक में पुरुष जिस प्रकार क्रतु–सम्पन्न होता है, इस लोक से गमन करने पर भी उसको उसी प्रकार का रूप प्राप्त होता है। इसलिए पुरुष क्रतु करे। मनोमय प्राणशरीर ज्योतीरूप ध्यान करें। इस स्थान पर यह संशय होता है कि, क्या श्रुति मनोमयत्वादि धर्मविशिष्ट शरीरस्थ जीवात्मा की ही उपासना का उपदेश करती है, अथवा ब्रह्म की ही उणसना का उपदेश करती है। पहले यही प्रतीत होता है कि, शरीरस्थ जीवात्मा की ही उपासना का उपदेश है; यह शंका होने पर उसके उत्तर में हम कहते हैं, परब्रह्म ही मनोमयत्वादि धर्मों के द्वारा उपास्यरूप में निश्चित हुआ है, कारण "सर्वत्र प्रसिद्धोपदेशात्"।

समस्त वेदान्त में ब्रह्मशब्द का वाच्य जगत्कारण कहकर जो ब्रह्म प्रसिद्ध है, इस स्थल पर वाक्य के प्रारम्भ में "सर्वं खल्विदं ब्रह्म" वाक्य में उसी ब्रह्म का उल्लेख है। अतएव वही मनोमयत्वादिधर्मविशिष्टरूप से वर्णित हुआ है, यही विशुद्ध मीमांसा है।

१अ० २ पाद २ सूत्र। **विवक्षितगुणोपपत्तेश्च।**

भाष्य–"मनोमयः प्राणशरीरोभारूपः सत्यसंकल्प" इत्यादीनां विवक्षितानां मनोमयत्वसत्यसंकल्पत्वादीनां गुणानां ब्रह्मणयेवोपपत्तेश्च।

शाङ्करभाष्य में कहा है–तदिह ये विवक्षिता गुणा उपासनायामुपादेयत्वेनोपदिष्टाः सत्यसंकल्पप्रभृतयः ये परस्मिन् ब्रह्मण्युपपद्यन्ते। सत्यसंकल्पत्वं हि सृष्टिस्थितिसंहारैरप्रतिबन्धशक्तित्वात् परमात्मनोऽवकल्प्यते। परमात्मगुणत्वेन च, "य आत्माऽपहतपाप्मा" इत्यत्र "सत्यकामः सत्यसंकल्पः" इति श्रुतम्। "आकाशात्मा" इत्यादिना आकाशवदात्माऽस्येत्यर्थः, सर्वगतत्वादिभिर्धर्मैः सम्भवत्याकाशेन साम्यं ब्रह्मणः।[१]

अस्यार्थः–उक्त छांदोग्य श्रुति में वर्णित सत्यसंकल्पत्व प्रभृति जो समस्त गुण उपासना के लिए ग्रहण करने के योग्य कहे हैं, वह समस्त परब्रह्म में ही उपपन्न होते हैं। सृष्टि, स्थिति और संहार के विषय में अप्रतिहत-शक्तिमता के कारण परमात्मा के सम्बन्ध में ही "सत्यसंकल्पत्व (मनोमयत्व) कल्पित हो सकता है। श्रुति में "य आत्माऽपहतपाप्मा", वाक्य में जिस आत्मा का अपाप-विद्धत्व कहा गया है, उसी आत्मा में परमात्म सम्बन्धी सत्यकामत्व सत्यसंकल्पत्व गुणों का रहना भी श्रुति ही वर्णित करती है। श्रुति जिस "आकाशात्मा" शब्द का व्यवहार करती है उसका अर्थ है ''आकाश की भाँति सर्वव्यापी उसका रूप है।" सर्वगतत्वादि धर्मों में आकाश के साथ ब्रह्म की ही तुलना हो सकती है। यही श्रुति का अभिप्राय है।

१अ० २ पाद ३ सूत्र। **अनुपपत्तेस्तु न शारीरः।**

---

१. यहाँ पर शाङ्करभाष्य के उद्धृत करने का यह अभिप्राय है कि, भगवान् वेदव्यासकृत इन सब सूत्रों की व्याख्या शंकराचार्य ने भी इसी भाँति की है, सूत्र की व्याख्या में कोई भी अन्तर नहीं है। परन्तु इन सब सूत्रों के द्वारा स्पष्ट ही झलकता है कि, ब्रह्म का केवल निर्गुणत्व ही वेदान्त में और ब्रह्मसूत्र में वर्णित नहीं है; एवञ्च जीव ब्रह्म की भाँति विभु नहीं है, यह भी स्पष्ट रूप से वर्णित है। इसके द्वारा यह भी प्रतिपन्न होता है कि, वेदान्तदर्शन में भक्तिमार्ग ही वेदव्यास-द्वारा उपदिष्ट हुआ है।

श्रीनिम्बार्कभाष्य–मनोमयत्वादिगुणकः पर एव, न जीवस्तस्मिन् मनोमयत्वसत्यसंकल्पत्वाद्यनुपपत्तेः।।

शाङ्करभाष्य–पूर्वेण सूत्रेण ब्रह्मणि विवक्षितानां गुणानामुपपत्तिरुक्ताः अनेन शारीरे तेषामनुपपत्तिरुच्यते। तु–शब्दोऽवधारणार्थः। ब्रह्मैवोक्तेन न्यायेन मनोमयत्वादिगुणः, न तु शारीरो जीवो मनोमयत्वादिगुणः। "यत्कारणं" "सत्यसंकल्प" "आकाशात्मा" "अवाक्यऽनादरो" "ज्यायान् पृथिव्या" इति चैवं जातीयका गुणा न शारीरे आञ्जस्येनोपपद्यन्ते।

अस्यार्थः–पूर्व सूत्र में कहा गया है कि, श्रुतिवाक्योक्त गुणसमूह ब्रह्म के सम्बन्ध में उपपन्न होते हैं; इस सूत्र में कहा जाता है कि, शारीर जीवात्मा में उन सब गुणों की उपपत्ति नहीं होती। सूत्रोक्त 'तु' शब्द अवधारणार्थक है। ब्रह्म ही पूर्वोक्त कारण से मनोमयत्वादिगुणविशिष्ट नाम से उक्त हुआ है, शारीर जीव तद्विशिष्ट नहीं है। क्योंकि सत्यसंकल्प, आकाशात्मा, अवाकी, अनादर (अकाम), पृथिवी से श्रेष्ठ, श्रुत्युक्त ये सब एवं एतज्जातीय और गुण शारीर जीवात्मा में प्रत्यक्षीभूत नहीं होते।

(आकाशात्मा कहने से सर्वव्यापी ज्ञात होता है, वह जीव का नहीं है, ऐसा इस सूत्र में स्पष्ट रूप से कहा गया है; सुतरां, इसके द्वारा जीव का स्वरूपगत विभुत्व निवारित हुआ, ऐसा समझना चाहिए; अतएव शङ्कराचार्य ने जो जीव को विभुस्वभाव कहकर पश्चात् व्याख्या की है, वह वेदव्यास का सिद्धान्त नहीं है।

१ अ० २ पाद ४ सूत्र। **कर्मकर्तृव्यपदेशाच्च।**

श्रीनिम्बार्कभाष्य–इतोऽप्यत्र मनोमयादिपदवाच्यो न शारीरः। "एतमितः प्रेत्य सम्भवितास्मी'ति कर्मकर्तृव्यपदेशात्।

शाङ्करभाष्यः–"एतमितः प्रेत्याऽभिसम्भवितास्मि" इति शारीरस्य कर्तृत्वेनोपासकत्वेन व्यपदेशात्, परमात्मनः कर्मत्वेनोपास्यत्वेन प्राप्य त्वेन च व्यपदेशात्।"

अस्यार्थः–"हमने इस लोक को परित्याग करके इसको (अपने उपास्य को) प्राप्त किया है" इस वाक्य में शारीर जीव का उपासक–रूप से कर्तृत्व उपदेश है एवं "एतं" पदवाच्य परमात्मा का कर्मत्व, उपास्यत्व, और प्राप्यत्व रूप से उपदेश है। अतएव शारीर जीवात्मा उक्त श्रुति का प्रतिपाद्य नहीं है, परमात्मा ही उपास्य रूप से उपदिष्ट है।

१ अ० २ पाद ५ सूत्र। **शब्दविशेषात्।**

भाष्य–मनोमयत्वादिगुणकः शरीरादन्यः परमात्मा **"एष मे आत्मान्तर्हृदये"** इति जीवपरमात्मनोः षष्ठीप्रथमान्तशब्दविशेषात्।

अस्यार्थः—श्रुति ने कहा है "एष मे आत्मान्तर्हृदये" यह आत्मा हमारे हृदय में है; इस स्थल में जीव के सम्बन्ध में षष्ठी विभक्ति का योग करके 'मे' शब्द उक्त हुआ है; एवं उपास्य आत्मा को प्रथम विभक्त्यन्त करके निर्देश किया है। इस प्रकार विशेष करके शब्द प्रयोग होने से श्रुतिवाक्योक्त मनोमयत्वादि गुण जीव के सम्बन्ध में उक्त नहीं हुए हैं— परमात्मा के सम्बन्ध में ही उक्त हुए हैं, ऐसा जानना होगा।

१अ० २ पाद ६ सूत्र। **स्मृतेश्च।**

श्रीनिम्बार्कभाष्यः—"ईश्वरः सर्वभूतानां हृद्देशेऽर्जुन तिष्ठती"ति स्मृतेश्च जीवपरमात्मनोर्भेदोऽस्ति।

शाङ्करभाष्यः—"स्मृतिश्च शारीरपरमात्मनोर्भेदं दर्शयति, "ईश्वरः सर्वभूतानां हृद्देशेऽर्जुन तिष्ठति। भ्रामयन् सर्वभूतानि यन्त्रारूढ़ानि मायया" इत्याद्या।

अस्यार्थः—स्मृति ने भी स्पष्ट रूप से जीवात्मा और परमात्मा का भेद प्रदर्शन किया है। यथा:—श्रीमद्भगवद्गीता में उक्त है, "हे अर्जुन। ईश्वर सब प्राणियों के हृदय में अवस्थान करता है, वह हृद्देश में रहकर माया-द्वारा जीवों को यन्त्रारूढ़ पुत्तलिका की भाँति घुमाया करता है इत्यादि।

१ अ० २ पाद ७ सूत्र। **अर्भकौकस्त्वात्तद्व्यपदेशाच्च नेति चेन्न निचाय्यत्वादेवं व्योमवच्च।**

(अर्भक-ओकस-त्वात्-तत्-व्यपदेशाच्च-न, इति चेत्, नः निचाय्यत्वात् एवं-व्योमवत् च। (अर्भकं=अल्पं; ओकः=स्थानं यस्य स, तस्यभावः तत्त्वं, तस्मात्=अर्भकौकस्त्वात्।)

भाष्यः—"एष मे आत्मा हृदये" (३० अ० १४ ख०) इत्यल्पायतनत्वात्; "अणीयान् ब्रीहेर्वा" इत्यल्पत्वव्यपदेशाच्चात्र न ब्रह्मेति चेत् नैव, तथात्वेन ब्रह्मण इहोपास्यत्वात् बृहतोऽल्पत्वन्तु गवाक्षव्योमवत् संगच्छते।

अस्यार्थः—"यह आत्मा हमारे हृदय में" इस श्रुतिवाक्य में आत्मा का अल्पायतनत्व बोधगम्य होता है; "आत्मा ब्रीहि की अपेक्षा भी क्षुद्र है" यह स्पष्ट उपदेश भी उसी के सम्बन्ध में है; तद्द्वारा आत्मा का अल्पत्व ही उपदिष्ट हुआ है। किन्तु ब्रह्म विभुस्वभाव है; अतएव ब्रह्म इस श्रुति के उपदेश का विषय हो नहीं सकता। ऐसी आपत्ति संगत नहीं है। कारण, उक्त,स्थल में उपासना के निमित्त ब्रह्म क्षुद्ररूप से ही उपदिष्ट हुआ है। आकाश के अनन्त होने पर भी गवाक्षव्योम (गवाक्षस्थ आकाश) इत्यादि स्थलों में बृहत् की अल्पत्व विवक्षा होती है; तद्रूप विभु आत्मा का भी इस प्रकार क्षुद्रत्व असंगत नहीं है।

१ अ० २ पाद ८ सूत्र। **सम्भोगप्राप्ति रिति चेन्न वैशेष्यात्।**

भाष्य–"सर्वहृदयसम्बन्धात् सुखदुःखसम्भोगप्राप्तिर्ब्रह्मणोऽपि जीवस्येवेति चेन्नायं दोषः, स्वकृतकर्मफलभोक्तृत्वेनापहतपाप्मत्वेन च जीवब्रह्मणोऽत्यन्त-विशेषात्।"

अस्यार्थः–सबके हृदय के साथ सम्बन्ध-विशिष्ट होने के कारण, जीव की भाँति ब्रह्म का भी सुख-दुःख भोग सम्भव हो सकता है। (परन्तु ब्रह्म का सुखदुःखादि-सम्बन्ध नहीं है, ऐसा श्रुति ने कहा है; सुतरां ब्रह्म उक्त वाक्य का प्रतिपाद्य नहीं है)। यदि ऐसी आपत्ति करो, तो वह संगत नहीं है; ब्रह्म को हृदयस्थ कहने में कोई दोष नहीं होता। कारण, स्वकृत-कर्मफल भोक्तृत्व जीव को ही है; ब्रह्म सदैव निर्विकार (अपापविद्ध) है; जीव और ब्रह्म का इस प्रकार प्रभेद श्रुति ने ही वर्णन किया है।

शांकरभाष्य में भी सूत्र का इस प्रकार अर्थ किया गया है। यथा–"न तावत् सर्वप्राणिहृदयसम्बन्धाच्छारीरवद्ब्रह्मणः सम्भोगप्रसंगो वैशेष्यात्" इत्यादि।

इति मनोमयत्वादिधर्मेण हृदिस्थितत्वेन च ब्रह्मण उपास्यत्वनिरूपणाधिकरणम्।

—•—

१ अ० २ पाद ९ सूत्र। **अत्ता चराचरग्रहणात्।**

भाष्य–"यस्य ब्रह्म च क्षत्रञ्च उभे भवत ओदनं, मृत्युर्यस्योपसेचनं क इत्था वेद यत्र स" इत्यत्रात्ता श्रीपुरुषोत्तमः। कुतः? मृत्यूपसेचनौदनस्य ब्रह्मक्षत्रोपलक्षित-चराचरात्मकस्य विश्वस्य ग्रहणात्।

अस्यार्थः–कठश्रुति में इस प्रकार उक्ति है; यथाः–

यस्य ब्रह्म च क्षत्रञ्च उभे भवत ओदनम्।
मृत्युर्यस्योपसेचनं क इत्था वेद यत्र सः।

(१अ० २ वंल्ली)

ब्राह्मण एवं क्षत्रिय जिसका अन्न है, मृत्यु जिसका उपसेचन-मात्र है (घृतादि वस्तुएँ जो अन्न में मिलाकर खाई जाती हैं, तद्रूप उपसेचन मात्र है); उसका स्वरूप क्या है, एवं उसकी स्थिति कहाँ है, उसे कौन जान सकता है?

इस वाक्य में जो अत्ता अर्थात् भक्षक नाम से उक्त हुआ है, वह ब्रह्म है, कारण,

मृत्यु को भी उपसेचन मात्र कहने से ब्रह्मक्षत्रोपलक्षित चराचर समस्त विश्व को वह ग्रहण (आत्मसात्) करता है, ऐसा कहा गया; ब्रह्म में ही जगत् लीन होता है; सुतरां इसका अत्ता (भक्षक) ब्रह्म ही है।

१ अ० २ पाद०सू०। **प्रकरणाच्च।**

भाष्य—अत्ता भगवान् पुरुषोत्तमः "महान्तं विभु"-मिति तस्यैव प्रकृतत्वाच्च।

व्याख्या—कठोपनिषद् के जिस प्रकरण में (प्रथम प्रकरण की द्वितीय वल्ली में) यह वाक्य उक्त है, वह ब्रह्मविषयक प्रकरण है; सुतरां ब्रह्म ही इस वाक्य का प्रतिपाद्य है, उक्त प्रकरण के प्रतिपाद्य आत्मा की पहले "महान्तं विभुं" कहकर व्याख्या करके "यमेवैष वृणुते तेन लभ्यः" इत्यादि वाक्यों में श्रुति ने परमात्मा का ही सुस्पष्ट रूप से उपदेश किया है। अतएव परमात्मा ही उक्त वाक्य का कथित अत्ता (भक्षणकर्त्ता) है।

इति ब्रह्मणोऽत्तृत्व-निरूपणाधिकरणम्।

—•—

१ अ०, २ पाद, ११ सूत्र। **गुहां प्रविष्टावात्मानौ हि तद्दर्शनात्।**

भाष्य—"ऋतं पिवन्तौ सुकृतस्य लोके, गुहां प्रविष्टा" वित्यत्र गुहां प्रविष्टौ आत्मानौ हि चेतनौ हि जीवपरमात्मानौ बोध्यौः कुतस्तद्दर्शनात्तयोरेवास्मिन् प्रकरणे गुहाप्रवेशव्यपदेशदर्शनात्। "तं दुर्दर्शं गूढ़मनुप्रविष्ट गुहाहितमि"-ति परमात्मनः "या प्राणेन सम्भवत्यादितिर्देवतामयी गुहां प्रविश्य तिष्ठन्ती सा भूतेभिर्व्यजायते"-ति जीवस्य।

व्याख्याः—कठवल्ली में "गुहां प्रविष्टौ" (कठ १ अ० ३ वल्ली) इत्यादि वाक्यों में "गुहा में प्रविष्ट" कहकर जो आत्मद्वय की कथा उल्लिखित है, उन्हीं दोनों आत्माओं को परमात्मा और जीवात्मा समझना होगा; कारण इस प्रकरण में जीवात्मा और परमात्मा इन दोनों को ही गुहाप्रविष्ट कहकर वर्णन किया है। यथा—"तं दुर्दर्शं गूढ़मनुप्रविष्टं गुह्राहितम्" इत्यादि वाक्यों में परमात्मा को, एवं "या प्राणेन गुहां प्रविश्य तिष्ठन्ती" इत्यादि वाक्यों में जीवात्मा को गुहाप्रविष्ट कहकर श्रुति ने वर्णन किया है।

१ अ० २ पाद १२ सूत्र। **विशेषणाच्च।**

भाष्य—जीवपरयोरेवात्र गुहाप्रविष्टत्वेन परिग्रहः यतोऽस्मिन् प्रकरणे "ब्रह्मयज्ञं

देवमीड्यं विदित्वा निचाय्येमां शान्तिमत्यन्तमेति", "यः सेतुरीजानाना"-मित्यादिषु तयोरेवोपास्योपासकभावेन वेद्यत्ववेतृत्वादिना च विशेषितत्वाच्च।

अस्यार्थः–परमात्मा और जीवात्मा ही 'गुहाप्रविष्ट' वाक्य का अर्थ है, इसका और भी कारण यह है कि, उक्त श्रुति में "ब्रह्मयज्ञं देवमीड्यं विदित्वा निचाय्येमां शान्तिमत्यन्तमेति," "यः सेतुरीजानानां" [३ व०] इत्यादि वाक्यों में एक का वेद्यत्व, दूसरे का वेत्तृत्व, एक का उपास्यत्व, दूसरे का उपासकत्व इत्यादि विशेषणों के द्वारा दोनों का भेद प्रदर्शित किया गया है।

इति जीवपरयोर्गुहागतत्व-निरूपणाधिकरणम्।

—•—

१ अः २ पाद १३ सूत्र। **अन्तर उपपत्तेः।**

भाष्य–"य एषोऽन्तरक्षिणि पुरुषो दृश्यते" इत्यक्षिण्यन्तरः पुरुषोत्तम एव नान्यः; कुतः? "एष आत्मेति होवाच एतदमृतमभयमेतद्ब्रह्मेति," "एतं संयद्वाम इत्याचक्षते" इत्यात्मत्वाभयत्वादीनां संयद्वामत्वादीनां च पुरुषोत्तमे एवोपपत्तेः।

अस्यार्थः–छान्दोग्यश्रुति में उपकोशल-विद्या-प्रकरण (४ अ० १५ ख०) में उक्त है कि "य एषोऽतरिक्षिणि पुरुषो दृश्यते" (नेत्र के भीतर जो पुरुष दृष्ट होता है)। इस स्थल में भी चक्षुरभ्यन्तरस्थ पुरुष ब्रह्म है, जीव नहीं; कारण, उक्त श्रुतिवाक्य में इस चक्षुरभ्यन्तरस्थ पुरुष को आत्मत्व अभ्यत्व, अमृतत्व, संयद्वामत्वादि ब्रह्मगुण-सम्पन्न कहकर उल्लेख किया है, ये वाक्य जीवसम्बन्ध में प्रयुक्त हो नहीं सकते। श्रुति यथाः–"एष आत्मेति होवाच, एतदमृतमभयमेतद्ब्रह्मेति" एवं "एतं संयद्वाम इत्याचक्षते एतं हि सर्वाणि वामान्यभिसंयन्ति" इत्यादि वाक्यों में उसका इस श्रुति ने संयद्वाम [मंगलनिधान], वामनी-भामनी-शक्ति-सम्पन्न [जीव का शोभन कर्मकारी, कर्मफलदाता सर्वप्रकाशक इत्यादि] रूपों से वर्णन किया है।

१ अः २ पाद १४ सूत्र। **स्थानादिव्यपदेशाच्च।**

भाष्य–परमात्मनो "यश्चक्षुषि तिष्ठन्नि"-त्यादिश्रुत्या स्थानादेर्व्यपदेशाच्चाक्षिपुरुषः स एव।

व्याख्या–[बृह० ३ अ०] "य पृथिव्यां तिष्ठन्, यश्चक्षुषि तिष्ठन् तस्योदिति नाम हिरण्यश्मश्रु" [जो पृथ्वी में अवस्थान करता है, जो चक्षु में अवस्थान करता है, उत् जिसका नाम है, जो हिरण्यमयश्मश्रुविशिष्ट है] इत्यादि श्रुतियों में भी ब्रह्म के ध्यान के लिए स्थान नाम और रूप उपदिष्ट हुए हैं, ऐसा देखा जाता है। अतएव इस स्थल में भी ब्रह्म को चक्षुरभ्यन्तरस्थ पुरुष कहने में दोष नहीं होता है।

१ अ० २ पाद १५ सूत्र। **सुखविशिष्टाभिधानादेव च।**

भाष्य–अक्षिगतः पर एव "कं ब्रह्म खं ब्रह्मे"-ति सुखविशिष्टाभिधानाच्च।

व्याख्याः–"प्राणो ब्रह्म, कं ब्रह्म" (छां० ४ अ० १० ख०) इत्यादि वाक्यों में अक्षिगत पुरुष को प्राणस्वरूप, सुखस्वरूप, [आनन्दमय] इत्यादि रूपों से अभिहित किया है; किन्तु जीव सुखमय नहीं है-जीव दुःख में निपतित है; सुतरां उक्त स्थल में अक्षिगत पुरुष परमात्मा ही है।

१ अ० २ पाद १६ सूत्र। **अतएव च तद्ब्रह्म।**

भाष्य–तत् कं ब्रह्मेति सुखविशिष्टं ब्रह्मैव, कुतः? 'यद्वाव कं तदेव खं, यदेव खं, तदेव क"-मितिपरस्परवैशिष्ट्यप्रतिपादकवाक्यादेव च।

व्याख्याः–उक्त श्रुति में इस प्रकार वाक्य भी है, यथा "यद्वाव कं, तदेव खं, यदेव खं तदेव कम्" [जो सुख-स्वरूप है, वही आकाश-स्वरूप है; जो आकाश-स्वरूप है वही सुख-स्वरूप है]। अतएव सुख-विशिष्ट आत्मा को आकाश की भाँति सर्वव्यापक कहने से वह सुखमय आत्मा जीवात्मा से विभिन्न परब्रह्म है।

१ अ० २ पाद १७ सूत्र। **श्रुतोपनिषत्कगत्यभिधानाच्च।**

[श्रुतोपनिषत्कस्य-गति-अभिधानात् [कथनात्।]

भाष्य–श्रुतोपनिषद्येन तस्य श्रुतोपनिषत्कस्य या गतिर्देवयानाख्या "अथोत्तरेण तपसा ब्रह्मचर्येण श्रद्धया विद्ययात्मानमन्विष्यादित्यमभिजायन्ते एतद्वै प्राणानामायतनमेतदमृतमभयमेतत्परायणमेतस्मान्न पुनरावर्त्तते" इति श्रुत्यन्तरे प्रसिद्धा "तस्या एवेह तेऽर्च्चिषमेवाभिसम्भवन्ती"-त्यादिना गतेरभिधानाच्चाक्ष्यन्तरः पुरुषः पुरुषोत्तम एव।

अस्यार्थः–(उपनिषीदति परमात्मानं प्रापयति या परमात्मविद्या सा उपनिषत्; श्रुता उपनिषत् येन=श्रुतोपनिषत्कस्तेन) रहस्य के साथ उपनिषद्-वेत्ता पुरुष के सम्बन्ध में श्रुत्यन्तर में [प्रश्नोपनिषत् १ म प्र० १० म वाः] "अथोत्तरेण तपसा" इत्यादि वाक्यों में जो गतिप्राप्ति प्रसिद्ध है, उसी गति का "तस्या एवेह" इत्यादि वाक्यों के द्वारा [छा० ४१५ ख०] अक्षिपुरुष के सम्बन्ध में भी उपदेश होने के कारण यह अक्षिस्थ पुरुष परमात्मा उपपन्न होता है।

इस सूत्र का सम्पूर्ण शांकरभाष्य नीचे उद्धृत है।

इतश्चाक्षिस्थानः पुरुषः परमेश्वरो, यस्मात् श्रुतोपनिषत्कस्य श्रुतरहस्यविज्ञानस्य

ब्रह्मविदो या गतिर्देवयानाख्या प्रसिद्धा श्रुतौ, "अथोत्तरेण तपसा ब्रह्मचर्येण श्रद्धया विद्ययात्मानमन्विष्यादित्यमभिजायन्ते, एतद्वैप्राणानामायतनमेतदमृतमभयमेतत् परायणमेतस्मान्न पुनरावर्त्तत इति।" स्मृतावपि–

अग्निर्ज्योतिरहः शुक्लः षणमासा उत्तरायणम्।
तत्र प्रयाता गच्छन्ति ब्रह्म ब्रह्मविदो जनाः।

इति सैवेहाक्षिपुरुषविदोऽभिधीयमाना दृश्यते। "अथ यदु चैवास्मिन् शव्यं कुर्वन्ति यदु च नार्चिषमेवाभिसम्भवन्ति" इत्युपक्रम्य "आदित्या चन्द्रमसं चन्द्रमसो विद्युतं, तत्पुरुषोऽमानवः स एतान् ब्रह्म गमयत्येष देवपथो ब्रह्मपथः, एतेन प्रतिपाद्यमाना इमं मानवमावर्तं नावर्तत इति" तदिह ब्रह्मविद्विषयया प्रसिद्धया गत्याऽक्षिस्थानस्य ब्रह्मत्वं निश्चीयते"।

अस्यार्थः–चक्षुरभ्यन्तरस्थ पुरुष (जो त्रयोदश सूत्र के लक्षित छान्दोग्य श्रुति में उक्त हुआ है वह) परमेश्वर–परमात्मा है। कारण, रहस्यविज्ञानयुक्त ब्रह्मवित् पुरुष का (श्रुतोपनिषत्कस्य) जो श्रुतिप्रसिद्ध देवयान–गति–प्राप्ति का उल्लेख है [यथा श्रुति ने कहा है:–"तपस्या, ब्रह्मचर्य, श्रद्धा और विद्या–द्वारा आत्मा का अन्वेषण करके, आत्म–स्वरूप लाभ करने के निमित्त साधन करके, देहांत में सूर्यलोक प्राप्त होता है, वहाँ से ब्रह्मलोक में गमन करता है] यही जीव का शेष विश्राम–स्थान है, यही अमृत (मोक्ष) है, परम अभय स्थान है। इस स्थान को प्राप्त करके पुरुष फिर संसार में नहीं आता।" इस प्रकार स्मृति ने भी कहा है:–ब्रह्मवित्, पुरुष, अग्नि, ज्योति, अहः, शुक्ल, उत्तरायण, षण्मासस्वरूप देवताओं को पाकर पश्चात् ब्रह्म को प्राप्त होता है।) अक्षिपुरुषोपासक उस प्रसिद्ध गति को ही प्राप्त करता है, ऐसा श्रुति ने उल्लेख किया है। यथा श्रुति ने कहा है:–(उपासक की मृत्यु होने पर उसके कुटुम्बगण) "उसका शव–संस्कार करें या न करें, वह अर्च्चि को (अग्नि देवता को) निश्चय ही प्राप्त होता है" इस प्रकार गति का वर्णन आरम्भ करके श्रुति ने इसके पश्चात् ही कहा है, "वह पुरुष आदित्य से चन्द्रमा, चन्द्रमा से विद्युत्लोक को प्राप्त होता है; तब ब्रह्मलोकवासी दिव्य–पुरुष उक्त उपासकों को ब्रह्मलोक में ले जाते हैं; इसी का नाम देवपथ और ब्रह्मपथ है; इसके प्राप्त होने से, मानव का इस आवर्तमान संसार में पुनरावर्तन नहीं होता है (छा० ४अ० १५ ख०)। ब्रह्मज्ञों की जो यह प्रसिद्ध गति उक्त है, उसके अक्षिपुरुषोपासक के सम्बन्ध में उक्त होने के कारण, अक्षि–स्थित पुरुष ब्रह्म कहकर निश्चित होता है।

मन्वतव्यः–इस स्थल में लक्ष्य करना होगा कि, छान्दोग्यादि–उपनिषदुक्त

अक्षिपुरुषोपासना-प्रभृति भक्तिमार्गीय त्रिविध अंग-विशिष्ट ब्रह्मोपासना हैं, जो ब्रह्मसूत्र के प्रथमपाद के शेष सूत्र में व्याख्यात हुई है; उसके द्वारा जो मोक्ष लाभ होता है, एवं ब्रह्मज्ञानी लोगों को देहान्त के अनन्तर जो देवयान-गति-प्राप्ति होती है, उसका भी वेदव्यासजी ने स्पष्ट रूप से इसी सूत्र में वर्णन किया है एवं इस सूत्र के इसी रूप का मर्म है यह शंकराचार्यजी ने भी स्वकृत भाष्य में व्याख्यात किया है; सुतरां केवल ज्ञानमार्ग ही मोक्ष प्रापक कहकर जिनका अभिमत है, उनका मत आदरणीय नहीं है; एवं श्रीमच्छङ्कराचार्य ने आगे जो इन उभय विषयों में विरुद्ध मत स्थापन करने की चेष्टा की है, वह भी ग्राह्य होने के योग्य नहीं है। निम्बार्क भाष्य में भी इस सूत्र की इसी रूप से व्याख्या की गई है; इसके सम्बन्ध में किसी व्याख्या का विरोध नहीं है।।

१ अ० २ पाद, १८ सूत्र। **अनवस्थितेरसम्भवाच्च नेतरः।।**

भाष्य—अक्ष्यन्तरः परमात्मेतरो न भवति, कुतस्तदितरस्य तत्र नित्यमेनानवस्थितेरमृतत्वादेस्तत्रासम्भवाच्च।

व्याख्या—अक्षिपुरुष परमात्मा है; जीव, छायापुरुष, अथवा देवता नहीं है; कारण, अक्षि में जीव के अवस्थान का नियम नहीं है, (जीव सर्वविध इन्द्रियों के साथ सम्बन्धविशिष्ट है; छायापुरुष प्रतिबिम्बरूपी है, उसकी स्थिति परिवर्तनशील है; एवं सूर्यदेवता को भी रश्मि के द्वारा ही चक्षु में अवस्थित कहकर श्रुति ने वर्णन किया है), एवं अमृतत्वादि गुण भी इनके नहीं हैं; सुतरां अक्षिपुरुष ब्रह्म है।

इति ब्रह्मणोऽक्षिगतत्वनिरूपणाधिकरणम्।

---

१ अ० २ पाद १९ सूत्र। **अन्तर्याम्यधिदैवादिलोकादिषु तद्धर्मव्यपदेशात्।।**

भाष्य—"यः पृथिव्यां तिष्ठिन्नि"-त्युपक्रम्य "एष ते आत्माऽन्तर्यामी"-ति पृथिव्याद्यधिदैवादिसर्वपर्यायेषु श्रूयमाणोऽन्तर्यामी परमात्मैव, कुतस्तद्धर्मस्य सर्वनियन्तृत्वादेरिह व्यपदेशात्।

व्याख्या—बृहदारण्यक श्रुति के तृतीय अध्याय के सप्तम ब्राह्मण में यः "पृथिव्यां तिष्ठन्" (जो पृथिवी में अवस्थान करता है), इस प्रकार आरम्भ करके, "एष ते आत्मा अन्तर्यामी" (यह आत्मा तुम्हारा अन्तर्यामी है) कहकर उपदेश किया गया है; एवं पीछे पर्यायक्रम से अप्, अग्नि, अन्तरिक्ष, वायु, स्वर्ग, आदित्य, दिक्, चन्द्र, तारका, आकाश, तेजः, सर्वविध प्राणिवर्ग, एवं समस्त इन्द्रियवर्ग-प्रभृति प्रत्येक वस्तु में स्थित पुरुष को अधिदैव, अधिलोक, और अध्यात्म भेद से वर्णन करके,

वही पुरुष तुम्हारा अन्तर्यामी है, ऐसा कहकर वाक्यशेष किया गया है। इसी अधिदैव एवं अधिलोकादि में अन्तर्यामिरूप से जो आत्मा वर्णित हुआ है, वह ब्रह्म है, जीव नहीं। कारण, इस आत्मा के सर्वनियन्तृत्वादि जो सकल धर्म उस श्रुति में उल्लिखित हुए हैं, वे ब्रह्म के धर्म हैं, जीव के नहीं।

१ अ० २ पाद, २० सूत्र। **न च स्मार्त्तमेतद्धर्माभिलापात्।।**

भाष्य–न च प्रधानमन्तर्याभिशब्दवाच्यं चेतनधर्माणां सर्वनियन्तृत्व-सर्वद्रष्ट्रत्वादीनां चाभिलापात्।

व्याख्या–सांख्यस्मृत्युक्त प्रधान, उक्तस्थल में अन्तर्यामी शब्द का वाच्य नहीं है; कारण, अचेतन प्रधान को इस अन्तर्यामी शब्द का वाच्य कहने से सर्वनियन्तृत्व सर्वद्रष्ट्रत्व प्रभृति जो उसके सम्बन्ध में उक्त हुए हैं, उनके चेतन धर्मों का अपलाप होता है।

१ अ० २ पाद २१ सूत्र। **न शारीरश्चोभयेऽपि हि भेदेनैनमधीयते। [न शारीरश्च; उभये अपि, हि (यतः) भेदेन एनम् अधीयते]।**

भाष्य–न च जीवोऽन्तर्यामी, यतश्चैनमन्तर्यामिणो भेदेन "यो विज्ञाने तिष्ठन्नि"-ति काण्वाः, "य आत्मनी"-ति माध्यंदिनाश्चोभयेऽप्यधीयते।

व्याख्या–इस स्थल में शारीर जीव भी अन्तर्यामी शब्द का वाच्य है ऐसा नहीं कह सकते; क्योंकि काण्व एवं माध्यन्दिन इन दोनों शाखाओं में "यो विज्ञाने" "य आत्मनि" इत्यादि वाक्यों में अन्तर्यामी से जीव विभिन्न कहकर वर्णित हुआ है।

इति ब्रह्मणोऽन्तर्यामित्व-निरूपणाधिकरणम्।

—•—

१ अ० २ पाद, २२ सूत्र। **आदृश्यत्वादिगुणको धर्मोक्तेः।।**

भाष्य–अथर्वणिकैरुदाहृतः अदृश्यमित्यादिना,ऽदृश्यत्वादिगुणकः परमात्मैव, कुतः? "यः सर्वज्ञ" इत्यादिना तद्धर्मोक्तेः।

व्याख्या–अथर्ववेदीय मुण्डकोपनिषद् में प्रथम मुण्डक के प्रथम खण्ड में उक्त "यत्तदद्रेश्यमग्राह्यमगोत्रमवर्णम्" (यो अदृश्य, अग्राह्य, ओत्र, अवर्ण इत्यादि) वाक्यों में अदृश्यत्वादि गुणविशिष्ट कहकर जो उक्त हुआ है, वही ब्रह्म है; क्योंकि, इस श्रुति ने आगे "यः सर्वज्ञ" इत्यादि वाक्यों में उसको सर्वज्ञत्वादि-धर्मविशिष्ट कहा है।

१ अ० २ पाद, , २३ सूत्र। **विशेषणभेदव्यपदेशाभ्यां च नेतरौ।।**

[न-इतरौ जीव: प्रधानं च; विशेषणात् (भूतयोनित्वादिविशेषणात् न जीव:) "अक्षरात्परत: पर:" इति भेदव्यपदेशात् न प्रधानं च।]

भाष्य—प्रधानजीवौ न भूतयोन्यक्षरपदवाच्यौ विशेषणभेदव्यपदेशाभ्यां, "सर्वगत"-मितिविशेषणव्यपदेश:, "अक्षरात्परत: पर" इति भेदव्यपदेशश्च।

व्याख्या—सांख्योक्त प्रधान अथवा जीव उक्त श्रुत्युक्त भूतयोनि और अक्षरपद का वाच्य नहीं है; क्योंकि "सर्वगत" विशेषण-द्वार जीवात्मा से, एवं "अक्षर से भी वह श्रेष्ठ है" [मु० २ ख०] इस वाक्य द्वारा प्रधान से, श्रुति ने उसकी विभिन्नता दिखाई है। शांकर भाष्य में भी इस सूत्र की इसी तरह व्याख्या की गई हे।

१ अ० २ पाद, २४ सूत्र। **रूपोपन्यासाच्च।।**

(उपन्यासात् कथनात्।)

भाष्य "अग्निमूर्धे"-त्यादिना परमात्मनो रूपोपन्यासाच्च नेतरौ।

व्याख्या—"अग्निर्मूर्धा चक्षुषो चन्द्रसूर्यौ", [मु० २ खण्ड] [अग्नि इसका शिरप्रदेश, चन्द्र और सूर्य इसके चक्षुर्द्वय] इत्यादि वाक्यों के द्वारा इस श्रुति ने इस पुरुष का रूप वर्णन किया है; वह परमात्मा के ही सम्बन्ध में प्रयुक्त हो सकता है; अतएव यह परमात्मा है, जीव नहीं।

इति ब्रह्मणोऽदृश्यत्वादिगुणनिरूपणाधिकरणम्।

—•—

१ अ० २ पाद, २५ सूत्र। **वैश्वानर: साधारणशब्दविशेषात्।।**

भाष्य—वैश्वानर: परमात्मैव, यतोऽग्निब्रह्मसाधारणस्यापि वैश्वानरशब्दस्य ब्रह्मपरिग्रहे द्युमूर्द्धत्वाद्यवयव-विधानेन विशेषावगमात्।

व्याख्या—छान्दोग्योपनिषद् में (५ अध्याय में) जो वैश्वानर-उपासना का उल्लेख है, उसी वैश्वानर-शब्द का वाच्य परमात्मा है; क्योंकि, इस वैश्वानर-शब्द के अग्नि और ब्रह्म उभयवाचक होने पर भी "द्युमूर्द्धत्वा"-दि (स्वर्गशिरस्त्व इत्यादि) विशेषणों के द्वारा उक्त स्थल में परमात्मा ही उपदिष्ट हुआ है, ऐसा सिद्ध होता है।

१२ अ० २ पाद, २६ सूत्र। **स्मर्यमाणमनुमान: स्यादिति।।**

भाष्य—परमात्मनो हि वैश्वानरत्वे "यस्याग्निरास्यं द्यौर्मूर्द्धे"-त्यादि स्मृत्युक्तमपि रूपं निश्चायकं स्यात्।

व्याख्या–स्मृति में भी यह सकलरूप ब्रह्म के ही कहकर उक्त हुए हैं, वही स्मृति अपनी मूलश्रुति के अर्थ का अनुमान कराती है, तद्वारा भी वैश्वानर शब्द का वाच्य परब्रह्म ही है, यही सिद्धान्त होता है। स्मृति यथा:–

द्यां मूर्द्धानं यस्य विप्रा वदन्ति खं वै नाभिं चन्द्रसूर्यौ च नेत्रे।
दिशः श्रोत्रे विद्धि पादौ क्षितिश्च सोऽचिन्त्यात्मा सर्वभूतप्रणेता।।

अस्यार्थः–ब्रह्मवादी ब्राह्मणगण स्वर्ग को जिसका मस्तक, आकाश को जिसकी नाभि, चन्द्र एवं सूर्य को जिसके नेत्रद्वय, समस्त दिशाओं को जिसके श्रोत्र कहकर वर्णन करते हैं, एवं पृथिवी को जिसका पाद कहकर समझते हैं, वही आत्मा अचिन्त्य, एवं सकलभूतों का स्रष्टा है। (ठीक इसी प्रकार और स्तुति-वाक्य हैं।) यथा:– "यस्याग्निरस्यं द्यौर्मूर्द्धा, खं नाभिश्चरणौ क्षितिः। सूर्यश्चक्षुर्दिशः श्रोत्रं, तस्मै लोकात्मने नमः" इत्यादि।

१ अ० २ पाद, २७ सूत्र। **शब्दादिभ्योऽन्तःप्रतिष्ठानान्नेति चेन्न, तथा दृष्ट्युपदेशादसम्भवात् पुरुषमभिधीयते।।**

[शब्द–आदिभ्यः (वैश्वानरशब्दादिभ्यः), अन्तःप्रतिष्ठानात् (अन्तःप्रतिष्ठानश्रवणाच्च), न (वैश्वानरः परमात्मा) इति चेत्, नः तथा- (अस्मिन् वैश्वानरे) दृष्टि–उपदेशात् (परमेश्वरदृष्टेरुपदेशात्), असम्भवात्, पुरुषम् अभिधीयते (पुरुषत्वश्रवणाच्च वैश्वानरः परमात्मैव)।]

भाष्य–जाठराग्नौ वैश्वानरशब्दस्य रूढत्वादग्नित्रेताविधानात् प्राणाहुत्याधारत्वसंकीर्त्तनादन्तःप्रतिष्ठानश्रवणाच्च न वैश्वानरः परमात्मा किन्तु जाठराग्निरिति चेन्न; तथा तस्मिन् जाठरे परमेश्वरदृष्टेरुपदेशात् परमात्मापरिग्रहाभावे द्युमूर्द्धत्वाद्यसम्भवात् पुरुषत्वश्रवणाच्च वैश्वानरः परमात्मैव।

अस्यार्थः–वैश्वानर शब्द का स्वाभाविक अर्थ है जाठराग्नि एवं अग्नि शब्द जो कि इस श्रुति में व्यवहृत हुआ है, वह हृदय, गार्हपत्य और मन यह त्रिविध अग्निवाचक है; एवं "प्रथममागच्छेत्" इत्यादि प्राणाहुति वाक्यों में अग्नि का आधारत्व भी कहा गया है। अतएव, इन्हीं सब कारणों से, एवं "पुरुषेऽन्तःप्रतिष्ठितं वेद" इत्यादि वाक्यों में इस वैश्वानर को पुरुष के अन्तः प्रतिष्ठित कहने से, उक्त श्रुति में वैश्वानर शब्द परमेश्वरार्थ में नहीं व्यवहृत हुआ है; यदि ऐसा कहो, तो वह संगत नहीं है। क्योंकि, इस श्रुति ने वैश्वानर शब्द से परमेश्वर न समझ कर जाठराग्नि समझने से "स्वर्ग इसका शिर" इत्यादि जो समस्त वाक्य इस श्रुति में कहे गये हैं, वे असम्भव

होते हैं; एवं च इस वैश्वानर को पुरुष कहकर श्रुति ने उल्लेख किया है; यथा "स एषोऽग्निर्वैश्वानरो यत्पुरुषः, स यो हैतमेवमग्निं वैश्वानरं पुरुषं पुरुषविधं पुरुषेऽन्तःप्रतिष्ठितं वेद" इति। अतएव उक्त स्थल में वैश्वानर शब्द परमात्मवाचक है।

१ अ० २ पाद, २८ सूत्र। **अतएव न देवता भूतं च।**

भाष्य--उक्तहेतुभ्य एव न देवता भूतं च न गृह्यते वैश्वानरशब्देन।

व्याख्या--पूर्वोक्त कारण से वैश्वानर को अग्निनामक देवता अथवा अग्निनामक भूत भी नहीं कह सकते।

१ अ० २ पाद, २९ सूत्र। **साक्षादप्यविरोधं जैमिनिः।।**

भाष्य--विश्वश्चासौ नरश्च सर्वात्मा भगवान् वैश्वानर इति साक्षादुपाख्य इत्यविरोधं जैमिनिराचार्यो मन्यते।

व्याख्या--विश्वश्चासौ नरश्च इस प्रकार व्युत्पत्ति-द्वारा सर्वात्मा भगवान् ही वैश्वानर शब्द के वाच्य हैं, एवं वे साक्षात्सम्बन्ध में (जाठराग्निसम्बन्ध व्यतिरेक में) उपास्य रूप से उपदिष्ट हुए हैं, ऐसा कहने से दृष्टतः भी कोई वाक्यविरोध नहीं होता, ऐसा जैमिनी मुनि कहते हैं।

१ अ० २ पाद, ३० सूत्र। **अभिव्यक्तेरित्याश्मरथ्यः।।**

(अभिव्यक्तेः अभिव्यक्तिनिमित्तम्।)

भाष्यः--उपासकानामनन्यानामनुग्रहायानन्तोऽपि परमात्मा तत्तदनुरूपतया अभिव्यज्यते इति प्रादेशमात्रत्वमुपपद्यते इत्येवमभिव्यक्तेरित्याशमरथ्योमुनिर्मन्यते।

अस्यार्थः--आश्मरथ्य मुनि ने कहा है, अनन्यमति उपासकों के प्रति अनुग्रह के निमित्त परमात्मा अनन्त होने पर भी विशेष-विशेष रूप में प्रकाशित होता है; अतएव वह प्रादेशमात्र हृदय में, प्रादेशमात्र-रूप में प्रकाशित होता है। इस कारण पूर्वोक्त श्रुतिवाक्यों में कोई दृष्टिविरोध नहीं है।

१ अ० २ पाद, ३१ सूत्र। **अनुस्मृतेर्वादरिः।।**

भाष्य--मूर्द्धादिपादान्तदेहकल्पनमनुस्मृतेरनुस्मरणार्थमिति वादरिराचार्यो मन्यते।

व्याख्या--वादरि मुनि ने कहा है, अनुस्मृति अर्थात् ध्यान के निमित्त परमेश्वर को कभी प्रादेश-परिमाण, कभी शिरश्चरणादि अवयवविशिष्टरूप में श्रुति ने आदेश किया है।

१ अ० २ पाद, ३२ सूत्र। **सम्पत्तेरिति जैमिनिस्तथाहि दर्शयति।।**

भाष्य–वैश्वानरोपासकेन क्रियमाणाया वैश्वानरविद्यांगभूतप्राणाहुते-रग्निहोत्रत्वसम्पत्त्यर्थं तेषामुरआदीनां वेद्यादित्वकल्पनमिति जैमिनिराचार्यो मन्यते, "तथैवाथ य एतदेवं विद्वानग्निहोत्रं जुहोती"–त्यादिश्रुतिर्दर्शयति।

व्याख्या–वैश्वानर उपासना के अङ्गीभूत प्राणाहुति के अग्निहोत्रत्व सम्पादनार्थ श्रुति ने तदुपासकों के पक्ष में उर: प्रभृति अंगों को उपास्य वैश्वानर आत्मा के सम्बन्ध में अपने में ही ध्यान करने का उपदेश किया है, इसको जैमिनि आचार्य मानते हैं। "जो विद्वान् पुरुष इस प्रकार अग्निहोत्र याग करते हैं" इत्यादि वाक्यों में श्रुति ने उसका ही प्रदर्शन किया है। शांकरभाष्य में वाजसनेय-ब्राह्मणोक्त –"प्रादेशमात्रमिव ह वै देवा: सुविदिता अभिसम्पन्ना" इत्यादि श्रुतियों को उद्धृत कर इस सूत्र की व्याख्या की गई है। व्याख्या का सार एक ही है। वाजसनेय श्रुति में उक्त है कि, स्वर्ग से पृथिवीपर्यन्त वैश्वानर आत्मा का समस्तांग उपासक अपने सिर से, चिबुकपर्यन्त प्रादेश–परिमित स्थान में ध्यान द्वारा सन्निवेशित करके, उसकी निज शिर:प्रदेश को विराटरूपी वैश्वानर के मस्तक स्वर्गरूप में, निज चक्षु को वैश्वानर के चक्षु सूर्यरूप में, निज मुखविवर को आकाशरूप से इत्यादि क्रम से धारणा करके उसके साथ अभेदभावापन्न होंगे; ध्येय वस्तु के सहित एकरूपता होने को ही सम्पत्ति अथवा समापत्ति कहते हैं; इस रूप से सम्पत्ति के निमित्तप्रादेश–श्रुति उपदिष्ट हुई है। यही जैमिनि का अभिमत है।

१ अ० २ पाद, ३३ सूत्र। **आमनन्ति चैनमस्मिन्।।**

भाष्य–द्युमूर्द्धादिमन्तं वैश्वानरमस्मिन्नुपासकदेहे पुरुषविधमामनन्ति च।

व्याख्या–(इस क्षण में श्रीभगवान् वेदव्यास पूर्वोक्त समस्त मतों का अनुमोदन करके कहते हैं)–श्रुति स्वयं "स यो हैतमेवमग्निं वैश्वानरं पुरुषविधम् पुरुषे अन्त:प्रतिष्ठितं वेद" इत्यादि वाक्यों में इस द्युमुर्द्धादिविशिष्ट वैश्वानर का उपासक के अन्त:प्रविष्ट रूप से ध्यान करने का उपदेश किया है; अतएव यह प्रतिपन्न होता है कि वैश्वानर–श्रुति परब्रह्मबोधक है।

इति ब्रह्मणो वैश्वानरत्व–निरूपणाधिकरणम्।

इति वेदान्तदर्शने प्रथमाध्याये द्वितीयपाद: समाप्त:।

—•—

तृतीय पाद

१ अ० ३ पाद, १ सूत्र। **द्युभ्वाद्यायतनं स्वशब्दात्।।**

(द्यु-भू-आदि-आयतनं, स्वशब्दात्।)

भाष्य–"यस्मिन् द्यौ"-रितिद्युभ्वाद्यायतनं ब्रह्म स्वशब्दाद्ब्रह्म-वाचकात्मशब्दात्।

व्याख्या–मुण्डकोपनिषद् के द्वितीय मुण्डक में जो स्वर्ग-पृथिवी आदि आयतनविशिष्ट कहकर उल्लिखित हुआ है, वह ब्रह्म है; कारण, ब्रह्मवाचक आत्म-शब्द का इस श्रुति ने उसके सम्बन्ध में प्रयोग किया है। मुण्डक श्रुतिवाक्य यथाः–

यस्मिन् द्यौः पृथिवी चान्तरीक्षमोतं
मनः सह प्राणैश्च सर्वै-
स्तमेवैकं विजानथात्मानमन्या
वाचो विमुञ्चथाऽमृतस्यैष सेतुः।

अस्यार्थः–स्वर्ग, पृथिवी, अन्तरिक्ष एवं समस्त इन्द्रियों के सहित मन जिससे व्याप्त होकर है, उसी आत्मा को जानो, अन्य वाक्यों को परित्याग करो, यह अद्वय आत्मा अमृत का (मोक्ष का) सोपान है।

१ अ० ३ पाद, २ सूत्र। **मुक्तोपसृप्यव्यपदेशात्।।**

(मुक्तैः उपसृप्यं प्राप्यं यद्ब्रह्म, तस्य व्यपदेशात् कथनात् द्युभ्वाद्यायतनं ब्रह्मैव।)

भाष्य–द्युभ्वाद्यायतनं ब्रह्मैव, कुतस्तदायतनस्यैव "यदा पश्यः पश्यते रुक्मवर्ण"-मित्यादिमुक्तोपसृप्यव्यपदेशात्।

मुक्त पुरुष लोग भी उसको प्राप्त होते हैं, इस रूप से उपदेश उक्त श्रुति में रहने के कारण पूर्वोक्त स्वर्ग-पृथिव्यादि आयतनविशिष्ट पुरुष ब्रह्म है। तद्विषयक श्रुति यथाः–

"भिद्यते हृदयग्रन्थिश्छिद्यन्ते सर्वसंशयाः।
क्षीयन्ते चास्य कर्माणि तस्मिन्दृष्टे परावरे।"

"यथा नद्यः स्यन्दमानाः समुद्रे-
ऽस्तं गच्छन्ति नामरूपे विहाय।

तथा विद्वान्नामरूपाद्विमुक्तः
परात्परं पुरुषमुपैति दिव्यम्।"

"यदा पश्यः पश्यते रुक्मवर्णं
कर्त्तारमीशं पुरुषं ब्रह्मयोनिम्।।

तदा विद्वान् पुण्यपापे विधूय
निरञ्जनः परमं साम्यमुपैति।"

१ अ० ३ पाद, ३ सूत्र। **नानुमानमतच्छब्दात्।।**

भाष्य–नानुमानगम्यं प्रधानं तदायतने, तद्बोधकशब्दाभावात्।

व्याख्या–सांख्यस्मृति का उल्लिखित अनुमानगम्य-प्रधान उक्त स्वर्ग-पृथिव्यादि आयतन-विशिष्ट पदार्थ नहीं है; क्योंकि तद्बोधक शब्द उक्त श्रुति में नहीं है।

१अ० ३ पाद ४ सूत्र। **प्राणभृच्च।।**

भाष्य–न प्राणभृदपि द्युभ्वाद्यायतनं, कुतोऽतच्छब्दादेव।

व्याख्या–प्राणभृत्-जीव भी पूर्वोक्त स्वर्ग-पृथिव्यादि आयतनविशिष्ट पदार्थ नहीं है; क्योंकि तद्‌बोधक शब्द उक्त श्रुति में नहीं है।

१ अ० ३ पाद, ५ सूत्र। **भेदव्यपदेशाच्च।।**

भाष्य– किंच ज्ञातृज्ञेयभावे भेदव्यपदेशादपि द्युभ्वाद्यायतनं न प्राणभृत्।

व्याख्या–पूर्वोक्त स्वर्ग-पृथिव्यादि आयतन-विशिष्ट आत्मा को ज्ञेय एवं जीव को ज्ञाता कहकर उक्त श्रुति में दोनों का भेद प्रदर्शित होने पर भी, जीव उक्त आत्मा नहीं है।

१ अ० ३ पाद, ६ सूत्र। **प्रकरणात्।**

भाष्य–परमात्मप्रकरणान्न द्युभ्वाद्यायतनत्वेन जीवपरिग्रहः।

व्याख्या–जिस प्रकरण में पूर्वोक्त स्वर्ग-पृथिव्यादि आयतन-विशिष्ट आत्मा का उल्लेख हुआ है, वह प्रकरण भी परमात्मविषयक है। सुतरां उक्त वाक्य का प्रतिपाद्य जीवात्मा नहीं है।

१ अ० ३ पाद, ७ सूत्र। **स्थित्यदनाभ्यां च।।**

(स्थिति–अदनाभ्यां–च; अदनं=भक्षणं फलभोगः।)

भाष्य—द्वा सुपर्णेत्यादिमन्त्रे परमात्मनोऽभोक्तृत्वेन स्थितेर्जीवस्याऽदनाच्च न जीवात्मा द्यभ्वाद्यायतनम्।

व्याख्या—पूर्वोक्त श्रुति में "द्वा सुपर्णा" इत्यादि मन्त्रों में परमात्मा को अभोक्तृत्वभाव से (केवल दर्शक-रूप से) स्थिति एवं जीवात्मा के फल भोक्तृत्व-रूप से उल्लेख द्वारा दोनों का भेद प्रदर्शित हुआ है, तद्द्वारा भी सिद्धान्त होता है कि, पूर्व-कथित स्वर्ग-पृथिव्यादि आयतन-विशिष्ट आत्मा जीवात्मा नहीं है, परमात्मा है।

इति ब्रह्मणो द्युभ्वाद्यायतनत्वनिरूपणाधिकरणम्।

—•—

१ अ० ३ पाद, ८ सूत्र। **भूमा सम्प्रसादादध्युपदेशात्।।**

(भूमा, सम्प्रसादात्-अधि-उपदेशात्; सम्यक् प्रसीदति अस्मिन् इति सम्प्रसादः सुषुप्तं स्थानं; तस्मात् अधि उपरि, तुरीयत्वेन उपदेशात्, "भूमा" शब्दवाच्यो ब्रह्म इत्यर्थः।)

भाष्य—परमाचार्यैः श्रीकुमारैरस्मद्गुरवै श्रीमन्नारदायोपदिष्टो "भूमात्वेव विजिज्ञासितव्य" इत्यत्र भूमा प्राणो न भवति किन्तु श्रीपुरुषोत्तमः कुतः? प्राणादुपरि भून्न उपदेशात्।

अस्यार्थः—परमाचार्य श्रीसनत्कुमारादि ऋषि ने हमारे गुरुदेव श्रीमन्नारद ऋषि को उपदेश किया था कहकर छान्दोग्योपनिषद् में (७ म २३ ख०) उल्लिखित है, यथा, "भूमात्वेव जिज्ञासितव्य, [जो भूमा (महत्) है उसको तुम जानो]; इस स्थल में भूमा शब्द का वाच्य प्राण नहीं है। किन्तु इस भूमा शब्द का वाच्य श्रीपुरुषोत्तम है; कारण, इस श्रुति ने प्राण के ऊपर (प्राण से अतीत रूप में) इस भूमा की स्थिति का उपदेश किया है। सम्प्रसाद शब्द से सुषुप्ति स्थान समझा जाता है, सुषुप्ति-अवस्था में प्राण ही जागरित रहता है; अतएव प्राण ही सुषुप्ति-स्थानीय है। सुतरां श्रुत्युपदिष्ट भूमा को सम्प्रसाद के अतीत कहने से वह प्राण के अतीत कहा गया है। अतएव यह भूमा प्राण नहीं है।

१ अ०, ३ पाद, ९ सूत्र। **धर्मोपपत्तेश्च।।**

भाष्य—निरतिशयसुखरूपत्वामृतत्वस्वमहिमाप्रतिष्ठितत्वादीनां परमात्मन्येवोपपत्तेश्च भूमा परमात्मैव।

व्याख्याः—निरतिशय सुखरूपत्व, अमृतत्व, स्वमहिमाप्रतिष्ठितत्व इत्यादि धर्म,

उक्त भूमा सम्बन्ध में इस श्रुति में उपदिष्ट हुए हैं, तत्समस्त धर्म परमात्मा में ही उत्पन्न होते हैं; अतएव परमात्मा ही भूमापदवाच्य है।

इति ब्रह्मणो भूमात्व-निरूपणाधिकरणम्।

—•—

१ अ० ३ पाद, १० सूत्र। **अक्षरमम्बरान्तधृतेः।।**

("ब्रह्मैव 'अक्षरं' कुतः अम्बरम् आकाशं तत् अन्ते यस्य पृथिव्यादिविकारजातस्य, तस्य पृथिव्याद्याकाशपर्यन्तस्य धृतेर्धारणात्"।)

भाष्य–अक्षरं ब्रह्म; कुतः? कालत्रयवर्त्तिकार्याधारतया निर्दिष्टस्याकाशस्य धारणात्।

व्याख्या–बृहदारण्यकोक्त "अक्षर" शब्द का वाच्य ब्रह्म है; क्योंकि, त्रिकाल में प्रकाशित पृथिव्यादि का आधार जो आकाश है, उसका भी धारणकर्त्ता कहकर उक्त श्रुति ने उसी अक्षर की वर्णना की है; यह सकल धर्म ब्रह्म–भिन्न और किसी में उपपन्न नहीं होते। (बृहदारण्यकोपनिषद् के तृतीय अध्याय के अष्टम ब्राह्मण के पाठ करने से ही एतत्समस्त विचार बोधगम्य होंगे।)

१ अ० ३ पाद, ११ सूत्र। **सा च प्रशासनात्।।**

भाष्य–सा च धृतिः पुरुषोत्तमस्यैव, कुतः? "एतस्यैवाक्षरस्य प्रशासने गार्गि सूर्याचन्द्रमसौ विधृतौ तिष्ठत" इत्याज्ञापयितृत्वश्रवणात्।

व्याख्या–वह (पृथिव्यादि आकाशपर्यन्त) धृति परमात्मा की ही है; क्योंकि उक्त श्रुति ने कहा है कि, इसके प्रकृष्ट शासन-प्रभाव से सूर्य और चन्द्र विधृत होकर अवस्थान करते हैं। ("एतस्यैवाक्षरस्य प्रशासने गार्गि सूर्याचन्द्रमसौ विधृतौ तिष्ठतः") इस रूप से "प्रशासन का" उल्लेख रहने से "अक्षर" शब्द परमात्मबोधक है।

१ अ० ३ पाद, १२ सूत्र। **अन्यभावव्यावृत्तेश्च।**

भाष्य–अत्र प्रधानस्य जीवस्य वाऽक्षरशब्देन ग्रहणं नास्ति परमेवाक्षरशब्दार्थः कुतः? "तद्वा एतदक्षरं गार्ग्यऽदृष्टं द्रष्टृ अश्रुतं श्रोतृ अमतं मन्तृ अविज्ञातं विज्ञातृ" इत्यन्यभावव्यावृत्तेः।

व्याख्या–उक्त स्थल में प्रधान अथवा जीव, अक्षर शब्द का वाच्य नहीं है; परब्रह्म ही उस अक्षर शब्द का वाच्य है; कारण, उक्त श्रुति ने उस अक्षर का जिस रूप से वर्णन किया है, तद्द्वारा उस अक्षर का ब्रह्मभिन्नत्व निवारित हुआ है, यथा–

"तद्वा एतदक्षरं गार्ग्यदृष्टं द्रष्ट्रश्रुतं श्रोत्रमतं मन्त्रविज्ञातं विज्ञातृनान्यदतोऽस्ति द्रष्टृनान्यदतोऽस्ति श्रोतृ नान्यदतोऽस्ति मन्तृ नान्यदतोऽस्ति विज्ञात्रे तस्मिन् नु खल्वक्षरे गार्ग्याकाश ओतश्च प्रोतश्चेति"।

अस्यार्थः—हे गार्गि! यह अक्षर अदृष्ट होने पर भी द्रष्टा, अश्रुत होने पर भी श्रोता, अचिन्त्य होने पर भी स्वयं मननकर्त्ता, अविज्ञात होने पर भी स्वयं विज्ञाता है, उसके अतिरिक्त द्रष्टा, श्रोता, मननकर्त्ता और विज्ञाता नहीं है। हे गार्गि! उसी अक्षर पुरुष में आकाश भी ओतप्रोत है।

इति ब्रह्मणोऽक्षरत्वावधारणाधिकरणम्।

—•—

१ अ० ३ पाद, १३ सूत्र। **ईक्षतिकर्मव्यपदेशात् सः॥**

["ओमित्यनेनैवाक्षरेण परं पुरुषमभिधीयते स....पुरुषमीक्षते" इत्यत्र ईक्षतेः कर्मस्थानीयः यः पुरुषः स ब्रह्मैव, न तु हिरण्यगर्भः; कुतः? "यत्तच्छान्तमजरममृतमभयमित्यादिना तद्धर्माणां व्यपदेशात्।"]

व्याख्या—प्रश्नोपनिषद् के पञ्चम प्रश्न में त्रिमात्रविशिष्ट ओंकार द्वारा ध्यान करके जिस पुरुष का ईक्षण किया जाता है, ऐसा कहकर (गुरु) पिप्पलाद ने (शिष्य) सत्यकाम को उपदेश किया था; उस ईक्षणक्रिया का कर्मस्थानीय पुरुष हिरण्यगर्भ ब्रह्मा नहीं है,—परमात्मा है; कारण, आगे उसी पुरुष के सम्बन्ध में श्रुति ने "यत्तच्छान्तमजरममृतमभयं परं चेति" इस वाक्य द्वारा वह परब्रह्म है, ऐसा उपदेश किया है।]

भाष्य—"पुरिशयं" पुरुषमीक्षते इतीक्षतेः कर्म ब्रह्माण्डान्तर्गतो ब्रह्मलोकस्थ ब्रह्मा न भवति, किन्तु स एव प्रकृतासाधारणाप्राकृतब्रह्मलोकेशः यः, स परमात्मेक्षितिकर्म; कुतः? यत्तच्छान्तमित्यादिना तद्धर्माणां व्यपदेशात्।

अस्यार्थः—'पुरिशय' इत्यादि वाक्यों में जिस पुरुष के विषय में ईक्षण की बात कही गई है, वह ब्रह्माण्डान्तर्गत ब्रह्मलोकस्थ ब्रह्मा नहीं है, किन्तु परब्रह्म है, वह अप्राकृत ब्रह्मलोकाधीश है। कारण, 'यत्तच्छान्त'-मित्यादि वाक्यों में परब्रह्म के ही धर्मसमूह उसके सम्बन्ध में वर्णित हुए हैं।

१ अ० ३ पाद, १४ सूत्र। **दहरउत्तरेभ्यः॥**

(परमेश्वर एव दहराकाशो भवितुमर्हति, कुतः? उत्तरेभ्यो वाक्यशेषगतेभ्यो हेतुभ्यः इत्यर्थः।)

भाष्य–"अस्मिन् ब्रह्मपुरे दहरं पुण्डरीकं वेश्म दहरोऽस्मिन्नन्तराकाश" इति श्रुत्या प्रोक्तो दहराकाशः परमात्मा भवितुमर्हति, कुतः? उत्तरेभ्यो "यावान् वाऽयमाकाशस्तावानसौ अन्तर्हृदय आकाशः उभेऽस्मिन् द्यावापृथिवी अन्तरेव समाहिते। एष आत्माऽपहतपाप्मा विजर" इत्यादिभिर्वक्ष्यमाणा ये परमात्मासाधारणधर्मास्तेभ्यो हेतुभूतेभ्यः।

व्याख्या:–छान्दोग्योपनिषद् के (८ अ०) "अस्मिन् ब्रह्मपुरे दहरं पुण्डरीकं वेश्म दहरोऽस्मिन्नन्तराकाशः" [इस ब्रह्मपुर की देह में जो दहर (क्षुद्र गर्त्त) सदृश पद्माकार–गृह है, इस देहमध्यस्थ वही दहराकाश है] इस वाक्य में उक्त दहराकाश शब्द का वाच्य परमात्मा है, वह जीव अथवा भूताकाश नहीं है; क्योंकि, उक्त प्रस्ताव के शेषभाग में उक्त है, "यावान् वा अयमाकाशस्तावानसौ अन्तर्हृदय आकाशः, उभेऽस्मिन् द्यावापृथिवी अन्तरेव समाहिते, एष आत्माऽपहतपाप्मा विजरः" इत्यादि (यह बाह्याकाश यत्परिमित अर्थात् जिस प्रकार सर्वव्यापी है, वह हृदयस्थ आकाश भी तत्परिमित है। पृथ्वी और स्वर्ग ये दोनों इसी के अन्तर में अवस्थित हैं। यह आत्मा अपापविद्ध, निर्मल, विजर है), ये सब परमात्मा के धर्म हैं; सुतरां उक्त दहराकाश शब्द का वाच्य परमात्मा है।

१ अ० ३ पाद, १५ सूत्र। **गतिशब्दाभ्यां तथा हि दृष्टं लिङ्गञ्च।।**

भाष्य–"सर्वाः प्रजा अहरहर्गच्छन्ती"–ति गतिः। "ब्रह्मलोकमिति शब्दस्ताभ्यां दहरः पर इति निश्चीयते"। "सता सौम्य तदा सम्पन्नो भवती"–ति प्रत्यहं गमनं श्रुत्यन्तरे तथैव दृष्टम्; कर्मधारय–समास परिग्रहे ब्रह्मैव लिङ्गं शब्दसामर्थ्यञ्च।

अस्यार्थः–"इमाः सर्वाः प्रजा अहरहर्गच्छन्त्य एतं ब्रह्मलोकं न विन्दन्ति"। इति दहराकाशवाक्ये "अहरहर्गच्छन्ति" इति "गतिः", एतं "ब्रह्मलोकम्" इति "शब्द"–श्च; ताभ्यां दहराकाशः परमात्मेत्यवगम्यते; जीवानाम् अहरहः सुषुप्तौ ब्रह्मगमनेन, "ब्रह्मलोक"–शब्देन च, दहराकाशः परमात्मैव। तथैव श्रुतौ अन्यत्रापि दृष्टं, "सता सौम्य तदा सम्पन्नो भवति" इत्येवमादौ। ब्रह्मलोकपदमपि परमात्मनि दृष्टं, यथा "एष ब्रह्मलोकः सम्राडिति"। तत्र सर्वप्रजानामहरहर्गमनम्; ब्रह्मैव लोक इति कर्मधारयसमासेन; "एतम्" इति दहरार्थकपदसमानाधिकरणतया निर्दिष्टो ब्रह्मलोकशब्दश्च, दहराकाशस्य परब्रह्मत्वे लिङ्गञ्च गमकञ्चेत्यर्थः।

व्याख्या–छान्दोग्योपनिषदुक्त [८अ० ३ खं०] दहराकाश वाक्य में इस प्रकार उक्ति है–"ये सकल प्रजायें प्रतिदिन ही इस [दहराकाशरूप] ब्रह्मलोक में [सुषुप्तिकाल

में] गमन किया करती हैं; अथ च वे उसे जानती नहीं"। इस गति,, और "ब्रह्मलोक" शब्द द्वारा श्रुति ने बताया है कि, परमात्मा ही दहराकाश-शब्द का वाच्य है; अर्थात् जीव प्रत्यह सुषुप्तिकाल में ब्रह्म को प्राप्त होता है; इस प्रकार कहने से एवं "ब्रह्मलोक" शब्द का व्यवहार करने से, दहराकाश-शब्द का वाच्य परमात्मा है। छान्दोग्य श्रुति में अन्यत्र भी इस प्रकार सुषुप्तिकाल में जीव के ब्रह्म में अवस्थान करने के विषय का उल्लेख है, ऐसा देखा जाता है। यथा-"हे सौम्य! तत्काल में [सुषुप्तिकाल में] जीव ब्रह्म में संपन्न होता है।" इत्यादि। श्रुति में परमात्मा के अर्थ में ब्रह्मलोक शब्द का भी व्यवहार है। यथा.... "एष ब्रह्मलोकः सम्राट्"। अतएव ब्रह्म में ही प्रजा अहरहः सुषुप्तिकाल में गमन करती है। ब्रह्म एव लोकः इस अर्थ में समानाधिकरण कर्मधारय समास करके "ब्रह्मलोक" शब्द निष्पन्न हुआ है; एवं पूर्वोक्त श्रुति में जो "एतं" शब्द है, वह दहराकाश अर्थबोधक है। सुतरां "ब्रह्मलोक" शब्द और उसका समासगत अर्थ, ये दोनों दहराकाश के ब्रह्मबोधकत्व-विषय में प्रमाण हैं।

१ अ० ३ पाद १६ सूत्र। **धृतेश्च महिम्नोऽस्यास्मिन्नुपलब्धेः।।**

(धृतेः च "धृति"-कथनात् ब्रह्मैव दहराकाशः, अस्य धृतिरूपस्य महिम्नः अस्मिन् परमेश्वरे अन्यत्रापि श्रुतौ उपलब्धेः अन्यत्रापि परमेश्वरवाक्ये श्रूयते तस्मात्, इति वाक्यार्थः।)

भाष्य-"स सेतुर्विधृतिरेषां लोकानां" विधारकत्वं दहरस्य परमात्मत्वे सङ्गच्छते; अस्य च महिम्नो धृत्याख्येऽस्मिन् परमात्मन्येव "एतस्य वाऽक्षरस्य प्रशासने गार्गि सूर्याचन्द्रमसौ विधृतौ तिष्ठतः" इति श्रुत्यन्तरे उपलब्धः।

व्याख्या-उक्त श्रुति में (८ अ० ४ ख०) उल्लेख है "स सेतुर्विधृतिरेषां लोकानाम्" इत्यादि (यह लोक सकल का विधारक सेतुस्वरूप है) यह विधारकत्व दहराकाश की परब्रह्म-वाचकता प्रतिपन्न करता है। इसकी धृतिरूप महिमा की उपलब्धि परमेश्वर में ही होती है, इसका अपरापर श्रुतियों में भी उल्लेख है, यथा-बृहदारण्यक में "एतस्य वाऽक्षरस्य प्रशासने गार्गि सूर्याचन्द्रमसौ विधृतौ तिष्ठतः" इत्यादि।

१ अ० ३ पाद, १७ सूत्र। **प्रसिद्धेश्च।।**

भाष्य-"आकाशो ह वै नामरूपयोर्निर्विहिता सर्वाणि ह वा इमानि भूतान्याकाशादेव समुत्पद्यन्ते" इति परमात्मन्यप्याकाशशब्दप्रसिद्धेश्च दहराकाशः परमात्मैव।

व्याख्या-श्रुति में आकश-शब्द का परमात्मा अर्थ प्रसिद्ध है; इस कारण भी

दहराकाश–शब्द का वाच्य परमात्मा है। श्रुति यथा, "सर्वाणि ह वा इमानि भूतान्याकाशादेव समुत्पद्यन्ते" [छा० १ अ० ६ ख०] इत्यादि।

१ अ० ३ पाद, १८ सूत्र। **इतरपरामर्शात् स इति चेन्नासम्भवात्।।**

(इतरस्य जीवस्य परामर्शात् वाक्यशेषे उक्तत्वात् सोऽपि दहरः, इति चेत्, नः तद्वाक्योक्तधर्म्माणां जीवे असम्भवात्।)

भाष्य–"एष सम्प्रसादोऽस्माच्छरीरात् समुत्थाय......" इति दहरवाक्यमध्ये जीवस्यापि परामर्शाज्जीवोऽस्तु दहर इति चेन्न अपहतपाप्मत्वादीनां पूर्वोक्तानां जीवेऽसम्भवात्।

व्याख्या–दहरवाक्य के शेषभाग में (८ अ ३ खण्ड) श्रुति ने इस प्रकार उल्लेख किया है, यथा,–"एष सम्प्रसादोऽस्माच्छरीरात् समुत्थाय परं ज्योतिरुपसम्पद्य स्वेन रूपेणाभिनिष्पद्यते एष आत्मेति" (यह सुप्रसन्न जीव इस शरीर से उठकर परम ज्योतिः को प्राप्त होकर अपने रूप में निष्पन्न होता है; वह यही आत्मा है); इस स्थल में जीव की उक्ति रहने से जीव भी दहरशब्दवाच्य हो सकता है; इस प्रकार आपत्ति होने से, वह सङ्गत नहीं है; कारण, उसके पूर्व में अपहतपाप्मत्वादि जो समस्त धर्म उल्लिखित हुए हैं, वे जीव के पक्ष में सम्भव नहीं हैं।

१ अ० ३ पाद, १९ सूत्र। **उत्तराच्चेदाविर्भूतस्वरूपस्तु।।**

(उत्तरात्–चेत्, आविर्भूतस्वरूपः–तु।)

[तु शब्दः शङ्कानिराशार्थः। उत्तरात्, (जीवपरात् प्रजापतिवाक्यात् जीवोऽपि अपहतपाप्मत्वादिधर्मवत्) इति चेत्; (तन्न); कुतः? अत्रापि आविर्भूतस्वरूपो जीवो विवक्ष्यते; आविर्भूतं स्वरूपमस्येत्याविर्भूतस्वरूपः। यद्यस्य पारमार्थिकं स्वरूपं परं ब्रह्म तद्रूपतयैनं जीवं व्याचष्टे, न जीवेन रूपेण।]

भाष्य–उत्तराज्जीवपरात् प्रजापतिवाक्याज्जीवेऽप्यहतपाप्मत्वादिगुणाष्टकमवगम्यतेऽतः स एव दहराकाशोऽस्त्विति चेदुच्यते पूर्वोक्तगुणयुक्तो नित्याविर्भूतस्वरूपः परमात्मा दहर आविर्भूतस्वरूपो जीवस्तु न।

व्याख्या–प्रजापति ने जो शेष उपदेश इन्द्र को दिया था, यथा, "एष सम्प्रसाद" इत्यादि, उससे जीव के भी अपहतपाप्मत्वादि गुण आविर्भूत होने का उल्लेख रहने से जीव ही का दहरपदवाच्य होना संगत है; इस प्रकार आपत्ति होने से, यह संगत नहीं है; कारण, उक्त धर्मसमूह जीव के स्वाभाविक नहीं हैं, वे उसकी मुक्तावस्था में

आविर्भूत होते हैं; जीव का जो परब्रह्मांगीभूत निर्मल स्वरूप है उसी को श्रुति ने इस स्थल में समझाया है। श्रुति ने इस स्थल में उसके केवल जीवभाव का उल्लेख नहीं किया है। परमात्मा के ही अपहतपाप्मत्वादि गुण नित्य हैं; अतएव वही उक्त स्थल में लक्षित हुआ है।

१ अ० ३ पाद, २० सूत्र। **अन्यार्थश्च परामर्शः।।**

(चकारः "सम्भावनायां"; परामर्शः "जीव-परामर्शः", अन्यार्थः "परमात्मनो जीवस्वरूपाविर्भावहेतुत्वप्रदर्शनार्थः।")

भाष्य–जीवपरामर्शः परमात्मनो जीवस्वरूपाविर्भावहेतुत्वप्रदर्शनार्थः।

व्याख्या–उक्त वाक्य में जो जीव उक्त हुआ है; यह जीव के स्वरूपाविर्भाव का मूलीभूत जो परमात्मा है, उसके प्रदर्शन के निमित्त हुआ है। यही उक्त वाक्य का अर्थ है; जीवत्वमात्र प्रतिपादन करना इस वाक्य का अभिप्राय नहीं है।

१ अ० ३ पाद, २१ सूत्र। अल्पश्रुतेरिति चेत्तदुक्तम्।।

भाष्य–अल्पश्रुतेर्न विभुरत्र ग्राह्य इति चेत्, तत् समाधानाय यद्वक्तव्यं तदुक्तं पुरस्तात्।

व्याख्या–दहर-शब्द का अर्थ अल्प-सूक्ष्म है; सुतरां, विभु परमात्मा इसका वाच्य हो नहीं सकता; इस प्रकार आपत्ति होने से, इसका उत्तर पूर्व ही उक्त हुआ है। (प्रथम अध्याय के द्वितीय पाद का सप्तम सूत्र द्रष्टव्य है)।

१ अ० ३ पाद, २२ सूत्र। **अनुकृतेस्तस्य च।।**

भाष्य–तस्य नित्याविर्भूतस्वरूपस्य "तमेव भान्तमनुभाति सर्वम्" इत्यनुकृतेश्चानुकर्त्ता जीवो नित्याविर्भूतस्वरूपो दहरो न भवितुमर्हति।

व्याख्या–"तमेव भान्तमनुभाति सर्वम्" (वही स्वप्रकाश जो स्वतः प्रकाशित है, जिसके पश्चात् अन्य सब प्रकाशित हुआ हैं) इत्यादि मुण्डक-श्रुत्युक्त (मु० २ ख० ३) वाक्य में अपर सकल जीव परमात्मा का ही अनुसरण करते हैं, इत्यादि के उपदिष्ट होने के कारण, जीव उसका अनुसरणकर्त्ता मात्र है। अतएव जीव यह नित्याविर्भूत-स्वरूप दहर नहीं हो सकता।

१ अ० पाद २३ सूत्र। **अपितु स्मर्यते।।**

भाष्य–अपि च "मम साधर्म्यमागता" इति स्मर्यते।

व्याख्या–स्मृति ने भी यही तथ्य प्रकाश किया है, यथा,–श्रीमद्भगवद्गीता–"बहवो ज्ञानतपसा पूता मद्भावमागता:", "मम साधर्म्यमागता:" इत्यादि।

इति ब्रह्मणो दहराकाशत्वनिरूपणाधिकरणम्।

—•—

१ अ० ३ पाद, २४ सूत्र। **शब्दादेव प्रमितः।**

भाष्य–प्रमितोऽङ्गुष्ठपरिमाणकः पुरुषोत्तम एव "ईशानोभूतभव्यस्ये"-तिशब्दात्।

व्याख्या–कठोपनिषदुक्त अंगुष्ठमात्र पुरुष परमात्मा है; (प्रमित अङ्गुष्ठपरिमाणकः पुरुषः यः कठोपनिषदि अभिहितः स परमात्मैव; शब्दात् ईशानादिशब्दात्) कारण उसी श्रुति ने उसके सम्बन्ध में कहा है,–"ईशानो-भूतभव्यस्य" (वह भूत और भविष्य का ईशान–नियन्ता है)।

१ अ० ३ पाद, २५ सूत्र। **हृद्यपेक्षया तु मनुष्याधिकारत्वात्॥**

भाष्य–उपासकहृद्यपेक्षयाङ्गुष्ठमात्रत्वमुपपद्यते। ननु जन्तुशरीरेषु हृदयस्यानियतपरिमाणत्वात्तदपेक्षयाऽपि तथात्वं कथमत्राह मनुष्याधिकारत्वात्।

व्याख्या–परमात्मा के सर्वव्यापी होने पर भी, उपासक के हृदय में अवस्थान के प्रति लक्ष्य करके, उसे अंगुष्ठमात्र कहते हैं; किन्तु इसमें आपत्ति हो सकती है कि, प्राणी छोटे बड़े अनेक प्रकार के हैं; सुतरां हृदय का भी परिमाण अनियत है; अतएव केवल मनुष्य-हृदय के प्रति लक्ष्य करके उसको अंगुष्ठपरिमाण कहकर श्रुति ने व्याख्या की है, इस प्रकार उक्ति संगत नहीं है। इसके उत्तर में सूत्रकार कहते हैं–शास्त्रपाठ में मनुष्य का ही अधिकार है; अतएव तद्रूप कहा गया है।

इति ब्रह्मणोऽङ्गुष्ठमात्रत्वनिरूपणाधिकरणम्।

—•—

१ अ० ३ पाद, २६ सूत्र। **तदुपर्यपि वादरायणः सम्भवात्।**

भाष्य–तस्मिन् ब्रह्मोपासने मनुष्याणामुपरिष्टादपि, ये, देवादयो हि तेषामप्यधिकारोऽस्तीति भगवान् वादरायणो मन्यते।

व्याख्या–वादरायण (वेदव्यास) कहते हैं कि, ब्रह्मोपासना के विषय में मनुष्य के उपरिस्थ देवादि का भी अधिकार है।

१ अ० ३ पाद, २७ सूत्र। **विरोधः कर्मणीति चेन्नानेकप्रतिपत्तेर्दर्शनात्।**

(कर्मणि विरोधः, इति चेत्, न; अनेकप्रतिपत्तेः दर्शनात्।)

भाष्य—शरीरं बिना ब्रह्मोपासनानुपपत्त्या तेषामवश्यं विग्रहवत्त्वमभ्युपगन्तव्यं, तथात्वे तु कर्मणि विरोध इति चेन्नायं दोषः, कुतः? एकस्याप्यनेकेषां देहानां युगपत् प्रतिपत्तेर्दर्शनात्।

व्याख्या—शरीर धारण के बिना ब्रह्मोपासना असम्भव है; अतएव देवताओं को ब्रह्मोपासना का अधिकार है ऐसा कहने से, उन लोगों को भी हम लोगों की भाँति शरीर-विशिष्ट कहकर स्वीकार करना पड़ेगा; किन्तु देवताओं को शरीरी कहकर स्वीकार करने से, यागयज्ञादि वेदविहित कर्मों की प्रतिष्ठा नहीं रहती; असंख्य लोग विभिन्न स्थानों में यागयज्ञादि कर्म एक ही समय में किया करते हैं; देहविशिष्ट होने से देवतागण विभिन्न स्थानों पर युगपत् किस प्रकार उपस्थित होंगे? अतएव उन लोगों को हम लोगों की भाँति देहधारी स्वीकार करने से, यज्ञादि कर्मों की सिद्धता के विषय में विरोध उपस्थित होता है; कारण, एक यज्ञ-स्थान पर उन लोगों की वर्तमानता रहने से, अपर स्थानों में उनकी अवर्तमानता के हेतु, याज्ञयज्ञादि कर्म निष्फल हो पड़ते हैं। इस प्रकार आपत्ति होने से, वह संगत नहीं है; कारण, श्रुति ने एक ही के युगपत् अनेक देह-धारण का उल्लेख किया है। यथा, बृहदारण्यक उपनिषद् में देवताओं की संख्या का वर्णन करते हुए श्रुति ने कहा है, देवताओं की संख्या ३,६०६ है, तदुपरान्त कहा है, यह ३,६०६ देवता लोग ही ३३ देवताओं की मूर्त्तियाँ हैं। पुनः कहा है;—ये ३३ देवता ६ देवताओं के विभूतिरूपान्तर हैं इत्यादि। योगी लोग युपगत् अनेक कलेवर धारण कर सकते हैं, यह श्रुति और स्मृति में सर्वत्र प्रसिद्ध है; सुतरां जन्म-सिद्ध देवतागण एक काल में बहुत देह धारण कर सकेंगे, इसमें और विचित्रता क्या है?

१ अ०, ३ पाद, २८ सूत्र। **शब्द इति चेन्नातः प्रभवात् प्रत्यक्षानुमानाभ्याम्।।**

[अतः शब्दादेव नित्याकृतिवाचकात् प्रजापतिबुद्ध्युद्बोधकात्, अर्थस्य प्रभवात् "वेदेन नामरूपे व्याकरोत्" "अनादिनिधना नित्या वागुत्सृष्टा स्वयम्भुवा। आदौ वेदमयी विद्या यतः सर्वा प्रवृत्तयः इत्यादि प्रत्यक्षानुमानाभ्यां (श्रुतिस्मृतिभ्याम्)। वैदिकात् शब्दात् देवानां प्रभवः उत्पत्तिरभिधीयते श्रुत्या स्मृत्या च इत्यर्थः।]

भाष्य—देवादीनां विग्रहवत्त्वस्वीकारे तद्वाचिनि वैदिक शब्दे विरोधः स्यात्, अर्थोत्पत्तेः प्राग्विनाशान्तरं च निरर्थकत्वापत्तेरिति चेन्नायं विरोधः। अतः शब्दादेव

नित्याकृतिवाचकात् प्रजापतिबुद्ध्युद्बोधकादर्थस्य प्रभवात् "वेदेन नामरूपे व्याकरोत्", "अनादिनिधना नित्य वागुत्सृष्टा स्वयम्भुवा। आदौ वेदमयी विद्या: यतः सर्वाः प्रवृत्तयः" इत्यादिश्रुतिस्मृतिभ्याम्।

व्याख्या–(देवताओं के शरीर का रहना स्वीकार करने से इसके यज्ञ-विरोधी न होने पर भी) देवताओं का विग्रहवत्त्व स्वीकार करने पर उनकी अनित्यता स्वीकार्य होती है; कारण, देहधारी सभी उत्पत्ति और ध्वंसशील हैं। परन्तु वैदिक शब्द का नित्यत्व प्रतिपन्न है, एवं उसी शब्द के अर्थ के (तत्प्रतिपाद्य देवता के) सहित सम्बन्ध का भी नित्यत्व प्रतिपन्न है; किन्तु देवताओं का अनित्यत्व स्वीकृत होने से, वैदिक शब्द का अर्थ के सहित सम्बन्ध भी अनित्य हो पड़ता है; अर्थभूत देवताओं की उत्पत्ति के पूर्व एवं उनके विनाश के उपरान्त वैदिक-शब्द का अर्थ-सम्बन्ध नहीं रहता; सुतरां वैदिक शब्दसमूह अर्थशून्य हो जाते हैं। यह विरोध अनिवार्य है; सुतरां देवताओं का शरीर रहना स्वीकार नहीं किया जा सकता। इस प्रकार आपत्ति होने से, वह सङ्गत नहीं है। कारण, श्रुति ने शब्द से देवताओं की उत्पत्ति कही है; शब्दसमूह नित्य आकृति वाचक हैं। प्रजापति ने सृष्टि करने के अभिप्राय से शब्दों का स्मरण किया, तद्द्वारा उनकी बुद्धि प्रबुद्ध हुई, उन्होंने देवताओं की सृष्टि की। अतएव वैदिक शब्दों के स्मरण में जब देवताओं की सृष्टि की उक्ति है, तब देवताओं की अनित्यता-स्वीकार में कोई शब्द-विरोध नहीं होता। सभी शब्द प्रथम अप्रकाश रहते हैं; जब शब्द प्रकाश होते हैं, तब देवता भी प्रकाशित होते हैं। इसी प्रकार और अप्रकाश भाव वाच्य वाचक दोनों के हैं। शब्दों के प्रकाशित होने से ही जब देवतमूर्त्तियाँ प्रकाशित होती हैं, तब देवमूर्तियों का आविर्भाव और तिरोभाव [उत्पत्ति और लय] स्वीकार करने से, शब्दों के और तदर्थगत देवताओं के सम्बन्ध के नित्यत्व का व्याघात नहीं होता है। श्रुति और स्मृति उभय द्वारा वैदिक शब्द से देवताओं की सृष्टि प्रमाणित होती है। श्रुति यथा–"वेदेन नामरूपे व्याकरोत्"। स्मृति यथा–"अनादिनिधना" इत्यादि।

१ अ० ३ पाद, २९ सूत्र। **अतएव नित्यत्वम्।**

भाष्य–प्रजापतेः सृष्टिः शब्दपूर्विकाऽतो हेतोर्वेदस्य नित्यत्वम्।।

व्याख्या–प्रजापति की सृष्टि भी शब्दपूर्विका है; सुतरां वेद नित्य हैं श्रुति में भी उल्लिखित है–

युगान्तेऽन्तर्हितान् वेदान् सेतिहासान्महर्षयः।
लेभिरे तपसा पूर्वमनुज्ञाताः स्वयम्भुवा।।

(इतिहास के सहित सब वेद प्रलयकाल में अन्तर्हित थे; महर्षियों ने तपस्या द्वारा स्वयम्भू की कृपा से उन सभी का लाभ किया था)।

देवता लोग एवं समस्त विश्व इस प्रकार प्रलयकाल में अन्तर्हित होते हैं, एवं पुनः सृष्टि के प्रादुर्भाव होने पर यथाकाल प्रकाशित होते हैं। सम्पूर्ण विनाश किसी का भी नहीं है। सुतरां इस प्रकार अर्थ में वैदिक शब्द और तदर्थ, एवं दोनों का सम्बन्ध नित्य है।

१ अ०, ३ पाद, ३० सूत्र। **समाननामरूपत्वाच्चावृत्तावप्यविरोधो दर्शनात् स्मृतेश्च।।**

[समाननामरूपत्वात्-च, आवृत्तौ-अपि-अविरोधः।]

भाष्य–एवं प्राकृतसृष्टिसंहारात्मिकायामावृत्तावपि न विरोधः, कल्पादौ सृज्यमानस्य कल्पान्तरातीतेन पदार्थेन तुल्यनामरूपादिमत्त्वात्; "सूर्याचन्द्रमसौ धाता यथापूर्वमकल्पयत्" इति दर्शनात्, यथार्त्तावृतुलिङ्गानि नानारूपाणि पर्यये, दृश्यन्ते तानि तान्येव तथाभावा युगादिषु" इति स्मृतेः।

व्याख्या–सृष्टि के पश्चात् लय, लय के पश्चात् सृष्टि, इसी प्रकार सृष्टि और लय सर्वदा आवर्तित होते हैं, यह सत्य है, किन्तु इस पर भी पूर्वोक्त सिद्धान्त में कोई दोष नहीं होता; कारण, एक कल्प की सृष्टि तत्पूर्व कल्प की सृष्टि के अनुरूप है, नामरूपादि समान ही रहते हैं। अतएव शब्द की नित्यता सिद्धान्त के सहित कोई विरोध नहीं है। पूर्ववत् जो सृष्टि होती है, वह "सूर्याचन्द्रमसौ धाता यथापूर्वमकल्पयत्" एवं "यो ब्रह्माणं विदधाति पूर्वं यो वै वेदांश्च प्रहिणोति तस्मै" इत्यादि श्रुति-वाक्यों में प्रमाणित होता है; एवं "यथार्त्तावृतुलिङ्गानि- इत्यादि स्मृतिवाक्यों में भी वह सिद्ध होता है।

१ अ० ३ पाद, ३१ सूत्र। **मध्वादिष्वसम्भवादनधिकारं जैमिनिः।।**

भाष्य–उपास्योपासकत्वाऽसम्भवात् मध्वादिषु विद्यासु सूर्यादीनामनधिकार इति जैमिनिर्मन्यते।

व्याख्या–छान्दोग्य उपनिषदुक्त मधुविद्या प्रभृति में सूर्यादि-देवता उपास्य हैं, इसलिए उनका पुनः इसी विद्या का उपासक होना असम्भव है; तद्धेतु उक्त विद्या में उनका अधिकार नहीं है, जैमिनि इस प्रकार कहते हैं।

१ अ० ३ पाद, ३२ सूत्र। **ज्योतिषि भावाच्च।।**

भाष्य–ज्योतिषि ब्रह्मणि तेषामुपासकत्वेन भावाच्च मध्वादिष्वनधिकार इति पूर्वपक्षः। ("तद्देवा ज्योतिषां ज्योतिः" इत्यादि श्रुतेः।)

व्याख्या–देवतागण स्वप्रकाश (ज्योतिरूप) ब्रह्म की ही उपासना करते हैं; सुतरां मध्वादि विद्या के विषय में (जिसके फल में वसुत्वादिप्राप्ति का उल्लेख है, एवं जिसमें सूर्यादि देवता उपास्य रूप से उक्त हैं, (उसमें सूर्यादि देवताओं का अधिकार नहीं है; यह पूर्वपक्ष है।

१ अ० ३ पाद, ३३ सूत्र। **भावं तु वादरायणोऽस्ति हि।।**

भाष्य–"तत्र सिद्धान्तमाह, मध्वादिष्वपि सूर्यवस्वादीनामधिकारसद्भावं वादरायणो मन्यते। हि यतस्तेषां स्वान्तर्यामिब्रह्मोपासनेन कल्पान्तेऽपि स्वाधिकारप्राप्तिपूर्वकब्रह्मलिप्सासम्भवोऽस्ति"।

व्याख्या–उस विषय में सूत्रकार सिद्धान्त कहते हैं:–सूर्य वसु आदिदेवताओं का मध्वादि-विद्या में भी अधिकार है, इस प्रकार वादरायण सिद्धान्त करते हैं। कारण, स्वीय अन्तर्यामी–परमात्मा की उपासना द्वारा, कल्पान्त में भी स्वीय–अधिकार–प्राप्ति–पूर्वक, पूर्व–संस्कारवश तद्रूप ब्रह्मोपासना–विषय में उनकी लिप्सा उपजात होती है।

इति देवताधिकरणम्।

—•—

१ अ० ३ पाद, ३४ सूत्र। **शुगस्य तदनादरश्रवणात्तदाद्रवणात् सूच्यते हि।।**

(अस्य=जानश्रुतेः, शुक्=शोकः; तदनादरश्रवणात्=हंसप्रयुक्तानादरवाक्यश्रवणात्; तदैव ब्रह्मज्ञं रैक्कं प्रत्याद्रवणात् गमनात् रैक्कोक्त "शूद्र" सम्बोधनेन शुक् सञ्जाता इति सूच्यते।)

भाष्य–छान्दोग्ये मुमुक्षौ गुरुप्रयुक्तं शूद्रपदमालोच्य शूद्रोऽपि ब्रह्मविद्याया-मधिक्रियते, इति नाशङ्कनीयमस्य मुमुक्षोर्जानश्रुतेर्हंसप्रयुक्तानादरवाक्यश्रवणात्। तदैव गुरुं प्रत्याद्रवणात् शुक् सञ्जाता इति शूद्रेति सम्बोधनेन सूच्यते।

व्याख्या–(छान्दोग्योपनिषद में सम्वर्ग–विद्याकथन में चतुर्थ प्रपाठक के प्रथम खण्ड में इस प्रकार उक्ति है, कि जानश्रुति का प्रपौत्र अत्यन्त धार्मिक राजा था; वह नित्य अनेक अतिथियों का सत्कार करता था; उस पर संतुष्ट होकर, उसकी मंगलकामना

के लिए, ऋषिलोग हंस-रूप में एक दिन रात को उसके स्थान में आये; उनमें से एक हंस ने पहले उसके लिए प्रशंसासूचक वाक्य कहा; यह सुनकर अन्य एक हंस ने उसकी निन्दा करके कहा "शकटविशिष्ट रैक्क-ऋषि के तुल्य इसकी इस प्रकार प्रशंसा क्यों करते हो? यह किसी प्रकार श्रेष्ठ नहीं है।" ये सब बातें सुनकर राजा अतिशय शोक-सन्तप्त हुआ; प्रातःकाल आदमी भेजकर नाना स्थानों में अनुसन्धान कराकर एक शकट के अधोभाग में स्थित रैक्क ऋषि का संधान पाकर, उनके निकट गया, एवं छः सौ गौ, कण्ठहार, रथ इत्यादि उनके समीप में उपस्थित करके, इन सबको ऋषि को लेने के लिए प्रार्थना करके कहा, ऋषे! आप जिस विद्या की उपासना करते हैं, अनुग्रह करके हमें उसका उपदेश कीजिए"। हंस-वाक्य से राजा अतिशय शोक प्राप्त होकर उनके निकट गया था, ऋषि ने ऐसा जानकर उसको प्रथमतः प्रत्याख्यान करके कहा-'हे शूद्र! ये सब वस्तुएँ तुम्हारी ही रहें"; तब राजा ने अपनी कन्या, ग्राम इत्यादि उनको अर्पण किया; तब उसके औत्सुक्य दर्शन से संतुष्ट होकर ऋषि ने उसे विद्या अर्पण की। इस आख्यायिका में ऋषि ने राजा को 'शूद्र' शब्द से संबोधन किया है; उस पर निर्भर करके इस प्रकार आपत्ति हो सकती है कि, शूद्रों को भी उपनिषदुक्त ब्रह्मोपासना का अधिकार है। इस प्रकार आपत्ति के उत्तर में सूत्रकार कहते हैं, शूद्रजातीय लोगों को वेदोक्त ब्रह्मोपासना का अधिकार नहीं है; कारण, 'शूद्र' शब्द का अर्थ उस स्थल में शूद्र जातीय लोग नहीं है; ("शोचतीति शूद्रः। शुचेर्दश्च" इति रक् प्रत्यये धातोश्च दीर्घे चकारस्य दकारः") शूद्रशब्द का अर्थ शोक प्राप्त है। यही सूत्र में कहते हैं, यथा-हंस के अनादरवाक्य सुनने के कारण जान श्रुति के प्रपौत्र को अतिशय शोक हुआ था; इसी शोकसन्तप्त हृदय से यह ब्रह्मज्ञ ऋषि रैक्क के निकट गया था; इसे योगबल से ऋषि ने जान लिया था; अतएव उसे "शूद्र" अर्थात् शोकार्त्त कहकर संबोधन किया था। अतएव यह श्रुतिवाक्य शूद्रजातीय लोगों का वेदोक्त ब्रह्मोपासना में अधिकार ज्ञापन नहीं करता।

१ अ० ३ पाद, ३५ सूत्र। **क्षत्रियत्वावगतेश्चोत्तरत्र चैत्ररथेन लिङ्गात्।।**

("उत्तरत्र चैत्ररथेन क्षत्रियेण अभिप्रतारिनामकेन सह समभिव्याहाररूपलिंगात् जानश्रुतेः क्षत्रियत्वस्य अवगतेर्न जानश्रुतिः शूद्रः"।)

भाष्य-"अथ ह शौनकञ्च कापेयमभिप्रतारिणं च काक्षिसेनिं परिविष्यमाणो ब्रह्मचारी विभिक्षे" इत्यत्र चैत्ररथेनाभिप्रतारिणा क्षत्रियेण सह समभिव्याहाररूपलिंगात् जानश्रुतेः क्षत्रियत्वस्यावगतेर्न जानश्रुतिः शूद्रः।

व्याख्या-इस आख्यायिका के शेष भाग में एकत्र भोजन प्रसंग में चित्ररथवंशीय

क्षत्रियजातीय अभिप्रतारि–नामक व्यक्ति के समभिव्याहार में जानश्रुति का उल्लेख रहने के कारण, जानश्रुति का क्षत्रियत्व प्रतिपादित होता है; अतएव वह शूद्रजातीय नहीं है। श्रुति यथा –" अथ ह" इत्यादि (पाचक कपिगोत्रीय शौनक और कक्षसेन–पुत्र अभिप्रतारी का परिवेषण करने के समय एक ब्रह्मचारी ने भिक्षा की प्रार्थना की)।

१ अ०, ३ पाद, ३६ सूत्र। **संस्कारपरामर्शात् तदभावाभिलापाच्च।।**

भाष्य–विद्याप्रदेशे "तं होपनिन्ये" इत्यादिनोपनयनसंस्कारपरामर्शात् "शूद्रश्चतुर्थो वर्ण एकजातिर्न च संस्कारमर्हतीति" तदभावाभिलापाच्च विद्यायां विद्यायां शूद्रो नाधिक्रियते।

व्याख्या–शूद्र को वेदोक्त ब्रह्मविद्या का अधिकार नहीं है; कारण उसका उपनयन संस्कार नहीं है, (श्रुति ने उपनयनसंस्कार–विशिष्ट व्यक्ति को ही ब्रह्मविद्या अर्पण करने की विधि का उल्लेख किया है;) एवञ्च शूद्र के पक्ष में श्रुति ने उस संस्कार का निषेध किया है; यथा, "शूद्रश्चतुर्थो वर्ण" इत्यादि चतुर्थवर्ण शूद्रजाति संस्कारयोग्य नहीं है)।

१ अ० ३ पाद ३७ सूत्र। **तदभावनिर्द्धारणे च प्रवृत्तेः।।**

भाष्य–किञ्च गौतमस्य जावालेः शूद्रत्वाभावनिर्णये सति तमुपनेतुमनुशासितुं प्रवृत्तेः शूद्रस्यानधिकार एवात्र।

व्याख्या–छान्दोग्य श्रुति ने कहा है कि, गौतम ऋषि ने जब जाबालि के पुत्र सत्यकाम के शूद्रत्वाभाव का निर्द्धारण किया, तब उसका उपनयन-संस्कार करके उसे शिष्यत्व में ग्रहण किया, अतएव शूद्र को वेदोक्त उपासना का अधिकार नहीं है। (जावालि का आख्यान छान्दोग्योपनिषद् के चतुर्थ प्रपाठक के चतुर्थ खण्ड में विवृत है।)

१ अ० ३ पाद ३८ सूत्र। **श्रवणाध्ययनार्थप्रतिषेधात्।।**

भाष्य–शूद्रो नाधिक्रियते "शूद्रसमीपे नाध्येतव्य"-मित्यादिना तस्य वेदश्रवणादिप्रतिषेधात्।

व्याख्या–शूद्र के लिए वेदश्रवण, वेदाध्ययन, तदर्थज्ञान,–ये सभी श्रुति में निषिद्ध हैं; सुतरां शूद्र का तद्विषयक अधिकार नहीं है। ("शूद्र--समीपे नाध्येतव्यम्" इत्यादिना प्रतिषेधः)।

१ अ० ३ पाद ३९ सूत्र। **स्मृतेश्च।।**

भाष्य–"न चास्योपदिशेद्धर्म"-मित्यादिस्मृतेश्च।

व्याख्या–स्मृति में भी इस प्रकार प्रतिषेध है, यथा–"न चास्योपदिशेद्धर्मं, न चास्य व्रतमादिशेत्" इत्यादि।

इति शूद्रस्य ब्रह्मविद्यायामधिकाराभावनिरूपणाधिकरणम्।

—•—

इस क्षण में प्रसंग क्रम में उपस्थित अधिकार-विचार समापन करके पुनः श्रुत्यर्थः-विचार आरम्भ होता है।

१ अ० ३ पाद ४० सूत्र। **कम्पनात्।।**

भाष्य–प्रमितः परः पुरुषः प्रतिपत्तव्यः सर्वजगत्कम्पकत्वान्महदादिभ्यश्च।

व्याख्याः–कठोपनिषदुक्त अंगुष्ठमात्रपुरुष-प्रकरण में (२अ० ३व) "यदिदं किञ्च जगत् सर्वं प्राण एजति निःसृतम्" इत्यादि वाक्यों में प्राणशब्दवाच्यं अंगुष्ठपरिमित पुरुष परमात्मा है; कारण, उसके सम्बन्ध में समस्त जगत् के कम्पकत्व, महत्त्व, भीतिजनकत्वादि का उल्लेख है।

१ अ०, ३ पाद, ४१ सूत्र। **ज्योतिर्दर्शनात्।।**

भाष्य–"तस्य भासे"-ति ज्योतिर्दर्शनात् प्रमितः पुरुषः परः।

व्याख्या–कठोपनिषद् में द्वितीय अध्याय के द्वितीय खण्ड में अंगुष्ठपरिमितपुरुष-प्रकरण में उक्त प्राणवाक्य के पूर्व में "तमेव भान्तमनुभाति सर्वं तस्य भासा सर्वमिदं विभाति" (२ य अ० २ व) इत्यादि वाक्यों में 'भा' शब्दवाच्य परमात्मसाधारण ज्योतिर्धर्म की उक्ति रहने के कारण यह अंगुष्ठपरिमाणपुरुष-शब्द परमात्मवाचक है।

इति प्रमिताधिकरणम्।

—•—

१ अ० ३ पाद ४२ सूत्र। आकाशोऽर्थान्तरत्वादिव्यपदेशात्।।

भाष्य–"आकाशो ह वै नामरूपयोर्निर्वहिते"-त्यत्राकाशशब्दवाच्यः पुरुषोत्तमः। कुतः? मुक्तात्मनः जीवात् परमात्मनो नामरूपोपलक्षितनिखिलनाम-रूपवद्वस्तुनिर्बोढृतयाऽर्थान्तरत्वेन व्यपदेशात्, ब्रह्मत्वामृतत्वादिव्यपदेशाच्च।

व्याख्या–"आकाशो ह वै नामरूपयोर्निर्वहिता" इस छान्दोग्योपनिषदुक्त वाक्य में जो आकाशशब्द उक्त है, वह परमात्मवाचक है; कारण, इस स्थान में निखिलनामरूपनिर्वाहकत्वादि गुणों के द्वारा सर्वविध जीवों से इस आकाश का विभिन्नत्व (जो नामरूपविशिष्ट है उससे पृथक्त्व) उल्लिखित है। यथा, "ते यदन्तरा तद्ब्रह्मेति" नामरूप जिससे भिन्न है वही ब्रह्म है इत्यादि। एवं च इस आकाश के सम्बन्ध में ब्रह्मत्व, अमृतत्व इत्यादि वाक्यों का प्रयोग हुआ है।

१ अ० ३ पाद, ४३ सूत्र। **सुषुप्त्युत्क्रान्त्योर्भेदेन।।**

भाष्य–अज्ञात् सर्वज्ञस्य सुषुप्त्युत्क्रान्त्योर्भेदेन व्यपदेशाच्च।

व्याख्या–बृहदारण्यक उपनिषद् के षष्ठ प्रपाठक में जनक-याज्ञवल्क्य-संवाद में जो पुरुष उक्त हुआ है, वह भी परमात्मा है, कारण, उक्त श्रुति ने जीवात्मा की सुषुप्ति और उत्क्रान्ति का वर्णन करके, जीवात्मा से परमात्मा का भेद प्रदर्शित किया है।

१ अ० ३ पाद, ४४ सूत्र। **पत्यादिशब्देभ्यः।।**

भाष्य–"सर्वस्याधिपतिः" "सर्वस्येशानः" इत्यादि शब्देभ्यो जीवाद्भेदेन परमात्मनो व्यपदेशात् एवाकाश इति स्थितम्।

व्याख्या–"स सर्वस्य वशी सर्वस्येशानः सर्वस्याधिपति" इत्यादि (बृ० ४ अ० ४ ब्रा०) श्रुत्युक्त वाक्यों में "पति" प्रभृति शब्दों के द्वारा जीव से पार्थक्य करके परमात्मा का उपदेश रहने के कारण परमात्मा ही आकाशशब्दवाच्य है, ऐसा उत्पन्न होता है।

इति आकाशाधिकरणम्।

इति वेदान्तदर्शने प्रथमाध्याये तृतीयपादः समाप्तः।

ॐ तत्सत्।

चतुर्थपाद

द्वितीय और तृतीय पादों में छान्दोग्यप्रभृति उपनिषदुक्त उपासना-विषयक वाक्यों का जो ब्रह्म में ही समन्वय होता है, यह प्रदर्शित किया गया है। इस प्रकरण में कठ प्रभृति उपनिषदों के जिन सब वाक्यों में दृश्यतः सांख्य मत के पोषक शब्द हैं, वे सभी ब्रह्मवाचक हैं, यह इन वाक्यों के विचार द्वारा प्रतिपादन करके, इन सब वाक्यों का जो ब्रह्म में ही समन्वय होता है, यह प्रदर्शित किया जायेगा।

१ अ० ४ पाद, १ सूत्र। **आनुमानिकमप्येकेषामिति चेन्न, शरीररूपकविन्यस्तगृहीतेर्दर्शयति च।।**

भाष्य—ननु "महतः परमव्यक्तमव्यक्तात् पुरुषः पर" इत्यत्र कठशाखायामानुमानिकं प्रधानमपि शब्दवदुपलभ्यते इति चेन्न; "आत्मानं रथिनं विद्धि शरीरं रथमेवे"–त्यत्र शरीरस्य रथरूपकविन्यस्तस्याव्यक्तशब्देन ग्रहणात्। इन्द्रियादीनां वशीकरणप्रकारं प्रतिपादयन्, रूपकपरिकल्पितग्रहणमेव। दर्शयति च वाक्यशेषे "यच्छेद्वांमनसि प्राज्ञस्तद्यच्छेद्ज्ञानमात्मनि, ज्ञानमात्मनि, महति तद्यच्छेच्छान्त आत्मनि" इति।

व्याख्या—सांख्योक्त प्रधान अनुमानगम्य होने पर भी, यह श्रुतिसिद्ध ही प्रतीत होता है; कारण, कठोपनिषद् के प्रथमाध्याय की तृतीय वल्ली में ऐसी उक्ति है, यथा:-"महतः परमव्यक्तमव्यक्तात् पुरुषः परः" (महत् से श्रेष्ठ अव्यक्त, से पुरुष श्रेष्ठ है)। सांख्यशास्त्र में भी उपदिष्ट हुआ है कि, महत्तत्व से अव्यक्ता प्रकृति (प्रधान) श्रेष्ठ है, एवं प्रकृति से पुरुष स्वतन्त्र-श्रेष्ठ है; सुतरां यह कठश्रुति सांख्योक्त महत्, अव्यक्त और पुरुष का उपदेश करती है ऐसा स्पष्ट ही बोध होता है। इस प्रकार आपत्ति होने से, यह संगत नहीं है। कारण, इस वाक्य के पूर्व ही कठश्रुति ने कहा है, "आत्मानं रथिनं विद्धि शरीरं रथमेव तु। बुद्धिन्तु सारथिं विद्धि मनः प्रग्रहमेव च" इत्यादि [आत्मा को रथी-स्वरूप जानना, शरीर को रथ-स्वरूप जानना, एवं बुद्धि को सारथी और मन को पग्रह (लगाम)-स्वरूप जानना इत्यादि]। इस स्थल में शरीर की रथ के सहित रूपक द्वारा तुलना की गई है; यह रथ-स्वरूप शरीर ही परवर्ती अव्यक्त शब्द का वाच्य है, ऐसा उक्त वाक्यों को परस्पर मिलन करने से प्रतीयमान होता है; बुद्धि, मन, इन्द्रिय प्रभृति को उक्त रूपक द्वारा शरीररूप रथ का सारथी, लगाम, घोड़ा, इत्यादि रूप वर्णन करके, श्रुति ने इनको वशीभूत करने का उपाय प्रदर्शित करके, पूर्वोक्त "महतः परमव्यक्तम्" इत्यादि वाक्यों का व्यवहार किया है, इससे यही प्रतीयमान होता है कि, अव्यक्त शब्द का वाच्य पूर्वोक्त

रूपक-कल्पित शरीर ही है। पश्चात् वाक्य शेष में श्रुति ने इसे और भी स्पष्ट रूप से प्रदर्शित किया है। यथा, श्रुति ने कहा है–"प्राज्ञव्यक्ति वाक्य का मन में उपसंहार करे, मन का ज्ञानात्मा में, ज्ञान का महत् में, एवं महत् का शान्त आत्मा में उपसंहार करे"। सांख्यमत में यह शेषोक्त वाक्य कभी संगत हो नहीं सकता; कारण, महत् उक्त मत में प्रकृति को ही प्राप्त होता है, शान्त आत्मा को प्राप्त नहीं होता।[1]

१ अ० ४ पाद २ सूत्र। **सूक्ष्मन्तु तदर्हत्वात्।।**

भाष्य–अव्यक्तशब्दः सूक्ष्मवचनश्चेत्तदर्थभूतं शरीरमपि सूक्ष्मस्यैव स्थूलावस्थापन्नत्वात्।

व्याख्या–'अव्यक्त' शब्द सूक्ष्मपदार्थवाचक है; सतुरां स्थूल शरीर को अव्यक्त कहना सम्भव नहीं है; इस प्रकार आपत्ति होने पर, हम कहते हैं कि, स्थूल शरीर भी सूक्ष्म ही का स्थूलावस्थामात्र है। स्थूल सूक्ष्म से ही उत्पन्न होता है, अतएव श्रुतिवाक्य के उक्त प्रकार अर्थ में कोई दोष नहीं है।

१ अ० ४ पाद ३ सूत्र। **तदधीनत्वादर्थवत्।**

भाष्य–औपनिषदं प्रधानं परमकारणाधीनत्वादर्थवदानर्थक्यं पराभितस्य तस्येति भेदः।

---

१. श्री निम्बार्कशिष्य श्रीनिवासाचार्यकृत भाष्य में यह रूपक सुस्पष्ट रूप से व्याख्यात है। पाठकों की सुविधा के लिए उस व्याख्या का कियदंश नीचे उद्धृत किया जाता है:–

'आत्मानं रथिनं विद्धि, शरीरं रथमेव तु। बुद्धिं तु सारथिं विद्धि, मनः प्रग्रहमेव च।। इन्द्रियाणि हयान्याहुर्विषर्यास्तेषु गोचरान्। आत्मेन्द्रियमनोयुक्तं भोक्तेत्याहुर्मनीषिणः।।..... विज्ञानसरथिर्यस्तु मनः प्रग्रहवान्नरः। सोऽध्वनः परमाप्नोति तद्विष्णोः परमं पद"–मित्यनेन संसारमार्गस्य पारभूतं विष्णुपदं प्राप्तुमिच्छुं भोक्तृतया प्रधानभूतं रथित्वेन भोगायतनत्वेन गुणभूतं तच्छरीरं रथत्वेन च करणानि बुद्ध्यादीनि यथासम्भवं सारथीत्यादिना च रूपयित्वा.... अनन्तरं च रथादिरूपित-शरीरादिषु येभ्यो येषां वशीकार्यतायां प्राधान्यं तान्युच्यन्तेः–"इन्द्रियेभ्यः पराह्यर्था अर्थेभ्यश्च परं मनः। मनसस्तु परा बुद्धिर्बुद्धेरात्मा महान् परः। महतः परमव्यक्तमव्यक्तात् पुरुषः परः। पुरुषान्न परं किञ्चित् सा काष्ठा सा परा गति"–रिति। अत्र पुरस्ताद्रथित्वादिनोक्ताः पदार्था विवक्षितार्थवशात् क्रममनपेक्ष्य निरूप्यन्ते। **तत्र रथित्वादिना रूपिता आत्माद्याः स्व स्व शब्दैर्गृह्यन्ते। रथत्वेन रूपितं शरीरं तु परिशेषात् अव्यक्तशब्देनोच्यते।** तत्र हयत्वेन रूपितेभ्य इन्द्रियेभ्यो गोचरत्वेन रूपिता विषय वशीकार्यत्वे परा उत्कृष्टा इत्यर्थः। वश्येन्द्रियस्यापि विषयसन्निधाने हीन्द्रियाणां पुनः तेषु प्रवृत्तिदर्शनात्। तेभ्योऽपि प्रग्रहरूपितं मनः परम्; मनसि विषयाप्रवणे विषयसन्निधानस्याप्यकिञ्चित्करत्वात्। तस्मादपि सारथिरूपिता बुद्धिः परा; अध्यवसायाभावे मनसोऽप्यकिञ्चित्करत्वात्। तस्या अपि रथिरूपित आत्मा कर्तृत्वेन प्राधान्यात् परः; सर्वस्यास्यात्मेच्छयत्तत्वात् स एव महानिति च विशिष्यते। ततोऽपि रथरूपितं शरीरं परम्, जीवस्य सर्वसाधनप्रवृत्तीनां शरीरायत्तत्वात्। ततोऽपि सर्वात्मा संसाराध्वनः पारभूतः पुरुषः परः; **पूर्वोक्तस्य सर्वस्य तदधीनत्वात्**"।

व्याख्या–उपनिषदुक्त प्रधान, परमकारण ईश्वराधीन होने के कारण, सृष्टिरचनारूप प्रयोजन साधन कर सकता है (अर्थवत् होता है); सुतरां साङ्ख्योक्त प्रकृति से यह भिन्न है,–एक नहीं; उपनिषदुक्त प्रकृति ईश्वर की ही स्वरूपगत शक्ति है–पृथक् नहीं; सांख्योक्त प्रकृति ईश्वर से भिन्न–अचेतन स्वभाव है; सुतरां उसका स्वयं अर्थवत् होना असम्भव है। दोनों में यही भेद है।

१ अ० ४ पाद ४ सूत्र। **ज्ञेयत्वावचनाच्च।**

भाष्य–नाव्यक्तशब्दस्तान्त्रिक-प्रधानवचनः ज्ञेयत्वावचनाच्च।

व्याख्या–पूर्वोक्त कठ-श्रुति अव्यवक्त को 'ज्ञेय' कहकर उपदेश नहीं करती है; सुतरां यह अव्यक्त सांख्योक्त प्रधान नहीं है (जो मूल है, वही 'ज्ञेय' है; जो विकार है, वह तो दृष्ट ही हो रहा है, सुतरां वह ज्ञेय नहीं है; विकार का जो मूल है, वही अन्वेष्टव्य-ज्ञेय है। सांख्य-मत में विकारयोग्या प्रकृति ही जगत् का मूल है। किन्तु इस स्थल में श्रुति इसे ज्ञेय कहकर निर्देश नहीं करती; शान्त आत्मा को ही सर्वशेष कहकर उसने निर्देश किया है; सुतरां शेष ज्ञेय वस्तु प्रकृति नहीं है।

१ अ० ४ पाद, ५ सूत्र। **वदतीति चेन्न प्राज्ञो हि प्रकरणात्।।**

भाष्य–"अनाद्यनन्तं महतः परं ध्रुवं, निचाय्य तं मृत्युमुखात् प्रमुच्यते" इति श्रुतेः प्रधानस्य ज्ञेयत्वं वदतीति चेन्न। ज्ञेयत्वेन प्राज्ञः परमात्मा निर्दिष्टस्तत्प्रकरणात्।

व्याख्या–"अनाद्यनन्तं महतः परं ध्रुवं, निचाय तं मृत्युमुखात् प्रमुच्यते" (कठ १ अ० ३ व०) (अनादि अनन्त महत् से श्रेष्ठ उस ध्रुव वस्तु को अवगत करके साधक मृत्यु से मुक्त होता है); इस वाक्य में सांख्यमत में महत् से श्रेष्ठ (सूक्ष्म) जो अव्यक्ता प्रकृति है, श्रुति ने उसको ज्ञेय वस्तु कहकर उल्लेख किया है; अतएव सांख्योक्त प्रधान श्रुति-सिद्ध है। यदि ऐसा कहो, तो ठीक नहीं; प्राज्ञ परमात्मा ही ज्ञेयरूप से उक्त स्थल में उपदिष्ट हुआ है, यह प्रकरण आद्यन्त पढ़ने से ऐसा ज्ञात होता है। "तद्विष्णोः परमं पदम्", "पुरुषान्न परं किञ्चित्" इत्यादि वाक्यों में परमात्मा ही ज्ञेयरूप से इस प्रकरण में उपदिष्ट हुआ है।

१ अ० ४ पाद, ६ सूत्र। **त्रयाणामेव चैवमुपन्यासः प्रश्नश्च।।**

भाष्य–अस्यामुपनिषद्युपायोपेयोपगं त्रयाणामुपन्यासः प्रश्नश्च पूर्वापरवाक्यार्थविचारेण लभ्यते। आनुमानिकतत्त्वनिरूपणस्यात्रावकाशो नास्ति।

व्याख्या–इस प्रकरण में तीन विषय के प्रत्युत्तर और तीन विषय के प्रश्न हैं;

यथा, अग्नि, जीवात्मा और परमात्मा। प्रधान-विषयक कोई प्रश्न न होने के कारण, उत्तर भी प्रधान-विषयक नहीं है। (यमराज के निकट नचिकेता का अग्नि-विषयक प्रश्न कठोपनिषद् के १ अ० की १ वल्ली में १३ श्लोक में उक्त हुआ है, एवं इसी वल्ली के २८ श्लोक में जीवात्मा के गतिविषय में प्रश्न उल्लिखित हुआ है, एवं द्वितीय वल्ली के १४ श्लोक में परमात्म-विषयक प्रश्न उल्लिखित हुआ है; अन्य किसी विषय का प्रश्न नहीं है)।

१ अ० ४ पाद ७ सूत्र। महद्वच्च।।

भाष्य–सांख्यैर्महच्छब्दो बुद्ध्याख्यः द्वितीये तत्त्वे प्रत्युक्तोऽपि ततोऽन्यत्राऽपि "वेदाहमेतं पुरुषं महन्त"-मित्यादिवेदवचनेन यथा दृश्यते तथाऽव्यक्तशब्दः शरीरपरोऽस्तु।

व्याख्या–सांख्यशास्त्र में महत्-शब्द 'बुद्धि' नामक द्वितीय तत्त्व को बतलाता है। किन्तु श्रुत्युक्त 'महत्'-शब्द सांख्यकथित अचेतन महत्तत्व का बोधक नहीं है; श्रुति में "बुद्धेरात्मा महान् परः" "महान्तं विभुरात्मानम्" "वेदाहमेतं पुरुषं महान्तम्" इत्यादि वाक्यों में बुद्धि के अतीत आत्मा महत् शब्द के द्वारा उक्त हुआ है, सांख्यसम्मत अचेतन महत् नहीं है। तद्वत् 'अव्यक्त' शब्द भी सांख्योक्त प्रकृति-बोधक नहीं है, इसका अर्थ उक्त स्थल में शरीरमात्र है।

इति कठोपनिषदुक्ताव्यक्तशब्दस्य शरीरबोधकत्वनिरुपणाधिकरणम्।

—•—

१ अ० ४ पाद ८ सूत्र। **चमसवदविशेषात्।**

भाष्य–"अजामेका"-मित्यादि मन्त्रोक्ता प्रकृतिः स्मृतिसिद्धा भवतु इति पूर्वपक्षे राद्धान्तं दर्शयति। मन्त्रोक्ताऽजा ब्रह्मात्मिकाऽस्तु। पूर्वपक्षनिर्द्धारणे विशेषाभावात् "अर्वाग्विलचमस" इति मन्त्रोक्त चमसवत्।

व्याख्या–श्वेताश्वतरोपनिषद् में चतुर्थाध्यायोक्त "अजामेकाम्" इत्यादि मन्त्रों में जिस अजा प्रकृति का उल्लेख हुआ है, वह सांख्यस्मृत्युक्त प्रकृति रूप से प्रतिपन्न होती है। इस प्रकार पूर्वपक्ष के होने से, उसका सिद्धान्त सूत्रकार इस सूत्र द्वारा प्रदर्शित करते हैं। उक्त मन्त्रोक्त 'अजा' ब्रह्मात्मिका है (सांख्योक्त अचेतन प्रकृति नहीं है)। कारण, श्रुति ने अचेतन प्रकृति के निर्धारण करने के उपयोगी किसी विशेषण का अजा शब्द के सम्बन्ध में उल्लेख नहीं किया है। बृहदारण्यक के २ अध्याय के २ ब्राह्मण के तृतीय प्रकरण में "अर्वाग्विलचमस" [निम्नभाग में मुखरूप-गर्त्त-विशिष्ट

चमस] मन्त्र में चमस शब्द का कोई विशेषण नहीं है, अतः किस प्रकार का चमस, यह निर्दिष्ट नहीं किया जाता, चमस शब्द से साधारण भक्षणसाधन वस्तु का ज्ञान होता है [जैसे चमचा प्रभृति], किन्तु कोई विशेष वस्तु कहकर निर्देश नहीं किया जाता; तद्रूप अजा शब्द का भी कोई विशेषण न रहने से, वह सांख्योक्त अचेतन-प्रधान कहकर निर्दिष्ट नहीं किया जाता।

१ अ० ४ पाद ९ सूत्र। **ज्योतिरुपक्रमा तु यथा ह्यधीयत एके।।**

भाष्य–ननु चमसमन्त्रे "इदं तच्छिर" इति वाक्यशेषाच्छिरश्चमस इति गम्यते। अजामन्त्रे किं गमकं विशेषार्थग्रहणे इत्यत्रोच्यते ज्योतिर्ब्रह्मलक्षणमुपक्रमः कारणं यस्याः साऽत्राप्यजामन्त्रेणोच्यते, यतस्तथैव ''तस्मादेतद्ब्रह्म नामरूपमन्नं च जायते" इत्येकेऽधीयते।

व्याख्या–सांख्योक्त प्रकृति के उक्त अव्यक्त-शब्द का वाच्य कहकर निर्दिष्ट न होने पर भी, इस अव्यक्त की ब्रह्मात्मकता भी अवधारित नहीं की जाती है; "अर्वाग्विलचमस" वाक्य में विशेषण न रहने पर भी, "इदं तच्छिर" इस वाक्यशेष द्वारा तदुक्त 'चमस' का स्वरूप अवधारित होता है; किन्तु अजा वाक्य में ब्रह्मात्मकता-बोधक भी कुछ नहीं है। यदि ऐसा कहा जाये, तो उत्तर में सूत्रकार कहते हैं;-ज्योतिर्ब्रह्मरूप उपक्रम अर्थात् प्रवर्तक-कारण है जिसका, इस प्रकार अजा ही पूर्वोक्त अजामन्त्र में उक्त हुआ है; कारण, तद्रूप ही आथर्विण शाखा में मुण्डकोपनिषद् में कीर्तित हुआ है। यथा "तस्मादेतद्ब्रह्म" इत्यादि। (उस सर्वज्ञ परमेश्वर से यह महत् ब्रह्म एवं नामरूप और अन्न उपजात हुए हैं।)

शांकर भाष्य में किञ्चित् विभिन्न रूप से यह सूत्र व्याख्यात हुआ है; किन्तु उभय व्याख्या का फल एक रूप है। शांकरभाष्य में 'ज्योतिरूपक्रम्य' शब्द द्वारा "परमेश्वर से उत्पन्न तेजः अप् और पृथ्वी" यह अर्थ किया गया है, एवं यह तेजःप्रभृति ही अजामन्त्र में 'अजा' शब्द का वाच्य कहकर व्याख्यायित हुआ है। छान्दोग्य में उक्त तेज का रक्तवर्ण, जल का शुक्लवर्ण एवं पृथ्वी का कृष्णवर्ण उपदिष्ट हुआ है; अतः ये तेजप्रभृति ही "लोहित, शुक्ल और कृष्णवर्ण" 'अजा' मन्त्र के वाच्य कहकर भाष्य में निर्दिष्ट किये गये हैं।

१ अ० ४ पाद १० सूत्र। **कल्पनोपदेशाच्च मध्वादिवदविरोधः।।**

(कल्पना क्लृप्तिः सृष्टिस्तदुपदेशात्, अविरोधः, मध्वादिवत्।।)

भाष्य–"ब्रह्मोपादानकत्वाऽजात्वयोरेकस्मिन् धर्मिणि न विरोधः। सूक्ष्मशक्तिमतो जगत्कारणात् ब्रह्मणो विश्वसृष्ट्युपदेशादद्वयं संगच्छते, मध्वादिवत्।

अस्यार्थः–ब्रह्मात्मकत्व और अजात्व–इन दोनों धर्मों के एक ही वस्तु के सम्बन्ध में उक्त होने के कारण कोई विरोध नहीं है। कारण, ब्रह्म नित्य ही उक्त अव्यक्त–सूक्ष्मशक्ति–विशिष्ट है, उसी से जगत् सृष्टि का उपदेश हुआ है। सुतरां इस सूक्ष्मशक्ति का अजात्व (अजन्मत्व) और ब्रह्मोपादनकत्व इन दोनों का एकत्र समाधान होता है। जिस प्रकार मधुविद्या में आदित्य को ही, उसकी कारणावस्था के प्रति लक्ष्य करके, श्रुति ने मधु कहकर उसकी वर्णना की है, तद्रूप इस स्थल में भी कारण–ब्रह्म के प्रति लक्ष्य करके जदगुत्पादिका शक्ति को प्रजा कहकर आख्यात किया है। यह अव्यक्त जो ब्रह्मशक्ति है, वह उक्त श्वेताश्वतरोपनिषद् में प्रथम ही उक्त हुआ है। यथा "देवात्मशक्तिम्" इत्यादि वाक्यों में।

इति बृहदारण्यकोक्त "अजाया" ब्रह्मशक्तित्व–निरूपणाधिकरणम्।

—•—

१ अ० ४ पाद ११ सूत्र। **न, संख्योपसंग्रहादपि नानाभावादतिरेकाच्च।।**

(न, प्रधानादिसांख्योक्ततत्त्वानां श्रोतत्वं न सिद्धम्, संख्योपसंग्रहादपि संख्यया तत्त्वानां संकलनादपि; कुतः? नानाभावात् सांख्यतत्त्वानां भिन्नार्थत्वात्; अतिरेकाच्च आधिक्याच्च।)

भाष्य–"न च यस्मिन् पञ्चपञ्चजना आकाशश्च प्रतिष्ठितः" इति संख्योपसंग्रहादपि प्रधानादीनां पञ्चविंशतिपदार्थानां श्रुतिमूलकत्वमस्ति, प्रधानस्यैकस्य श्रुतिवेद्यत्वे को विवाद, इति न वक्तव्यम्। कुतः? नानाभावात्, यस्मिन्निति श्रुतिसिद्धे ब्रह्मणि प्रतिष्ठितानां पदार्थानां ब्रह्मात्मकत्वप्रतीत्या तान्त्रिकेभ्यः पृथक्त्वात्। आधारस्य ब्रह्मणो हि तथाकाशस्य चातिरेकत्वाच्च।

अस्यार्थः–बृहदारण्यकोक्त "जिसमें पाँच–पाँच जन और आकाश प्रतिष्ठित हैं" (४ अ० ४ ब्रा०) इस वाक्य में सांख्योक्त संख्या के ग्रहण के कारण सांख्योक्त प्रधानादि पञ्चविंशति पदार्थ का श्रुतिमूलकत्व सिद्धान्त हुआ। इस श्रुति ने जो एक प्रधान का ही जगत्कारणत्व प्रमाणित किया है, इस विषय में कोई विवाद हो नहीं सकता। परन्तु उक्त श्रुति के आश्रय से इस प्रकार सिद्धान्त नहीं किया जा सकता; कारण उक्त वाक्य में 'यस्मिन्' (जिसमें) पद है, उसका अर्थ श्रुतिसिद्ध 'ब्रह्म में'; इस श्रुति ने इस ब्रह्म में प्रतिष्ठित पदार्थों का ब्रह्मात्मकत्व प्रतिपन्न किया है; सुतरां सांख्योक्त तत्त्वसमूह से (जिनका ब्रह्मात्मकत्व स्वीकृत नहीं है), उक्त वाक्य के लक्ष्यीकृत पदार्थ विभिन्न कहकर प्रतिपन्न होते हैं। उक्त पदार्थों के आधारस्थानीय

ब्रह्म, और आकाश, इस वाक्य में उक्त "पञ्च पञ्चजन" से अतिरिक्त कहकर उक्त वाक्य द्वारा प्रतिपन्न होते हैं; सुतरां सांख्य के पंचविंशति तत्त्वों से अधिक और दो तत्त्व सिद्ध हो जाते हैं। (सांख्य का आकाश तत्त्व भी पञ्चविंशति तत्त्वों के अन्तर्गत है; सुतरां वाक्यार्थ की खर्वता करके भी यदि इस आकाश की पञ्चविंशति में गणना की जाये, तो भी सबका आधारस्थानीय जो ब्रह्म 'यस्मिन्' शब्द द्वारा परिलक्षित हुआ है, उक्त वाक्य का किसी प्रकार अर्थ करके उसको इस पञ्चविंशति संख्या में भुक्त नहीं कर सकते।)

१ अ० ४ पाद १२ सूत्र। **प्राणादयो वाक्यशेषात्।।**

भाष्य—"प्राणस्य प्राणम्" इत्यादि वाक्यशेषात् ते पञ्चजनाः प्राणा बोध्याः।

व्याख्या—तद्वाक्योक्त 'पञ्चजन' शब्द का अर्थ प्राणादि पञ्च; कारण, वाक्यशेष में यही प्रदर्शित हुआ है। यथा—"प्राणस्य प्राणमुत चक्षुषश्चक्षुरुत श्रोत्रस्य श्रोत्रमन्नस्यान्नं मनसो ये मनो विदुः" इत्यादि [जो उपासकगण प्राण का प्राण, चक्षु का चक्षु, श्रोत्र का श्रोत्र, अन्न का अन्न, और मन के मन को जानते हैं] इत्यादि।

१ अ० ४ पाद १३ सूत्र। **ज्योतिषैकेषामसत्यन्ने।।**

[**ज्योतिषा**—ज्योतिःशब्देन पञ्चसंख्या पूर्यते, एकेषाम् असति अन्ने; एकेषां काण्वानां पाठे अन्नशब्दस्य अविद्यमानत्वे।]

भाष्य—काण्वानां वाक्यशेषे त्वसत्यन्ने उपक्रमगतेन ज्योतिषा पञ्चत्वं पूरणीयम्।

व्याख्या—काण्वशाखा के उक्त वाक्य में अन्नशब्द का पाठ नहीं है, उनके पाठ में प्रथम ही अधिकन्तु ज्योतिष् शब्द है (यथा "तद्देवा ज्योतिषां ज्योतिः") तद्द्वारा काण्वशाखा में भी पञ्चसंख्या का पूरण होता है। अतएव सांख्योक्त पञ्चसंख्या ज्ञापन करना श्रुतिवाक्य का अभिप्राय नहीं है।

१ अ० ४ पाद १४ सूत्र। **कारणत्वेन चाकाशादिषु यथा व्यपदिष्टोक्तेः।।**

(लक्षणसूत्रादिषु ब्रह्मलक्षणं यथा व्यपदिष्टं, तथा आकाशादिवाक्येषु अपि कारणत्वेन उक्तम्, तस्मान्न श्रुतिविरोधः।)

भाष्य—सर्वज्ञं सर्वशक्ति ब्रह्मैव सर्वत्राकाशादिः सृष्टिविषयकवाक्येषु ग्राह्यं, लक्षणसूत्रादिषु यत्प्रकारकं ब्रह्म व्यपदिष्टं, तत्प्रकारकस्यैवाकाशादित्वेन प्रतिपादितत्वात्।

अस्यार्थः—सर्वज्ञ सर्वशक्तिमान् ब्रह्म ही सर्वत्र आकाशादि-सम्बन्धीय

सृष्टिविषयक वाक्य का ग्राह्य है; कारण, ब्रह्म के लक्षणव्यञ्जक सूत्रादि में उसके जो धर्म उपदिष्ट हुए हैं, वे सभी कार्यभूत आकाशादि में कारणत्व आरोपित करके प्रतिपादित हुए हैं। (अतएव भिन्न-भिन्न उपलक्षण में ब्रह्म ही जगत्कारण कहकर सब श्रुतियों में वर्णित है, उसके सम्बन्ध में श्रुति-वाक्यों का कोई विरोध नहीं है।)

इति बृहदारण्यकोक्त संख्यासंग्रहवचनस्य
सांख्योक्तप्रधानविषयत्वाभाव-निरूपणाधिकरणम्

—•—

१ अ० ४ पाद, १५ सूत्र। **समाकर्षात्**।।

भाष्य–"सोऽकामयत" इति प्रकृतस्य सत एव ब्रह्मणः "असद्वा इदम्" इत्यत्र समाकर्षात्, "आदित्यो ब्रह्म" इति प्रकृतस्य ब्रह्मणः "असदेवेदम्" इत्यत्र समाकर्षात्। असच्छब्देन सृष्टेः पूर्वं नामरूपाविभागात् तत्सम्बन्धितयाऽस्तित्वाभावेन सद्रूपं ब्रह्मैवाभिधीयते। "तदेवं तर्ह्यव्याकृतमासीत्तन्नामरूपाभ्यामेव व्याक्रियते" इत्यव्याकृतशब्दोदितस्योत्तरवाक्ये "स एष इह प्रविष्ट आनखाग्रेभ्यः" इत्यादौ समाकर्षादचेतनस्य प्रधानस्यान्तःप्रविश्य प्रशासितृत्वाद्यसम्भवात्, तदन्तरात्मभूत-मव्याकृतं ब्रह्मेत्युच्यते। जगत्कारणप्रतिपादकेषु वाक्येषु लक्षणसूत्रादिना निर्णीतं ब्रह्मैव ग्राह्यं, न प्रधानशंकागन्धोऽपीति भावः।

अस्यार्थः–तैत्तिरीय उपनिषद् की द्वितीय वल्ली में कथित "असद्वा दमग्र आसीत्" इस वाक्य में इसी श्रुति में पूर्वकथित "सोऽकामयत" वाक्योक्त सद्ब्रह्म ही श्रुति के अर्थ द्वारा आकर्षित हुआ है; इसी प्रकार "असदेवेदम्" छान्दोग्योक्त वाक्य में "आदित्यो ब्रह्म" इस वाक्योक्त ब्रह्म अर्थ द्वारा आकर्षित हुआ है। पूर्वोक्त वाक्यस्थ "असत्" शब्द से इतना ही ज्ञात होता है कि, नामरूपविभागपूर्वक सृष्टि के पूर्व में इस नामरूप के न रहने के कारण, इस सम्बन्ध में जगत् न रहने के सदृश हो कर, केवल सत्स्वरूप ब्रह्मरूप में अवस्थित था। "उस समय जगत् अव्याकृत था, पश्चात् नामरूप से प्रकाशित हुआ" इस वाक्य में अव्याकृत शब्द द्वारा जगत् की सृष्टि की प्रागवस्था प्रथम वर्णित हुई है। तत्पश्चात् श्रुति ने कहा है, "वह नखाग्रपर्यन्त इसके सर्वाङ्ग में प्रविष्ट हुआ"; इस वाक्य में पूर्ववाक्योक्त अव्याकृत (अप्रकाशित) पदार्थ आकर्षित हुआ है। परन्तु सांख्योक्त प्रधान का इस प्रकार अन्तःप्रवेश-पूर्वक प्रशासनकार्य असम्भव हैं। अतएव जागतिक पदार्थ का अन्तरात्मभूत "अव्याकृत" पदार्थ ब्रह्म कहकर ही उपपन्न होता है। अतएव ब्रह्म का लक्षण जिन सकल श्रुतिवाक्यों में स्पष्ट

रूप से वर्णित हुआ है, तदुक्त ब्रह्म ही जगत्कारण-प्रतिपादक वाक्यों का अभिधेय है, उसमें प्रधान की गंध भी नहीं है।

इति असत्-शब्दस्य ब्रह्मबोधकतानिरूपणाधिकरणम्।

—•—

१ अ०, ४ पाद, १६ सूत्र। **जगद्वाचित्वात्।।**

भाष्य–"यो वै बालाके! एतेषां पुरुषाणां कर्त्ता यस्यैतत् कर्म" इति वाक्ये धर्म्माधर्मकर्मफलभोक्ता तन्त्रोक्तपुरुषो वेदितव्यः इति न वक्तुं शक्यं, परमात्मैवात्र वेदितव्यत्वेन निर्दिष्टः। कुतः? "ब्रह्म ते ब्रवाणि" इति ब्रह्मप्रकरणात्। क्रियते यत्तत् कर्मेति कर्मशब्दस्य जगद्वाचित्वात्, "एतदि"-त्यनेन सर्वनाम्ना प्रत्यक्षादिप्रमाणसिद्धस्य जगत उपिस्थतत्वाच्च, तन्त्रोक्तपुरुषप्रकरणाभावाच्च।

व्याख्या–कौषीतकी उपनिषद् में "यो वै बालाके! एतेषां पुरुषाणां कर्त्ता यस्यैतत् कर्म" [हे बालाकि! जो इन सब पुरुषों का कर्त्ता है, ये सब जिसके कर्म हैं।] इस वाक्य का वाच्यवस्तु-सांख्योक्त धर्माधर्मादि कर्मफल का भोक्ता पुरुष अवधारित होता है, ऐसा कहा नहीं जा सकता; परन्तु परमात्मा ही इसा स्थल में वेदितव्य रूप से निर्दिष्ट हुआ है। कारण "ब्रह्म ते ब्रवाणि" (हम तुमको ब्रह्म उपदेश करेंगे) इस वाक्य-द्वारा प्रकरण आरम्भ हुआ है; एवं "क्रियते यत्तत् कर्म" इस व्युत्पत्ति द्वारा कर्म-शब्द से इन श्रुतियों में जगत् आभासित होता है; "एतत्" शब्द भी प्रत्यक्षादि-प्रमाण-सिद्ध जगत् के सम्बन्ध में ही व्यवहृत होता है। एवं विशेषतः सांख्योक्त पुरुष के इस प्रकरण के उपदेश का विषय न होने से परमात्मा ही इस स्थल में उक्त हुआ है ऐसा समझना पड़ेगा।

१ अ०, ४ पाद, १७ सूत्र। **जीवमुख्यप्राणलिङ्गान्नेति चेत्तद्व्याख्यातम्।।**

भाष्य–"एष प्रज्ञात्मा एतैरात्मभिर्भुङ्क्ते" इति जीवलिङ्गात् "अथास्मिन् प्राणे एवैकधा भवति" इति मुख्यप्राणलिङ्गाच्च तदन्यतरो ग्राह्यो न ब्रह्मेति चेत् तद्व्याख्यातम् प्रतर्दनाधिकारे। जीवादिलिङ्गानि तत्र ब्रह्मपरत्वेन व्याख्यातानि; तद्वदिहापि ज्ञेयानीत्यर्थः।

व्याख्या–वाक्यशेष में "एष प्रज्ञात्मा" इत्यादि वाक्यों में जीव का, और "अथास्मिन् प्राणे" इत्यादि वाक्यों में मुख्य प्राण का, उपदेश है; अतएव उक्त वाक्य का प्रतिपाद्य ब्रह्म नहीं है, यदि ऐसी आपत्ति करो, तो उसका उत्तर प्रथम पाद के शेष

सूत्र में प्रतर्दनाधिकार में व्याख्यात हुआ है। उक्त स्थान में जीवादिवाचक शब्दसमूह ब्रह्मबोधक हैं, इसकी व्याख्या की गई है; इस स्थल में भी तद्रूप ही समझना होगा।

१ अ०, ४ पाद, १८ सूत्र। **अन्यार्थं तु जैमिनिः, प्रश्नव्याख्यानाभ्यामपि, चैवमेके।।**

भाष्य–अस्मिन् प्रकरणे जीवग्रहणमन्यार्थं, जीवव्यतिरिक्तब्रह्मबोधार्थम् इति जैमिनिर्मन्यते, "क्वैष एतद्बालाके! पुरुषोऽशयिष्ट, क्व वा एतदभूत्, कुत एतदगादि"-ति प्रश्नात्, "यदा सुप्तः स्वप्नं न कंचन पश्यति अथास्मिन् प्राणे एवैकधा भवति" इत्यादि प्रतिवचनात् वाजसनेयिनोऽपि च एवमेव जीवव्यतिरिक्तं परमात्मानमामनन्ति। तत्राऽपि प्रश्नप्रतिवचने भवतः "क्वैष तदाभूत् कुत एतदगात्" इति प्रश्नः। "य एषोऽन्तर्हृदये आकाशस्तस्मिन् शेते" इति प्रतिवचनम्।

व्याख्याः–इस प्रकरण में जो जीवबोधक-शब्द की उक्ति है, वह अन्यार्थप्रतिपादक है, जीवाधिकरण में तद्व्यतिरिक्त ब्रह्मबोधार्थक है, यह जैमिनि का वचन है; इसकी एत्तत् प्रकरणोक्त प्रश्न ("क्वैष एतद्बालाके! पुरुषोऽशयिष्ट"?–हे वालाकि! यह पुरुष किस आश्रय में सुप्त था, इत्यादि प्रश्न)) एवं इसके उत्तर ("यदा सुप्तः स्वप्नं न कंचन पश्यति"–जब सुप्त पुरुष किसी प्रकार का स्वप्न नहीं देखता, इत्यादि उत्तर,) (कौषीतकी उपनिषद् चतुर्थ अध्याय) द्वारा वे मीमांसा करते हैं। ठीक इसी प्रकार प्रश्नोत्तर द्वारा वाजसनेयी लोग भी ब्रह्ममीमांसा करते हैं, ऐसा दृष्ट होता है। उसमें प्रश्न इस प्रकार हैं, यथा–"क्वैष तदाभूत्" इत्यादि, एवं उत्तर "य एष अन्तर्हृदये" इत्यादि हैं। (बृहदारण्यकोपनिषद् द्वितीय अध्याय प्रथम ब्राह्मण अजातशत्रु और वालाकिसंवाद द्रष्टव्य है।)

१ अ०, ४ पाद, १९ सूत्र। **वाक्यान्वयात्।।**

भाष्य–"आत्मा वा अरे द्रष्टव्यः" इत्यादिना परमात्मा द्रष्टव्यत्वेन ग्राह्यो, वाक्यस्योपक्रमादिपर्यालोचनया तत्रैवान्वयात्।

व्याख्याः–"आत्मा वा अरे द्रष्टव्यः श्रोतव्यो मन्तव्यो निदिध्यासितव्यो मैत्रेयी"-त्यादि बृहदारण्यक के द्वितीय अध्याय के चतुर्थ ब्राह्मण में उक्त वाक्य द्वारा परमात्मा ही उपदिष्ट हुआ है। पूर्वापर वाक्यों की समालोचना द्वारा परमात्मा में ही ये सब वाक्य समन्वित होते हैं।

१ अ०, ४ पाद, २० सूत्र। **प्रतिज्ञासिद्धेर्लिङ्गमाश्मरथ्यः।।**

भाष्य—प्रतिज्ञा-सिद्ध्यर्थम् एकविज्ञानेन सर्वविज्ञानप्रतिज्ञासिद्ध्यर्थं, जीवस्य परमात्मकार्यतया परमात्मानन्यत्वात् तद्वाचकशब्देन परमात्माभिधानं गमकम् इति आश्मरथ्यो मन्यते स्म।

व्याख्या:—एक के विज्ञान के द्वारा सर्वविषयक विज्ञान होता है, यही प्रकरण की प्रतिज्ञा का साध्य-विषय है; जीव परमात्मा का कार्यस्वरूप है, उससे अभिन्न है; अतएव जीववाचक-शब्द इस स्थल में परमात्मज्ञापक है। प्रकरणोक्त प्रतिज्ञा के प्रति लक्ष्य करके यही सिद्धान्त होता है कि, जीववाचक-शब्द परमात्मा का ही लिंग अर्थात् ज्ञापक है आश्मरथ्य मुनि ऐसा कहते हैं।

१ अ०, ४ पाद, २१ सूत्र। **उत्क्रमिष्यत एवम्भावादित्यौडुलोमिः।।**

भाष्य—शरीरात् उत्क्रमिष्यतो जीवस्य, एवम्भावात् अभेदभावात् ब्रह्मणा सह भावात्, तच्छब्देन ब्रह्माभिधीयते इत्यौडुलोमिः मन्यते स्म।

व्याख्या:—औडुलोमि मुनि का कथन है कि, शरीर से उत्क्रान्त जीव का ब्रह्मभाव होता है, सुतरां उक्त जीववाची शब्द वस्तुतः ब्रह्म का ही बोध उत्पन्न कराता है।

१ अ०, ४ पाद, २२ सूत्र। **अवस्थितेरिति काशकृत्स्नः।।**

भाष्यः—जीवात्मनि स्वनियम्ये "अन्तःप्रविष्टः शास्ता जनानाम्" इत्यादौ प्रसिद्धस्य परमात्मनो नियन्तृत्वेनावस्थितेर्हेतोर्नियम्यपदेनोपक्रमादौ नियन्तृपरिग्रह इति काशकृत्स्नो मन्यते स्म।

व्याख्या—अपनी नियन्तृत्वाधीनता में अवस्थित जीवात्मा में "अन्तःप्रविष्ट" इत्यादि श्रुति-प्रमाणानुसार परमात्मा के नियन्तृरूप से अवस्थिति के हेतु, नियम्य पद में नियन्ता का ही परिग्रह समझना होगा, ऐसा काशकृत्स्न मुनि का वचन है।

१ अ०, ४ पाद, २३ सूत्र। **प्रकृतिश्च प्रतिज्ञादृष्टान्तानुपरोधात्।।**

भाष्य—प्रकृतिरुपादानकारणं चकारान्निमित्तकारणञ्च परमात्मैव। उत त्वमादेशमप्राक्षो येनाश्रुतं श्रुतं भवत्यामतं मतं भवत्यविज्ञातं विज्ञातं भवति" इति प्रतिज्ञायाः, "यथा सौम्य एकेन मृत्पिण्डेन सर्वं मृण्मयं विज्ञातं स्यात्" इति दृष्टान्तस्य च सामञ्जस्यात्।

(अनुपरोधात्, प्रतिज्ञादृष्टान्तौ न उपरुध्येते, तद्धेतोः।)

व्याख्या—ब्रह्म जगत् का केवल प्रकृति अर्थात् उपादान-कारण ही नहीं है; वह

जगत् का निमित्त–कारण भी है। इस प्रकार के सिद्धान्त में ही श्रुति की प्रतिज्ञा और दृष्टान्त का सामञ्जस्य होता है; प्रतिज्ञा, यथा "उत त्वमादेशमप्राक्षो येनाश्रुतं श्रुतं भवत्यमतं मतं भवत्यविज्ञातं विज्ञातं भवति"=क्या तुमने उस उपदेश की जिज्ञासा की है (उसे पाया है) जिसके द्वारा अश्रुत भी श्रुत होता है, अचिन्तित भी चिन्तित होता है, अज्ञात भी ज्ञात होता है? दृष्टान्त यथा–"यथा सौम्य! एकेन मृत्पिण्डेन सर्वं मृण्मयं विज्ञातं स्यात्"=हे सौम्य! जिस प्रकार एक ही मृत्पिण्ड के विज्ञान से मृण्मय समस्त वस्तुओं का विज्ञान होता है, (छान्दोग्योपनिषद् षष्ठ प्रपाठक)। गुणात्मक जगत् के ज्ञान द्वारा ब्रह्म का ज्ञान नहीं होता, एवं पुरुष का उपादान प्रकृति नहीं है; अतएव ब्रह्म ही जो जगत् का निमित्त और उपादान उभयविध कारण है, इसी को उक्त श्रुति ने प्रतिपन्न किया है।

१ अ०, ४ पाद, २४ सूत्र। **अभिध्योपदेशात्।।**

भाष्य–(अभिध्या सृष्टिसंकल्पः) "तदैक्षत बहु स्याम्" इत्यादिना तदुपदेशात् ब्रह्मणः स्रष्टृत्वप्रकृतित्वे वर्त्तेते।

व्याख्या–"स्वयं बहुत हूँगा", ब्रह्म ने इस रूप से ईक्षण किया था, ऐसा स्पष्ट रूप से श्रुति ने उपदेश किया है, इससे जगत् का निमित्त–कारण एवं प्रकृति (उपादानकारण) ब्रह्म है ऐसा ही सिद्धान्त होता है।

१ अ०, ४ पाद, २५ सूत्र। **साक्षाच्चोभयाम्नानात्।।**

(साक्षात्–च–उभय–आम्नानात्।)

भाष्य–"ब्रह्मवनं ब्रह्म च वृक्ष आसीद्यतो द्यावापृथिवीनिष्ठतक्षर्मनीषिणो मनसा" "पृच्छ्यते एतद्यदध्यतिष्ठद्भुवनानि धारयन्नि'–ति निमित्तत्वमुपादानञ्च ब्रह्मणः आम्नानाद्ब्रह्मैवोभयरूपम्।

व्याख्या–श्रुति ने ब्रह्म के उभयविध कारणत्व का साक्षात्ससम्बन्ध में ही उपदेश किया है। अतएव तद्विषयक कोई सन्देह हो नहीं सकता। श्रुति यथा–"ब्रह्मवनं ब्रह्म स वृक्ष आसीद्यतो द्यावापृथिवी....एतद्यदध्यतिष्ठद्भुवनानि धारयन्" इत्यादि (ब्रह्म ही वन है, ब्रह्म ही वह वृक्ष है, जिससे पृथिवी और आकाश निर्मित हुए हैं, इसे आचार्य ने ध्यान योग में निश्चित रूप से अवगत करके जिज्ञासुओं को उपदेश किया है)। यह उत्तर, एवं प्रश्न "जो समस्त भुवन को धारण करके उसमें अधिष्ठित है, वह क्या है?" इस प्रश्न एवं उत्तर के द्वारा श्रुति ने (तै० ब्रा० २, ८, ९) ब्रह्म को निमित्त एवं उपादान उभय कारण कहकर वर्णित किया है; अतः ब्रह्म उभयरूप है।

१ अ०, ४ पाद, २६ सूत्र। **आत्मकृतेः, परिणामात्।।**

(आत्मसम्बन्धिनी कृतिः करणं, तद्धेतोः इत्यर्थः। तत्त परिणामात् ब्रह्मैव निमित्तमुपादानञ्च।)

भाष्य–ब्रह्मैव निमित्तमुपादानञ्च। कुतः? "तदात्मानं स्वयमकुरुत" इत्यात्मकृतेः। ननु कर्त्तुः कुतः कृतिविषयत्वम्? परिणामात् सर्वज्ञं सर्वशक्ति ब्रह्म स्वशक्तिविक्षेपेण जगदाकारं स्वात्मानं परिणम्य अव्याकृतेन स्वरूपेण शक्तिमता कृतिमता परिणतमेव भवति।

व्याख्या–ब्रह्म ही जगत् का निमित्त और उपादान कारण है; कारण, "तदात्मानं स्वयमकुरुत" (तैत्ति० २ व) (उसने स्वयं अपने को सृष्ट किया था) इस श्रुतिवाक्य ने ब्रह्म को ही स्वयं कर्त्ता और कर्म कहकर प्रकाश किया है। किन्तु कर्त्ता का ही कर्मत्व किस प्रकार हो सकता ऐसी जिज्ञासा में कहते हैं 'परिणामात्', सर्वज्ञ सर्वशक्तिमान् ब्रह्म स्वशक्ति विक्षेपपूर्वक अपने को जगदाकार में परिणमित करता है, अविकृत रूप से भी अवस्थान करता है, यही उसकी सर्वशक्तिमत्ता का परिचय है।

शांकरभाष्य में भी इस सूत्र की इसी प्रकार व्याख्या की गई है; यथा–"इतश्च प्रकृतिर्ब्रह्म। यत्कारणं ब्रह्म प्रक्रियायां "तदात्मानं स्वयमकुरुत" इत्यात्मनः कर्मत्वं कर्त्तृत्वं च दर्शयति। आत्मानमिति कर्मत्वं स्वयमकुरुतेति कर्त्तृत्वम्। कथं पुनः पूर्वसिद्धस्य सतः कर्त्तृत्वेन व्यवस्थितस्य क्रियमाणत्वं शक्यं सम्पादयितुम्? परिणामादिति ब्रूमः। पूर्वसिद्धोऽपि हि सन्नात्मा विशेषेण विकारात्मना परिणामयामासात्मानमिति। विकारात्मना च परिणामो मृदाद्यासु प्रकृतिमुपलब्धम्। स्वयमिति च विशेषणात् निमित्तान्तरानपेक्षत्वमपि प्रतीयते"।

भावार्थः–"तदात्मानं स्वयमकुरुत" (उसने अपनी सृष्टि स्वयं की थी) इस वाक्य के द्वारा सिद्धान्त होता है कि, ब्रह्म ही कर्त्ता, और वही कर्मरूप जगत् है। सृष्टि के पूर्व में अवस्थित सिद्धवस्तु किस प्रकार पुनः सृष्टिक्रिया का कर्म हो सकती है, उसके उत्तर में हम कहते हैं कि, परिणाम द्वारा, अर्थात् पूर्वसिद्ध होकर भी शक्तिमत्ता द्वारा, उसने अपने को स्वयं विकारित किया था, मृत्तिकादि-स्थलों में भी इसी प्रकार विकार दृष्ट होता है। उसने स्वयं किया था इससे, वही निमित्तकारण भी है, जगत् का अन्य कोई निमित्तकारण नहीं है, यही प्रतिपन्न हुआ।

सुतरां ब्रह्म का द्विरूपत्व सूत्रकार ने स्पष्टरूप प्रतिपन्न किया, यह सर्ववादिसम्मत है। ब्रह्म स्वरूपतः जगदतीत है, और जगत् भी उसी का रूप है। सुतरां ब्रह्म के

द्विरूपत्व का जो शङ्कराचार्य ने पीछे प्रत्याख्यान किया है, वह श्रुति और सूत्रकार के मत के विरुद्ध है।

१ अ०, ४ पाद, २७ सूत्र। **योनिश्च हि गीयते।।**

भाष्य–"यद्भूतयोनिं परिपश्यन्ति धीराः कर्त्तारमीशं पुरुषं ब्रह्मयोनिमि"–ति चेति योनिशब्देन ब्रह्म गीयते। अतो ब्रह्मैवोपादानम्।

व्याख्या–श्रुति ने ब्रह्म को सबकी योनि कहकर वर्णन किया है, उससे भी ब्रह्म जगत् का उपादान कारण है, यह सिद्धान्त होता है। (श्रुति यथा–यद्भूतयोनिं परिपश्यन्ति धीराः" "कर्त्तारमीशं पुरुषं ब्रह्मयोनिम्" इत्यादि।)

१ अ०, ४ पाद, २८ सूत्र। **एतेन सर्वे व्याख्याता व्याख्याताः।**

भाष्य–एतेनाधिकरणसमुदायेन सर्वे वेदान्ता ब्रह्मपरत्वेन व्याख्याता व्याख्याताः।

व्याख्या–अब तक जो उक्त हुआ, तद्द्वारा उल्लिखित अनुल्लिखित समस्त वेदान्त का ही ब्रह्मपरत्व व्याख्यात हुआ ऐसा समझ लेना होगा।

इति श्रुतिवाक्यार्थविचारेण ब्रह्मणो न तु जीवस्य जगदुपादाननिमित्तकारणत्वनिरूपणाधिकरणम्।

इति वेदान्तदर्शने प्रथमाध्याये चतुर्थपादः समाप्तः।

—•—

द्वितीय अध्याय

प्रथम अध्याय में ब्रह्म का जगत्कारणत्व अवधारित हुआ है; ब्रह्म जगत् का निमित्त और उपादान कारण दोनों है; ज्ञान, ज्ञेय, ज्ञाता, ये तीनों ही ब्रह्म हैं; दृश्य जड़वर्ग और जीवचैतन्य, एवं एतदुभय के नियन्तृरूप में सर्वत्र अनुप्रविष्ट जो ईश्वर है, ये तीनों की ब्रह्म के रूप हैं; जीव रूपी ब्रह्म को जीवब्रह्म, एवं दृश्य-जड़वर्गरूपी ब्रह्म को विराट्-ब्रह्म अथवा जगद्ब्रह्म कहते हैं। ईश्वररूपी ब्रह्म सबका नियन्ता और अन्तर्यामी है; जगत् ही अव्यक्तकृत अवस्था के प्रति लक्ष्य करके उसको गुणातीतनिर्गुण भी कहते हैं।

सांख्यदर्शन के उपदेश के साथ वेदान्त-दर्शन के उपदेश का तारतम्य भी प्रथम अध्याय के चतुर्थ पाद में प्रदर्शित हुआ है। प्रकाशित जगत् के चौबीस भेद हैं, जो सांख्यशास्त्र में चतुर्विंशति-तत्त्व के नाम से विवृत हुए हैं, उनके साथ वेदान्तदर्शन का वास्तविक विरोध नहीं है। तो उभय दर्शनोक्त उपदेशों में पार्थक्य यह है कि, चतुर्विंशति-तत्त्वात्मक जगत् ब्रह्म से पृथक् रूप से अस्तित्वशील कहकर सांख्यशास्त्र में उपदिष्ट हुआ है; जगत् की बीजरूपा अव्यक्ता प्रकृति को सांख्याचार्य ने अचेतन-स्वभावा एवं ब्रह्म से पृथक् रूप में अस्तित्वशालिनी कहकर वर्णन किया है। वेदान्ताचार्य ने जगत् को ब्रह्म से अभिन्न एवं अव्यक्तरूपा प्रकृति को उसी की शक्तिमात्र कहकर वर्णन किया है। कठ और श्वेताश्वतर प्रभृति श्रुतियों का विचार जो प्रथम अध्याय के चतुर्थ पाद में प्रवर्त्तित हुआ है, उसका फल यही मात्र है कि, सांख्यशास्त्र ने इस जगत् और अव्यक्त-प्रधान को जो परमात्मा से पृथक् कहकर वर्णन किया है, वह वेदान्तवाक्य का विरोधी है। ब्रह्म की सृष्टिप्रकाशिनी अव्यक्ता शक्ति ही जगत्प्रकाश का हेतु है; "अव्यक्त" परमात्मा से पृथक् रूप से अस्तित्वशील पदार्थ नहीं है, यह उसी की शक्तिविशेष है। ब्रह्म की यही अव्यक्ता शक्ति जैसे सृष्टि को प्रकाशित करती है, तद्रूप प्रलयकाल में जगत् को आकर्षण करके अपने में लीन करती है; इस प्रकार से एक

प्रकार के सृष्टि-प्रकाश और आकुञ्चन, फिर किञ्चित् भिन्न रूप से सृष्टि-प्रकाश और आकुञ्चन-व्यापार ब्रह्म का स्वरूपगत नित्यधर्म है; यह उसका नित्य क्रीड़ा स्वरूप है।

परन्तु यह भी वेदान्तदर्शन का स्वीकार्य है कि, परमात्मा ब्रह्म जगत् से अतीत नित्य निर्विकार रूप से भी विराजित है; सुतरां जगत् के साथ उसका सम्बन्ध भेदाभेद सम्बन्ध कहकर वर्णन किया जाता है। उसके जगदतीत स्वरूप के प्रति लक्ष्य करके, सांख्याचार्य ने भेद-सम्बन्ध स्थापन किया है; वेदान्ताचार्य ने उसके जगदतीत स्वरूप को स्वीकार करके भी, इस भेद में पुनः वेदान्तवाक्यबल से अभेदत्व प्रमाणित करके, भेदाभेद सम्बन्ध स्थापित किया है। भेद-सम्बन्ध-स्थापन का फल जगत् के प्रति अनात्मबुद्धि और आत्मविवेक ज्ञान की पुष्टि है; भेदाभेद सम्बन्ध स्थापन का फल जगत् की ब्रह्मात्मकता-बुद्धि की पुष्टि, एवं जगत्-पाता के अपिरसीम शक्ति चिन्तन में तत्प्रति प्रेम और भक्ति का विकाश करना है। सांख्य में स्थापित भेदसम्बन्ध, वेदांत में स्थापित भेदाभेदसम्बन्ध के अन्तर्भूत है; कारण, अभेदसम्बन्ध में भी भेदसम्बन्ध की स्थिति वेदान्तमत में भी स्वीकृत है। परन्तु जीवचैतन्य के भी सांख्यमत में स्वरूपतः विभुस्वभाव होने के कारण, एवं उस विभु आत्मस्वरूप के ध्येय कहकर सांख्य में उक्त होने से, ब्रह्म ही दोनों प्रणालियों के साधकों के द्वारा गम्य है; सुतरां दोनों दर्शनों के उपदेश के प्रभेद द्वारा केवल साधन-प्रणालियों का ही प्रभेद स्थापित होता है; गन्तव्य परब्रह्म दोनों पक्षों में एक है। उपासक उपास्य के स्वरूप को प्राप्त होता है, यह सर्ववेदान्तों का सिद्धान्त है; सुतरां विभु आत्मा का ध्यानकारी सांख्यमार्ग का साधक जो तद्रूपता प्राप्त होगा, यह सर्वसम्मत और स्वतःसिद्ध है। श्रीमद्भगवद्गीता में श्री भगवद्वाक्य-प्रसंग में वेदव्यास ने स्वयं ज्ञात कराया है कि:-

यत् सांख्यैः प्राप्यते स्थानं तद्योगैरपि गम्यते।
एकं सांख्यं च योगं च यः पश्यति स पश्यति।।

(५ अ०, ५ श्लोक)

सांख्ययोगिगण जो स्थान लाभ करते हैं, भक्तयोगिगण भी वही स्थान लाभ करते हैं। अर्थात् उभय प्रकार के योगी ब्रह्मपद लाभ करते हैं। जो (फल के विषय में) सांख्य और योग को एक देखता है, वही यथार्थदर्शी है। श्लोकोक्त योग-शब्द का आशय भक्तियोग है, यह इस अध्याय के १०।१४ प्रभृति श्लोकों के देखने से सिद्धान्त होता है।

परमकारुणिक श्रीभगवान् वेदव्यास ने सगुण-निर्गुण-भेद से ब्रह्म के पूर्ण-स्वरूप की वर्णना-द्वारा भक्तियोग, जिसको पूर्णब्रह्मयोग कहकर वर्णन कर सकते हैं, तत्प्रति

निष्ठा स्थापन करने के निमित्त सांख्योपदेश की एक-देश-दर्शिता का प्रदर्शन करके चेतनाचेतन समस्त जगत् की ब्रह्मात्मकता एवं ब्रह्म का जगन्नियन्तृत्व स्थापित किया है। ब्रह्मसूत्र में सांख्यशास्त्र के विचार का एकमात्र यही उद्देश्य है। शिष्य की वितण्डा बुद्धि को बढ़ाना इस विचार का अभिप्राय नहीं है।

इस भक्तिनिष्ठा की वृद्धि के अभिप्राय से सांख्योक्त जगत् और परमात्मा का भेदसम्बन्ध वेदान्तवाक्य का अनभिमत है, ऐसा प्रथमाध्याय में सिद्धान्त करके अब श्रीमद्भगवान् वेदव्यास द्वितीयाध्याय में स्मृति और युक्ति-प्रमाण-द्वारा इस भेद-संबध-वाद का निरास करके, स्वीय उपदिष्ट भेदाभेद-सम्बन्ध को दृढ़ करने में प्रवृत्त होते हैं। इति।

—•—

प्रथम पाद

२ अ०, १ पाद, १ सूत्र। **स्मृत्यनवकाशदोषप्रसङ्ग इति चेन्नान्यस्मृत्यनवकाशदोषप्रसङ्गात्।।**

(स्मृति–अनवकाशदोष–प्रसंगः, ब्रह्मणः जगत्कारणत्वे कपिलादि–कृतानां स्मृतीनाम् अनवकाशः अनवस्थानतया आनर्थक्यं भवति; इति चेत्; तन्न; अन्यस्मृति–अनवकाशदोषप्रसंगात्, अन्यस्मृतीनां मन्वादिप्रणीतानाम् अनवकाशदोषः स्यात्; तस्मात् ब्रह्मणः जगत्कारणत्ववादे न दोषः।)

भाष्य–उक्तसमन्वयस्याविरोध–प्रकारः प्रतिपाद्यते। ननु श्रुत्युपवृंहणाय स्मृत्यपेक्षा वर्त्तते, तत्र साङ्ख्यस्मृतिर्ग्राह्या। न चाचेतनकारणवादिनी साऽतो न ग्राह्येति वाच्यम्। स्मृत्यनवकाश–दोष–प्रसंगादिति चेन्न; अन्यस्मृतीनां वेदोक्तचेतनकारणविषयाणां बाधप्रसंगादिति वाक्यार्थः।

व्याख्या–पूर्व अध्याय के शेष पाद में चेतन ब्रह्म की जगत्कारणता के विषय में जो मीमांसा की गई है, इस क्षण में उसके साथ स्मृति और युक्ति का अविरोध प्रतिपन्न किया जाता है:– इस प्रकार आपत्ति हो सकती है कि, श्रुति का यथार्थ तात्पर्य जानने और उसके पुष्टि साधन के निमित्त स्मृतिवाक्यसविचार की अपेक्षा है; अतएव–सांख्य–स्मृति ने जगत्कारण विषयक जो मत प्रकाशित किया है, उसे ही श्रुति–प्रतिपादित कहकर ग्रहण करना उचित है। अचेतन कारणवादिनी होने के कारण सांख्यस्मृति ग्रहणीय नहीं है–इस प्रकार जो सिद्धान्त है, वह आदरणीय नहीं है। कारण, जगत् का निमित्त और उपादान कारण ब्रह्म है, यह मत कपिलादि आचार्य, जिनकी पूर्णसिद्ध और ज्ञानी नाम से शास्त्रों में प्रसिद्धि है, तत्प्रणीत स्मृति के विरुद्ध है; यह मत संगत होने से, कपिलादिप्रणीत स्मृति का अनवस्था–दोष होता है। अतएव यह सिद्धान्त संगत नहीं है। इस प्रकार आपत्ति होने से वह कार्यकर नहीं है। कारण, ब्रह्म का जगत्कारणत्व मत अस्वीकार करने से दूसरी ओर वेदोक्त चेतनकारणविषयक अन्य मन्वादिकृत स्मृतियों की भी अनवस्था हो जाती है।

ब्रह्म के जगत्कारणत्व–विषय में मनुस्मृति, यथा–

महाभूतादिवृत्तौजाः प्रादुरासीत्तमोनुदः।
सोऽभिध्याय शरीरात् स्वात् सिसृक्षुर्विविधाः प्रजाः।
अप एव ससर्ज्जादौ तासु वीर्यमपासृजत्।। इत्यादि।

२ अ०, १ पाद, २ सूत्र। **इतरेषाञ्चानुपलब्धेः।**

भाष्य–इतरेषां, मन्वादीनां वेदस्य प्रधानपरत्वानुपलब्धेश्च वेदविरुद्धस्मृतेरप्रामाण्यम्।

अस्यार्थः–वेद का प्रधानपरत्व (अर्थात् प्रधान ही जगत्कर्त्ता है, यह वेद का अभिप्रेत है, यह मत) सांख्य भिन्न अन्य (मन्वादि) स्मृतियों के अनभिमत होने के कारण, वेदविरुद्ध सांख्यस्मृति प्रमाण-स्वरूप में ग्रहणीय नहीं है।

इति सांख्यस्य स्मृतित्वेऽपि प्रामाणाभावत्वनिरूपणाधिकरणम्।

—•—

२ अ०, १ पाद, ३ सूत्र। **एतेन योगः प्रत्युक्तः।**

भाष्य–सांख्यस्मृतिनिरासेन योगस्मृतिरपि प्रत्याख्याताऽस्ति।

व्याख्याः–इस एक ही कारण से सांख्यानुसारिणी योगस्मृति का भी अप्रामाण्य सिद्धान्त हुआ, ऐसा समझना होगा।

इति योगस्यापि प्रामाण्याभावनिरूपणाधिकरणम्।

—•—

भाष्य–तर्कबलेन प्रत्यवतिष्ठते।।

व्याख्या–इस क्षण में शास्त्रनिक्षेप युक्ति के आधार से ब्रह्म के जगत्कारणत्व विषय में जो सब आपत्तियाँ उपस्थित होती हैं, उनके खण्डन के अभिप्राय से पहले आपत्ति का उल्लेख होता है। यथा–

२ अ०, १ पाद, ४ सूत्र। **न विलक्षणत्वादस्य तथात्वञ्च शब्दात्।।**

भाष्य–जगतो न चेतनप्रकृतिकत्वम्; विलक्षणत्वात्। (जगतः अचेतनत्वात् परमात्मनश्च चेतनत्वात्, अस्य जगतः, न तथात्वम्)। विलक्षणत्वञ्च "विज्ञानञ्चाविज्ञानञ्चाभवदित्यादि"-शब्दादप्यस्यावगन्तव्यम्।

अस्यार्थः–जगत् अचेतन और ईश्वर चेतन है, अतएव ये परस्पर विलक्षण हैं, सुतरां जगत् ईश्वरप्रकृतिक हो नहीं सकता। जगत् का अचेतनप्रकृतिकत्व श्रुति में भी उल्लिखित है; यथा, "विज्ञानञ्चाविज्ञानञ्चाभवत् (तैत्ति० २ व०) इत्यादि।

२ अ०, १ पाद, ५ सूत्र। **अभिमानिव्यपदेशस्तु विशेषणानुगतिभ्याम्।**

भाष्य–"पृथिव्यऽब्रवीत्ते हेमे प्राणा अहं श्रेयसे विवदमाना ब्रह्म जग्मुः" इत्यादौ तु तदभिमानिनीनां देवतानां व्यपदेशः "हन्ताहमिमास्तिस्तो देवता" इति विशेषणात् "अग्निर्वाग् भूत्वा मुखं प्राविशदि"-त्याद्यनुगतेश्च।

व्याख्या–"पृथिव्यऽब्रवीत्ते हेमे प्राणा अहं श्रेयसे विवदमाना ब्रह्म जग्मुः" (बृ० ६ अ० १ ब्रा०), इत्यादि श्रुतियों में पृथिवी प्राण प्रभृति अचेतन पदार्थ की बात कहना, परस्पर में कौन श्रेष्ठ है इस पर विवाद करना इत्यादि विषयक जो उक्तियाँ हैं, वे अचेतनपदार्थबोधक पृथिव्यादि नहीं हैं, तदभिमानी देवता-बोधक हैं "हन्ताहमिमास्तिस्त्रो देवता" (छा० ६ अ० ३ ख०) इत्यादि वाक्यों में पृथिव्यादि देवता विशेषण द्वारा विशेषित की गई हैं, एवं "अग्निर्वाग्भूत्वा मुखं प्राविशत्" इत्यादि (ऐतरेय १ अ०) वाक्यों में जो अग्न्यादि की मुखादि में अनुगति का उल्लेख है, तद्द्वारा भी श्रुति ने वागाद्यभिमानयुक्त अग्न्यादि देवताओं का ही मुखप्रवेशनादि कार्य प्रकाशित किया है। अतएव उक्त श्रुतिवाक्य जगत् के अचेतनकारणत्व के विरोधी नहीं हैं।

इस क्षण में इन आपत्तियों का उत्तर दिया जाता है।

२ अ०, १ पाद, ६ सूत्र। **दृश्यते तु**।।

भाष्य–तत्रोच्यते पुरुषाद्विलक्षणस्य केशादेर्गोमयाद्विलक्षणस्य वृश्चिकस्योत्पत्तिर्दृश्ययतेऽतो ब्रह्मविलक्षणत्वाज्जगतो न तत्प्रकृतिकत्वमिति न वक्तव्यम्।

व्याख्या–किन्तु प्रत्यक्ष ही अनुमान की भित्ति है; चेतन से अचेतन, एवं अचेतन से चेतन की उत्पत्ति सदा ही प्रत्यक्षीभूत होती है; चेतन पुरुष से अचेतन केशादि की, अचेतन गोमय से चेतन वृश्चिकादि की उत्पत्ति सदा ही प्रत्यक्षीभूत होती है; अतएव चेतन ईश्वर से अचेतन जगत् की उत्पत्ति अनुमान-विरुद्ध कहकर जो आपत्ति की जाती है, वह अमूलक है।

२ अ०, १ पाद, ७ सूत्र। **असदिति चेन्न प्रतिषेधमात्रत्वात्**।।

भाष्य–ननूपादानादुपादेयस्य विलक्षणत्वे उत्पत्तेः पूर्वं तदसद्भवितुमर्हतीतिः नैष दोषः पूर्वं सूत्रे प्रकृतिविकारयोः सर्वथा सादृश्यनियमस्य प्रतिषेधमात्रत्वात्।

अस्यार्थः–परन्तु यदि उक्त तर्क सङ्गत तर्क हो, तो तदनुसार जब कार्यवस्तु और उसका उपादानकारण परस्पर विलक्षण हैं, तो उत्पत्ति के पूर्व और प्रलयकाल में कार्यवस्तु एकान्त 'असत्' हो जाती है। किन्तु सद्वस्तु का एकान्त विनाश नहीं है, एवं एकान्त असत् की उत्पत्ति नहीं है, यह सर्ववादिसम्मत है। ऐसी आपत्ति होना सङ्गत

नहीं है; कारण पूर्वसूत्र में प्रकृति और विकार इन दोनों का सर्वप्रकार सादृश्य रहने के नियम मात्र का ही प्रतिषेध किया गया है।

२ अ०, १ पाद, ८ सूत्र। **अपीतौ तद्वत् प्रसङ्गादसमञ्जसम्।।**

भाष्य–आक्षेपः–(अपीतौ) प्रलयसमये (तद्वत्-अचेतन) कार्यवत् कारणस्यापि अचेतनत्वादिप्राप्तिप्रसङ्गात् जगदुपादानं ब्रह्मेत्यसमञ्जसम्।

अस्यार्थः–यह सूत्र आपत्तिसूचक है; आपत्ति इस प्रकार है, यथा–अचेतन जगत् का एकान्त विध्वंस नहीं है स्वीकार करने से, यह भी स्वीकार करना पड़ेगा कि प्रलयकाल में कार्यरूप अचेतन जगत् की अवस्थिति ब्रह्म में होती है, अतएव चेतन ब्रह्म की भी उस समय अचेतनत्व-प्राप्ति का प्रसङ्ग आता है; अतएव ब्रह्म ही जगत् का उपादान है, यह मत असङ्गत है।

२ अ०, १ पाद, ९ सूत्र। **न तु दृष्टान्तभावात्।।**

भाष्य–समाधानम्। (न,) तद्वत् प्रसङ्गो नैवास्ति, (कुतः?) दृष्टान्तभावात्, विकारः उपादाने लीयमानः स्वधर्मैरुपादानं न दूषयति इत्यस्मिन् अर्थे दृष्टान्तानां भावात् विद्यमानत्वात्; यथा पृथिवीविकारस्तस्यां विलीयमानस्तां न दूषयति, तथा ब्रह्मविकारः संसारः।

व्याख्या:–पूर्वोक्त आपत्ति का उत्तर देते हैं:– इसके द्वारा प्रलयकाल में ब्रह्म की विकार-प्राप्ति अवधारित नहीं होती; कारण, विकारवस्तु, तदुपादानकारण में लीन होने से, उसमें अपना धर्म सञ्चारित करके, उसको दूषित नहीं करती, इस विषय में दृष्टान्त प्रत्यक्षीभूत होता है; यथा पृथिवी-विकारभूत जीवदेह, मल, मूत्र एवं वृक्षादि पृथिवी में पतित होकर तद्रूपता को प्राप्त होते हैं, किन्तु पृथिवी को विकारित नहीं करते, तद्रूप जगद्रूप विकार भी ब्रह्म में लीन होकर, ब्रह्म को विकारित नहीं करता।

२ अ०, १ पाद, १० सूत्र। **स्वपक्षे दोषाच्च।।**

भाष्य–वेदविरुद्धवादी साङ्ख्यो वक्तुमक्षमस्तत्पक्षेऽप्युक्तदोषयोगात्।

व्याख्या–यदि इसको ब्रह्म के जगत्कारणत्व का दोष कहकर निर्देश करो, तो सांख्यपक्ष में भी यह दोष है; कारण, साङ्ख्योक्त जगत्कारण प्रधान सर्वविध शब्द, स्पर्श और रूपादि से विवर्जित है; उससे शब्द, स्पर्श रूपादिविशिष्ट जगत् प्रकटित होता है, ऐसा कहने से, उसमें भी उक्त आपत्ति की समान संभावना होती है। सुतरां श्रुतिसिद्ध ब्रह्म के जगत्कारणत्ववाद का केवल इस प्रकार तर्क-द्वारा निरास हो नहीं सकता।

२ अ०, १ पाद, ११ सूत्र। **तर्काप्रतिष्ठानादप्यन्यथानुमेयमिति चेदेवमप्यनिर्मोक्षप्रसङ्गः।।**

(तर्क-अप्रतिष्ठानात्-अपि) तर्कस्य अप्रतिष्ठानात् अनवस्थानात् श्रुतिमूलस्य सिद्धान्तस्य न असामञ्जस्यम्। ननु उक्ततर्कस्य अप्रतिष्ठितत्वात्, हेयत्वेऽपि, (अन्यथा) यथा अनवस्था न स्यात् तेन प्रकारेण (अनुमेयम्) अनुमातुं योग्यं भवति; इति चेत्; (एवमपि अनिर्मोक्षप्रसङ्गः) एवमपि तार्किकविप्रतिपत्त्या कापिलकाणादादीनां परस्परविरोधेन अनिर्मोक्षप्रसङ्गः स्यात्; पुरुषाणां मध्ये तर्कविषये एकतमस्य नियतजयित्वासम्भवात्। अतएव वेदोक्तस्यैवोपादेयत्वमिति सिद्धम्।

भाष्य–तर्कानवस्थानाच्चोक्तसिद्धान्तस्य नासामञ्जस्यम्। दृढ़तर्केण वेदविरुद्धे प्रधानादिके जगत्कारणेऽनुमिते तादृशेन तर्केण सत्प्रतिपक्षसम्भवात्। एवमेव तार्किकविप्रतिपत्त्याऽनिर्मोक्षप्रसङ्गाद्वेदोक्तस्यैवोपादेयत्वमिति सिद्धम्।

व्याख्याः–वास्तविक तर्क की कोई स्थिरता नहीं है; आज जो तर्क द्वारा अन्य को पराभूत करता है, कल वह भी अपर द्वारा पराजित होगा; अतएव तर्कद्वारा श्रुतिमूलक सिद्धान्त का अपलाप करना सङ्गत नहीं है। परन्तु यदि कहो कि, कार्यकारण के विलक्षणत्वविषयक पूर्वोक्त तर्क के अप्रतिष्ठित होने से, उसका परित्याग करके जिसमें उक्त प्रकार दोष न हो, ऐसा अन्य प्रकार अनुमान किया जा सकता है, तो उसमें भी अनवस्थादोष से मुक्त हो नहीं सकते। तार्किकों में परस्पर का विरोध सर्वदा से चल रहा है। साङ्ख्यवादी पण्डितगण एवं वैशेषिकमतावलम्बी पण्डितगण परस्पर के तर्कों में दोष दिखाकर सर्वदा वितण्डा कर रहे हैं; किसी का मत निर्दोष स्थिर नहीं होता; मनुष्यों में किसी एक का तर्कविषय में सदा जयलाभ सम्भव नहीं है। जो कोई तर्क उठाया जाये, उसके विरुद्ध तर्क सर्वदा ही उठ सकता है। अतएव तर्क की अनवस्था के कारण वेदोक्त सिद्धान्त ही आदरणीय है।

इति ब्रह्मणो जगत्कारणत्वे विलक्षणदोषापत्तिखण्डनाधिकरणम्।

—•—

२ अ०, १ पाद, १२ सूत्र। **एतेन शिष्टापरिग्रहा अपि व्याख्याताः।**

भाष्य–एतेन सांख्यपक्षनिरासेन परिशिष्टाः वेदविरुद्धकारणवादिनोऽन्येऽपि प्रत्युक्ताः।

व्याख्याः–इस सांख्यमत के खण्डन के द्वारा ही वेदवादी शिष्टगणों के मत के विरुद्ध अन्य सब मतों का भी खण्डन हुआ ऐसा समझना होगा।

इत्यपरापरवेदविरुद्धकारणवादखण्डनाधिकरणम्।

२ अ०, १ पाद, १३ सूत्र। **भोक्त्रापत्तेरविभागश्चेत् स्याल्लोकवत्।।**

(भोक्तृ-आपत्तेः-अविभागः चेत्; स्यात् लोकवत्)।

भाष्य–ब्रह्मणो जगदुपादानत्वे जीवरूपेण ब्रह्मण एव सुखदुःखभोक्तृत्वापत्तेः वेदप्रसिद्धो भोक्तृनियन्तृविभागो न स्यात् इति चेत् अविभागेऽपि (विभाग-व्यवस्थोपपद्यते, दृष्टान्तसद्भावात्) समुद्रतरङ्गयोरिव, सूर्यतत्प्रभयोरिव तयोर्विभागः स्यात्।

अस्यार्थः–यदि ब्रह्म ही जगत् का उपादान कारण हो तो, जीव रूप में ब्रह्म का ही सुखदुःखादि-भोक्तृत्व सिद्ध होता है; सुतरां वेदप्रसिद्ध भोक्ता और नियन्ता नामक कोई भेद नहीं रहता है; इस प्रकार आपत्ति होने से, इसके उत्तर में कहते हैं, कि उक्त भोक्तृत्व-नियन्तृत्व-भेद रहता है; उसका दृष्टान्त भी लोक में दृष्ट होता है; जिस प्रकार समुद्र और तरङ्ग अभिन्न होकर भी भिन्न हैं, जैसे सूर्य और उसकी प्रभा अभिन्न होकर भी भिन्न हैं, तद्रूप भोक्ता जीव और नियन्ता ईश्वर अभिन्न होकर भी भिन्न हैं।

शाङ्करभाष्य में इस सूत्र का अर्थ किञ्चित् विभिन्न प्रकार से व्याख्यात हुआ है, किन्तु दोनों व्याख्याओं का फल एक ही है। शाङ्करभाष्य नीचे उद्धृत हुआ है।

"प्रसिद्धो ह्ययं भोक्तृभोग्यविभागः। लोके भोक्ता च चेतनः शारीरः, भोग्याः शब्दादयो विषया इति; यथा भोक्ता देवदत्तः, भोग्य ओदन इति। तस्य च विभागस्याभावः प्रसज्येत। यदि भोक्ता भोग्यभावमापद्येत, भोग्यं वा भोक्तृभावमापद्येत, तयोश्चैतरेतरभावापत्तिः परमकारणात् ब्रह्मणोऽनन्यत्वात् प्रसज्येत। न चास्य प्रसिद्धस्य विभागस्य बाधनं युक्तम्; यथा त्वद्यत्वे भोक्तृभोग्ययोर्विभागो दृष्टः, तथातीतानागतयोरपि कल्पयितव्यः। तस्मात् प्रसिद्धस्यास्य भोक्तृभोग्यविभागस्याभावप्रसङ्गादयुक्तमिदं ब्रह्मकारणतावधारणमिति चेत् कश्चिच्चोदयेत्, तं प्रति ब्रूयात् स्याल्लोकवदिति; उपपद्यत एवायमस्मत्पक्षेऽपि विभागः; एवं लोके दृष्टत्वात्। तथाहि समुद्रादुदकात्मनोऽनन्यत्वेऽपि तद्विकाराणां फेनवीचितरङ्गबुद्बुदादीनामितरेतरविभाग इतरेतरसंश्लेषादिलक्षणश्च व्यवहार उपलभ्यते।.... एवमिहापि। ....यद्यपि भोक्ता न ब्रह्मणो विकारः "तत्सृष्ट्वा तदेवानुप्राविश"-दिति स्त्रष्टुरेवाविकृतस्य कार्यानुप्रवेशेन भोक्तृत्वश्रवणात्, तथापि कार्यमनुप्रविष्टस्यास्ति कार्योपाधिनिमित्तो विभागः, आकाशस्येव घटाद्युपाधिनिमित्तः, इत्यतः परमकारणात् ब्रह्मणोऽनन्यत्वेऽप्युपपन्नो भोक्तृभोग्यलक्षणो विभागः समुद्रतरङ्गादिन्यायेनेत्युक्तम्। इति शाङ्करभाष्ये।

अस्यार्थः–परन्तु भोक्ता और भोग्य यह द्विविध विभाग सर्वत्र लोकप्रसिद्ध है;

चेतन जीव भोक्ता नाम से प्रसिद्ध है; एवं शब्दादि विषय इस जीव के भोग के नाम से प्रसिद्ध हैं; जैसे देवदत्त नामक व्यक्ति भोक्ता, एवं अन्नादि उसके भोग्य हैं। (किन्तु ब्रह्म के ही जगत् का निमित्त एवं उपादान उभयविध कारण होने से) यह भोक्तृभोग्यविभाग नहीं रह सकता। यदि भोक्ता ही भोग्यत्व को प्राप्त हो, अथवा भोग्यवस्तु ही भोक्तृभाव को प्राप्त हो, तो इन दोनों का एकत्व होता है–प्रभेद नहीं रहता है; ब्रह्म से पृथक् कुछ नहीं रहने के कारण भोक्तृभोग्य का प्रभेद लुप्त हो जाता है। किन्तु इस प्रसिद्ध भोक्तृभोग्य-विभाग का अपलाप करना सङ्गत नहीं है; जैसे वर्त्तमान में भोक्तृभोग्य दृष्ट होता है, तद्रूप अतीतकाल में एवं भविष्य में भी यह विभाग रहना अनुमानसिद्ध है। अतएव प्रसिद्ध इस भोक्तृभोग्यविभाग के अभाव-प्रसङ्ग के कारण जगत् का ब्रह्मकारणत्व-विषयक सिद्धान्त अयुक्त है–यदि कोई इस प्रकार आपत्ति करे, तो उसे कहते हैं कि, यह लौकिक विभाग ब्रह्मकारणता-विषयक सिद्धान्त में भी अप्रतिष्ठित नहीं होता। ब्रह्मकारणता-विषयक हमारे सिद्धान्त में भी यह विभाग रहना उपपन्न है; कारण लोकतः इस विभाग का दृष्टान्त है। जैसे उदकात्मक समुद्र से अभिन्न होने पर भी तद्विकारीभूत फेन, वीचि, तरङ्ग, बुद्बुद प्रभृति के पारस्परिक प्रभेद और मिलन प्रभृति व्यवहार सम्भव होते हैं; तद्रूप ब्रह्म से अभिन्न होने पर भी भोक्ता और भोग्य नामक प्रभेदव्यवहार उपपन्न होता है। यद्यपि भोक्ता जीव को ब्रह्म का विकार नहीं कह सकते; कारण, "इस जगत् की सृष्टि करके उसमें अनुपविष्ट हुआ" इत्यादि श्रुतिवाक्यों में स्रष्टा ब्रह्म का अविकृत रहकर ही कार्यभूत जगत् में अनुप्रवेशपूर्वक "भोक्ता" होना उपदिष्ट हुआ है; किन्तु कार्यभूत जगत् में अनुप्रवेश की अवस्था में तत्तत्कार्यभूत उपाधिनिमित्तक भेद अवश्य स्वीकार्य है; जैसे आकाश के अविकृत रहने पर भी घटादि-उपाधिनिमित्तक उसका भेद देखा जाता है, तद्रूप ब्रह्मसम्बन्ध में भी जानना होगा। अतएव परमकारण ब्रह्म से अभिन्न होने पर भी, समुद्र के तरङ्गादि के विभाग की भाँति भोक्ता और भोग्य नामक जो प्रभेद प्रसिद्ध है, वह उपपन्न होता है।

इस व्याख्या से यह प्रतिपन्न हुआ कि ब्रह्म एकान्त निर्गुणस्वभाव नहीं है; सृष्टिकार्य करना एवं उसमें अनुप्रवेशपूर्वक जीवरूप से उसका भोग करना, एवं तदतीत रूप में उस भोग के नियन्तृ रूप से अवस्थान करना, ये दोनों ही उसके स्वरूपान्तर्गत हैं। लौकिक जो भेद है वह भी एकान्त मिथ्या नहीं है।

इति ब्रह्मणो जगत्कर्तृत्वेऽपि भोक्तृनियन्तृव्यवस्थावधारणाधिकरणम्।

—•—

२ अ०, १ पाद, १४ सूत्र। **तदनन्यत्वमारम्भणशब्दादिभ्यः।।**

भाष्य–कार्यस्य कारणानन्यत्वमस्ति, नत्वत्यन्तभिन्नत्वम्, कुतः? "वाचारम्भणं विकारो नामधेयं मृत्तिकेत्येव सत्यम्", "ऐतदात्म्यमिदं सर्वं" "तत् सत्यं तत्त्वमसि" "सर्वं खल्विदं ब्रह्म" इत्यादिभ्यः।

अस्यार्थः–कारण-वस्तु से कार्य का अभिन्नत्व है; कारणवस्तु से कार्य अत्यन्त भिन्न नहीं है; कारण, श्रुति ने कहा है "मृत्तिका ही सत्य है, घटशरावादि-नाम से प्रकाशित विकार समूह केवल पृथक् नामद्वारा ही पृथक् हुए हैं," "चराचर समस्त विश्व ब्रह्मात्मक है," "वह ब्रह्म सत्य है, तुम वही ब्रह्म हो" "यह सभी ब्रह्म है"। छान्दोग्योपनिषद् के षष्ठ प्रपाठकोक्त ये सब वाक्य उस विषय में प्रमाण हैं।

इस सूत्र में चेतन जीव और अचेतन जगत् का ब्रह्मात्मकत्व (ब्रह्म से अभिन्नत्व) स्पष्ट रूप से कथित हुआ, एवं तत्पूर्ववर्ती १३ सङ्ख्यक सूत्र में जीव और ब्रह्म का भेद भी व्यवस्थापित हुआ है; एवं तत्पूर्व सूत्रों में अचेतन जगत् का भी भेद व्यवस्थापित हुआ है। अतएव इन सूत्रों को एकत्र करने से, उनका फल-स्वरूप यही सिद्धान्त होता है कि चेतनाचेतन समस्त जगत् का ब्रह्म के साथ भेदाभेद-सम्बन्ध है।

शाङ्करभाष्य में यद्यपि नाम और रूपविशिष्ट पदार्थ का वस्तुत्व (वस्तु रूप से अस्तित्व) अस्वीकार किया गया है, तथापि सूत्र का अर्थ इसी प्रकार व्याख्यात हुआ है; यथा:–"अभ्युपगम्य चेमं व्यवहारिकं भोक्तृभोग्यलक्षणं विभागं स्याल्लोकवदिति परिहारोऽभिहितो न त्वयं विभागः परमार्थतोऽस्ति। यस्मात् तयोः कार्यकारणयोरनन्यत्वमवगम्यते। कार्यमाकाशादिकं बहुप्रपञ्चं जगत्; कारणं परं ब्रह्म; तस्मात् कारणात् परमार्थतोऽनन्यत्वं व्यतिरेकेणाभावः कार्यस्यावगम्यते। कुतः? आरम्भणशब्दादिभ्यः। आरम्भणशब्दस्तावदेकविज्ञानेन सर्वविज्ञानं प्रतिज्ञाय दृष्टान्तापेक्षायामुच्यते–"यथा सौम्यैकेन मृत्पिण्डेन विज्ञातेन सर्वं मृण्मयं विज्ञातं स्याद्वाचारम्भणं विकारो नामधेयं मृत्तिकेत्येव सत्यमिति"। एतदुक्तं भवति-एकेन मृत्पिण्डेन परमार्थतो मृदात्मना विज्ञातेन, सर्वं मृण्मयं घटशरावोदञ्चनादिकं मृदात्मत्वाविशेषाद्विज्ञातं भवेत्। यतो वाचारम्भणं विकारो नामधेयं वाचैव केवलमस्तीत्यारभ्यते विकारो घटः शराव उदञ्चनञ्चेति, न तु वस्तुवृत्तेन विकारो नाम कश्चिदस्ति नामधेयमात्रं ह्येतदनृतं मृत्तिकेत्येव सत्यमिति। एष ब्रह्मणो दृष्टान्त आम्नातः, तत्र श्रुताद्वाचारम्भणशब्दात् दार्ष्टान्तिकेऽपि ब्रह्मव्यतिरेकेण कार्यजातस्या भाव इति गम्यते"।

अस्यार्थः–व्यवहारिक भोक्तृभोग्य–विभाग लौकिकधारानुसार स्वीकार करके आपत्ति का उत्तर दिया गया है; किन्तु मूलतः (मूल अर्थ में) यह प्रभेद नहीं है; कारण, कार्य और कारण के बीच अभेदत्व प्रतिपन्न होता है। आकाशादि प्रपञ्च जगत् कार्यवस्तु है; परब्रह्म इसका कारण है; इसी कारण से कार्य का अभिन्नत्व अर्थात् पृथक् रूप में अस्तित्वाभाव अवगत हो जाता है। कैसे अवगत होता है? हम कहते हैं–श्रुत्युक्त "आरम्भण" वाक्य प्रभृति द्वारा वह जाना जाता है। यथा आरम्भणवाक्य में (छान्दोग्य में) षष्ठ प्रपाठक में श्रुति ने प्रथम यह कहकर कथारम्भ किया है कि, "एक ही के विज्ञान से सर्वविषयक विज्ञान होता है"। इसी प्रतिज्ञा के साधन के निमित्त दृष्टान्त प्रदर्शन करते हुए श्रुति ने कहा है–"हे सौम्य (श्वेतकेतो)! जैसे एक मृत्पिण्ड का ज्ञान होने से ही मृण्मय वस्तुमात्र का ज्ञान होता है; घटशरावादि नाम से प्रकाशित विकार–समूह भिन्न–भिन्न नाम द्वारा ही पृथक् हुए हैं; वस्तुतः ये मृत्तिका ही हैं; अतएव मृत्तिका ही सत्य–सद्वस्तु है (मृत्तिका से पृथक्रूप में अस्तित्वशील घटशरावादि पदार्थों का अस्तित्व नहीं है।)" इस स्थल में यही कहा गया है कि, घट, शराब, उदञ्चन प्रभृति मृण्मय वस्तुओं के मृत्तिका से अभिन्न होने के कारण, एक मृत्पिण्ड के ज्ञान से, (अर्थात् वास्तविक पक्ष में ये मृदात्मक हैं, ऐसे ज्ञान के द्वारा ही) इनका सम्यक् ज्ञान हो जाता है। जिससे घटशरावादि मृद्विकार केवल नाम द्वारा ही परस्पर और अपर साधारण मृत्तिका से पृथक् होकर हैं, इनका वस्तुगत कोई पार्थक्य नहीं है; केवल पृथक् नाम होने से ही ये विकार नाम से गण्य हैं; वास्तविक[१] ये केवल मृत्तिका ही हैं; अतएव नाम द्वारा ही इनका पार्थक्य है; यह पार्थक्य मिथ्या है, (विकार का निज वस्तुत्व कुछ नहीं है, यह केवल नाममात्र–मिथ्या है); मृत्तिका ही एकमात्र सद्वस्तु है। ब्रह्मसम्बन्ध में श्रुति ने इसी दृष्टान्त का उल्लेख किया है। इस दृष्टान्त में श्रुति ने जो वाचारम्भण–शब्द का व्यवहार किया है, तद्द्वारा यह प्रतिपन्न होता है कि, दृष्टान्त द्वारा उपमेय जगत्–सम्बन्ध में श्रुति का यही उपदेश है कि ब्रह्म से भिन्नरूप से कार्यभूत जागतिक वस्तुओं का अस्तित्व नहीं है।

निम्बार्कभाष्य के साथ इस शाङ्करभाष्य का एक अर्थ में कोई विरोध नहीं है। किन्तु इस स्थल में यह लक्ष्य करना होगा कि, जगत् इसी अर्थ में मिथ्या कहा गया है और कहा जा सकता है कि, जैसे मृत्तिका से पृथक् अस्तित्वशील घट नामक पदार्थ

---

१. नामरूपात्मक यह समस्त मिथ्या है इस प्रकार भी इस भाष्यांश का अर्थ हो सकता है। एवं श्रीमच्छङ्कराचार्य का यही अभिप्राय होना सम्भव है। किन्तु इसके सम्बन्ध में पीछे विचार किया जायेगा।

नहीं है, यह मिथ्या है; तद्रूप जगत् भी ब्रह्म से पृथक् रूप से अस्तित्वशील पदार्थ नहीं है–इसका पृथक् रूप से अस्तित्व ही मिथ्या है। यह एकदा मिथ्या नहीं है। ब्रह्म के साथ इसका अभेद सम्बन्ध है। किन्तु इस अभेदत्व के रहने पर भी, नामरूपादि द्वारा जो भेदसम्बन्ध भी है, उसे पूर्व सूत्र की व्याख्या में श्रीमच्छङ्कराचार्य ने स्वीकार किया है। अतएव निम्बार्कोक्त भेदाभेद सम्बन्ध ही सूत्रकार और श्रुति का उपदेश है यह एतद्द्वारा सिद्धान्त होता है।

शाङ्करभाष्य का प्रथमांश इस स्थल में उद्धृत हुआ है। परन्तु इस सूत्र का शाङ्करभाष्य अतिशय विस्तृत है; इसमें अपरापर दृष्टान्त और युक्तियाँ भी प्रदर्शित हुई हैं। एवञ्च जगत् का ब्रह्मात्मकत्व ज्ञान जो साधक के पक्ष में सम्भव है, वह निष्फल नहीं है, एवं जिस प्रकार वह उत्पन्न होता है, उस प्रदर्शन करते हुए शङ्कराचार्य ने इस सूत्र के भाष्य में कहा है:–

"न चेयमवगतिर्नोत्पद्यते इति शक्यं वक्तुम्", "तद्धास्य विजज्ञौ' इत्यादि श्रुतिभ्यः। अवगतिसाधनानाञ्च श्रवणादीनां वेदानुवचनादीनाञ्च विधीयमानत्वात्। न चेयमवगतिरनर्थका भ्रान्तिर्वेति शक्यं वक्तुम्, अविद्यानिवृत्तिफलदर्शनात्। बाधकज्ञानान्तराभावाञ्च।"

अस्यार्थः–इस प्रकार का ज्ञान (अभेद ज्ञान) नहीं होता है, ऐसा कह नहीं सकते; कारण, पिता के उपदेश से श्वेतकेतु ने इस प्रकार ज्ञान प्राप्त किया था, ऐसा छान्दोगय श्रुति ने वर्णन किया है; एवं इस अभेद ज्ञान के लाभ करने के निमित्त जब श्रुति ने श्रवणादि एवं वेदानुवचनादि का विधान भी किया है, तब यह ज्ञान अवश्य लाभ किया जाता है, यह स्वीकार करना होगा (नहीं तो उपदेश मिथ्या होता)। इस अद्वैत ज्ञान का कोई फल नहीं है अथवा यह भ्रममात्र है, ऐसा कह नहीं सकते; कारण इसके द्वारा अविद्या का विनाश देखा जाता है, एवं इस ज्ञान के उत्पन्न होने पर ऐसा अपर ज्ञान कोई नहीं है जो इसे विनष्ट कर सके।

परन्तु सूत्रार्थ की इस प्रकार व्याख्या करके, श्रीमच्छङ्कराचार्य ने प्रमाण करने की चेष्टा की है कि, उनका निरवच्छिन्न अद्वैतत्व-विषयक मत ही इसके द्वारा स्थापित होता है, एवं यह सूत्र एवं पूर्व व्याख्यायित अपर सब सूत्रों का फल यह नहीं है कि, ब्रह्म के एकत्व एवं नानात्व दोनों ही सत्य हैं; अर्थात् शाङ्करमत में ब्रह्म एवं जीव और जगत् का भेदाभेद सम्बन्ध, एवं ब्रह्म का द्वैताद्वैतत्व सत्य नहीं है,–केवल अद्वैतत्व ही सत्य है; जगत् सम्पूर्ण मिथ्या है, एवं जीव ब्रह्म से सम्पूर्ण अभिन्न है। उक्त भाष्य में शङ्कराचार्य ने कहा है–

"नन्वनेकात्मकं ब्रह्म, यथा वृक्षोऽनेकशाख, एवमनेकशक्तिप्रवृत्तियुक्तं ब्रह्म; अत एकत्वं नानात्वञ्चोभयमपि सत्यमेव; यथा वृक्ष इत्येकत्वं, शाखा इति च नानात्वम्; यथा च समुद्रात्मनैकत्वम्, फेनतरङ्गाद्यात्मना नानात्वम्; यथा च मृदात्मनैकत्वं, घटशरावाद्यात्मना नानात्वं, तत्र एकत्वांशेन ज्ञाना–मोक्षव्यवहार: सेत्स्यति, नानात्वांशेन तु कर्मकाण्डाश्रयौ लौकिकवैदिकव्यवहारौ सेत्स्यत इति; एवञ्च मृदादिदृष्टान्ता अनुरूपा भविष्यन्ति।"

अस्यार्थ:–परन्तु यदि कहो कि ब्रह्म केवल एकरूप नहीं है, जैसे वृक्ष एक होकर भी अनेक शाखायुक्त है, तद्रूप ब्रह्म भी अनेक शक्तिप्रवृत्तियुक्त है; अतएव ब्रह्म के एकत्व एवं नानात्व दोनों ही सत्य हैं। जैसे वृक्षरूप से एकत्व, एवं शाखाप्रभृति रूपों से नानात्व; जैसे समुद्ररूप से एकत्व, एवं फेनतरङ्गादि रूपों से नानात्व, जैसे मृत्तिकारूप से एकत्व, एवं घटशरावादि रूपों से नानात्व है; (तद्रूप ब्रह्मरूप से ब्रह्म का एकत्व, एवं जीव और जगत् रूप से नानात्व है)। उसमें एकत्वांश–ज्ञान के द्वारा मोक्षव्यवहार, एवं नानात्वांश में वैदिक कर्मकाण्डाश्रित लौकिक और वैदिक व्यवहार सिद्ध होते हैं; एवं श्रुति में जो मृत्तिका प्रभृति का दृष्टान्त दिया गया है, वह इस प्रकार सिद्धान्त ही से संगत होता है।

इस प्रकार आपत्ति वर्णन करके, शङ्कराचार्य इसका निम्नलिखित रूप से खण्डन करने के लिए प्रवृत्त हुए हैं–

"नैवं स्यात्। मृत्तिकेत्येव सत्यमिति प्रकृतिमात्रस्य दृष्टान्ते सत्यत्वावधारणात्। वाचारम्भणशब्देन च विकारजातस्यानृतत्वाभिधानात्। दार्ष्टान्तिकेऽपि, "ऐतदात्म्यमिदं सर्वं तत् सत्यमिति" च परमकारणस्यैवैकस्य सत्यत्वावधारणात्। "स आत्मा तत्त्वमसि श्वेतकेतो" इति च शारीरस्य ब्रह्मभावोपदेशात्। स्वयं प्रसिद्धं ह्येतच्छारीरस्य ब्रह्मात्मत्वमुपदिश्यते न यत्नान्तर–प्रसाध्यम्। अतश्वेदं शास्त्रीयं ब्रह्मात्मत्वमभ्युपगम्यमानं स्वाभाविकस्य शारीरात्मत्वस्य बाधकं सम्पद्यते रज्वादिबुद्धय इव सर्पादिबुद्धीनाम्। बाधिते च शारीरात्मत्वे तदाश्रय: समस्त: स्वाभाविको व्यवहारो बाधितो भवति, यत्प्रसिद्धये नानात्वांशोऽपरो ब्रह्मण: कल्प्येत। दर्शयति च, "यत्र त्वस्य सर्वमात्मैवभूत् तत् केन कं पश्येत्" इत्यादिना ब्रह्मात्मत्वदशिनं प्रति समस्तस्य क्रियाकारकफललक्षणस्य व्यवहारस्याभावम्। न चायं व्यवहाराभावोऽवस्थाविशेषनिबद्धोऽभिधीयते इति युक्तं वक्तुम्। "तत्त्वमसी"–ति ब्रह्मात्मभावस्यानवस्थाविशेषनिबन्धनत्वात्। तस्करदृष्टान्तेन चानृताभिसन्धस्य बन्धनं, सत्याभिसन्धस्य मोक्षं दर्शयन्नेकत्वमेवैकं पारमार्थिकं दर्शयति, मिथ्याज्ञानविजृम्भितञ्च नानात्वम्। उभयसत्यतायां हि कथं व्यवहारगोचरोऽपि

जन्तुरमृताभिसन्ध इत्युच्यते। "मृत्योः स मृत्युमाप्नोति य इह नानेव पश्यति" इति च भेददृष्टिमपवदन्नेतदेव दर्शयति। न चास्मिन् दर्शने ज्ञानान्मोक्ष इत्युपपद्यते। सम्यग्ज्ञानापनोद्यस्य कस्यचिन्मिथ्याज्ञानस्य संसारकारणत्वेनानभ्युपगमात्। उभयस्य सत्यतायां हि कथमेकत्वज्ञानेन नानात्वज्ञानमपनुद्यत इत्युच्यते। नन्वेकत्वैकान्ताभ्युपगमे नानात्वाभावात् प्रत्यक्षादीनि लौकिकानि प्रमाणानि व्याहन्येरन् निर्विषयत्वात् स्थाण्वादिष्विव पुरुषादिज्ञानानि, तथा विधिप्रतिषेधशास्त्रमपि भेदाऽपेक्षत्वात् तदभावे व्याहन्येत; मोक्षशास्त्रस्यापि शिष्यशासित्रादिभेदापेक्षत्वात् तदभावे व्याघातः स्यात्। कथं चामृतेन मोक्षशास्त्रेण प्रतिपादितस्यात्मैकत्वस्य सत्यत्वमुपपद्यत इति? अत्रोच्यते। नैष दोषः। सर्वव्यवहाराणामेव प्राग्ब्रह्मात्मताविज्ञानात् सत्यत्वोपपत्तेः, स्वप्नव्यवहारस्येव प्राक्प्रबोधात्। यावद्धि न सत्यात्मैकत्वप्रतिपत्तिस्तावत् प्रमाणप्रमेयफललक्षणेषु व्यवहारेष्वनृतबुद्धिर्न कस्यचिदुत्पद्यते; विकारानेव त्वहं ममेत्यविद्यायात्मात्मीयभावेन सर्वो जन्तुः प्रतिपद्यते स्वाभाविकीं ब्रह्मात्मतां हित्वा। तस्मात् प्राग्ब्रह्मात्मताप्रबोधादुपपन्नः सर्वो लौकिको वैदिकश्च व्यवहारः।"

अस्यार्थः—यह सिद्धान्त समीचीन नहीं है। कारण, श्रुति ने जो मृत्तिका का दृष्टान्त दिया है, उसमें घटशरावादि की प्रकृतिभूत मृत्तिका के ही सत्यत्व की वर्णना की गई है; एवं "वाचारम्भण" वाक्य में मृत्तिका के विकारस्थानीय घटशरावादि का मिथ्यात्व ज्ञापन किया गया है। यह मृत्तिका ब्रह्म का दृष्टान्त है, तत्सम्बन्धीय वाक्य में भी कहा गया है कि, "एतत् समस्त ही ब्रह्मात्मक है, वही सत्य है"; इस वाक्य में भी श्रुति द्वारा परमकारण एक ब्रह्म का ही सत्यत्व अवधारित हुआ है। एवञ्च "श्वेतकेतो! तुम वही आत्मा हो" इस वाक्य में श्रुति ने जीव की भी ब्रह्मरूपता का उपदेश किया है। जीव की ब्रह्मात्मता स्वयं प्रसिद्ध अर्थात् स्वाभाविक होने के कारण, वह यत्नान्तर-द्वारा उत्पाद्य नहीं है। अतएव शास्त्रोक्त इस ब्रह्मात्मकत्व का ज्ञान होने से, शरीरात्मक नाम का जो स्वाभाविक अज्ञान है, वह विलुप्त होता है; जैसे रज्जुज्ञान होने पर, सर्पबुद्धि विलुप्त होती है, यह भी तद्रूप है। इस शरीरात्मक ज्ञान के विलप्त होने से, तदाश्रित जो समस्त जीवव्यवहार है—जिसकी स्थापना के निमित्त ब्रह्म के अन्य नानात्वांश की कल्पना करते हो—वह विलुप्त हो जाता है। ब्रह्मात्मदर्शी का क्रिया कर्त्ता और क्रियाफलसूचक वैदिक और लौकिक व्यवहार कुछ नहीं रह जाता, इसे श्रुति ने स्वयं "यत्र त्वस्य सर्वमात्मैवाभूत् तत् केन कं पश्येत्" (जहाँ समस्त ही आत्मरूप से अवस्थित है वहाँ कौन किसका कैसे दर्शन करेगा?) इत्यादि वाक्यों में स्पष्ट रूप से प्रतिपन्न किया है। ऐसा कहना सङ्गत नहीं है कि, श्रुति ने एक विशेष

अवस्था–निबन्धन लौकिक व्यवहार के लोप का उपदेश किया है; कारण 'तत्त्वमसि" वाक्य से प्रतीयमान होता है कि, जीव की ब्रह्मात्मकता का किसी विशेष अवस्था के प्रति लक्ष्य करके उपदेश नहीं किया गया है। तस्कर–दृष्टान्त में असत्यवादी का बंधन एवं सत्यवादी का मोचन प्रदर्शन करके, श्रुति ने केवल एकत्व के ही पारमार्थिक सत्यत्व एवं मिथ्या ज्ञान से नानात्व की उत्पत्ति का प्रतिपादन किया है। यदि एकत्व एवं नानात्व दोनों ही सत्य होते, तो श्रुति भेदव्यवहार–विशिष्ट जीव को मिथ्याज्ञानी नाम से क्यों वर्णन करती? "जो व्यक्ति नानात्वदर्शन करता है, वह मृत्यु के आयताधीन होकर मृत्यु को ही प्राप्त होता है" इत्यादि वाक्यों में श्रुति ने भेद–दर्शन की निन्दा करके एकत्व ज्ञान की ही सत्यता का प्रतिपादन किया है। ज्ञान के द्वारा जो मोक्ष प्राप्ति का श्रुति ने उपदेश किया है, वह भी इस भेददर्शन में उपपन्न नहीं होता; कारण सम्यक् ज्ञान द्वारा विनष्ट होने वाला कोई मिथ्याज्ञान संसार का कारण कहकर इस मत में प्रतिपन्न हो नहीं सकता। उभय विज्ञानों की सत्यता स्वीकार करने से (अर्थात् ब्रह्म के एकत्व और बहुत्व, इन दोनों की सत्यता स्वीकार करने से); एकत्व ज्ञान द्वारा नानात्व ज्ञान विनष्ट होता है ऐसा किस प्रकार कहा जा सकता है? (बहुत्व भी सत्य होने के कारण कभी विनष्ट हो नहीं सकता)। परन्तु इस प्रकार आपत्ति हो सकती है कि, निरवच्छिन्न एकत्व स्वीकार करने से, जब नानात्व एकान्त मिथ्या होता है, तब प्रत्यक्षादि लौकिक प्रमाणों के द्वारा बोद्धव्य किसी विषय के न रहने से, उन समस्त प्रमाणों को मिथ्या कहकर ही अवधारित करना पड़ता है; स्थाणु में मनुष्य ज्ञान की भाँति समस्त ही मिथ्या हो जाता है। एवञ्च विधिनिषेधसूचक जो शास्त्र है, वह भी जब भेदसापेक्ष है, तो भेद के अभाव से वह सभी मिथ्या हो जाता है, एवं मोक्षशास्त्र के भी गुरुशिष्य प्रभृति भेदों के सापेक्ष होने के कारण, उस भेद के अभाव से उसको भी मिथ्या कहकर सिद्धान्त करना पड़ता है। परन्तु मोक्षशास्त्र के मिथ्या होने से, उसी मिथ्याशास्त्र के द्वारा प्रतिपादित एकत्व ही किस प्रकार सत्य प्रतिपन्न होगा? इस आपत्ति का उत्तर दिया जाता है:-ये सब दोष निरवच्छिन्न अद्वैत सिद्धान्त में हो नहीं सकते। प्रबुद्ध होने के पूर्व स्वप्नव्यवहार की भाँति ब्रह्मात्मकत्व विज्ञान के पूर्व सर्वविध लौकिक व्यवहार की भी सत्यता सिद्ध होती है। जब तक केवल ब्रह्मात्मकत्व का ज्ञान नहीं होता, तभी तक किसी की भी प्रमाण प्रमेय और फलज्ञानात्मक लौकिक व्यवहारों के प्रति मिथ्याबुद्धि नहीं उत्पन्न होती है; एवं सभी जीव अपना ब्रह्मभाव परित्याग करके विकारसमूह को ही 'हम' 'हमारा' कहकर ग्रहण करते हैं। अतएव निरवच्छिन्न अद्वैत सिद्धान्त में ब्रह्मात्मता ज्ञान के पूर्व लौकिक और वैदिक व्यवहार प्रतिष्ठित रहते हैं।

इसके उपरान्त भाष्य में स्वप्न की आंशिक सफलता के विषय में श्रुति के प्रमाण प्रभृति उद्धृत करके, भाष्यकार ने परिणामवाद का खण्डन करते हुए कहा है:-

ननु मृदादिदृष्टान्तप्रणयनात् परिणामवत् ब्रह्म शास्त्रस्याभिमतमिति गम्यते। नेत्युच्यते। "स वा एष महानजः" "स एष नेति नेत्यात्मा" इत्याद्याभ्यः सर्वविक्रियाप्रतिषेधश्रुतिभ्यो ब्रह्मणः कूटस्थत्वावगमात्। न ह्येकस्य ब्रह्मणः परिणामधर्मत्वं तद्रहितत्वञ्च शक्यं प्रतिपत्तुम्। स्थितिगतिवत् स्यादिति चेत्, न, कूटस्थस्येति विशेषणात्। न हि कूटस्थस्य ब्रह्मणः स्थितिगतिवदनेकधर्माश्रयत्वं सम्भवति। कूटस्थं नित्यञ्च ब्रह्म सर्वविक्रियाप्रतिषेधादित्यवोचाम"। इत्यादि।

अस्यार्थः–परन्तु श्रुति ने मृत्तिकादि का दृष्टान्त दिया है, इससे ब्रह्म को परिणामी कहकर उपदेश करना ही शास्त्र का अभिप्राय है, इस प्रकार आपत्ति करना सङ्गत नहीं है। कारण "वह आत्मा महान्, जन्मादि-विकार-वर्जित है" "वह आत्मा यह नहीं है यह नहीं है" इत्यादि अनेक श्रुतियाँ ब्रह्म के सर्वविध विकारों का निषेध करती हैं, इससे उसकी कूटस्थ-नित्यता ही प्रतिपन्न होती है। एक ही ब्रह्म का परिणामित्व और अपरिणामित्य यह उभयरूपता प्रतिपादन करने में कोई श्रुति समर्थ नहीं होगी। यदि कहो, स्थिति और गति ये दोनों जैसे सम्भव होती हैं, तद्रूप ब्रह्म का भी उभयरूपत्व सिद्ध होता है; यह भी नहीं कह सकते; कारण, श्रुति ने ब्रह्म का "कूटस्थ" विशेषण दिया है। स्थिति-गति-विशिष्ट की भाँति कूटस्थ ब्रह्म के अनेक धर्म नहीं रह सकते। समस्त विकार ब्रह्मसम्बन्ध में निषिद्ध हुए हैं, इससे वह नित्य कूटस्थ है, ऐसा ही हम कहते हैं। इत्यादि।

परन्तु ब्रह्म की केवल कूटस्थ-नित्यता स्वीकार करने से, तत्कर्तृक जगद्व्यापार का साधन कभी सम्भव नहीं होता; इस आपत्ति का भाष्यकार निम्नलिखित रूप से खण्डन करने में प्रवृत्त हुए हैं-

"ननु कूटस्थब्रह्मवादिन एकत्वैकान्तात् ईशित्रीशितव्याभाव ईश्वरकारण-प्रतिज्ञाविरोध इति चेत्, न, अविद्यात्मकनामरूपबीजव्याकरणापेक्षत्वात् सर्वज्ञत्वस्य। "तस्माद्वा एतस्मादात्मन आकाशः सम्भूत" इत्यादिवाक्येभ्यो नित्यशुद्धबुद्ध-मुक्तस्वरूपात् सर्वज्ञात् सर्वशक्तेरीश्वराज्जगदुत्पत्तिस्थितिलयाः, नाचेतनात् प्रधानादान्य-स्माद्वेत्येषोऽर्थः प्रतिज्ञातो जन्माद्यस्य यत इति। सा प्रतिज्ञा तदवस्थैव न तद्विरुद्धोऽर्थः पुनरिहोच्यते। कथं नोच्येत अत्यन्तमात्मन एकत्वमद्वितीयत्वञ्च ब्रुवता? शृणु तथा नोच्यते। सर्वज्ञस्येश्वरस्य आत्मभूते इवाविद्याकल्पिते नामरूपे तत्त्वान्यत्वाभ्या-मनिर्वचनीये संसारप्रपञ्चबीजभूते सर्वज्ञस्येश्वरस्य मायाशक्तिः प्रकृतिरिति च

श्रुतिस्मृत्योरभिलप्येते, ताभ्यामन्यः सर्वज्ञ ईश्वरः, "आकाशो वै नाम नामरूपयोर्निर्वहिता ते यदन्तरा तद्ब्रह्म" इति श्रुतेः। "नामरूपे व्याकरवाणि सर्वाणि रूपाणि विचित्य धीरो नामानि कृत्वाभिवदन् यदास्ते,"। "एकं बीजं बहुधा यः करोति" इत्यादिश्रुतिभ्यश्च। एवमविद्याकृतनामरूपोपाध्यनुरोधीश्वरो भवति, व्योमेव घटकरकाद्युपाध्यनुरोधि। स च स्वात्मभूतानेव घटाकाशस्थानीयानविद्या- प्रत्युपस्थापितनामरूपकृत-कार्यकारणसंघातानुरोधिनो जीवाख्यान् विज्ञानात्मनः प्रतीष्टे व्यवहारविषये। तदेवमविद्यात्मकोपाधिपरिच्छेदापेक्ष्यमेवेश्वरस्येश्वरत्वं सर्वज्ञत्वं सर्वशक्तित्वञ्च; न परमार्थतो विद्ययापास्तसर्वोपाधिस्वरूपे आत्मनीशित्रीशितव्यसर्वज्ञत्वादिव्यवहार उपपद्यते। तथा चोक्तम्–"यत्र नान्यत् पश्यति नान्यच्छृणोति नान्यद्विजानाति स भूमा" इति, "यत्र त्वस्य सर्वमात्मैवाभूत्तत् केन कं पश्येत्," इत्यादि च। एवं परमार्थावस्थायां सर्वव्यवहाराभावं वदन्ति वेदान्ताः। तथेश्वरगीतास्वपि–

न कर्तृत्वं न कर्माणि लोकस्य सृजति प्रभुः।
न कर्मफलसंयोगं स्वभावस्तु प्रवर्त्तते॥
नादत्ते कस्यचित् पापं न चैव सुकृतं विभुः।
अज्ञानेनावृतं ज्ञानं तेन मुह्यन्ति जन्तवः॥ इति

परमार्थावस्थायामीशित्रीशितव्यादिव्यवहाराभावः प्रदर्श्यते। व्यवहारावस्थायान्तूक्तः श्रुतावपीश्वरादिव्यवहारः। "एष सर्वेश्वर एष भूताधिपतिरेष भूतपाल एष सेतुर्विधरण एषां लोकानामसम्भेदाय" इति। तथेश्वरगीतास्वपि–

ईश्वरः सर्वभूतानां हृद्देशेऽर्ज्जुन तिष्ठति।
भ्रमायन् सर्वभूतानि यन्त्रारूढानि मायया॥ इति

सूत्रकारोऽपि परमार्थाभिप्रायेण तदन्यत्वमित्याह। व्यवहाराभिप्रायेण तु स्याल्लोकवदिति महासमुद्रादिस्थानीयतां ब्रह्मणः कथयति अप्रत्याख्यायैव कार्यप्रपञ्चं परिणामप्रक्रियाञ्चाश्रयति सगुणोपासनेषूपयुज्यत इति।"

अस्यार्थः–परन्तु यदि कहो कि कूटस्थब्रह्मवादियों के मत में जब एकत्व ही एकान्त सत्य है, तो नियम्य अथवा नियन्ता नामक कोई भेद नहीं रह सकता, सुतरां ईश्वर जगत्कारण है, ऐसी जो प्रथम प्रतिज्ञा की गई है, उसके साथ इस मत की विरुद्धता प्रतिपन्न होती है। (अतएव निरवच्छिन्न एकत्व-मत कभी सङ्गत हो नहीं सकता)। इसके उत्तर में कहते हैं कि, ईश्वरकारणविषयक प्रतिज्ञा के साथ इस मत का कोई विरोध नहीं है; कारण अविद्यात्मक नाम और रूपमय जगत् के बीज का विकाश सर्वज्ञत्व की अपेक्षा करता है, (अर्थात् सर्वज्ञ ईश्वर भिन्न और किसी से यह

हो नहीं सकता)। "उसी इस आत्मा से आकाश उत्पन्न हुआ है" इत्यादि श्रुतियों के द्वारा स्थिरीकृत होता है कि, नित्य, शुद्ध, बुद्ध, मुक्त, सर्वज्ञ ईश्वर से जगत् की उत्पत्ति, स्थिति और लय होते हैं, अचेतन-प्रधान किंवा अन्य कुछ से नहीं होता; यही "जन्माद्यस्य यतः" सूत्र में प्रतिज्ञात हुआ है। वह प्रतिज्ञा ठीक तद्रूप ही है, इस स्थल में तद्विरुद्ध कुछ कहा नहीं गया है। किस प्रकार आत्म के अत्यन्त एकत्व और अद्वितीयत्व के निर्देश करने से इस प्रतिज्ञा की बाधा नहीं होती, उसको कहते हैं, सुनो। अविद्या-कल्पित जो नाम और रूप हैं, जिनका ब्रह्मस्वरूप (सत्य) अथवा ब्रह्मभिन्न (मिथ्या) नाम से निर्वाचन नहीं किया जाता, जो संसार-प्रपञ्च के बीजस्वरूप हैं, वे सर्वज्ञ ईश्वर के मानो ("इव") आत्मस्वरूप हैं; एवं प्रकृति भी उसी सर्वज्ञ ईश्वर की ही माया नामक शक्ति है; यह श्रुति और स्मृति-प्रमाणों के द्वारा सिद्धान्त होता है। इस प्रकृति और नामरूपात्मक अविद्या-कल्पित जगत् से सर्वज्ञ ईश्वर विभिन्न है। कारण, श्रुति ने कहा है कि "आकाश (ब्रह्म) नामरूपमय जगत् का निर्वाहक है, अथ च ये सब उससे विभिन्न हैं"। "नामरूप से पृथक् करके जगत् विकासित किया था" "वही धीर (ब्रह्म) नाम और रूपों की चिंता करके, नाम-विशिष्ट वस्तुओं की सृष्टि करके, उनको नाम प्रदान करके विद्यमान है" "एक बीज को जिसने बहु प्रकार किया है"। इन सब एवं इस प्रकार की अपरापर बहुश्रुतियों के द्वारा भी यह प्रमाणित होता है। आकाश जैसे घट, कारक प्रभृति उपाधियोग से तद्रूप में आकारित होता है, उसी प्रकार ईश्वर भी अविद्याकृत नामरूप-विशिष्ट होता है। अविद्याकर्तृक पृथक् नामरूप-द्वारा प्रकाशित कार्यकारणसंघात (अर्थात् इन्द्रियादि-विशिष्ट देह)-युक्त विज्ञानात्मक जो जीव हैं, जो ईश्वर के आत्मभूत एवं आकाश के सहित तुलना में जो घटाकाशस्थानीय हैं, उनके व्यवहार के विषय में ईश्वर नियोजित करता है। इन सब अविद्याकृत उपाधिभेदों को लक्ष्य करके ही ईश्वर के ईश्वरत्व सर्वज्ञत्व एवं सर्वशक्तित्व उल्लिखित होते हैं; किन्तु सम्यक् तत्त्वज्ञान-द्वारा सर्वविध उपाधिविदूरित जो आत्मस्वरूप है, उसमें परमार्थतः नियम्यत्व, नियन्तृत्व सर्वज्ञत्व प्रभृति व्यवहार उपपन्न नहीं होते। इस सम्बन्ध में श्रुति ने कहा है "जहाँ अन्य कुछ नहीं देखते, अन्य कुछ नहीं सुनते, अन्य कुछ नहीं जानते तभी वह भूमा (अर्थात् सर्वव्यापी) होता है"; "किन्तु जहाँ ये सब इसके आत्मभूत होते हैं, तब कौन किसको किसके द्वारा देखेगा" इत्यादि। वेदान्तों ने इसी प्रकार परमार्थावस्था में सर्वविध व्यवहारों के अभाव का वर्णन किया है। श्रीमद्भगवद्गीता में भी इस प्रकार ही कहा है, यथाः-

"प्रभु ईश्वर ने जीव के सम्बन्ध में कर्तृत्व अथवा कर्म की सृष्टि नहीं की है, एवं उसकी कर्मफलप्राप्ति की भी सृष्टि नहीं है; स्वभाव ही (अर्थात् 'स्व' इत्ययाकार ज्ञान के आश्रयीभूत इन्द्रियग्राम ही) इन सब रूपों में प्रवर्तित हो रहा है। विभु ईश्वर किसी के पुण्य अथवा पाप को नहीं ग्रहण करता; जीवमात्र का ज्ञान अज्ञान–द्वारा आवृत हुआ है; इसी से जीव मोह–प्राप्त है (अपने को कर्मकर्त्ता और तत्फलभोगी मानता है)।"

इस उक्ति के द्वारा परमार्थावस्था में नियम्य नियामक प्रभृति व्यवहार विलुप्त होते हैं, यही प्रदर्शित हुआ है। किन्तु व्यवहारावस्था में जो नियामकत्वादि व्यवहार हैं, उसे श्रुति ने भी कहा है– यथा "यह सबका ईश्वर है, यह सकलभूताधिपति है, यह भूतों का पालन–कर्त्ता है, यह इन लोकों का उत्तीर्ण होने से निमित्त सेतुस्वरूप है" इत्यादि। श्रीभगवद्गीता में भी इस प्रकार कहा है, यथा:–

"हे अर्जुन! ईश्वर सर्वप्राणियों के हृदय में अवस्थिति करता है, एवं यन्त्रारूढ़ की भाँति सब प्राणियों को माया द्वारा भ्राम्यमान करता है।"

सूत्रकार ने भी परमार्थाभिप्राय से ही सूत्र में "तदनन्यत्वम्" पद का व्यवहार किया है। किन्तु व्यवहारिक अर्थ में पूर्व सूत्र में "स्याल्लोकवत्" पद के द्वारा ब्रह्म का महासमुद्रस्थानीयत्व प्रदर्शन किया है। एवं कार्यप्रपञ्च का प्रत्याख्यान न होने के कारण, उसकी परिणाम–प्रक्रिया का भी सगुणोपासना के उपायोगी–रूप में वर्णन किया है।

स्थिर चित्त से इस विचार के सार की पर्यालोचना करने पर देखा जाता है कि, भेदाभेद (द्वैताद्वैत) मीमांसा (ब्रह्म का द्विरूपत्व) शङ्कराचार्य के मत में ग्रहणीय नहीं है; कारण–

प्रथमतः–मृत्तिका और घटशरावादि के दृष्टान्त में श्रुति ने कहा है कि मृत्तिका ही सत्य है, घटशरावादि केवल नामरूप–द्वारा ही पृथक् रूप से बोधयोग्य होते हैं, वास्तविक घटशरावादि नामक कोई वस्तु स्वरूपतः नहीं है–वह मिथ्या है।

परन्तु पूर्वोक्त श्रुति–द्वारा जगत् का मिथ्यात्व एवं ब्रह्म का निरवच्छिन्न एकरूपत्व प्रतिपन्न नहीं होते; कारण, उक्त वाक्य में श्रुति ने घटशरावादि के ऐकान्तिक अलोकत्व का उपदेश नहीं किया है; मृत्तिका से भिन्न घटशरावादि वस्तुएँ नहीं हैं, इसी का श्रुति ने उक्त वाक्य में वर्णन किया है; किन्तु मृत्तिका का घटशरावादि रूपों में परिणाम नहीं है, उसको श्रुति ने किसी स्थान पर नहीं कहा; घटशरावादि–परिणाम मृत्तिका से भिन्न

नहीं हैं-एवं भिन्न रूप से इनका अस्तित्व नहीं है,-श्रुति ने इतना ही कहा है; ये 'मिथ्या' हैं इस प्रकार वाक्य का श्रुति ने उक्त स्थल में प्रयोग नहीं किया है। किन्तु इस प्रकार कहना, और मृत्तिका का कोई विकार ही नहीं होता, मृत्तिका सर्वदा एकरूप ही रहती है, ऐसा कहना, एक बात नहीं है। मृत्तिका का कोई विकार नहीं होता है, एवं मृत्तिका नित्य एकरूप ही रहती है, यदि श्रुति इस प्रकार वर्णन करती, तो मृत्तिका के दृष्टान्त के द्वारा ब्रह्म का भी निरवच्छिन्न एकरूपत्व उक्त श्रुतिवाक्य का अभिप्राय है, ऐसा सिद्धान्त किया जा सकता। उक्त वाक्य में विकारभूत घटशरावादि के उपमेय जगत् को मिथ्या कहना श्रुति का अभिप्राय नहीं है, यह, "कथमसतः सज्जायत" इत्यादि वाक्यों में जगत् को सत्-कहकर परक्षण में ही व्याख्यायित करके, श्रुति ने ज्ञापन किया है। एक वस्तु के ज्ञान से अन्य सभों का ज्ञान हो सकता है, इसी के दूसरे दृष्टान्त स्थल में सुवर्ण के ज्ञान से सुवर्णनिर्मित बलयकुण्डलादि का भी ज्ञान होता है, श्रुति ने इसी का प्रदर्शन किया है। जगत् बलयकुण्डलादि-स्थानीय है, ब्रह्म सुवर्णस्थानीय है; जगत् यदि सम्पूर्ण मिथ्या हो तो दृष्टान्त एकान्त निरर्थक हो जाता है।

द्वितीयतः-शङ्कराचार्य ने कहा है कि, "हे श्वेतकेतो! तुम वही आत्मा हो," ("तत्त्वमसि") इस वाक्य में श्रुति ने जीव की भी ब्रह्मरूपता का उपदेश किया है। यह जीव की ब्रह्मरूपता स्वभावसिद्ध है; जीव को इस ब्रह्मरूपता का ज्ञान होने से, उसके शरीरी होने का जो भ्रम है, वह दूर होता है, एवं जीवव्यवहार सम्यक् विलुप्त हो जाता है। ब्रह्मात्मदर्शी का लौकिक व्यवहार कुछ नहीं रह जाता, इसका प्रदर्शन करते हुए श्रीमच्छङ्कराचार्य ने "यत्र त्वस्य सर्वमात्मैवाभूत् तत् केन कं पश्येत्" इत्यादि श्रुतियों को प्रमाणस्थल में उद्धृत किया है। अतएव जब ब्रह्मात्मकता का बोध होने से लौकिक-व्यवहार विलुप्त होता है ऐसा श्रुति ने प्रदर्शन किया है, तब यह अवश्य स्वीकार करना होगा कि, लौकिक-व्यवहार एकान्त मिथ्या है। मिथ्या-भ्रममात्र न होने से, लौकिक व्यवहार एकदम विलुप्त कैसे होगा?

भाष्यकार प्रदर्शित यह युक्ति भी समीचीन उपपन्न नहीं होती। द्वैताद्वैत मीमांसा में भी जीव ब्रह्म का अंशमात्र है; अतएव, जीव का स्वरूप बोधगम्य करने के निमित्त श्रुति ने जो उसको 'तत्त्वमसि' (तुम वही आत्मा हो) इस वाक्य में प्रबोधित किया है, उसके द्वारा किस प्रकार ब्रह्म के साथ जीव का एकान्त अभेदसम्बन्ध मात्र स्थापित होता है, यह बोधगम्य नहीं होता। 'तत्त्वमसि' इस वाक्य में जीव का ब्रह्म प्रकृतिकत्व मात्र उक्त हुआ है; श्रुति ने दृष्टान्त द्वारा कहा है कि, घट की प्रकृति जैसे मृत्तिका से भिन्न कुछ नहीं है, घट मृत्तिका से अभिन्न है, तद्रूप, हे श्वेतकेतो! तुम भी ब्रह्म से अभिन्न हो; किन्तु घट की मृत्तिका नाम से व्याख्या करने से, जिस प्रकार यह नहीं

मानना पड़ता कि, घटमात्र में ही मृत्तिका की सत्ता पर्याप्त है, तद्रूप जीव को ब्रह्म कहने से भी ऐसा बोधगम्य करना उचित नहीं है कि, ब्रह्म की सत्ता जीवमात्र में ही पर्याप्त है एवं दोनों सम्पूर्ण रूप से एक हैं। श्रीमद्‌भगवद्‌गीता में भी ("ममैवांशो जीवलोके जीवभूतः सनातनः" इत्यादि वाक्यों में) जीव को ब्रह्म के अंशरूप में वर्णन करके, "अक्षरादपि चोत्तमः" इत्यादि वाक्यों में ब्रह्म को जीव से श्रेष्ठ कहकर वर्णन किया है। सुतरां "तत्त्वमसि" वाक्य द्वारा ब्रह्म और जीव का सम्पूर्ण अभेद सम्बन्ध स्थापित नहीं होता, अंश और अंशी के बीच भेद भी है, अभेद भी है।

एवञ्च ब्रह्मात्मदर्शी का जो लौकिक व्यवहार सम्पूर्ण रूप से लुप्त होता है, वह भी प्रकृत नहीं है। श्रीकृष्ण की भगवत्ता के विषय में किसी का भी मतद्वैध नहीं है; श्रीमद्‌भगवद्‌गीता के भाष्य में शङ्कराचार्य ने स्वयं भी उसे अस्वीकार नहीं किया है। जो हो, वे अविद्याविरहित सम्यक् आत्मदर्शी पुरुष थे, इसके विषय में कोई भी आपत्ति नहीं हो सकती है। किन्तु महाभारतादि ग्रन्थ ही उनके लौकिक सर्वविध–व्यवहारक अस्तित्वविषय में साक्ष्य प्रदान करते हैं। इसी प्रकार सनकादि मुक्त पुरुषों का भी लौकिक व्यवहार था, यह श्रुति स्मृति सब शास्त्रों में उल्लिखित है। सुतरां तत्त्वदर्शी पुरुष का लौकिक व्यवहार सर्वथा लुप्त हो जाता है। ऐसा जो शंकराचार्य ने वर्णन किया है, उसके विरुद्ध में शास्त्रीय प्रमाण सर्वत्र ही दृष्ट होते हैं।

परन्तु शङ्करस्वामी ने अपने मत की पोषकता में "यत्र त्वस्य सर्वमात्मैवाभूत तत् केन कं पश्येत्" इत्यादि श्रुति वाक्य उद्धृत किये हैं। किन्तु यह श्रुति उनके उक्त मत की किञ्चिन्मात्र भी पुष्टि नहीं करती। यह श्रुति बृहदारण्यक उपनिषद् के द्वितीय अध्याय के चतुर्थ ब्राह्मण में विवृत हुई है। याज्ञवल्क्य ऋषि ने मैत्रेयी को ब्रह्मस्वरूप का उपदेश करते हुए नानाविध दृष्टान्तप्रदर्शनपूर्वक जीव और जगत् को ब्रह्मात्मक और ब्रह्म में प्रतिष्ठित कहकर पहले वर्णन किया है, एवं अवशेष में ब्रह्म के एतदुभयातीत स्वरूप का वर्णन करते हुए कहा है:–

"यत्र वा अस्य सर्वमात्मैवाभूत् तत् केन कं जिघ्रेत् तत् केन कं पश्येत् तत् केन कं शृणुयात् तत् केन कमभिवदेत् तत् केन कं मन्वीत तत् केन कं विजानीयाद् येनेदं सर्वं विजानाति तं केन विजानीयात् विज्ञातारमरे केन विजानीयादिति"।

ये वाक्य तत्त्वज्ञ पुरुष के सम्बन्ध में नहीं कहे गये हैं; इनके द्वारा श्रुति ने परब्रह्म स्वरूप का ही वर्णन किया है। बृहदारण्यकोपनिषद् के द्वितीय अध्याय का आद्यन्त पाठ करने से, उसके सम्बन्ध में कोई सन्देह उपस्थित नहीं होता है। परन्तु ब्रह्मात्मदर्शी पुरुष की अवस्था का वर्णन करते हुए, इस बृहदारण्यक श्रुति ने ही प्रथमाध्याय के चतुर्थ ब्राह्मण में कहा है:–

"तद्धैतत् पश्यन्नृषिर्वामदेवः प्रतिपेदेऽहं मनुरभवं सूर्यश्चेति तदिदमप्येतर्हिय एवं वेदाहं ब्रह्मास्मीति स इदं सर्वं भवति तस्य ह न देवाश्च नाभूत्या ईशत आत्मा ह्येषां स भवति।"

अस्यार्थः—इस ब्रह्म का दर्शन करके (उससे अभेदज्ञान से) वामदेव ऋषि ने कहा है-"मैं मनु हुआ था" "मैं सूर्य हुआ था"। अतएव इस क्षण में जिसको इस प्रकार ज्ञान होता है कि, मैं ब्रह्म हूँ, वह भी एतत्समस्त ही होता है; उसके सम्बन्ध में देवता (आराध्य) नामक कोई पदार्थ नहीं रहता, एवं देवतागण भी उसका कोई अमङ्गल नहीं कर सकते; वह उनकी भी आत्मा होता है।

सुतरां ब्रह्मात्मदर्शी पुरुष का लौकिक व्यवहार सम्पूर्ण रूप से विलुप्त होता है, ऐसा श्रुति ने उपदेश किया है; सबके प्रति उसकी ब्रह्मबुद्धि प्रतिष्ठित होती है, इतना ही बद्ध जीव और मुक्त जीव में प्रभेद है। वामदेन ने मनु सूर्य प्रभृति के आत्मा से अभिन्न रूप से दर्शन किये थे, यही उनके ब्रह्मदर्शन का फल है; एवं इस समय भी जो ब्रह्मदर्शी होते हैं, वे सर्वविध भय से मुक्त होते हैं, देवतागण भी उनका कोई अनिष्टाचरण नहीं कर सकते—श्रुति ने, इतना ही उपदेश किया है, उनका यदि सर्वविध लौकिक व्यवहार विलुप्त ही हो, तो उनके इष्टानिष्ट की कोई बात ही नहीं हो सकती। यदि उनका सर्वविध व्यवहार लुप्त ही होता, तो श्रुति किसी न किसी स्थान पर अवश्य उसका उपदेश करती। उनको अपने सम्बन्ध में किसी कर्म का प्रयोजन नहीं है, यह अवश्य स्वीकार्य है; किन्तु तथापि भगवत्-प्रेरित होकर वे जगत् के निमित्त निर्लिप्त भाव से जागतिक सब कर्म सम्पादन करते हैं। अतएव श्रीमद्भगवद्गीता में भगवान् ने कहा है—

न मे पार्थास्ति कर्त्तव्यं त्रिषु लोकेषु किञ्चन।
नानवाप्तमवाप्तव्यं वर्त्त एव च कर्मणि।।

× × × × ×

सक्ताः कर्मण्यविद्वांसो यथा कुर्वन्ति भारत।
कुर्याद्विद्वांस्तथासक्तश्चिकीर्षुर्लोकसङ्ग्रहम् ।।

गीता तृतीय अध्याय

एवञ्च—

यस्य नाहंकृतो भावो बुद्धिर्यस्य न लिप्यते।
हत्वापि स इमाँल्लोकान्न हन्ति न निबध्यते।।

गीता अष्टादश अध्याय

अतएव श्रीमच्छङ्कराचार्य की एतत्सम्बन्धीय आपत्ति भी अमूलक है।

छान्दोग्योक्त भूमाविद्या की वर्णना में "यत्र नान्यत् पश्यति... स भूमा" इत्यादि वाक्यों में भी सर्वत्र ब्रह्मदर्शन की ही बात कही गई है; ब्रह्म से भिन्न कुछ नहीं है, ऐसा ज्ञात होने से सर्वत्र ब्रह्म के ही दर्शन होते हैं, यही उक्त श्रुति का उपदेश है। इसका अर्थ यह नहीं है कि, ब्रह्मज्ञ पुरुष रूपरसादिज्ञान–शून्य होता है; श्रुति का अभिप्राय यही है कि, रूपरसादि सभी को वह ब्रह्मरूप देखता है।

तृतीयतः–श्रीमच्छङ्कराचार्य कहते हैं कि, 'तत्त्वमसि' वाक्य में यह प्रतीयमान होता है कि जीव की ब्रह्मात्मकता का किसी विशेष अवस्था के प्रति लक्ष्य करके उपदेश नहीं किया गया है; एवं असत्यवादी का बंधन और सत्यवादी का मोचन उपदेश करके, श्रुति ने केवल एकत्व के ही पारमार्थिक सत्यत्व एवं नानात्व की मिथ्याज्ञान से उत्पत्ति का प्रतिपादन किया है।

एतत्सम्बन्ध में वक्तव्य यह है कि, भेदाभेद–सिद्धान्त यह नहीं है कि जीव एवं जागतिक पदार्थ ब्रह्म से पृथक् सत्ताशील हैं; ये ब्रह्म की विशेष–विशेष शक्तियों के प्रकाशमात्र हैं; यही भेदाभेद–सिद्धान्त का उपदेश है। शक्तिमान् से शक्ति पृथक् रूप से अस्तित्वशील पदार्थ नहीं है; एवं शक्ति अथवा गुणनाम से जो वर्णन है, वह भी ब्रह्म की प्रकाशित अवस्था के प्रति लक्ष्य करके ही किया जाता है यह सत्य है, और यह भी सत्य है कि उसके सद्रूप मात्र को लक्ष्य करके वर्णन से परब्रह्मरूप में शक्ति अथवा गुण रूप से भेद भी कोई नहीं रहता किन्तु जिस प्रकार ब्रह्म एक ओर त्रिकाल में प्रकाशित समस्त रूपों को आत्मभूत करके एवं ज्ञानज्ञेयज्ञाता–भेदशून्य होकर, सद्रूप से वर्तमान है, तद्रूप अपनी ऐशी और जीवशक्ति के बल से वह अपने को अनन्त पृथक्–पृथक् रूपों में भी दर्शन और भोग किया करता है, एवं उन सबका नियमन भी करता है। जिस शक्ति के द्वारा वह क्रम से पृथक् रूपों में अपने को देखता है, उसी को जीवशक्ति कहते हैं। जीव के दृश्यरूप में अवस्थित ब्रह्म के आनन्दांशों को गुण कहते हैं, इसी का नाम जगत् है; सुतरां जगत् गुणात्मक है। अतएव प्रकाशित गुणात्मक जगत् ब्रह्म से भिन्न नहीं है, बीजरूप में ब्रह्मसत्ता में नियत जागतिक समस्त रूप प्रतिष्ठित हैं। ये सब रूप द्विविध रूप से जीवशक्ति के दर्शन योग्य होते हैं; बद्ध जीवगण इन समस्त जागतिक रूपों में दर्शन करते हैं, किन्तु तत्समस्त एवं वे स्वयं ब्रह्म के ही अङ्गीभूत हैं, यह वे नहीं जान सकते। यह एक प्रकार का दर्शन है। इस प्रकार के दर्शन का नाम भ्रमदर्शन अथवा अविद्या है; कारण, इसमें गुणात्मक जगत् एवं जीवशक्ति के आश्रयीभूत चिन्मय ब्रह्म का ज्ञान अस्फुट रहता है। द्वितीय प्रकार

का दर्शन मुक्त पुरुषों को होता है; मुक्त पुरुषगण भी अपने एवं जागतिक समस्त रूपों के दर्शन करते हैं, ठीक; परन्तु वे उन सभी के आश्रयीभूत परब्रह्मरूप का भी साथ ही साथ दर्शन किया करते हैं; सुतरां उन लोगों की दृष्टि में सभी ब्रह्म है। किन्तु ब्रह्म की पृथक् रूप से प्रकाशित होने की एवं अपने को पृथक् रूप से दर्शन करने की जो इच्छाशक्ति है, वही जीवशक्ति का मूल है; उसी से जीवशक्ति प्रकट होती है। ब्रह्म की वह शक्ति नित्य है। सुतरां वह शक्ति कभी विनष्ट नहीं होती, इसी से जीव अनादि है, एवं जीव का जीवत्व किसी समय सम्पूर्ण रूप से विनष्ट नहीं होता; अतएव ज्ञान का पारम्पर्य मुक्त जीव का भी एक बार ही विलुप्त नहीं होता; काल का क्रम उनके सम्बन्ध में भी है। किन्तु ब्रह्म के सद्रूप एवं ईश्वररूप में कालशक्ति सम्पूर्ण रूप से अस्तमित है; कारण उसके ज्ञान का पारम्पर्य नहीं है; समुदाय जीव और जगत् उसके सद्रूप में एक होकर वर्तमान हैं, एवं ईश्वररूप में एककालीन दृष्ट हो रहे हैं। ज्ञान का पारम्पर्य एवं सर्वविध विशेषत्व ब्रह्म के सद्रूप में विलुप्त होते हैं, इससे उस अवस्था में ज्ञान, ज्ञेय और ज्ञाता नाम से कोई प्रभेद नहीं रहता; सुतरां पूर्वोद्धृत बृहदारण्यक श्रुति ने कहा है, कि-

"यत्र वा अस्य सर्वमात्मैवाभूत्..... तत् केन कं विजानीयात्, विज्ञातारमरे केन विजानीयादिति"।

अर्थात् जिस अवस्था में समस्त ही आत्मभूत होता है उस समय किस विशेष चिह्न द्वारा किसको जानेगा, जो विज्ञाता मात्र है, किसी विशेष रूपादि का प्रकाश जिसमें नहीं है, वह किस विशेष चिह्न द्वारा जाना जा सकेगा (किस प्रकार विशेषित करके उसका वर्णन किया जायेगा, जिसके द्वारा जीव उसके स्वरूप को धारण कर सके)। किन्तु इस स्थल में लक्ष्य करना होगा कि रूपादि के द्वारा वह विशेषित नहीं किया जाता, यही श्रुति का अभिप्राय है। कारण, 'विज्ञातारम्' पद का उल्लेख उसके सम्बन्ध में श्रुति ने किया है, वह सदा विज्ञाता है। "नहि विज्ञातु-र्विज्ञातेर्विपरिलोपः" इसका भी श्रुति ने स्पष्ट रूप से अन्यत्र वर्णन किया है। अतएव इस ज्ञातृत्व का अभाव कदापि नहीं होता, सत्-अक्षर रूप में इस ज्ञान का विषय उसका स्वरूपस्थ आनन्दमात्र है। इसी स्वरूपगत आनन्द की अनन्तरूपता ईश्वरावस्था में ज्ञान का विषय होती है; जीवावस्था में इसी आनन्द का विशेष-विशेष भावमात्र ज्ञान का विषय होता है।

अतएव ब्रह्म का एवंविध अवर्णनीय रूप भी है, एवं पृथक्-पृथक् रूपों में प्रकाशित रूप भी है, यही भेदाभेद द्वैताद्वैत सिद्धान्त है। इस सिद्धान्त में शङ्कराचार्य की उक्त आपत्ति किसी प्रकार प्रयोज्य नहीं होती है। जो भेदबुद्धियुक्त हैं उन्हें बद्धजीव

कहते हैं, एवं उन्हें संसार का भोग होता है, जो भेदबुद्धियुक्त नहीं हैं, उनको उक्त प्रकार का भोग नहीं होता; इसी शेषोक्त अवस्था में किस प्रकार का दुःखभोग नहीं है, इसी निमित्त श्रुति ने इसकी प्रशंसा की है। यही तस्करदृष्टान्त का फल है। नानात्व अलीक नहीं है, यह एक ब्रह्म का ही नानात्व है; इस नानात्व को ब्रह्म का नान्नात्व न जानना ही अविद्या है–जिसके कारण दुःखभोग होता है। श्रुति ने इसी की निन्दा की है।

चतुर्थतः–भाष्यकार ने कहा है कि, एकत्व और नानात्व यह उभयविधत्व ब्रह्म के सम्बन्ध में स्वीकार करने से, एकत्वज्ञान द्वारा नानात्व ज्ञान विनष्ट हो नहीं सकता; कारण, नानात्व भी इस मत में ठीक है। अतएव मोक्ष की संभावना नहीं रहती।

इस सम्बन्ध में वक्तव्य यही है कि, भेदाभेद सिद्धान्त में मोक्ष की संभावना विलुप्त नहीं होती। जागतिक रूप एवं जीवशक्ति के आश्रयीभूत ब्रह्मस्वरूप जिस अवस्था में अज्ञात रहता है, उसी का नाम बन्ध है; उसके ज्ञात होने का ही नाम मोक्ष है। बन्धावस्था में जागतिक रूप का ज्ञानमात्र होता है, गुणाश्रय वस्तु अदृष्ट रहती है; मोक्ष दशा में गुण के साथ गुणाश्रित वस्तु का भी ज्ञान होता है। बन्धावस्था में गुणी वस्तु का ज्ञान न रहने के कारण, इन गुणात्मक वस्तुओं का पृथक् अस्तित्वशील रूप से ज्ञान रहता है; मुक्तावस्था में इस आश्रय वस्तु का भी ज्ञान होने के कारण, एवं उन पदार्थों के सम्बन्ध में भी एक ज्ञान होने से, पदार्थों की स्वतन्त्ररूप में अस्तित्व बुद्धि विलुप्त होती है। इस सिद्धान्त में अयौक्तिकता क्या है, एवं इसके द्वारा किस प्रकार मोक्ष में बाधा उपस्थित होती है, यह बोधगम्य नहीं होता। हमने एक घर में प्रवेश कर देखा कि, उपविष्ट अवस्था में स्थित एक मनुष्य–मूर्त्ति वहाँ अवस्थित है; हमने पहले समझा कि, एक जीवित मनुष्य ही वहाँ इस प्रकार उपविष्ट है; किन्तु और अग्रसर होकर पीछे जाना कि, यह एक प्रतिबिम्बविशेष है; हमारे पीछे बैठे हुए एक व्यक्ति का प्रतिबिम्ब हमारे सम्मुख स्थित बड़े दर्पण में पड़कर हमारे दृष्टिगोचर हुआ है; सुतरां पहले जो हमें भ्रम हुआ था, यह विदूरित हुआ; अपनी पूर्वदृष्ट मूर्त्ति को हमने प्रतिबिम्ब कहकर अवधारण किया। इस प्रकार की घटनायें प्रतिदिन हो रही हैं। जीव का जगद्ज्ञान भी इसी प्रकार है। असम्यग्दर्शिता के कारण बद्धजीव के ज्ञान में दृष्ट जागतिक रूपों का स्वतन्त्र रूप से अवस्थित होना बोध होता है; मुक्तावस्था में सम्यक् ज्ञानोदय होने से, ये समस्त रूप ब्रह्म के ही रूप हैं ऐसा उपपन्न होता है; सुतरां उनके प्रति ब्रह्मबुद्धि प्रतिष्ठित होती है। ब्रह्मबुद्धि के प्रतिष्ठित होने से स्वभावतः ही ऐकान्तिक पार्थक्यबुद्धिरूप भ्रम विलुप्त होता है। एतद्द्वारा जागतिक रूपों का मिथ्यात्व

प्रतिपन्न नहीं होता, जीव के ज्ञान के अवस्थाभेद से तद्विषयक ज्ञान का ही व्यतिक्रम होता है। मोक्षावस्था में रूपसमूह का ज्ञान एक बार ही तिरोहित होता है, इसका कोई शास्त्रीय प्रमाण नहीं है। पक्षान्तर में सर्वसम्मत पूर्णब्रह्मज्ञ भगवान् सनत्कुमार, याज्ञवल्क्य, वामदेव प्रभृति का जो जागतिक रूपों का ज्ञान था, इसका श्रुति ने ही स्पष्ट रूप से उपदेश किया है। अतएव भेदाभेद सिद्धान्त में मोक्ष की बाधा होती है ऐसी जो शंकराचार्य ने आपत्ति की है, वह अलीक है।

अत: पर भाष्यकार ने अपने एकान्ताद्वैत मत में जो प्रत्यक्षादि प्रमाण असिद्ध नहीं होते, एवं विधिनिषेधसूचक शास्त्र एक बार ही अलीक प्रतिपन्न नहीं होते, इसका प्रदर्शन करते हुए कहा है कि, प्रबुद्ध होने के पूर्वपर्यन्त जैसे स्वप्न वर्तमान रहता है, प्रबुद्ध होने पर नहीं रहता, तद्रूप ब्रह्मज्ञान होने के पूर्व लौकिक व्यवहार प्रतिष्ठित रहता है, तत्पश्चात् नहीं रहता।

किन्तु इस स्थल में जिज्ञास्य यह है कि, इस दृष्टान्त का स्वप्नस्थानीय जगद्ज्ञान किसका आश्रय करके रहता है? ब्रह्म जब भाष्यकार के मत में नियत एक अपरिवर्तनीय अद्वैतरूप से स्थित है, उसमें जब किसी प्रकार की क्रिया अथवा विशेष ज्ञान का अस्तित्व नहीं है, तब यह स्वप्न किसका आश्रय करेगा अथवा किसका परित्याग करेगा? जब लोक अथा व्यवहार नामक कोई पदार्थ नहीं है, तो लौकिक व्यवहार वर्तमान रहता है, इसका क्या अर्थ हो सकता है? अतएव स्वप्न-दृष्टान्त के द्वारा एकान्ताद्वैत मत में भी लौकिक-व्यवहार सिद्ध होता है, ऐसा भाष्यकार ने जो प्रमाणित करने की चेष्टा की है, वह निष्फल है। स्वप्न जीव का केवल मानसिक विकार-सम्भूत है। जीव का अवस्थाभेद है। सुतरां निद्रितावस्था में इन्द्रियों के बर्हिजगत् के सम्बन्ध में निष्क्रिय होने के कारण, बाह्यवस्तु के बिना केवल मानसिक व्यापार द्वारा जीव स्वप्नबोध किया करता है; जाग्रदवस्था में बाह्यवस्तु के संयोग से इन्द्रियों के व्यापार के द्वारा जीव प्रत्यक्षज्ञान लाभ करता है। स्वप्नज्ञान में बाह्यवस्तु की अपेक्षा न रहने के कारण, स्वप्नज्ञान मानसिक-व्यापार के नाम से प्रबुद्धावस्था में जीव को अवगत होता है। स्वप्न को जो मिथ्या कहते हैं, यह इसी अर्थ में मिथ्या है; परन्तु स्वप्नकाल में स्वप्नद्रष्टा जीव इस स्वप्न का साक्षी-स्वरूप होकर एकांश में अविकृत द्रष्टृरूप में वर्तमान रहता है, अथ च अपरांश में स्वप्नादि व्यापारों के भी अपने स्वरूप से प्रकाश का दर्शन करता है। तद्रूप ब्रह्म भी स्वरूप में अविकृत रहकर अपरांश मे जगद्व्यापार का साधन करता है। यही भेदाभेद-सिद्धान्त है। यदि ब्रह्म का निरवच्छिन्न निष्क्रिय रूप ही एकमात्र सत्य होता तो, दृष्टान्तोल्लिखित स्वप्नस्थानीय जगत् का स्वप्नवत्

अस्तित्व भी किसी प्रकार सिद्ध नहीं होता। अतएव यथार्थ ही शंकराचार्य के प्राणोदित एकान्ताद्वैत मत में लौकिक व्यवहार समस्त लोप प्राप्त होते हैं, प्रत्यक्षादि प्रमाण प्रत्याख्यात होते हैं, वेदोक्त विधि–निषेध–सूचक शास्त्र एकान्त अलीक और व्यर्थ हो पड़ते हैं, एवं मोक्षसाधन भी निरर्थक नाम से सिद्ध होता है।

अवशेष में वेदान्तदर्शन के प्रथमावधि जो ब्रह्म को जगत् का सृष्टि स्थितिलयकर्त्ता प्रतिपन्न करने की वेदव्यास ने चेष्टा की है, उसे एकान्ताद्वैत मत में सम्पूर्ण रूप से निरर्थक जल्पनामात्र परिणत होते देखकर भाष्यकार ने अपने उक्त मत की इस प्रकार व्याख्या करने की चेष्टा की है कि, "अविद्याकल्पित जो नाम और रूप हैं, जो सत्य वा मिथ्या नाम से निर्वाचित नहीं किये जा सकते, जां संसार–प्रपञ्च के बीजस्वरूप हैं, वह सर्वज्ञ ईश्वर के मानो आत्मस्वरूप हैं, ("आत्मभूते इव अविद्य कल्पिते नामरूपे"), एवं प्रकृति भी उसे सर्वज्ञ ईश्वर की ही माया नाम शक्ति है। ...... यह श्रुति और स्मृति प्रमाणों के द्वारा सिद्धान्त होता है। इस प्रकृति और नामरूपात्मक अविद्याकल्पित जगत् से सर्वज्ञ ईश्वर विभिन्न है।.....अविद्याकृत उपाधिभेद को लक्ष्य करके ही ईश्वर के ईश्वरत्व, सर्वज्ञत्व और सर्वशक्तित्व उल्लिखित होते हैं; किन्तु सम्यक् तत्त्वज्ञान द्वारा सर्वविध उपाधि–विदूरित जो आत्मस्वरूप है, उसमें परमार्थतः नियम्यत्व नियन्तृत्वप्रभृति व्यवहार उपपन्न नहीं होते।"

इस सम्बन्ध में वक्तव्य यह है कि, सर्वज्ञ ईश्वर की माया नाम शक्ति के अस्तित्व को इस स्थल में भाष्यकार स्वीकार करने को बाध्य हुए हैं, एवं तद्विषयक असंख्य श्रुतिप्रमाण भी हैं; सुतरां वह अस्वीकृत नहीं किया जा सकता। किन्तु इसे स्वीकार कर शंकराचार्य कहते हैं कि, सर्वज्ञ ईश्वर इस मायाशक्ति (प्रकृति) से विभिन्न है। मायाशक्ति को ईश्वर की ही शक्ति स्वीकार कर, ईश्वर को उससे भिन्न कहने का तात्पर्य यही हो सकता है कि, शक्ति और शक्तिमान् के बीच जो भेदाभेद सम्बन्ध है, उसी को प्रकाश करना उक्त स्थल में भाष्यकार का अभिप्रेत है, एतद्भिन्न उक्त वाक्य का अन्य कोई अभिप्राय हो नहीं सकता। द्वेताद्वैत (भेदाभेद) सिद्धान्त का भी यही अभिप्राय है। जगत् मायाशक्ति का कार्य है, यह ब्रह्मशक्तिविशेष का ही प्रकाश है। सुतरां ब्रह्म के साथ इसका भेदाभेद–सम्बन्ध है; गुण और गुणी, शक्ति और शक्तिमान्, इन दोनों के बीच जो सम्बन्ध है, जगत् और जीव का भी ब्रह्म के साथ वहीं सम्बन्ध है। वस्तुतः यह स्वीकार न करने से, जगत् की ब्रह्मकारणत्वविषयक प्रतिज्ञा, जिसका ग्रन्थारम्भ में वेदव्यास ने वर्णन किया है, किसी प्रकार रक्षित नहीं होती। किन्तु एकान्ताद्वैतमत में शक्ति और शक्तिमान् नाम से कोई भेद स्वीकार्य नहीं

है। उस मत में ज्ञान, ज्ञेय और ज्ञाता, गुण गुणी, शक्ति और शक्तिमान् नामक किसी प्रकार का भेद नहीं है। किन्तु इस भेद को स्वीकार न करने से, जगद्व्यापार और ब्रह्म की जगत्कारणता किसी प्रकार उपपन्न हो नहीं सकती।

अविद्या मायाशक्ति के ही अङ्गीभूत है। मायाशक्ति के ईश्वर की ही शक्ति के नाम से स्वीकृत होने के कारण, यह अविद्या भी ईश्वर-शक्ति के अतिरिक्त अन्य कुछ नहीं हो सकती। किन्तु भाष्यकार ने कहा है कि, संसार-प्रपञ्च के बीज स्वरूप जो अविद्याप्रसूत नाम और रूप हैं, वे सर्वज्ञ ईश्वर के 'मानो' आत्मस्वरूप हैं ("आत्मभूते इव"), एवं इसके अस्तित्व नास्तित्व (ब्रह्मत्व ब्रह्मभिन्नत्व), किसी का निर्वाचन नहीं किया जा सकता। इस स्थल में नामरूपादिमय जगत् को ब्रह्म का "मानो आत्मस्वरूप" कहकर जो भाष्यकार ने वर्णन किया है, इस 'मानो' शब्द का अभिप्राय क्या है। गुणरूपमात्र में जगत् ब्रह्म का आत्मस्वरूप है, किन्तु उस गुण का आधार अर्थात् गुणीरूप में ब्रह्म इससे भिन्न भी है; एवञ्च अविद्याहेतु (अर्थात् गुणाश्रयीभूत ब्रह्मस्वरूप के ज्ञानाभाव हेतु) गुणात्मक जागतिक समस्त पदार्थ ब्रह्म के ही जो गुणविशेष हैं एवं उससे अभिन्न हैं, ऐसा बोध नहीं होता; वस्तुतः ये ब्रह्म से अभिन्न हैं। इतना ही अर्थ प्रकाश करने में यदि 'इव' शब्द ("मानो" शब्द) व्यवहृत हुआ हो, तो वही द्वैताद्वैत-सिद्धान्त है; किन्तु यह मत जो एकान्ताद्वैतवाद के विरुद्ध है, वह पहले ही प्रदर्शित हुआ है। यदि "इव" शब्द का यह अभिप्राय न हो, तो भाष्यकार के उक्त वाक्य का क्या अभिप्राय है, इसका निर्वाचन करना असम्भव है। जगत् अस्ति भी नहीं और नास्ति भी नहीं, इस वाक्य का मर्म अन्य किसी प्रकार बोधगम्य हो नहीं सकता। ब्रह्म को ही इस जगत् का उपादान कहकर सूत्रकार ने सर्वत्र प्रमाणित किया है, एवं तत्सम्बन्ध में भाष्यकार की भी कोई विरुद्ध व्याख्या नहीं है। ब्रह्म ही यदि जगत् का उपादान-कारण एवं निमित्त-कारण हुआ, तो ब्रह्म जब सत् है तब जगत् किस प्रकार असत् निर्णीत हो सकता है? अतएव जगत् असत् नहीं है,-ब्रह्मात्मक है। जगत् का ब्रह्म से भिन्न और पृथक् रूप से अस्तित्वशील नामक जो ज्ञान है, वही अज्ञान अथवा अविद्या है; यही सम्यक् ज्ञान के द्वारा विनष्ट होता है। ब्रह्म से पृथक् रूप से अस्तित्वशील कोई पदार्थ नहीं है। शास्त्र में पूर्वोद्धृत "मृत्तिकेत्येव सत्यम्" इत्यादि वाक्यों में घटशरावादि की प्रकृतिभूत मृत्तिका ही सत्य कही गयी है, एवं मृद्विकार घटशरावादि का केवल नामद्वारा पृथक् कहकर वर्णन किया गया है, तद्द्वारा घटशरावादि का अनस्तित्व उपदिष्ट नहीं हुआ। छान्दोग्योपनिषद् के षष्ठ प्रपाठक के प्रारम्भ में उक्त वाक्य है। किन्तु इस प्रपाठक के ४/५ वाक्यों के पश्चात् इसी श्रुति ने

कहा है, "सदेव सौम्येदमग्र आसीत्.....कथमसतः सज्जायतेति"। उक्त वाक्य में श्रुति ने स्पष्ट रूप से जगत् को सत् कहकर व्याख्या की है, एवं 'सत्' जगत् की 'असत्' कारण से उत्पत्ति नहीं हो सकती इसलिए जगत्कारण 'सत्' है, ऐसा उपदेश किया है। सुतरां ब्रह्म से भिन्न रूप से जगत् का अस्तित्व नहीं है, यही 'वाचारम्भण' वाक्य के द्वारा उपदिष्ट हुआ है, ऐसा समझना होगा। जगत् का इस प्रकार मिथ्यात्व द्वैताद्वैत सिद्धान्त का सम्मत है; किन्तु यह एकान्ताद्वैतवाद के विरुद्ध है।

प्रकृति और नामरूपात्मक "अविद्याकल्पित" जगत् से सर्वज्ञ ईश्वर विभिन्न है ऐसा जो शंकराचार्य ने वर्णन किया है, वह इस अर्थ में यथार्थ रूप से स्वीकार किया जाता है कि प्रकृति एवं अविद्या ईश्वर की शक्ति अथवा उसके गुण हैं; वह उसी शक्ति अथवा गुण का आश्रय है। गुणाश्रय वस्तु तदाश्रित गुण को अतिक्रम करके वर्तमान रहती है; सुतरां इसको गुण से विभिन्न कह सकते हैं। किन्तु गुणी से गुण स्वतन्त्र रूप से अवस्थिति नहीं कर सकता। अतएव ये अभिन्न भी हैं। परन्तु यह एकान्ताद्वैतवाद नहीं है, पक्षान्तर में यही भेदाभेदसिद्धान्त है। एकान्ताद्वैतमत में गुण और गुणी के नाम से किसी प्रकार भेद ब्रह्म में नहीं है।

यदि प्रकृति और नामरूपात्मक "अविद्याकल्पित" जगत् से ईश्वर को सम्पूर्ण रूप से विभिन्न कहकर वर्णन करना भाष्यकार के उक्त वाक्य का अभिप्राय हो, तो यह सांख्यमत है, इसका वेदव्यास ने निःशेष रूप से इस द्वितीयाध्याय में खण्डन किया है; यह श्रुतिविरुद्ध है–सुतरां आदरणीय नहीं है। एवं यह एकान्ताद्वैतमत का भी विरोधी है।

शंकराचार्य ने पुनरपि कहा है कि, अविद्याकृत उपाधि को लक्ष्य करके ही ईश्वर के ईश्वरत्व, सर्वज्ञत्व और सर्वशक्तित्व उल्लिखित होते हैं। यह उक्ति भी प्रकृत नहीं है। अविद्यासम्पन्न, सुतरां भेदवृद्धियुक्त संसारी जीव जैसे ईश्वर के नियन्तृत्व के अधीन है, विद्यासंपन्न समदर्शी मुक्त पुरुषगण भी वैसे ही ईश्वर के नियन्तृत्व के अधीन हैं; ब्रह्मविद् मुक्तपुरुषगण भी ईश्वर-नियन्तृत्व के अनधीन नहीं हैं, यह वेदान्तदर्शन के चतुर्थाध्याय की व्याख्या में विशेष-रूप से प्रमाणित होगा; एवं मुक्तपुरुषों के सम्बन्ध में भी जो कालक्रम सम्यक् विदूरित नहीं होता, एवं वे भी जो ईश्वराधीन होकर निर्लिप्त भाव से कर्म में प्रवृत्त होते हैं, वह पूर्व ही प्रदर्शित हुआ है। हिरण्यगर्भाख्य प्रथमपुरुष भेदबुद्धिवर्जित एवं समदर्शी है, एवं तल्लोकप्राप्त सभी जगत् के प्रति समदर्शी हैं; किन्तु वे सभी सर्वज्ञ ईश्वर की नियति के अधीन हैं। एवञ्च जगत् की सृष्टिस्थिति और लयसाधिनी शक्ति ईश्वर में सदैव अवस्थित है। अतएव

केवल "अविद्याकल्पित" उपाधिभेद को लक्ष्य करके ही जो ईश्वर का ईश्वरत्व होता है, वह सम्पूर्ण सत्य नहीं है। तो यह बात सत्य है कि, ब्रह्म के अमूर्त्त अक्षर सदात्मक अद्वैत-स्वरूप में त्रिकाल में प्रकाशित जगत् उसके साथ एकीभूत होकर रहता है; इससे उक्त स्वरूप में ज्ञान, ज्ञेय, ज्ञाता एवं नियम्य नियन्ता की कुछ भी विवक्षा नहीं होती। किन्तु यह सत् एकान्त अनिर्देश्य सत् नहीं है; वह सच्चित् है; इस सत् की सर्वज्ञता नित्य सिद्ध है; एवं इस सत् का आनन्दरूपत्व भी पूर्वाध्याय में स्थिरीकृत हुआ है। द्वैताद्वैत मत में यह समस्त गृहीत होता है, जगत् इसी आनन्दांश का विकास है, यह पूर्वाध्याय में वर्णित हुआ है। "सदेव सौम्येदमग्र आसीत्" वाक्य में भी जगत् को मिथ्या नहीं कहा है, परन्तु जगत् की ब्रह्मरूप में ही स्थिति वर्णित हुई है। इसमें द्वैताद्वैत सिद्धान्त का कोई विरोध नहीं है। द्वैताद्वैत सिद्धान्त में द्वैतत्व एवं अद्वैतत्व दोनों ही स्वीकृत हैं। अक्षरसद्रूपता एवं ईश्वरत्व ही ब्रह्म का अद्वैतत्व है; जीव और जगत् को अपने स्वरूप से प्रकट करना, एवं सर्वनियन्तृरूप में जगद्व्यापार का साधन करना ही उसका द्वैतत्व है। किन्तु एकान्ताद्वैत मत में यह जगद्-व्यापार-साधन किसी प्रकार व्याख्यात नहीं होता है। विशेषतः, एकान्ताद्वैत मत में ब्रह्म के सगुणत्व के निवारित होने के कारण, (एवं अक्षरब्रह्म भिन्न अन्य किसी का अस्तित्व अस्वीकार्य होने के कारण) अस्तित्वविहीन नामरूप-विशिष्ट जगत् के अनुप्रवेशपूर्वक उसके विभिन्न रूप से प्रतिभात होना, एवं सबके नियन्ता ईश्वर नाम से गण्य होना प्रभृति विषयों में भाष्यकार की सभी उक्तियाँ निरर्थक हो जाती हैं। वस्तुतः ब्रह्म की स्वरूपगत शक्तिमत्ता स्वीकार न करने से, ब्रह्म का ईश्वरत्व सम्पूर्ण रूप से अलीक हो जाता है, एवं जीव जगत् और लौकिक व्यवहार-सभी को असम्भव और सम्पूर्ण मिथ्या स्वीकार करना पड़ता है; जगत् का व्यवहारिक सत्यत्व, जिसे भाष्यकार ने बाध्य होकर स्वीकार किया है, किसी प्रकार सङ्गत नहीं होता; यह उनके एकान्ताद्वैत सिद्धान्त का सम्पूर्ण विरोधी है। यह स्वीकार करने से ही उनका यह सिद्धान्त खण्डित हुआ है।

अतएव श्रीमच्छङ्कराचार्यकर्तृक प्रणोदित एकान्ताद्वैतमत आदरणीय नहीं है। ब्रह्मसूत्र के तृतीयाध्याय के द्वितीय पाद के ११ सूत्र की व्याख्या में इस विषय पर और भी विस्तारित रूप से विचार किया गया है। एवं एकान्ताद्वैतवाद के अन्य दोष भी विस्तृत रूप से प्रदर्शित हुए हैं। सुतरां इस स्थल में इस सम्बन्ध में और अधिक कुछ वर्णित नहीं हुआ। किन्तु श्रीमद्भगवद्गीता के "न कर्तृत्वं न कर्माणि लोकस्य सृजति प्रभुः" इत्यादि वाक्यों को उद्धृत करके जो परमार्थावस्था में सर्वविध व्यवहारों के लोपविषयक

मत के स्थापन करने की चेष्टा भाष्यकार ने की है, उस सम्बन्ध में उत्तर इसी स्थान में प्रदत्त होता है:– उक्त श्लोक श्रीमद्भगवद्गीता के कर्मसन्यासयोग नामक पञ्चमाध्याय में उक्त है। यह श्लोक उक्त पञ्चमाध्याय का १४ श्लोक है। तत्पूर्व ८ से १३ श्लोक पर्यन्त, जिस प्रकार ज्ञान को कर्मसंन्यास कहते हैं, उसे श्रीभगवान् ने वर्णन करते हुए कहा है कि, कर्मसंन्यासी मुक्तपुरुष कर्मों का सम्पादन करके भी अपने में किसी कर्तृत्व बुद्धि का पोषण नहीं करता:–

नैव किञ्चित् करोमीति युक्तो मन्येत तत्त्ववित्।
पश्यन् शृण्वन् स्पृशन् जिघ्रन्नश्नन् गच्छन् स्वपन् श्वसन्।।८।।

प्रलपन् विसृजन् गृह्णन्नुन्मिषन्निमिषन्नपि।
इन्द्रियाणीन्द्रियार्थेषु वर्त्तन्त इति धारयन्।।९।।

ब्रह्मण्याधाय कर्म्माणि सङ्गंत्यक्त्वा करोति यः।
लिप्यते न स पापेन पद्मपत्रमिवांभसा।।१०।।

अर्थात् ब्रह्मयुक्त पुरुष दर्शन, श्रवण, गमन प्रभृति समस्त कर्मों को सम्पादन करके, हम कुछ नहीं करते, ऐसा जानता है; इन्द्रियाँ अपने व्यापार में प्रवर्त्तित हो रही हैं, इतनी ही वह धारणा करता है। (८/९)। वह ब्रह्म में समस्त कर्मों को अर्पण करके कर्म में सर्वप्रकार से सङ्ग (कर्तृत्वबुद्धि)–विवर्जित होकर सब कर्मों का सम्पादन करता रहता है, एवं पद्मपत्र पर जल प्रतिष्ठित होकर भी जैसे उसके साथ लिप्त नहीं होता, तद्रूप वह कर्म के द्वारा पाप में लिप्त नहीं होता।

अत:पर ११ श्लोक में श्रीभगवान् ने पुन: कहा है कि, आत्मशुद्धि के लिए योगिपुरुष केवल काय, मन और इन्द्रियादि के द्वारा कर्मों का अनुष्ठान करता है, किन्तु उसमें सम्पूर्ण रूप से आसक्तिशून्य रहता है। एवं १२ श्लोक में कहा है कि, योगिपुरुष के कर्मफल परित्याग करने से, उसे ब्रह्मनिष्ठोत्पन्न परम शान्ति लाभ होता है; किन्तु सकाम अज्ञानी पुरुष फल में आसक्तियुक्त होकर बन्धप्राप्त होता है।

अत:पर १३ श्लोक में श्रीभगवान् ने कहा है:–

सर्वकर्माणि मनसा संन्यस्यास्ते सुखं वशी।
नवद्वारे पुरे देही नैव कुर्वन्न कारयन्।।१३।।

अर्थात् जितचित्त पुरुष सर्वविध कर्मों को मन के द्वारा परित्याग करके, (अर्थात् उनमें सम्यक् आत्मबुद्धिविवर्जित होकर) नवद्वारविशिष्ट देहरूप पुरी में, सुखपूर्वक वास करता है; वह स्वयं किसी कर्म का कर्त्ता नहीं होता, एवं अन्य किसी से कराता

भी नहीं। अर्थात् किसी पुरुष को किसी कर्म का कर्त्ता नहीं मानता; वह निःश्वास प्रश्वास नहीं करता, भोजन गमनादि कर्म नहीं करता, ऐसा नहीं; ये समस्त उसके शरीरादि द्वारा सम्पादित होते हैं, यह पूर्व ही ८ से १० श्लोकपर्यन्त वर्णन किया गया है। किन्तु योगी उसमें सर्वप्रकार कर्तृत्वबुद्धि-विवर्जित होता है, यही इस श्लोक का अभिप्राय है। कारण, युक्तपुरुष जो कर्म परित्याग करता है, वह मानसिक परित्याग ("मनसा संन्यस्य") है, यह स्पष्टरूप से इस १३ श्लोक में उक्त हुआ है। कर्मयोग का प्रथम भूमि में कर्मफल-त्याग होता है, तद्द्वारा चित्त निर्मल होने के पश्चात् द्वितीय भूमि में कर्म में अपनी कर्तृत्व-बुद्धि लोप-प्राप्त होती है, साधक अपने को और जगत् को सम्पूर्ण रूप से ईश्वराधीन जानता है; सुतरां तब वह कर्मों को बुद्धि द्वारा ब्रह्म में ही अर्पण करता है; यही "सर्वकर्माणि मनसा संन्यस्य" इत्यादि वाक्यों में उक्त १३ श्लोक में वर्णित हुआ है। स्वयं कर्म करके भी किस प्रकार उसके सम्बन्ध में अपने को अकर्त्ता समझता है, यही तत्परवर्त्ती १४ श्लोक में श्रीभगवान् ने वर्णन किया है, यथाः-

न कर्तृत्वं न कर्माणि लोकस्य सृजति प्रभुः।
न कर्मफलसंयोगं स्वभावस्तु प्रवर्त्तते।। १४।।

अर्थात् वस्तुतः भगवान् ही प्रभु (सर्वकर्त्ता, सर्वनियन्ता) हैं, (सुतरां) उन्होंने लोक के सम्बन्ध में किसी कर्तृत्व (स्वाधीन कर्तृत्व) अथवा कर्म (स्वाधीन कर्म) अथवा कर्मफल-संयोग की सृष्टि नहीं की। स्वभाव ही (प्राकृतिक इन्द्रियादि ही भगवत्प्रेरणा द्वारा) कर्म, कर्तृत्व और कर्मफल-संयोग-रूप में प्रवर्त्तित हुआ करता है।

पूर्व में ८, ९ और १० श्लोकों में जो उपदेश वर्णित हुआ है, उसी का विज्ञान विस्तारक्रम से इसी चतुर्दश श्लोक में प्रदर्शित हुआ है। इस श्लोक में किस स्थान पर मुक्त पुरुष के लौकिक व्यवहार के सम्पूर्ण लोपप्राप्त होने की बात उल्लिखित हुई है, यह किसी प्रकार बोधगम्य नहीं होता। वरन् "स्वभावस्तु प्रवर्त्तते" वाक्य द्वारा लौकिक व्यवहार वर्तमान रहते हैं, इसी का श्रीभगवान् ने प्रदर्शन किया है। गीताभाष्य में यह श्लोक ब्रह्म के सम्बन्ध में उक्त हुआ है, ऐसी श्रीमच्छङ्कराचार्य ने व्याख्या की है। वे इस प्रकार अर्थ करते हैं कि, परमात्मा के (प्रभु के) कोई कर्म अथवा कर्तृत्व प्रभृति नहीं हैं; कर्मसमूह अविद्याप्रसूत हैं। वस्तुतः लोगों के सम्बन्ध में प्रभु ईश्वर ने किसी कर्मादि की सृष्टि नहीं की, यही सूत्रोक्त 'लोकस्य' शब्द द्वारा प्रकाशित हुआ है; एवं पूर्वापर सूत्रार्थ की पर्यालोचना करने से, युक्त संन्यासी के सम्बन्ध में ही उक्त वाक्य

उपदिष्ट हुए हैं, ऐसा सिद्धान्त होता है। जो हो, इस स्थल में उस सम्बन्ध में विचार करना निष्प्रयोजन है। इस स्थल में इतना ही प्रदर्शन करना आवश्यक है कि युक्त पुरुष का लौकिक व्यवहार विलुप्त होता है, इसको प्रमाणित करने के निमित्त जो शङ्कराचार्य ने उक्त श्लोक उद्धृत किया है, वह उक्त श्लोक द्वारा किसी प्रकार से प्रमाणित नहीं होता। यह श्लोक शङ्कराचार्यकृत गीताभाष्य का ही अभिप्राय–व्यञ्जक है ऐसा स्वीकार करने पर भी, इसके द्वारा इतना ही प्रमाणित हो सकता है कि, ब्रह्म की स्वरूपावस्था में कोई क्रिया नहीं है; किन्तु मायाशक्ति के भी उसी की शक्ति होने के कारण एवं मायाशक्ति की क्रिया का इस व्याख्यानुसार भी विलोप न होने के कारण, ब्रह्म का कर्तृत्व भी विलुप्त नहीं होता, यह भी नित्य है। विदेहमुक्त पुरुषों की अवस्था चतुर्थोध्याय के चतुर्थपाद में विशेषरूप से व्याख्यायित होगी। सुतरां एकान्ताद्वैतवाद को अपसिद्धान्त कहकर गण्य करना होगा।

अधिकन्तु, इस पाद में कार्यकारण का अभेदत्व वेदव्यास ने स्पष्ट रूप से स्थापित किया है। कारणवस्तु ब्रह्म सत् है, इस सम्बन्ध में विरोध नहीं है; अतएव कार्यवस्तु भी सत् है, यह किस प्रकार अस्वीकार किया जा सकता है? जीव के साथ भी ब्रह्म का भेदाभेद सम्बन्ध रहना इसी पाद के परवर्ती सूत्रों में सुस्पष्ट रूप से वेदव्यास द्वारा उपदिष्ट हुआ है; इन सूत्रों का भी व्याख्यान्तर नहीं है, यह पीछे प्रदर्शित होगा। अतएव श्रुति का उपदेश और वेदव्यास का सिद्धान्त जो शङ्कराचार्य द्वारा उपदिष्ट एकान्ताद्वैतवाद के अनुकूल नहीं है, इस सम्बन्ध में किसी प्रकार का सन्देह नहीं है।

अत:पर परिणामवाद के सम्बन्ध में शङ्कराचार्य ने जो आपत्ति की है, इसका पृथक् रूप से विचार करना निष्प्रयोजन है; सुतरां उस सम्बन्ध में और कुछ विशेष नहीं कहा गया। "स्वरूप में" अविकृत रहकर भी जगत् को प्रकाशित करता है यही उसकी सर्वशक्तिमत्ता–ईश्वरत्व है।

२ अ०, १ पाद, १५ सूत्र। **भावे चोपलब्धेः।**

भाष्य। कार्यस्य कारणादनन्यत्वं कुतोऽवगम्यते? तत्राह, कारणसद्भावे सति, कार्यस्य उपलब्धेः; "सन्मूलाः सौम्येमाः प्रजाः" इत्यादिश्रुतेः।

अस्यार्थः–कारण से कार्य का अभिन्नत्व किस प्रकार अवगत हो जाता? उसके उत्तर में सूत्रकार कहते हैं कि, कारण के सद्भाव के रहने से ही कार्य का भी ज्ञान होता है, न रहने से नहीं होता; इसके द्वारा की कारण से कार्य का अभिन्नत्व ज्ञात होता है।

"हे सौम्य! यह सब सत्मूलक है" (छान्दोग्य) इत्यादि श्रुतियों ने उसे प्रदर्शित किया है।

२ अ०, १ पाद, १६ सूत्र। **सत्त्वाच्चावरस्य।**

(अवरस्य अवरकालीनस्य परभविकस्य कार्यस्य जगतः कारणे ब्रह्मणि सत्त्वात् ब्रह्मात्मना अवस्थानात् तदनन्यत्वम्।)

भाष्य–"ब्रह्म वा इदमग्र आसीदि"-ति समानाधिकरण्यनिर्देशेनावर-कालीनस्य कार्यस्य कारणे सत्त्वात्तदनन्यत्वम्।

व्याख्या–"ब्रह्म वा इदमग्र आसीत्" इत्यादि श्रुतियों ने स्पष्ट रूप से कहा है कि उत्पत्ति के पूर्व कार्यरूप-जगत् कारणरूप-ब्रह्म में अभिन्न रूप से स्थित था; सुतरां कार्य के साथ कारण का अभिन्नत्व इसके द्वारा भी प्रतिपन्न होता है।

इस सूत्र का शाङ्करभाष्य भी ठीक इसी मर्म का है। तो जगत् का अलीकत्व किस प्रकार सिद्ध हो सकता है?

२ अ०, १ पाद १७ सूत्र। **असद्व्यपदेशान्नेति चेन्न, धर्मान्तरेण, वाक्यशेषात् युक्तेः शब्दान्तराच्च।**

भाष्य–"असदेवेदमग्र आसीत्" इति वाक्ये, कार्यस्य असत्त्वं व्यपदेशात् न सृष्टेः प्राक् सत्त्वम् इति चेत्; तन्न; धर्मान्तरेण (सूक्ष्मत्वेन) तादृक् व्यपदेशात्। कुतोऽवगम्यते? "तत् सदासीत्।" इति वाक्यशेषात्। यद्यसदेव कार्यमुत्पद्यते तर्हि वह्नेर्यवाद्यङ्कुरोत्पत्तिः कुतो नास्तीति युक्तेः "सदेव सौम्येदमग्र आसीत्" इति शब्दान्तराच्च।

अस्यार्थः–"असदेवेदमग्र आसीत्" (छा० ३, अ० १९ ख०) इस श्रुतिवाक्य में उत्पत्ति के पूर्व जगत् असत् था ऐसी जो उक्ति है, तद्द्वारा सृष्टि के पूर्व जगत् के अस्तित्व का न रहना प्रमाणित होता है; यदि इस प्रकार आपत्ति हो, तो वह सत्सिद्धांत नहीं है; कारण, जगत् उस समय नामरूप से प्रकाशित न रहकर सूक्ष्म अप्रकाश-धर्मविशिष्ट अवस्था में था, यही इस श्रुतिवाक्य का तात्पर्य है। यह इस वाक्य के शेष भाग ("तत्सदासीत्" छा० ३, अ० २९ ख०) को देखने से स्पष्ट उपपन्न होता है। यदि पूर्व में असत् रहकर ही कार्य की उत्पत्ति होती है, तो अग्नि से यवादि की अंकुरोत्पत्ति क्यों नहीं होती? इत्यादि युक्तियों के देखने से यही सिद्धान्त होता है। एवं "सदेव सौम्येदमग्र आसीत्" इस छान्दोग्योक्त वाक्यान्तर द्वारा भी यही प्रतिपन्न होता है।

शाङ्कर भाष्य में भी इस सूत्र की व्याख्या इसी प्रकार की गई है, यथाः–

"ननु क्वचिदसत्त्वमपि प्रागुत्पत्तेः कार्यस्य व्यपदिशति श्रुतिः "असदेवेदमग्र आसीत्" इति....। तस्मादसद्व्यपदेशान्न प्रागुत्पत्तेः कार्यस्य सत्त्वमिति चेत्, नेति ब्रूमः। किं तर्हि। व्याकृतनामरूपत्वाद्धर्मादव्याकृतनामरूपत्वं धर्मान्तरम्। तेन धर्मान्तरेणायमसद्व्यपदेशः प्रागुत्पत्तेः सत एव कार्यस्य कारणरूपेणानन्यस्य। कथमेतदवगम्यते? वाक्यशेषात्......"तत् सदासीत्" इति।

अस्यार्थः–श्रुति ने किसी-किसी स्थल में इस प्रकार भी कहा है कि उत्पत्ति के पूर्व कार्यभूत जगत् "असत्" था; यथा "असदेवेदमग्र आसीत्" इत्यादि। अतएव 'असत्' कहने से उत्पत्ति के पूर्व कार्यभूत जगत् एक बार ही नहीं था, ऐसा प्रतिपन्न होता है। यदि ऐसा कहो, तो हम कहते हैं,–नहीं, यह सत्य नहीं है। नामरूपविशिष्ट होकर प्रकाशित होना, एवं नामरूप से प्रकाशित न होना, इन दोनों के धर्म पृथक् हैं; नामरूप से प्रकाशित होने के पूर्व धर्मान्तर में वर्तमान था, इतना ही उक्त 'असत्' शब्द का अर्थ है; श्रुति ने उक्त स्थल में उत्पत्ति के पूर्व सत्कार्य की ही उससे अभिन्न कारणरूप में अवस्थिति का उपदेश किया है। "तत् सदासीत्" इस वाक्यशेष द्वारा वह अवगत हो जाता है। इत्यादि।

इस स्थल में "कार्य को" (जगत् को) सत् कहकर सूत्रकार के अभिप्राय के अनुकूल शङ्कराचार्य भी व्याख्या करने को बाध्य हुए हैं। ऐसा प्रायः सर्वत्र ही दृष्ट होगा।

२ अ०, १ पाद, १९ सूत्र। **पटवच्च।।**

भाष्य–यथा च पूर्वं संवेष्टितः पश्चात् प्रसारितः पटस्तद्वद्विश्वम्।

व्याख्या–संवेष्टित (मोड़ा हुआ, ढका हुआ) वस्त्र जैसे प्रसारित होता है, तद्वत् विश्व भी अप्रकाश-अवस्था से प्रकाशित होता है।

शाङ्कर भाष्य में भी सूत्रार्थ की इसी प्रकार व्याख्या की गई है, यथा–संवेष्टिपट-प्रसारितपटन्यायेनैवानन्यत् कारणात् कार्यमित्यर्थः।" संवेष्टित पट और प्रसारित पट जैसे अभिन्न है, तद्रूप कार्यभूत जगत् तत्कारण ब्रह्म से अभिन्न है।

२ अ०, १ पाद, १९ सूत्र। **यथा च प्राणादिः।।**

भाष्य–यथा च प्राणापानादिवायुः प्राणायामादिना विरुद्धः स्वरूपेणावतिष्ठते, विगतनिरोधश्चांजसा तत्तद्रूपेणावगृह्यते तथेदमपि।

व्याख्याः–प्राणायाम द्वारा जैसे प्राणापानादि वायु निरुद्ध होकर मुख्यप्राण में

लीन रहते हैं, पश्चात् निरोधभङ्ग होने पर, पुनः प्रकाशित होते हैं, तद्वत् विश्व भी परमात्मा में लीन रहकर पश्चात् प्रकाशित होता है।

शांकर भाष्य में भी इस सूत्र का अर्थ अविकल इसी प्रकार व्याख्यायित हुआ है। एवं व्याख्यान्त में सिद्धान्त इस प्रकार किया गया है कि–

अतश्च कृत्स्नस्य जगतो ब्रह्मकार्यत्वात् तदनन्यत्वाच्च सिद्धैषा श्रौती प्रतिज्ञा "येनाश्रुतं श्रुतं भवत्यमतं मतमविज्ञातं विज्ञातमिति।"

अस्यार्थः–जगत् ब्रह्म का कार्य है एवं ब्रह्म से अभिन्न है। इससे श्रुति की प्रतिज्ञा भी स्थिरीकृत रहती है। यथा, श्रुति ने कहा है "जिसके श्रवण से सब श्रुत होता है, जिसकी चिन्ता से सबकी चिंता होती है, जिसके विज्ञान से सब विज्ञात होता है।"

इति कार्यभूतस्य जगतः कारण-भूत-ब्रह्मणोऽनन्यत्वनिरूपणाधिकरणम्।

—•—

२ अ०, १ पाद, २० सूत्र। **इतरव्यपदेशाद्धिताकरणादिदोषप्रसक्तिः।।**

(इतरस्य जीवस्य व्यपदेशात् ब्रह्मत्वकथनात्, हित-अकरण-आदिदोष-प्रसक्तिः। हिताकरणम्, अनिष्टकरणम् स्वकीय-अनिष्टकरणं; तदाब्रह्मणोऽहितकरणादि-दोषप्रसक्तिर्भवेत् इति आक्षेपः।)

भाष्य–आक्षेपः, ब्रह्मकारणवादे "अयमात्मा ब्रह्मे"-ति जीवस्य ब्रह्मत्वनिरूपणात् सर्वक्लेशालयजगज्जननेनात्मनो हिताकरणादिदोषप्रसक्तिः।

व्याख्या–जगत्सम्बन्ध में आपत्ति खण्डित हुई, इस क्षण में जीव के ब्रह्मत्व के विषय में दूसरी आपत्ति उक्त हो रही है; यथा :–

"यह आत्मा ब्रह्म है" इत्यादि वाक्यों में जीव का भी ब्रह्मत्व उपदिष्ट हुआ है; किन्तु जीव को ब्रह्म नाम से निर्देश करने पर, ब्रह्म स्वयं अपना अहिताचरण करता है, यह दोष होता है; कारण, जन्म मृत्यु प्रभृति क्लेश की सृष्टि ब्रह्म स्वयं अपने सम्बन्ध में करता है, यह क्या सम्भव है? ऐसा होने पर वह ज्ञानी किस प्रकार कहा जाये?

उत्तर:–

२ अ०, १ पाद, २१ सूत्र। **अधिकन्तु भेदनिर्देशात्।।**

(तुशब्दः पूर्वपक्षनिरासार्थः। भेदनिर्देशात् जीवाद्भिन्नतयापि ब्रह्मणो निर्देशात् जीवादधिकं ब्रह्म।)

भाष्य–तत्परिहारः। "सुखदुःखभोक्तुः शारीरादधिकमुत्कृष्टं ब्रह्मजगत्कर्तृ-

ब्रूम:" "आत्मानमन्तरो यमयति" इति भेदव्यपदेशान्न तयोरत्यन्ताभेदोऽस्ति यतो हितारणादिदोष–प्रसक्तिः स्यात्।

व्याख्या–उत्तर:–श्रुति ने जैसे जीव का ब्रह्म से अभेद निर्देश किया है, पुनः ब्रह्म का सुखदुःखादि–भोक्ता जीव से भेद–निर्देश भी किया है। यथा "आत्मानमन्तरो यमयति" इत्यादि वाक्यों में श्रुति ने नियम्य जीव और नियन्ता ब्रह्म में भेद का अस्तित्व भी प्रदर्शन करके, इनका अत्यन्त अभेद निवारित किया है। अतएव ब्रह्म जीव से अधिक अर्थात् श्रेष्ठ है। सुतरां जगत्कारण ब्रह्म को जन्ममरणादि क्लेश नहीं है; एवं ब्रह्म में "हिताकरण"–रूप दोष स्थापित नहीं होता।

इस स्थल में ब्रह्म और जीव का भेद–सम्बन्ध स्पष्ट रूप से उक्त हुआ। शङ्कराचार्य ने भी इस सूत्र की व्याख्या में भेदसम्बन्ध स्थापन करना ही सूत्रकार का अभिप्राय है, ऐसा स्वीकार किया है। यथा, आचार्य शङ्कर ने कहा है–"भेदनिर्देशात्, आत्मा वा अरे द्रष्टव्यः....... इत्येवं जातीयकः कर्तृकर्मादिभेदनिर्देशो जीवादधिकं ब्रह्म दर्शयति।" इत्यादि।

अस्यार्थः–श्रुति ने जीव से ब्रह्म का भेद निर्देश किया है, "आत्मा वा अरे द्रष्टव्यः (बृहदारण्यक) इत्यादि वाक्यों में ब्रह्म को जीव के द्रष्टव्य, मन्तव्य प्रभृति रूपों से व्याख्यायित करके, श्रुति ने ब्रह्म को जीव से श्रेष्ठ कहकर प्रदर्शित किया है। अतएव उक्त आपत्ति सङ्गत नहीं है।

२ अ०, १ पाद, २२ सूत्र। **अश्मादिवच्च तदनुपपत्तिः।**

(तदनुपपत्तिः=न परोक्तहिताकरणादिदोषप्रसक्तेरुपपत्तिः।)

भाष्य–भूविकारवज्रवैदूर्यादिवद्ब्रह्माभिन्नोऽपि क्षेत्रज्ञः स्वस्वरूपतो भिन्न एवातः परोक्तस्थानुपपत्तिः।

व्याख्या:–वज्र–वैदूर्यादि जैसे पृथिवी के ही विकार हैं, वस्तुतः पृथिवी से अभिन्न हैं, परन्तु स्वीय विकृतरूप में पृथिवी से भिन्न हैं, तद्रूप जीव भी वस्तुतः ब्रह्म से अभिन्न होकर भी स्वीय नामादि–विशिष्ट में ब्रह्म से भिन्न है। अतएव "हिताकरण" प्रभृतिविषयक आपत्ति सङ्गत नहीं है।

शांकर भाष्य में भी सूत्र की व्याख्या इसी प्रकार है।

इति जीवस्य भेदाभेदसम्बन्धनिरूपणेन ब्रह्मणो हितकारणादिदोषपरिहाराधिकरणम्।

—•—

२ अ०, १ पाद, २३ सूत्र। **उपसंहारदर्शनान्नेति चेन्न क्षीरवद्धि।।**

भाष्य–(उपसंहारदर्शनात् कार्यनिष्पादकसामग्रीसंग्रहदर्शनात्) कुम्भकारादीनाम् अनेकोपकरणोपसंहारदर्शनात् बाह्योपकरणरहितं ब्रह्म न जगत्कारणम्, इति चेन्न; हि यतः क्षीरवत् कार्याकारेण ब्रह्म परिणमते स्वकीयासाधारणशक्तिमत्त्वात्।

अस्यार्थः–कुम्भकारादि स्थल में दृष्ट होता है कि, बाह्य उपकरण के साहाय्य के बिना घटादि निर्मित नहीं होते, यही देखकर उपकरणरहित ब्रह्म की जगत्कारणता नहीं है, ऐसा नहीं कहा जा सकता ; कारण उपकरण का प्रयोजन सभी स्थलों में नहीं देखा जाता। दूध स्वयं दधिरूप में परिणत होता है। तद्रूप ब्रह्म भी स्वकीय असाधारण शक्ति द्वारा कार्यरूप में परिणत होता है। शांकर भाष्य में सूत्रार्थ ठीक ऐसा ही किया गया है। शांकर भाष्य में भी ब्रह्म के इस शक्तिमत्त्व के विषय में निम्नलिखित श्रुतिप्रमाण उद्धृत किया गया है; यथा:–

न तस्य कार्यं करणं च विद्यते, न तत्समश्चाभ्यधिकश्च दृश्यते।
पराऽस्य शक्तिर्विविधैव श्रूयते, स्वाभाविकी ज्ञानबलक्रिया च।।

(श्वेताश्वतर ६ ख०)

२ अ०, १ पाद, २४ सूत्र। **देवादिवदपि लोके।**

भाष्य–यथा देवादयः सङ्कल्पमात्रेण स्वापेक्षितं सृजन्ति, तथा भगवानपि।

व्याख्या–देवता और सिद्ध पुरुष अपने संकल्पमात्र से विशेष-विशेष वस्तुओं की सृष्टि कर सकते हैं, यह लोकप्रसिद्ध है; तद्वत् ईश्वर भी सङ्कल्पमात्र से ही जगत् की सृष्टि करता है।

इति उपसंहाराभावेऽपि ब्रह्मणः सृष्टिसामर्थ्य-निरूपणाधिकरणम्।

—•—

२ अ०, १ पाद, २५ सूत्र। **कृत्स्नप्रसक्तिर्निरवयवत्वशब्दकोपो वा।।**

(कोपः व्याकोपः–विरोधः।)

भाष्य–आक्षिपति; ब्रह्मणो जगत्प्रकृतित्वे तन्निरवयवत्वांगीकारे कृत्स्नप्रसक्तिः, स्थावयवत्वे निरवयवत्वादि-शास्त्रं विरुध्यते।

व्याख्या–पुनः आपत्ति का वर्णन होता है:–ब्रह्म जब निरवयव नाम से स्वीकार्य है, सुतरां उसका कोई भाग हो नहीं सकता है, यह अवश्य स्वीकार्य है; तो ब्रह्म को

जगत् का उपादान कारण कहने से, वह सर्वांश से जगद्रूप में परिणत होता है यह स्वीकार करना पड़ता है। (उसका कोई अंश परिणाम को न प्राप्त होकर जगत् के अतीतरूप में रहता है, ऐसा कह नहीं सकते); सुतरां जगत्-भिन्न ब्रह्म नामक और कुछ रह नहीं सकता। इस दोष के परिहार के हेतु यदि वह सावयव कहा जाये एवं वह एकांश में जगत्-रूप में परिणत होकर अपरांश में तदतीत रहता है, ऐसा कहकर सामञ्जस्यस्थापन की चेष्टा की जाये, तो उसके निरवयवत्वविषयक श्रुतिवाक्यों के साथ विरोध होता है। अतएव ब्रह्म को जगत् का उपादान कारण कहना कदापि सङ्गत हो नहीं सकता।

इस आपत्ति का उत्तर नीचे दिया जाता है।

२ अ०, १ पाद, २६ सूत्र। **श्रुतेस्तु शब्दमूलत्वात्।।**

भाष्य–तु शब्दः पूर्वपक्षनिषेधार्थः। नहि कृत्स्नप्रसक्तिर्निरवयवशब्दकोपश्च; कुतः! "श्रुतेः" जगदभिन्ननिमित्तोपादानत्वजगद्विलक्षणत्वपरिणतशक्ति-मत्त्वविषयकश्रुतिकदम्बादित्यर्थः। तथा च श्रुतयः "सोऽकामयत बहु स्याम्" "स्वयमात्मानमकुरुत" तत्सृष्ट्वा तदेवानुप्राविशत्" "यथोर्णनाभिः सृजते तथा पुरुषाद्भवति विश्वम्" इत्याद्याः। शब्दमूलत्वात् अन्यं निर्मूलम्। "ऐतदात्म्यमिदं सर्वं" "सर्वं खल्विदं ब्रह्म" इत्यादिश्रुतिव्याकोपश्च भवेदित्यर्थः।

व्याख्याः–परन्तु यह आपत्ति सङ्गत नहीं है; पूर्वोक्त विरोध स्वीकार्य नहीं है; कारण, जगत् ब्रह्म से अभिन्न है एवं ब्रह्म ही जगत् का निमित्त और उपादान दोनों कारण है; वह जगत् से अतीत रहकर भी जगद्रूप-परिणामप्राप्त होने की शक्ति से विशिष्ट है, इस मर्म की बहुसंख्यक श्रुतियाँ हैं। यथा (तैत्तिरीय) "उसने बहुत होने की इच्छा की" "स्वयं आत्मा की सृष्टि की," "जगत् की सृष्टि कर उसमें अनुप्रविष्ट हुआ," "जैसे ऊर्णनाभि जाल की सृष्टि करता है, तद्रूप पुरुष से विश्व सृष्ट हुआ"। इत्यादि। (छान्दोग्य) "यह विश्वब्रह्मात्मक है" "यह समस्त ब्रह्म है" इत्यादि श्रुति वाक्यों के द्वारा ब्रह्म जगदतीत होकर भी वही जगत् के उपादान कारण के नाम से स्थिरीकृत हुआ है; सुतरां श्रुतिवाक्य के विरोधी केवल तर्क पर निर्भर करके तद्विरुद्ध मत ग्रहण नहीं किये जा सकते।

शाङ्कर भाष्य में सूत्रार्थ इसी प्रकार किया गया है, यथा :–

"न तावत् कृत्स्नप्रसक्तिरस्ति। कुतः? श्रुतेः। यथैव हि ब्रह्मणो जगदुत्पत्तिः श्रूयते, एवं विकारव्यतिरेकेणापि ब्रह्मणोऽवस्थानं श्रूयते।" इत्यादि।

अस्यार्थः–ब्रह्म के जगदुपादानत्व द्वारा उसका सर्वाङ्ग ही जगद्रूपत्व मात्र से

परिणत होता है, ऐसा सिद्धान्त नहीं होता; कारण, श्रुति ने एक ओर जैसे ब्रह्म से जगत् की उत्पत्ति का वर्णन किया है, तद्रूप दूसरी ओर विकारस्थानीय जगत् से अतीत होकर ब्रह्म की अवस्थिति का भी वर्णन किया है। इत्यादि।

२ अ०, १ पाद, २७ सूत्र। **आत्मनि चैवं विचित्राश्च हि।।**

भाष्य—आत्मनि च जीवे प्राप्तैश्वर्ये अप्राप्तैश्वर्ये च देवादिशरीरक्षेत्रज्ञे यदा नानाविकृतयः सङ्गताः सन्ति, तदा सर्वशक्तौ सर्वेश्वरे जगत्कारणे काऽनुपपत्तिः।

व्याख्या—सिद्ध अथवा असिद्ध जीवात्मा की, क्षेत्रज्ञ पुरुष, एवं देवादि की, जब विचित्र सृष्टिरचना देखी जाती है, तो सर्वेश्वर सर्वशक्तिमान् जगत्कारण परमात्मा की इस प्रकार शक्ति को स्वीकार करने में क्या आपत्ति हो सकती है? (साधारण जीव भी, मन के द्वारा अनेकविध सृष्टि करके, स्वयं उससे अतीत रूप से रहता है; सिद्धिप्राप्त पुरुषों की एवं हिरण्यगर्भादि की विचित्र सृष्टिशक्ति शास्त्र और लोकप्रसिद्ध है। उनकी जब इस प्रकार शक्ति है, तो विश्वस्रष्टा ईश्वर की इस प्रकार शक्ति है ऐसा स्वीकार करने से क्या दोष हो सकता है?)

२ अ०, १ पाद, २८ सूत्र। **स्वपक्षे दोषाच्च।।**

भाष्य—अस्मत्पक्षस्तिष्ठतु स्वपक्षेऽपि भवदुक्तदोषापातान्मृकीभावो युक्तः।

व्याख्या—प्रतिपक्ष में भी ये समस्त दोष हैं; सुतरां यह दोष दिखाकर श्रुतिसिद्ध सिद्धान्त का अपलाप नहीं किया जा सकता। अतएव इस सम्बन्ध में मूक होना ही उचित है। वैशेषिकों के निरवयव परमाणु, अन्य निरवयव परमाणुओं के साथ युक्त होने से, सर्वांश से ही युक्त होंगे; ऐसा होने से और तद्रूप योग से अवयव-"प्रकाश" नहीं हो सकता। इसी प्रकार निरवयवप्रधान से भी अवयव-प्रकाश किसी प्रकार सङ्गत नहीं हो सकता। जिन्हें जगत् के उपादान रूप में सांख्य और वैशेषिक कल्पना करते है, वे सब उनके मत में ही निरवयव होते हैं, इन सब निरवयव उपादानों के द्वारा सावयव वस्तु सृष्ट हो नहीं सकती। अतएव आपत्तिकारी के तर्क में उसका स्वीय मत भी अनवस्थापित होता है।

२ अ०, १ पाद, २९ सूत्र। **सर्वोपेता च सा तद्दर्शनात्।**

भाष्य—"परास्य शक्तिर्विविधैव श्रूयते स्वाभाविकी ज्ञानबलक्रिया चे"-त्यादि श्रुतेः सा देवता सर्वशक्त्युपेता सर्वं कर्त्तुं समर्था भवति।

व्याख्या—यह परदेवता सर्वशक्ति-सम्पन्न है; सुतरां सब कुछ कर सकता है। श्रुति ने "परास्य शक्तिर्विविधैव श्रूयते स्वाभाविकी ज्ञानबलक्रिया च" (श्वेताश्वतर) इत्यादि वाक्यों में ब्रह्म की सर्वशक्तिमत्ता का स्पष्ट ही उपदेश किया है।

२ अ०, १ पाद, ३० सूत्र। **विकरणत्वान्नेति चेत्तदुक्तम्।।**

भाष्य–(विकरणत्वात् निरिन्द्रियत्वात्) "न तस्य कार्यं करणं च विद्यते" इति करणनिषेधात् सर्वाशक्त्युपेतस्यापि जगत्कर्तृत्वं न सङ्गच्छते इति चेत् अत्र वक्तव्यमुत्तरं यत् तत् पूर्वत्रोक्तमेव।

अस्यार्थः–श्रुति ने कहा है, ब्रह्म का कोई कारण (इन्द्रिय) नहीं है (श्वेताश्वतर); सुतरां वह करणशून्य है इससे सर्वशक्तिमान् होकर भी उसका जगत्कर्तृत्व सम्भव नहीं होता; ऐसी आपत्ति करने से, पूर्व जो उत्तर दिये गये हैं, उन्हें ही इस आपत्ति का उत्तर जानना।

[ये सब दोष साङ्ख्य और वैशेषिक मतों में भी हैं इत्यादि।]

इति कृत्स्नप्रसक्तिपरिहाराधिकरणम्।

—•—

२ अ०, १ पाद, ३१ सूत्र। **न, प्रयोजनवत्त्वात्।।**

भाष्य–ननु नित्यावाप्तसमस्तकामः परः कर्त्ता न, कुतः? कर्त्तः प्रवृत्तेः प्रयोजनवत्त्वादिति।

व्याख्या–यदि ईश्वर जगत्कर्त्ता कहा जाये, तो वह ईश्वर हो नहीं सकता; जगत्कर्त्ता होने से वह जीव के तुल्य प्रयोजन–विशिष्ट हो जाता है; कारण, प्रयोजन के बिना कोई कभी कोई कार्य नहीं करता। "नित्यावाप्तसमस्तकामः" (नित्य परिपूर्णकाम–सर्वविध कामनारहित) रूप से श्रुति ने उसका जो वर्णन किया है, वह मिथ्या हो जाता है।

२ अ०, १ पाद, ३२ सूत्र। **लोकवत्तु लीलाकैवल्यम्।।**

(लीलाकैवल्यम्–लीलामात्रं, लोकवत्।)

भाष्य–तत्रोच्यते, परस्यैतद्रचनादिलोकप्रसिद्धनृपत्यादिक्रीडामात्रमिव युज्यते।

व्याख्या–उक्त आपत्ति का उत्तरः–ईश्वर की किसी प्रयोजनपूर्ति के लिए सृष्टि नहीं रची गई; सृष्टि उसकी क्रीड़ामात्र है। ऐश्वर्यशाली लोग भी बिना प्रयोजन खेल के निमित्त कार्य करते देखे गये हैं, तद्वत् सृष्टि भी ब्रह्म की लीलामात्र है।

२ अ०, १ पाद, ३३ सूत्र। **वैषम्यनैर्घृण्ये न सापेक्षत्वात् तथाहि दर्शयति।।**

भाष्य–विषमसृष्टिसंहारादिनिमित्तवैषम्यनैर्घृण्ये जीवकर्मसापेक्षत्वात् पर्जन्यस्येव जगज्जन्मादिकर्त्तुर्न स्यातां, तथैव दर्शयति "पुण्यो वै पुण्येन कर्मणा पापः पापेने"–ति श्रुतिः।

व्याख्या–धनी, दरिद्र, उत्तम, अधम, भेद से सृष्टि और संहारादि के द्वारा ब्रह्म के वैषम्य (पक्षपातित्व) और नैर्घृण्य (निर्दयता) प्रकाशित नहीं होते; कारण, लोगों के विभिन्न फलभोग उनके धर्माधर्मरूपकर्म के सापेक्ष हैं; मेघ का विषमाङ्कुरोत्पादन जैसे बीज के विभिन्नत्व के सापेक्ष है, इस स्थल में भी तद्रूप ही है। श्रुति ने भी ऐसा ही कहा है। श्रुति यथा–"पुण्यो वै पुण्येन कर्मणा, पापः पापेन कर्मणा, साधुकारी साधुर्भवति पापकारी पापी भवति" (बृ० ४ अ०, ४ ब्रा०) इत्यादि।

२ अ०, १ पाद, ३४ सूत्र। **न कर्माविभागादिति चेन्नाऽनादित्वादुपपद्यते चाप्युपलभ्यते च।।**

कर्माविभागात् न; इति चेत् (सृष्टेः प्राक् "सदेव सौम्येदमग्र आसीदेकम्" इत्यादौ अविभागश्रवणात् कर्मसापेक्षत्वं परस्य न सङ्गच्छते, इति चेत्) न, कर्मणां पूर्वसृष्टिस्थजीवकृतानामनादित्वात् चकारात् पूर्वसृष्टिं विना अकस्मादुत्तरसृष्टेरनुपपत्तेश्च। एवञ्च "सूर्याचन्द्रमसौ धाता यथापूर्वमकल्पयत्" इत्यादिना सृष्टिप्रवाहस्य अनादित्वमुपलभ्यते इत्यर्थः।

भाष्य–ननु "सदैव सौम्येदमग्र आसीदेकमि"-ति सृष्टेः प्रागविभागश्रवणात् कर्मसापेक्षत्वं परस्य न सङ्गच्छते, इति चेन्न, कर्मणां पूर्वसृष्टिस्थजीव-कृतानामनादित्वात् तदानीमपि सत्त्वात् पूर्वसृष्टेरपि, अकस्मादुत्तरसृष्ट्यनुपपत्योपपद्यते च। "सूर्याचन्द्रमसौ धाता यथा पूर्वमकल्पयत्" इत्यादावुपलभ्यते वापि।

अस्यार्थः–जीव के धर्माधर्मरूप कर्म के अनुसार ईश्वर फलदान करता है, यह उक्ति सङ्गत नहीं है, कारण सृष्टि के पूर्व जीव और ब्रह्म में कोई भेद नहीं था, इसे "सदेव सौम्येदमग्र आसीत् एकम्" इत्यादि श्रुति ने स्पष्ट रूप से कहा है; सुतरां सृष्टि के प्रादुर्भाव काल में उसने विभिन्न जीवों को विभिन्न प्रकार की शक्ति देकर सृष्टि की है, इससे धर्माधर्मरूप कर्म के वैषम्य में ईश्वर का ही पक्षपातित्व है ऐसा कहना होगा। ऐसी आपत्ति का उत्थापित होना भी सङ्गत नहीं है। कारण, जीव के कर्म अनादि हैं; इस सृष्टि की पूर्ववर्त्ती सृष्टि के जीवकृत कर्म इस सृष्टि के पूर्व भी वर्तमान थे; वर्तमान सृष्टि के प्रकाशित होने पर पूर्वसृष्टिकृत कर्मानुसार पुनः फल दिया जाता है (जैसे निद्रा के पूर्व का संस्कार निद्राभङ्ग होने पर उदय होकर फलदान करता है, तद्रूप)। युक्ति द्वारा भी जगत् का अनादित्व सिद्ध होता है; अकस्मात् सृष्टि प्रवर्तित हुई, यह युक्तिसिद्ध भी नहीं है। एवञ्च श्रुतिस्मृति प्रभृति सब शास्त्रों में, प्रवाह की भाँति संसार के अनादित्व का उल्लेख है, यथा "सूर्याचन्द्रमसौ धाता यथापूर्वमकल्पयत्" (पहले जैसे था, तद्रूप विधाता ने चन्द्रसूर्यादि की सृष्टि की) इत्यादि।

२ अ०, १ पाद, ३५ सूत्र। **सर्वधर्मोपपत्तेश्च।।**

भाष्य–ये ये धर्माः कारणे प्रसिद्धास्तेषां सर्वेषां कारणधर्माणां ब्रह्मण्येवोपपत्तेश्चाविरोधसिद्धिः।

व्याख्या–जो जो धर्म जगत्कारण में प्रसिद्ध हैं, वे सभी ब्रह्म में प्रतिपन्न होते हैं, अन्य में नहीं; अतएव ब्रह्मकर्तृत्ववाद संगत सिद्धान्त है।

२५ संख्यक से ३४ संख्यक पर्यन्त सूत्रों की व्याख्या करके अवशेष में ३५ संख्यक सूत्र की व्याख्या के अन्त में श्रीमच्छङ्कराचार्य ने कहा है कि,–

"यस्मादस्मिन् ब्रह्मणि कारणे परिगृह्यमाणे, प्रदर्शितेन प्रकारेण सर्वे कारणधर्मा उपपद्यन्ते, सर्वज्ञं सर्वशक्तिमहामायञ्च तद्ब्रह्म" इत्यादि।

अर्थात् क्योंकि इस ब्रह्म को जगत्कारण नाम से ग्रहण करने से प्रदर्शित प्रकार से सर्वज्ञत्व सर्वशक्तिमत्त्व महामायासम्पन्नत्व प्रभृति समुदाय कारण-धर्मों का उसमें रहना उपपन्न होता है, अतएव यह ब्रह्म ही जगत्कारण है। इत्यादि। अतएव ब्रह्म का एकान्त निर्गुणत्ववाद आदरणीय नहीं है।

इति सृष्टिविषये ब्रह्मणः प्रयोजनवत्त्वपरिहाराधिकरणम्।

इति वेदान्तदर्शने द्वितीयाध्याये प्रथमपादः समाप्तः।

—•—

द्वितीय पाद

इस अध्याय के प्रथम पाद में ब्रह्म के जगत्कारणत्ववाद के सम्बन्ध में स्मृति और युक्ति बल से जो आपत्तियाँ हो सकती हैं, उन सबका खण्डन करके, श्रुतिसिद्ध उक्त मत की स्थापना की गई है। उस विषय में शिष्य की मति दृढ़ करने के निमित्त सृष्टि-विषयक अन्य मतों का इस पाद में खण्डन होगा।

२ अ०, २ पाद, १ सूत्र। **रचनानुपपत्तेश्च नानुमानम्।**

भाष्य—प्रधानमनुमानगम्यं न जगत्कारणम्; कुतः? सृज्यरचनानभिज्ञात्ततो विविधरचनानुपपत्तेश्च।

व्याख्या—केवल अनुमानगम्य साङ्ख्योक्त अचेतनप्रधान जगत्कारण नहीं है; कारण, विचित्र रचना-कौशल जो जगत् में दृष्ट होता है, उसके सम्बन्ध में अचेतन-प्रधान का ज्ञान नहीं है; अतएव प्रधान के द्वारा जगत्-रचना युक्ति द्वारा भी उपपन्न नहीं होती।

२ अ०, २ पाद, २ सूत्र। **प्रवृत्तेश्च।।**

भाष्य—स्वतः प्रवृत्त्यनुपपत्तेश्च नानुमानम्।

व्याख्या—अचेतन की स्वतः कार्य में प्रवृत्ति हो नहीं सकती; अतएव अचेतनप्रधान का जगत्कारणत्व युक्तितः असिद्ध है।

२ अ०, २ पाद, ३ सूत्र। **पयोऽम्बुवच्चेत् तत्रापि।।**

भाष्य—ननु क्षीरादिवत् स्वयं प्रधानं जगज्जन्मादौ प्रवर्त्तते इति चेत्, तत्रापि परः प्रेरको "योऽप्सु तिष्ठन्नि"-त्यादिना श्रूयते।

व्याख्या—दूध जैसे स्वयं वत्स के मुख में गिरता है, एवं जैसे आकाशस्थ जल स्वतः वृष्टिरूप में जीवोपकारार्थ पतित होता है, तद्वत् अचेतन-प्रधान भी स्वयं जगत्-रूप में परिणत होता है, ऐसा भी नहीं कह सकते; कारण, उन स्थलों में दूसरा उन-उन कार्यों का प्रेरक है। वत्सवत्सला गौ स्नेहवश दूध देती है। जल भी स्वयं वृष्टिरूप में परिणत नहीं होता; हिम के द्वारा जलाकार में परिणत होता है, निम्नस्थ पृथिवी के आकर्षण द्वारा पतित होता है,—स्वतः नहीं; एवञ्च श्रुति ने भी "योऽप्सु तिष्ठन्" इत्यादि वाक्यों में ब्रह्म के ही तत्सम्बन्ध में प्रवर्तकत्व की व्याख्या की है।

२ अ०, २ पाद, ४ सूत्र। **व्यतिरेकानवस्थितेश्चानपेक्षत्वात्।।**

(प्रधानव्यतिरिक्तः न किञ्चदपि तत्प्रवर्त्तकोऽस्ति, पुरुषश्च नित्यनिरपेक्षः तस्मात् न प्रधानकार्यत्वम्।)

भाष्य–प्राज्ञेनानधिष्ठितं प्रधानं न जगत्कारणं, कुतः? तद्व्यतिरिक्तस्य सहकार्यान्तरस्यानवस्थितेर्यतस्तव तदनपेक्षत्वात्।

व्याख्या–यदि कहो, पुरुष के सहयोग से प्रधान की कर्म-चेष्टा होती है, ऐसा नहीं कह सकते; कारण, साङ्ख्यमत में प्रधान के अतिरिक्त उसका प्रवर्त्तक अन्य कुछ नहीं है, एवं पुरुष भी साङ्ख्यमत में नित्य निर्गुण-स्वभाव होने के कारण सर्वदा उदासीन है; प्रधान का परिचालक वह नहीं है। सुतरां अचेतन-प्रधान का जगत्कारणत्ववाद युक्तितः सिद्धान्त नहीं है। अथवा प्राज्ञ आत्मा द्वारा अधिष्ठित न होने से प्रधान जगत्कारण नहीं हो सकता; कारण, साङ्ख्यमत में प्रधान का सहकारी अन्य कारण नहीं है, प्रधान स्वतन्त्र है, अन्य की अपेक्षा नहीं करता।

२ अ०, २ पाद, ५ सूत्र। **अन्यत्राभावाच्च न तृणादिवत्।।**

भाष्य–अनडुहाद्युपभुङ्क्ते तृणादौ क्षीराकारेण परिणामाभावात् धेन्वाद्युपभुक्तं तृणादि यथा स्वतः क्षीरीभवति तथाऽव्यक्तमपि महदाद्याकारेण परिणमते इति न वक्तव्यम्।

व्याख्या–धेनुभुक्त तृणादि जैसे स्वतः दुग्धरूप में परिणत होते हैं, तद्रूप प्रधान भी आप ही परिणाम-प्राप्त होता है, ऐसा नहीं कह सकते; कारण धेनु के अतिरिक्त अन्यत्र (जैसे साँड़ के घास खाने पर) तृण की दुग्धरूप में परिणति नहीं दृष्ट होती। अतएव कारणान्तर स्वीकार न करने से, अचेतन-प्रधान का सृष्टि-परिणाम किसी प्रकार सङ्गत नहीं होता।

२ अ०, २ पाद, ६ सूत्र। **अभ्युपगमेऽप्यर्थाभावात्।।**

(अभ्युपगमेऽपि, प्रधानस्य कथञ्चित् प्रवृत्त्यभ्युपगमेऽपि, अर्थाभावात् तस्य अचेतनत्वेन प्रवृत्तिप्रयोजनासम्भवात् नानुमानम्।)

भाष्य–कथञ्चित् प्रवृत्त्यभ्युपगमेऽपि प्रधानं कारणं न भवति, तस्याऽचेतनत्वेन प्रवृत्तिप्रयोजनासम्भवात्।

व्याख्याः–प्रधान में परिणाम-सामर्थ्य रहने की किसी प्रकार कल्पना करने पर भी, प्रधान के द्वारा सृष्टि-रचना सिद्ध हो नहीं सकती; कारण प्रधान स्वयं अचेतन है; उसकी किसी अपने प्रयोजन साधन के निमित्त प्रवृत्ति होनी सम्भव नहीं है; किन्तु

सांख्यमत में भी यह स्वीकार्य है कि, जगद्रचना में भोग और मोक्षरूप पुरुषार्थसाधन की चेष्टा सर्वत्र दृष्ट होती है। अतएव सांख्योक्त अचेतन-प्रधान का जगत्कारणत्व युक्ति द्वारा भी सिद्ध नहीं होता।

२ अ०, २ पाद, ७ सूत्र। **पुरुषाश्मवदिति चेत् तथापि।।**

(पुरुषवत्, अश्मवत् इति चेत्, तथापि नैव दोषात् निर्मोक्षः।)

भाष्य—यथा पङ्गुरन्धमश्मापः प्रवर्त्तयति तथा पुरुषः प्रधानमिति चेत्तथात्वे निष्क्रियत्वाभ्युपगमविरोधः। प्रधानस्य परप्रेर्यत्वेन जगत्कारणत्वेऽप्राधान्यप्रसंगः।

व्याख्या—अंध और पङ्गु पुरुषों के दृष्टान्त (पङ्गुव्यक्ति अंधे के कंधे पर आरोहण करके पथ दिखाता है, अंध तदनुसार पथ में चलता है, तद्रूप परिणामशक्तियुक्त प्रधान और अपरिणामी पुरुष के परस्पर पृथक् होते हुए भी, दोनों का उक्त प्रकार योग होने से सृष्टि होती है, इस दृष्टान्त;) एवं चुंबक पत्थर और लौह के दृष्टान्त (चुम्बक जैसे पृथक् रहकर भी लौह को चलाता है, इस दृष्टान्त) के द्वारा फलसिद्धि नहीं होती; उसमें भी दोष पड़ता है; कारण उसमें पुरुष का सम्पूर्ण निष्क्रियत्व, एवं प्रधान का सम्पूर्ण अप्रेर्यत्व बाधित होते हैं। प्रधान यदि अन्य द्वारा प्रेरित होकर ही जगत्कार्य में प्रवृत्त होता है, तो वह प्रधान नहीं रहा—अप्रधान हो जाता है।

२ अ०, २ पाद, ८ सूत्र। **अङ्गित्वानुपपत्तेश्च।।**

भाष्य—प्रलये वेलायां साम्येनावस्थितानां गुणानां परस्पराङ्गाङ्गिभावासम्भवाच्च नानुमानं जगत्कारणम्।

व्याख्या—गुणों के अङ्गाङ्गिभाव की कल्पना करके प्रधान के जगद्रूप में परिणाम की व्याख्या सांख्यमत में की गई है; परन्तु प्रलयकाल में गुणों का सम्पूर्ण साम्यभाव में रहना सांख्य का सम्मत है। सुतरां उस समय उनका अङ्गाङ्गिभाव भी (प्रधान और अप्रधान भाव) न रहना स्वीकार्य है, अतएव प्रधान के विशेष-विशेष रूपों में परिणाम का कोई हेतु न रहने से, प्रधान कर्तृक जगद्रचना असम्भव है।

२ अ०, २ पाद, ९ सूत्र। **अन्यथाऽनुमितौ च ज्ञशक्तिवियोगात्।।**

भाष्य—(अन्यथा अनुमितौ च) प्रकारान्तरेण प्रधानानुमितौ च प्रधानस्य ज्ञातृत्वशक्तिवियोगान्न तत्कर्तृकं जगत्।

व्याख्या—किसी प्रकार इस अङ्गाङ्गि भाव की व्याख्या करके यद्यपि परिणाम की सङ्गति की जाती है, तथापि ज्ञातृत्व-शक्ति प्रधान में न रहने के कारण, किसी प्रकार भी प्रधान की जगत्कारणता का समाधान नहीं होता।

२ अ०, २ पाद, १० सूत्र। **विप्रतिषेधाच्चासमञ्जसम्।।**

भाष्य–असमञ्जसं कापिलमतं, वेदान्तविरुद्धत्वात् पूर्वापरविरुद्धत्वाच्च।

व्याख्या–"नैषा मतिस्तर्केणापनीया" इत्यादि वेदान्तवाक्यों में केवल हेतुवाद द्वारा मूल पदार्थ का निरूपण निषिद्ध हुआ है। वेदवाक्य एवं मन्वादि पूर्वापर स्मृति और युक्ति–द्वारा भी अचेतनप्रधान–कर्तृत्व–मत प्रतिषिद्ध हुआ है; सुतरां यह प्रतिषिद्ध मत ग्राह्य नहीं है।

इति प्रधानकर्तृत्ववादखण्डनाधिकरणम्।

—•—

इस क्षण में सूत्रकार वैशेषिकों के परमाणुवाद का खण्डन करने में प्रवृत्त होते हैं; सुतरां यह मत क्या है, यह पहले जानना आवश्यक है। अतएव वह नीचे वर्णित होता है–

सावयव वस्तुमात्र विभाग–विशिष्ट है; तदपेक्षा क्षुद्र–क्षुद्र भागों के संयोग से उपजात होती है; जैसे वस्त्र एक अवयव–विशिष्ट वस्तु है; इस अवयवी वस्तु कि अवयव सूत्र है; पुनः सूत्र अवयवी है, उसके सब अंश इस अवयवी के अवयव हैं; इस प्रकार विभाग करते–करते एक स्थान पर यह विभाग समाप्त होता है, और उसका विभाग नहीं हो सकता; जिसका विभाग नहीं होता, वही परमाणु है। जो कुछ सावयव वस्तु है, वही आद्यन्त–विशिष्ट, उत्पत्ति–विनाश–शील है; कारण, वह तदपेक्षा क्षुद्रावयवों के योग से उपजात होती है, एवं ध्वंस होने से ये सभी क्षुद्रावयव वर्तमान रहते हैं; अतएव जिसका विभाग नहीं है–जिसका अवयव नहीं है, वही परमाणु जगत्कारण है। जगत् में सावयव द्रव्य चार प्रकार के हैं; यथा क्षिति, अप्, तेज और मरुत्; ये अपने अनुरूप क्षुद्र–क्षुद्र अवयवों के संयोग से उपजात होते देखे जाते हैं–क्षुद्रावयव क्षिति से तदपेक्षा बृहत् अवयव क्षिति पदार्थ ही उत्पन्न होता है; इससे जल अथवा अग्नि अथवा वायु नहीं उत्पन्न होता है; इसी प्रकार जल से जल, तेज से तेज, एवं वायु से वायु उपजात होते हैं; सुतरां इनके सूक्ष्मतम अंश, जिन्हें परमाणु कहते हैं, वे भी चार प्रकार के हैं; यथा–क्षितिपरमाणु, जलपरमाणु, तेजपरमाणु, वायुपरमाणु। प्रलयकाल में परस्पर पृथक् रूप में अवस्थित ये परमाणु ही वर्तमान रहते हैं; उस समय अवयव–विशिष्ट कोई पदार्थ ही नहीं रहता। सृष्टिकाल के प्रादुर्भूत होने पर, अदृष्टवशतः वायवीय परमाणुओं में कर्म प्रवर्तित होता है; वही कर्म एक अणु को दूसरे अणु के साथ युक्त करके, द्व्यणुक त्र्यणुकादिक कर्मों से वायु को उत्पन्न करता है। इसी प्रकार अग्नि, जल, पृथिवी सर्वविध देह इत्यादि तदनुरूप

अणुओं के संयोग द्वारा उत्पन्न होते हैं। जैसे सूत्र के शुक्लत्वादिगुण वस्त्र में वर्तमान होते हैं, तद्रूप परमाणुओं के गुण भी उनके संयोग से उपजात पदार्थ में वर्तमान होते हैं। परन्तु परमाणुओं का स्वरूपगत एक विशेष परिमाण है, उसको "पारिमाण्डल्य" कहते हैं। परमाणु-संयोग से सृष्ट अन्य किसी वस्तु में वह परिमाण नहीं रहता। दो परमाणुओं के संयुक्त होने से द्व्यणुक नामक पदार्थ उत्पन्न होता है; इस द्व्यणुक का परिमाण परमाणु-परिमाण से विभिन्न है; यह द्व्यणुक का स्वरूपगत गुण है;-यह दूसरे किसी का नहीं है। सुतरां द्व्यणुक का परिमाण परमाणु के परिमाण के अनुरूप नहीं है; परमाणु का 'पारिमाण्डल्य' परिमाण, द्व्यणुक का 'ह्रस्व' परिमाण है; अतएव द्व्यणुक को ह्रस्व, परमाणु को परिमण्डल कहते हैं। एक द्व्यणुक के एक परमाणु के साथ सम्मिलित होने पर, 'त्र्यणुक' नामक पदार्थ की उत्पत्ति होती है; इस त्र्यणुक का स्वरूपगत गुण 'पारिमाण्डल्य' भी नहीं है, 'ह्रस्व' भी नहीं है, इसके परिमाण का नाम 'महत्' है। दो द्व्यणुकों के एकत्र होने से चतुरणुक उत्पन्न होता है; इस चतुरणुक का परिमाण 'पारिमाण्डल्य' 'ह्रस्व' अथवा 'महत्' नहीं है; इसका परिमाण 'दीर्घ' है; चतुरणुक यही 'दीर्घ'-नामक परिमाण-विशिष्ट है। इसके द्वारा, कारण का स्वरूपगत विशेष गुण जो कार्यवस्तु में अपने अनुरूप गुण उत्पन्न नहीं करके गुणान्तर उत्पन्न करता है, वह बोधगम्य होगा। प्रलयकाल में सभी परमाणु अपने 'पारिमाण्डल्य' नामक स्वरूपगत गुणों से विशिष्ट होकर परस्पर पृथक् भाव से अवस्थान करते हैं। उस समय किसी प्रकार की अवयवविशिष्ट वस्तु नहीं रहती; परन्तु परमाणुओं के स्वीय-स्वीय शुक्लत्वादि गुण भी उस समय वर्तमान रहते हैं; परमाणुओं के संयोग से द्व्यणुकादि की सृष्टि होने से तदनुरूप शुक्लत्वादि गुण द्व्यणुकादि में भी वर्तमान होते हैं। कारण के बिना कोई कार्य हो नहीं सकता; जहाँ पर किसी प्रकार की क्रिया है, वहीं पर उसका कारण भी है, ऐसा स्वीकार करना पड़ेगा। इत्यादि[१]

सूत्रकार इस वैशेषिक मत का युक्तिबल से खण्डन करते हैं-

२ अ०, २ पाद, ११ सूत्र। **महद्दीर्घवद्वा ह्रस्वपरिमण्डलाभ्याम्**।।

भाष्य-सावयवत्वेऽनवस्थाप्रसङ्गान्निरवयवत्वे परिणामान्तरोत्पादकत्वासम्भवात् परमाणुभ्यां द्व्यणुकोत्पत्तेरसामञ्जस्यं, तेभ्यस्त्र्यणुकोत्पत्तेश्च सुतरामसामञ्जस्यं तद्वत्परमाणु कारणवाद्यभ्युपगतं सर्वमसमञ्जसं भवति।

---

१. वैशेषिक दर्शन में ये सब मत वर्णित नहीं हैं। टीकाकारों ने वैशेषिक दर्शन के सूत्रों का अवलम्बन करके, अपनी अपनी इच्छा के अनुसार विचार प्रवर्त्तित कर, इन मतों की स्थापना की है। यही वैशेषिक मत के नाम से परिचित है, एवं इन मतों का ही वेदान्तदर्शन में खण्डन हुआ है।

अस्यार्थः–परमाणु को यदि सावयव स्वीकार करें, तो उसके परमाणुत्व का अभाव हो जायेगा, उसकी अनवस्था हो जाती है (सावयव होने से ही तदपेक्षा क्षुद्रावयव का अनुमान किया जाता है); पक्षान्तर में परमाणु को निरवयव कहने से, उसके संयोग से सावयव वस्तु की उत्पत्ति असम्भव है। अतएव दो परमाणुओं के एकीभूत होने से द्व्यणुक नामक अवयवविशिष्ट पृथक् पदार्थ की उत्पत्ति किसी प्रकार सङ्गत नहीं होती। उनके मिलने से त्र्यणुक परिमाण की उत्पत्ति भी सुतरां असंगत होती है; इसी प्रकार परमाणुकारणवादियों का सभी मत असंगत है।

निरवयव परमाणु के संयोग से सावयव द्व्यणुकादि की सृष्टि हो नहीं सकती, यह इस प्रकार के विचार से सिद्ध होता है; यथा–एक परमाणु दूसरे परमाणु के साथ संयुक्त होता है कहने से, उस संयोग को आंशिक अथवा सर्वात्मिक संयोग कहना ही होगा; यदि सर्वात्मिक संयोग हो, तो वह निरवयव परमाणु ही रहता है, उसकी परिमाण-वृद्धि हो ही नहीं सकती। आंशिक संयोग होने से, परमाणु का अंश मानना पड़ेगा, अंश मानने से परमाणु का वैशेषिक-मत-निर्दिष्ट परमाणुत्व-लक्षण असिद्ध होता है। वास्तविक अंश नहीं है, अंश केवल काल्पनिक है, ऐसा कहने से, कल्पना क़े अनुरूप किसी वस्तु के न रहने पर वह मिथ्या है; सुतरां मिथ्या का संयोग भी मिथ्या है, एवं यह काल्पनिक पदार्थ द्व्यणुकादिजन्य वस्तु का मिथ्यांश कारण भी हो नहीं सकता। इत्यादि।

परमाणुकारणवाद के अपरापर दोष भी प्रदर्शित होते हैं:–

२ अ०, २ पाद, १२ सूत्र। **उभयथाऽपि न कर्मातस्तदभावः।।**

(उभयथा-अपि, न कर्म; अतः-तदभावः।)

भाष्य–अदृष्टस्य परमाणुवृत्तित्वासम्भवादात्मसम्बन्धिनस्तस्य परमाणुगतकर्म-प्रेरकत्वासम्भवाच्चेत्येवमुभयथाऽप्याद्यं कर्म परमाणुगतं न सम्भवत्यतः कर्मनिबन्धनसंयोगपूर्वकद्व्यणुकादिक्रमेण जगदुद्भवस्याभावः।

अस्यार्थः–अदृष्ट (जो वैशेषिक मत में सृष्टिकाल में परमाणु के संयोग का कारण होता है) परमाणु में अवस्थित वस्तु हो नहीं सकती (वैशेषिक लोग भी स्वीकार करते हैं कि यह अदृष्ट परमाणु से भिन्न है); यदि यह आत्मसम्बन्धी वस्तुमात्र हो, तो संयोगकर्म, जो परमाणुगत है, उसका प्रेरक यह अदृष्ट हो नहीं सकता; इस प्रकार दोनों प्रकार के अनुमानों से ही सृष्टि के आरम्भ में परमाणु के प्रथम संयोग-कर्म की संभावना नहीं होती। अतएव चेष्टा के द्वारा उत्पन्न संयोगपूर्वक जो द्व्यणुकादि क्रमों से जगत् की सृष्टि है, उसका अभाव होता है।

(यदि "अदृष्ट" परमाणु के प्रकृतिगत हो तो, उसको नियत ही संयोग-कर्म में नियोजित करेगा। सुतरां परमाणु के उक्त मत में नित्यवस्तु होने के कारण सृष्टि के आदि और प्रलय असम्भव हैं। परन्तु सृष्टि के आदिकारण-निरूपण के निमित्त ही परमाणु का अनुमान किया जाता है। यदि सृष्टि अनादि हो, उसका ध्वंस-प्रादुर्भाव न हो, तो परमाणु का अनुमान निष्प्रयोजन है। यदि यह "अदृष्ट" परमाणु के स्वरूपगत होकर भी आकस्मिक पदार्थमात्र हो-परमाणु के नित्य-स्वरूपगत न हो, तो इस आकस्मिक व्यापार का अन्य कारण है, ऐसा स्वीकार करना होगा; एवं उसका भी अन्य कारण स्वीकार करना पड़ेगा। इस प्रकार अनवस्था दोष होता है। अदृष्ट यदि आत्मसम्बन्धिवस्तु हो, परमाणु के स्वरूपगत न होकर, केवल उसके सान्निध्य में स्थित अपर वस्तु हो, तो वह (परमाणु से भिन्न होने के कारण) परमाणु का संयोग कर्म उत्पादन कर नहीं सकती। यदि अणु को कर्म में प्रेरणा करना ही उस वस्तु का धर्म हो, तो भी सृष्टि के आरम्भ और प्रलय असम्भव होते हैं। अतएव 'अदृष्ट' के विषय में जो कोई अनुमान किया जाये, उसके द्वारा परमाणुकारणवाद की सङ्गति नहीं होती।

२ अ०, २ पाद, १३ सूत्र। **समवायाभ्युपगमाच्च साम्यादनवस्थितेः।।**

(समवाय-अभ्युपगमात् च, साम्यात्-अनवस्थितेः।)

भाष्य–समवायाभ्युपगमाच्च परमाणुकारणपक्षासम्भवः; यथा द्व्यणुकं समवायसम्बन्धेन स्वकारणे समवैत्यत्यन्तभिन्नत्वात्तथा समवायोऽपि समवायिभ्यां समवायसम्बन्धान्तरेण सम्बध्येतात्यन्तभेदसाम्यात् सोऽपि सम्बन्धान्तरेणेत्यनवस्थानात्।

अस्यार्थः–(वैशेषिकगण समवाय नामक एक पृथक् पदार्थ स्वीकार करते हैं; समवाय-द्वारा अणुक द्व्यणुक के साथ कार्यकारणरूप में सम्बन्ध प्राप्त होता है; समवाय अणुक और द्व्यणुक दोनों को अवलम्बन करता है)। परन्तु इस समवाय के अस्तित्व के स्वीकार करने पर भी परमाणुवाद की सङ्गति नहीं होती; कारण, द्व्यणुक जैसे, स्वकारण परमाणु से अत्यन्त भिन्न होने के कारण, समवायसम्बन्ध-द्वारा ही उसके साथ समवेत होता है, ऐसी वैशेषिकगण कल्पना करते हैं, तद्रूप समवाय भी तत्समवायी अणुक और द्व्यणुक से अत्यन्त भिन्न है; सुतरां समवाय भी अन्य समवाय सम्बन्ध द्वारा इस समवायी के सहित सम्बन्धविशिष्ट होता है, ऐसा कहना होगा। यह अत्यन्त भेद जैसे द्व्यणुक और परमाणु में हैं, उसकी सङ्गति के लिए समवाय की कल्पना की जाती है, तद्रूप अत्यन्त भिन्नत्व समवाय और समवायी में भी है। इस

विषय में दोनों की समानता होने के कारण, वह समवाय भी पुनः अन्य समवाय द्वारा समवायी के साथ सम्बन्ध-विशिष्ट होता है, ऐसा कहना पड़ेगा। इस प्रकार अनवस्थादोष होता है। अतएव अत्यन्त भिन्न द्व्यणुक और परमाणु की कार्यकारणता स्थापन करने के लिए जो समवाय की कल्पना की जाती है, वह निष्फल है।

२ अ०, २ पाद, १४ सूत्र। **नित्यमेव च भावात्।।**

भाष्य–परमाणूनां प्रवृत्तिस्वभावत्वे प्रवृत्तेर्भावान्नित्यसृष्टिप्रसंगादन्यथा नित्यप्रलयप्रसंगात्तदभावः।

अस्यार्थः–यदि कहो कि, परमाणुओं की कर्म प्रवृत्ति स्वभावगत है, तो कर्म-प्रवृत्ति के नित्य रहने से सृष्टि नित्य है ऐसा स्वीकार करना होगा; यदि कहो कर्म प्रवृत्ति परमाणु के स्वभावगत नहीं है, तो सृष्टि हो नहीं सकती,– प्रलयावस्था ही नित्य हो जाती है।

२ अ०, २ पाद, १५ सूत्र। **रूपादिमत्त्वाच्च विपर्ययो दर्शनात्।**

भाष्य–परमाणूनां कार्यानुसारेण रूपादिमत्त्वाच्च नित्यत्वविपर्ययोऽनित्यत्वं स्यात्, रूपादिमतां, घटादीनामनित्यत्वदर्शनादन्यथा कार्यं रूपादिहीनं स्यात्।

व्याख्या–वैशेषिक मत में परमाणु में रूपादि गुणों का अस्तित्व स्वीकृत है; उसके कार्यभूत द्व्यणुक त्र्यणुक चतुरणुकादि में जो रूपादि गुण दृष्ट होते हैं उनके अनुरूप रूपादिगुण वैशेषिक मत में परमाणु के भी हैं। इस कारण परमाणु के भी नित्यत्व का विपर्यय, अर्थात् अनित्यत्व, अनुमानसिद्ध होता है; कारण, घटशरावादि जागतिक समस्त द्रव्य, जिनके रूपादि वर्तमान हैं, उनका अनित्यत्व प्रत्यक्षगम्य है। यदि कहो, परमाणु के रूपादि नहीं हैं, तो उसके कार्य द्व्यणुक त्र्यणुकादि के भी रूपादिगुण नहीं हो सकते। अतएव जिस प्रकार विचार किया जाये, किसी प्रकार परमाणुकारणवाद की संगति नहीं होती।

२ अ०, २ पाद, १६ सूत्र। **उभयथा च दोषात्।।**

भाष्य–यद्युपचितगुणाः परमाणवस्तदा पृथिव्यप्तेजोवायूनां तुल्यतापत्तिरपचितगुणा इत्यत्रापि सर्वेषां परमाणूनां प्रत्येकमेकैकगुणयोगेन पृथिव्यादीनामपि कारणगुणानुगुणेन प्रत्येकमेकैकगुणयोगः स्यादित्युभयथापि दोषात्तदभाव एव।

व्याख्या–पुनः यदि कहो कि परमाणुओं के रूपरसादि एकाधिक गुण हैं, तो पृथिवी अप्, तेज और वायु परमाणुओं का तुल्यत्व स्वीकार करना होता है, उनका

पार्थक्य और कुछ रह नहीं सकता। यदि कहो, प्रत्येक परमाणु के रूप रसादि एक-एक विशेष गुण हैं-अधिक गुण नहीं हैं, तो पृथिवीपरमाणु के योग से सम्भूत पृथिवी, जल-परमाणु के योग से सम्भूत जल इत्यादि वस्तुओं का भी प्रत्येक में अपने-अपने कारणपरमाणु के गुणानुसार एक-एक गुण ही रहना उचित है। (परन्तु गन्ध, रूप, स्पर्शादि गुणों का अस्तित्व पृथिव्यादि सब वस्तुओं में ही दृष्ट होता है; अतएव दोनों पक्षों में ही परमाणुवाद के अप्रतिष्ठित होने से वह अग्राह्य है।

२ अ०, २ पाद, १७ सूत्र। **अपरिग्रहाच्चात्यन्तमनपेक्षा।**

भाष्य–परमाणुकारणवादस्य शिष्टैः परित्यक्तवादत्यन्तमुपेक्षा मुमुक्षुभिः कार्या।

व्याख्या–वेदाचार्यगण, मन्वादि ऋषिगण, अथवा अन्य कोई शिष्टाचार सम्पन्न आचार्य इस परमाणुकारणवाद को ग्रहण नहीं करते, किन्तु उन्होंने उसे हेय कहकर उसका अनादर किया है; अतएव मुमुक्षुगण इस मत को ग्रहण कर नहीं सकते।

(श्रीशङ्कराचार्य ने इस सूत्र की व्याख्या में लिखा है–सांख्य का, प्रधानकारणवाद वेदवित् मन्वादि ने भी जगत् के सत्कार्यत्व साधन के निमित्त आंशिक रूप से ग्रहण किया है; किन्तु यह परमाणुवाद आंशिक रूप से भी किसी शिष्ट पुरुष द्वारा गृहीत नहीं हुआ है; अतएव यह मत वेदवादियों द्वारा अत्यन्त अनादरणीय है)।

इति परमाणुकारणवादखण्डनाधिकरणम्।।

—•—

वैशेषिक मत का इस प्रकार खण्डन करके, सूत्रकार इस क्षण में बौद्धमतों को खण्डन करने में प्रवृत्त होते हैं। ये बौद्धमत शांकरभाष्य में स्पष्ट रूप से विवृत हुए हैं तदनुसार नीचे वे वर्णित होते हैं:-

बौद्धों में तीन विधान हैं; बुद्धदेव द्वारा प्रदत्त उपदेश को (भिन्न-भिन्न शिष्यों की बुद्धि की त्रुटि से) भिन्न-भिन्न व्यक्तियों ने विभिन्न रूप से समझा ऐसा हो, अथवा शिष्यभेद से उपदेश ही भिन्न प्रकार का हो, बौद्धगण तीन श्रेणियों में विभक्त हैं। उनमें एक श्रेणी सर्वास्तित्ववादी, दूसरी श्रेणी केवल विज्ञानमात्रास्तित्ववादी, तृतीय श्रेणी सर्वशून्यत्ववादी है।

प्रथम श्रेणी के मत में बाह्य पदार्थ अस्तित्वशील हैं, ज्ञानादि आन्तर पदार्थ भी अस्तित्वशील हैं; वे कहते हैं कि, वस्तु का 'समुदाय' द्विविध है; भूत और भौतिक एक प्रकार का 'समुदाय' है, ये बाह्य हैं। एवं चित्त और चैत्त यह दूसरा एक प्रकार का

'समुदाय' है, ये आन्तरपदार्थ हैं। पृथिवी–धातु इत्यादि को भूत[1] रूपादि एवं चक्षुरादि को भौतिक कहते हैं। पार्थिव, जलीय, तैजस और वायवीय, ये चतुर्विध परमाणु हैं; ये यथाक्रम खर, स्नेह, उष्ण और चलन–स्वभाव हैं। इनके परस्पर संघात से (मेल से) पृथिव्यादि समस्त वस्तुओं की उत्पत्ति होती है। रूप, विज्ञान, वेदना, संज्ञा और संस्कार ये पञ्च 'स्कन्ध' अध्यात्म अथवा आन्तर पदार्थ हैं। सविषय इन्द्रियग्राम 'रूपस्कन्ध' नाम से आख्यात हैं; यद्यपि रूपादि द्वारा प्रकाशित पृथिव्यादि बाह्य भौतिक वस्तुएँ सत्य हैं, तथापि ये इन्द्रिय–द्वारा गृहीत होती हैं, इसलिए आध्यात्मिक नाम से गण्य होती हैं। अहमित्याकार–ज्ञान को 'विज्ञानस्कन्ध' कहते हैं; अहं अहं अहं इत्याकार की विज्ञानधारा ही 'आत्मा' शब्द का वाच्य है; 'अहं' यह एक विज्ञान, पुनः 'अहं' इस प्रकार और एक पृथक् विज्ञान, फिर भी 'अहं' इस प्रकार और एक पृथक् विज्ञान, जलस्रोत की भाँति प्रवाहित होते हैं। यही आत्मा शब्द का वाच्य है; स्थिर आत्मा नामक कोई पदार्थ नहीं है। ये ही अहं विज्ञान, रूपादिविषय, और इन्द्रियादिजन्य वस्तुएँ हैं। सुख़दुःखादि अथवा उभयाभाव, जो विषयस्पर्श से अनुभूत होता है, उसी को "वेदनास्कंध" कहते हैं। विशेष–विशेष नामरञ्जित ज्ञानविशेष को 'संज्ञास्कन्ध' कहते हैं (यथा, गौरवर्ण ब्राह्मण जाता है, इस प्रकार वाक्यसमन्वित ज्ञान)। राग, द्वेष मद, धर्माधर्म ये सब 'संस्कारस्कंध' हैं। विज्ञानस्कंध को 'चित्त' और अन्य चार स्कंधों को 'चैत्त' कहते हैं।

द्वितीय श्रेणी के बौद्धों के मत में बाह्य वस्तु कुछ नहीं है, सभी आन्तर वस्तुएँ हैं, सभी विज्ञानमात्र हैं, बाह्यरूप से जो बोध होता है, वह विज्ञान का ही स्वरूप है; आभ्यन्तर नामक जो बोध है, वह भी और एक प्रकार का विज्ञानमात्र हैं; विभिन्न प्रकार के विज्ञान धारावाहिक रूप से एक के पश्चात् एक जलस्रोत की भाँति प्रवाहित हो रहे हैं। इन लोगों को 'विज्ञानवादी बौद्ध' कहते हैं।

तृतीय श्रेणी के बौद्धों के मत में बाह्य अथवा आन्तर किसी वस्तु का ही अस्तित्व नहीं है; सद्वस्तु कुछ नहीं है; अस्तित्वाभाव (शून्य ही); एकमात्र वस्तु है। अर्थात् कुछ नहीं, यही एकमात्र सत्य है। इन लोगों को "वैनाशिक बौद्ध" कहते हैं।

---

१. पृथिवी धातु, अप्धातु, तेजोधातु, वायुधातु, आकाशधातु, एवं विज्ञानधातु, इन धातुओं के समवाय से काया की उत्पत्ति होती है; बीज से जैसे अङ्कुर उत्पन्न होता है, वैसे इन धातुओं से किसी चेतनाधिष्ठान के बिना ही देह की उत्पत्ति होती है। इन षड्विध धातुओं में जो एकत्वज्ञान, मनुष्यादिज्ञान, माता–पिता इत्यादि ज्ञान, अहंममज्ञान है, इसी का नाम अविद्या है, यही संसार का मूलकारण है।

पूर्वोक्त प्रथम और द्वितीय श्रेणियों के बौद्धों के मत में परिदृश्यमान जगत् समस्त क्षणिक है; वे कहते हैं, पूर्वक्षणीय पदार्थ परक्षण में नहीं रहता; एक के ध्वंस के पश्चात् दूसरे का प्रादुर्भाव होता है; सुतरां किसी के साथ किसी का योग हो नहीं सकता। बौद्धगण और भी कहते हैं कि, अविद्या, संस्कार, विज्ञान, नामरूप, षड़ायतन, स्पर्श, वेदना, तृष्णा, उपादान, भव, जाति, जरा, मरण, शोक, परिदेवना, दुःख दौर्मनस्य[1] इत्यादि परस्पर के द्वारा उत्पन्न होते हैं; इस अविद्या के घटीयंत्र के भाँति नित्यनैमित्तिक भाव से निरन्तर आवर्त्तित होने से सङ्घात उत्पन्न होता है।

इस क्षण में सूत्रकार एकादिक्रम से बौद्धमत के खण्डन में प्रवृत्त होते हैं।

२ अ०, २ पाद, १८ सूत्र। **समुदाये उभयहेतुकेऽपि तदप्राप्तिः।।**

(बाह्यः परमाणुहेतुकः भूतभौतिकसमुदायः; आन्तरः पञ्चस्कन्धहेतुकः समुदायः; इत्युभयहेतुके समुदाये स्वीकृतेऽपि, तदप्राप्तिः समुदायभावानुपपत्तिरित्यार्थः)।

भाष्य—सुगतमतं निराकरोति। भूतभौतिकचित्तचैत्तिके समुदायेऽभ्युपगम्यमानेऽपि समुदायिनामचेतनत्वादन्यस्य संहतिहेतोरनभ्युपगमाच्च समुदायासम्भवः।

व्याख्या—(सुगत=बौद्ध)। सूत्रकार बौद्धमत का खण्डन करते हैं:—भूत-भौतिक चित्त-चैत्तिक जो 'समुदाय' बौद्धमत में उक्त होता है, उसे स्वीकार करने पर भी, इन सब समुदायी वस्तुओं के अचेतनत्व के कारण, एवं उनके मिलनकारक अन्य किसी हेतु के अस्तित्व के बौद्धमत में स्वीकृत न होने से, इस समुदाय का समुदायत्व

१. बौद्धमत में अविद्या क्या है, उसकी व्याख्या होती है; षड्विध धातुओं में जो एकबुद्धि-पिण्डबुद्धि, मनुष्य, गो इत्यादि बुद्धि, माता-पिता-बुद्धि अहंमम बुद्धि है वही अविद्या है। मूल बात यह है, कि जो क्षणिक है उसे स्थिर जानना ही ''अविद्या" है। राग, द्वेष, मोह ये ही ''संस्कार" हैं। अविद्या के रहने ही से ये रहते हैं। अविद्या से इनकी उत्पत्ति है। संस्कार से ''विज्ञान" उत्पन्न होता है। वस्तुसम्बन्धीय ज्ञान को विज्ञान कहते हैं। विज्ञान से पृथिव्यादि चतुर्विध उपादानों के नाम और रूप (एकत्र नामरूप) होते हैं। शरीर की कलकल बुद्बुदादि समुदाय अवस्थायें नामरूप और इन्द्रियादि के सहित मिश्रितभाव से ''षड़ायतन" नाम से आख्यात की जाती हैं। विज्ञान से इसकी उत्पत्ति होती है। नाम रूप और इन्द्रिय इन तीनों के एकत्र सम्बन्ध का नाम ''स्पर्श" है, शरीर-ज्ञान से इसकी उत्पत्ति है। स्पर्श से जो सुख-दुःखादि होते हैं, उनका नाम वेदना है, वेदना से तृष्णा, तृष्णा से जो चेष्टा उत्पन्न होती है उसको उपादान कहते हैं। उससे जो पुनर्जन्म होता है, उसे भव कहते हैं; उत्पत्ति का मूल धर्माधर्म है; उससे ''जाति," जाति (विशेष देहप्राप्ति) से जरा, मरण इत्यादि उत्पन्न होते हैं।

असम्भव होता है, अर्थात् परस्पर मिलन के द्वारा 'समुदाय' (सम्मिलित वस्तु) रूप में जगत् का प्रकाशित होना असम्भव है। बौद्धमत में परमाणु अचेतन है; स्कंध भी अचेतन है; उनके मत में स्कन्ध और परमाणु भिन्न हैं, उनका नियामक अन्य कोई स्थिर चेतन वस्तु नहीं है; चेतनरूप से जो बोध होता है, वह भी एक विशेष प्रकार क्षणिक विज्ञान-प्रवाह-मात्र है। सुतरां परमाणुओं और स्कंधों के किसी स्थायी संघात-कर्त्ता के न रहने से, वे मिलित होकर 'समुदाय' उत्पत्ति कर नहीं सकते। वे स्वतः प्रवृत्त होते हैं, अन्य किसी की अपेक्षा नहीं करते, ऐसा भी नहीं कहा जा सकता; कारण, बौद्धमत में उत्पत्ति के पश्चात् ही इन सभों के नष्ट होने के कारण, संयोग-कार्य करने का अवसर नहीं रहता। इस आपत्ति की किसी प्रकार संगति कर सकने पर भी, उक्त प्रवृत्ति के उपरम की संस्था कर नहीं सकेंगे।

२ अ०, २ पाद, १९ सूत्र। **इतरेतरप्रत्ययत्वादुपपन्नमिति चेन्न, संघातभावाऽनिमित्तत्वात्।।**

भाष्य–अविद्यासंस्कारविज्ञाननामरूपषडायतनादीनामितरेतरहेतुत्वेन संघातादिकमुपपन्नमित्यपि न, तेषामपि संघातं प्रत्यकारणत्वात्।

व्याख्या–अविद्या, संस्कार, विज्ञान, नामरूप, षड़ायतन प्रभृति के पारस्परिक हेतु-हेतुमद्भाव रहने की उक्ति के द्वारा संघात उपपन्न नहीं होता; ये, परस्पर-परस्पर की उत्पत्ति के कारण होने पर भी, संघात के कारण हो नहीं सकते, (कारण ये क्षणध्वंसशील हैं)।

२ अ०, २ पाद, २० सूत्र। **उत्तरोत्पादे च पूर्वनिरोधात्।।**

(निरोधात्=विनष्टत्वात्।)

भाष्य–इतोऽपि न तद्दर्शनं युक्तम्, उत्तरोत्पादे पूर्वस्य क्षणिकत्वेन विनष्टत्वात्।

व्याख्याः– अन्यविध कारण से भी बौद्धमत संगत नहीं है; यथा–पश्चात् की वस्तुओं के उत्पत्तिकाल में पूर्वपूर्व पदार्थ विनष्ट होते हैं; कारण, बौद्धमत में सभी क्षणिक हैं; उत्पन्न होते ही यदि विनष्ट हो, तो वह अन्य वस्तु को किस प्रकार उत्पन्न कर सकता है? परक्षण-स्थित वस्तु के उत्पत्तिकाल में तो पूर्वक्षणस्थित वस्तु विनष्ट हो गई है।

२ अ०, २ पाद, २१ सूत्र। **असति प्रतिज्ञोपरोधो यौगपद्यमन्यथा।।**

भाष्य–असति हेतौ कार्योत्पत्त्यभ्युपगमे चतुर्भ्यो हेतुभ्य इन्द्रियालोक-

मनस्कारविषयेभ्यो विज्ञानोत्पत्तिरित्यस्याः प्रतिज्ञाया बाधः स्यात्; सति हेतौ कार्योत्पादाङ्गीकारे पूर्वस्मिन् क्षणे स्थिते सति क्षणान्तरोत्पत्तिर्भवेदिदं यौगपद्यं भवतां क्षणिकवादिनां मते स्यात्।

व्याख्याः—यदि कहो, कार्यवस्तु के उत्पत्ति काल में, कारणवस्तु के न रहने पर भी, बिना कारण ही कार्योत्पत्ति हो सकती है, तो "चक्षुरादि-इन्द्रिय-लक्षण-अधिपति-प्रत्यय", "आलोक-लक्षण-सहकारिप्रत्यय, "मनस्कार (मन के द्वारा विषयसङ्कल्प)-लक्षण-समनन्तरप्रत्यय," एवं "विषयलक्षणा-घटादिआलम्बन प्रत्यय" ये विज्ञानोत्पत्ति के कारण हैं, बौद्धों की यह प्रतिज्ञा बाधित होती है। (इस दोष के निवारणार्थ) यदि यह स्वीकार करो कि, कारण के वर्तमान रहने से कार्य की उत्पत्ति होती है, तो पूर्वक्षण के वर्तमान रहते ही परक्षण की उत्पत्ति होगी; अतएव उभय क्षण की ही युगपत् स्थिति स्वीकृत करनी पड़ी। (और यदि कहो, पूर्वक्षण में स्थित वस्तु की परक्षण में रहती है, तो क्षणिकवाद नहीं रहता)। क्षणिकवादी के मत में शेष में इस प्रकार परस्पर विरोधी सिद्धान्त उपस्थित होते हैं।

२ अ०, २ पाद, २२ सूत्र। **प्रतिसंख्याऽप्रतिसंख्याननिरोधाऽप्राप्तिरविच्छेदात्।।**

भाष्य—सहेतुकनिर्हेतुकयोर्निरोधयोरसम्भवः, सन्तानविच्छेदस्यासम्भवात्, सन्तानिनाञ्च प्रत्यभिज्ञायमानत्वाच्च।

व्याख्याः—[वैनाशिक कहते हैं कि प्रतिसङ्ख्यानिरोध (सहेतुक एवं उपलब्धिपूर्वक विनाश) अप्रतिसङ्ख्यानिरोध (निर्हेतुक एवं उपलब्धि के अयोग्य विनाश) और आकाश, ये तीनों भी अभाव वस्तुमात्र हैं, इनके अतिरिक्त अन्य सभी वस्तुएँ उत्पत्तिशील और क्षणिक हैं; उनमें से प्रथमोक्त दो के विनाश के सम्बन्ध में सूत्रकार कहते हैं:—]

सहेतुक और निर्हेतुक विनाश नाम से जो वैनाशिक गण कल्पना किया करते हैं, वह भी असम्भव है; कारण, उनके मत में भी सन्तान-प्रवाह का विच्छेद नहीं होता; किन्तु विनाश ही के सत्य होने से, इस प्रकार सन्तान-प्रवाह (कार्यकारणरूप प्रवाह) असम्भव होता। विशेषतः सन्तानी का भी (पूर्वक्षणस्थित कारण का भी) विनाश नहीं है; कारण वह प्रत्यभिज्ञा का विषय होता है (जो पूर्वानुभूत है, यही वह है इस प्रकार ज्ञान का विषय होता है)।

२ अ०, २ पाद, २३ सूत्र। **उभयथा च दोषात्।।**

भाष्य—सन्तानस्य सन्तानिव्यतिरिक्तवस्तुत्वाभावात् सन्तानिनाञ्च क्षणिकत्वात्, अविद्यादिनिरोधो मोक्ष इत्यपि तन्मतमसंगतम्।

व्याख्या:–अविद्या का निरोध ही मोक्ष है, यह जो बौद्धमत है, यह भी वैनाशिक मत में असङ्गत है; कारण, सन्तान वस्तु, सन्तानी (कारण) के अतिरिक्त वस्तु हो नहीं सकती, एवं पक्षान्तर में सन्तानिवस्तु भी क्षणिक है। दोनों ओर असङ्गति है, मोक्ष कहकर और कुछ नहीं रहता। अर्थात् एक ओर कार्यवस्तु में कारण रहता है; अतएव अविद्या के सम्पूर्ण विनाश की सम्भावना नहीं है, सुतरां मोक्ष असम्भव है। और दूसरी ओर कारण--वस्तुएँ क्षणिक हैं, कार्य में उनकी विद्यमानता नहीं है, सुतरां किसी साधनरूप कारण द्वारा मोक्षरूपी कार्य की उत्पत्ति हो नहीं सकती; कारणवस्तु के विनष्ट–असत् होने से, मोक्ष के साथ कार्यकारणभाव में स्थित कोई साधन हो नहीं सकता।

शाङ्कर भाष्य में प्रकारान्तर से यह अर्थ उक्त हुआ है, यथा, अविद्या का निरोध (विनाश) सहेतुक नहीं तो निर्हेतुक होगा; या तो किसी साधन का अवलम्बन करके होता है, अथवा स्वयं होता है। यदि सहेतुक कहा जाये, तो सब वस्तुओं को स्वभावत: क्षणविनाशिनी कहकर जो बौद्धमत है, उसको परित्याग करना होगा। यदि निर्हेतुक (स्वयं होता है, ऐसा) कहा जाये तो अविद्यादि–निरोध का उपदेश वृथा है।

२ अ०, २ पाद, २४ सूत्र। **आकाशे चाविशेषात्।।**

भाष्य–आकाशे च तैरभावप्रतिज्ञा कृता, सा न युक्ता, पृथिव्यादिभिरविशेषात्।

व्याख्या:–बौद्धगण आकाश को भी अभावरूपी वस्तु कहते हैं, (यह पहले ही कहा गया), यह मत भी संगत नहीं है। कारण, पृथ्वी आदि से आकाश को इस विषय में कोई विशेषता नहीं है। (पृथ्वी आदि की भाँति आकाश भी शब्दगुणविशिष्ट है। श्रुति में आकाश की भी उत्पत्ति कही गई है। इत्यादि।)

२ अ०, २ पाद, २५ सूत्र। **अनुस्मृतेश्च।।**

(अनुस्मृते:=स्वानुभूतवस्तुविषयकानुस्मरणात्।)

भाष्य–इदं तदिति प्रत्यभिज्ञा च तद्दर्शनमसत्।

व्याख्यार--जिसे पहले प्रत्यक्ष कर चुके हैं, उसे अब भी प्रत्यक्ष करते हैं, इत्याकार प्रत्यभिज्ञा–द्वारा बौद्धमत मिथ्या सिद्धान्त है।

२अ०, २पाद, २६ सूत्र। **नासतोऽदृष्टत्वात्।।**

(न असत:–अदृष्टत्वात्।)

भाष्य–सौगतैरभावाद्भावोत्पत्तिरभ्युपेता, सा न युक्ता। कस्मात्? असत: मृदाद्यभावात् घटाद्युत्पत्तेरदृष्टत्वात्। सतस्तु मृत्पिण्डादेस्तदुत्पत्तेर्दृष्टत्वात्।

व्याख्या–बौद्धों के मत में अभाववस्तु से भाववस्तु की उत्पत्ति कही गई है; यह असंगत है। कारण, मृत्तिकादि के अभाव होने से घटादि की उत्पत्ति कहीं देखी नहीं गई है। भाववस्तु मृत्पिण्डादि से ही भाववस्तु घटादि की उत्पत्ति दृष्ट होती है।

२ अ०, २ पाद, २७ सूत्र। **उदासीनानामपि चैवं सिद्धिः।।**

भाष्य–अन्यथाऽनुपायतो विद्याद्यर्थसिद्धिः स्यात्।

अस्यार्थः–यदि यह कहो कि असत् से ही भाववस्तु की उत्पति हो सकती है, तो विद्यादि के सम्बन्ध में उदासीन पुरुषों को बिना किसी प्रकार के उद्योग के ही विद्यादि की प्राप्ति हो सकती है।

२ अ०, २ पाद, २८ सूत्र। **नाऽभाव उपलब्धेः।।**

(न अभावः, उपलब्धेः।)

भाष्य–विज्ञानमात्रास्तित्ववाद्यभिमतो बाह्यस्याभावो न, किन्तु भाव एव। कुतः? उपलब्धेः।

व्याख्या–जो बौद्ध लोग कहते हैं कि विज्ञानमात्र ही है, बाह्य वस्तु नहीं है, तो उनका यह भी मत अग्राह्य है। बाह्य वस्तु का अस्तित्व नहीं, ऐसा नहीं है, अस्तित्व है। कारण, अस्तित्वशील रूप से ही उनकी उपलब्धि होती है। (यह आत्मविश्वास किसी तर्क से विनष्ट होने के योग्य नहीं है। जो लोग बाह्य वस्तु नहीं है ऐसा कहते हैं, उन्हें इसी बाह्य वस्तु संज्ञा से ही इसके अस्तित्व को स्वीकार करना पड़ता है। बाह्य वस्तु के न होने पर बाह्य वस्तु नामक कोई ज्ञान अथवा वाक्य-व्यवहार नहीं रहता।)

२ अ०, २ पाद, २९ सूत्र। **वैधर्माच्च न स्वप्नादिवत्।।**

भाष्य–स्वप्नादिप्रत्ययदृष्टान्तेनापि न जाग्रत्प्रत्ययार्थाभावः प्रतिपादयितुं शक्यः, दृष्टान्तदार्ष्टान्तयोर्वैषम्यात् स्वप्नज्ञानस्यापि सावलम्बनाच्च।

व्याख्या–स्वप्नादि ज्ञान के दृष्टान्त से जाग्रत् ज्ञान के बाह्यविषयाभाव प्रतिपन्न नहीं हो सकते हैं, क्योंकि दृष्टान्त और दार्ष्टान्त इन दोनों में वैषम्य है। (जागरण से स्वप्न ज्ञान का बोध दृष्ट होता है; किन्तु प्रत्यक्ष ज्ञान का बाधित होना नहीं दृष्ट होता।) एवञ्च स्वप्न ज्ञान सावलम्बन है–प्रत्यक्ष के ऊपर निर्भर है; प्रत्यक्ष ज्ञान ऐसा नहीं है।

२ अ०, २ पाद, ३० सूत्र। **न भावोऽनुपलब्धेः।**

भाष्य–किञ्च ज्ञानवैचित्र्यार्थो वासनानां भावोऽभिप्रेतः, स न सम्भवति तव मते बाह्यार्थानामनुपलब्धेः।

व्याख्या–इस श्रेणी के बौद्धगण कहते हैं कि (बाह्य वस्तु के न होने पर भी) सब वासनायें वर्तमान हैं; उनसे ही ज्ञानवैचित्र्य उत्पन्न होता है। यह भी सम्भव नहीं है; क्योंकि बौद्धमत में बाह्य पदार्थों की उपलब्धि नहीं है। (यदि बाह्य पदार्थों की उपलब्धि ही न हो, तो तन्निमित्त वासना किस प्रकार से हो सकती है?)

२ अ०, २ पाद, ३१ सूत्र। **क्षणिकत्वात्।**

भाष्य–न वासनाभाव आश्रयस्य तव मते क्षणिकत्वात्।

व्याख्या–वासना भी भाववस्तु नहीं हो सकती है। क्योंकि बौद्धमत में वासना का आश्रय जो अहं है, वह भी क्षणिक है।

२ अ०, २ पाद, ३२ सूत्र। **सर्वथानुपपत्तेश्च।।**

भाष्य–शून्यवादोऽपि भ्रान्तिमूलः। सर्वथानुपपन्नत्वात्। प्रत्यक्षादिप्रमाण-विरोधात्।

व्याख्या–शून्यवाद भी भ्रान्तिमूलक है। यह सर्व प्रकार से असिद्ध है। प्रत्यक्षादि सब प्रकार के प्रमाणों के विरुद्ध होने से यह अग्राह्य है।

इति बौद्धमतखण्डनाधिकरणम्।

—•—

बौद्धमत खण्डन करने के पश्चात् श्रीभगवान् वेदव्यास इस समय जैनमत के खण्डन करने में प्रवृत्त होते हैं। जैनमत संक्षेप में शांकरभाष्य और भामती टीका के अनुसार नीचे विवृत होता है।

जैनमत में पदार्थ दो प्रकार के होते हैं–जीव और अजीव, जीव बोधात्मक अजीव जड़वर्ग है। जीव और अजीव पाँच प्रकार से प्रपंचीकृत हैं; यथाः– जीवास्तिकाय, पुद्गलास्तिकाय, धर्मास्तिकाय, अधर्मास्तिकाय, और आकाशास्तिकाय। इन सभी के प्रत्येक के नाना प्रकार के प्रभेद हैं। जीवास्तिकाय तीन प्रकार के हैं:– बद्ध, मुक्त, और नित्यसिद्ध। पुद्गलास्तिकाय छः प्रकार के हैं–पृथिवी आदि चार भूत, स्थावर और जंगम। प्रवृत्ति को धर्मास्तिकाय कहते हैं; स्थिति को अधर्मास्तिकाय कहते हैं। आकाशास्तिकाय दो प्रकार के हैं–लोकाकाश और अलोकाकाशः उपरिस्थित लोक समूह का अन्तर्वर्त्ती जो आकाश है वह लोकाकाश है, मोक्षस्थानस्थित जो आकाश है वह अलोकाकाश है, वहाँ कोई लोक नहीं है। पूर्वोक्त जीव और अजीव पदार्थ दूसरे पाँच प्रकार से भी प्रपंचीकृत हैं। जैसे–आस्त्रव, सम्बर, निर्जर, बन्ध और मोक्ष। आस्त्रव, सम्बर और निर्जर, ये ही तीन पदार्थ प्रवृत्तिलक्षण हैं। प्रवृत्ति दो प्रकार

की है, सम्यक् और मिथ्या; उनमें मिथ्या प्रवृत्ति आस्रव है; सम्यक् प्रवृत्ति सम्बर और निर्जर है। पुरुष को विषयप्राप्ति कराती है, इस अर्थ से आस्रव है, इसी अर्थ से आस्रव-शब्द का इन्द्रिय अर्थ होता है। कार्य करने वाले का अवलम्बन करते हुए अनुगमन करता है, इस अर्थ में कर्म भी आस्रव कहा जा सकता है; यही अनर्थ का कारण है, इसलिए आस्रव को मिथ्या प्रवृत्ति कहते हैं। शम, दमादि प्रवृत्तियों को सम्बर कहते हैं। ये आस्रव के द्वारा सम्बरण कराती हैं (अवरुद्ध करती हैं), इसी निमित्त इन सभी को सम्बर कहते हैं। तप्तशिलारोहण आदि साधन हैं, जिनके द्वारा अनादिकाल के संचित पुण्यापुण्य विनष्ट हो जाते हैं, उसको 'निर्जर' कहते हैं। अष्टविध कर्मों को बन्ध कहते हैं; ये ही अष्टविध कर्म दो भागों में विभक्त हैं। इनमें चार का नाम "घाति" है। दूसरे चार का नाम अघाति है। घातिकर्म ४ प्रकार के हैं-१ ज्ञानावरणीय, २ दर्शनावरणीय, ३ मोहनीय, ४ अन्तराय। अघातिकर्म भी ४ प्रकार के हैं, यथा-१ वेदनीय, २ नामिक, ३ गोत्रिक, ४ आयुष्क। जिस ज्ञान के द्वारा वस्तु सिद्धि नहीं होती, इस रूप विपर्यय को 'ज्ञानावरणीय' कर्म कहते हैं। आर्हत-दर्शनाभ्यास द्वारा मोक्ष नहीं होता है, इस रूप के ज्ञान को 'दर्शनावरणीय' कर्म कहते हैं। प्रदर्शित मोक्षमार्ग के श्रेष्ठत्वविषय में अनास्थाबुद्धि को 'मोहनीय' कर्म कहते हैं। मोक्षमार्ग में प्रवृत्त पुरुष की जो उसमें विघ्नकारी बुद्धि है, उसको 'अन्तराय' नामक कर्म कहते हैं। यही चार प्रकार के कर्म मोक्ष विघातक हैं, इसलिए इनको 'घाति' कर्म कहते हैं। चार प्रकार के 'अघाति' कर्मों के मध्य वेदनीय नामक कर्म देहविभाग का हेतुभूत है। तत्त्वज्ञान के विघातक न होने के कारण, यह मोक्ष का अन्तराय नहीं है। अतएव वह 'अघाति' कर्म है। देह के केवल-बुद्बुदादि (गर्भस्थ वीर्य और रक्त की मिश्रित अवस्था विशेष) अवस्था नामिक अवस्था के प्रवर्त्तक कर्म को 'नामिक' कर्म कहते हैं। देह की अव्याकृत शक्तिरूप से अवस्थित अवस्था को 'गोत्रिक' कहते हैं। आयु-उत्पादक, आयु-निरूपक, कर्म को 'आयुष्क' कहते हैं, शेषोक्त तीन "वेदनीर्य" के आश्रित रहते हैं; अतएव ये भी 'अघाति' कर्म कहे जाने के योग्य हैं। ये आठ प्रकार के कर्म ही पुरुषों के बंधन हैं; अतएव इन सभी को 'बन्ध' कहते हैं। इन सभी से अतीत नित्य सुखमय अवस्था में आलोकाकाश में स्थिति को मोक्ष कहते हैं। अतः जैनमत में १ जीव, २ अजीव, ३ आस्रव, ४ संवर, ५ निर्जर, ६ बन्ध, ७ मोक्ष, ये सात प्रकार के पदार्थ माने गये हैं।

पूर्ववर्णित सर्वत्रिध प्रपंचविषय में जैनगण 'सप्तभंगीनय' नामक विचार की अवतारणा करते हैं (सप्तभंगी-सप्तविध विभागयुक्त, नय=न्यायनीति); जैसे १

स्यादस्ति, २ स्यान्नासित, ३ स्यादवक्तव्य, ४ स्यादस्ति च नास्ति च, ५ स्यादस्ति-चावक्तव्यश्च, ६ स्यान्नास्तिचावक्तव्यश्च ७ स्यादस्तिनास्तिचावक्तव्यश्च। एकत्व नित्यत्व आदि में भी यह सप्तभङ्गी नयनीति योजित की जाती है; अर्थात् प्रत्येक पदार्थ ही अस्तिनास्ति प्रभृति सात प्रकार की नयनीति से युक्त है, अस्ति नास्ति एक बहुत इत्यादि धर्म सभी पदार्थों के हैं।

जैन-मत में जीव देहपरिमाण है, अर्थात् देह यत्परिमाण आयतनविशिष्ट है जीव भी तत्परिमित है। परन्तु मोक्षावस्था में जो शरीर प्राप्त होता है, वह स्थिर है–वह घटता बढ़ता नहीं, उसका किसी भी विधि से परिवर्तन नहीं होता, वह नित्य है। मोक्षप्राप्ति के पूर्व जीव यद्देहविशिष्ट होता है, उसी देह के परिमाण ही जीव का परिमाण है।

इस समय सूत्रकार इसी जैनमत के खण्डन करने में प्रवृत्त हुए हैं।

२ अ०, २ पाद, ३३ सूत्र। **नैकस्मिन्न सम्भवात्।।**

भाष्य–जैनावस्तुमात्रेऽस्तित्वनास्तित्वानादिविरुद्धधर्मद्वयं योजयन्ति, तन्नोपपद्यते। एकस्मिन् वस्तुनि सत्त्वासत्त्वादेर्विरुद्धधर्मस्य छायातपवत् युगपदसम्भवात्।

अस्यार्थः–जैनगण वस्तुमात्र के ही जो अस्तित्व नास्तित्व ये दो अनादि-विरुद्ध धर्म कहते हैं, वह किसी तरह से उपपन्न नहीं होता है। एक ही वस्तु में विद्यमानता और अविद्यमानता असम्भव है; छाया और प्रकाश का एकत्र होना जिस प्रकार असम्भव है, इसी तरह वह भी असम्भव है।

२ अ०, २ पाद, ३४ सूत्र। **एवं चात्माऽकात्स्न्र्यम्।।**

(एवं-च-आत्मा-अकात्स्न्र्यम्।)

भाष्य–एवं शरीरपरिमाणत्वेनाङ्गीकृतस्यात्मनो बृहद्देहप्राप्तावपूर्णता स्यात्।

अस्यार्थः–जैन-मत का दूसरा दोष प्रदर्शित करते हैं :–

जैनगण कहते हैं, कि आत्मा शरीरपरिमाण है, यह नहीं हो सकता है; कारण, क्षुद्रकायविशिष्ट जीव (पिपीलिकादि) के देहांत होने पर कर्मवश भारी शरीर (गज-शरीरादि) को प्राप्त होने पर, गज शरीर के सम्बन्ध में जीव अकृत्स्न (अव्यापी, क्षुद्र) हो जाता है।

२ अ०, २ पाद, ३५ सूत्र। **न पर्यायादप्यविरोधो विकारादिभ्यः।।**

(न-च पर्यायात्-अपि-अविरोध:विकारादिभ्य:।)

"न च वाच्यं सावयवो हि आत्मा, तस्यावयवानां गजशरीरे उपचयः सूक्ष्मशरीरेऽपचयश्चेत्येवं पर्यायादविरोध इति। कुतः "विकारादिभ्यः" विकारादिदोषप्रसङ्गात्। यदि आत्मा सावयवस्तर्हि देहादिवद्विकारी स्यादनित्यश्च स्यात्।"

भाष्य—न च वाच्यं सावयवो हि खल्वस्माकमात्मा तस्यावयवानां गजशरीरे उपचयः सूक्ष्मशरीरेऽपचयश्चेत्येवं पर्यायादविरोध इति। कुतः? "विकारादिभ्यः" विकारादिदोषप्रसङ्गात्। यदि भवन्मते आत्मा सावयवस्तर्हि देहादिवाद्विकारी स्यादनित्यश्च स्यात्। एवमादयो दोषाः स्युः। (इति वेदान्तकौस्तुभभाष्यम्।)[१]

व्याख्या—इस प्रकार नहीं कहा जा सकता है कि, हम लोगों के मत से आत्मा सावयव है। अतएव हाथी के शरीर में उसके अवयवों की वृद्धि, एवं क्षुद्र शरीर में अपचय-प्राप्ति होती है; सुतरां इस प्रकार से पर्याय के कारण 'शरीरपरिमाणमत' में कोई दोष नहीं है। कारण, उससे आत्मा के विकारादि दोष की प्रसक्ति होती है; आत्मा के सावयव होने पर, देहादि की भाँति वह विकारी एवम् अनित्य हो जाता है। इस प्रकार के दोष उपस्थित होते हैं।

२ अ०, २ पाद, ३६ सूत्र। **अन्त्यावस्थितेश्चोभयनित्यत्वादविशेषः।।**

भाष्य—अन्त्यस्य परिमाणस्य नियततामङ्गीकृत्यादिमध्ययोरपि नित्यत्वमस्तीति चेत्तर्हि सर्वत्राविशेषः स्याद्विनष्टो देहपरिमाणवादः।

व्याख्याः—शेष शरीर का (मोक्ष की अवस्था प्राप्त होने के समय जो शरीर होता है उसका) परिमाण बदलने के अयोग्य, नित्य एकरूप है। जैन लोगों के इस प्रकार मानने के कारण आरम्भ के और बीच के जीव-परिमाण को भी नित्य कहकर मानना पड़ेगा; सुतरां अन्त्य शरीर और उसके पहले के शरीर में इस प्रकार कोई अन्तर नहीं रह जाता। अतएव आदि-मध्यकाल की देह को भी उपचय अपचय-विहीन कहना होगा। सुतरां देहपरिमाणवाद अपसिद्धान्त है।

इति जैनमतखण्डनाधिकरणम्।

—•—

१. उपचयापचयार्हाऽवयवा नात्माऽतो न विरोध इति च न वक्तुं शक्यं, विकारित्वादिदोषप्रसक्तेः। इति निम्बार्कभाष्यः।

इस समय पाशुपत मत खण्डित होता है। पाशुपतमतावलम्बी चार श्रेणियों में विभक्त हैं। जैसे–कापाल, कालामुख, पाशुपत, और शैव। पशुपति–प्रणीत शास्त्र ही इस चार प्रकार के पाशुपतों का अवलम्बन है। यही पशुपति–प्रणीत शास्त्र 'पञ्चाध्यायी' नाम से प्रसिद्ध है। उसमें पाँच पदार्थ वर्णित हैं। यथा, कारण, कार्य, योग, विधि एवं दुःखांत अर्थात् मोक्ष। कारण कहने से ईश्वर और प्रधान भासित होते हैं। ईश्वर निमित्तकारण है; प्रधान उपादानकारण है। महदादि–क्षित्यन्त पदार्थ कार्य नाम से प्रसिद्ध हैं। प्रणव (ॐकार); उच्चारणपूर्वक ध्यान 'योग' नाम से आख्यात है। त्रैकालिक स्नान, भस्मस्नान, शिर में भस्म लगाना, मुद्रासाधन, रुद्राक्ष और कङ्कण हाथ में धारण करना, मृगासन आदि आसनों में बैठना, कपाल में भोजन करना, शवभस्मलेपन, मदिरा का घटस्थापन, सुरा के कुम्भ से देवता का पूजन इत्यादि नाना प्रकार के आचरण "विध" नाम से ख्यात हैं उपर्युक्त विधि चार प्रकार की है; पशुपति–मतावलिम्बियों के मध्य कोई किसी सम्प्रदाय द्वारा कोई दूसरे सम्प्रदाय द्वारा विशेष मानी जाती है। कापालिक और पाशुपत सम्प्रदायों के मत में मोक्षावस्था–प्राप्त आत्मा पाषाणकल्पावस्था–प्राप्त होती है। शैव संप्रदाय आत्मा की चैतन्यरूपप्राप्ति को ही मोक्ष कहते हैं। इत्यादि। इस समय सूत्रकार पाशुपत मत के खण्डन करने में प्रवृत्त होते हैं।

२ अ०, २ पाद, ३७ सूत्र। **पत्युरसामञ्जस्यात्।।**

(पत्युः अवैदिकस्य ईश्वरस्य असमञ्जसम् असंगतिरित्यर्थः।)

भाष्य–पाशुपतं शास्त्रमुपेक्षणीयं जगदभिन्ननिमित्तोपादानकारणप्रतिपादक–वेदविरोधित्वादुपधर्मप्रवर्त्तकत्वाच्च।

व्याख्या–पाशुपत शास्त्र ग्रहण करने के योग्य नहीं है। क्योंकि वेद ने जो ईश्वर को जगत् का निमित्त एवम् उपादान, दोनों कारण कहते हुए वर्णन किया है, पशुपति–मत उसके विरुद्ध है। इस मत में ईश्वर को जगत् का केवल निमित्त–कारण कहकर स्वीकार किया है। ईश्वर से विभिन्न अचेतन–प्रधान को उपादान–कारण कहकर वर्णन किया है। यह मत वेदविरुद्ध तथा उपधर्म–प्रवर्त्तक है; इसलिए यह उपेक्षा के योग्य है।

२ अ०, २ पाद, ३८ सूत्र। **सम्बन्धानुपपत्तेश्च।।**

भाष्य–पशुपतेशरीरस्य प्रेरकस्य प्रेर्यप्रधानादिभिः सम्बन्धानुपपत्तेश्च न पशुपतिर्जगद्धेतुः।

व्याख्या:—पशुपति-मत में ईश्वर के नित्य शुद्ध निर्गुण-स्वभाव होने के कारण, ईश्वर और अचेतन प्रधानादि के मध्य प्रेर्य-प्रेरक-सम्बन्ध किसी प्रकार से उपपन्न नहीं होता है। अतएव नित्य निर्गुण-स्वभाव पशुपति (पशु=जीव, पशुपति=जीवपति, ईश्वर) जगत्कारण नहीं हो सकता है।

२ अ०, २ पाद, ३९ सूत्र। **अधिष्ठानानुपपत्तेश्च।**

(प्रकृति में अधिष्ठान द्वारा ईश्वर जगत् का निमित्त कारण नहीं है, यह भी अपसिद्धान्त है।)

भाष्य:—दृष्टविरुद्धत्वान्नित्यस्योत्तरभावित्वादनित्यस्य च शरीरस्यानुपपत्तेश्च न पशुपतिर्जगद्धेतुः।

व्याख्या:—लोकत: दृष्ट होता है कि, घट का निमित्त-कारण कुम्भकार, सशरीर होने के कारण से ही, मृत्पिण्डोपादान के द्वारा घट की रचना करता है। पाशुपत लोग वेद के उपदेश का उल्लङ्घन करते हुए अनुमान को ही श्रेष्ठ प्रमाण के रूप में ग्रहण करते हैं; सुतरां पूर्वोक्त दृष्टान्त से अनुमान द्वारा जगत् का निमित्त कारण ईश्वर का स्वरूप अवधारण करने से उसको भी शरीरधारी कहना पड़ेगा। किन्तु शरीरमात्र ही उत्पत्तिशील और विनश्वर है। परन्तु ईश्वर को नित्य कहकर पाशुपतगण स्वीकार करते हैं। अतएव उसके नित्य होने से (क्योंकि उसका नित्य सशरीरत्व उत्पन्न नहीं हो सकता है, अतएव) उसके शरीर को अनित्य कहना पड़ेगा, वह भी असम्भव है। कारण, जगत् का सृष्टिकर्ता अनित्य शरीरधारी है, यह सिद्धान्त सर्वदा अनुपपन्न और असम्भव है, ऐसा कहने से वह अन्य कारण के अधीन हो जाता है। इसलिए ईश्वर का किसी प्रकार का शरीर है, यह अनुमान-द्वारा सिद्ध नहीं हो सकता है; और शरीर न होने पर, अचेतन जगत् में अधिष्ठान प्रत्यक्ष और अनुमान प्रमाणों के अगम्य है। अतएव पूर्वोक्त पशुपति जगत् का कारण नहीं हो सकता है।

२ अ०, २ पाद, ४० सूत्र। **करणवच्चेन्न भोगादिभ्य:।।**

भाष्य—जीववत्करणकलेवरकल्पनापि न सम्भवति भोगादिप्रसक्तेः।

व्याख्या—परन्तु जीव जिस प्रकार अशरीरी होकर भी इन्द्रियादि शरीर द्वारा देह के साथ सम्बन्ध-विशिष्ट होता है, वैसे ही ईश्वर भी इन्द्रियादि कलेव-द्वारा जगत् के साथ सम्बन्ध-विशिष्ट होता है। इस प्रकार की कल्पना की भी संभावना नहीं हो सकती; क्योंकि ऐसा होने से जीव की भाँति ईश्वर के भी सुखदु:खादि भोग का प्रसङ्ग होता है, और इसका ईश्वरत्व कुछ भी नहीं रह जाता।

२ अ०, २ पाद, ४१ सूत्र। **अन्तवत्त्वमसर्वज्ञता वा।।**

भाष्य–तस्य पुण्यादिरूपादृष्टयोगेऽन्तवत्त्वमज्ञत्वं च स्यात्।

व्याख्या–(ईश्वर के भोगादि मान लेने पर भी कोई दोष नहीं होता है; क्योंकि जिस प्रकार बहुत ही छोटा बर्फ का टुकड़ा भारी अग्निकुण्ड की गर्मी को नष्ट नहीं कर सकता है, उसी प्रकार उपर्युक्त भोग भी ईश्वर को खर्व नहीं कर सकता है। यदि इस प्रकार से आपत्ति हो, तो उसके उत्तर में कहा जायेगा, कि इस भाँति कहने पर) पुण्यापुण्यादि अदृष्ट योग से ईश्वर भी जीव के सदृश अन्तविशिष्ट और असर्वज्ञ हो जाता। क्योंकि इन्द्रियादि–विशिष्ट सुखदुःखादि–भोग–सम्पन्न कोई भी जन्म–मरणादि–विहीन और पूर्णज्ञ नहीं होता। लौकिक दृष्टान्त में ईश्वर भी युगपत् अन्तविशिष्ट और अज्ञ हो जाता है। किन्तु इस प्रकार का ईश्वर पाशुपतों को भी सम्मत नहीं है।

इति पाशुपतमतखण्डनाधिकरणम्।

—•—

इस समय शक्तिवाद का खण्डन होता है। जो कहते हैं कि पुरुष के सहयोग के बिना एक शक्ति से ही जगत् की उत्पत्ति होती है उन्हीं को 'शक्तिवादी' कहते हैं। उनके मतों का खण्डन होता है।

२ अ०, २ पाद, ४२ सूत्र। **उत्पत्त्यसम्भवात्**[१]।

---

१. शाङ्करमत में इस सूत्र और तत्परवर्त्ती सूत्रों के द्वारा ईश्वर, प्रकृति और उसका अधिष्ठाता यह उभयात्मक है ऐसा जो मत है, उसका खण्डन होता है। इसको भागवत मत कहकर उन्होंने भाष्य में वर्णन किया है। इसी सूत्र के भाष्य में वे कहते हैं:–

"वेदान्त ने भी ईश्वर का इसी प्रकार स्वरूप ही स्थापन किया है। ईश्वर ही संसार की प्रकृति एवम् उसका अधिष्ठाता है। ब्रह्मसूत्र में भी यही मत स्थापित हुआ है। तब किसलिए सूत्रकार इस पक्ष का प्रत्याख्यान करते हैं? कहते हैं–यद्यपि इस अंश में कोई विरोध नहीं है, तथापि अन्य अंश में विरोध है, उसके ही प्रत्याख्यान के लिए इस विचार का आरम्भ है। भागवतों का मत यह है कि भगवान् वासुदेव निरञ्जन, ज्ञानस्वरूप हैं, वे ही एक ईश्वर हैं, वे अपने को चार भागों में विभक्त करके अधिष्ठित हैं, जैसे–वासुदेवव्यूह, संकर्षणव्यूह, प्रद्युम्नव्यूह, और अनिरुद्धव्यूह; वासुदेव परमात्मा कहे जाते हैं। संकर्षण भी मूल जीवशक्ति हैं, प्रद्युम्न का नाम मनः अथवा प्रज्ञा है। अनिरुद्ध का नाम अहङ्कार है। वासुदेव ही इन सभों के मूल प्रकृति हैं (उपादान कारण हैं), संकर्षणादि उनके कार्य (सृष्टि) हैं। इस प्रकार भगवान् की अभिगमन, उपादान, ईज्या, स्वाध्याय और योग द्वारा बहुत दिनों तक हृदय में धारणा और उनकी सेवा करने पर निष्पाप होकर उनको प्राप्त किया जाता है। भागवतमानुयायी कहते हैं कि ये ही नारायण वासुदेव प्रकृति से श्रेष्ठ, सर्वशास्त्रप्रसिद्ध, परमात्मा, सर्वात्मा हैं। वे अपने को नाना

भाष्य–पुरुषान्तरेणशक्तेः सकाशाज्जगदुत्पत्यसम्भवात् न तत्कारणवादोऽपि साधुः।

व्याख्याः–बिना पुरुष के केवल शक्ति से जगत् की उत्पत्ति असम्भव है। अतएव शक्तिकारणवाद भी असाधु है। (जीवरूपी पुरुष सर्वत्र ही शक्ति के

प्रकार का बना-बनाकर नाना व्यूहों में अवस्थित होते हैं, इस सम्बन्ध में कोई विरोध नहीं है। कारण, परमात्मा एक प्रकार का हुआ-तीन प्रकार का हुआ, इत्यादि श्रुति-वाक्य द्वारा 'परमात्मा के अनेक रूपों का होना उपदिष्ट हुआ है। भागवतगण जो अनवरत अनन्य चित्त होकर अभिगमनादि लक्षणों से भगवत्-आराधना कर्तव्य बतलाते हैं, उसके साथ भी कोई विरोध नहीं है; कारण, श्रुति, स्मृति, प्रभृति शास्त्रों में ईश्वरप्रणिधान की प्रसिद्धि है। परन्तु ये जो कहते है कि वासुदेव से संकर्षण की, संकर्षण से प्रद्युम्न की और प्रद्युम्न से अनिरुद्ध की उत्पत्ति होती है, इसी अंश के सम्बन्ध में विरोध है। कारण, वासुदेवाख्य परमात्मा से संकर्षणाख्य जीव की उत्पत्ति होना असम्भव है, क्योंकि जीव की अनित्यत्व आदि दोष-प्रसक्ति इससे होती है; जीव की उत्पत्ति स्वीकार करने पर उसमें अनित्यत्व दोष स्थापित होता है। अतएव भगवत्-प्राप्तिरूप मोक्ष उसके पक्ष में असम्भव होता है। क्योंकि भगवत्-प्राप्ति के पहले ही उसके विनाश की प्रसक्ति है; एवम् सूत्रकार ने "नात्माश्रुतेर्नित्यत्वाच्च ताभ्यः" सूत्र में जीव की उत्पत्ति का प्रतिषेध किया है।

४३ संख्यक सूत्र की व्याख्या श्रीशङ्कराचार्य इस प्रकार करते हैं:-लोकतः इस रूप में नहीं दृष्ट होता है कि देवदत्तादि कर्त्ता कुठारादि करण की सृष्टि करते हैं; अतएव भागवतगण जो कहते हैं कि कर्त्ता संकर्षण जीव प्रद्युम्न संज्ञक मनःनामक करण का स्रष्टा है, और वही प्रद्युम्न अहङ्काराख्य अनिरुद्ध का स्रष्टा है, यह असंगत है।

४४ संख्यक सूत्र की व्याख्या शाङ्करभाष्य में इस प्रकार की है:-यदि संकर्षण प्रभृति सबको ही ज्ञानैश्वर्यादि शक्तिविशिष्ट ईश्वर कहो, तो भी उनके एक से दूसरे की उत्पत्ति नहीं हो सकती है, ऐसी जो आपत्ति करते हैं, उसको अप्रतिषेध स्वीकार करना होगा अर्थात् वह आपत्ति संगत है और मानी जायेगी।

४५ सूत्र का अर्थ इस प्रकार किया जाता है, यथा:- इस शास्त्र में गुणगुणीभाव प्रभृति अनेक प्रकार विप्रतिषेध (विरुद्ध कल्पना) दृष्ट होते हैं, और वेदनिन्दा भी इस शास्त्र में है। जैसे, इस प्रकार के वाक्य उसमें दिखाई देते हैं:-"शाण्डिल्य ऋषि ने चारों वेदों में श्रेयः न पाकर पश्चात् यही शास्त्र-लाभ किया था।" इन्हीं सब कारणों से भागवतों का मत असङ्गत है। इन सब सूत्रों की शांकरव्याख्या में बहुत की रुष्ट कल्पना दृष्ट होती है। विशेषतः सङ्कर्षण से प्रद्युम्न की, प्रद्युम्न से अनिरुद्ध की सृष्टि को जिन सब कारणों से शङ्कराचार्य ने अपसिद्धान्त बतलाकर माना है, वे वेदान्तवाक्य और सूत्रकार द्वारा अनुमोदित नहीं दृष्ट होते। "सदेव सौम्येदमग्र आसीदेकमेवाद्वितीयम्" इत्यादि श्रुतियाँ जो ब्रह्मसूत्र में बार-बार उल्लिखित हैं, उनके द्वारा स्पष्ट ही प्रतीयमान होता है कि, सृष्टि प्रारम्भ होने के पहले जीव और ब्रह्म कहकर कोई भेद नहीं था। सभी ब्रह्मसत्ता में लीन होकर एक हो जाते हैं। पुनः सृष्टि का प्रादुर्भाव होने

आधार–आश्रयरूप में दृष्ट होता है। आश्रय–संयोग के बिना शक्ति रह नहीं सकती। अनाश्रय शक्ति तब जगत् की रचना किस प्रकार कर सकती है?)

२ अ०, २ पाद, ४३ सूत्र। **न च कर्त्तुः करणम्।।**

भाष्य–पुरुषसंसर्गोऽस्ति, इति चेत् पुरुषस्य करणम् नास्ति तदानीम्।

पर चेतनाचेतन जीव और जड़ात्मक विश्व प्रकाशित होते हैं। श्रुति स्वयं ही कहती है कि "यथा सुदीप्तात् पावकात् विस्फुलिङ्गाः सहस्रशः प्रभवन्ति स्वरूपास्तथाक्षरा द्विविधाः सौम्यभावाः प्रजायन्ते तत्र चैवापियन्ति" (जिस प्रकार जलती हुई आग से विस्फुलिङ्ग बहिर्गत होते हैं; वे अग्नि के ही स्वरूप होते हैं, वैसे ही अक्षरब्रह्म से नाना प्रकार के समान रूप समूह प्रकाशित होते हैं और उसके पश्चात् सभी उसी अक्षर में लय-प्राप्त होते हैं)। परन्तु जड़ जगत् विकारी, अचेतन वस्तु है, जीव चैतन्यस्वरूप है। सुतरां जड़ जगत् का जिस प्रकार एक अवस्था से अन्य अवस्था में परिणाम होता है (जैसे आकाश से वायु, वायु से अग्नि, जैसे बीज से अंकुर, अंकुर से वृक्ष इत्यादि), उस प्रकार जीव का कोई विकार नहीं है। सुतरां प्राकृतिक प्रलयावस्था में जीव के देहेन्द्रियादि समस्त के अव्यक्ता प्रकृति में लय होने पर, ब्रह्म सेपृथक् रूप में जीव का प्रकाश कुछ भी नहीं रहता। देहादि के पुनः सृष्ट होने पर तद्विशिष्ट होकर जीव प्रकाशित होता है। जीव और जड़ जगत् की सृष्टि के पश्चात् प्रकाशित होने के विषय में तारतम्य यही है। उसी के प्रति लक्ष्य करके जड़ जगत् की भाँति जीव की सृष्टि नहीं कही जाती। ईश्वर सर्वशक्तिमान् है; सुतरां उसके शक्ति–प्रभाव से प्रलय के अन्त में पुनः सृष्टिकाल उपस्थित होने पर, जीव और स्थावर जङ्गमात्मक जगत् पूर्ववत् प्रकाशित होता है; परन्तु उसके लिए जीव की मोक्ष–प्राप्ति का कोई व्याघात नहीं होता है। सुतरां जीव को नित्य कहने के कारण संकर्षणादि के सृष्टि–विषय में शङ्कराचार्य ने जो आपत्ति की है, वह अमूलक है। माण्डूक्यादि श्रुतियों में तुरीय, प्राज्ञ, तैजस् और वैश्वान, भेद से जो ब्रह्मवर्णन हुआ है, वह पंचरात्रोक्त उपासना के व्यवस्था–पक्ष में यथासम्भव अनुकूल ही है।

देवदत्तादि कर्त्ता में कुठारादि–करण का सृष्टि–सामर्थ्य नहीं है इस दृष्टान्त से प्रद्युम्नादिक की सृष्टि के विषय में शङ्कराचार्य ने जो आपत्ति की है, वह भी अमूलक है। भगवान् वेदव्यास ने दूसरे अध्याय के प्रथम पाद के २५ सूत्र में "देवादिवदपि लोके" इस वाक्य द्वारा देवता औरं सिद्धगण जो इच्छामात्र से दूसरे साधन के अतिरिक्त नाना प्रकार से विशेष सृष्टिरचना कर सकते हैं उसका वर्णन किया है और इस सूत्र के शाङ्करभाष्य में भी यह बतलाया गया है। भागवतगण अनुमान को ही सर्वश्रेष्ठ प्रमाण नहीं कहते; उन्होंने वेदान्तवाक्य की प्रामाणिकता स्वीकार की है। उनके केवल अनुमानवादी होने से तो देवदत्त और कुठार के दृष्टान्त से उनके विरुद्ध अनुमान उपस्थित किया जा सकता, परन्तु उनके ब्रह्म की जगत्कारणता स्वीकार करने से और श्रुत्यनुगामी उपासना प्रणाली ग्रहण करने से यह दृष्टान्त उनके विरुद्ध कार्यकर नहीं है, और यह सूत्रकार के अभिप्रेत होना अनुमित नहीं होता है। वेदविरुद्ध कहकर जिस मत का श्रीमच्छङ्कराचार्य खण्डन करते हैं, उसको भगवान् वेदव्यास स्वयं श्रीमन्नारद के प्रति भगवदुक्ति कहकर महाभारत के शान्तिपर्व के ३३९वें अध्याय में वर्णन करते है। जैसे–

व्याख्या:—लोक में देखा जाता है कि, स्त्री पुरुष का संसर्ग करके फिर उसके बिना स्वयं ही पुत्र उत्पन्न करती है, ऐसे ही शक्ति भी पहले पुरुष-संसर्ग प्राप्त करती है, पश्चात् सृष्टिरचना करती है, यह भी नहीं कहा जा सकता है; कारण, सृष्टि के पहले पुरुष की इन्द्रियादि कोई कारण नहीं हैं, जिनके द्वारा वह शक्ति के साथ संयुक्त हो सके।

२ अ०, २ पाद, ४४ सूत्र। **विज्ञानादिभावे वा तदप्रतिषेधः।**

भाष्य--स्वाभाविक विज्ञानादिभावेऽङ्गीकृते तु तदप्रतिषेधः, स्वतो विनष्टः शक्तिवादः ब्रह्मस्वीकारात्।

यं प्रविश्य भवन्तीह मुक्ता वै द्विजसत्तमाः।
स वासुदेवो विज्ञेयः परमात्मा सनातनः।। २५।।
नित्यं हि नास्ति जगति भूतं स्थावरजंगमम्।
ऋते तमेकं पुरुषं वासुदेवं सनातनम्।। ३२।।
सर्वभूतात्मभूतो हि वासुदेवो महाबलः।
पृथिवी वायुराकाशमापो ज्योतिश्च पञ्चमम्।। ३३।।
ते समेता महात्मनः शरीरमिति संगितम्।
तदा विशति यो ब्रह्मन्नदृष्टो लघुविक्रमः।।
.....स जीवः परसंख्यातः शेषः संकर्षणः प्रभुः।
.....यो वासुदेवो भगवान् क्षेत्रज्ञो निर्गुणात्मकः।।
ज्ञेयः स एव राजेन्द्र जीवः संकर्षणः प्रभुः।। ४०।।
संकर्षणाच्च प्रद्युम्नो मनोभूतः स उच्यते।
प्रद्युम्नाद् योऽनिरुद्धस्तु सोऽहंकारः स ईश्वरः।। ४१।। इत्यादि।

वेदनिन्दा की कथा जो शङ्कराचार्य उल्लिखित करते हैं, वह दोष भी भागवत मत के विरुद्ध उत्थापित नहीं किया जा सकता। वैदिक कर्मकाण्ड के प्रति अनास्था स्थापन करके जीव को मुमुक्षु करने के लिए भाष्योद्धृत वाक्य सदृश वाक्य एवम् उसकी अपेक्षा भी कठोरतर वाक्य भगवद्गीता प्रभृति में भी बहुत स्थलों पर उक्त हुए हैं। यथा "त्रैगुण्यविषय वेदा निस्त्रैगुण्यो भावार्जुन" "जिज्ञासुरपि योगस्य शब्दब्रह्मातिवर्त्तते" "यामिमां पुष्पितां वाचं प्रवदन्त्यविपश्चितः। वेदवादरताः पार्थ नान्यदस्तीति वादिनः"। इत्यादि।

गुण और गुणी एवं शक्ति और शक्तिमान् इत्यादि भेदप्रदर्शन करके शिष्य की बुद्धि को उद्बोधित करना सब शास्त्रों में दृष्ट होता है। इस ब्रह्मसूत्र में भी जीव, जगत् और ब्रह्म में जो भेद सम्बन्ध भी है उसे सूत्रकार ने नाना स्थानों में स्पष्ट रूप से प्रदर्शित किया है। सुतरां ४५वें सूत्र की जिस प्रकार की व्याख्या शाङ्करभाष्य में की गई है वह सूत्रकार की अनुमोदित कहकर ग्रहण नहीं की जा सकती। श्रीभाष्य ने इन अधिकरणोक्त सूत्रों की शाङ्कर व्याख्या का खण्डन करके इनको सात्वत मत के व्यवस्थापक कहकर व्याख्या की है।

व्याख्या–पूर्वोक्त दोष के परिहार के लिए यदि कहो कि, पुरुष स्वभावतः विज्ञानादिशक्ति-सम्पन्न है, शक्ति उसी के अंगीभूत है, तो इस मत को कोई प्रतिषेध नहीं है। वेदान्त ने भी ब्रह्म को स्वाभाविक-शक्ति-सम्पन्न कहा है। एवम् उसी शक्ति-द्वारा ही जगत् की रचना होती है यही वेदान्त का उपदेश है; किन्तु इसके मानने पर, ब्रह्मकारणत्व ही स्वीकृत हुआ और शक्तिकारणवाद स्वतः ही नष्ट हो गया।

२ अ०, २ पाद, ४५ सूत्र। **विप्रतिषेधाच्च।।**

भाष्य–श्रुतिस्मृतिविप्रतिषेधाच्च शक्तिपक्षोऽप्रामाणिकः।

व्याख्या–श्रुति और स्मृति के विरुद्ध होने के कारण शक्तिकारणवाद ग्रहण करने के योग्य नहीं है।

इति शक्तिवादखण्डनाधिकरणम्।

इति वेदान्तदर्शने द्वितीयाध्याये द्वितीयपादः समाप्तः।

—•—

तृतीय पाद

इस पाद में सूत्रकार ने ब्रह्म से आकाशादि विशेष-विशेष भूतग्राम सृष्टिविषयक श्रुतियों की व्याख्या की है, एवम् जीव का स्वरूप क्या है, इसे भी अवधारित किया है। एवम् श्रुतियाँ परस्परविरुद्ध नहीं हैं, यह भी प्रदर्शित किया है।

२ अ०, ३ पाद, १ सूत्र। **न वियदश्रुतेः।।**

न-वियत् उत्पद्यते, अश्रुतेः छान्दोग्ये तदुत्पत्त्यश्रवणात् इत्यर्थः।

भाष्य–परपक्षेण स्वपक्षस्याऽविरुद्धत्वं निरूपितमधुना श्रुतीनामन्योऽन्य-विरोधाऽभावा निरूप्यते। वियन्नोत्पद्यते। कुतः? छान्दोग्ये तदुत्पत्त्यश्रवणादिति पूर्वपक्षः।।

व्याख्या–परपक्षीय मतों के खण्डन-द्वारा श्रुति और युक्ति के साथ स्वीय मत की अविरुद्धता स्थापित हुई है। इस समय श्रुतियों के पारस्परिक विरोध का अभाव निरूपित होता है।

पूर्वपक्षः–आकाश नित्य पदार्थ है, उसको उत्पत्ति नहीं है। क्योंकि छान्दोग्य श्रुति ने संसार की उत्पत्ति का वर्णन करते समय उसी स्थल में आकाश की उत्पत्ति का वर्णन नहीं किया है। छान्दोग्य श्रुति यथाः–तदैक्षत बहुस्यां प्रजायेयेति तत्तेजोऽसृजत" इत्यादि (छान्दोग्योपनिषत् षष्ठ प्रपाठक द्वितीय खण्ड)।

२ अ०, ३ पाद, २ सूत्र। **अस्ति तु।।**

भाष्य–"तत्रोच्यते आत्मनः आकाशः सम्भूतः" इति तैत्तिरीयकेऽस्ति वियदुत्पत्तिरिति।।

व्याख्या–उत्तरः–छान्दोग्य में न रहने पर भी, तैत्तिरीय श्रुति में आकाश की उत्पत्ति वर्णित है। तैत्तिरीय श्रुति यथाः–"तस्माद्वा एतस्मादात्मन आकाशः सम्भूतः। आकाशाद्वायुः। वायोरग्निः। अग्नेरपिः। अद्भ्यः पृथिवी।" इत्यादि (तैत्तिरीय उपनिषत् द्वितीय वल्ली प्रथम अनुवाक)।

२ अ०, ३ पाद, ३ सूत्र। **गौणयसम्भवाच्छब्दाच्च।।**

(गौणी-असम्भवात्-शब्दात्-च।)

भाष्य–शङ्कते, निरवयवस्याकाशस्योत्पत्त्यऽभावात् "वायुश्चान्तरिक्ष-ञ्चैतदमृतमि"-ति शब्दाच्च आकाशः सम्भूतः इति श्रुतिर्गौणी।

व्याख्या–फिर आपत्ति होती है–उक्त तैत्तिरीय श्रुति में जो आकाश की उत्पत्ति कही गई है, उसे गौणार्थ में ग्रहण करना उचित है। (इस उत्पत्तिवाचक 'सम्भूत' शब्द को मुख्यार्थ में ग्रहण करना उचित नहीं है। "आकाशं करोति" इत्याकार वाक्य का लोकतः भी इस प्रकार गौणार्थ में व्यवहृत होना दृष्ट होता है। उससे आकाश की सृष्टि करते हैं, ऐसा नहीं प्रतिभात होता है; उस प्रकार से इस स्थल में 'सम्भूत' शब्द का भी गौणार्थ ही ग्रहण करना उचित है। आकाश से आत्मा का श्रेष्ठत्व प्रतिपादन करना ही उपर्युक्त श्रुतिवाक्य का अभिप्राय कहना होगा)। क्योंकि निरवयव सर्वव्यापी आकाश की उत्पत्ति असम्भव है। एवं श्रुति ने कहा है, "वायुश्चान्तरिक्षं चैतदमृतम्" (वायु और आकाश अमृत हैं) इत्यादि।

२ अ०, ३ पाद, ४ सूत्र। **स्याच्चैकस्य ब्रह्मशब्दवत्**।।

[स्यात्-च-एकस्य (शब्दस्य) ब्रह्मशब्दवत्।]

भाष्य–एकस्य संभूतशब्दस्याकाशे गौणत्वमुत्तरत्र मुख्यत्वं तु "तपसा ब्रह्म विजिज्ञासस्व तपो ब्रह्मे"-ति वत् स्यात्।

व्याख्या–यदि कहो कि एक 'सम्भूत' शब्द का जिस प्रकार आकाश के सम्बन्ध में व्यवहार हुआ है, उसी प्रकार यह एक ही वाक्य वायु, अग्नि, अप् और पृथिवी आदि के सम्बन्ध में भी व्यवहृत है, अतएव शेषोक्त स्थल में मुख्यार्थ में प्रयोग जब अवश्य स्वीकार्य है, तब आकाश-स्थल में भी मुख्यार्थ में ही प्रयोग हुआ है, ऐसा स्वीकार करना होगा। उसके उत्तर में कहता हूँ कि, श्रुति में एक ही शब्द का एक ही वाक्य में भिन्न अर्थ में प्रयोग होना दृष्ट होता है। जिस प्रकार "तपसा ब्रह्म विजिज्ञासस्व, तपो ब्रह्म" इस श्रुतिवाक्य में (तै० ३ य) ब्रह्म शब्द जिज्ञास्य रूप में मुख्यार्थ में एवम् तपःस्वरूप में गौणार्थ में प्रयुक्त हुआ है। अतः पूर्वोक्त तैत्तिरीय-वाक्य में 'संभूत' शब्द का गौणार्थ में प्रयोग हुआ है, ऐसा कहना दृष्टान्तविरुद्ध नहीं है।

२ अ०, ३ पाद, ५ सूत्र। **प्रतिज्ञाहानिरव्यतिरेकाच्छब्देभ्यः**।।

भाष्य–शङ्कानिराक्रियते, आकाशादिवस्तुजातस्य ब्रह्माऽव्यतिरेकाद्-ब्रह्मविज्ञानात् सर्वविज्ञानप्रतिज्ञायाः अनुपरोधो भवति। आकाशस्यानुत्पन्नत्वे तु सविज्ञेयव्यतिरेकः स्यात्, तस्मात् सा बाध्येत, सर्वस्य ब्रह्मापृथक्त्वं च "ऐतदात्म्यमिदमि"-त्यादिशब्देभ्यः।

व्याख्या–इस समय सूत्रकार क्रमशः पूर्वोक्त पूर्वपक्षों का उत्तर देते हैं:–ऐसा

कहने से श्रुति की प्रतिज्ञा-हानि होती है। कारण, छान्दोग्य श्रुति ने, ब्रह्मविज्ञान होने पर सब विषयों का विज्ञान होता है, ऐसा कहकर प्रतिज्ञास्थापन किया है। आकाश प्रभृति वस्तुजात के ब्रह्म से अभिन्न होने से ही ब्रह्मविज्ञान से सब विषयों का ज्ञान होता है ऐसी जो प्रतिज्ञा है, वह स्थिर रहती है। आकाश यदि अनुत्पन्न हुआ, तब तो वह ब्रह्म से व्यतिरिक्त जानने योग्य वस्तु कहकर गण्य होता है, और प्रतिज्ञा में बाधा उपस्थित होती है। "सदेव सौम्येदमग्र आसीदेकमेवाद्वितीयम्" एवम् "ऐतदात्म्यमिदं सर्वम्" इत्यादि वाक्यों में छान्दोग्यश्रुति ने प्रथम ही आकाशादि सब वस्तुओं से ब्रह्म का अभिन्नत्व स्थापित किया है। सुतरां छान्दोग्य श्रुति के प्रति लक्ष्य करने से तैत्तिरीय श्रुत्युक्त 'सम्भूत' शब्द का गौणार्थ स्थापन करना संगत नहीं होता है।

२ अ०, ३ पाद, ६ सूत्र। **यावद्विकारं तु विभागो लोकवत्।।**

[यावत् (चेतनाचेतनं जगत्)-विकारं (उत्पत्तिशीलं)-तु (च)-विभागः-लोकवत्।]

भाष्य--उपसंहरति, "ऐतदात्म्यमिदं सर्वमि"-त्यादिवाक्यैराकाशादिप्रपञ्चस्य ब्रह्मात्मकत्वप्रतिपादनेन विकारत्वं निश्चीयते, तथा च यावद्विकारमुद्भव एव गम्यते "तत्तेजोऽसृजते"-त्याद्याकाशस्यानुक्तिस्तेज आदेः सृज्यत्वेनोक्तिश्च लोकवदुपपद्यते। लोके देवदत्तपुत्रपूगं निर्दिश्य, तत्र कतिपयानामुत्पत्तिकथनेन सर्वेषामुत्पत्तिरुक्ता भवति।

व्याख्या-"ऐतदात्म्यमिदं सर्वम्" इत्यादि वाक्यों के द्वारा छान्दोग्य में आकाशादि सब प्रकार के प्रपञ्चों के ब्रह्मात्मकत्व के प्रतिपादित होने के कारण, एतत्समस्त ही विकारमात्र है, एवम् ये सभी उत्पत्तिशील वस्तुएँ हैं, यह निरूपित हुआ है। "तत्तेजोऽसृजत" इत्यादि पूर्वोक्त वाक्यों में आकाश का अनुलेख और तेजःप्रभृति की उत्पत्ति का जो उल्लेख है, वह लौकिक दृष्टान्त में अयुक्त नहीं है। लोक में जिस प्रकार देवदत्त की पुत्रश्रेणी को लक्ष्य में रखते हुए सम्मुख के कई जनों के नाम लेकर उनके पिता का नाम निर्दिष्ट करके चुप हो जाते हैं, उसके द्वारा ही सभी के पिता के विषय में ज्ञान उत्पन्न होता है; उसी प्रकार प्रत्यक्षीभूत पृथ्वी, अप् और तेज की उत्पत्ति के वर्णन द्वारा ही श्रुति ने अन्य सभी के उत्पत्तिकारण की व्याख्या की है ऐसा समझना होगा। सब जागतिक पदार्थों ही को ब्रह्मात्मक कहकर श्रुति ने पहले उल्लेख किया है, अतएव पृथ्वी, जल और तेज की समश्रेणी में वायु और आकाश को भी भुक्त कहकर समझना होगा। एवञ्च श्रुति ने आकाश को ब्रह्म का अङ्गीभूत कहकर वर्णन किया है,

इससे ही आकाश का सर्वव्यापित्व निवारित हुआ है। जीवात्मा और बुद्धि आदि जो आकाश से अलग हैं, यह सर्ववादिसम्मत है। सुतरां परमार्थतः आकाश सर्वव्यापी नहीं है।

२ अ०, ३ पाद, ७ सूत्र। **एतेन मातरिश्वा व्याख्यातः।**

(मातरिश्वा–वायुः।)

भाष्य–अनेन वियदुत्पत्तिन्यायेन वायुरपि। व्याख्यातः।

व्याख्या–आकाश की उत्पत्ति जिस तरह से युक्ति से निष्पन्न की गई है उसके द्वारा ही वायु की भी ब्रह्म से उत्पत्ति व्याख्यायित हुई है, ऐसा समझना होगा।

२ अ०, ३ पाद, ८ सूत्र। **असम्भवस्तु सतोऽनुपपत्तेः।**

[सतः (ब्रह्मणः) असम्भवः। (अनुत्पत्तिरेव) तदुत्पत्यनुपपत्तेः।]

भाष्य–सतो ब्रह्मणोऽसम्भवोऽनुत्पत्तिरेव जगत्कारणोत्पत्त्यनुपपत्तेः।

व्याख्या–ब्रह्म नित्य सद्वस्तु है, उसकी उत्पत्ति उत्पन्न नहीं होती। (उसकी उत्पत्ति श्रुति-विरुद्ध है; परन्तु उसकी उत्पत्ति युक्ति-विरुद्ध भी है। क्योंकि इस प्रकार उत्पत्ति मान लेने पर, उसकी उत्पत्ति, उसकी उत्पत्ति, उसकी उत्पत्ति इस रूप में अनवस्था दोष घटता है।)

२ अ०, ३ पाद, ९ सूत्र। **तेजोऽतस्तथा ह्याह।।**

[अतः (वायोः) तेजः–उत्पद्यते; हि (निश्चये)। कुतः श्रुतिस्तथैवाह।]

भाष्य–पूर्वपक्षयति "मातिरिस्वनस्तेजो जायते वायोरग्निरि"–ति श्रुतेः।

व्याख्या–(छान्दोग्यश्रुति कहती है कि, ब्रह्म से ही तेज की उत्पत्ति है। तैत्तिरीय कहती है, वायु से तेज की उत्पत्ति है। अतएव उसके सम्बन्ध में निश्चय सिद्धान्त क्या है? इस प्रश्न के उत्तर में सूत्रकर पहले पूर्वपक्ष में कहते हैं):–वायु से ही तेज की उत्पत्ति कहनी होगी, क्योंकि श्रुति ने इसे स्पष्ट रूप से कहा है।

२ अ०, ३ पाद, १० सूत्र। **आपः।।**

भाष्य–तेजस आपो जायन्ते "अग्नेराप"–इति श्रुतेः।

व्याख्या–इस तरह "अग्नेरापः" (तै० २ व) इस वाक्य में अग्नि से ही अप् की उत्पत्ति ज्ञात होती है।

२ अ०, ३ पाद, ११ सूत्र। **पृथिवी।।**

भाष्य–"अद्भ्यो भूर्भवति" "ता अन्नमसृजन्ते"-ति श्रुतेः।

व्याख्या–इस तरह "अद्भ्यः पृथ्वी" (तै० २ व) एं "ता अन्नमसृजन्त (छा० ६ अ०, २ ख०), इन वाक्यों में अप् से पृथ्वी की उत्पत्ति जानी जाती है।

२ अ०, ३ पाद, १२ सूत्र। **पृथिव्यधिकाररूपशब्दान्तरेभ्यः।।**

[पृथिवी, ("अन्न"-शब्दः पृथिवीवाचकः), कुतः? अधिकारात्, रूपात्, शब्दान्तराच्च इत्यर्थः]

भाष्य–अन्नपदेन भूरुच्यते महाभूताधिकारात्। "यत् कृष्णं तदन्नस्येति रूपश्रवणात्", "अद्भ्यः पृथिवी"-ति शब्दान्तराच्च।

व्याख्या–उक्त छान्दोग्य श्रुति ने सृष्टिवर्णन में कहा है, ''ता आप..... अन्नमसृजन्त" (जल से अन्न की सृष्टि की है) इस स्थल में 'अन्न' शब्द का अर्थ पृथिवी है; क्योंकि महाभूत की उत्पत्ति का वर्णन ही इस अध्याय का अधिकार (विषय) है। इस अध्याय में "यत् कृष्णं तदन्नस्य" (छा० ६ अ०, ४ ख०) इत्यादि वाक्यों में "अन्न का" जिस रूप में वर्णन किया गया है, उसके द्वारा भी अन्न शब्द पृथ्वी-बोधक है यह प्रतिपन्न होता है। एवं च अन्य (तैत्तिरीय) श्रुति ने "अद्भ्यः पृथिवी" वाक्य में अप् से पृथिवी की उत्पत्ति का स्पष्ट रूप से वर्णन किया है।

२ अ०, ३ पाद, १३ सूत्र। **तदभिध्यानात्तु तल्लिङ्गात् सः।।**

[तु शब्दात् पूर्वपक्षो व्यावृत्तः सः (सर्वेश्वरः परमात्मा एव स्रष्टा)। कुतः? तदभिध्यानात् (तस्य "बहुस्याम्"-इति संकल्पात्) तल्लिङ्गात् ("तदात्मानं स्वयमकुरुत" इत्यादि तज्ज्ञापकात् शास्त्रात् इत्यर्थः।]

भाष्य–सिद्धान्तयति, "बहुस्यामि"-ति तदभिध्यानात् "तदात्मानं स्वयमकुरुते" त्यादि तज्ज्ञापकात् शास्त्राच्च परमपुरुषस्तदन्तरात्मा तत्कार्यस्रष्टेति।

व्याख्या:–श्रुति के आकाश आदि के स्रष्टृत्व के वर्णन करने से भी सर्वेश्वर परमात्मा ही सब का सृष्टिकर्त्ता है। क्योंकि श्रुति ने कहा है (छ० ६ अ०, २ ख०) "अहं बहुस्याम्" (बहुत होऊँगा) इस प्रकार संकल्प द्वारा ईश्वर ने सृष्टि की रचना की है। एवम् "तदात्मानं स्वयमकुरुत" (उसने स्वयं अपने को बनाया है) (तै० २ व०) इत्यादि ब्रह्मवाचक शास्त्रवाक्यों के द्वारा भी जगत् का ब्रह्मपरत्व अवधारित होता है। आकाश आदि को स्वयं सृष्टि रचने का अधिकार नहीं है; ब्रह्म के आकाशादि

में अधिष्ठित होने के कारण, उक्त तैत्तिरीय प्रभृति श्रुतियों में आकाशादिकर्तृक क्रम से भूतग्राम की सृष्टि का होना वर्णित हुआ है। इसका कारण यह है कि, ब्रह्म ही ने आकाशादि के अन्तरात्मा रूप में स्थित रहकर सृष्टि–रचना की है, आकाशादि का जो स्रष्टृत्व है वह उसी का है। "यो पृथिव्यां तिष्ठन्, योऽप्सु तिष्ठन्, य आकाशे तिष्ठन्" इत्यादि श्रुतियों ने उसे स्पष्ट रूप से दिखाया है।

२ अ०, ३ पाद, १४ सूत्र। **विपर्ययेण तु क्रमोऽत उपपद्यते च।**

[अतः (उक्तसृष्टिक्रमात्) विपर्ययेण (प्रातिलोम्येन क्रमेण) प्रलयक्रमो बोध्य इति शेषः, उपपद्यते च युक्तितः इत्यर्थः।]

भाष्य–अत उक्तसृष्टिक्रमात् प्रातिलोम्येन प्रलयक्रमोऽस्ति "पृथिव्यप्सु प्रलीयते" इत्यादि श्रुतेः। जललवणान्यायेनोपपद्यते च।

व्याख्या–जिस क्रम से भूत उत्पन्न होते हैं, उसके विपरीत क्रम से लय–प्राप्त होते हैं, श्रुति ने इस भाँति कहा है: जैसे–"पृथिव्यप्सु प्रलीयते" इत्यादि। युक्ति से भी इसी प्रकार अनुमान होता है। (जिस भाँति लवण और बर्फ प्रभृति जल में मिल जाते हैं, उसी भाँति)।

२ अ०, ३ पाद, १५ सूत्र। **अन्तरा विज्ञानमनसी क्रमेण तल्लिङ्गादिति चेन्नाविशेषात्।।**

[विज्ञायते अनेन इति विज्ञानम् विज्ञानञ्च मनश्च इति विज्ञानमनसी, ब्रह्मणो भूतानां चान्तराले विज्ञानमनसी स्याताम् "एतस्माज्जायते प्राणो मनः सर्वेन्द्रियाणि च। खं वायुर्ज्योतिरापश्च पृथिवी" इत्यादिलिङ्गात्। एवं प्राप्तेन क्रमेण पूर्वोक्तस्य क्रमस्य विरोधः। इति चेन्न, अविशेषात् "एतस्माज्जायते" इत्यनेन ब्रह्मणः सकाशादेव विज्ञानमनसोः खादीनाञ्च उत्पत्तेरविशेषात्।]

भाष्य–विज्ञानमनसी, "एतस्माजायते प्राणो मनःसर्वेन्द्रियाणी चे"–त्यादिलिङ्गात् परमात्मानः भूतानां चान्तराले स्यातामेवं प्राप्तेन क्रमेण पूर्वोक्तस्य क्रमस्य विरोध इति चेन्न, वाक्यस्य क्रमविशेषपरत्वाभावात् "एतस्माज्जायते प्राणः मनः सर्वेन्द्रियाणि चे"–त्यनेन ब्रह्मणः सकाशादेव विज्ञानमनसोः खादीनां चोत्पत्तेरविशेषात्। भूतोत्पत्तिरविशेषात्। प्रकृतेर्भूतोत्पत्तिक्रमप्रतिपादके वाक्ये "तस्माद्वा एतस्मादात्मनः आकाशः संभूतः आकाशाद्वायुरि"–त्यादौ आत्मन आकाशस्य चान्तराले सृष्टिसंहारक्रमबोधवाक्यान्तरप्रसिद्धानि विज्ञानमनसीत्य–नेनोपलक्षितानि अव्यक्तमहदहङ्कारादीनि तत्त्वानि ज्ञेयानीति संक्षेपः।

व्याख्या–"इससे (उसी आत्मा से) प्राण मनः इन्द्रिय आकाश वायु अग्नि अप् और पृथिवी उत्पन्न होते हैं" इत्यादि श्रुतिवाक्यों में (मू० २य, १ ख०) आत्मा और आकाशादि के बीच में विज्ञान (इन्द्रिय) एवं मन का उल्लेख रहने से, पहले के क्रम में आकाशादि की ब्रह्म से उत्पत्ति और यथाक्रम ब्रह्म में उनका लय होना संगत नहीं होता। इन सभों की मन और इन्द्रिय से उत्पत्ति ही सिद्ध होती है। इस रूप से आपत्ति होने पर, वह युक्ति-सिद्ध नहीं है। क्योंकि, विज्ञान और आकाशादि सभी की ब्रह्म से उत्पत्ति समभाव से 'एतस्माज्जायते' वाक्य में उल्लिखित है। सृष्टि के उत्पत्तिकारण का क्रम प्रदर्शित करना इस वाक्य का अभिप्रेत नहीं है। उक्त श्रुति में आकाशादि और इन्द्रियादि के उत्पत्ति विषय में किसी प्रकार का तारतम्य नहीं प्रदर्शित किया गया है। "इससे आकाश की और आकाश से वायु की उत्पत्ति होती" है (तै० २ व०) इत्यादि भूतों की उत्पत्ति के क्रमप्रतिपादक वाक्य द्वारा लक्षित आत्मा और आकाश के बीच में अव्यक्त महत् और अहङ्कारादि तत्त्व हैं, ऐसा इस श्रुति द्वारा उत्पन्न होता है।

ब्रह्म से आकाशादि जड़वर्ग की उत्पत्ति वर्णन करके इस समय सूत्रकार जीव के स्वरूप का निरूपण करने में प्रवृत्त होते हैं।

इति वियदादेर्ब्रह्मणः क्रमोत्पत्तिनिरूपणाधिकरणम्।

—•—

२ अ०, ३ पाद, १६ सूत्र। **चराचरव्यपाश्रयस्तु स्यात्तद्व्यपदेशो भाक्तस्तद्भावभावित्वात्।।**

[तद्व्यपदेशः जीवात्मनः जन्म-मृत्यु-व्यपदेशः भाक्तः गौणः स्यात् यतस्तयोर्जन्ममरणयोर्व्यपदेशः चराचरव्यपाश्रयः स्थावरजङ्गमशरीरविषयः, तद्भावे शरीरभावे जन्ममरणयोर्भावित्वात्।]

भाष्य–जीवात्मा निर्णीयते; "देवदत्तो जातो मृतः" इति व्यपदेशो गौणोऽस्ति। यतः, चराचरव्यपाश्रयः। शरीरभावे जन्ममरणयोर्भावित्वात्।

व्याख्या–देवदत्त पैदा हुआ है अथवा मर गया है, यहाँ ये जन्म और मरण गौणार्थ में ही व्यवहृत हैं। श्रुति में भी जो किसी-किसी स्थान पर जीव के जन्म और मरण की कथा कही गई है, चर और अचर देह के भावाभाव के प्रति लक्ष्य करके ही इस जन्म-मरण का उपदेश किया गया है। जीव के जन्म-मरण गौण हैं, मुख्य नहीं। देह के संयोग से जन्म-मरण होते हैं।

२ अ०, ३ पाद, १७ सूत्र। **नात्माऽश्रुतेर्नित्यत्वाच्च ताभ्यः।।**

[न–आत्मा (उत्पद्यते, कुतः) अश्रुतेः (तदुत्पत्तिश्रवणाभावात्); ताभ्यः (श्रुतिभ्यः) आत्मनः नित्यत्वात् च (नित्यत्वावगमाच्च)।]

भाष्य–जीवात्मा नोत्पद्यते; कुतः? स्वरूपतस्तदुत्पत्तिवचनाभावात् "न जायते म्रियते वा विपश्चित्" "नित्यो नित्यानां" "अजो ह्येको जुषमाणोऽनुशेते" इत्यादिश्रुतिभ्यो जीवस्य नित्यत्वावगमाच्च।

व्याख्या–जीवात्मा की उत्पत्ति नहीं है। क्योंकि श्रुति ने उसकी स्वरूपतः उत्पत्ति नहीं कही है। एवम् "न जायते म्रियते वा" इत्यादि कठश्वेताश्वतर प्रभृति श्रुतियों में आत्मा का नित्यत्व एवम् अजत्व उक्त हुआ है।

इति जीवात्मनो नित्यत्वनिरूपणाधिकरणम्।

—•—

२ अ०, ३ पाद, १८ सूत्र। **ज्ञोऽतएव।।**

भाष्य–अहमर्थभूत आत्मा ज्ञाता भवति।

व्याख्या–श्रुति द्वारा प्रतिपन्न होता है कि, अहम् पद का अर्थभूत जीवात्मा नित्य "ज्ञ" अर्थात् चैतन्यस्वरूप है।

इति जीवात्मनो ज्ञत्वनिरूपणाधिकरणम्।

—•—

२ अ०, ३ पाद, १९ सूत्र। **उत्क्रान्तिगत्यागतीनाम्।।**

[उत्क्रमणादिश्रवणात् जीवोऽणुपरिमाणः।]

भाष्य–जीवोऽणुः; "तेन प्रद्योतनेन एष आत्मा निष्क्रामति चक्षुषो वा मूर्ध्ना वा अन्येभ्यो वा शरीरदेशेभ्यः", "ये वै केचनास्माल्लोकात् प्रयन्ति चन्द्रमसमेव ते सर्वे गच्छन्ति," "तस्माल्लोकात् पुनरेत्याऽस्मै लोकाय कर्मणे" इत्युत्क्रान्तिगत्यागतीनां श्रवणात्।

अस्यार्थः–"इस (हृदयस्थ नाड़ीमुख) के दीप्तिमान् होकर प्रकाशित होने पर, उसमें प्रविष्ट होकर, यह आत्मा चक्षुः मूर्द्धा अथवा शरीर के अन्यप्रदेश द्वारा उत्क्रान्त होती है"; (बृ० ४ अ०, ४ ब्रा०) "इस लोक से जो उत्क्रान्त होते हैं, वे सब चन्द्रलोक में गमन करते हैं" (कौषितकी) "उसी लोक से पुनः इसी कर्मभूमि में कर्म करने के

हेतु प्रत्यागमन करते हैं"। इन सभी श्रुतिवाक्यों में जीवात्मा की उत्क्रान्ति गति और पुनरागमन का उल्लेख रहने के कारण, आत्मा अणुपरिमाण है, विभुस्वभाव नहीं है। बृहदारण्यक के चतुर्थ अध्याय का चतुर्थ ब्राह्मण द्रष्टव्य है।

२ अ०, ३ पाद, २० सूत्र। **स्वात्मना चोत्तरयोः।।**

भाष्यः–उत्क्रान्तिः कदाचित् स्थिरस्यापि ग्राम्यस्वाम्यनिवृत्तिवत् स्यात्, (परन्तु) उत्तरयोः (गत्यागत्योः) स्वात्मनैव सम्भवान्जीवोऽणुः।

व्याख्याः–उत्क्रान्ति गति और अगति जो पूर्वोक्त श्रुति में जीव-सम्बन्ध में उक्त हैं, उनमें उत्क्रान्ति यदि कभी गमनशील भिन्न पुरुष के सम्बन्ध में भी कही जा सके; जिस प्रकार ग्राम के स्वामित्व से किसी पुरुष की निवृत्ति होने पर, वह उत्क्रान्ति शब्द का अभिधेय होता है (जैसे यह पुरुष ग्राम से बाहर हो गया है); किन्तु शेषोक्त दो (गति और अगति) क्रियाओं का कर्तृत्व साक्षात्सम्बन्ध में ही उक्त स्थल में आत्मा का है, ऐसा कहना होगा; अतएव जीवात्मा अणुस्वभाव है–विभु नहीं है।

२ अ०, ३ पाद, २१ सूत्र। **नाणुरतच्छ्रुतेरिति चेन्नेतराधिकारात्।।**

(न–अणुः–अ–तत्–श्रुतेः; इति–चेत् न, इतर–अधिकारात्।)

भाष्य–जीवं प्रस्तुत्य "स वा एष महान्" इत्येतद्वचनात् न जीवोऽणुरिति चेन्न, मध्ये परमात्मनोऽधिकारात्।

व्याख्याः–"स वा एष महान्" (यह आत्मा महान्) इत्यादि (बृ० ४ अ०, ४ ब्रा०) वाक्य जीव-विषयक प्रस्ताव में आत्मा के सम्बन्ध में उक्त हुए हैं; अतएव जीवात्मा ही 'महान्' है, ऐसा श्रुति का उपदेश समझना होगा। सुतरां श्रुति में जीव के 'महत्त्व'-(अनणुत्व) के उपदेश होने से, जीव अणु नहीं है। यदि ऐसी आपत्ति करो तो वह असंगत है। कारण, उक्त श्रुति में (बृहदारण्यक ४ ब्राह्मण में) जो महत्त्व उपदिष्ट हुआ है, यह ब्रह्म के सम्बन्ध में है–जीव के सम्बन्ध में नहीं। श्रुति, प्रस्ताव के आरम्भ में "योऽयं विज्ञानमयः प्राणेषु हृद्यन्तर्ज्योतिः" [३ ब्रा०, ७ वाक्य] इत्यादि वाक्यों में जीवात्मा के विषय में वर्णन आरम्भ करके, पूर्वोक्त "स वा एष महानज आत्मा" इस [४ ब्रा०, २२ वाक्य] वाक्य के पूर्व में ही "यस्यानुवित्तः प्रतिबुद्ध आत्मा" इत्यादि वाक्यों में [४ ब्रा०, १३ वाक्य] परमात्मा के विषय में वर्णन करने में प्रवृत्त हुई है।

२ अ०, ३ पाद, २२ सूत्र। **स्वशब्दोन्मानाभ्याञ्च।।**

[स्वशब्दोऽणु-वाचकः शब्दः।]

भाष्य–"एषोऽणुरात्मा, बालाग्रशतभागस्य शतधा कल्पितस्य च भागो जीव"–इति स्वशब्दोन्मानाभ्यां जीवोऽणुः।

अस्यार्थः–[जीवात्मा अणुपरिमाण, जीव केशाग्र के शतभाग के समान सूक्ष्म है] इत्यादि श्रुतिवाक्यों में (श्वेताः ५ अ०, ९ श्लोक) अणु शब्द और उन्मान् (छोटे से भी छोटे परिमाण)-वाचक शब्द के रहने से, जीव अणुस्वभाव है, विभु (महत्)-स्वभाव नहीं है।

२ अ०, ३ पाद, २३ सूत्र। **अविरोधश्चन्दनवत्।।**

भाष्य–देहैकदेशस्थोऽपि कृत्स्नं देहं चन्दनविन्दुर्यथाऽह्लादयति, तथा जीवोऽपि प्रकाशयति, अतः कृत्स्नशरीरे सुखाद्यनुभवो न विरुध्यते।

अस्यार्थः–एकबिन्दु चन्दन देह में लगने से जिस प्रकार समस्त शरीर को पुलकित करता है, वैसे ही जीवात्मा, स्वरूपतः अणु (सूक्ष्म) होने पर भी, सब शरीर को प्रकाशित करता है, और समस्त देहव्यापी सुख को अनुभव करता है। सुतरां जीवात्मा का अणुत्व स्वीकार करने में समस्त देहव्यापी भोग में कुछ भी बाधा नहीं होती है।

२ अ०, ३ पाद, २४ सूत्र। **अवस्थितिवैशेष्यादिति चेन्नाऽभ्युपगमाद्धृदि हि।।**

भाष्य–अवस्थितिविशेषभावात् दृष्टान्तवैषम्यम् इति चेन्न देहैकदेशे हरिचन्दनवत् "हृदि ह्येष आत्मा" इति जीवस्थित्यभ्युपगमात्।

अस्यार्थः–चन्दन का दृष्टान्त संगत नहीं है। क्योंकि देह के स्थान-विशेष में अवस्थिति के कारण चन्दन इस प्रकार समस्त देह को पुलकित कर सकता है। किन्तु देह में इस प्रकार से आत्मा की स्थानविशेष में अवस्थिति सिद्ध नहीं है। इस भाँति आपत्ति होने पर उसके उत्तर में कहते हैं कि, "हृदय में यह आत्मा अवस्थान करती है" इत्यादि (छा० ८ अ०, ३ वा०) श्रुति में चन्दनवत् शरीर के एक भाग में जीवात्मा की अवस्थिति भी उपदिष्ट है।

२ अ०, ३ पाद, २५ सूत्र। **गुणाद्वालोकवत्।।**

भाष्य–देहे प्रकाशो जीवगुणादेव, कोष्ठे दीपालोकादिवत्।

अस्यार्थः—अथवा जिस प्रकार गृहाभ्यन्तरस्थ क्षुद्र द्वीप अपने गुण से बृहत् घर को भी आलोकित करता है, वैसे ही जीव अणु होने पर भी अपने ज्ञानरूप गुण से समस्त देह में ही व्यापार प्रकाशित करता है।

२ अ०, ३ पाद, २६ सूत्र। **व्यतिरेको गन्धवत्तथा हि दर्शयति।**

भाष्यः—गुणभूतस्य ज्ञानस्य व्यतिरेकस्तु (अधिकदेशवृत्तित्वं) गन्धवदुपपद्यते (अल्पदेशस्थात् पुष्पात् गन्धस्य अधिकदेशवृत्तित्ववत् उपपद्यते), एतादृशगुणाश्रयं जीवं "स एष प्रविष्ट आलोमेभ्य आनखेभ्यः" इति श्रुतिर्दर्शयति।

अस्यार्थः—[पुष्प का गुण गंध जिस प्रकार अल्प स्थानस्थित पुष्पादि से दूरवर्ती स्थान को भी अपनी वृत्ति का विषय बनाता है, वैसे ही ज्ञान जो जीवात्मा का गुण है, वह भी समस्त शरीर में वृत्तियुक्त होता है। "स एष प्रविष्ट" इत्यादि श्रुतियों ने भी यही प्रदर्शित किया है।

२ अ०, ३ पाद, २७ सूत्र। **पृथगुपदेशात्।।**

भाष्य—जीवतज्ज्ञानयोर्ज्ञानत्वाविशेषेऽपि धर्मधर्मिभावो युक्त एव। कुतः? "प्रज्ञया शरीरमारुह्ये"-त्यादि पृथगुपदेशात्।

व्याख्याः—"प्रज्ञया शरीरमारुह्य" [प्रज्ञा द्वारा शरीरारोहण करके] इत्यादि श्रुति ने ज्ञान से जीव का भेद उपदेश किया है। सुतरां, जीव और उसके ज्ञान इन दोनों के ज्ञानत्व विषय में भेद न होने पर भी, जीव धर्मी, ज्ञान उसका धर्म है। इस प्रकार धर्म-धर्मि-भाव से दोनों भिन्न कहे जाते हैं। अतएव जीव के ज्ञान के महत् होने के योग्य होने पर भी जीव अणु है।

इति जीवस्य ज्ञानवत्तानिरूपणाधिकरणम्।

—•—

२ अ०, ३ पाद, २८ सूत्र। **तद्गुणसारत्वात्तु तद्व्यपदेशप्राज्ञवत्।।**

भाष्य—बृहन्तो गुणा यस्मिन्निति ब्रह्मेति प्राज्ञवदात्मा विभुगुणत्वा-"नित्यं विभु"-मिति व्यपदिष्टः; दृष्टान्ते बृहदेव प्राज्ञो गुणैरपि बृहद्भवति, दार्ष्टान्ते तु जीवोऽणुपरिमाणको गुणेन विभुरिति विशेषः।

अस्यार्थः—बृहत् गुण है, इस अर्थ में प्राज्ञ परमात्म जिस प्रकार ब्रह्म कहा जाता है, इसी प्रकार जीवात्मा में भी गुण का विभुत्व रहने के कारण "नित्यं विभुम्" इत्यादि श्रुतिवाक्यों में किसी-किसी स्थल पर जीवात्मा विभु कहा गया है। परन्तु

स्वरूपतः जीवात्मा विभु नहीं है। प्राज्ञ आत्मा (परब्रह्म) वास्तव में स्वरूपतः भी बड़ा है, अणु नहीं है; तथापि गुण में भी बृहत् होने के कारण, वह "बृहन्तं ब्रह्म" इत्यादि वाक्यों में बृहत् गुण-विशिष्ट अर्थ में ब्रह्म कहा गया है। परन्तु जीवात्मा स्वरूपतः अणु है, केवल गुण से ही वह विभु कहा गया है; यही दोनों के मध्य में प्रभेद है।

शाङ्करभाष्य में १९ संख्यक सूत्र से २७ संख्यक सूत्र का अर्थ पूर्वोक्त प्रकार से ही किया गया है। परन्तु शङ्कराचार्य के मत से उक्त समस्त सूत्र ही प्रतिवादी के पूर्वपक्षमात्र हैं; सूत्रकर के मत प्रकाशक नहीं हैं। शाङ्करमत में इसी २८वें सूत्र के द्वारा वेदव्यास ने उक्त सभी आपत्तियों का खण्डन किया है। इस मत में इस २८वें सूत्र का अर्थ इस प्रकार है, यथा:–[१]श्रुतिवाक्य में बुद्धि के परिमाण-द्वारा आत्मा का परिमाण उपदिष्ट हुआ है। प्राज्ञ आत्मा ब्रह्म के, जिस प्रकार "अणीयान् ब्रीहेर्वा यवाद्वा" इत्यादि वाक्यों में, क्षुद्रत्वादि उपदेश किये गये हैं, वैसे ही जीवात्मासम्बन्धीय उपदेश को भी बोधगम्य करना होगा, अर्थात् जीवात्मा अणु-स्वभाव नहीं है, विभुस्वभाव है। यह शाङ्करमत आगे आलोचित होगा।

२ अ०, ३ पाद, २९ सूत्र। **यावदात्मभावित्वाच्च न दोषस्तद्दर्शनात्।**

भाष्य–जीवस्य गुणनिबन्धनो विभुत्वव्यपदेशो न विरुद्धः, गुणस्य यावदात्मभावित्वाच्च न दोषस्तद्दर्शनात्। "न हि विज्ञातुर्विज्ञातेर्विपरिलोपो विद्यते, अविनाशित्वादविनाशी वा अरे! अयमात्मे"-ति तद्दर्शनात्।

(यावदात्म-भावित्वात्=आत्मानुबन्धिनित्यधर्मत्वात् विभुत्वव्यपदेशो न दोषः।)

अस्यार्थः–गुणनिबन्धन जीव का विभुत्व-उपदेश दोष देने योग्य नहीं है। क्योंकि गुण का यावदात्मभावित्व है, अर्थात् आत्मा जितने दिन है, गुण भी उतने ही दिन है; आत्मा जिस प्रकार अविनाशी है, आत्मा का गुण भी उसी प्रकार अविनाशी और उसका सहचर है। श्रुति ने भी यह प्रदर्शित किया है; जैसेः–"न हि विज्ञातुर्विज्ञातेर्विपरिलोपो विद्यते, अविनाशित्वात्" [बृ० अ० ४ ब्रा०] "अविनाशी वा अरे! अयमात्माऽनुच्छित्ति धर्म" इत्यादि (बृह०)। (उसी विज्ञाता आत्मा का विज्ञान किसी प्रकार भी नहीं लुप्त होता है; कारण, वह अविनाशी है। यह आत्मा अविनाशी है, इसका कभी विनाश नहीं है।)

---

१. "तस्या बुद्धेर्गुणाः....सारः....प्रधानं यस्यात्मनः... स तद्गुणसारस्तस्य भावस्तद्गुणसारत्वम्।. ... तस्मात् तद्गुणसारत्वाद् बुद्धिपरिमाणेनाऽस्य परिमाणव्यपदेशः। .....प्राज्ञवत् यथा प्राज्ञस्य परमात्मनः सगुणेषूपासनेषूपाधिगुणसारत्वादणीयस्त्वादिव्यपदेशोऽणीयान् ब्रीहेर्वा....तद्वत्।

इस सूत्र की व्याख्या श्रीमच्छङ्कराचार्य ने इस प्रकार की है-यदि कहो कि, बुद्धि-गुण-संयोग से ही आत्मा का संसारित्व घटता है, तो बुद्धि और आत्मा जब विभिन्न पदार्थ हैं, तब यह संयोगावसान अवश्य होगा। उसके होने पर मोक्ष अथवा सम्पूर्ण असद्भाव भी उस समय में स्वतः ही होगा। इस आपत्ति के उत्तर में सूत्रकार कहते हैं। इस दोष की आशङ्का नहीं है। कारण, बुद्धिसंयोग का यावदात्मभाव है, जितने दिन जीव का संसारित्व है, जितने दिन सम्यक्दर्शन द्वारा संसारित्व दूर नहीं होता है, उतने दिन उसका बुद्धिसंयोग निवारित नहीं होता है। शास्त्र ने इस प्रकार प्रदर्शित किया है; यथा-"योऽयं विज्ञानमयः प्राणेषु" इत्यादि श्रुतिः। यह व्याख्या संगत नहीं है। उसका कारण आगे प्रदर्शित किया जायेगा।

२ अ०, ३ पाद, ३० सूत्र। **पुंस्त्वादिवत्त्वस्य सतोऽभिव्यक्तियोगात्।।**

भाष्य-अस्य ज्ञानस्य सुषुप्त्यादौ सत एव जाग्रदादावभिव्यक्ति-सम्भवाद्यावदात्मभावित्वमेव। यथा पुंस्त्वादेर्बाल्ये सत एव यौवनेऽभिव्यक्तिः।

अस्यार्थः-सुषुप्त्यादि कालों में (सुषुप्ति प्रलय मूर्च्छा इत्यादि समयों में) ज्ञान का असद्भाव नहीं होता है, वह बीजभाव में रहता है; उससे ही जाग्रदादि अवस्थाओं में पुनः अभिव्यक्ति की संभावना होती है। अतएव जीव के साथ ज्ञान का नित्यसम्बन्ध है। जिस प्रकार सम्पूर्ण पुंधर्म बाल्यकाल में बीजभाव में रहता है, वही युवाकाल में प्रकाश-प्राप्त होता है, वैसे ही सुषुप्ति प्रलयादि में ज्ञान भी बीजभाव में रहता है, जो पीछे से प्रकाशित होता है।

इस सूत्र की व्याख्या शांकर भाष्य में भी इसी प्रकार से है।

२ अ०, ३ पाद, ३१सूत्र। **नित्योपलब्ध्यनुपलब्धिप्रसंगोऽन्यतरनियमो वाऽन्यथा।।**

भाष्य-अन्यथा (सर्वगतात्मवादे) आत्मोपलब्ध्यनुपलब्ध्योर्बन्धमोक्षयोर्नित्यं प्रसङ्गः स्यान्नित्यबद्धो वा नित्यमुक्तो वाऽत्मेत्यन्तरनियमो वा स्यात्।

अस्यार्थः-जीवात्मा को सर्वगत एवं स्वरूपतः ही विभुस्वभाव स्वीकार करने पर उपलब्धि एवम् अनुपलब्धि (ज्ञान और अज्ञान) दोनों ही जीवात्मा की नित्य हो जाती है। अर्थात् अणु न होकर जीवात्मा के स्वरूपतः व्यापक-स्वभाव होने से उसका नित्य सर्वज्ञत्व (उपलब्धि) सिद्ध होता है, एवम् पक्षान्तर में संसार-बन्ध का भी (अज्ञान का भी) रहना दृष्ट होने से उसका वही अज्ञान भी नित्य हो पड़ता है। अतएव बन्ध मोक्ष ये विरुद्ध धर्मद्वय ही नित्य होते हैं। नित्य बद्ध अथवा नित्य मुक्त,

इनमें से एक की व्यवस्था करनी होती है। बद्ध रहने पर मुक्त होने की संगति किसी प्रकार नहीं होती।

(जीवात्मा के स्वरूपतः ही विभुस्वभाव–सर्वव्यापि स्वभाव होने से सर्वविध अन्तःकरण के साथ ही उसका नित्य सम्बन्ध होना स्वीकार करना पड़ता है। ऐसा न करने पर सर्वव्यापी स्वरूप का अपलाप करना पड़ता है। सुतरां सर्वविध अन्तःकरण के साथ सम्बन्ध रहने के कारण, जब कोई अन्तःकरण अल्पदर्शी, कोई अन्तःकरण सर्वदर्शी है, ऐसा देखने में आता है, तब जीवात्मा के भी युगपत् सर्वज्ञत्व और अल्पज्ञत्व, मोक्ष और बन्ध स्वीकार करने पड़ते हैं। अन्तःकरण के केवल एकविधत्व (सर्वज्ञत्व अथवा अल्पज्ञत्व) की कल्पना करके अथवा अन्य किसी प्रकार से कल्पित युक्ति द्वारा यदि इस आपत्ति से अव्याहति पाने की चेष्टा करो, तो जीवात्मा का नित्यबद्धत्व अथवा नित्यमुक्तत्व अवश्य स्वीकार करना होगा। जीवात्मा की बद्धावस्था से मोक्षावस्थाप्राप्ति की संगति किसी प्रकार से नहीं कर सकोगे।)

शांकर भाष्य में इस सूत्र की व्याख्या इस प्रकार है:–आत्मा का उपाधिभूत अन्तःकरण अवश्य है, यह स्वीकार करना होगा; उसको अस्वीकृत करने से नित्योपलब्धि अथवा नित्य अनुपलब्धि माननी होगी। कारण, इन्द्रियादि करणों के आत्मा के सम्बन्ध में नित्य वर्तमान रहने से, नियामक अन्तःकरण के अभाव से आत्मा को नित्य ही बाह्यवस्तु की उपलब्धि होगी। यदि आत्मा के इन्द्रियादि–साधनों के रहने पर भी बाह्य वस्तु की उपलब्धि न हो, तो अनुपलब्धि का नित्यत्व ही सिद्धान्त करना होगा; अथवा आत्मा और इन्द्रिय में से एक की शक्ति का प्रतिबन्ध मानना होगा; किन्तु आत्मा की शक्ति का प्रतिबन्ध सम्भव नहीं है, कारण, वह निर्विकारी है, इन्द्रिय की भी शक्ति का प्रतिबन्ध सम्भव नहीं है; कारण, पूर्व और परक्षण में अप्रतिबन्धशक्ति को देखकर बीच में अकस्मात् इसकी शक्ति का प्रतिबन्ध होना स्वीकार नहीं किया जा सकता। अतएव जिसके अवधान और अनवधानवश उपलब्धि और अनुपलब्धि घटती हैं, इस प्रकार अन्तःकरण का अस्तित्व स्वीकार करना होगा। यही इस सूत्र का अर्थ है, ऐसा शांकरभाष्य में उक्त है।

परन्तु इस व्याख्या में अतिशय कष्टकल्पना दृष्ट होती है। अधिकन्तु इस प्रकार कष्टकल्पना करके सूत्र की व्याख्या करने से भी उसके द्वारा जीवात्मा का विभुत्व सिद्धान्त नहीं होता। जीवात्मा के सम्पूर्ण रूप से ब्रह्मस्वभाव होने से, केवल एक अन्तःकरण का अवलम्बन करके जीवात्मा के ज्ञान का न्यूनाधिक्य, जो प्रत्यक्ष शास्त्रप्रमाण और आत्मानुभूति द्वारा सिद्ध है, उसकी किसी प्रकार संगति नहीं की जा

सकती। अन्तःकरण परिच्छिन्न वस्तु हो सकता है, किन्तु शाङ्करमत में जीवात्मा तद्रूप नहीं है; सुतरां विभुस्वभाव आत्मा किसी विशेष अन्तःकरण मात्र के साथ सम्बन्ध-विशिष्ट है, ऐसा स्वीकार नहीं किया जा सकता। विभु शब्द का अर्थ ही बड़ा, सर्वव्यापी, सब वस्तुओं के साथ सम्बन्ध-विशिष्ट है; अतएव आत्मा को विभुस्वभाव कहने से वह सर्वप्रकार अन्तःकरण के साथ ही समान रूप से सम्बन्ध-विशिष्ट है, ऐसा स्वीकार किया जायेगा; सुतरां बन्ध मोक्ष, ज्ञान अज्ञान, एतत्समस्त ही मिथ्या हो जाता है। एवम् इसी द्वितीय अध्याय के प्रथम पाद के २१ वें सूत्र में "अधिकं तु भेदनिर्देशात्" इत्यादि वाक्यों में सूत्रकार ने जो परमात्मा के साथ जीवात्मा का भेद प्रदर्शित किया है, उसकी किसी प्रकार से संगति नहीं होती। सर्वज्ञत्व और विभुत्व, असर्वज्ञत्व और अविभुत्व, इनके द्वारा ही जीव और ब्रह्म में भेद है। यदि जीव भी विभु स्वभाव हो, तो किसी प्रकार भेदविवक्षा और नहीं हो सकती-जीव का जीवत्व विलुप्त हो जाता है; सूत्रकर का कहा हुआ पूर्वोक्त भेदसम्बन्ध असिद्ध हो जाता है, एवं बंध-मोक्ष का उपदेश बालभाषित कहकर गण्य होता है, "अक्षरादपि चोत्तमः" इत्यादि गीतावाक्य भी असिद्ध होते हैं। अतएव शाङ्कर व्याख्या संगत कहकर नहीं ग्रहण की जा सकती। इसके पश्चात् एतत्सम्बन्ध में जो सब सूत्र ग्रथित हुए हैं, उनके द्वारा भी शाङ्कर व्याख्या अपसिद्धान्त रूप में अनुमित होती है।

इति जीवस्वरूपस्याणुत्वनिरूपणाधिकरणम्।

—•—

२ अ०, ३ पाद, ३२ सूत्र। **कर्त्ता शास्त्रार्थवत्त्वात्।।**

भाष्य-आत्मैव कर्त्ता "स्वर्गकामो यजेत, मुमुक्षुर्ब्रह्मोपासीते"-त्यादेर्भुक्तिमुक्त्युपायबोधकस्य शास्त्रस्य अर्थवत्त्वात्।।

अस्यार्थः-श्रुति ने जीव को कर्त्ता मानकर स्वर्ग की इच्छा से यज्ञादि कर्म करने का, मुक्तिलाभ की इच्छा से ब्रह्मोपासनादि कर्म करने का उपदेश दिया है। जीव को कर्त्ता कहने से ही ये सब भुक्ति और मुक्ति के उपाय-बोधक शास्त्रवाक्य सार्थक होते हैं।

शाङ्कर भाष्य में भी इस सूत्र की इस प्रकार की ही व्याख्या है। इस समय जिज्ञास्य यह है कि, यदि जीव अणुस्वभाव अर्थात् परिच्छिन्न न हो, तो इन सब विशेष-विशेष कर्मों का कर्त्ता कहकर किस तरह से उसको सिद्ध किया जाये? यदि सभी जीव पूर्णब्रह्म, विभुस्वभाव हैं, तो किसी का एक कर्म, किसी का दूसरा कर्म, इस प्रकार भेद नहीं हो सकता। सभी कर्म साक्षात्सम्बन्ध में ब्रह्म के ही कर्म हो जाते

हैं; अतएव शास्त्र ने, जीव के स्वीय-स्वीय कर्मभोग और मुक्ति का जो उपदेश दिया है, उन सभी को मिथ्या कहना पड़ता है, एवं इस अध्याय के प्रथम पाद में ब्रह्म की जगत्कारणता के विषय में आपत्ति-खण्डन करते समय जीव से ब्रह्म का भेद प्रदर्शन करके वेदव्यास ने जो सब सूत्रों की रचना की है, उसकी सारवत्ता और कुछ नहीं रहती। ऐसा होने पर समग्र वेदान्त दर्शन केवल परस्परविरुद्ध वाक्यों से पूर्ण है, ऐसा सिद्धान्त करना होता है। शङ्कराचार्य ने भी इस सूत्र को पूर्वपक्ष सूत्र नहीं कहा है। अतएव जीवस्वरूप के विचार में तत्कृत भाष्य आदरणीय नहीं है।

२ अ०, ३ पाद, ३३ सूत्र। **विहारोपदेशात्।।**

भाष्य-"स्वे शरीरे यथाकामं परिवर्त्तते" इति विहारोपदेशात् स कर्त्ता।।

अस्यार्थः-जीव शरीर में विहार करता है, श्रुति ने इस प्रकार का उपदेश किया है; उससे भी जीव का कर्त्तृत्व अवधारित होता है। श्रुति जैसेः-स्वे शरीरे यथाकामं परिवर्त्तते" इस सूत्र की व्याख्या में भी कोई विरोध नहीं है। किन्तु यदि आत्मा स्वरूपतः सर्वगत हो, तो उसके 'स्वीय शरीर' और 'विहार' का क्या अर्थ हो सकता है? समस्त शरीर में ही वह व्याप्त है। अतएव शाङ्करिक विभुत्ववाद आदरणीय नहीं है।

२ अ०, ३ पाद, ३४ सूत्र। **उपादानात्।।**

भाष्य-"एवमेवैष एतान् प्राणान् गृहीत्वे"-ति उपादान श्रवणात्।

अस्यार्थः-प्राणादि (इन्द्रियों) को जीवात्मा उपादान-रूप से ग्रहण करता है, यह भी श्रुति ने उपदेश किया है। अतएव आत्मा कर्त्ता है। श्रुति जैसे:-"एवमेवैष एतान् प्राणान् गृहीत्वा" इत्यादि। इस सूत्र की भी व्याख्या में कोई विरोध नहीं है।

२ अ०, ३ पाद, ३५ सूत्र। **व्यपदेशाच्च क्रियायां न चेन्निर्द्देशविपर्ययः।।**

भाष्य-क्रियायां "विज्ञानं यज्ञं तनुते' इति कर्तृत्वव्यपदेशाच्च आत्मा कर्त्तास्ति, यदि विज्ञानपदेन बुद्धिर्गृह्यते न तु जीवस्तर्हि करणविभक्तिप्रसङ्गः स्यात्।

अस्यार्थः-"विज्ञानं यज्ञं तनुते" (तै०, २, ५, १) इस श्रुतिवाक्य में विज्ञान का कर्तृत्व उल्लिखित हुआ है। यदि कहो कि यह विज्ञान शब्द 'आत्मा'-बोधक नहीं है, बुद्धिबोधक है, तो वह नहीं हो सकता; कारण, 'तनुते' क्रिया के कर्तृरूप में प्रथमा विभक्ति के व्यवहार से कर्तृपद निर्देशित हुआ है। यदि इस विज्ञान शब्द का अर्थ आत्मा न होता, तो "विज्ञानेन" इस आकार से तृतीय विभक्ति द्वारा करणपद निर्देशित होता। इस सूत्र की भी व्याख्या में कोई विरोध नहीं है।

२ अ०, ३ पाद, ३६ सूत्र। **उपलब्धिवदनियमः।।**

भाष्य—फलोपलब्धिक्रियायां नियमो नास्ति।

अस्यार्थः—कर्त्ता होकर जीवात्मा स्वीय अनिष्टफलोत्पादक क्रिया क्यों करेगा?। इसके उत्तर में कहते हैं—जीवात्मा, कर्म के शुभाशुभ फल को जानने पर भी, शुभफल-प्रापक कर्मों का ही अनुष्ठान करेगा, इसका कोई नियम नहीं है। कारण, जीवात्मा सर्वशक्तिमान् नहीं है। सुतरां बाह्य वस्तु के आकर्षण से आकृष्ट होने पर, कभी अशुभ कर्म में, कभी शुभ कर्म में, उसकी प्रवृत्ति होती है। इस सूत्र की शाङ्करभाष्य में जो व्याख्या हुई है, वह भी इसी प्रकार है।

२ अ०, ३ पाद, ३७ सूत्र। **शक्तिविपर्ययात्।।**

भाष्य—बुद्धेः कर्तृत्वे करणशक्तिर्हीयते, कर्तृशक्तिः स्यात्, अतो जीव एव कर्त्ता।

अस्यार्थः—बुद्धि को कर्त्ता कहने से, उसके करणत्व का लोप होता है, वह कर्तृशक्ति हो जाती है। अतएव जीव ही कर्त्ता है। इस सूत्र का फलितार्थ शाङ्करभाष्य में भी इसी रूप से है।

२ अ०, ३ पाद, ३८ सूत्र। **समाध्यभावाच्च।**

भाष्य—आत्मनोऽकर्तृत्वेऽचेतनमात्राव्यतिरिक्तकर्तृकसमाध्यभावप्रसङ्गादात्मा कर्त्ता।

व्याख्या—आत्मा का कर्तृत्व न रहने से, शास्त्र ने चैतन्य-स्वरूप में अवस्थिति रूप जिस समाधि का उपदेश दिया है, उसके, अचेतन-स्वभाव बुद्धि द्वारा, जो अपनी सीमा उल्लंघन नहीं कर सकती, साधित होने की संभावना नहीं है; सुतरां समाधि का उपदेश भी व्यर्थ हो जाता है। शाङ्करभाष्य में भी फलितार्थ इस रूप से ही व्याख्यात हुआ है।

२ अ०, ३ पाद, ३९ सूत्र। **यथा च तक्षोभयथा।**

भाष्य—आत्मेच्छया यथा तक्षा तथा करोति न करोति इत्युभयथा व्यवस्था सिद्ध्यति, बुद्धेः कर्तृत्वे इच्छाभावाद्यवस्थाऽभावः।

अस्यार्थः—तक्षा [सूत्रधर, बढ़ई], इच्छाविशिष्ट होने के कारण, कुठारादि के रहने पर भी, यदृच्छा क्रम से कभी कर्म करता है, कभी नहीं करता है, दोनों बातें दृष्ट होती हैं; किन्तु सूत्रधर की बुद्धिमात्र के कर्मकर्त्ता होने से, कभी इच्छा होना, कभी नहीं होना, इस प्रकार अवस्थाभेद नहीं घट सकता।

शाङ्कर भाष्य में इस सूत्र की दूसरे प्रकार से व्याख्या हुई है। जैसे–"जिस भाँति तक्षा (सूत्रधर) वास्य प्रभृति अस्त्रविशिष्ट होकर काम करते-करते परिश्रान्त और दु:खी बोध करता है, परन्तु गृह में आगमन करके वास्यादि अस्त्रपरित्यागपूर्वक स्वस्थ और सुखी होता है, वैसे ही जीव भी अविद्या के कारण द्वैतबुद्धि-विशिष्ट होकर स्वप्नजागरणादि अवस्थाओं में अपने को कर्त्ता और दु:खी बोध करता है; परमात्मा को प्राप्त होने से उसके कर्तृत्वादि भाव अस्तगत होते हैं, एवम् वह मुक्ति-लाभ करता है। जीवात्मा का कर्तृत्व स्वरूपगत नहीं है, वह अज्ञानमूलक है; सूत्रधर जिस भाँति वास्यादि उपकरणों की अपेक्षा से ही कर्त्ता होता है, परन्तु अपने शरीर से अकर्त्ता रहता है, वैसे ही आत्मा भी इन्द्रियादि करणों की अपेक्षा से कर्त्ता होती है, स्वरूपत: वह अकर्त्ता है। यह सादृश्यमात्र प्रदर्शन करना ही दृष्टान्त का मर्म है। परन्तु आत्मा सूत्रधर की भाँति अवयव-विशिष्ट नहीं है; सुतरां आत्मा के सम्बन्ध में इन्द्रियादि करण का ग्रहण, सूत्रधर के वास्यादि अस्त्र ग्रहण के सदृश नहीं है; इस अंश में दृष्टान्त का सादृश्य नहीं है। आत्मा के ब्रह्मात्मभाव का उपदेश श्रुति में है, अतएव उसका कर्तृत्व सम्भव नहीं है। अतएव अविद्याकृत कर्तृत्व ग्रहण करके ही विधिशास्त्र प्रवर्तित हुआ है। "कर्त्ता विज्ञानात्मा पुरुष:" इत्यादि श्रुतिवाक्य, जिनमें जीवात्मा का कर्तृत्व उपदिष्ट हुआ है, 'अनुवाद'-मात्र हैं। ये सब श्रुतिवाक्य अविद्याकृत कर्तृत्व का ही अनुवाद करके आत्मा के सम्बन्ध में प्रकाश करते हैं; वस्तुत: उनके द्वारा आत्मा का कर्तृत्व कभी प्रमाणित नहीं होता" इत्यादि।

इस सूत्र के शङ्कराचार्य कृत भाष्य के पाठ से वह वेदान्तदर्शन का भाष्य नहीं प्रतीत होता। कापिल सूत्र के प्रथमाध्याय में पुरुष के कर्तृत्व, भोक्तृत्व प्रभृति के न होने के विषय में जो विचार दृष्ट होता है, उसके साथ इस भाष्य में उक्त विचार का किसी प्रकार का प्रभेद नहीं है। आत्मा के कर्तृत्वादि के होने से आत्मा का मोक्ष असम्भव है, इस तर्क के समीचीन होने से ब्रह्म का जगत्-कर्तृत्व भी उसके द्वारा सम्पूर्ण रूप से निषिद्ध होता है। एवम् इस कारण से ही कापिल सूत्र में ईश्वर का जगत्कर्तृत्व निषिद्ध हुआ है, एवम् जीव भी नित्य निर्गुणस्वभाव कहकर वर्णन किया गया है; आत्मा को नित्य निर्गुणस्वभाव सिद्धान्त करके कपिलदेव जगत् को गुणत्मक और आत्मा से पृथक् अस्तित्वशील कहकर उपदेश करने को बाध्य हुए हैं–परन्तु शाङ्करिक मत में जगत् का अस्तित्व नास्तित्व कुछ भी अवधारित नहीं हो सकता है, ऐसा कहा गया है। इस प्रकार का वाक्य सिद्धान्त नहीं कहा जाता। इससे कोई संतुष्ट नहीं हो सकता है; वरन् इसके द्वारा साधनादि सभी अनिश्चित हो जाते हैं।

श्रीभगवान् वेदव्यास ने बहु श्रुति-प्रमाणों और युक्ति-बलों से ब्रह्म के नित्य

मुक्तस्वभाव और सर्वशक्तिमत्व–इस उभयविधत्व को एकाधार में स्थापित करके, ब्रह्म के जगत्कर्तृत्व के रहने पर भी, जो वह नित्य मुक्त स्वभाव रहता है, यह प्रतिपन्न किया है; जीव भी ब्रह्म का अंशस्वरूप है; सुतरां उसका भी कर्तृत्व रहना स्वीकार करने पर, उसका मोक्षाभाव किस प्रकार अवश्यम्भावी होता, यह बोधगम्य नहीं होता है। मैं इस समय अल्पज्ञानी हूँ; आलोचना द्वारा जो मेरी बुद्धिशक्ति की वृद्धि होती है, वह नित्य ही देखता है। मोक्षमार्ग अवलम्बन करके साधन करने से, वर्तमान में ब्रह्म मेरे ज्ञान के बहिर्भूत होने पर भी, साधन द्वारा मेरे ज्ञान के अन्तरायों के दूरीभूत होने से, मुझे ब्रह्मदर्शन और मोक्ष–लाभ हो सकते हैं, इसमें क्या आपत्ति है? शङ्कराचार्य ने जो अविद्या का उल्लेख करके जीव के श्रुत्युक्त कर्तृत्व को अविद्यारोपित कहा है, उसका भी मर्म अवधारित करना सुकठिन है। इस स्थान में जिज्ञास्य यह है कि यह अविद्या क्या आत्मा की स्वरूपगत शक्ति है, अथवा यह आत्मा से सम्पूर्ण विभिन्न है? यदि विभिन्न हो, तो कपिलदेव ने उसके सम्बन्ध में कहा है कि, ("विजातीय द्वैतापत्तिः") उसके द्वारा विजातीय द्वैतत्व स्वीकार करना होता है, वह अद्वैत श्रुतिविरुद्ध और शङ्कराचार्य का एवम् वेदान्तदर्शन का भी अनभिमत है। यदि अविद्या असद्वस्तु कही जाये, तो असद्वस्तु द्वारा आत्मा के बन्धयोग और कर्मकर्तृत्व सम्भव नहीं होते हैं। यदि अविद्या जीव की ही शक्तिविशेष हो, तो कर्तृत्व जीव का ही होगा; जीव का कर्तृत्व नहीं है, यह विवाद वागाडम्बरमात्र है। जीवात्मा के स्वरूप का विशेष विचार पश्चात् किया जायेगा। इस स्थान पर यही वक्तव्य है कि, शाङ्कर व्याख्या समीचीन कहकर बोध नहीं होती। यह दूसरे सब भाष्यकारों का असम्मत है। पश्चात् और भी जो सब सूत्र उल्लिखित हुए हैं, उनके द्वारा भी यह शङ्कर व्याख्या प्रत्याख्यात होती है।

इति जीवस्य कर्तृत्वनिरूपणाधिकरणम्।

—•—

२ अ०, ३ पाद, ४० सूत्र। **परात्तु तच्छ्रुतेः।।**

भाष्यः–तज्जीवस्य कर्त्तृत्वं पराद्धेतोऽस्ति। "अन्तःप्रविष्टः शास्ता जनानामि"-त्यादिश्रुतेः।

व्याख्या–जीव के कर्तृत्वादि सभी परमात्मा के अधीन हैं। श्रुति ने भी वही कहा है:-जैसे "अन्तःप्रविष्टः शास्ता जनानां" (तै० आ० ३.११) ''एष ह्येव साधुकर्म कारयति" (कौ० ३, अ० ८) इत्यादि।

२ अ०, ३ पाद, ४१ सूत्र। कृतप्रयत्नापेक्षस्तु विहितप्रतिषिद्धावैयर्थ्यादिभ्यः।।

भाष्य–वैषम्यादिदोषनिरासार्थस्तु शब्दः। जीवकृतकर्मापेक्षः परोऽन्यस्मिन्नपि जन्मनि धर्मादिकं कारयति विहितप्रतिषिद्धाऽवैयर्थ्यादिभ्यः।

व्याख्या:–सूत्रोक्त तु शब्द ईश्वर-कर्तृत्व के वैषम्यादिदोषविषयक आपत्ति का निरासार्थक है। ईश्वर की प्रेरणा किन्तु जीवकृत प्रयत्न अर्थात् कर्मसापेक्ष है। जीव इस जन्म में जिस तरह कर्म करता है, उसके अनुसार ईश्वर दूसरे जन्म में उसको धर्मादि कार्य में प्रवृत्त करता है। कारण, शास्त्रोक्त विधि-निषेध की सार्थकता है,–वे सब निरर्थक नहीं हैं, उनके द्वारा जीव के प्रयत्न की भी सिद्ध होती है।

इति जीवकर्त्तृत्वस्य ईश्वराधीनत्वनिरूपणाधिकरणम्।

—•—

२ अ०, ३ पाद, ४२ सूत्र। **अंशो नानाव्यपदेशादन्यथा चापिदाशकित-वादित्वमधीयत एके।**

(अंश:, नाना व्यपदेशात्, अन्यथा च, अपि–दाश+कितव–आदित्वम् अधीयते–एके)। दाश:=कैवर्त्त:, कितव:=द्यूतसेवी, धूर्त्त:।

भाष्य:–अंशांशिभावाज्जीवपरमात्मनोर्भेदाभेदौ दर्शयति, परमात्मनो जीवोंऽश: "ज्ञाज्ञौ द्वावजावीशानीशावि"–त्यादिभेदव्यपदेशात्; "तत्त्वमसी"–त्याद्यभेदव्य-पदेशाच्च। अपि च आथर्वणिका: "ब्रह्मदाशा ब्रह्मदासा ब्रह्मकितवा"–इति ब्रह्मणो हि कितवादित्वमधीयते।

व्याख्या–इस क्षण में सूत्रकार जीव और परमात्मा का अंशाशिभाव–भेदाभेदभाव प्रदर्शित करते हैं:–जीव परमात्मा का अंश है; कारण, "ज्ञाज्ञौ द्वावजावीशानीशौ" [ज्ञ एवं अज्ञ–ईश्वर एवम् जीव–ये दोनों ही अज–नित्य हैं] इत्यादि (श्वेताश्वतर प्रभृति) श्रुतिवाक्यों में जीव और ईश्वर का भेद प्रदर्शित हुआ है। और जीव को ब्रह्म से अभिन्न कहकर भी श्रुति ने "तत्त्वमसि" [छा०] इत्यादि वाक्यों में उपदेश किया है। (यहाँ तक कि) अथर्वशाखिगण कैवर्त्त, दास, एवम् धूर्त्तगण को भी ब्रह्म कहकर कीर्त्तन करते हैं। अतएव जीव और ब्रह्म में भेदाभेद सम्बन्ध है।

शाङ्करभाष्य में भी इस सूत्र का मूल मर्म किसी प्रकार होना सिद्धान्त हुआ है। शाङ्कर भाष्य में नाना प्रकार के विचारों के पश्चात् सूत्र का मर्मार्थ इस प्रकार अवधारित हुआ है, यथा:–"अतो भेदाभेदावगमाभ्यामंशत्वावगम:" [अतएव श्रुति-विचार द्वारा (ब्रह्म के साथ जीव के) भेद और अभेद इन दोनों ही के सिद्धान्त होने के कारण, जीव ब्रह्म का अंश कहकर अवगत होता है।]

ब्रह्म के साथ जीव का यही भेदाभेद सम्बन्ध है; सुतरां ब्रह्म का द्वैताद्वैतत्व स्थापन करना ही यदि इस सूत्र का अभिप्राय हो, एवम् यदि यही वेदव्यास का सिद्धान्त हो,

(श्री शङ्कराचार्य ने भी इस स्थल में वही स्वीकार किया है,) तो जीव के सम्यक् विभुत्व एवम् अकर्तृत्व इत्यादि को जो शङ्कराचार्य ने इसके पूर्व में स्थापन करने की चेष्टा की है, उसकी किस प्रकार संगति हो सकती है? यदि जीव का कोई कर्तृत्व न रहे, एवम् जीव विभुस्वभाव हो, तो वह किस लक्षण द्वारा ब्रह्म के साथ भेदसम्बन्धयुक्त हो सकता है? इस स्थान में जीव का स्वरूप ही निर्णीत हुआ है। सुतरां यह सम्बन्ध स्वरूपगत सम्बन्ध है-आकस्मिक नहीं है। यदि कहो कि, जीव की बद्धावस्था में ही भेदसम्बन्ध है, मुक्तावस्था में अभेद सम्बन्ध है, ऐसा वेदव्यास ने नहीं वर्णन किया है, एवम् इस प्रकार अवस्था-भेद करने का कोई उपाय नहीं है; कारण, जीव के स्वभावतः अकर्त्ता और विभु-स्वभाव होने से, उसकी कभी बद्धावस्था की सम्भावना ही नहीं होती। यदि ये दोनों अवस्थायें जीव की स्वरूपगत भेदसूचक हों, तो बद्धावस्था-प्राप्त जीव को मुक्तावस्था-प्राप्त जीव से विभिन्न जीव कहना पड़ता है; बद्धजीव को मुक्ति-लाभ होता है, इस बात का कोई अर्थ ही नहीं रहता; एवम् बद्धावस्था में स्थित जीव को स्वभावतः परिवर्तनशील और विकारी, सुतरां अनित्य कहना पड़ता है; यह श्रुति-विरुद्ध है, एवम् शङ्कराचार्य का भी अभिमत नहीं है। यदि वह अवस्था भेद जीव का स्वरूपगत भेद-सूचक न हो, बद्धावस्थास्थित जीव यदि निर्मल ही रहता है, एवम् विकारी अवस्था उसकी स्वरूपगत नहीं है, वह जीव-स्वरूप से भिन्न है, ऐसा कहो, तो इसके द्वारा ब्रह्म के साथ जीव का भेद-सम्बन्ध स्थापित नहीं हो सकता, एवम् यह सूत्र निरर्थक हो जाता है; किन्तु यह सूत्र निरर्थक पारिभाषिक सूत्र नहीं है, पक्षान्तर में यह जो वेदव्यास का निज स्थिर सिद्धान्त है, वह उन्होंने इसके परवर्ती सभी सूत्रों का जो विचार किया है, उसके द्वारा भी स्पष्ट रूप से अनुभूत होता है। अधिकन्तु इस प्रकार निरर्थक सूत्र की रचना करना वेदव्यास के पक्ष में सम्भव पर कहना ही ठीक नहीं।

२ अ०, ३ पाद, ४३ सूत्र। **मन्त्रवर्णात्।**

भाष्यः–"पादोऽस्य विश्वाभूतानी"-ति मन्त्रवर्णाज्जीवो ब्रह्मांशः।।

अस्यार्थः– इस अनन्तमस्तक पुरुष का एक पाद (अंश) मात्र यह सब भूतग्राम है; इस श्रुतिमन्त्र के द्वारा जीव परमात्मा का अंश है, यह प्रतिपन्न होता है। इस सूत्र की व्याख्या शाङ्करभाष्य में भी ठीक इसी प्रकार की गई है। जीव यदि ब्रह्म का अंशमात्र हुआ, तो वह ब्रह्म के साथ अभिन्न है, इसमें सन्देह नहीं है। परन्तु अंश और अंशी में किंचित् भेद भी अवश्य स्वीकार्य है। यदि किंचित् भेद भी न हो, तो अंश-कथा की कोई सार्थकता नहीं होती, जीव को पूर्ण ब्रह्म कहना ही उचित होता। अतएव ब्रह्म के

साथ जीव का जो भेदाभेदसम्बन्ध पूर्व में कहा गया है, वह सभी अवस्थाओं में जीव के स्वरूपगत है।

२ अ०, ३ पाद, ४४ सूत्र। **अपि च स्मर्यते।।**

भाष्य–"ममैवांशो जीवलोके जीवभूतः सनातनः" इति जीवस्य ब्रह्मांशत्वं स्मर्यते।

अस्यार्थः–स्मृति ने भी ऐसा ही कहा है।

यथाः–"ममैवांशो जीवलोके जीवभूतः सनातनः" इत्यादि।

(शाङ्करभाष्य में भी यही गीतावाक्य उद्धृत हुआ है।)

२ अ०, ३ पाद, ४५ सूत्रः–**प्रकाशादिवत्तु नैवं परः।।**

भाष्यः–जीवस्य परमपुरुषांशत्वे अंशी सुखदुःखं नानुभवति। यथा प्रकाशादिः स्वांशगतगुणदोषवर्ज्जितो भवति।

अस्यार्थः–जीव के परमात्मा का अंश होने पर भी, परमात्मा जीव कृत कर्मफल (सुखदुःखादि) का भोक्ता नहीं है। जिस प्रकार सूर्यादि प्रकाशक वस्तुएँ अपने अंशभूत किरणों के मलमूत्रादि अशुद्ध वस्तुओं के स्पर्श–द्वारा दूषित नहीं होती, उसी प्रकार परमात्मा भी जीवकृत कर्म द्वारा दूषित नहीं होता।

२ अ०, ३ पाद, ४६ सूत्रः–**स्मरन्ति च।।**

भाष्यः–"तत्र यः परमात्माऽसौ स नित्यो निर्गुणः स्मृतः। न लिप्यते फलैश्चापि पद्मपत्रमिवाम्भसा। कर्मात्मा त्वपरो योऽसौ मोक्षबन्धैः स युज्यते" इत्यादिना स्मरन्ति च।।

अस्यार्थः–परमात्मा जो जीवों की भाँति सुखदुःखादि का भोग नहीं करता, ऋषियों ने भी श्रुतिवाक्य के अनुसार वर्णन किया है; यथा–

तत्र यः परमात्माऽसौ स नित्यो निर्गुणः स्मृतः।
न लिप्यते फलैश्चापि पद्मपत्रमिवाम्भसा।
कर्मात्मा त्वपरो योऽसौ मोक्षबन्धैः स युज्यते।। इत्यादि

तत्प्रवर्त्तक श्रुति, यथाः–"तयोरन्यः पिप्पलं स्वाद्वत्त्यनश्नन्नन्योऽभिचाकशीति", इत्यादि।

२ अ०, ३ पाद, ४७ सूत्र। **अनुज्ञापरिहारौ देहसम्बन्धाज्ज्योतिरादिवत्।।**

(अनुज्ञापरिहारौ=विधिनिषेधौ, देहसम्बन्धात्; ज्योतिः-आदिवत्।)

भाष्यः-"स्वर्गकामो यजेत", "शूद्रो यज्ञे नावक्लप्तः" इत्याद्यनुज्ञापरिहारावुपपद्येते जीवानां ब्रह्मांशत्वेन समत्वेऽपि विषमशरीरसम्बन्धात्। यथा श्रोत्रियागारादग्निराह्रियते, श्मशानादेस्तु नैव। यथा वा शुचिपुरुषपात्रादिसंस्पृष्टं जलादिकं गृह्यते, नैतरं तद्वत्।

अस्यार्थः-ब्रह्मांशरूपता के कारण, जीव की ब्रह्म के साथ समता होने पर भी, जीव के देहसम्बन्धहेतु ही तत्सम्बन्ध में शास्त्रोक्त विधि-निषेध-वाक्यों का सामञ्जस्य होता है। अग्नि के एक होने पर भी, जैसे श्रोत्रियों के गृह से वह गृहीत होती है, श्मशानाग्नि का परिहार होता है, और जैसे शुचि पुरुष के पात्र का जल ग्रहणीय है दूसरे के पात्र का नहीं, वैसे ही जीव के परमात्मा का अंश होने पर भी, उसके देह-सम्बन्ध हेतु उसके सम्बन्ध में कर्त्तव्याकर्त्तव्य विषयों की विधि और उनके निषेध हैं।

२ अ०, ३ पाद, ४८ सूत्रः-**असन्ततेश्चाव्यतिकरः**।।

(असन्ततेः सर्वैः शरीरैः सह सम्बन्धाभावात्, अव्यतिकरः कर्मणस्तत्फलस्य वा विपर्ययो न भवति।)

भाष्यः-विभोरंशत्वेऽपि गुणेन विभुत्वेऽपि चात्मनां स्वरूपतोऽणुत्वेन सर्वगतत्वाभावात् कर्मादिव्यतिकरो नास्ति।

अस्यार्थः-जीव विभु परमात्मा का अंश है, और जीव के गुण समूह के अपरिसीम होने पर भी, उसके स्वरूपतः अणुस्वभाव (परिच्छिन्न) होने के कारण, उसका सर्वगतत्व नहीं है; अतएव कर्म और कर्मफल का व्यतिक्रम घटित नहीं होता है; अर्थात् किसी एक के कृत कर्म के फल दूसरे के आश्रित नहीं होते हैं। जीवात्मा के स्वरूपतः विभुस्वभाव (सर्वव्यापी) होने पर, समस्त जीवों के कर्मों के साथ प्रत्येक जीव का सम सम्बन्ध होता; अतएव किसी को दूसरे के किये हुए कर्म के फलभोग करने में किसी प्रकार की बाधा नहीं होती; किसी विशेष कर्म के साथ किसी का विशेष सम्बन्ध नहीं रह सकता; परन्तु यह सम्बन्ध जो है, वह आत्मानुभव तथा शास्त्रसिद्ध है;-अतएव, जीव विभुस्वभाव (सर्वगत) नहीं है।

शाङ्कर भाष्य में भी इस सूत्र के फलितार्थ की व्याख्या निम्नलिखित रूप से की गई है:-

"न हि कर्त्तुर्भोक्तुश्चात्मनः सन्ततिः सर्वैः शरीरैः सम्बन्धोऽस्ति। उपाधितन्त्रो हि

जीव इत्युक्तम्। उपाध्यसतानाच्च नास्ति जीवसन्तानः। ततश्च कर्मव्यतिकरः फलव्यतिकरो वा न भविष्यति"।

अर्थः–कर्त्ता और भोक्ता जो आत्मा है, उसका समस्त शरीरों के साथ सम्बन्ध नहीं है; जीव स्वीय उपाधिगत देहनिष्ट है, दूसरी देहों के साथ उसका सम्बन्ध नहीं है। उपाधिगत शरीर के सर्वव्यापित्व न होने के कारण, तन्निष्ठ जीव का भी समस्त देहों के साथ सम्बन्ध नहीं होता है; अतएव, कर्म अथवा कर्मफल का व्यतिक्रम नहीं होता है। जो जीव जिस कर्म को करता है, वह कर्म उसी का होता है, और उसका फल भी उसी को भोगना पड़ता है।

अब जिज्ञासा यह है कि, इस सूत्र के द्वारा जीव के स्वरूपगत विभुत्व (सर्वगतत्व, सर्वव्यापित्व) का भगवान् वेदव्यास ने निषेध किया है या नहीं? यदि स्वरूपगत विभुत्व हो, तो सन्तति (समस्त देहों) के साथ जीव का सम्बन्ध नहीं है, ऐसा कहने का तात्पर्य क्या है? विभुत्व शब्द का अर्थ ही तो सर्वव्यापित्व है; यदि जीवात्मा विभु ही हो, तो उसका समस्त शरीरों के साथ सम्बन्ध नहीं है, ऐसे कथन का तात्पर्य क्या है? और शङ्कराचार्य ने जो अपने उक्त व्याख्यान में कहा है कि, जीव 'उपाधितंत्र' है, उसका अभिप्राय ही क्या है? उपाधिगत देह चाहे स्थूल हो अथवा सूक्ष्म हो, वह परिच्छिन्न है; सुतरां उसका अन्य देहों के साथ एकत्व नहीं है, पार्थक्य है, यह सहज ही में बोधगम्य होता है; जीव यदि स्वरूपतः इस प्रकार परिच्छिन्न न हो, तो उसके साथ सम्बन्धीभूत देह की परिच्छिन्नता के कारण, अन्याय देहों के साथ जीव का सम्बन्ध किस प्रकार से निवारित हो सकता है? हमारी देह के एक अंश के किसी एक क्षुद्र वस्तु के साथ सम्बन्धयुक्त होने पर, उसका दूसरा अंश दूसरी किसी वस्तु के साथ क्या सम्बन्धविशिष्ट नहीं हो सकता है? जीव यदि स्वरूपतः व्यापक वस्तु ही है, तो उसके एक देह के साथ सम्बन्धविशिष्ट होने से, उसका केवल वही देहतंत्र किस प्रकार सम्भव हो सकता है? तथापि जीव को 'उपाधितंत्र' कहकर आचार्य शङ्कर ने व्याख्यात किया है। अतएव सिद्धान्त यह है, कि जीव विभुस्वभाव नहीं है। एवञ्च, जैनमतानुसार उसके "देहपरिमाणत्व" के भी वेदव्यासजी के मतानुकूल न होने के कारण, जीव का अणुपरिमाणत्व ही उनका सिद्धान्त है, और इसी की उन्होंने इस पाद के १९ सूत्र से २७ सूत्र पर्यन्त व्याख्या की है, ऐसा सिद्धान्त करना पड़ेगा; उक्त सूत्रों को पूर्वपक्षबोधक सूत्र कहकर जो शङ्कराचार्य ने सिद्धान्त किया है, वह भ्रान्त है।

२ अ०, ३ पाद, ४९ सूत्रः–**आभासा एव च।।**

भाष्यः–परेषां कपिलादीनां व्यतिकरप्रसङ्गात् सर्वगतात्मवादाश्चाभासा एव।

अस्यार्थः–कपिलादिकर्त्तृक उक्त सांख्यशास्त्र में आत्मा का विभुत्व उक्त हुआ है; सुतरां उनकी उक्ति के गृहीत होने पर कर्म के तथा कर्म फलभोग के व्यतिक्रम होने की प्रसक्ति होती है; अतएव आत्मा का सर्वगतत्ववाद (विभुत्ववाद) आभासा-मात्र अर्थात् अपसिद्धान्त है।

शाङ्कर भाष्य में इस सूत्र के पाठ और अर्थ अन्य प्रकार से हैं; यथाः–आभास एव च।

जीव परमात्मा का आभास अर्थात् प्रतिबिम्बस्वरूप है, जीव जलस्थ सूर्य के प्रतिबिम्बसदृश है; एक जलसूर्य के कम्पित होने पर जैसे दूसरे जलसूर्य कम्पित नहीं होते हैं, तद्रूप एक जीवकृत कर्मों के साथ दूसरे जीवों का सम्बन्ध नहीं होता है।

जलस्थ सूर्य-प्रतिबिम्ब सूर्य ही की किरण अर्थात् उनका अंशमात्र है; प्रतिघात प्राप्त होकर दृष्टिपथ में पतित होता है; अतएव इस अर्थ में सूत्र का ऐसा पाठ भी समीचीन है।

परन्तु 'आभासा' पाठ न होकर 'आभास' पाठ होने से, उसके पश्चात् 'एव' शब्द न होकर 'इव' शब्द का रहना ही अधिक सङ्गत होता; कारण यह है कि, प्रतिबिम्ब ही निश्चय (एव) है, ऐसा कहना सूत्रकार का अभिप्रेत नहीं है, और न हो सकता है। जिसका प्रतिबिम्ब है, उससे भिन्न पदार्थ में ही प्रतिबिम्ब पतित हो सकता है; भिन्न पदार्थ के न रहने से प्रतिबिम्ब कौन ग्रहण करेगा? किन्तु परमात्मा ब्रह्म से पृथक् रूप से अस्तित्वशील पदार्थ वेदान्तमत में कुछ नहीं है; सुतरां वास्तव में उसके प्रतिबिम्ब का रहना असम्भव है। अतएव प्रतिबिम्ब सदृश, इस अर्थ में सूत्र के 'एव' शब्द के स्थल पर 'इव' शब्द करना पड़ेगा। परन्तु 'आभास एव' पाठ रखने पर 'आभास' शब्द का प्रसिद्ध आभिधानिक अर्थ 'सदृश (सादृश्ययुक्त)' अर्थ करने से ग्रन्थ के पूर्वापर सब उक्तियों के साथ सामञ्जस्य रक्षित होता है, एवं सूत्रार्थ यह होता है कि, जीव परमात्मा के सदृशमात्र है (ईषत् सादृश्ययुक्त-मात्र है- जिस भाँति अग्नि और तत्स्फुल्लिङ्ग हैं; मुण्डकश्रुति ने इस दृष्टान्त के द्वारा ही परमात्मा और जीव के सम्बन्ध की व्याख्या की है।) जीव विभु स्वभाव नहीं है; अतएव जिसका कर्म है वही तत्फल-भोक्ता हो सकता है।

२ अ०, ३ पाद, ५० सूत्रः- **अदृष्टानियमात्।।**

भाष्यः–सर्वगतात्मवादेऽदृष्टमाश्रित्यापि व्यतिकरो दुर्वारोऽदृष्टाऽनियमात्।।

अस्यार्थः–आत्मा के सर्वगतत्ववाद में अदृष्ट का अवलम्बन करने से भी कर्म

और कर्मभोग का व्यतिक्रम निवारित नहीं होता; कारण यह है कि, सभी आत्माओं के सर्वगत होने पर, वे सभी तुल्य होते; अदृष्ट किस आत्मा का अवलम्बन करेगा, इसका कोई नियम नहीं रह सकता।

शङ्कराचार्य ने भी सूत्र के फलितार्थ की इसी प्रकार व्याख्या की है। परन्तु बहु आत्मा के अस्तित्व को अस्वीकार कर पुरुष-बहुत्व को अस्वीकार कर–आत्मा की एकत्व-विवक्षा के द्वारा उनके मत के अवलम्बिगण इस सूत्रोक्त आपत्ति से अपने मत की कथञ्चित् रक्षा करने की चेष्टा कर सकते हैं; किन्तु इससे जी के जिस भेदसम्बन्ध को भगवान् वेदव्यासजी ने ४२ सूत्र में "अंशो नानाव्यपदेशात्" इत्यादि वाक्यों में स्थापित किया है, उसकी किसी प्रकार की संगति नहीं होती है, और शास्त्रोक्त विधिनिषेध वाक्य-समूह की भी सार्थकता नहीं रहती,–कर्मव्यतिक्रम भी वास्तव में निवारित नहीं होता है।

२ अ०, ३ पाद, ५१ सूत्रः–**अभिसन्ध्यादिष्वपि चैवम्।।**

भाष्यः–अहमिदं करिष्ये, इदं नेति सङ्कल्पादिष्वप्येवमनियमः।

अस्यार्थः–मैं ऐसा करूँगा, ऐसा नहीं करूँगा, इस प्रकार की अभिसन्धि (सङ्कल्पादि) के सम्बन्ध में भी आत्मा के सर्वगतत्ववाद में कोई नियम नहीं रह सकता।

२ अ०, ३ पाद, ५२ सूत्रः–**प्रदेशादिति चेन्नान्तर्भावात्।।**

भाष्यः–स्वशरीरस्थात्मप्रदेशात् सर्वं समञ्जसमिति चेन्न, तत्र सर्वेषामात्मप्रदेशा-नामन्तर्भावात्।

अस्यार्थः–यदि कहो कि, उन-उन शरीरावच्छिन्न आत्मप्रदेशों में ही सङ्कल्पादि हो सकते हैं, अतएव उनके द्वारा अभिसन्धि और कर्म के नियम की सङ्गति हो सकती है; ऐसा भी तो नहीं कह सकते; कारण यह है कि, सभी आत्मायें समस्त शरीरों के अन्तर्भूत हैं, अतएव किसी विशेष आत्मा को किसी विशेष देह में विशेष रूप से अन्तर्भूत कहकर निर्दिष्ट नहीं कर सकते। इसका कारण यह है कि, सभी आत्मायें समान भाव से सर्वगत हैं। अतएव जीवात्का का सर्वगतत्ववाद अपसिद्धान्त है।

इति जीवात्मनो ब्रह्मणोंऽशत्वनिरूपणाधिकरणम्।

इति वेदान्तदर्शने द्वितीयाध्याये तृतीयपादः समाप्तः।।

—•—

चतुर्थ पाद

इस पाद में ब्रह्म के सर्वकर्तृत्वप्रतिपादनार्थ इन्द्रियादि की भी तत्कर्तृक सृष्टि प्रमाणित होगी।

२ अ०, ४ पाद, १ सूत्रः–तथा प्राणाः।।

भाष्यः–करणोत्पत्तिश्चिन्त्यते खादिवादिन्द्रियाणि जायन्ते।।

अस्यार्थः–अब इन्द्रियादिकरण की उत्पत्ति का वर्णन किया जाता है:–आकाशादि भूतवर्ग की भाँति इन्द्रियसमूह भी ब्रह्म-द्वारा सृष्ट हुए हैं; तद्विषयक, श्रुति, यथा:–"एतस्माज्जायते प्राणो मनः सर्वेन्द्रियाणि च, खं वायुर्ज्योतिः" (मु० २ अ०, १ ख०) इत्यादि।

२ अ०, ४ पाद, २ सूत्रः–**गौण्यसम्भवात्।**

भाष्यः–"न च एतस्मादात्मन आकाशः सम्भूतः" इत्यादि सृष्टिप्रकरणे करणोत्पत्त्यऽश्रवणात् करणोत्पत्तिश्रुतिगौणीति वाच्यम्, उत्पत्तिश्रुतेर्भूयस्त्वा-देकविज्ञानेन सर्वविज्ञानप्रतिज्ञाविरोधाच्च गौण्यसम्भवात्।

अस्यार्थः–"एतस्मादात्मन आकाशः सम्भूतः" इत्यादि वाक्यों में तैत्तिरीय श्रुत्युक्त सृष्टिप्रकरण में (२ वल्ली) इन्द्रियग्राम की उत्पत्ति वर्णित न होने से, पूर्वोक्त "एतस्माज्जायते प्राणो मनः" इत्यादि श्रुतिवाक्यों में जो इन्द्रियों की उत्पत्ति कथित है, उसे गौणार्थ में समझना चाहिए–ऐसा सन्देह करना उचित नहीं है; कारण कि, श्रुतियों ने समस्त पदार्थों की उत्पत्ति का वर्णन पुनः पुनः किया है, वे दूसरी किसी श्रुति के द्वारा बाधा-प्राप्त नहीं हुई हैं, और एक के विज्ञान से ही सभी का विज्ञान होता है, यह कहकर श्रुति ने जो प्रथम प्रतिज्ञा की है (छा० ६ अ०, १ ख०) उसके साथ आपत्ति द्वारा लक्षित सिद्धान्त का किसी प्रकार से सामञ्जस्य नहीं होता है। अतएव इन्द्रियादि के उत्पत्तिविषयक वाक्यों का गौणार्थ में प्रयोग होना असम्भव है।

२ अ०, ४र्थ पाद, ३ सूत्रः–**तत्प्राक् श्रुतेश्च।।**

भाष्यः–तस्मिन् वाक्ये खादिषु मुख्यस्य क्रियापदस्येन्द्रियेष्वपि श्रुतेरिन्द्रियोद्भवो मुख्यः।

अस्यार्थः–"एतस्माज्जायते प्राणो मनः सर्वेन्द्रियाणि च, खं वायुः" इस (मु०, २, १ ख०) श्रुति में 'जायते' पद प्रथम ही उक्त हुआ है, तत्पश्चात् "ख (आकाश),

वायु, अग्नि" इत्यादि के पूर्व प्राण, इन्द्रिय इत्यादि का उल्लेख है; सुतरां "ख (आकाश) वायु" इत्यादि स्थलों में 'जायते' पद के मुख्यार्थ को ग्रहण करने के कारण इन्द्रियादि स्थलों में भी उसके मुख्यार्थ को ही ग्रहण करना पड़ेगा।

२ अ०, ४ पाद, ४ सूत्रः–**तत्पूर्वकत्वाद्वाचः।।**

भाष्यः–प्राणा खादिवदुत्पद्यन्ते वाक्प्राणमनसाम् "अन्नमयं हि सौम्य! मनः आपोमय प्राणस्तेजोमयी वाक्" इत्यनेन तेजोऽन्नपूर्वकत्वाभिधानात्।

अस्यार्थः–"अन्नमयं हि सौम्य! मनः, आपोमयः प्राणः, स्तेजोमयी वाक् (छा० ६ अ०, ५ ख०) (हे सौम्य! मनः अन्नमय है, प्राण आपोमय है, वाक् तेजोमय है) इत्यादि वाक्यों में मनः, प्राण और वाक्य के तेजः अप् और अन्नमयत्व का उल्लेख होने के कारण, एवञ्च तेजः प्रभृति की उत्पत्ति मुख्यार्थ में स्वीकार्य होने के कारण, प्राण की उत्पत्ति भी आकाशादि की भाँति मुख्यार्थ में ही कहना पड़ेगा।

इति प्राणोत्पत्त्यधिकरणम्।

—•—

२ य अ०, ४र्थ पाद ५ सूत्रः–**सप्तगतेर्विशेषितत्वाच्च।**

भाष्यः–तानि सप्तैकादशवेति संशये "प्राणमनूत्क्रामन्तं सर्वे प्राणा अनूत्क्रामन्ति" इतिगतेस्तत्र सप्तानामेव "न पश्यति न जिघ्रति न रसयते न वदति न श्रृणोति न मनुते न स्पृशते" इति विशेषितत्वाच्च सप्तैवेन्द्रियाणीति पूर्वपक्षः।

अस्यार्थः–प्राण (इन्द्रिय) सप्तसंख्यक अथवा एकादश संख्यक हैं, इस प्रकार की शङ्का पर इस सूत्र में पूर्वपक्ष द्वारा प्राणों को सप्त-संख्यक कहकर आपत्ति की गई है। "प्राण के देहत्याग करने पश्चात् सभी प्राण देह को परित्याग करते हैं" (बृ० ४ अ०, ४ ब्रा०), श्रुति ने इस प्रकार से प्राणों की गति का उल्लेख करके तत्पश्चात् सप्तविध प्राणों के देहपरित्याग का विशेष रूप से वर्णन किया है। यथाः–"तब वह नहीं देखता है, आघ्राण नहीं करता है, रसास्वादन नहीं करता है, बोलता नहीं है, श्रवण नहीं करता है, मनन नहीं करता है, और स्पर्श नहीं करता है"; इस प्रकार से श्रुति के स्पष्ट रूप से सप्तविध इन्द्रियों की उत्क्रान्ति की व्याख्या करने से, प्राण सप्तसंख्यक हैं, ऐसा कहना पड़ेगा। यह पूर्वपक्ष है।

२ य अ०, ४र्थ पाद, ६ सूत्रः–**हस्तादयस्तु स्थितेऽतो नैवम्।।**

भाष्यः–सप्तभ्योऽतिरिक्ते "हस्तो वै ग्रह"–इंत्यादिना निश्चिते

सप्तैवेन्द्रियाणीति नैवं मन्तव्यम्। "दशेमे पुरुषे प्राणा आत्मैकादशे"-ति श्रुतेः। एकादशेन्द्रियाणीति सिद्धान्तः।

अस्यार्थः–"श्रुति में "हस्तो वै ग्रहः" (बृ० ३ अ०, २ ब्रा०) इत्यादि वाक्यों में हस्त के भी इन्द्रियो में गृहीत होने से, और "दशेमे पुरुषे प्राणा आत्मैकादश" (पुरुष में दश प्राण हैं और आत्मा एकादश है) इत्यादि वाक्यों में प्राणों के सप्तसंख्यक से अधिक कहकर वर्णित होने से, प्राण अर्थात् इन्द्रिय एकादशसंख्यक हैं;–सप्तसंख्यक नहीं।"

इति इन्द्रियाणामेकादशत्वनिरूपणाधिकरणम्।

—•—

२ य अ०, ४ र्थ पाद, ७ सूत्रः–**अणवश्च**।।

भाष्यः–"सर्वे प्राणा उत्क्रामन्ति" इत्युत्क्रान्तिश्रुतेः प्राणा अणवः।

अस्यार्थः–"समस्त प्राण देह से उत्क्रान्त होते हैं" इस पूर्वोक्त श्रुति में प्राणसमूह की उत्क्रान्ति के वर्णन के कारण, प्राणसमूह भी अणु स्वभाव अर्थात् सूक्ष्म हैं।

इति इन्द्रियाणामणुत्वावधारणाधिकरणम्।

—•—

२ य अ०, ४र्थ पाद, ८ सूत्रः–**श्रेष्ठश्च**।।

भाष्यः–"श्रेष्ठो मुख्यः प्राणो वाव ज्येष्ठः श्रेष्ठश्च" इति श्रुतिप्रोक्तः प्राणो महाभूतादिवदुत्पद्यते। कुतः? "एतस्माज्जायते प्राणः" इति समानश्रुतेः।

अस्यार्थः–"मुख्य प्राण श्रेष्ठ तथा ज्येष्ठ है" (छा० ५ अ०) इत्यादि श्रुतिवाक्यों में जिस मुख्यप्राण का उल्लेख हुआ है, वह प्राण भी महाभूतादि की भाँति से उत्पन्न होता है; कारण यह है कि, "एतस्माज्जायते प्राणः" इत्यादि पूर्वोक्त श्रुतिवाक्यों में सभी की समान प्रकार से उत्पत्ति का उल्लेख हुआ है।

२ य अ०, ४र्थ पाद, ९ सूत्रः–**न वायुक्रिये पृथगुपदेशात्**।।

भाष्यः–वायुमात्रं करणं क्रिया वा प्राणो न भवति, किन्तु वायुरेवावस्थान्तरमापन्नः प्राण इत्युच्यते। "एतस्माज्जायते प्राणो मनः सर्वेन्द्रियाणि च, खं वायु"-रिति पृथगुपदेशात्।

अस्यार्थः–मुख्यप्राण वायु (अर्थात् साधारण बाह्य वायु, जो मिश्रित पदार्थ है),

अथवा इन्द्रिय अथवा इन्द्रियसमूह की सामान्यवृत्ति (एकीभूत व्यापार) नहीं है; यह मुख्य प्राण उक्त तीनों से भिन्न है; यह अवस्थान्तर-प्राप्त-वायु-नामक महाभूत है, कारण यह है कि, श्रुति ने इसके पार्थक्य का उपदेश किया है; यथा:–"एतस्माज्जायते **प्राणो** मनः सर्वेन्द्रियाणि च खं **वायुः**" "प्राणा एव ब्रह्मणश्चतुर्थपादः स वायुना ज्योतिषा भाति च तपति च" इत्यादि।

अहं–बुद्धियुक्त पुरुष वायुतन्मात्र का अवलम्बन कर स्थूलदेह में समता-प्राप्त होते हैं। अतएव वायवीय मरुदंशाश्रित अभिमानात्मक बुद्धि को 'मुख्यप्राण' शब्द का वाच्य कहकर निर्दिष्ट करना पड़ता है। इससे "यः प्राणः स वायुः, स एष वायुः पञ्चविधः प्राणोऽपानो व्यान उदानः समानः" (बृ० ३ अ०) इत्यादि श्रुतिवाक्यों का विरोध भी निवारित होता है। भाष्यकार श्रीनिवासाचार्य ने इस सूत्र के व्याख्यान में कहा है:–"न वायुमात्रं प्राणः, न च इन्द्रियव्यापारलक्षणा सामान्यवृत्तिः प्राणपदार्थः" किन्तु महाभूतविशेषो वायुरेवावस्थान्तरमापन्नः प्राणः। (परवर्ती १८ श संख्यक सूत्र की व्याख्या इस स्थल पर द्रष्टव्य है।)

२ य अ० ४र्थ पाद, १० सूत्रः–**चक्षुरादिवत्तु तत्सह शिष्ट्यादिभ्यः॥**

भाष्यः–श्रेष्ठोऽपि प्राणश्चक्षुरादिवज्जीवोपकरणविशेषः। कुतः? प्राणसंवादादिषु चक्षुरादिभिः सह प्राणस्य शिष्ट्यादिभ्यः शासनादिभ्यः।

अस्यार्थः–मुख्य प्राण के श्रेष्ठ होने पर भी, चक्षुःप्रभृति की भाँति, वह (प्राण) भी जीव का उपकरण-विशेष है। कारण, प्राणसंवाद प्रभृति में चक्षुरादि के साथ एक ही श्रेणी में मुख्य प्राण का भी उपदेश हुआ है। श्रुति, यथा:–"य एवायं मुख्यः प्राणः योऽयं मध्यमः प्राणः" इत्यादि।

२ य अ०, ४र्थ पाद, ११ सूत्रः–अकरणत्वाच्च न दोषस्तथाहि दर्शयति॥

भाष्यः–ननु प्राणस्य जीवोपकरणत्वे तदनुरूपकार्याभावेनाकरणत्वाद्दोष इति न, यतो देहेन्द्रियविधारणं प्राणासाधारणं कार्यम्। "अहमेवैतत् पञ्चधात्मानं विभज्यैतद्वाणमवष्टभ्य विधारयामी"-ति श्रुतिर्दर्शयति।

अस्यार्थः–परन्तु इन्द्रियाँ एकादशसंख्यक ही कहकर सिद्ध हुई हैं; मुख्य प्राण के भी करण होने से, द्वादश इन्द्रियाँ हो जाती हैं, उसका भी, दूसरी इन्द्रियों की भाँति कुछ कार्य निर्दिष्ट-रूप से रहना चाहिए; परन्तु मुख्य प्राण का ऐसा कोई कार्य रहना दृष्ट नहीं होता। अतएव वह इन्द्रिय नहीं है। इस आपत्ति के उत्तर में भगवान् सूत्रकार कहते हैं कि, चक्षुः प्रभृति जैसे 'करण' हैं मुख्यप्राण तद्रूप 'करण' नहीं है, यह सत्य

है; और इस कारण उसको साधारण कारणों में भुक्त नहीं कर सकते परन्तु ऐसा होने पर भी मुख्यप्राण को पूर्वसूत्र में 'चक्षुरादिवत्' कहने से किसी प्रकार का दोष नहीं उपजात होता है; इसका कारण यह है कि, मुख्य प्राण का भी उसी प्रकार का निर्दिष्ट कार्य है। यथा श्रुति ने कहा है :-"अहमेवैतत् पञ्चधात्मानं प्रविभज्यैतद्वाणमवष्टभ्य विधारयामि" इत्यादि (प्र० २ प्र०, ३ वा) (मुख्यप्राण ने कहा कि, मैं अपने को पञ्चधा विभक्त करके तद्विशिष्ट होकर शरीर में प्रविष्ट हो इसको विधारण कर रहा हूँ।) अतएव इन्द्रियादिविशिष्ट होकर शरीर धारण ही इसका कार्य है।

२ य अ०, ४र्थ पाद, १२ सूत्रः- **पञ्चवृत्तिर्मनोवद्व्यपदिश्यते।।**

भाष्यः-यथा बहुवृत्तिर्मनः स्ववृत्तिभिः कामादिभिः जीवस्योपकरोति, तथा अपानादिवृत्तिभिः पञ्चवृत्तिः प्राणोऽपि जीवोपकारकत्वेन व्यपदिश्यते।

अस्यार्थः-जैसे मन कामादि बहुवृत्तिविशिष्ट होकर जीव का कार्यसाधन करता है; वैसे ही पञ्चवृत्तियुक्त प्राण भी अपानादि पञ्चवृत्ति के साथ जीव के कार्यसाधनकारिरूप से श्रुति द्वारा उपदिष्ट हुआ है।

२य अ०, ४र्थ पाद, १३ सूत्रः-**अणुश्च।।**

भाष्यः-उत्क्रान्तिश्रुतेः प्राणोऽणुश्च।

अस्यार्थः-मुख्यप्राण की भी उत्क्रान्तिविषयक श्रुति है; अतएव मुख्य प्राण भी अणुप्रकृति अर्थात् सूक्ष्म है।

इति मुख्यप्राणस्वरूप-निरूपणाधिकरणम्।

—•—

२य अ०, ४र्थ पाद, १४ सूत्रः-**ज्योतिराद्यधिष्ठानं तु तदामननात्।।**

भाष्यः-वागादिकरणजातमग्न्यादिदेवताप्रेरितं कार्ये प्रवर्त्तते "अग्निर्वाग्भूत्वा मुखं प्रविशादि"-त्यादिश्रुतेः।

अस्यार्थः-वागादि करणसमूह अग्निप्रभृति देवताओंके द्वारा प्रेरित होकर, अपने-अपने कार्यों में प्रवृत्त होते हैं, श्रुति ने ऐसा ही उपदेश किया है। यथाः-"अग्निर्वाग्भूत्वा मुखं प्राविशत्" (ऐ० १ अ०, २ ख०) इत्यादि।

२ अ०, ४ पाद, १५ सूत्रः-**प्राणवता शब्दात्।।**

(प्राणवता=जीवेन प्राणानां सम्बन्धः; अतः जीवस्यैव भोक्तृत्वम्; शब्दात्=श्रुतेः।)

भाष्य:–जीवेनैवेन्द्रियाणां स्वस्वामिभाव: सम्बन्ध: स भोक्ता "अथ यत्रैतदाकाशमनुविषणं चक्षुष: पुरुषो दर्शनाय चक्षुरि"–त्यादिशब्दात्।

अस्यार्थ:–अग्निप्रभृति देवताओं के वागादि इन्द्रियों के प्रेरक होने पर भी, जीव ही के साथ इन्द्रियसमूह का स्वस्वामिभावसम्बन्ध है; वही उनका भोगकर्त्ता है; कारण, श्रुति ने ऐसा कहा है। यथा:–"अथ यत्रैतदकाशमनुविषणं चक्षुष: पुरुषो दर्शनाय चक्षु:" इत्यादि। [जहाँ वह आकाश (अवकाश, छिद्र) है, उसमें प्रविष्ट जो चक्षु: है, वह उस चक्षुरभिमानी पुरुष ही के रूपज्ञानार्थ है] इत्यादि।

२ अ०, ४ पाद, १६ सूत्र:–**तस्य नित्यत्वात्।**

भाष्य:–उक्तलक्षणस्य सम्बन्धस्य जीवेनैव नित्यत्वान्नत्वधिष्ठातृदेवताभि:।

अस्यार्थ:–उक्त सम्बन्ध जीवों के ही साथ नित्य है, कार्य में प्रवर्त्तक (अधिष्ठातृ) देवताओं के साथ नहीं; कारण यह है कि, श्रुति ने कहा है, "तमुत्क्रामन्तं प्राणोऽनूत्क्रामति प्राणमनूत्क्रामन्तं सर्वे प्राणा अनूत्क्रामन्ति (बृ० ४ अ०, ४ ब्रा०) इत्यादि।

२ अ०, ४ पाद, १७ सूत्र:–**त इन्द्रियाणि तद्व्यपदेशादन्यत्र श्रेष्ठात्।।**

(श्रेष्ठात् अन्यत्र=मुख्यप्राणं वर्जयित्वा, ते प्राणा इन्द्रियाणि, तद्व्यपदेशात्।)

भाष्य:–श्रेष्ठ प्राणभिन्नत्वेन तेषां प्राणानाम् "एतस्माज्जायते प्राणो मन: सर्वेन्द्रियाणि च" इति व्यपदेशात्, ते प्राणा इन्द्रियसंज्ञकानि तत्त्वान्तराणि, न तु श्रेष्ठवृत्तिविशेषा:।

अस्यार्थ:–मुख्य प्राण से भिन्न कहकर दूसरे प्राणसमूह के "एतस्माज्जायते प्राणो मन: सर्वेन्द्रियाणि" इत्यादि श्रुतिवाक्यों के द्वारा उपदिष्ट होने के कारण, शेषोक्त प्राणसमूह इन्द्रियशब्दवाच्य विभिन्न तत्त्व हैं; ये मुख्य प्राण के वृत्तिविशेष नहीं हैं।

२ अ०, ४र्थ पाद, १८ सूत्र:–**भेदश्रुतेर्वैलक्षण्याच्च।।**

भाष्य:–वागादिप्रकरणमुपसंहृत्य "अथ हेममासन्यं प्राणमूचुरि"–ति तेभ्यो वागादिभ्य: श्रेष्ठस्य प्राणस्य भेदश्रवणात् देहेन्द्रियादिस्थितिहेतो: श्रेष्ठात् घ्राणादीन्द्रियाणां विषयग्राहकत्वेन वैलक्षण्याच्च तानि तत्त्वान्तराणि।

अस्यार्थ:–दूसरे प्राणसमूह मुख्य प्राण से विभिन्न हैं; कारण, श्रुति ने इसकी श्रेष्ठता तथा विभिन्नता को स्पष्ट रूप से उपदिष्ट किया है; एवञ्च दूसरे प्राण (इन्द्रिय) समूह का धर्म बाह्य रूपादि विषयों का ज्ञानोत्पादन है, और मुख्य प्राण का धर्म देह तथा इन्द्रियादि का धारण करना है; अतएव दोनों के धर्म भी विभिन्न हैं; इस कारण

भी वे विभिन्न हैं। श्रुति, यथा, बृहदारण्यकोपनिषद् के प्रथम अध्याय के तृतीय ब्राह्मण में उक्त है कि, जब देवता और असुरगण एक दूसरे को अतिक्रम करने के इच्छुक हुए, तब देवगण के, (क्रम से वाक्, प्राण, चक्षुः, श्रोत्र तथा मन को उद्गातृ कर्म में नियुक्त कर,) असुरों को अतिक्रम करने की चेष्टा करने पर, असुरों ने उक्त वागभिमानी प्रभृति देवताओं को पापयुक्त किया; इस कारण, उनकी सहायता से देवगण कृतकार्य नहीं हो सके। तत्पश्चात् देवताओं ने मुख्य प्राण से उद्गातृ कर्म में नियुक्त होने के निमित्त प्रार्थना की, ("अथ हेममासन्यं प्राणमूचुस्तं न उद्गायेति")। तब मुख्य प्राण ने इसे स्वीकार कर, उद्गातृ कर्म को सम्पादित किया। असुरगण बहुप्रयास द्वारा भी उसको पापविद्ध नहीं कर सके) कारण बाह्य वस्तुओं के साथ इसका कोई साक्षात् सम्बन्ध नहीं है); सुतरां देवताओं की जय हुई। इसके द्वारा मुख्य प्राण का वागादि इन्द्रियों से पार्थक्य स्पष्ट रूप से प्रदर्शित हुआ है। एवञ्च इस मुख्य प्राण के सम्बन्ध में श्रुति ने इसी अध्याय में आगे कहा है कि, यह मुख्य प्राण "अङ्गानां हि रसः" (यह समस्त अङ्गों का रस अर्थात् सार है–देह और इन्द्रियों का धारक है)। इसके द्वारा श्रुति ने अन्यान्य इन्द्रियों से प्राण के कार्यवैलक्षण्य को भी प्रदर्शित किया है। इस श्रुति विचार से सिद्ध होता है कि, मुख्य-प्राण देह, इन्द्रिय तथा मन के परे है; परन्तु जीव में अहंवृत्ति ही देह, इन्द्रिय और मन के परे हैं; अन्तःकरण वृत्ति कहने से बुद्धितत्त्व तथा मनःसमन्वित अहंतत्त्व आभासित होता है; यह जीव देह में सूक्ष्म निर्मल मरुतत्त्व को अवलम्बन करके अवस्थिति करता है। अतएव, सूक्ष्म मरुत्तत्त्वसमन्वित अहंवृत्ति ही मुख्य-प्राण शब्द का वाच्य है; मृत्यु के समय इसके जीवदेह को परित्याग करने पर, दूसरे इन्द्रियसमूह जीवदेह को परित्याग करते हैं; बृहदारण्यकश्रुति ने चतुर्थ अध्याय के चतुर्थ ब्राह्मण में "तमुत्क्रामन्तं प्राणोऽनूत्क्रामति प्राणमनूत्क्रामन्तं सर्वे प्राणा अनूत्क्रामन्ति" इत्यादि वाक्यों के द्वारा इसी का उपदेश किया है।

इति इन्द्रियाणां स्वरूपावधारणाधिकरणम्।

—•—

२ अ०, ४ पाद, १९ सूत्रः–**संज्ञामूर्त्तिकक्लृप्तिस्तु त्रिवृत्कुर्वत उपदेशात्।।**

[संज्ञा नाम, मूर्त्तिराकृतिस्तयोः क्लृप्तिः व्याकरणं सृष्टिरित यावत्; तु अपि त्रिवृत्कुर्वतः परमेश्वरस्यैव; तदुपदेशात् "अनेन जीवेनात्मनोऽनुप्रविश्य नामरूपे व्याकरवाणि इति व्याकरणस्य परदेवता-कर्त्तृत्वोपदेशात्।]

भाष्यः–"सेयं देवतैक्षत हन्ताहमिमास्तिस्रो देवता अनेन जीवेनात्मनाऽनुप्रविश्य नामरूपे व्याकरवाणी"-ति "तासां त्रिवृतं त्रिवृतमेकैकां करवाणी"-ति

नामरूपव्याकरणमपि त्रिवृत्कुर्वतः परस्यैव कर्म। य एकैकां देवतां त्रिरूपामकरोत् स एव हि अग्न्यादित्यादीनां नामरूपकर्त्ता। कुतः? "सेयं देवते"–त्युपक्रम्य "अनेन जीवेनात्मनाऽनुप्रविश्य नामरूपे व्याकरवाणी"–ति व्याकरणस्य परदेवता-कर्त्तृकत्वोपदेशात्।।

अस्यार्थः–नाम और रूप के भेद से सृष्टि उस त्रिवृत्कर्त्ता परमेश्वर की ही है, जीव की नहीं; कारण, श्रुति ने इसका स्पष्ट उपदेश किया है। यथाः–"सेयं देवता" (वह ब्रह्म) इस प्रकार से वाक्यारम्भ कर, "अनेन जीवेनात्मना" इत्यादि वाक्यों के द्वारा (छा० ६ अ०, ३ ख०) श्रुति ने उन्हीं (परमेश्वर ही) के द्वारा अग्न्यादि देवताओं की सृष्टि और उनका त्रिवृत्करण तथा उनके नामरूप के प्रकाशन का वर्णन किया है।

२ अ०, ४ पाद, २० सूत्रः–**मांसादिभौमं यथाशब्दमितरयोश्च।।**

[मांसादिः त्रिवृत्कृतायाः भूमेः कार्यमेव, तत् यथाशब्दं श्रुत्युक्तप्रकारेणैव निष्पद्यते; इतरयोरप्तेजसोरपि कार्यं यथाशब्दं ज्ञातव्यमित्यर्थः।]

भाष्यः–तेषां त्रिवृत्कृतानां तेजोऽवन्नानां कार्याणि शरीरे शब्दादेवावगन्तव्यानि "भूमेः पुरीषं मांसं मनश्चेति अपां मूत्रं लोहितं प्राणश्चेति तजसोऽस्थिमज्जावाक् चेति"।

अस्यार्थः–तेजः, अप् और पृथिवी के त्रिवृत्करण–द्वारा (विमिश्रण द्वारा) शरीर के अङ्गसमूह गठित हैं, यह उक्त छान्दोग्य श्रुति ने कहा है; यथाः–"पृथिवी से पुरीष, मांस, मनः; अप् से मूत्र, शोणित और प्राण"; इसी प्रकार तेजः से अस्थि, मज्जा और वाक् उद्भूत होती हैं।

२ अ०, ४ पाद, २१ सूत्रः–**वैशेष्यात्तु तद्वादस्तद्वादः।।**

[विशेषस्य अधिकभागस्य भावो वैशेष्यं तस्मात्।]

भाष्यः–तेषां भेदेन ग्रहणं तु भागभूयस्त्वात्।

अस्यार्थः–महाभूतसमूह के विमिश्रण–द्वारा ही परिदृश्यमान पृथिवी, जल इत्यादि समस्त वस्तुयें रचित हुई हैं; परन्तु जिस भूत का अंश जिस वस्तु में अधिक परिमाण में रहता है, उसी भूत के नाम के अनुसार ही उस वस्तु का नाम होता है; और उस भूत से उस वस्तु की उत्पत्ति भी कही जाती है।

इति ब्रह्मणो व्यष्टिस्रष्टृत्वनिरूपणाधिकरणम्।

इति वेदान्तदर्शने द्वितीयाध्याये चतुर्थपादः समाप्तः।

—•—

उपसंहार

द्वितीयाध्याय के प्रथम पाद में ब्रह्म के श्रुति प्रसिद्ध जगत्कारणत्व के सिद्धान्त के प्रति अनुमान के आधार पर जो सब आपत्तियाँ हो सकती हैं, उनको भगवान् वेदव्यासजी ने खण्डित कर, ब्रह्म, जो जगत् का निमित्त तथा उपादान (उभयविध) कारण है, इसको प्रतिपादित किया है; एवञ्च जीव से ब्रह्म के विभिन्नत्व तथा श्रेष्ठत्व को प्रदर्शित किया है। सृष्टि और प्रलय जो अनादिकाल से चले आ रहे हैं; और, एक सृष्टि के प्रारम्भ होने पर, पूर्वसृष्टि के जीवसमूह, पुनः प्रकाशित होकर, प्रलय के पूर्वकालीन स्वकृत कर्मानुसार जो वर्तमान सृष्टि में भी कर्म में प्रवृत्त होकर, ईश्वर के नियन्तृत्वाधीन रहकर तत्फलसमूह भोगते हैं, इसको भी उन्होंने श्रुतिप्रमाण द्वारा प्रतिपादित किया है। द्वितीय पाद में सांख्योक्त प्रकृतिकारणवाद, वैशेषिकोक्त परमाणुकारणवाद, बौद्ध-मतावलम्बियों के क्षणिक-वाद, विज्ञानवाद तथा सर्वशून्यवाद, जैनमतावलम्बियों के जीवों का देहपरिमाणवाद तथा समस्त वस्तुओं का युगपत् अस्तित्वनास्तित्वादिवाद, पाशुपत्यों का अभिमत-ईश्वर का केवल निमित्तकारणत्ववाद, और जगत् का केवल शक्तिकारणत्ववाद, इन सभी का श्रीभगवान् वेदव्यासजी ने नानाविध युक्तियों के द्वारा खण्डन किया है; और इन सब मतों के अश्रौतत्व तथा अप्रामाणिकत्व को स्थापित किया है। तृतीय पाद में उन्होंने श्रुतिप्रमाण के आधार पर आकाशादि महाभूतसमूह की ब्रह्म से उत्पत्ति होने को अवधारित किया है, और जीव के अनादित्व को तथा ब्रह्म के साथ उसके भेदाभेद सम्बन्ध को, श्रुति और युक्ति के आधार पर व्यवस्थापित कर, जीव जो स्वरूपतः ब्रह्म का अंशमात्र है, ब्रह्म के सदृश विभुस्वभाव (सर्वगत) नहीं है, परन्तु अणुस्वभाव (परिच्छिन्न) है, किन्तु गुणविषय में विभु होने के योग्य है, इसको भी संस्थापित किया है। ब्रह्म के साथ जीव के भेदाभेद सम्बन्ध द्वारा प्रथमाध्यायोक्त ब्रह्म के द्वैताद्वैतत्व सिद्धान्त के भी पुष्टिसाधन तथा सामञ्जस्य को व्यवस्थापित किया है। चतुर्थ पाद में इन्द्रियादि के एकादशसंख्यकत्व को स्थापित कर, बुद्धि तथा इन्द्रियादि के ब्रह्मकारणत्व को श्रुति के आधार पर संस्थापित किया है, और मुख्यप्राण के भी स्वरूप को निर्णीत किया है; और अन्त में पञ्चमहाभूतों के पञ्चीकरण द्वारा प्रकाशित समस्त व्यष्टि देहादि की ब्रह्म से उत्पत्ति होने को उपदिष्ट किया है। (छान्दोग्य श्रुति में क्षिति, अप् और तेजः इन तीनों के दृष्टान्त मात्र के प्रदर्शित होने के पश्चात् इनके त्रिवृत्करण द्वारा जागतिक समस्त दृश्य वस्तुओं की उत्पत्ति वर्णित हुई है;) इसके अनुसार श्रीभगवान् वेदव्यासजी ने त्रिवृत्करण शब्द ही का सूत्र में उल्लेख किया है; परन्तु उक्त श्रुति में क्षिति अप् और तेजः के साथ वायु

और आकाश का भी भुक्त रहना भावतः उपदिष्ट हुआ है। प्रथमोक्त तीनों महाभूतों के ही साक्षात्सम्बन्ध में प्रत्यक्ष योग्य होने के कारण उन्हीं के साक्षात्सम्बन्ध में विमिश्रण के उपदेश-द्वारा, पञ्चमहाभूतों के विमिश्रण से जो प्रकाशित जगत् उत्पन्न हुआ है, इसी को ज्ञापित करना इस श्रुति का अभिप्राय है; सुतरां त्रिवृत्करण शब्द का अर्थ वास्तव में पञ्चीकरण है; अतः ब्रह्मसूत्र में भी इसी अर्थ में इसको समझना पड़ेगा)। जगत्सम्बन्धीय मुख्य ज्ञातव्य विषय सभी इस प्रकार से अवधारित हुए हैं।

द्वितीयाध्यायोक्त उपदेशसमूह का सारमर्म वर्णित हुआ। अब तृतीयाध्याय वर्णित होगा।

इति वेदान्तदर्शने द्वितीयाध्यायः समाप्तः।

तृतीय अध्याय

प्रथम पाद

[प्रथम और द्वितीय अध्यायों में ब्रह्म के जगत्कारणत्व, जीव के स्वरूप, जगत् के स्वरूप, ब्रह्म के साथ जीव के भेदाभेद-सम्बन्ध और ब्रह्म के द्वैताद्वैतत्व-सगुणत्व-निगुर्णत्व-वर्णित हुए हैं। अब तृतीयाध्याय में जीव की संसारगति तथा ब्रह्मोपासना-द्वारा संसारबंधन से मुक्ति और मोक्ष-लाभ का वर्णन होगा।]

३ अध्याय, १ पाद, १ सूत्रः-**तदनन्तरप्रतिपत्तो रंहति सम्परिष्वक्तः, प्रश्ननिरूपणाभ्याम्।**

[तदनन्तरप्रतिपत्तौ देहान्तरग्रहणार्थं, रंहति गच्छति, सम्परिष्वक्तः देहबीजभूतसूक्ष्मभूतैः परिवेष्टितः सन्; तत् प्रश्ननिरूपणाभ्यां निर्णीयते।]

भाष्यः-समन्वयाविरोधाभ्यां साध्ये निश्चिते; अथ साधनानि निरूप्यन्ते। सूत्रादौ वैराग्यार्थं स्वर्गादिगमनागमनादिदोषान् दर्शयति। उक्तलक्षणः प्राणादिमान् जीवो हि सूक्ष्मभूतसम्परिष्वक्त एव देहं विहाय देहान्तरं गच्छतीति "वेत्थ यथा पञ्चम्यामाहुतावापः पुरुषवचसो भवन्ती-" त्यादि प्रश्ननिरूपणाभ्यां गम्यते।

अस्यार्थः-स्वपक्ष के समन्वय और विरुद्धपक्ष के खण्डन द्वारा साध्यवस्तु-ब्रह्म-के सम्बन्ध में सिद्धान्त उपदिष्ट हुआ है; अब साधन निरूपित होगा। इसमें प्रथमतः वैराग्योत्पादन के निमित्त स्वर्गादिगमनागमनरूप दोषसमूह को सूत्रकारजी प्रदर्शित करते हैं:-पूर्वोक्त लक्षणयुक्त इन्द्रियादिविशिष्ट जीव, सूक्ष्म-भूतसमन्वित होकर देह परित्याग के पश्चात्, देहान्तर को प्राप्त होता है; यह, श्रुत्युक्त प्रश्न और उत्तर के द्वारा अवधारित होता है। छान्दोग्योपनिषद् के पञ्चम प्रपाठक के तृतीय खण्ड से दशम खण्डपर्यन्त पञ्चाग्नि-विद्या-वर्णन करते समय ये प्रश्नोत्तर वर्णित हुए हैं। प्रश्न, यथा:-"वेत्थ यथा पञ्चम्यामाहुतावापः पुरुषवचसो भवन्ति", (क्या तुम जानते

हो, पञ्चमसंख्यक आहुति में होम के कृत होने पर, वह आहुतिसाधन जल किस प्रकार से पुरुषवाचक होता है–पुरुषाकार में परिणत होता है?) तत्पश्चात् इस संवाद में इस प्रश्न के उत्तर को समाप्त कर श्रुति ने कहा है:–"इति तु पञ्चम्यामाहुतावापः पुरुषवचसो भवन्ति" (इस प्रकार से पञ्चम संख्यक आहुति से अप् पुरुषरूप में परिणत होता है), इत्यादि।

पञ्चाग्निविद्या में उक्त है कि द्विजातियों के सम्बन्ध में सायं और प्रातःकाल में जिस अग्निहोत्र क्रिया का विधान है, उसमें पयः प्रभृति के द्वारा जो आहुति प्रदत्त होती है, उसके फल से, देहांत होने पर, जीव, सूक्ष्म अप् द्वारा परिवेष्टित होकर धूम के साथ अन्तरिक्ष में गमन करते हैं; वे धूमादि नाम से प्रसिद्ध दक्षिणमार्ग को प्राप्त होकर, क्रमशः चन्द्रलोक को प्राप्त होते हैं; वहाँ पुण्यफलसंभोग के पश्चात्, पुण्य के क्षय होने पर सूक्ष्म अप्-रूप देह का आश्रय ग्रहण कर, पुनः आकाश में पतित होते हैं; आकाश से वायु, वायु से धूम, धूम से अभ्र, अभ्र से मेघरूप को प्राप्त होते हैं; तत्पश्चात् वे जल होकर पृथिवी पर पतित होते हैं; तत्पश्चात् व्रीहि प्रभृति का आश्रय ग्रहण करके पुरुष द्वारा भक्षित होते हैं; और क्रमशः पुरुषों के रेतोरूप को प्राप्त हो स्त्री-गर्भ में प्रविष्ट हो दशम मास के अन्त में भूमिष्ठ होते हैं। सूत्रकार कहते हैं कि, यह जो जल शब्द व्यवहृत हुआ है, वह केवल जलवाची नहीं है; इस जल शब्द का अर्थ सूक्ष्म पञ्चमहाभूत है; जल का अंश अधिक परिमाण में रहने ही के कारण, वह मिश्रित पदार्थ जलनाम से ही आख्यात हुआ है; श्रुति का अभिप्राय यह है कि जीव, जलांशप्रधान सूक्ष्मभूतसमूह के द्वारा परिवेष्टित होकर, धूममार्ग में उड्डीन हो चन्द्रलोकाभिमुख दक्षिण दिशा की ओर गमन करते हैं। परन्तु उस पञ्चाग्नि विद्या में श्रुति ने कहा है कि, ज्ञानी ब्रह्मोपासक, पञ्चमाहुति में आहवनीय अप्-स्वरूप से, स्वीय अन्तःकरण-निहित श्रद्धा का ध्यान करते हैं, और द्युर्लोकादि लोकों का यज्ञीय अग्निरूप में ध्यान करते हैं; इसी भाँति पर्जन्य, पृथिवी, पुरुष और स्त्री का प्रथम चार आहुतियों में तर्पणीय अग्नि-स्वरूप में, और सोम, वृष्टि अन्न तथा रेतः का आहवनीय द्रव्यरूप में ध्यान करते हैं; अग्निहोत्र के यज्ञाग्निसम्बन्धीय समिध्, धूम, अर्च्चि, अङ्गार तथा विस्फुल्लिङ्ग का विराट् पुरुष के अङ्गीभूत आदित्यादि रूप में ध्यान करते हैं। जो लोग इस प्रकार ब्रह्मविद्यासम्पन्न हैं, वे, देहान्त होने पर, अर्चिरादि उत्तर मार्ग में गमन पर ब्रह्मलोक को प्राप्त होते हैं; और जो लोग अरण्य में गमन कर अग्निहोत्र के परित्याग-द्वारा तपस्या का अवलम्बन करते हैं, वे भी इसी अर्चिरादि मार्ग को प्राप्त होते हैं। यही पञ्चाग्नि विद्या के नाम से प्रसिद्ध है। यह विद्या बृहदारण्यक उपनिषद् के षष्ठाध्याय के द्वितीय ब्राह्मण में भी उक्त हुई है।

३ अ०, १ पाद, २सूत्र:-**त्र्यात्मकत्वात्तु भूयस्त्वात्।।**

[त्र्यात्मकत्वात्, अपां त्रिवृतत्वात् पृथिव्यादीनामपि ग्रहणम्; भूयस्त्वात् बाहुल्यादेव अप्-ग्रहणं बोध्यम्।]

भाष्यः-त्रिवृत्करणश्रुत्याऽपां त्र्यात्मकत्वादितरयोरपि ग्रहणं, केवलाप्-ग्रहणं तु तद्भूयस्त्वादुपपद्यते।।

अस्यार्थः-"त्रिवृतं त्रिवृतमेकैकां करवाणि" (भूतसमूह के त्रिवृत्करण के द्वारा प्रत्येक वस्तु की सृष्टि की गई है) (छा० ६ अ०, ३ ख०), इत्यादि वाक्यों से श्रुति-द्वारा जल को त्रिवृत्कृत वस्तु कहकर वर्णित करने से, अप् के अपर भूतों के साथ मिलित वस्तु होने को कारण, अपर सूक्ष्म भूतसमूह भी जीव के अनुगामी होते हैं, ऐसा समझना; केवल अप् शब्द के गृहीत होने का अभिप्राय यह है कि, सूक्ष्मदेह में अप् ही का आधिक्य रहता है।

३ अ०, १पाद, ३ सूत्र :-**प्राणगतेश्च।।**

भाष्यः-"तमुत्क्रामन्तं सर्वे प्राणा अनुत्क्रामन्ति" इति प्राणगतिश्रवणाच्च भूतसूक्ष्मपरिवृत एव गच्छति।

अस्यार्थः-"जीव के उत्क्रान्त होने पर, उसके साथ इन्द्रियसमूह भी उत्क्रान्त होते हैं" (बृ० ४ अ०, ३ ब्रा०) इस श्रुति में जीवों के साथ इन्द्रियों की भी गति के उपदिष्ट होने से, (भूतावलम्बन के बिना इन्द्रियाँ नहीं रह सकती हैं, इस कारण,) यह सिद्ध होता है कि भूतसूक्ष्म-परिवृत होकर, जीव, मृत्युकाल में, देह से उत्क्रांत होता है।

३ अ०, १ पाद, ४ सूत्र:-**अग्न्यादिगतिश्रुतेरिति चेन्न भाक्तत्वात्।**

भाष्यः-"यत्रास्य पुरुषस्य मृतस्याग्निं वागप्येति वातं प्राणश्चक्षुरादित्यम्" इत्यादिना वागादीनामग्न्यादिषु गतेर्लयस्य श्रवणान्न तेषां जीवेन सह गमनमिति चेन्न, अग्न्यादिगतिश्रुतेः "ओषधिर्लोमानि वनस्पतीन् केशा" इति सहपाठेन भाक्तत्वात्।

अस्यार्थः-"मृत पुरुष की वाक् अग्निदेवता में, प्राण वायुदेवता में, चक्षुः आदित्यदेवता में लय प्राप्त होते हैं" (बृ० ३य अ०, २य ब्रा०) इत्यादि श्रुतिवाक्यों में मृत व्यक्ति की वागादि इन्द्रियों के अग्न्यादि देवताओं में लय होने का उल्लेख है, अतएव, यह नहीं कहा जा सकता कि जीवों के साथ इनका गमन होता है; इस प्रकार

की आपत्ति संगत नहीं है; कारण, उक्त अग्न्यादिप्राणित-बोधक वाक्यों के साथ ही साथ यही उक्ति है:-"लोमसमूह औषधादि को प्राप्त होते हैं, केशसमूह वनस्पति को प्राप्त होते हैं, इत्यादि। एवञ्च सभी के एक ही साथ उक्त होने से यह सिद्ध होता है कि, वागादि के अग्न्यादि-देवता-प्राप्तिवाचक शब्दसमूह मुख्यार्थ में व्यवहृत नहीं हुए हैं, गौणार्थ में उनका प्रयोग हुआ है।

३ अ०, १ पाद, ५ सूत्र:-**प्रथमेऽश्रवणादिति चेन्न ता एव ह्युपपत्तेः।**

भाष्यः-प्रथमे अग्नावपामश्रवणात् कथं पञ्चम्यामाहुतौ तासां पुरुषभाव इति चेन्न, यतः श्रद्धाशब्देन ता एवोच्यन्ते, उपक्रमाद्यनुपपत्तेः।

अस्यार्थः-"तस्मिन्नेतस्मिन्नग्नौ देवाः श्रद्धाः जुह्वति" (इस अग्नि में देवतासमूह श्रद्धा की आहुति देते हैं) (छा० ५ अ०, ४ ख०),-इस वाक्य में पञ्चमाहुति में "श्रद्धा" ही हवनीय वस्तुरूप से वर्णित हुई है, अप् नहीं; अतएव, पञ्चमाहुति में अप् का पुरुषाकार में परिणत होना कैसे सम्भव है? ऐसी आपत्ति नहीं हो सकती; कारण, प्रत्यक्ष अग्नि में हवनीय द्रव्य अप् ही श्रद्धाशब्द-वाचक है; इस अर्थ के ग्रहण से आद्योपान्त ग्रन्थ का सामञ्जस्य होता है, नहीं तो नहीं। "श्रद्धा वा आपः" इत्यादि श्रुतिवाक्यों में श्रद्धा शब्द का अप् अर्थ भी प्रसिद्ध है।

३ अ०, १ पाद, ६ सूत्र:-**अश्रुतत्वादिति चेन्नेष्टादिकारिणां प्रतीतेः।।**

भाष्यः-भूतसम्परिष्वक्तो जीवो रंहतीति न वक्तुं शक्यमवादिवज्जीवस्याश्रवणादिति चेन्न, "इष्टापूर्ते दत्तमित्युपासते ते धूममभिसम्भवन्ती"-त्यादिर्नेष्टादिकारिणां धूममार्गेण चन्द्रलोकप्राप्तिर्निरूप्यते एव सोमशब्देन श्रुत्या निरूप्यन्ते "एष सोमो राजा सम्भवती"-ति अत्रापि सोमो राजा सम्भवतीत्यनेन प्रतीतेः।।

अस्यार्थः-जीव सूक्ष्मभूत-परिवृत होकर देह से उत्क्रांत होता है, ऐसा नहीं कहा जा सकता; कारण, अप् प्रभृति की भाँति जीव के गमन का उल्लेख नहीं है। इस प्रकार की आपत्ति संगत नहीं है; कारण, "इष्ट तथा पूर्त्त कर्मों को सम्पादित कर जो लोग उनकी उपासना करते हैं, वे धूममार्ग को प्राप्त होते हैं" (छा० ५ प्र०, १० ख०) इत्यादि श्रुतिवाक्यों में इष्ट और पूर्त्त-कर्मकारी जीवों की धूममार्ग-द्वारा चन्द्रलोक-प्राप्ति अवधारित हुई है। 'सोमराज' शब्द के द्वारा चन्द्रलोक ही में गमन श्रुति ने निरूपित किया है; यथा उक्त छान्दोग्य श्रुति ने कहा है:-"एष सोमो राजा सम्भवति" इत्यादि। अतएव, जीव के साथ ही भूतसूक्ष्मसमूह गमन करते हैं। (यागादि के उपलक्ष में जो

दान होता है उसको 'इष्ट' कर्म कहते हैं; वापी-कूपादि-प्रतिष्ठा को "पूर्त्त" कर्म कहते हैं। अग्निहोत्र-उपासना भी इष्ट कर्म है, सुतरां इष्टकर्मकारी जीवों के सम्बन्ध में चन्द्रलोक-प्राप्ति के उपदिष्ट होने से, जीव ही भूतसूक्ष्म-परिवृत होकर चन्द्रलोक में गमन करते हैं, यह प्रतिपन्न होता है।)

३य अ०, १म पाद, ७ सूत्रः-**भाक्तं वाऽनात्मवित्त्वात् तथा हि दर्शयति।।**

भाष्यः–केवलकर्मिणामनात्मवित्त्वाद्देवान् प्रति गुणभावे सति "तद्देवानामन्नं तं देवा भक्षयन्ति" इति इष्टादिकारिणामन्नत्वेन भक्षत्वं भाक्तम्। "पशुरेव स देवानाम्" इति श्रुतेः।

अस्यार्थः–जो लोग केवल कर्ममार्गावलम्बी हैं, अनात्मवित् होने के कारण, वे देवताओं के सम्बन्ध में आनन्दवर्द्धक (भोगोपकरणवत्) होते हैं; अर्थात्, देवलोक में गमन कर, वे देवताओं का आनन्द-वर्द्धन करते हैं। अतएव, उक्त छान्दोग्य श्रुति में "मृतव्यक्ति देवताओं का अन्न होता है, उसको देवता भक्षण करते हैं" (५ अ०, १० ख०, ४) इत्यादि वाक्यों में इष्टादिकर्मकारी व्यक्ति के जो भक्षणीयत्व का उल्लेख है, वह वास्तव में आहार्य अर्थ का बोधक नहीं है; यह केवल देवताओं की संख्या-वृद्धि द्वार पुष्टि साधन का बोधक है; ये देवताओं की प्रीति को उत्पादित करते हैं, केवल यही उसका आशय है; कारण यह है कि श्रुति ही ने "वे देवताओं के पशुस्वरूप हैं" (बृ० १ अ०, ४ ब्रा०) इत्यादि वाक्यों के द्वारा ऐसा प्रदर्शित किया है।

इति सकामजीवस्य देहान्ते सूक्ष्मदेहावलम्बनपूर्वक-चन्द्रलोकप्राप्तिनिरूपणाधिकरणम्।

—•—

३ अ०, १ पाद, ८ सूत्रः-**कृताऽत्ययेऽनुशयवान् दृष्टस्मृतिभ्यां यथेतमनेवं च।।**

[कृत-अत्यये (आमुष्मिकफलप्रदकर्मक्षये सति), अनुशयवान् (ऐहिकफलप्रदकर्मवान् पुरुषः), यथा एतं (यथागतं येन मार्गेण गतवान्) अनेवं च (तद्विपर्ययेण तेनैव मार्गेण प्रत्यवरोहति), दृष्टस्मृतिभ्याम् (श्रुतिस्मृतिभ्याम् एतज्ज्ञायते) इत्यर्थः।]

भाष्यः–आमुष्मिकफलप्रदकर्मक्षये सति ऐहिकफलप्रदकर्मवात् यथा गतमनेवं च प्रत्यवरोहति, "तद्प इह रमणीयचरणा अभ्यासो ह यत्ते रमणीयां योनिमापद्येरन्नि"-त्यादिश्रुतेः। "वर्णाः आश्रमाश्च स्वकर्मनिष्ठाः प्रेत्य कर्मफलमनुभूय

ततः शेषेण विशिष्टजातिकुलरूपायुः श्रुतवृत्तवित्तसुखमेधयो जन्म प्रतिपद्यन्ते" इति स्मृतेश्च।

अस्यार्थः–चन्द्रलोकादि–प्राप्तिरूप फलप्रद कृतकर्मसमूह के भोग द्वारा क्षयप्राप्त होने पर, ऐहिक–फलप्रद कर्मों से युक्त होकर, जीवों ने, मृत्यु के पश्चात्, जिस पथ के अवलम्बन द्वारा चन्द्रलोकादि में गमन किया था, उसी पथ के अवलम्बन द्वारा वे पृथिवी में प्रत्यावर्तन करते हैं; यह श्रुति तथा स्मृति दोनों के द्वारा अवधारित हुआ है। श्रुति, यथा:–"तद्य इह रमणीयचरणा अभ्यासो ह यत्ते रमणीयां योनिमापद्येरन्" (छा० ५ प्र०, १० ख०) [जो लोग इस लोक में पुण्यकर्मकारी (रमणीय "चरण"–सम्पन्न) हैं, वे (चन्द्रलोक भोग करने के पश्चात्) अवशिष्ट कर्मों के द्वारा क्रूरतादिवर्जित रमणीय योनि को प्राप्त होते हैं] इत्यादि। स्मृति, यथा:–"वर्णाः आश्रमाश्च स्वकर्मनिष्ठाः प्रेत्य कर्मफलमनुभूय...." इत्यादि; अर्थात् ब्राह्मणादि वर्ण और ब्रह्मचर्यादि आश्रमी स्वीय स्वीय आश्रमोचित विहित कर्मों को संपादित कर, चन्द्रलोकादि में उन सब कर्मों के फलों को भोग कर, भुक्तावशिष्ट कर्मों के प्रभाव से विशिष्ट जाति, कुल और आयु को प्राप्त होकर तथा सदाचार, श्रीसम्पन्न और मेधावी होकर जन्म ग्रहण करते हैं।

जो कर्म इस जन्म में कृत होते हैं वे दो प्रकार के हैं:–कोई–कोई कर्म इस प्रकार के हैं कि उनके फल इस लोक में नहीं भोगे जा सकते; अति शुभकर्म होने से, उनके फल स्वर्ग में भोग्य होते हैं, और अति अशुभ होने से उनके फलरूप दुःख नरक में भोग्य होते हैं। एवञ्च, कुछ कर्म ऐसे हैं, जिनसे जीवों को इस लोक में उनके अनुरूप भोगोपयोगी देहप्राप्ति होती है। ये सब "अनुशय" के नाम से वर्णित हुए हैं; "अनुशय" शब्द से, परलोक में भोग करने के पश्चात् अवशिष्ट जो इस लोक में भोगोत्पादक कर्म रहते हैं, ये ही समझे जाते हैं।

३ अ०, १ पाद ९ सूत्र:–**चरणादिति चेन्नोपलक्षणार्थेति कार्ष्णाजिनिः।।**

भाष्यः–ननु "रमणीयचरणा" इत्यत्र चरणमाचारस्तस्मादेवेष्टसिद्धौ न सानुशसस्यावरोहः सम्भवतीति चेन्न, यतश्चरणश्रुतिः कर्मोपलक्षणार्था, इति कार्ष्णाजिनिर्मन्यते।।

अस्यार्थः-परन्तु पूर्वोक्त "रमणीयचरणा रमणीयां योनिमापद्येरन्" "कपूयचरणा कपूयां योनिमापद्येरन्" (जिनके रमणीय "चरण" हैं, उनको रमणीय योनि प्राप्त होती है, और जिनके कुत्सित "चरण" हैं उनको कुत्सित योनि प्राप्त होती है) इत्यादि श्रुति

वाक्यों में जो 'रमणीयचरण' शब्द व्यवहृत है, उस 'चरण' शब्द का अर्थ आचरण है। उत्तम आचरण-सम्पन्न पुरुष उत्तम जयलाभ करते हैं,-इस प्रकार का अर्थ करने से जब वाक्य का आशय प्रकाशित होता है, तब उस "चरण" शब्द का "अनुशय-कर्म" अर्थ कर, अनुशय (अर्थात् भुक्तफल कर्मों के अतिरिक्त) कर्मों के साथ, जीव अगमन करता है, ऐसा कहना अनावश्यक है; इस प्रकार की आपत्ति संगत नहीं है; कारण, "चरण" श्रुति में लक्षणा-द्वारा उक्त "अनुशय" ही उपलक्षित हुआ है, ऐसा कृष्णाजिनि मुनि कहते हैं।

३ अ०, १ पाद, १० सूत्रः-**आनर्थक्यमिति चेन्न तदपेक्षत्वात्।**

भाष्यः-ननु तथात्वे चरणस्यानर्थक्यं स्यादिति चेन्न कर्मणां चरणापेक्षत्वात्।

अस्यार्थः-परन्तु ऐसा कहने पर, आचरण की निष्फलता होती है, इस प्रकार की आपत्ति संगत नहीं है; कारण, कर्म सदाचार की अपेक्षा करता है; आचार-संपन्न व्यक्ति के अतिरिक्त और कोई वैदिक यागादि के अनुष्ठान-द्वारा पुण्य-लाभ करने में समर्थ नहीं होते हैं। "आचारहीनं न पुनन्ति वेदा" इत्यादि श्रुतिवाक्य इसके प्रमाण हैं।

३ अ०, १ पाद, ११ सूत्रः-**सुकृतदुष्कृते एवेति तु वादरिः।।**

भाष्यः-सुकृत-दुष्कृते कर्मणी चरणशब्देनोच्येते इति वादरिः।

अस्यार्थः-वादरि मुनि कहते हैं कि उक्त श्रुति में "चरण" शब्द सुकृति और दुष्कृति, दोनों का बोधक है। स्वर्गोत्पादक न होने पर, वह इस लोक में फल प्रदान के निमित्त जीवों का अनुवर्त्ती होता है।

इति जीवस्यानुशयवत्त्वेन पृथिव्यां पुनरावृत्ति-निरूपणाधिकरणम्।

—•—

३य अ०, १म पाद, १२ सूत्रः-**अनिष्टादिकारिणामपि च श्रुतम्।।**

भाष्यः-अनिष्टादिकारिगतिश्चिन्त्यते। तत्र तावत् पूर्वः पक्षः; निषिद्धसक्तानां विहितविरक्तानां दुष्टानामपि "ये वै के चास्माल्लोकात् प्रयन्ति चन्द्रमसं, ते सर्वे गच्छन्ती" ति गमनं श्रुतम्।

अस्यार्थः-अब अनिष्टकर्मकारी पुरुषों की गति अवधारित की जाती है। प्रथमतः, पूर्वपक्ष यह है कि, अनिष्टकर्मकारी पुरुष भी चन्द्रलोक में जाते हैं, यह कहना चाहिए; कारण, श्रुति ने कहा है कि जो कोई लोक से जाता है, उसको चन्द्रलोक प्राप्त होता है (कौषितकी १ अ०)।

३ अ०, १ पाद, १३ सूत्रः–**संयमने त्वनुभूयेतरेषामारोहावरोहौ तद्गतिदर्शनात्।।**

[संयमने यमालये, अनुभूय यातनामनुभूय, इतरेषाम् अनिष्टकारिणाम् आरोह–अवरोहौ; तद्गतिदर्शनात् यमलोकगमनं श्रुतत्वात्।]

भाष्यः–यमालये दुःखमनुभूयानिष्टादिकारिणां चन्द्रमण्डलारोहावरोहौ, "पुनः पुनर्वशमापद्यतेमे, वैवस्वतं संयमनं जनानामि"–त्यादिषु यमालयगमनदर्शनात्।

अस्यार्थः–(तब यह स्वीकार करना होगा कि) अनिष्टकर्मकारी लोग पहले यमालय में यातना अनुभव करते हैं; तत्पश्चात् उनके चन्द्रलोक में आरोहण और वहाँ से अवरोहण होते हैं; कारण, श्रुति ने उनकी यमलोक-गति को प्रमाणित किया है; यथाः–"ये लोग, यम के वशीभूत होकर, पुनः पुनः उनकी संयमन नामक पुरी में गमन करते हैं" इत्यादि। (यह भी पूर्वपक्ष है।)

३ अ०, १ पाद, १४ सूत्रः–**स्मरन्ति च।।**

भाष्यः–पराशरादयः यमवश्यत्वं स्मरन्ति।

अस्यार्थः–पराशरादि स्मृतिकारों ने भी ऐसा कहा है। यथाः–"सर्वे चैते वशं यान्ति यमस्य भगवन् किल" इत्यादि।

३ अ०, १ पाद, १५ सूत्रः–**अपि सप्त।।**

भाष्यः–रौरवादीन् सप्तनरकानपि स्मरन्ति।

अस्यार्थः–स्मृति ने उल्लेख किया है कि, रौरवादि सप्तविध नरकपुरियाँ हैं; ये अनिष्टकारी पापियों के निमित्त हैं; ऐसा उक्त हुआ है।

३ अ०, १ पाद, १६ सूत्रः–**तत्रापि च तद्व्यापारादविरोधः।।**

[तत्रापि तेषु नरकेषु अपि तस्य यमस्य व्यापारात् कर्त्तृत्वाभ्युपगमात् अविरोधः।]

भाष्यः–रौरवादिष्वपि चित्रगुप्तादीनामधिष्ठातृणां यमायत्ततया यमस्यैव व्यापारात्तत्राऽन्येऽप्यधिष्ठातार इति नास्ति विरोधः।।

अस्यार्थः–यह सत्य है कि रौरवादि में चित्रगुप्त प्रभृति का अधिकार रहना शास्त्र में वर्णित है, परन्तु उन समस्त नरकों के ऊपर भी यम का कर्त्तृत्व है; सुतरां यमपुरीगमनविषयक वाक्यों के साथ इसका कोई विरोध नहीं है। अपर अधिष्ठातृगण यम के अधीन हैं।

३ अ०, १ पाद, १७ सूत्रः-**विद्याकर्मणोरिति तु प्रकृतत्वात्।।**

[विद्याकर्मणोः यथाक्रमं देवयानपितृयानपथोः प्राप्तित्वं "अथैतयोः पथोः" इत्यादिवाक्ये उक्तं, तयोरेव प्रकृतत्वात् उक्तत्वात्।]

भाष्यः-अथ राद्धान्तः। पञ्चाग्निविद्यायाम् "अथैतयोः पथोर्न कतरेण च तानीमानि क्षुद्राणि असकृदावर्त्तीनि भूतानि भवन्ति जायस्व म्रियस्वेत्येतत्तृतीयं स्थानं तेनाऽसौ लोको न सम्पुर्यते" इत्यनिष्टादिकारिणमनवरोहं दर्शयति। पथोरिति च विद्याकर्मणोर्निर्देशस्तयोः प्रकृतत्वात्। "तद्य इत्थं विदुरि"-ति देवयानः पन्था "इष्टापूर्त्तं दत्तमि"-ति पितृयानस्तयोरन्यतरेणापि ये न गच्छन्ति तानीमानि तृतीयस्थानभाञ्जिभूतानीति पापिनां चन्द्रगतिर्नास्तीति वाक्यार्थः।

अस्यार्थः-अब सूत्रकार इस पूर्वपक्ष का सिद्धान्त कहते हैं:-छान्दोग्योपनिषदुक्त पञ्चाग्निविद्याकथन के उपलक्ष में यह वाक्य है; यथा:-"और इन दो (देवयान और पितृयान) पथों के द्वारा जो जाने के अयोग्य हैं, वे पुनः पुनः संसार में आवर्तन कर, क्षुद्र मशकादि योनि को प्राप्त होते हैं, जन्मग्रहण के पश्चात् शीघ्र ही मृत्यु को प्राप्त होते हैं; यह (चन्द्रलोक और पितृलोक के अतिरिक्त) तृतीय स्थान है। ये लोग चन्द्रलोक में जा नहीं सकते। इस कारण चन्द्रलोक परिपूर्ण नहीं होता" (छा० ५ अ०, १० ख०)। इस वाक्य के द्वारा यह प्रदर्शित हुआ है कि अनिष्टकारी व्यक्तियों का चन्द्रलोक में गमन अथवा वहाँ से अवरोहण नहीं होता। उक्त वाक्य में जिन दो मार्गों का पहले उल्लेख है, वे क्रम से विद्या द्वारा प्राप्य देवयान-पथ और इष्टापूर्त कर्म द्वारा प्राप्य पितृयान-पथ हैं; कारण, उक्त प्रकरण के प्रारम्भ में विद्या और कर्म ही का उल्लेख है। "जो यह जानते हैं," इस वाक्य के द्वारा ज्ञानियों के लिए देवयान-पथ और "जो इष्टापूर्त्तदानकारी है", इस वाक्य के द्वारा यज्ञादि-विहित कर्मकारियों के लिए पितृयान-पथ उपदिष्ट हुए हैं; जो लोग इन दो मार्गों के द्वारा जाने के अयोग्य हैं, वे ही तृतीय स्थान प्राप्त होने के योग्य पापी जीव हैं; इनको चन्द्रलोक-प्राप्ति नहीं होती है, यही श्रुतिवाक्यों का आशय है।

३ अ०, १ पाद, १८ सूत्रः-**न तृतीये; तथोपलब्धेः।।**

भाष्यः-तृतीये स्थानेऽनिष्टादिकारिदेहारम्भार्थमपि पञ्चमाहुत्यपेक्षा नास्ति श्रद्धादिक्रमप्राप्तां पञ्चमाहुतिं विनाऽपि "जायस्वे"-ति देहारम्भोपलब्धेः।

अस्यार्थः-इस तृतीय स्थान की प्राप्ति के कारण पञ्चाहुति की आवश्यकता नहीं है; क्रम से प्राप्त श्रद्धा प्रभृति आहुतियों के बिना भी देह के उत्पन्न होने के संबंध में उक्त प्रकरण में जो 'जायस्व' इत्यादि वाक्य हैं, उनके द्वारा ऐसा ही सिद्ध होता है।

३ अ०, १ पाद, १९ सूत्रः-**स्मर्यतेऽपि लोके**।।

भाष्यः-"यज्ञे द्रोणविनाशाय पावकादिति नः श्रुतमि"-त्यादिना इष्टादिकारिणामपि धृष्टद्युम्नप्रभृतीनां पञ्चमाहुतिं विनैव देहोत्पत्तिः स्मर्यते।

अस्यार्थः-संसार में ऐसी स्मृति-प्रसिद्धि है:-द्रोण के विनाश के कारण, यज्ञाग्नि से धृष्टद्युम्न प्रभृति ने जन्म ग्रहण किया था, यह हम लोगों ने सुना है," इसके द्वारा इष्टकर्मकारी धृष्टद्युम्न प्रभृति की, घोषित्-विषयक आहुति और पुरुष-विषयक आहुति के बिना भी, देहोत्पत्ति का वर्णन है।

३ अ०, १ पद, २० सूत्रः-**दर्शनाच्च**।।

भाष्यः-चतुर्विधेषु भूतेषु स्वेदजोद्भिजयोः स्त्रीपुरुषसङ्गमन्तरेणोत्पत्ति दर्शनाच्च न पञ्चमाहुत्यपेक्षा।

अस्यार्थः-स्त्री-पुरुष के संग बिना ही चार प्रकार के जीवों के मध्य में स्वेदज और उद्भिज-इन दो प्रकार के जीवों की उत्पत्ति दृष्ट होती है; अतएव इन देहों की प्राप्ति के कारण पञ्चमाहुति की अपेक्षा नहीं है।

३ अ०, १ पाद, २१ सूत्रः-**तृतीयशब्दावरोधः संशोकजस्य**।

(संशोकजस्य=स्वेदजस्य, अवरोधः संग्रहः।)

भाष्यः-"अण्डजं जीवजमुद्भिज्जम्" इत्यत्र तु तृतीयशब्देन स्वेदजस्य संग्रहः अतो न चातुर्विध्यहानिः।

अस्यार्थः-छान्दोग्योक्त "अण्डज, जीवज तथा उद्भिज्ज", इस जीवभेदबोधक वाक्य में तृतीयोक्त शब्द-उद्भिद्-के अन्तर्भुक्त रूप से स्वेदज वर्तमान है, ऐसा समझना चाहिए; अतएव जीव चतुर्विध है।

इति अनिष्टकारिणां चन्द्रलोकप्राप्ति-निरूपणाधिकरणम्।

—•—

३ अ०, १ पाद, २२ सूत्रः-**तत् स्वाभाव्यापत्तिरुपपत्तेः**।

भाष्यः-अरोहप्रकारश्चिन्त्यते। 'अथैतमेवाध्वानं पुनर्निर्वर्त्तते यथेतमाकाश-माकाशाद्वायुं वायुर्भूत्वा धूमो भवति धूमो भूत्वाऽभ्रं भवत्यभ्रं भूत्वा मेघो भवति मेघो भूत्वा प्रवर्षती"-त्यत्र देवादिभाववदाकाशादिभावः? सादृश्यप्राप्तिमात्रम्? इति सन्देहे आकाशादिभाव इति प्राप्ते उच्यते, तत्सादृश्यापत्तिरिति। कुतः? सादृश्यप्राप्तेरेवोपपन्नत्वात्।

अस्यार्थः—अब चन्द्रलोक से प्रत्यावर्तन की प्रणाली के सम्बन्ध में आलोचना की जाती है। श्रुति ने कहा है:—"इस मार्ग के अनुसरण द्वारा ही जीव संसार में प्रत्यागत होता है; यथाः—जीव पहले आकाश को प्राप्त होता है, आकाश से वायुत्व को प्राप्त होता है, वायु होकर धूमाकार को प्राप्त होता है, धूमाकार को प्राप्त होकर अभ्राकार को प्राप्त होता है, अभ्राकार को प्राप्त होकर मेघाकार को प्राप्त होता है, मेघ होकर जल-रूप में पृथिवी पर पतित होता है' (छा० ५ अ० १० ख०)। इस स्थल पर यह प्रश्न है:—चन्द्रलोक में जीव जैसे देवभाव को प्राप्त होता है, पूर्वोक्त आकाशादिभाव-प्राप्ति भी क्या उसी प्रकार की है? अथवा उससे उनके सादृश्यमात्र की प्राप्ति समझनी चाहिए? पहले ऐसा ही सन्देह हो सकता है कि, (जीव को) आकाशादिभाव ही की प्राप्ति होती है; इस पर सूत्रकार यह सिद्धान्त कहते हैं कि (जीव को) आकाशादि का सादृश्यमात्र ही प्राप्त होता है; कारण, सादृश्य प्राप्ति ही उक्त वाक्य के द्वारा प्रतिपादित होती है। जीव के आकाशत्व प्राप्त होने पर; उसके सम्बन्ध में वायु प्रभृति का क्रम से अवरोहण उत्पन्न नहीं होता; कारण, आकाश विभुस्वरूप, सर्वव्यापी है।

३ अ०, १ पाद, २३ सूत्रः—**नातिचिरेण, विशेषात्**।।

भाष्यः—जीवोऽल्पेन कालेनाकाशादिवर्षान्तसाम्यं विजहाति पृथिवीं प्रविश्य व्रीह्यादिभावमापद्यते। अतो खलु दुर्निष्प्रपतरमिति विशेषवचनात्। व्रीह्यादिभावाद्दुःखतरनिःसरणवाक्यं पूर्वत्राचिरकालिकमवस्थानं द्योतयति।

अस्यार्थः—परन्तु थोड़े ही समय में जी यथाक्रम आकाश वायु-धूम-अभ्र-वर्षण अवस्थाओं को अतिक्रम कर, पृथिवी में प्रविष्ट हो, व्रीहि प्रभृति भावों को प्राप्त होता है; कारण, तत्पश्चात् जीव की जो व्रीहि प्रभृति अवस्थाओं की प्राप्ति का उल्लेख है, उन अवस्थाओं के अतिवाहित होने का उपदेश श्रुति ने प्रदर्शित किया है; यथाः—"अतो वै खलु दुर्निष्प्रपतरम्" इससे दुःख से विमुक्त होता है (छा० ५ अ०, १० ख०)। परवर्त्ती व्रीहि प्रभृति अवस्थाओं से इस प्रकार अधिक विलम्ब में निष्कृति प्राप्त होने के विषय के विशिष्टरूप से उपदिष्ट होने के कारण, आकाशादि अवस्थायें शीघ्र अतिवाहित होती हैं, ऐसा समझना होगा।

३ अ०, १ पाद, १४ सूत्रः—**अन्याधिष्ठिते पूर्ववदभिलापात्**।।

[अन्याधिष्ठिते जीवान्तरेणाधिष्ठिते व्रीह्यादिशरीरे, तेषां संश्लेषमात्रमेव, कुतः? पूर्ववदभिलापात् आकाशादिवत् सादृश्यमात्रकथनात् इत्यर्थः।]

भाष्यः–"ते इह व्रीहियवा ओषधिवनस्पतयस्तिलमाषा इति जायन्ते" तत्रान्यक्षेत्रज्ञाधिष्ठिते व्रीह्यादौ जायन्ते संसर्गमात्रं प्राप्नुवन्ति इत्यर्थो ज्ञेयः। कुतः? आकाशादिभिरिव तेषां व्रीह्यादिभिरपि संसर्गमात्रकथनात्।

अस्यार्थः–"चन्द्रलोक से प्रत्यागत जीव व्रीहि, यव, ओषधि, वनस्पति, तिल, उरद, इत्यादि रूपों को प्राप्त होता है" (छा० ५ अ०, १० ख०), इस श्रुति का अर्थ यह समझना कि, जीव अपर जीवाधिष्ठित व्रीहिप्रभृति के संसर्ग–मात्र को प्राप्त होता है; कारण पूर्व में जो आकाशादि के रूपों की प्राप्ति का उल्लेख है, उनके भी संसर्ग–मात्र को प्राप्त होने के कारण, व्रीहिप्रभृति के सम्बन्ध में भी इसी प्रकार समझना चाहिए।

३ अ०, १ पाद, २५ सूत्रः–**अशुद्धमिति चेन्न शब्दात्।**

भाष्यः–तेषां व्रीह्यादिस्थावरयोनिप्रापकं हिंसायोगाज्ज्योतिष्टोमाद्यशुद्धं कर्मास्तीति चेज्ज्योतिष्टोमादेर शुद्धत्वं नास्ति; विधिशास्त्रात्।

अस्यार्थः–परन्तु यदि यह कहा जाये कि, जिस ज्योतिष्टोमादि यज्ञों के फल से चन्द्रलोक प्राप्ति होती है, उनमें हिंसादि अशुद्धि के वर्तमान रहने ही के कारण व्रीहिप्रभृति के रूप से उसकी उत्पत्ति हो सकती है, अर्थात् केवल संश्लिष्ट न होकर, उस व्रीहिप्रभृति जाति की ही प्राप्ति हो सकती है; तो इस पर भगवान् सूत्रकार कहते हैं कि, ऐसा नहीं हो सकता; ज्योतिष्टोमादि कर्मों में कोई भी अशुद्धि नहीं है, कारण इन यज्ञों में हिंसादि की सुस्पष्ट विधि वर्णित है, इसके द्वारा उन कर्मों का अशुद्धत्व निवारित हुआ है।

३ अ० १ पाद, २६ सूत्रः–**रेतःसिग्योगोऽथ।**

भाष्यः–"यो यो ह्यन्नमत्ति यो रेतः सिञ्चति, तद्भूय एव भवति" इति सिग्भाववत् व्रीह्यादिभावोऽपि।

अस्यार्थः–"जो व्यक्ति अन्न भक्षण करता है, जो रेतःसिंचन करता है; जीव पुनः उन्हीं अन्न और रेतः के रूपों को प्राप्त होता है" (अर्थात् जीव के ओषधि और अन्न प्रभृति के रूपों को प्राप्त होने पर, और उन अन्नादि के दूसरे जीवों के द्वारा भक्षित होने पर, वे रेतो रूप में परिणत होते हैं, यही रेतः स्त्रीगर्भ में सिक्त होता है; सुतरां, जब तक रेतोरूपी जीव स्त्री–गर्भ में निक्षिप्त नहीं होता है, तब तक वह अन्नभक्षणकारी की देह को प्राप्त होकर वर्तमान रहता है;) किन्तु अन्नभक्षणकारी पुरुष में जीव संश्लिष्ट–मात्र होकर वर्तमान रहता है; उसी भाँति व्रीहि प्रभृति में भी संश्लिष्ट–मात्र होकर वर्तमान रहता है, ऐसा समझना।

३ अ०, १ पाद, २७ सूत्रः-**योनेः शरीरम्।।**

भाष्यः–"योनिमाश्रित्य शरीरी भवति"।

अस्यार्थः–योनि का आश्रय ग्रहण कर, जीव स्वीय भोगायतन देह को प्राप्त होता है।

इति जीवस्य चन्द्रलोकात् प्रत्यावर्त्तनपूर्वकं पुनः शरीरधारणावधारणाधिकरणम्।

इति वेदान्तदर्शने तृतीयाध्याये प्रथमपादः समाप्तः।

—•—

द्वितीय पाद

प्रथम पाद में जीव की मृत्यु-अवस्था और पुनः देह-प्राप्ति का क्रम वर्णित हुआ है, अब इस पाद में स्वप्नादि-अवस्थायें निरूपित होंगी। बृहदारण्यकोपनिषद् के चतुर्थाध्याय के तृतीय ब्राह्मण में तथा द्वितीय अध्याय के प्रथम ब्राह्मण में ये सब अवस्थायें वर्णित हैं।

३ अ०, २ पाद, १ सूत्रः-**सन्ध्ये सृष्टिराह हि।।**

भाष्यः-स्वप्नमधिकृत्य "अथ न तत्र रथा रथयोगा न पन्थानो भवन्ति, अथ रथान् रथयोगान् पथः सृजते" इत्यादि श्रूयते। तत्र रथादिसृष्टिर्जीवकृता? उत ब्रह्मकृता? इति सन्देहे, सन्ध्ये स्वप्नस्थाने रथादिसृष्टिर्जीवकृता। हि यतः "सृजते", "स हि कर्त्ते"-ति श्रुतिराह।

अस्यार्थः-स्वप्नावस्था को लक्ष्य कर बृहदारण्यक श्रुति ने कहा है, "वहाँ रथ नहीं है, रथयोजित अश्वादि नहीं है और न पन्थादि ही हैं; परन्तु, रथ अश्व तथा पथ की सृष्टि करता है" (बृ० ४ अ०, ३ ब्रा० १०)। इस स्थल पर जिज्ञास्य यह है कि, स्वप्न में दृष्ट रथादि की सृष्टि जीव ही करता है, अथवा ब्रह्म उसका कर्त्ता है? इस आशङ्का के उत्तर में भगवान् सूत्रकार प्रथमतः पूर्वपक्ष में कहते हैं कि, "सन्ध्ये" अर्थात् स्वप्नस्थान में जिन रथादि की सृष्टि होती है, वे जीवकृत हैं; कारण यह है कि इस वाक्य के उपसंहारकाल में श्रुति ने कहा है:-"वही उन सभों की सृष्टि करता है", "वही इनका कर्त्ता है"।

३ अ०, २ पाद, २ सूत्रः-**निर्मातारं चैके पुत्रादयश्च।।**

भाष्यः-"य एषु सुप्तेषु जागर्त्ति कामं काम पुरुषो निर्मिमाण" इति स्वप्ने एके जीवं कामानां पुत्रादिरूपाणां कर्त्तारं समामनन्तीति पूर्वः पक्षः।

अस्यार्थः-"इन्द्रियों के सुप्त होने पर, जो पुरुष काम (काम्यवस्तु) की सृष्टि करके जाग्रत रहता है" इत्यादि श्रुति वाक्यों के अवलम्बन द्वारा किसी-किसी संप्रदाय के लोग कहते हैं कि, जीव ही पुत्रादिरूप काम्यवस्तु समूह का कर्त्ता है। यह पूर्वपक्ष है।

३ अ०, २ पाद, ३ सूत्रः-**मायामात्रं तु कार्त्स्न्येनानभिव्यक्तस्वरूपत्वात्।**

[तु शब्द पक्षव्यावृत्यर्थः स्वप्नसृष्टिः परमेश्वरात्; यतो मायामात्रं, विचित्रं, न सर्वांशेन सत्यं न तु सर्वांशेन असत्यम्; मायाशब्द आश्चर्यवाची। जीवस्य

सत्यसङ्कल्पत्वादिधर्माणां कार्त्स्न्येन अनभिव्यक्तस्वरूपत्वात्, बद्धावस्थायां तिरोधानादित्यर्थः।]

भाष्यः—तत्राभिधीयते, स्वप्ने सत्यसङ्कल्पसर्वज्ञपरमेश्वरनिर्मितमेव रथादिकार्यजातम्। यतो ह्याश्चर्यभूतं, तन्न जीवकृतं, तदीयसत्यसङ्कल्पत्वादेर्बद्धावस्थायां कार्त्स्न्येनानभिव्यक्तस्वरूपत्वात्।

अस्यार्थः—इस पूर्वपक्ष के उत्तर में सूत्रकार कहते हैं कि सत्य सङ्कल्प, सर्वज्ञ परमेश्वर ही स्वप्नदृष्ट रथादि कार्यों का निर्माता है। कारण, यह सृष्टि अत्यन्त आश्चर्यजनक है—यह सर्वांश में सत्य नहीं है और न इसको सर्वांश में मिथ्या ही कह सकते हैं; ऐसे पदार्थ बद्ध जीवों के द्वारा सृष्ट नहीं हो सकते; अतएव, ये जीवकृत नहीं हैं; बद्धावस्था में जीवों के सत्यसङ्कल्पत्वादि गुण प्रकाशित नहीं रहते हैं।

(शाङ्कर भाष्य में इस सूत्र का अर्थ विभिन्न रूप से वर्णित हुआ है, यथा:—स्वप्न मायामात्र मिथ्या है, कारण इसमें जाग्रतसृष्टि का धर्म नहीं है।) यह व्याख्या आपाततः समीचीन प्रतीत हो सकती है। किन्तु प्रथमोक्त पूर्वपक्षस्थानीय सूत्रद्वय और परवर्ती अपर सूत्रों पर विचार करने से यह प्रतीत होगा कि निम्बार्क व्याख्या ही अधिक संगत है। श्रीभाष्य भी इसी के अनुरूप है।

३ अ०, २ पाद, ४ सूत्र—**सूचकश्च हि श्रुतेराचक्षते च तद्विदः॥**

भाष्यः—"यदा कर्मसु काम्येषु स्त्रियं स्वप्नेषु पश्यति, समृद्धं तत्र जानीयात्तस्मिन् स्वप्ननिदर्शने" इति "अथ यदा स्वप्नेषु पुरुषं कृष्णं कृष्णदन्तं पश्यति स एनं हन्ती"-ति श्रुतेः स्वप्नः साध्वागमासाध्वागमयोः सूचकोऽवगम्यते, एतदेव स्वप्नफलविद आचक्षते। अतो बुद्धिपूर्वकेष्टागमसूचकस्वप्नादर्शनादेवानिष्टागमसूचकस्वप्नदर्शनाच्च परमात्मैव स्वप्नरथादिनिर्माता।

अस्यार्थः—"जब स्वप्न में अभिलषित स्त्रीलाभ का दर्शन होता है, तब यह जानना कि, उस स्वप्नद्रष्टा को समृद्धि-लाभ होगा," (छा० ५ अ०, २ ख०) "जब स्वप्न में कृष्णवर्ण कृष्णदंत पुरुष दृष्ट होता है, तो यह जानना कि स्वप्नद्रष्टा की मृत्यु उपस्थित है" इत्यादि श्रुतिवाक्यों के द्वारा स्वप्न मंगलसूचक अथवा अमंगलसूचक अवधारित होते हैं; स्वप्नफलवेत्ता भी ऐसा ही कहते हैं। अतएव जीव अपनी इच्छा से शुभ स्वप्न नहीं देखता है और न हीअशुभ स्वप्न देखता है—जब ऐसा नहीं कहा जा सकता, तब यह अवधारित होता है कि, परमात्मा ही स्वप्नदृष्ट रथादि का निर्माता है।

३ अ०, २ पाद, ५ सूत्रः–**पराभिध्यानात्तु तिरोहितं ततो ह्यस्य बन्धविपर्ययौ।।**

भाष्यः–सत्यसङ्कल्पादिकं स्वाप्नपदार्थनिर्मातृत्वे जीवस्यावश्यमङ्गीकरणीयं, तच्च जीवकर्मानुरूपात् परमेश्वरसङ्कल्पाद्बद्धाऽवस्थायां तिरोहितं, तस्मादेव जीवस्य बन्धमोक्षौ भवतः। "संसारबन्धस्थितिमोक्षहेतुरि-" ति श्रुतेः।

अस्यार्थः–यह अवश्य स्वीकार्य है कि, स्वप्नदृष्ट पदार्थादि निर्माणयोग्य सत्यसङ्कल्पादि शक्तियाँ जीवों में हैं; परन्तु बद्धावस्था में, जीवों के कर्मानुरूप परमेश्वर के सङ्कल्प द्वारा, वे तिरोहित होती हैं; इसी प्रकार जीव के बंधन और मोक्ष भी सम्भव होते हैं। श्रुति ने कहा है, "परमात्मा ही जीव के संसारबंधन, स्थिति तथा मोक्ष का हेतु है।"

३ अ०, २ पाद, ६ सूत्रः–**देहयोगाद्वा सोऽपि।।**

भाष्यः–स च तिरोभावोऽविद्यायोगद्वारेण भवति।

अस्यार्थः–देहात्मबुद्धि (अविद्या) के योग से उसकी वे (सत्यसङ्कल्पादि) शक्तियाँ तिरोभूत होती हैं।

इति परमात्मनः स्वप्नसृष्टि-निरूपणाधिकरणम्।

—•—

३ अ०, २ पाद, ७ सूत्रः–**तदभावो नाडीषु तच्छ्रुतेरात्मनि च।।**

भाष्यः–स्वप्नसृष्टिनिर्माता परमात्मा। सुषुप्तिरपि नाडीपुरीतत्प्रवेशानन्तरं खलु परमात्मन्येव भवति "आसु तदा नाडीषु सुप्तो भवती-" ति, "ताभिः प्रत्यवसृप्य पुरीतति शेते" इति, "य एषोऽन्तर्हृदये आकाशस्तस्मिञ्छेते" इति च श्रवणात्।।

अस्यार्थः–परमात्मा ही स्वप्नदृष्टसृष्टि का निर्माता है, ऐसा सिद्धान्त वर्णित हुआ है। सुषुप्ति में भी पुरीतत्–नाड़ी में प्रविष्ट होने के पश्चात्, जीव परमात्मा ही में अवस्थान करता है। "इन सब नाड़ियों में जीव सुप्त रहता है," "इन सब नाड़ियों से पुरीतत् नाड़ी में जाकर शयन करता है" "जो हृदय का अन्तर्वर्ती आकाशस्वरूप ब्रह्म है, उसी में जीव शयन करता है" (बृ० २ अ०, १ ब्रा०) इत्यादि श्रुतिवाक्यों के द्वारा सुषुप्ति लाभ के समय जीव का प्रथमतः हितानामक बहुसंख्यक नाड़ियों में प्रवेश, तत्पश्चात् पुरीतत् नाड़ी में अवस्थिति और ब्रह्म में शयन सप्रमाणित हुए हैं।

३ अ० ३ पाद, ८ सूत्रः–**अतः प्रबोधोऽस्मात्।।**

भाष्यः–अतएव "सत आगम्ये"–त्यादौ श्रूयमाणं परमेश्वरादप्युत्थान-मुपपद्यते।

अस्यार्थः–अतएव "सत् ब्रह्म से आगमनकर" इत्यादि श्रुतियों में परमेश्वर ही से जीव का उत्थान होना प्रतिपन्न हुआ है।

३ अ०, २ पाद, ९ सूत्रः–**स एव तु कर्मानुस्मृतिशब्दविधिभ्यः।।**

भाष्यः–"य सुप्तः स एव जीव उत्तिष्ठति यस्मात् पूर्वेद्युः कर्मणोऽर्द्धं कृत्वा परेद्युरनुस्मृत्य तदर्द्धं करोति, ते इह व्याघ्रो वा सिंहो वा वृको वा वराहो वा हंसो वा मशको वा यद्यद्भवन्ति तत्तथा भवन्ती–" त्यादिशब्देभ्यः "अग्निहोत्रं जुहुयादात्मानमुपासीते–" त्यादिविधिभ्यः।

अस्यार्थः–जो व्यक्ति शयन करता है, वही जागरित होकर उत्थित होता है, दूसरा नहीं; कारण यह है कि पूर्वदिवस के अर्द्धसमाप्त कर्म को, परदिवस निद्राभङ्ग होने पर, स्मरण कर अवशिष्टार्द्ध को वही संपादित करता है। "सुप्त व्यक्ति पहले व्याघ्र, सिंह, वृक, वराह, हंस, मशक अथवा जो कुछ भी रहा हो, पश्चात् भी वही होता है" (छा० ६ अ०, ९ ख०) इत्यादि श्रुतियों के द्वारा भी यही ज्ञात होता है; एवञ्च "स्वर्गप्राप्ति के निमित्त अग्निहोत्र करना, तत्त्वज्ञान के निमित्त आत्मा की उपासना करना" इत्यादि विधियों के द्वारा भी ऐसा ही प्रतिपन्न होता है। (यदि शयन करने ही से अग्निहोत्रादि कर्त्ता की चिरकाल के निमित्त ब्रह्मप्राप्ति होवे, तो ये सब विधियाँ निरर्थक हो जाती हैं।)

इति सुषुप्तिस्थान-निरूपणाधिकरणम्।।

—•—

३ अ०, २ पाद, १० सूत्रः–**मुग्धेऽर्द्धसम्पत्तिः परिशेषात्।।**

(परिशेषात्=अतिरिक्तत्वात्।)

भाष्यः–मूर्च्छिते मरणार्द्धसम्पत्तिः सुषुप्त्यादिषु मूर्च्छा नैकतमा, अतः परिशेषात् सा तदतिरिक्ता।

अस्यार्थः–मूर्च्छितावस्था में अर्द्धमरणावस्था की प्राप्ति होती है, सुषुप्तिप्रभृति में ऐकान्तिक मूर्च्छा नहीं होती; कारण, जाग्रत्, स्वप्न, सुषुप्ति मृत्यु इन चार अवस्थाओं में से किसी भी अवस्था में इसकी गिनती नहीं है–यह इन चार अवस्थाओं से भिन्न है।

इति मूर्च्छावस्था-निरूपणाधिकरणम्।

—•—

३ अ०, २ पाद, ११ सूत्रः–**न स्थानतोऽपि परस्योभयलिङ्गं सर्वत्र हि।।**

(परस्य=परमात्मनः स्थानतोऽपि न दोषः, हि यतः सर्वत्र उभयलिङ्गम्।)

भाष्यः–अकर्मवश्यत्वात् सर्वान्तर्वर्त्तिनोऽपि परमात्मनस्तत्र तत्र दोषा न सम्भवन्तीत्युपपादितमेव; स्थानतोऽपि दोषा परस्य न, यतः सर्वत्र ब्रह्म निर्दोषत्वस्वाभाविकगुणात्मकत्वाभ्यां युक्तमाम्नातम्।

अस्यार्थः–जीव के अभ्यन्तर में वास करने के कारण, ब्रह्म में किसी भी प्रकार का दोष संस्पर्श नहीं होता, यह पूर्व ही प्रतिपादित हुआ है, परन्तु जीव के स्वप्न सुषुप्ति प्रभृति स्थानों में अवस्थिति के कारण भी परमात्मा में किसी प्रकार का दोष उपजात नहीं होता है; कारण, श्रुति, स्मृति, प्रभृति सर्वशास्त्रों में उसका उभयलिङ्गत्व (नित्यशुद्ध गुणातीत मुक्त स्वभाव एवं सर्वकर्तृत्व तथा गुणात्मकत्व–यह द्विविध रूपत्व) वर्णित हुआ है।

शाङ्कर भाष्य में इस सूत्र की व्याख्या अति विपरीत रूप से की गई है; यह नीचे उद्धृत की जाती है:–

"येन ब्रह्मणा सुषुप्त्यादिषु जीव उपाध्युपशमात् सम्पद्यते, तस्येदानीं स्वरूपं श्रुतिवशेन निर्धायते। सन्त्युभयलिङ्गाः श्रुतयो ब्रह्मविषयाः "सर्वकर्मा सर्वकामः सर्वगन्धः सर्वरसः" इत्येवमांद्याः सविशेषलिङ्गाः। "अस्थूलमनण्वह्रस्वमदीर्घम्" इत्येवमाद्याश्च निर्विशेषलिङ्गाः। किमासु श्रुतिषूभयलिङ्गं ब्रह्म प्रतिपत्तव्यमुतान्यतरलिङ्गम्? यदाप्यनतरलिङ्गं तदापि सविशेषमुत निर्विशेषमिति मीमांसते। तत्रोभयलिङ्ग-श्रुत्यनुग्रहादुभयलिङ्गमेव ब्रह्मेत्येवं प्राप्ते, ब्रूमः। न तावत् स्वत एव परस्य ब्रह्मण उभयलिङ्गत्वमुपपद्यते। नह्येकं वस्तु स्वत एव रूपादिविशेषोपेतं तद्विपरीतञ्चेत्यभ्युपगन्तुं शक्यम्, विरोधात्। अस्तु तर्हि स्थानतः पृथिव्याद्युपाधियोगादिति। तदपि नोपपद्यते। नह्युपाधियोगादप्यन्यादृशस्य वस्तुनोऽन्यादृशस्वभावः सम्भवति। नहि स्वच्छः सन् स्फटिकोऽलक्तकाद्युपाधियोगादस्वच्छो भवति। भ्रममात्रत्वादस्वच्छताभिनिवेशस्य। उपाधीनाञ्चाविद्याप्रत्युपस्थापितत्वात्। अतश्चान्यतरलिङ्गपरिग्रहेऽपि समस्तविशेषरहितं निर्विकल्पमेव ब्रह्मप्रतिपत्तव्यं न तद्विपरीतम्। सर्वत्र हि ब्रह्मस्वरूपप्रतिपादनपरेषु वाक्येषु "अशब्दमस्पर्शमरूपमव्ययम्" इत्येवमादिष्वपास्तसमस्तविशेषमेव ब्रह्मोपदिश्यते।

अस्यार्थः–सुषुप्त्यादि काल में सर्वविध उपाधियों के उपशम होने के कारण, जीव जिस ब्रह्मरूप को प्राप्त होता है, उसको भगवान् सूत्रकार श्रुति के आधार पर, इस सूत्र द्वारा अवधारित करते हैं। यह सत्य है कि, ब्रह्म का उभयलिङ्गत्व श्रुतियों में

वर्णित है; यथा:-"सर्वकर्मा सर्वकाम: सर्वगंध: सर्वरस:" इत्यादि; ये सब श्रुतियाँ ब्रह्म के सविशेषत्व-सगुणत्व को प्रतिपादित करती हैं। एवञ्च "अस्थूल-मनण्वह्रस्वमदीर्घम्" इत्यादि श्रुतिवाक्यों के द्वारा ब्रह्म का निर्गुणत्व प्रतिपादित हुआ है। अब जिज्ञास्य यह है कि, क्या यह मानना पड़ेगा कि, इन सब श्रुतियों के द्वारा ब्रह्म का उभयलिङ्गत्व प्रतिपादित हुआ है, अथवा यह अवधारित करना उचित है कि इन दोनों में एक ही उसका स्वरूप है? यदि एक ही हो, तब क्या वह सगुण कहा जायेगा, अथवा निर्गुण कहा जायेगा? प्रथमत: ऐसा ही प्रतीत होता है कि, उभयलिङ्गविषयक श्रुतियों के वर्तमान रहने के कारण, ब्रह्म को उभयलिङ्ग ही कहकर अवधारित करना उचित है। वास्तव में ऐसा नहीं है, ब्रह्म का उभयलिङ्गत्व स्वाभाविक नहीं है; यह स्वीकार नहीं किया जा सकता कि, एक ही वस्तु रूपादिविशिष्ट और तद्विपरीत भी है; कारण, ये दोनों परस्परविरोधी हैं। ऐसा भी प्रतिपन्न नहीं हो सकता कि, स्वरूपत: द्विरूप न होने पर भी, पृथिव्यादि योगवश स्थितिस्थानादि उपाधिसंयोग के कारण उसका द्विरूपत्व हो; कारण, उपाधिसंयोग से एक प्रकार की वस्तु सम्पूर्ण रूप से भिन्न प्रकार की नहीं हो सकती; स्वच्छ स्फटिक कभी अलक्तादि-उपाधियों के संयोग से अस्वच्छ स्वभाव नहीं हो सकता; भ्रमवश ही वह आरक्तिम प्रतीत होता है। उपाधिसमूह भी अविद्याप्रसूत हैं। सुतरां किसी प्रकार से भी ब्रह्म की उभयरूपता सम्भव नहीं है, उसको एक रूप ही कहना होगा। परन्तु यह एकरूप सगुण रूप नहीं हो सकता; निर्गुण रूप कहकर उसको अवधारित करना होगा; कारण, "अशब्दमस्पर्शमरूप- मव्ययम्" इत्यादि ब्रह्मस्वरूप प्रतिपादक श्रुति वाक्यों में अविशेष (निर्गुण) कहकर ही ब्रह्म को वर्णित किया है।"

इस सूत्र के सम्पूर्ण शाङ्कर भाष्य का अनुवाद ऊपर सन्निवेशित किया गया है। इस सम्बन्ध में प्रथमत: वक्तव्य यह है कि यह अनुमित नहीं होता है कि वेदव्यासजी ने ब्रह्मस्वरूप के निर्णयार्थ इस सूत्र की रचना की है; कारण, यह अध्याय एवं विशेषत: यह पाद ब्रह्मस्वरूपावधारण के सम्बन्ध में नहीं है। इस पाद की व्याख्या के प्रारम्भ में श्रीमच्छंकराचार्य ही ने कहा है:-"अतिक्रान्ते पादे पञ्चाग्निविद्यामुदाहृत्य जीवस्य संसारगतिप्रभेद: प्रपञ्चित:। इदानीं तस्यैवावस्थाभेद: प्रपञ्चयते।" (पूर्व प्रकरण में पञ्चाग्नि विद्या के उदाहरण को उपलक्ष्य कर जीव की नानाविध संसारगति वर्णित हुई हैं, अब इस प्रकरण में जीव के नानाविध अवस्थाभेद वर्णित होंगे)। वास्तव में "जन्माद्यस्य यत:" प्रभृति सूत्रों में पहले ही भगवान् सूत्रकार ने ब्रह्म को सशक्तिक तथापि जगदतीत कहकर अवधारित किया है। श्रीमच्छङ्कराचार्यजी ने भी स्वीय भाष्य में यह वर्णित किया है कि ग्रन्थ के प्रथम और द्वितीय अध्याय ही ब्रह्मस्वरूपावधारण-

विषयक हैं। उक्त अध्याय द्वय में श्रीभगवान् वेदव्यासजी ने ब्रह्म को सर्वशक्तिमान्, जगत् की सृष्टि, रक्षा और लय का हेतु, एवं च सर्व जीवों का नियन्ता, सर्व जीवों का कर्मफलदाता, जगत्-प्रवर्त्तक, जगद्रूप तथा जगदतीत कहकर वर्णित किया है। श्रीमच्छंकराचार्य ने उन अध्यायों के व्याख्यान में इसे स्वीकार किया है; यथा, द्वितीय अध्याय के व्याख्यान के प्रारम्भ में उन्होंने कहा है:–

"प्रथमेऽध्याये सर्वज्ञः सर्वेश्वरो जगत उत्पत्तिकारणं....स्थितिकारणं पुनः स्वात्मन्येवोपसंहारकारणं स एव च सर्वेषां न आत्मेत्येतद्वेदान्तवाक्यसमन्वयप्रतिपादनेन प्रतिपादितं.....इदानीं स्वपक्षे स्मृतिन्यायविरोधपरिहारः।"

अस्यार्थः–प्रथमाध्याय में वेदान्तवाक्यसमूह के समन्वय द्वारा यह प्रतिपादित किया गया है कि, सर्वज्ञ, सर्वेश्वर (सर्वशक्तिमान्) ब्रह्म ही जगत् का उत्पत्तिकारण है, वही जगत् का स्थितिकारण है; और वही पुनः जगत् को अपने ही में उपसंहार करता है, अतएव वह जगत् का उपसंहार-कारण है; एवञ्च वही अस्मदादि जीवसमूहों के आत्मारूप से अन्तःप्रविष्ट है। अब द्वितीयाध्याय में स्मृति और न्याय के साथ इस स्वीय मीमांसा के विरोध का परिहार किया जायेगा। इत्यादि।

अब वक्तव्य यह है कि, इन तृतीयाध्यायोक्त सूत्रों में शङ्कराचार्य ने जिन युक्तियों के आधार पर ब्रह्म के द्विरूपत्व का प्रतिषेध किया है, ठीक उन्हीं युक्तियों के आधार पर ईश्वर का जगत्कारणत्व सांख्यशास्त्र में निषिद्ध हुआ है, और ईश्वर के नित्य निर्गुणत्व तथा सृष्टिकार्य के साथ सम्बन्धाभाव प्रतिपादित किये गये हैं। इस सांख्यमत को वेदविरुद्ध कहकर वेदव्यासजी ने, प्रथम और द्वितीय अध्यायों में, असंख्य श्रुति, स्मृति तथा युक्तियों के आधार पर, प्रमाणित किया है; एवञ्च, शङ्कराचार्यजी ने भी ब्रह्म के द्विपरूपत्व ही को श्रुति-प्रणोदित कहकर, उक्त अध्यायसमूह में उपदिष्ट व्यासकृत सूत्रों के व्याख्यान में स्वयं प्रकाशित किया है (द्वितीयाध्याय के प्रथम पाद के २८/२९/३०/३१ प्रभृति सूत्रों के भाष्य, प्रथमाध्याय के प्रथम पाद के चतुर्थ तथा ११श सूत्रों के भाष्य, और अपरापर स्थान द्रष्टव्य)। वास्तव में इस द्विरूपत्व को स्वीकार न करने पर, ब्रह्म के जगत्कर्त्तृकत्व, जगन्नियन्तृत्व, जीव और ब्रह्म में भेदाभेदसम्बन्ध, (जिनका वेदव्यास-द्वारा प्रथम दो अध्यायों में प्रतिपादित होना सब भाष्यकारों ने स्वीकार किया है) ये किसी प्रकार से उपपन्न नहीं हो सकते। सांख्य और वेदान्त में इसी विषय के उपदेश में विभिन्नता है। श्रीभगवान् वेदव्यासजी ने पुनः पुनः उपदेश किया है कि, केवल अनुमान के आधार पर श्रुतिप्रमाण का प्रतिषेध नहीं हो सकता।

द्वितीयत: वक्तव्य यह है कि, दो विरुद्ध धर्म एक ही आधार पर रह नहीं सकते, ऐसा कहकर, केवल तर्क द्वारा जो शङ्कराचार्य ब्रह्म के सगुणत्वविषयक असंख्य श्रुतियों की उपेक्षा करते हैं, केवल इन्हीं तर्कों के अवलम्बन द्वारा क्या शङ्कराचार्य किसी स्थल पर ईश्वर के जगत्कारणता-निषेधक सांख्यकारों के तर्कों का खण्डन करने में समर्थ हुए हैं, अथवा क्या उन्होंने चेष्टा भी की है? एवञ्च, ब्रह्म और जगत् के बीच में जो अविद्या नामक एक अद्भुत पदार्थ की उन्होंने व्यवस्था की है, उस पर सांख्य-शास्त्रोक्त आपत्तियों का खण्डन करने में क्या उन्होंने किसी स्थल पर चेष्टा की है? उन्होंने अपने भाष्य में किसी-किसी स्थल पर कहा है कि, अविद्या सद्वस्तु नहीं कही जा सकती, और असद्वस्तु कहकर भी उसको निर्दिष्ट नहीं कर सकते; कारण, उसके सत् होने से, सांख्य का प्रधानवाद ही स्थापित होता है; परन्तु प्रधानवाद को वेदव्यासजी ने द्वितीय अध्याय के द्वितीय पाद में तर्क के द्वारा भी सम्पूर्ण रूप से खण्डित किया है। एवञ्च असत् होने पर, जो स्वयं असत् है, वह दूसरे का कारण कैसे हो सकता है? अतएव, यह किसी प्रकार से बोधगम्य नहीं होता कि अविद्या के अस्तित्व नास्तित्व उभय निषेधक अनिर्देश्य अविद्यावाद (मायावाद) की व्यवस्था द्वारा किस भाँति जगत्कार्य, जीवकार्य और विधिनिषेध-व्यवस्थापक संसार, स्वर्ग, नरक, मोक्षोपदेशक तथा ब्रह्म के जगत्कर्तृत्व-व्यवस्थापक श्रुति, स्मृति, पुराण, इतिहास प्रभृति शास्त्रसमूह व्याख्यात हो सकते हैं; आचार्य शङ्करस्वामी भी इसकी कोई सङ्गत व्याख्या नहीं कर सके हैं। शङ्कराचार्य ने इस सूत्र के भाष्य में भी स्वीकार किया है कि ब्रह्म की सगुणत्व-प्रतिपादिका बहुसंख्यक श्रुतियाँ हैं; परन्तु इस भाष्य के अंतिम भाग में "अशब्दमस्पर्शमरूपमव्ययम्" इत्यादि कठोपनिषदुक्त श्रुतियों को उद्धृत कर आचार्य शंकर ने कहा है कि, परब्रह्मस्वरूप-प्रतिपादक श्रुतिवाक्यों में ब्रह्म को निर्गुण ही कहकर वर्णित किया है। वास्तव में उनकी यह उक्ति संगत नहीं है। इस कठोपनिषद् में जिस यम-नचिकेता संवाद में उक्त "अशब्दमस्पर्शम्" इत्यादि श्रुतियाँ हैं, उसी संवाद में "आसीनो दूरं व्रजति, शयानो याति सर्वत:। कस्तन्मदामदन्देवं मदन्यो ज्ञातुमर्हति" इत्यादि श्रुतियाँ भी हैं; वे सभी, ब्रह्म की स्वरूपव्यञ्जक होती हुई भी, उसके सगुणत्व को प्रतिपादित करती हैं।

परन्तु यदि इन सब श्रुतियों को तथा इस प्रकार की और भी असंख्य श्रुतियों को भाक्त कहकर उनका प्रत्याख्यान किया जाये, तो ब्रह्म सूत्र के प्रथम और द्वितीय अध्यायोक्त सभी सूत्रों को अर्थशून्य प्रलापवाक्य कहकर परित्याग करना पड़ेगा; एवं ब्रह्म के जगत्कर्तृत्व प्रभृति सिद्धान्त-समूह को भी अपसिद्धान्त कहकर ही अवधारित

करना होगा; कारण यह है कि, जो नित्य एकमात्र निर्गुण निःशक्तिक स्वभाव है, उससे कोई भी कर्म किसी प्रकार से सम्भव नहीं है, यह सर्ववादिसम्मत है। किन्तु ब्रह्म की अकर्तृत्वनिषेधक जिन सब युक्तियों को वेदव्यास जी ने द्वितीय अध्याय के प्रथम और द्वितीय पादों में प्रदर्शित किया है, उनको क्या शङ्कराचार्य ने किसी स्थल पर खण्डित किया है? उन सब युक्तिव्यञ्जक सूत्रों की व्याख्या करते समय तो शङ्कराचार्य ने उनके विरुद्ध में कुछ भी नहीं कहा है; और उनके कहने पर भी वेदव्यासजी के वाक्य के विरुद्ध में उनका वाक्य ग्राह्य नहीं होता। तो भी वेदव्यासजी के ही सूत्रों की व्याख्या करते समय, केवल अनुमान के आधार पर, समस्त ग्रन्थ की उपदेशविरुद्ध यह विपरीत व्याख्या करके आचार्य शङ्करस्वामी ने क्यों स्वीय विरुद्ध मत के पुष्टिसाधन करने का प्रयत्न किया है? उन्होंने ब्रह्म में दो विरुद्ध धर्मों का रहना अनुमान–विरुद्ध कहकर जो ज्ञापित किया है, वेदव्यासजी ने स्पष्टरूप से द्वितीयाध्याय के प्रथम पाद के २६/२७/२८/२९/३०/३५ प्रभृति बहुसंख्यक सूत्रों में उस आपत्ति का सम्यक् रूप से खण्डन किया है और लोकतः भी इस प्रकार की विरुद्ध शक्तियों का रहना जो दृष्ट होता है, इनको उक्त पाद के २७ संख्यक प्रभृति सूत्रों में वेदव्यासजी ने दृष्टान्तों के द्वारा प्रदर्शित किया है। प्रत्येक जीव में विकारित्व तथा अविकारित्व–इन शक्तिद्वय का विद्यमान रहना अनुभवसिद्ध है; जीव एकांश में अविकारी रहते हुए भी अपरांश में अहरहः नानाविध चिन्ता, नानाविध कार्य, स्वप्नजागरणादि नानाविध अवस्थाओं को प्राप्त होते हैं, और उन सब कर्मों के फलों को भोगते भी हैं। स्वप्न-दर्शनस्थल पर निद्रित, अकर्ता, द्रष्टामात्र रहकर भी, बहु प्रकार के कार्य करते हैं, देखते हैं और उनके फलों को भी भोगते हैं। पूर्व ही में इस ग्रन्थ के अनेकानेक स्थलों पर इस विषय की व्याख्या की गई है। अतएव ब्रह्म के द्विरूपत्व का दृष्टान्ताभाव कैसे कहा जा सकता है? जो कुछ भी हो, ब्रह्म का द्विरूपत्व जब श्रुतिसिद्ध है, तो केवल अप्रतिष्ठ अनुमान के आधार पर, उसका प्रत्याख्यान नहीं किया जा सकता। एवञ्च इस सूत्र के पश्चात् १५, १७ संख्यक प्रभृति सूत्रों में भी प्रसङ्गवश ब्रह्म के द्विरूपत्व को वेदव्यासजी ने पुनः उपदिष्ट किया है; और इस सूत्र के पूर्व द्वितीयाध्याय के तृतीय पाद के ४२ सूत्र में ब्रह्म के साथ जीव के भेदाभेद सम्बन्ध को उन्होंने स्पष्ट रूप से स्थापित किया है–इस सूत्र के व्याख्यान्तर करने में शङ्कराचार्य भी समर्थ नहीं हुए हैं। यदि निरवच्छिन्न अद्वैतत्व ही वेदव्यासजी का अभिप्रेत होता, तो अभेदसम्बन्धमात्र ही सिद्ध हो सकता है; भेदसम्बन्ध की संस्था कैसे हो सकती है, इसकी किसी प्रकार की व्याख्या शङ्कराचार्य ने क्यों नहीं की है? और इस स्थल पर जिज्ञास्य यह है कि, भेद और अभेद में जो विरुद्धता है, क्या इससे अधिक विरुद्धता सगुण और निर्गुण में है?

यदि भेदाभेद स्थल पर परस्पर-विरुद्ध धर्म, श्रुतिवाक्य और आप्त ऋषियों के आदेशानुसार, व्यवस्थापित हो सके, तो इन्हीं के द्वारा क्या ब्रह्म का यह दृष्टतः विरुद्ध रूपद्वय द्वैताद्वैतत्व-(सगुणत्व-निर्गुणत्व) संस्थापित नहीं होता है? सगुणत्व और निर्गुणत्व-इन दोनों की विरुद्धता के प्रति लक्ष्य कर यदि ब्रह्म के सम्बन्ध में उनका प्रत्याख्यान किया जाये, तो उसी नियम के अवलम्बन द्वारा क्या जीव के सम्बन्ध में भेदत्व और अभेदत्व का प्रत्याख्यान करना संगत नहीं है,? यदि पूर्वोक्त स्थल पर एकदर्शी अनुमान को अग्राह्य कर श्रुति और ऋषि वाक्यों के आधार पर जीव का ब्रह्म के साथ भेदाभेद सम्बन्ध स्थापित किया जाये, जो क्या उन्हीं अमोघ प्रमाणों के आधार पर सर्वविध श्रौत उपासना की सार्थकता को रक्षित करके ब्रह्म के भी द्विरूपत्व को अवधारित करना संगत नहीं है?

वेदान्तदर्शन ४ अ, ४ पाद, १९ सूत्र ("विकारावर्त्ती च तथाहि स्थितिमाह") की व्याख्या करते समय शङ्कराचार्य जी ने कहा है कि सूत्रोक्त "तथाहि स्थितिमाह" अंश का अर्थ "तथा ह्यस्य द्विरूपां स्थितिमाहाम्नायः" अर्थात् श्रुति ने ब्रह्म की उभयविध रूप से स्थिति का उपदेश किया है, और उन उभय प्रकार के रूपों को सगुण और निर्गुण कहकर शङ्कराचार्य जी ने उसी सूत्र के भाष्य में स्पष्ट रूप से वर्णित किया है। यदि उक्त सूत्र का अर्थ इसी प्रकार का है, तो क्या यह कहा जायेगा कि इस तृतीयाध्याय के द्वितीय पाद के ११ सूत्र में वेदव्यासजी ने ठीक उसके विपरीत मत को प्रकाशित किया है? यह कभी सम्भव नहीं है; अतएव, इस सूत्र की शङ्कराचार्य कृत व्याख्या किसी प्रकार संगत कहकर ग्रहणीय नहीं है। ब्रह्म की सर्वशक्तिमत्ता-प्रतिपादक श्रीमद्भगवद्गीता, बृहदारण्यक, श्वेताश्वतर, छान्दोग्य प्रभृति उपनिषद् तथा साक्षात् ब्रह्मसूत्र के भाष्यकार ने भी जो इस अवैदिक मायावाद, और ब्रह्म के निर्गुणत्व वाद का विचार किया है, यह अत्यन्त आश्चर्य का विषय है, ऐसा स्वीकार करना पड़ेगा।

इसी कारण नवद्वीप-चन्द्र श्रीमान्-महाप्रभु चैतन्यदेव ने इस शाङ्करभाष्य को सुनकर श्रीसार्वभौमाचार्य से कहा था:-

दोष नहीं आचार्य का, ईश्वर-आज्ञा पाय।
स्वीय कल्पना से दिया, नास्तिक शास्त्र बनाय।।

श्रीचैतन्यचरितामृत, मध्यम खण्ड, षष्ठ परिच्छेदं।

पूर्वोद्धृत वाक्य में श्रीमन्महाप्रभु ने कहा कि, शङ्कराचार्य ने स्वीय भाष्य में "नास्तिक" मत की स्थापना की है। यह वाक्य आपाततः अनुपयुक्त प्रतीत हो सकता है; किन्तु इस विषय पर विशिष्ट रूप से ध्यान देने से, यह बोधगम्य होगा कि, यह

वाक्य असंगत नहीं है। कारण यह है कि, ब्रह्म को केवल निर्गुण, तथा सम्यक् जगत् को मिथ्या, मायामात्र कहने से, शास्त्रोक्त उपासना पद्धति समूह अकर्मण्य तथा अर्थशून्य हो जाते हैं। उपनिषद्-सहित समग्र वेदों के शतांश में एकोनशतांश तो ब्रह्मोपासना-विषयक है; (वेद के कर्मकाण्ड में उपदिष्ट) याग-यज्ञादि, सभी ब्रह्म के सगुणत्वप्रतिपादक हैं। उपनिषद् में असंख्य प्रणालियों के द्वारा ब्रह्मोपासनायें विवृत हुई हैं, वे सभी ब्रह्म की सगुणत्वप्रतिपादिका हैं; इन्हीं उपासनाओं के द्वारा जीव ब्रह्म के साथ एकीभूत भाव को प्राप्त होता है; स्मृति, पुराण, इतिहासादि ने भी वेदों का अनुगमन करके ब्रह्म के सगुणत्व को व्यवस्थापित किया है। यदि शाङ्करिक मत स्वीकार किया जाये, तो इन सभों को मिथ्या कहकर परित्याग करना पड़ेगा, और साधकों के लिए और कोई भी अवलम्बन नहीं रह सकता; अतएव, इस प्रकार के मत को कार्यतः नास्तिकवाद कहने से कोई भी अत्युक्ति नहीं होती है।[१]

अनेकानेक बौद्ध सर्वशून्यवादी हैं; उनके मत में जगत् मिथ्या है, विनाश (अभाव) ही एकमात्र सत्य हैं; इन्हें नास्तिक कहकर सभी आस्तिक्यवादियों ने परित्याग किया है। परन्तु शङ्कराचार्य के मत के साथ इस वैनाशिक मत का कार्यतः क्या प्रभेद है? जो सभी की बुद्धि के अगम्य है, जिसको किसी भी चिह्न के द्वारा कोई जान नहीं सकता

---

१. यह सत्य है कि व्यवहारावस्था में उपासनादि कर्मों की आवश्यकता को श्रीशंकराचार्य ने स्वीकृत किया है; परन्तु जब उनके मत में व्यवहारावस्था वास्तव में मिथ्या है, तो उनके भाष्य को पढ़कर और उनके मत को ग्रहण कर, कोई भी व्यक्ति ऐसी मिथ्या उपासनाओं में श्रद्धासम्पन्न नहीं हो सकता। एवञ्च, उपासनादि-व्यवहार जब इस मत में मिथ्या-अज्ञान-प्रसूत-मात्र है, तो इसमें आस्था-स्थापन ही कैसे संगत है? कोई कोई यह कहते हैं कि, ज्ञानियों (अविद्याविरहित पुरुषों) ही के लिए शङ्कराचार्य का उपदेश ग्रहणीय है, अज्ञानियों के लिए नहीं। इसके उत्तर में वक्तव्य यह है कि, जो अविद्या-विरहित हुए हैं, उनके लिए कोई भी उपदेश ग्रहणीय नहीं है, वे तो सिद्धमनोरथ हुए हैं, उनके लिए ज्ञातव्य विषय कुछ भी नहीं है; और वेदान्त-दर्शन जिज्ञासुओं के लिए अध्येतव्य है, ज्ञानप्राप्त पुरुषों के लिए नहीं, ऐसा सूत्रकार ने ग्रन्थ के प्रारम्भ में-प्रथम सूत्र में-उपदेश किया है; एवञ्च, इस तृतीयाध्याय में वेदव्यासजी ने जीवों के जिन नानाविध अवस्थाओं को वर्णित किया है, उनको जिन व्यक्तियों के प्रबोधार्थ उन्होंने वर्णित किया है, वे निश्चय ही उन-उन विषयों में अनभिज्ञ हैं-सुतरां उन्हें अज्ञानी ही समझना होगा। विशेषतः, इस पाद के परवर्ती पाद में वेदव्यासजी ने स्वयं वैदिक उपासना की सार्थकता को प्रदर्शित करने के लिए जिस भाँति श्रम को स्वीकृत किया है, उसके द्वारा स्पष्ट रूप से प्रतीयमान होता है कि वे शाङ्करिक मत के पक्षपाती नहीं थे। अधिकन्तु यह पहले ही द्वितीयाध्याय के प्रथम पाद के एकादश सूत्र के व्याख्यान में प्रतिपादित किया गया है, कि, ब्रह्मज्ञानोदय होने पर जगत् ब्रह्मात्मक रूप से ही प्रतीत होता है, मिथ्या रूप से नहीं।

है, ऐसा एकमात्र पदार्थ-निर्गुण ब्रह्म-ही शाङ्करमत में सत्य है, द्रष्टव्य, श्रोतव्य, अनुमेय सभी वस्तुओं का उस (ब्रह्म) में अभाव है। इस मत में और वैनाशिक बौद्धों के एकमात्र अभाव पदार्थवाद में कार्यतः क्या तारतम्य है? नास्तिक बौद्धों ने जैसे समस्त संसार को "नास्ति" बनाया है, शङ्कराचार्य ने भी उसको वैसे ही "नास्ति" ही बनाया है। एक निर्गुण ब्रह्म-जो शाङ्करमत में सत्य है वह-जब किसी प्रकार ज्ञानगम्य नहीं है, तो साधारण भाषा में तथा साधारण बोध में वह नास्ति ही के समान है। जैनों के अस्ति-नास्ति नामक सप्तभङ्गी-न्याय द्वारा भी वस्तुओं के अस्तित्व तथा नास्तित्व-उभयत्व के स्वीकृत होने के कारण, उसमें साधन की व्यवस्था कथञ्चित् रक्षित होती है; परन्तु श्रीशङ्कराचार्य ने, जगत् के सम्बन्ध में अस्ति नास्ति दोनों का निषेध कर, जीवों को अधिकतर तमोमध्य में निमज्जित तथा आकुलित किया है। वेदान्त-दर्शन का नाम सुनने ही से, साधारणतः लोगों के मन में धारणा उपजात होती है कि यह एक अति शुष्क, कठोर पदार्थ तथा केवल नीरस तार्किकों के लिए उपयोगी है; और यह धारणा एक प्रकार से लुप्तप्राय है कि, इसके पठन से मनुष्यों का विशेष कुछ उपकार हो सकता है। अतएव, शङ्कराचार्य यथार्थतः ही "प्रच्छन्नबौद्ध" आख्या को प्राप्त होकर भारतवर्ष के भक्तिमार्गावलम्बी उपासक सम्प्रदायों के निकट परिचित हुए हैं। यह सत्य है कि, अपने अपरिसीम तर्कशक्ति के प्रभाव से नास्तिक बौद्ध-मत का खण्डन कर, उन्होंने, प्रकाश्य बौद्धमतावलम्बियों को भारतवर्ष में हीनप्रभ कर, शङ्कर नाम को सार्थक किया था; परन्तु वे साधारण जनसमाज के सम्बन्ध में किसी प्रकार के आदरणीय धर्ममार्ग को स्थापित करने में समर्थ नहीं हुए। विषय-वैराग्योत्पादन ही उनके युक्तितर्क का एकमात्र फल है; इस कारण, सहस्रों के मध्य में कहीं एक व्यक्ति उनके उपदेश से उपकृत हुआ है; परन्तु शुष्कता के कारण, वे उपदेश संन्यासियों में भी अल्पसंख्यक को यथार्थ रूप से प्रफुल्लित कर सके हैं; कारण, श्रीभगवान् ने स्वयं गीतावाक्य में प्रकाशित किया है कि, निरवच्छिन्न ज्ञानयोग का आचरण करना जीवों के लिए प्रायशः असम्भव है:-

संन्यासस्य महाबाहो दुःखमाप्तुमयोगतः।
योगयुक्तो मुनिर्ब्रह्म न चिरेणाधिगच्छति।।

(गीता ५ अ ६ श्लो०)

सुतरां शाङ्करिक वैदांतिक भी भक्तिमार्ग के साधन का आश्रय-ग्रहण करते हुए दृष्ट होते हैं। श्रीमच्छंकराचार्यकृत शिवस्तोत्र, अन्नपूर्णास्तोत्र, गंगास्तोत्र, आनन्दलहरी प्रभृति के देखने से यह प्रतीत नहीं होता है कि केवल ज्ञानयोग के अवलम्बन द्वारा, उन्होंने स्वयं कार्यतः शान्तिलाभ किया था।

परन्तु शाङ्करिक ज्ञानयोग कपिलादि ऋषियों के द्वारा उपदिष्ट ज्ञानयोग भी नहीं है; कारण, ज्ञानयोगी सांख्याचार्यों ने जगत् को मिथ्या नहीं कहा है; उत्तम मोक्षलाभ के निमित्त क्रमशः इस (जगत्) के सूक्ष्म से सूक्ष्मतर स्तर में, धारणा, ध्यान तथा समाधि के द्वारा, बुद्धि को मार्ज्जित करने का उपदेश उन्होंने किया है; बुद्धि के निर्मल होने से, समाधिलाभ से चित्त के निर्वृत्तिक होने से, आत्म-स्वरूप स्वतः ही प्रकाशित होता है। ऐसी प्रणाली का उपदेश कर, उन्होंने साधकों को उत्साहित किया है। परन्तु शङ्कराचार्य ने, स्थूल, सूक्ष्म, समग्र जगत् को "नास्ति कहकर, एक ओर, क्रमशः मनः, प्राण प्रभृति सूक्ष्म प्राकृतिक स्तरों में, ध्यान और समाधि के अवलम्बन द्वारा क्रमिक उन्नति के पथ को रुद्ध किया है, और दूसरी ओर, भक्तिमार्गोपदिष्ट उपासना की व्यवस्था की असारता को स्थापित कर, उसमें भी अनास्था वर्द्धित किया है। अतएव, उनके भाष्य के पठन से अधुना केवल शुष्क तार्किकता की शिक्षा-मात्र होती है।

भारतवर्ष में अद्यदिवस कर्मों के प्रति उत्सह-सम्बन्ध में जो शिथिलता दृष्ट होती है, उसका एक कारण तो यही शाङ्करिक मायावाद है; अनेक रूपों से भारतवर्ष में प्रचारित होकर, इस मत ने लोगों को यह शिक्षा दी है कि, संसार सर्वैव मिथ्या है, सुतरां तामसभाव-प्रधान कलि में भारतवासी सहज ही में कर्मचेष्टा के प्रति विशेष उत्साहविहीन हुए हैं। कहाँ श्रुति, गीता, महाभारत, प्रभृति के उत्साहवर्द्धक वाक्य, और कहाँ यह शाङ्करिक मायावाद! अतएव, वेदव्यासादि आचार्यों के सिद्धान्तों को छोड़कर, केवल शङ्कराचार्य की पाण्डित्य बुद्धि के समानार्थ उनके मायावाद का आदर नहीं किया जा सकता।

३ अ, २ पाद, १२ सूत्रः-**भेदादिति चेन्न प्रत्येकमतद्वचनात्।**

भाष्यः—वस्तुतोऽपहतपाप्मत्वादियुक्तस्यापि जीवस्य देहयोगेनावस्थाभेददोषाः सन्त्येव, तथा परस्यापि भवन्त्विति चेन्न, प्रत्येकमन्तर्यामिणोदोषापादकवचनाभावात् "एष ते आत्मान्तर्याम्यमृतः" इत्यमृतत्ववचनात्।।

अस्यार्थः—वास्तव में निर्दोषिस्वभाव होने पर भी, जीव, देहयोग के कारण, विविध अवस्था-प्राप्तिरूप दोषयुक्त होता है, उसी भाँति परमात्मा की भी सर्वविध देहों में स्वप्नादि अवस्थाओं में अवस्थिति के कारण, उसका भी दोषयुक्त होना उचित है; ऐसी आपत्ति संगत नहीं है; कारण श्रुतियों ने यह प्रमाणित किया है कि इस प्रकार के अन्तर्यामित्व के कारण परमात्मा के जीव की भाँति दोष घटित नहीं होता। "तुम्हारा अन्तर्यामी यह आत्मा अमृत (अविकारी) है" इत्यादि बृहदारण्यक तथा

अपरापर श्रुतियों में अन्तर्यामी परमात्मा के अमृतत्व के उपदेश द्वारा उसका निर्दोषत्व स्थापित किया गया है।

३ अ, २ पाद, १३ सूत्रः-**अपि चैवमेके।।**

भाष्यः-अपि च "तयोरन्यः पिप्पलं स्वादवत्त्यनशनन्नन्योऽभिचाकशी"-ति एके शाखिन अधीयते।

अस्यार्थः-वेद की किसी-किसी शाखाओं में श्रुति ने, जीव और परमात्मा की एक स्थान में स्थिति को प्रदर्शित कर, परमात्मा की निर्लिप्तता का स्पष्ट रूप से वर्णन किया है। यथाः-माण्डूक्य के तृतीय खण्ड में इस प्रकार की उक्ति हैः-"एक ही वृक्षस्थित दो पक्षियों में एक (जीव) स्वादु फल खाता है, दूसरा (परमात्मा) कुछ भोग नहीं करता, केवल उदासीन भाव से रहकर दर्शन-मात्र करता है।" श्वेताश्वतर प्रभृति श्रुतियाँ भी इसी अभिप्राय की ज्ञापिका हैं।

३ अ, २ पाद, १४ सूत्रः-**अरूपवदेव हि तत्प्रधानत्वात्।।**

भाष्यः-"नामरूपे व्याकरवाणी"-त्यस्मिन् कार्येऽपि परस्य नामरूपनिर्वाहकत्वेन प्रधानत्वाद्धेतोः स्वोत्पाद्यनामरूपभोक्तृत्वाभावाद्ब्रह्म अरूपवद्भवति। अतो दोषगन्धाऽनाघ्रातं ब्रह्म।

अस्यार्थः-'उसने नाम और रूप को प्रकाशित किया" इत्यादि श्रुतिवाक्यों में नाम और रूप को प्रकाशित करना ब्रह्म का कार्य है, ऐसा उक्त होने के कारण, उन नाम और रूप का प्रवर्त्तक ब्रह्म इन सबसे अतीत है; अतएव, अपने द्वारा प्रकाशित नाम और रूपविशिष्ट पदार्थों का भोक्ता ब्रह्म नहीं है, सुतरां वह रूपविशिष्ट नहीं है, अतएव, उसमें दोषगंध का लेशमात्र भी नहीं हो सकता।

३ अ, २ पाद, १५ सूत्रः-**प्रकाशवच्चावैयर्थ्यात्।।**

भाष्यः-तम अस्पृष्टं प्रकाशवदेवंभूतमुभयलिङ्गं ब्रह्म "आदित्य वर्णं तमसः परस्तादि"-त्यनेनैकेन वाक्येनाभिधीयते वाक्यस्यावैयर्थ्यात्।

अस्यार्थः-तमोमय सृष्टि (प्रकाश्य जगत्) के दोष से स्पृष्ट न होकर, ब्रह्म उसी तमोमय सृष्टि का प्रकाशक है; अतएव वह द्विरूप है। "आदित्यवर्णं तमसः परस्तात्" इत्यादि श्रुतिवाक्यों में ब्रह्म की यह द्विरूपता स्पष्ट रूप से उक्त है, ये सब श्रुतिवाक्य व्यर्थ नहीं हो सकते। (सूत्र का अविकल अनुवाद यह हैः-ब्रह्म प्रकाशधर्मविशिष्ट भी है, कारण, एतद्विषयक श्रुतिवाक्यों का अर्थ व्यर्थ नहीं हो सकता है।)

३ अ, २ पाद १६ सूत्रः–**आह च तन्मात्रम्।**

भाष्यः–वाक्यं यावान् यस्यार्थस्तावन्मात्रमाह यदा, तदा तदेवावैयर्थ्यं बोध्यम्।

अस्यार्थः–जो श्रुति जिस विषय की है, (जिस विशेष उपदपेश की ज्ञापिका है,) उस श्रुति ने उसी विषय–मात्र के सम्बन्ध में जब उपदेश किया है, तो कोई भी श्रुतिवाक्य निरर्थक नहीं है, ऐसा समझना पड़ेगा।

३ अ, २ पाद, १७ सूत्रः–**दर्शयति चाथो अपि स्मर्यते।।**

भाष्यः–"य आत्मा अपहतपाप्मा" "निष्कलं निष्क्रियं शान्तं निरवद्यं निरञ्जनं", सत्यकामः सत्यसङ्कल्पः" इत्यादिवाक्यगणः उभयलिङ्गं ब्रह्मदर्शयति। अथ स्मर्यतेऽपि "यस्मात् क्षरमतीतोऽहमक्षरादपि चोत्तमः। अतोऽस्मि लोके वेदे च प्रथितः पुरुषोत्तमः"। "अहं सर्वस्य प्रभवो मत्तः सर्वं प्रवर्त्तते"। "अथवा बहुनैतेन किं ज्ञातेन तवार्ज्जुन! विष्टभ्याहमिदं कृत्स्नमेकांशेन स्थितो जगदि"–त्यादिना।

अस्यार्थः–श्रुति और स्मृति दोनों ही ब्रह्म की द्विरूपता को प्रदर्शित करती हैं; श्रुति, यथाः–"यह आत्मा निर्द्दोष, निष्कलङ्क, निष्क्रिय, शान्त, निर, निरञ्जन, सत्यकाम तथा सत्यसङ्कल्प है"। "आसीनो दूरं व्रजति, शयानो याति सर्वतः, (वह अचल होता हुआ भी दूरगामी है, निष्क्रिय होकर भी सर्वकर्त्ता है) इत्यादि। स्मृति भी कहती है:–मैं क्षर–स्वभाव अचेतन जगत् के परे हूँ, और अक्षर जीव से भी श्रेष्ठ हूँ; अतएव लोकों तथा वेदों में मैं पुरुषोत्तम नाम से आख्यात हूँ, पुनः, "मैं सर्वकर्त्ता हूँ, तथा मैं ही सबका प्रेरक हूँ;" "हे अर्जुन! और अधिक तुम्हाारे जानने का क्या प्रयोजन है? मैं ही स्थावरजङ्गमात्मक समग्र जगत् को दृढ़रूप से धारण कर रहा हूँ; यह समग्र विश्व मेरा एकांश मात्र है"–इत्यादि श्रीमद्भगवद्गीता वाक्यों के द्वारा भी ब्रह्म का द्विरूपत्व सुस्पष्टरूप से अवधारित हुआ है।

३य अ०, २य पाद, १८ सूत्रः–**अतएव चोपमा सूर्यकादिवत्।**

भाष्यः–यतः सर्वगमपि ब्रह्मोभयलिङ्गत्वान्निर्दोषमेव। अतएव "यथात्मैको ह्यनेकस्थ जलाधारेष्विवांशुमानि"–त्यादौ शास्त्रं ब्रह्मणो निर्दोषत्वं ख्यापयितुं सूर्यकादिवदुपमोच्यते।

अस्यार्थः–सर्वगत होने पर भी, द्विरूपत्व के कारण ब्रह्म में दोष का संस्पर्श नहीं होता। अतएव, सूर्यादि के साथ श्रुति ने उसकी उपमा दी है। श्रुति यथाः–"एक होकर भी आत्मा सर्वगत है, जैसे पुष्करिणी प्रभृति में एक ही सूर्य बहुरूप से

प्रतिबिम्बित होते हैं।" ब्रह्म के निर्दोषत्व को ज्ञापित करने के अभिप्राय से, इन सब शास्त्रवाक्यों के सूर्यादि वस्तुओं के साथ उसकी उपमा दी है।

३ अ०, २ पाद, १९ सूत्रः-**अम्बुवद्ग्रहणात्तु न तथात्वम्।।**

भाष्यः-शङ्कते, सूर्यादम्बू दूरस्थं गृह्यते, तद्वदंशिनः सकाशात् स्थानस्य ग्रहणाद्दृष्टान्तवैषम्यमिति।

अस्यार्थः-इस सूत्र में पूर्वपक्ष का वर्णन हुआ है, यथाः-जल दूरस्थ होकर सूर्य का प्रतिबिम्ब ग्रहण करता है; परन्तु परमात्मा वैकारिक पदार्थों से दूरस्थ नहीं है; सुतरां, जैसे जलस्थ प्रतिबिम्ब जल के कंपन से कम्पित होता है, वैसे ही, परमात्मा के विकारस्थ होने के कारण, उसे भी विकार के गुणों को प्राप्त होना उचित है। अतएव सूर्य के दृष्टान्त से ब्रह्म की निर्दोषिता स्थापित नहीं होती, यह दृष्टान्त विषम है।

३ अ०, २ पाद, २० सूत्रः- **वृद्धिह्रासभाक्त्वमन्तर्भावादुभय-सामञ्जस्यादेवम्।।**

भाष्यः-तत्राह, स्थानिनः स्थानान्तर्भावात्तत् प्रयुक्तवृद्धिह्रासभाक्तत्वं दृष्टान्तेन निराक्रियते, उभयसामञ्जस्यादेवं विवक्षितांशमात्रं गृह्यते।

अस्यार्थः-इस आपत्ति के उत्तर में सूत्रकार कहते हैं कि, जल के ह्रास-वृद्धि (कम्पनादि)-द्वारा जलस्थ सूर्य की ह्रास-वृद्धि दृष्ट होने पर भी वास्तव में सूर्य की ह्रास-वृद्धि नहीं होती है; वैसे ही, विकारजात पदार्थों के अन्तर्भूत होने पर भी आत्मा दूषित नहीं होती, इस अंश में साम्य का प्रदर्शन करना ही उक्त दृष्टान्त का उद्देश्य है; जिस अंश के सम्बन्ध में दृष्टान्त दिया जाता है, उसी अंश को ग्रहण करना चाहिए, दृष्टान्त का कभी सर्वांश में सामञ्जस्य नहीं होता है। विवक्षित अंशमात्र के ग्रहण करने से, दोनों में सामञ्जस्य दृष्ट होगा।

३ अ, २ पाद, २१ सूत्रः-**दर्शनाच्च।।**

भाष्यः-सिंह इव माणवक इति लोके दर्शनाच्चैवम्।

अस्यार्थः-यह बालक सिंह सदृश है, इस प्रकार के वाक्यों का व्यवहार भी लोगों में प्रायशः दृष्ट होता है; इसमें भी जिस अंश के सम्बन्ध में दृष्टान्त है, उसी अंश को ग्रहण करना चाहिए।

३ अ०, २ पाद, २२ सूत्रः-**प्रकृतैतावत्त्वं हि प्रतिषेधति ततो ब्रवीति च भूयः।।**

(प्रकृतं कथितं, एतावत्त्वं मूर्त्तामूर्त्तत्वं हि प्रतिषेधति; ततः भूयः पुनरपि ब्रवीति च श्रुतिः इत्यर्थः।)

भाष्यः–किं "नेति नेती"–ति वाक्यं "द्वे वाव ब्रह्मणो रूपे मूर्त्तं चामूर्त्तं चे"–त्यादिना प्रकृतं मूर्त्तामूर्त्तादिरूपं प्रतिषेधत्यथवा प्रकृतरूपयोगात् प्राप्तं ब्रह्मण एतावत्त्वमिति सन्देहे रूपं प्रतिषेधतीति प्राप्ते उच्यते प्रकृतैतावत्त्वमेव प्रतिषेधति, ततो भूयो "न ह्येतस्मादिति नेत्यन्यत्परमस्ती"–त्यादिवाक्यशेषो ब्रवीति।

अस्यार्थः–बृहदारण्यकोपनिषद् के द्वितीयाध्याय के तृतीय ब्राह्मण में श्रुति ने पहले कहा है:–"द्वे वाव ब्रह्मणो रूपे मूर्त्तञ्चैवामूर्त्तञ्च" इत्यादि, अर्थात् ब्रह्म के दो प्रकार के रूप हैं–मूर्त्त (स्थूल) तथा अमूर्त्त (सूक्ष्म) इत्यादि; ऐसा कहकर, क्षित्यादि भूतसमूह को मूर्त्त रूप और आकाश तथा वायु को अमूर्त्त कहकर (श्रुति ने) व्याख्या की है, तत्पश्चात् कहा है:–"योऽयं दक्षिणेऽक्षन् पुरुषस्तस्य ह्येष रसः" (दक्षिण चक्षु में जो पुरुष अवस्थित है, वह इन अमूर्त आकाशादि का सार है।) इस पुरुष के सम्बन्ध में श्रुति ने पुनः तत्पश्चात् ही इस प्रकार से कहा है, यथा:–"तस्य हैतस्य पुरुषस्य रूपं यथा महारजनं, वासो यथा पाण्ड्वाविकं यथेन्द्र गोपो यथाग्न्यर्चिर्यथा पुण्डरीकं यथा सकृद्विद्युत्तं सकृद्विद्युत्तेव ह वा अस्य श्रीर्भवति य एवं वेदथात आदेशो नेति नेति, न ह्येतस्मादिति ने–त्यन्यत् परमस्त्यथ नामधेयं सत्यस्य सत्यमिति प्राणा वै सत्यं तेषामेष सत्यम्"। अर्थात्– इस पुरुष का रूप हरिद्रावर्ण वस्त्र, की भाँति पीत, श्वेतवर्ण ऊन की भाँति श्वेत, इन्द्रगोप (वीरबहूटी) की भाँति रक्तवर्ण, अग्निशिखा की भाँति उज्ज्वल, रक्तपद्म की भाँति आरक्तिम, विद्युत् की भाँति प्रभासम्पन्न है। जो व्यक्ति इस पुरुष के इस प्रकार के रूप को जानता है, वह भी विद्युत्प्रभा की भाँति उज्ज्वल और श्रीसम्पन्न होता है। तत्पश्चात् इस पुरुष के सम्बन्ध में और भी विशेष उपदेश यह है कि वह यह नहीं है, वह यह नहीं है, अर्थात् ऐसा भी नहीं है कि इससे भी श्रेष्ठ उसका रूप नहीं है; अतएव, वह सत्य का सत्य कहकर आख्यात है। प्राण सत्य है किन्तु वह प्राणों से भी सत्य है।

इस स्थल पर जिज्ञास्य यह है कि:–"नेति नेति" (वह यह नहीं है, वह यह नहीं है), यह जो श्रुतिवाक्य है, उसके द्वारा ब्रह्म के जो "मूर्त्त और अमूर्त्त, द्विविधरूप" पहले उक्त हुए हैं, क्या वे सम्यक् निषिद्ध हुए हैं, अथवा उसके द्वारा ब्रह्म का स्थूलसूक्ष्म–रूपमात्रत्व निषिद्ध हुआ है (अर्थात् क्या यह कहा गया है कि उसके स्थूल सूक्ष्मरूप हैं ही नहीं, अथवा यह कहा गया है कि वह केवल उतना ही नहीं है, वरन् तदतीत भी है)? इस सन्देह के निवारणार्थ सूत्रकार कहते हैं कि, पूर्वोक्त

स्थूलसूक्ष्मरूपमात्रत्व ही निषिद्ध हुआ है; श्रुति का यह अभिप्राय नहीं है कि ये समस्त रूप उसके नहीं है; वह तन्मात्र ही नहीं है, उनसे अतीत भी है-इसको प्रकाश करना ही पूर्वोक्त "नेति नेति" वाक्य का अभिप्राय है। कारण, उस 'नेति नेति', को कहकर श्रुति ने पुनः "न ह्येतस्मादिति नेत्यन्यत् परमस्ति" (ऐसा नहीं है कि इससे भी श्रेष्ठ उसका अपर रूप नहीं है, अर्थात् अपर श्रेष्ठ रूप भी उसका है) वाक्य के द्वारा पूर्वोक्त "नेति नेति" वाक्य के अर्थ को प्रकाशित किया है। अतएव उक्त वाक्य के द्वारा श्रुति ने ब्रह्म की द्विरूपता ही को सिद्ध किया है। "न ह्येतस्मादिति नेत्यन्यत् परमस्ति" वाक्य का अन्वय यह है:-हि (यतः) ब्रह्मणो एतस्मात्-(पूर्वोक्तात्) अन्यत् परं (श्रेष्ठरूपं) न अस्ति इति, इति न (बोध्यम्), अन्यत् परं (श्रेष्ठरूपं) अस्त्येव, (कारण, इसकी अपेक्षा अधिक श्रेष्ठरूप ब्रह्म का जो नहीं है, यह वाक्य वाच्य नहीं है, उसकी अपेक्षा श्रेष्ठरूप भी उसका है।

३ अ०, २ पाद, २३ सूत्रः-**तदव्यक्तमाह हि।।**

भाष्यः-न चक्षुषा गृह्यते नापि वाचे"-त्यादि शास्त्रं ब्रह्माव्यक्तमाह।

अस्यार्थः-"चक्षु अथवा वाक् उसको धारण नहीं कर सकती" इत्यादि वाक्यों से ब्रह्म को अव्यक्त (इन्द्रियातीत) कहकर प्रकाशित किया है।

३ अ०, ३ पाद, २४ सूत्रः-**अपि संराधने प्रत्यक्षानुमानाभ्याम्।।**

(संराधनम् आराधनम् इत्यर्थः।)

भाष्यः-भक्तियोगे ध्याने तु व्यज्यते "ब्रह्मज्ञानप्रसादेन विशुद्धसत्त्वस्ततस्तु तं पश्यति निष्कलं ध्यायमानः", "भक्त्या त्वनन्यया शक्य अहमेवंविधोऽर्जुन, ज्ञातुं द्रष्टुं च तत्त्वेन प्रवेष्टुञ्च परन्तप" इत्यादि श्रुतिस्मृतिभ्याम्।

अस्यार्थः-श्रुति और स्मृति ने यह निर्देश किया है कि, भक्तियोग के द्वारा आराधित होने पर, ब्रह्म प्रकाशित होता है; श्रुति यथाः-"ब्रह्मज्ञान-प्रसाद से जिसका चित्त विशुद्ध हुआ है, वह ध्यानपरायण होकर उसी निष्कलङ्क ब्रह्म के दर्शन करता है" (मुः ३, १ ख०)। स्मृति यथाः-"हे परन्तप अर्जुन! पराभक्ति द्वारा ही मैं तत्त्वों के साथ जाना जा सकता हूँ, और मेरे दर्शन भी हो सकते हैं, तथा मुझमें प्रविष्ट भी हो सकती है" (गीता, ११ अ०, ५४ श्लोक); इत्यादि।

शाङ्कर भाष्य में भी इस सूत्र का अर्थ इसी प्रकार से किया गया है। शङ्कर स्वामी ने कहा है "संराधनं भक्तिध्यानप्रणिधानाद्यनुष्ठानम्" इत्यादि।

३ अ०, २ पाद, २५ सूत्रः–**प्रकाशादिवच्चावैशेष्यं, प्रकाशश्च कर्मण्यभ्यासात्।।**

भाष्यः–सूर्याग्न्यादीनां यथा तदर्थिकृतसाधनाभ्यासादाविर्भाव-स्तद्वद्ब्रह्मणोऽप्यवैशेष्यं, ब्रह्मप्रकाशो भवति, संराधनलक्षणादुपायाद्ब्रह्मदर्शनं भवतीत्यर्थः।।

अस्यार्थः–जैसे सूर्य, अग्नि इत्यादि तत्तदुपयोगी साधन–द्वारा (दर्पण, काष्ठद्वयघर्षण इत्यादि द्वारा) आविर्भूत होते हैं, वैसे ही ब्रह्म ही उपयुक्त साधन–द्वारा प्रकाशित होता है, भक्तिपूर्वक उपासना रूप साधन–द्वारा ही ब्रह्म प्रत्यक्षीभूत होता है।

३ अ, २ पाद, २६ सूत्रः–**अतोऽनन्तेन तथाहि लिङ्गम्।।**

भाष्यः–ब्रह्मसाक्षात्काराद्धेतोस्तेन सह साम्यं याति "यदा पश्यः पश्यते रुक्मवर्णं कर्त्तारमीशं पुरुषं ब्रह्मयोनिं, तदा विद्वान् पुण्यपापे विधूय निरञ्जनः परमं साम्यमुपैति" इति ज्ञापकात्।

अस्यार्थः–श्रुति ने यह ज्ञापित किया है कि ब्रह्मसाक्षात्कार होने पर, उपासक उसी के साथ समता–प्राप्त होता है, यथा:–"जब उपासक उस उज्ज्वल सर्वकर्त्ता ईश्वर के दर्शन करता है, जो ब्रह्मादिक का भी उत्पत्ति स्थान है, तब वह पाप पुण्य दोनों में विमुक्त होकर अपापविद्ध होता है, और ब्रह्म के साथ साम्यलाभ करता है" (मु० ३, १ ख०)।

३ अ० ३ पाद २७ सूत्रः–**उभयव्यपदेशात्त्वहिकुण्डलवत्।।**

(उभयव्यपदेशात्–तु–अहिकुण्डलवत्।)

भाष्यः–मूर्त्तामूर्त्तस्याप्रतिषेध्यत्वं दृढ़यति, मूर्तामूर्त्तादिकं विश्वं ब्रह्मणि स्वकारणेभिन्नाभिन्नसम्बन्धेन स्थातुमर्हति भेदाभेदव्यपदेशादहिकुण्डलवत्।

अस्यार्थः–ब्रह्म के द्विरूपत्व को और भी दृढ़ीभूत करने के निमित्त सूत्रकार कहते हैं:-स्थूल और सूक्ष्म विश्व स्वकारण ब्रह्म के साथ भिन्नाभिन्न सम्बन्ध में अवस्थित है; कारण, ब्रह्म के साथ भेद सम्बन्ध और अभेद सम्बन्ध दोनों ही को श्रुति ने प्रकाशित किया है। जिस भाँति सर्प के कुण्डलाकार रहने पर, उसके अंगसमूह अप्रकाशित रहते हैं, और प्रसारित होने पर, फणलाङ्गुलादि अवयव प्रकाशित होते हैं, उसी भाँति ब्रह्म से जगत् प्रकाशित होता है, और प्रलयकाल में उसी में लय–प्राप्त होता है। पूर्वोल्लिखित श्रुति यथा:–

"यतो वा इमानि भूतानि जायन्ते, यः पृथिव्यां तिष्ठन्" इत्यादि भेदव्यपदेशः, "सर्वं खल्विदं ब्रह्म" इत्यादि अभेदव्यपदेशः।

शङ्कराचार्य ने इस सूत्र के भाष्य में सूत्र के शब्दों की इसी रूप से व्याख्या की है; और वे यह भी मानते हैं कि, वेदव्यासजी ने इस सूत्र में जीव के साथ ब्रह्म के भेदाभेद सम्बन्ध को प्रकाशित किया है परन्तु उनका विचार यह है कि, वेदव्यासजी ने इस सूत्र में दूसरे के मत को प्रकाशित करके स्वीय मीमांसा का पुष्टिसाधन मात्र किया है; किन्तु, दूसरे के मत-मात्र को प्रकाशित करना यदि सूत्र का अभिप्रेत होता, तो वेदव्यासजी अवश्यमेव उसे प्रकट करते। जहाँ कहीं वेदव्यासजी ने सूत्र में अपर किसी आचार्य के मत को प्रकाशित किया है, वहीं उन्होंने उसको स्पष्ट रूप से उल्लिखित कर किसी न किसी स्थल पर उसका खण्डन किया है, अथवा उसके साथ अपने ऐकमत्य को प्रकाशित किया है। विशेषतः, ब्रह्म के साथ जीव के भेदाभेद सम्बन्ध को वेदव्यासजी ने पूर्व ही स्पष्ट रूप से स्वीय मत कहकर प्रकाशित किया है। यह किसी भी प्रकार से सम्भव नहीं है कि, इस स्थल पर उस विषय की पुनरुक्ति कर, वेदव्यासजी ने उसको दूसरे का मत कहकर प्रकाशित किया है। अतएव, श्रीमच्छंकराचार्य का एतत्सम्बन्धी अनुमान समीचीन नहीं है।

३ अ०, २ पाद, २८ सूत्रः-**प्रकाशाश्रयवद्वा तेजस्त्वात्।।**

(प्रकाश-आश्रय, प्रकाश-तदाश्रययोः सम्बन्धवत् वा, तेजस्त्वात्।)

भाष्यः-जीवपुरुषोत्तमयोरपि तथा सम्बन्धो ज्ञेयः। उभयव्यपदेशात् प्रभातद्वतोरिव। अतोऽनन्तेनेत्यनेन केवलभेदो न शङ्क्य इति भावः।

अस्यार्थः-जीव और परमेश्वर में भी ऐसा ही सम्बन्ध जानना चाहिए। भेदाभेद दोनों के उसके सम्बन्ध में उक्त होने के कारण, जैसा प्रभा और प्रभाशील में सम्बन्ध है, वैसा ही जीव और परमेश्वर में सम्बन्ध है, अतएव, पूर्वोक्त "अतोऽन-तेन" इत्यादि सूत्रों के द्वारा इनमें केवल भेद-सम्बन्ध रहना न समझना चाहिए।

३ अ०, २ पाद, २९ सूत्रः-**पूर्ववद्वा।।**

भाष्यः-कृत्स्नप्रसक्त्यादिदोषाभावश्च पूर्ववत् बोध्यः।

अस्यार्थः-कृत्स्न प्रसक्तादि दोषों की आपत्ति के वर्तमान रहने पर, द्वितीयाध्याय के प्रथम पादोक्त २५ संख्यक सूत्र में जैसे उनका खण्डन हुआ है, यहाँ भी वैसे ही खण्डन समझना चाहिए।

३ अ०, २ पाद, ३० सूत्रः–**प्रतिषेधाच्च।**

भाष्यः–न लिप्यते लोकदुःखेन इत्यादि प्रतिषेधाच्च न प्रकृतस्य ब्रह्मणो दोषयोगः।

अस्यार्थः–"वह लोगों के दुःख में लिप्त नहीं होता"–ब्रह्म सम्बन्ध में इस प्रकार प्रतिषेध द्वारा भी श्रुति ने ब्रह्म के दोषयोग को निवारित किया है।

इति परस्योभयलिङ्गताप्रतिपादेन, जीवस्य च ब्रह्मणो भिन्नाभिन्नत्वनिरूपेण, स्वप्नादिस्थानस्थितिनिमित्तकपरस्य दोषस्पर्शाभाव–निरूपणाधिकरणम्।

—•—

३ अ०, २ पाद, ३१ सूत्रः–**परमतः सेतून्मानसम्बन्धभेदव्यपदेशेभ्यः।।**

[अतः (अस्मात् परमात्मनः) परम् (अस्ति इति शेषः) सेतुव्यपदेशात्, उन्मानव्यपदेशात्, सम्बन्धव्यपदेशात्, भेदव्यपदेशात् इत्यर्थः।]

भाष्यः–पूर्वपक्षयति। अतः प्रकृताद्ब्रह्मणः परमपि किञ्चित्तत्त्वमस्ति " अथ य आत्मा सेतुरिति" सम्बन्धव्यपदेशात्। "तेनेदं पूर्णं पुरुषेण सर्वं ततो यदुत्तरतरं तदरूपमनामयं" इति भेदव्यपदेशाच्च।

अस्यार्थः–इस सूत्र में पूर्वपक्ष वर्णित होता हैः–उपदिष्ट ब्रह्म से श्रेष्ठ दूसरा कोई तत्त्व है, कारण "ये आत्मा सेतुस्वरूप" (छा० ८ म अ०, ४ ख०) वाक्य में परमात्मा सेतुरूप से वर्णित हुआ है; ब्रह्म को सेतु कहने से, सेतु के अवलम्बन–द्वारा जैसे मनुष्य दूसरे गन्तव्य स्थान को जाते हैं, वैसे ही परमात्मा के अवलम्बन द्वारा दूसरे श्रेष्ठ स्थान में जीव जाते हैं–ऐसा प्रतीत होता है। "अमृतस्यैष सेतुः" इस सेतुवाक्य से ऐसा प्रतिभात होता है कि, ब्रह्म दूसरे अमृत के साथ सम्बन्ध करा देता है। "चतुष्पादब्रह्म षोड़शकलम्" (ब्रह्म चतुष्पाद षोड़शकला–विशिष्ट है) इत्यादि वाक्यों के द्वारा ब्रह्म का उन्मान (परिमाण) भी वर्णित हे। एवञ्च, "उसी पुरुष के द्वारा एतत्समस्त पूर्ण हुआ है; जो इसकी अपेक्षा श्रेष्ठ है, वह अरूप तथा अनामय है," इत्यादि वाक्यों के द्वारा भी यह उपदिष्ट हुआ है कि, ब्रह्म दूसरे एक श्रेष्ठ पदार्थ से भिन्न है। अतएव, यह प्रतिपन्न होता है कि, ब्रह्म से श्रेष्ठ और भी कोई है।

३ अ०, २ पाद, ३२ सूत्रः–**सामान्यात्तु।**

(सेतुसामान्यात् सेतुव्यपदेशः।)

भाष्यः–सिद्धान्तमाह। तु शब्दः पक्षनिषेधार्थः। जगत्कारणात् सर्वेश्वरात् परं न किञ्चिदस्ति , सेतुव्यपदेशस्तद्विधारणसारूप्यात्।।

अस्यार्थः–पूर्वोक्त पूर्वपक्ष का सिद्धान्त कहते हैं:–सूत्रोक्त 'तु' शब्द पक्षनिषेधार्थ प्रयुक्त हुआ है। जगत्कारण सर्वेश्वर से श्रेष्ठ और कोई तत्त्व नहीं है; श्रुति ने जो उसको सेतु कहकर उपदिष्ट किया है, वह केवल उसके जगन्नियामकत्व को प्रदर्शित करने के अभिप्राय से ही। जिस भाँति सेतु जल का नियामक है, जलोपरिस्थित पारगामी पुरुष की जल से रक्षा करता है, उसी भाँति ब्रह्म भी जगत् का नियामक है, जगत् से जीव का उद्धार करता है; केवल इतना ही उपमा का सादृश्य है।

३ अ०, २ पाद, ३३ सूत्रः–**बुद्ध्यर्थः पादवत्।।**

भाष्यः–उन्मानव्यपदेश उपासनार्थः "मनो ब्रह्मेत्युपासीतेत्यध्यात्मं तदेतच्चतुष्पादब्रह्म वाक् पाद" इत्यादिपादव्यपदेशात्।।

अस्यार्थः–पादादि द्वारा ब्रह्म के परिमाण का जो उपदेश किया गया है, वह केवल उसकी उपासना के निमित्त ही।"–'ब्रह्म मानकर मन की उपासना करना, यही अध्यात्म है। ब्रह्म चतुष्पाद है, वाक्य एकपाद, प्राण एकपाद, चक्षु एकपाद और श्रोत्र एकपाद" (ब्रा० ३ अ०, १८ ख०) इत्यादि श्रुतिवाक्यों के द्वारा ब्रह्म के प्रतीकरूप से उक्त चतुष्पादविशिष्ट मन के उपास्यत्व का उपदेश हुआ है।

३ अ०, २ पाद, ३४ सूत्रः–**स्थानविशेषात् प्रकाशादिवत्।।**

भाष्यः–अपरिमितस्य परिमितत्त्वेन चिन्तनं स्थानविशेषात् प्रकाशादिवदुपपद्यते।

अस्यार्थः–आलोक, आकाश इत्यादि जिस भाँति स्थानविशेषप्राप्ति के कारण तत्स्थान-परिमित होते हैं, उसी भाँति ब्रह्म भी उपासना के निमित्त प्रतीकादि रूप से चिन्तित होता है; इससे उसके अपरिमितत्व का अपलाप नहीं होता है।

३ अ०, २ पाद, ३५ सूत्रः–**उपपत्तेश्च।।**

भाष्यः–स्वस्य स्वप्रापकतया सम्बन्धव्यपदेशोपपत्तेश्च तत्त्वान्तराभावः।।

अस्यार्थः–ब्रह्म स्वयं ही अपने को प्राप्त कराता है, इसी कारण सम्बन्ध का उपदेश होना उपपन्न होता है, अतएव, ब्रह्म से तत्त्वान्तर कुछ भी नहीं है।

३ अ०, २ पाद, ३६ सूत्रः–**तथान्यप्रतिषेधात्।**

भाष्यः–तथा "ततो यदुत्तरतरम्" इति भेदव्यपदेशाद्ब्रह्मेतरं तत्त्वमस्तीत्यपि न वाच्यं, "यस्मात्परं नापरमस्ति किञ्चिदि"–ति प्रतिषेधात्।।

अस्यार्थः–वैसे ही "इससे जो श्रेष्ठ है" इत्यादि वाक्यों के द्वारा जो भेद का

उपदेश किया गया है, उससे यह मीमांसित नहीं होता है कि, ब्रह्म के उपरान्त अन्य कोई तत्त्व है; कारण, "जिस के अतिरिक्त पर अथवा अपर कुछ भी नहीं है" (श्वे० ३ अ०) इत्यादि श्रुतिवाक्यों के द्वारा तत्त्वान्तर का अस्तित्व प्रतिषिद्ध हुआ है।

३ अ०, २ पाद, ३७ सूत्रः–**अनेन सर्वगतत्वमायामशब्दादिभ्यः।।**

[अनेन (समानातिशयशून्यत्वप्रतिपादकविचारेण), सर्वगतत्वं (ब्रह्मणः दृढ़ीकृतं) आयामशब्दादिभ्यः (व्याप्तिवाचकशब्दादिभ्यः) तत् सिद्धम्।]

भाष्यः–अनेन परब्रह्मणः सर्वगतत्वं दृढीकृतम्। "तेनेदं पूर्णं पुरुषेण सर्वं" "ब्रह्मैवेदं सर्वमि"–त्यादिशब्देभ्यः।।

अस्यार्थः–इसके द्वारा ब्रह्म का पूर्वोक्त सर्वगतत्व दृढ़ीकृत हुआ। "उसी पुरुष के द्वारा एतत्समस्त परिपूर्ण हुआ है, ब्रह्म ही एतत्समस्त है" इत्यादि ब्रह्म के व्याप्तित्व–प्रतिपादक श्रुति–वाक्यों के द्वारा यह सर्वतोभाव से स्थापित हुआ है।

३ अ०, २ पाद, ३८ सूत्रः–**फलमत उपपत्तेः।।**

भाष्यः–अतो ब्रह्मण एव तदधिकारिणां तदनुरूपं फलं भवत्यस्यैव तद्दातृत्वोपपत्तेः।।

अस्यार्थः–अतएव यही सिद्ध होता है कि, ईश्वर ही से अधिकार के अनुसार फल की प्राप्ति होती है, वही कर्मफल–दाता है।

३ अ०, २ पाद, ३९ सूत्रः–**श्रुतत्वाच्च।।**

भाष्यः–स वा एष महानज आत्माऽन्नादोवसुदान" एष ह्येवानन्दयती"–तित्फलदत्वस्य श्रुतत्वाच्च।।

अस्यार्थः–श्रुतियों ने भी स्पष्ट रूप से ब्रह्म ही को कर्मफलदाता कहकर वर्णित किया है, यथाः–"यह वही जन्मरहित महान् आत्मा–जीवरूप में भोक्ता है और धन, पशु इत्यादि भोग्यवस्तुओं का दाता भी है" (वृ० ४ अ०, ४ ब्रा २४)। "यही जीवों को आनन्दित करता है" (तै० २ व)।

३ अ०, २ पाद, ४० सूत्रः–**धर्मं जैमिनिरत एव।।**

भाष्यः–धर्मं फलहेतुं जैमिनिर्मन्यते, कृष्यादिवत्तस्यैव तद्धेतुत्वोपपत्तेः। यजेत स्वर्गकामः" इति तद्धेतुत्वश्रवणाच्च।

अस्यार्थः–आपत्तिः–जैमिनि मुनि कहते हैं कि, धर्म ही जीवों के फलों का हेतु है। कृषिकर्मादि जिस भाँति धान्यादि–फलप्राप्ति के हेतु हैं, उसी भाँति धर्म ही

फलदाता है ऐसा कहना उचित है; स्वर्गकामना के कारण यज्ञ करना" इत्यादि श्रुतिवाक्यों के द्वारा भी यज्ञादि धर्मों ही को स्वर्गादिफलदान का हेतु कहकर उपदिष्ट किया है।

३ अ०, २ पाद, ४१ सूत्रः-**पूर्वं तु वादरायणो हेतुव्यपदेशात्।।**

भाष्यः-तु शब्द पक्षनिरासार्थः। फलं पूर्वोक्तं परमात्मानं वेदाचार्यो मन्यते। "पुण्येन पुण्यं लोकं नयती"-ति "यमेवैष वृणुते तेन लभ्य"-इति च परस्य तद्धेतुत्वव्यपदेशात्।।

अस्यार्थः-सूत्रोक्त 'तु' शब्द पूर्वपक्षनिरासार्थक है। वेदाचार्य वादरायण ने यह सिद्ध किया है कि परमात्मा ही मूल फलदाता है। "पुण्यकर्मों को संपादित कराकर पुण्यलोक की प्राप्ति कराता है" "वह जिसको वरण करता है, उसी को लाभ होता है" इत्यादि श्रुति वाक्यों के द्वारा श्रुति ने पुण्यादि विषयों में भी परमात्मा ही को हेतु कहकर उपदिष्ट किया है।

इति परमात्मनः सेतुत्व, नियामकत्व, फलदातृत्व-निरूपणाधिकरणम्।

इति वेदान्तदर्शने तृतीयाध्याये द्वितीयपादः समाप्तः।

—●—

तृतीयपादः

इस तृतीय पाद में श्रीभगवान् वेदव्यास जी ब्रह्मोपासना-विषयक श्रुतिवाक्यसमूह के सारमर्म को अवधारित करने में प्रवृत्त हुए हैं।

३ अ०, ३ पाद, १ सूत्रः-**सर्ववेदान्तप्रत्ययं चोदनाद्यविशेषात्।।**

[सर्ववेदान्तैः प्रतीयते इति सर्ववेदान्तप्रत्ययं, तानि अभिन्नानि एव, इत्यर्थः, विधयकशब्दश्चोदना, तस्य अविशेषात् ऐक्यात्। चोदना "विद्यादुपासीते"-त्येवंरूपो विधिः।]

भाष्यः–अनेकत्र प्रोक्तमुपासनमेकम्, चोदनाद्यविशेषात्।।

अस्यार्थः–भिन्न-भिन्न वेदान्तों में उपदिष्ट उपासनाओं की वेद्यवस्तु एक ही है, एक ब्रह्मोपासना ही भिन्न-भिन्न वेदान्तों में उपदिष्ट हुई है; कारण, सभी का विधायक लक्षण एक ही प्रकार का है।

शंकराचार्य के मत में ही भी इस सूत्र का अर्थ इसी प्रकार का है। परन्तु वे कहते हैं कि सगुण ब्रह्मोपासना ही के सम्बन्ध में यह सूत्र ग्रथित हुआ है। परन्तु वेदव्यासजी ने जिस सूत्र में 'सर्व' शब्द को व्यवहृत किया है, उसका अर्थ खर्व नहीं किया जा सकता है। किसी भी स्थल पर वेदव्यासजी ने इस सम्बन्ध में इङ्गित भी नहीं किया है।

३ अ०, ३ पाद, २ सूत्रः-**भेदान्नेति चेदेकस्यामपि।।**

भाष्यः–विद्यायां पुनः श्रुत्या वेद्यभेदान्न विद्यैक्यमिति चेत्, न; क्वचित्प्रतिपत्तृभेदात् क्वचित्प्रकरणशुद्ध्यर्थमेकस्यामपि विद्यायां पुनरुक्त्याद्युपपत्ते।।

अस्यार्थः–यदि ऐसी आपत्ति की जाये कि श्रुति में विद्या की पुनरुक्ति के कारण, विद्या की वेद्यवस्तुओं को विभिन्न कहना होगा, (कारण, वेद्यवस्तु के एक होने से, पुनरुक्ति निष्प्रयोजन है) अतएव भिन्न-भिन्न वेदान्तोक्त विद्यायें (उपासनायें) एक नहीं हैं; तो वक्तव्य यह है कि, यह सिद्धान्त संगत नहीं है; किसी स्थल पर प्रतिपत्ताभेद (उपासकभेद) के कारण, तथा किसी स्थल पर प्रकरण-पूरण के निमित्त एक ही विद्या की पुनरुक्ति असंगत नहीं है, वरन संगत है।

३ अ०, ३ पाद, ३ सूत्रः-"**स्वाध्यायस्य तथात्वेहि समाचारेऽधिकाराच्च सववच्च तन्नियमः।।**

[(आथर्वणे कर्त्तव्यत्वेनैवोपदिष्टं शिरोव्रतं शिरसि अंगारपात्रधारणरूपं व्रतं न विद्याभेदकं कुतः? तस्य) स्वाध्यायस्य (वेदाध्ययनस्य अङ्गीभूतत्वात्); तथात्वे (शिरोव्रतस्य स्वाध्यायाङ्गत्वे) तन्नियमः (व्रतोपदेश-नियमः, आथर्वणिकेन अनुष्ठेयः नेतरेण इति नियमः)। समाचारे (वेदव्रतोपदेशपरे ग्रन्थे तदुपदेशात्); अधिकाराच्च अधिकृतमुण्डक-ग्रन्थजातपरात् 'अधीते' इति शब्दाच्च। सववच्च सूर्यवच्च सूर्यादिहोमवच्च।।]

भाष्यः—यच्चाथर्वणे "तेषामेवैतां ब्रह्मविद्यां वदेत शिरोव्रतं विधिवद्यैस्तु चीर्णमि-ति शिरोव्रतं, तदपि विद्याभेदकं न, यतः स्वाध्यायाध्ययनाङ्गतया शिरोव्रतं विधीयते। तस्याध्यायनांगत्वे सति आथर्वणिकेतराग्रह्यतया तन्नियमोऽस्ति। यतः समाचाराख्ये ग्रन्थेऽपि वेदव्रतत्वेन शिरोव्रतमामनन्ति; "नैतदचीर्णव्रतो अधीत" इति वचनाच्च; सौर्यादिहोमवच्च तन्नियमः संगत एव।।

अस्यार्थः—आथर्वण श्रुति में (मु० ३य मु०, २ ख० में) उक्त हैं:-"जिन लोगों ने विधिपूर्वक शिरोव्रत का अनुष्ठान किया है, उन्हीं के लिए यह ब्रह्मविद्या का उपदेश है;" इस वाक्य में जो शिरोव्रत उपदिष्ट हुआ है, उसके द्वारा ब्रह्मविद्या का भेद प्रतीत होता है (कारण केवल आथर्वणों के सम्बन्ध में इस शिरोव्रत का उपदेश है, दूसरों के सम्बन्ध में नहीं), ऐसा नहीं कहा जा सकता; कारण यह है कि, वह शिरोव्रत केवल आथर्वण श्रुति के अध्ययन का अङ्गीभूत है, विद्या (तदुपदिष्ट उपासना) के अङ्गीभूत नहीं है। केवल उस वेद के अध्ययन के अङ्गीभूत होने के कारण, आथर्वणिकों (अथर्ववेदाध्यायियों) को छोड़कर दूसरों के द्वारा ग्रहणीय नहीं है; इसी कारण उन्हीं के सम्बन्ध में उक्त प्रकार का नियम किया गया है; कारण, समाचार नामक वेदव्रतोपदेशक ग्रन्थ में, केवल उस वेदाध्ययन के अङ्गीभूत-स्वरूप में शिरोव्रत उपदिष्ट हुआ है। "शिरोव्रत का आचरण किये बिना अथर्ववेदीय मुण्डक श्रेणी का श्रुति-पाठ न करना" इत्यादि वाक्यों के द्वारा उस श्रुति के अध्ययनाधिकार के निर्णयार्थ उस व्रत के उपदिष्ट होने से, ऐसा ही सिद्ध होता है। उसके दृष्टान्त भी वर्तमान हैं:- जिस भाँति सौर्यादि सप्त होम केवल आथर्वणों के एकाग्नि के साथ सम्बन्धविशिष्ट होने के कारण, (अपरशाखाओं में उक्त त्रेताग्नि के साथ सम्बन्ध-विशिष्ट न होने के कारण, केवल एकाग्निक आथर्वणिकों ही के द्वारा अनुष्ठेय हैं, उसी भाँति शिरोव्रत भी मुण्डकश्रुति अध्ययनकारियों ही के द्वारा अनुष्ठेय है,-दूसरों के द्वारा नहीं, यह नियम विधिबद्ध हुआ है।

३ अ०, ३ पाद, ४ सूत्रः-**दर्शयति च**।।

भाष्यः—"सर्वे वेदा यत्पदमामनन्ति" इति श्रुतिदर्शयति च विद्यैकाम्।।

अस्यार्थः–"समस्त वेद जिस नित्यवस्तु की कीर्त्तन करते हैं" इत्यादि श्रुतियों ने साक्षात्सम्बन्ध में ही एक ब्रह्म का सकल विद्याओं की वेद्यवस्तु होना उपदिष्ट किया है।

३ अ०, ३ पाद, ५ सूत्रः–**उपसंहारोऽर्थाभेदाद्विधिशेषवत् समाने च।।**

भाष्यः–विद्यैक्ये सति, (समाने उपासने सति,) गुणोपसंहारः कर्त्तव्यः, प्रयोजनाभेदात्। अग्निहोत्रादिविधिशेषवत्।

अस्यार्थः–एक ही ब्रह्मोपासना के उपदिष्ट होने से, एक वेदान्तोक्त ब्रह्म के स्वरूपगत गुणों की दूसरे वेदान्तों में वर्णित ब्रह्मोपासनाओं में योजना करना उचित है। कारण, उपासना का अर्थ (प्रयोजन) सर्वत्र एक ही है। जिस भाँति अग्निहोत्रादि कर्मों में एक वेदोक्त कर्माङ्गसमूह दूसरे वेदोक्त कर्मों में भी योजित किये जाते हैं, उसी प्रकार विभिन्न उपनिषदुक्त विद्योपासनाओं में विधायक वाक्यों के एकरूप होने के कारण, किसी एक उपनिषद् में उपास्य वस्तु के जो सब स्वरूपगत गुण वर्णित हुए हैं उन सभों का सर्वत्र ही ग्रहणीय होना सिद्ध है।

इति सर्ववेदान्तोक्तविद्याया एकत्वावधारणाधिकरणम्।

—•—

परन्तु ब्रह्मोपासना के एक होने पर भी, विद्या (उपासनाप्रणाली) उपनिषदों में सर्वत्र एक नहीं है; यहाँ तक कि, विद्या के नाम के एक होने पर भी, किसी-किसी स्थल पर विभिन्न उपनिषदों में उक्त विद्या ठीक एक नहीं है, अब सूत्रकार इसी को प्रदर्शित कर रहे हैं:–

३ अ०, ३ पाद, ६ सूत्रः–**अन्यथा त्वं शब्दादिति चेन्नाविशेषात्।।**

भाष्यः–"अथ हेममासन्यं प्राणमूचुस्त्वं न उद्गायेति तथेति तेभ्य एष प्राण उद्गायदि"–ति वाजसनेयके श्रूयते "अथ ह य एवायं मुख्यप्राणस्तमुपासांचक्रिरे" इति छान्दोग्ये श्रूयते। किमत्र विद्यैक्यमुत तद्भेदः? इति संशये विद्यैक्यमिति। ननु प्राणस्य वाजसनेयके "त्वं न उद्गाये"–ति कर्तृकत्वं, छान्दोग्ये च "त्वमुद्गीथम्" इति कर्मत्वमधीयते, अतो विद्यानानात्वमिति चेन्न, उपक्रमेऽविशेषात्। "उद्गीथेनात्ययाम", उद्गीथमाजर्हुरनेनैनानभिऽनिष्याम" उद्गीथस्यैवोपास्यत्व-प्रतीतेः। तस्मादुभयत्र विद्यैक्यमिति प्राप्तम्।

अस्यार्थः–वाजसनेय श्रुति में (बृ० १म अ० ३ ब्राह्मण में) उक्त है कि, देवताओं ने, वाक् प्रभृति अपर सब इन्द्रियों को परित्याग कर, मुखप्रभव प्राण से

कहा:-तुम हम लोगों के उद्गात्र-कर्मों को संपादित करो; वह तथास्तु कहकर उद्गात्र कर्म करने लगा। छान्दोग्य के १म प्रपाठक के २य खण्ड में इस उद्गीथोपासना के सम्बन्ध में ऐसी उक्ति है कि, देवतागण और सब इन्द्रियों को परित्याग कर मुख्य प्राण ही की उपासना करने लगे। इस स्थल पर जिज्ञासा यह है कि, इसके द्वारा उपासनाओं में एकत्व समझना पड़ेगा, अथवा भेद? इस संशय को दूरीभूत करने के अभिप्राय से सूत्रकार कहते हैं कि, पहले ऐसा ही अनुमित होता है कि इस स्थल पर ये दोनों उपासनायें एक ही हैं, भिन्न नहीं। कारण यदि यह कहा जाये कि वाजसनेय श्रुत्युक्त 'त्वं न उद्गाय" (तुम हम लोगों के उद्गाता होओ) वाक्य में प्राण का कर्तृत्व उपदिष्ट है, किन्तु छान्दोग्योक्त "त्वमुद्गीथम्" वाक्य में प्राणबोधक "त्वं" पद कर्मकारक में उपदिष्ट है; अतएव दोनों का उपास्य एक नहीं है; सुतरां विद्याओं में भेद रहना स्वीकार करना होगा; परन्तु ऐसा कहना सङ्गत नहीं है; कारण, दोनों श्रुतियों में संवाद का आरम्भ एकही प्रकार से किया गया है; यथा:- वाजसनेय श्रुति के प्रारम्भ में कहा गया है कि, देवताओं ने परामर्श किया, "उद्गीथ-द्वारा हम लोग जय लाभ करेंगे", और छान्दोग्य के प्रारम्भ में उक्त है कि, देवताओं ने उद्गीथ का अनुष्ठान किया और कहा, "उद्गीथ-द्वारा ही हम लोग (असुरों को) पराभूत करेंगे- जयैलाभ करेंगे"। एतद्द्वारा यह प्रतिपादित होता है कि दोनों स्थलों पर एक ही उद्गीथ-उपासना उपदिष्ट हुई है। अतएव दोनों स्थलों पर उपदिष्ट विद्या एक ही है। यह पूर्वपक्ष है।

३ अ०, ३ पाद ७ सूत्र:-**न वा प्रकरणभेदात् परोवरीयस्त्वादिवत्।।**

[प्रकरणभेदात्=उपक्रमभेदात् इत्यर्थ:; परोवरीयस्त्वादिवत् यथा परोवरीयस्त्वादिगुणविशिष्ट-विधानम् अर्थान्तरं ज्ञापयति तद्वत्।] (पर=ज्येष्ठ; वर = श्रेष्ठ।)

भाष्य:-तत्रोच्यते, न विद्यैक्यम्, "ओमित्येतदक्षरमुद्गीथमुपासीते"-त्युद्गीथे प्रणवमुपास्यं प्रक्रम्यो-"उद्गीधमाजर्हु"-रिति वचनात् तदवयवभूत: प्रणव: प्राणदृष्टेर्विषय: छान्दोग्ये विहित:। वाजसनेयके तु अविशेषेण "उद्गीथेनात्ययाम्" इत्युपक्रमात् कृत्स्नोद्गीथ: प्राणदृष्टेर्विषय:। इत्थं प्रक्रमभेदाद्विद्याभेद एव सिध्यति। यथोद्गीथावयवे प्रणवे परमात्मदृष्टिविधानाविशेषेऽपि हिरण्यमयपुरुषदृष्टिविधानात् परोवरीयस्त्वादिगुणविशिष्टविधानमन्यत्।

अस्यार्थ:-उक्त पूर्वपक्ष के उत्तर में सूत्रकार कहते हैं:-उक्त उपनिषद्-द्वयोक्त

विद्याओं का एकत्व नहीं कहा जा सकता) कारण यह है कि, छान्दोग्य श्रुति में उद्गीथोपासना के वर्णन में "ओं" इस एकमात्र वर्ण (जो सम्पूर्ण उद्गीथ का एकांश मात्र है, उस) की उद्गीथ ज्ञान से उपासना करना" इस प्रकार कहकर इसके पश्चात् "देवताओं ने उद्गीथ का अनुष्ठान किया" ऐसी उक्ति है। एतद् द्वारा यह सिद्ध होता है कि, छान्दोग्य में उद्गीथ के अङ्गमात्र ओंकार ही, को, प्राणदृष्टि से उपासना का विषय कहकर विवृत किया है। परन्तु वाजसनेय श्रुति में, किसी विशेष अवयव का उल्लेख न कर, साधारण रूप से "उद्गीथोपासना द्वारा हम लोग जयलाभ करेंगे", इस प्रारंभिक वाक्य से यह अवधारित होता है कि, बृहदारण्यक में सम्पूर्ण उद्गीथ ही प्राणदृष्टि से उपासना के विषय हैं। आरम्भ-वाक्य में इस प्रकार के भेद के कारण विद्या का भेद ही प्रतिपादित होता है। जिस भाँति उद्गीथांश प्रणव में परमात्मा-ध्यानविषयक उपदेश के एक होने पर भी, (एक छान्दोग्य ही में), परमात्मा के हिरण्यमय पुरुषरूप के ध्यान से परोवरीयस्त्वादिगुणविशिष्ट पुरुषरूप का ध्यान विभिन्न है, उसी भाँति वाजसनेय श्रुत्युक्त उद्गीथोपासना-प्रणाली और छान्दोग्योक्त उद्गीथोपासना-प्रणाली भी विभिन्न हैं। (इस स्थल पर छान्दोग्य के प्रथम पाठक के नवम और षष्ठ खण्डों को पढ़ने से यह विचार विशिष्ट रूप से बोधगम्य होगा।)

३ अ०, ३ पाद, ८ सूत्रः-**संज्ञातश्चेत्, तदुक्तमस्ति तु तदपि॥**

भाष्यः-संज्ञातो विद्यैक्यमिति चेत्तस्याः दुर्बलत्वं "न वा प्रकरणभेदादि"-त्यनेनोक्तं, संज्ञैकत्वं तु विधेयभेदेऽप्यस्ति। यथाग्निहोत्र-संज्ञानित्याऽग्निहोत्रे कुण्डपायिनामयनाग्निहोत्रे च।

अस्यार्थः-यदि दोनों स्थलों पर उद्गीथ नाम के वर्तमान रहने के कारण, विद्या का भी एकत्व कहा जाये तो यह अत्यन्त दुर्बल युक्ति है,-यह पूर्ववर्त्ती सूत्र के विचार ही में प्रदर्शित हुआ है। एक संज्ञा होने पर भी विधेय का भेद सम्भव है, इसके दृष्टान्तों का अभाव नहीं है। यथाः-" अग्निहोत्र संज्ञा नित्य अग्निहोत्र की भी है, तथा कुण्डपायि नामक अग्निहोत्र की भी है।"

३ अ०, ३ पाद, ९ सूत्रः-**व्याप्तेश्च समञ्जसम्॥**

(व्याप्तेश्च=प्रणवस्य सर्वत्र व्यापकत्वात् सर्वं समञ्जसम्।)

भाष्यः-छान्दोग्ये सर्वासूद्गीथविद्यासु प्रथमं प्रस्तुतस्य प्रणवस्योपास्यत्वेन व्याप्तेः "उद्गीथमाजर्हुरि"-ति मध्यगतस्योद्गीथशब्दस्यापि प्रणवविषयत्वं समञ्जसम्। छान्दोग्ये उद्गीथावयवः प्रणवः वाजसनेयके कृत्स्नोद्गीथः प्राणदृष्ट्योपास्य इति विद्याभेदः।

अस्यार्थः—छान्दाग्ये में बहुविध उद्‌गीथ उपासनायें उक्त हैं; उन सभों में प्रथमोक्त प्रणवोपासना की व्याप्ति है; अतएव, "उद्‌गीथ का अनुष्ठान किया था,"—इस वाक्य में जो "उद्‌गीथ" शब्द है, प्रणव ही उसका अर्थ है, ऐसा कहने से ही पूर्वापर वाक्यों में सामञ्जस्य होता है। उद्‌गीथ का अंशविशेष प्रणव छान्दोग्य में और समग्र उद्‌गीथ ही वाजसनेय में प्राणकल्पना से उपास्य हैं। अतएव उभयोक्त उपासना-प्रणालियाँ भिन्न हैं—एक नहीं।

इति उद्‌गीथोपासनाया विभिन्नत्व-निरूपणाधिकरणम्।

—•—

३ अ०, ३ पाद, १० सूत्रः-**सर्वाभेदादन्यत्रेमे।।**

(सर्व-अभेदात्-अन्यत्र, इमे।)

भाष्यः—छान्दोग्ये वाजसनेयके च प्राणसंवादे ज्येष्ठ्यश्रेष्ठ्यगुणोपेतः प्राण उपास्यतया वागादयो वशिष्ठ्यत्वादिगुणका उक्ताः। ते च गुणाः प्राणे समर्पिताः। कौषीतकीप्राणसंवादे तु वागादीनां गुणाः उक्ताः न तु प्राणे समर्पिताः। तत्रोच्यते अन्यत्र कौषीतकीप्राणसंवादेऽपि प्राणसम्बन्धित्वेन ते उपादेयाः ज्येष्ठ्यश्रेष्ठ्यनिमित्तस्य वागादीनां प्राणायत्तत्वादेः सर्वत्रैक्याम्।

अस्यार्थः—छान्दोग्य और वाजसनेय, दोनों श्रुतियों ने प्राणोपासना-विषयक संवाद में प्राण ही को ज्येष्ठत्व तथा श्रेष्ठत्व गुणशिष्ट रूप से उपास्य कहकर निर्दिष्ट किया है; और वागादि इन्द्रियों के वशिष्ठत्वादि गुण उक्त हुए हैं। वे सभी गुण प्राण में भी समर्पित हुए हैं। परन्तु कौषीतकी उपनिषदुक्त प्राणसंवाद में कथित गुणसमूह वागादि ही के सम्बन्ध में उक्त हुए हैं, किन्तु प्राण में समर्पित नहीं हुए हैं। इस सम्बन्ध में सूत्रकार कहते हैं:-'अन्यत्र' अर्थात् कौषीतकी-उपनिषदुक्त प्राणसंवाद में भी 'इमे' ये समस्त वशिष्टत्वादि गुण प्राणसम्बन्ध में भी ग्रहणीय हैं; कारण, उक्त श्रुतियों में भी प्राण के ज्येष्ठत्व तथा श्रेष्ठत्व उक्त हैं, और वागादि का प्राणाधीनत्व श्रुति में सर्वत्र कीर्तित हुआ है।

इति प्राणोपासनायां वशिष्ठत्वादिगुणानां सर्वत्रोपादेयत्व-निरूपणाधिकरणम्।

[अब सूत्रकर उपास्य ब्रह्म के उन सब स्वरूपनिष्ठ गुणों का स्पष्ट रूप से उपदेश करते हैं, जिनको उन्होंने पञ्चम सूत्र में सर्वविध ब्रह्मोपासना में ग्रहणीय कहकर वर्णित किया है:-]

३ अ०, ३ पाद, ११ सूत्रः–**आनन्दादयः प्रधानस्य।**

भाष्यः–सर्वत्र गुणिनोऽभेदानन्दादयो गुणाः परविद्यासूपसंहर्त्तव्याः।

अस्यार्थः–विशेष्य (गुणी) ब्रह्म के सर्वात्मकत्व और आनन्दमयत्वादि विशेषणों (गुणों) का परब्रह्मोपासना में सर्वत्र ही संयोजित करना पड़ेगा। (आनन्दादि गुण, यथाः–आनन्दरूपत्व, विज्ञानघनत्व, सर्वगतत्व, सर्वात्मकत्व, इत्यादि।)

३ अ०, ३ पाद, १२ सूत्रः–**प्रियशिरस्त्वाद्यप्राप्तिरूपचयापचयौ हि भेदे।।**

भाष्यः–परस्वरूपगुणप्राप्तौ प्रियशिरस्त्वादीनां प्राप्तिस्तु नेष्यते, शिर आद्यवयवभेदे सति ब्रह्मण्युपचयापचयप्रसङ्गात्।

अस्यार्थः–किन्तु तैत्तिरीय उपनिषद् में "तस्य प्रियमेव शिरः" इत्यादि वाक्यों के द्वारा ब्रह्म के सम्बन्ध में जो प्रियशिरस्त्वादि-गुण उक्त हुए हैं, वे ब्रह्मोपासना में सर्वत्र प्रयुज्य नहीं हैं; कारण, शिरःप्रभृति अवयवों में भेद होने से उन सब गुणों के अपचय, उपचय (ह्रास, वृद्धि) के द्वारा ब्रह्म की ह्रासवृद्धि का प्रसङ्ग उपजात होता है।

३ अ०, ३ पाद, १३ सूत्रः–**इतरेत्वर्थसामान्यात्।**

भाष्यः–आनन्दादयस्तु गुणाः गुणिनः सर्वत्रैक्यादुपसंह्रियन्ते।

अस्यार्थः–प्रियशिरस्त्वादि गुणों के ब्रह्मोपासना में सर्वत्र संयोजित न होने पर भी, आनन्दादि गुण ब्रह्म में नित्य ही वर्तमान हैं; उक्त गुण–समूह श्रुति में सर्वत्र ही ब्रह्म के सम्बन्ध में उक्त हुए हैं; अतएव ब्रह्मोपासना में ये सब गुण सर्वत्र ही ग्रहणीय हैं।

३ अ०, ३ पाद, १४ सूत्रः–अध्यानाय प्रयोजनाभावात्।

भाष्यः–"तस्य प्रियमेव शिरः" इत्याद्यभिधानन्तु अनुचिन्तनार्थमितर-प्रयोजनाभावात्।

अस्यार्थः–"प्रिय ही उसका शिरः है" इत्यादि वाक्यों में ब्रह्म के जो प्रिय शिरस्त्वादि गुण वर्णित हुए हैं, वह केवल उसके ध्यान की स्थिरता को संपादित करने के अभिप्राय से; उन सभी का और कोई प्रयोजन नहीं है (शिरः प्रभृति ब्रह्म के स्वरूपगत गुण नहीं है)।

३ अ०, ३पाद, १५ सूत्रः–**आत्मशब्दाच्च।।**

भाष्यः–"अन्योऽन्तर आत्मा" इत्यात्मनः शिरः पक्षाद्यसम्भवात् तदनुध्यानाय तदभिधानम्।

अस्यार्थः–तैत्तिरीय श्रुति के द्वितीय वल्ली में आनन्दमय के सम्बन्ध में जो "अन्योऽन्तर आत्मा" वाक्य है, उसमें आत्मा शब्द के प्रयोग द्वारा यह प्रतिपन्न होता है कि इस शेषोक्त आत्मा के शिर: पक्षादि अवयव काल्पनिक मात्र हैं, इनका प्रकृत होना कभी सम्भव नहीं हैं। अतएव यह समझना पड़ेगा कि, ये सब विशेषण केवल ध्यान के आनुकूल्यार्थ ही हैं।

३ अ०, ३ पाद १६ सूत्रः-**आत्मगृहीतिरितरवदुत्तरात्।।**

भाष्यः–"अन्योऽन्तर आत्मा" इत्येवात्मशब्देन परमात्मन एव ग्रहणं, यथा "आत्मा वा इदमेक एवाग्र आसीत्" इत्यत्रात्मशब्देन परमात्मन एव ग्रहणं, तद्वत्। "सोऽकामयत बहु स्यामि"–त्यानन्दमयविषयादुत्तरवाक्यादपि तद्ग्रहणम्।

अस्यार्थः–तैत्तिरीय श्रुति को "अन्योऽन्तर आत्मा" वाक्योक्त 'आत्मा' शब्द परमात्म-बोधक है; जिस भाँति ऐतरेयश्रुत्युक्त "आत्मा वा इदमेक एवाग्र आसीत्" वाक्य में आत्मा शब्दपरमात्म-बोधक है, उसी भाँति पूर्वोक्त तैत्तिरीय श्रुतिवाक्य में भी "आत्मा" शब्द परमात्म-बोधक है; कारण यह है कि, तैत्तिरीय श्रुति ने वाक्यान्त में कहा है, "सोऽकामयत बहु स्याम्"; आनन्दमय विषयक इस अन्तिमोक्त वाक्य-द्वारा यह स्पष्ट रूप से प्रतीयमान होता है कि, पूर्वोक्त "आत्मा शब्दपरमात्म वाचक है।

३ अ, ३ पाद, १७ सूत्रः-**अन्वयादिति चेत् स्यादवधारणात्।।**

भाष्यः–पूर्वत्रानात्मनि प्राणादावात्मशब्दान्वयदर्शनाद् "आत्माऽनन्दमय"-इत्यात्मशब्देन परमात्मनोऽपरिग्रह इति चेत्, स्यादेव तेन शब्देन तत्परिग्रहः, पूर्वत्रापि परमात्मबुद्ध्यैवानात्मनि प्राणादावात्मशब्दान्वयनिश्चयात्।।

अस्यार्थः–यह अवश्य स्वीकार करना होगा कि तैत्तिरीय श्रुति में उपदिष्ट प्राणमयादि आत्मा ब्रह्म नहीं है; तत्पश्चात् क्रम से एक ही साथ जब आनन्दमय आत्मा की भी उक्ति है, तब यह प्रतिपादित नहीं होता है कि आनन्दमय आत्मा शब्द परमात्म-वाचक है; ऐसी आपत्ति सङ्गत नहीं है; आनन्दमयात्म शब्द से परमात्मा ही ग्रहणीय है; प्राणमयादि स्थल पर भी प्राणादि अनात्म पदार्थों में "आत्म" शब्द परमात्मबुद्धि से ही अन्वित हुआ है। (श्रुति ने पहले ही 'सत्यं ज्ञानमनन्तं ब्रह्म", "ब्रह्मविदाप्नोति परम्' इत्यादि वाक्यों के द्वारा परमात्मा को वर्णित किया है, तत्पश्चात् प्राणमयादि आत्म-स्थलों पर वही परमात्म शब्द ही अन्वित हुआ है, ऐसा समझना पड़ेगा।

इति आनन्दरूपत्वादि-विशेषणानां न तु प्रियशिरस्त्वादीनां सर्वत्र ब्रह्मोपासनायां संयोज्यत्वनिरूपणाधिकरणम्।

—•—

(अब सूत्रकार विद्याविषयक अपरापर जिज्ञास्य विषयों की मीमांसा में प्रवृत्त हो रहे हैं:-)

३ अ०, ३ पाद, १८ सूत्र:-**कार्याख्यानादपूर्वम्।।**

(कार्याख्यानात्, आचमनस्य साधारणकार्यत्वेन स्मृत्यादौ कथनात्, "अशिष्यन्नाचामेत्" इत्यादि वाजसनेय-वाक्ये आचमनीयासु अप्सु वासो दर्शनम् एव विधीयते; यत: तदेव अपूर्वं पूर्वाप्राप्तमित्यर्थ:।)

भाष्य:-"अशिष्यन्नाचामेदशित्वा चाचामेदेतमेव तदनमनग्नं कुरुते" त्यादिनाऽपां प्राणवासस्त्वध्यानमप्राप्तं विधीयते, स्मृत्याचारप्राप्तस्याचमनस्य तु तत्रानुवादमात्रत्वात्।।

अस्यार्थ:-वाजसनेय श्रुति में प्राणविद्या के वर्णन में ऐसा वाक्य दृष्ट होता है; यथा-"आहार करने के पूर्व आचमन करना, भोजन के पश्चात् आचमन करना, यह आचमन प्राण को अनग्न (आच्छादित) करता है, ऐसी धारणा करना"। इस स्थल पर जिज्ञास्य यह है कि उक्त वाक्य में विशेष विधि कौन है? आचमन अथवा जल का प्राण के आवरक-स्वरूप में ध्यान? अथवा दोनों? इस सम्बन्ध में सूत्रकार कहते हैं कि प्राण के आवरकस्वरूप में जल का ध्यान ही प्राणविद्या की विशेष विधि है; यह किसी दूसरी विद्या के अङ्गीभूत नहीं है; कारण, यही ध्यान इस स्थल पर "अपूर्व" है (अन्यान्य) उपासनाओं में उक्त न होकर, इस उपासना में विशिष्ट रूप से उक्त हुआ है)। स्मृतिप्रभृति में भी आचमन कार्य सर्वत्र साधाररणरूप से उक्त हुआ है; उसी का अनुवाद कर, प्राणविद्या में भी आचमन का उल्लेख किया गया है। परन्तु जल का प्राण के आवरक रूप से ध्यान ही प्राणविद्या की विशेष विधि है।

इति आचमनस्य प्राणानामनग्नकरणत्वावधारणाधिकरणम्।।

—•—

३ अ०, ३ पद, १९ सूत्र:-**समान एवं चाभेदात्।।**

भाष्य:-वाजसनेयिशाखायां 'सत्यं ब्रह्मेत्युपासीते"-त्यारभ्य "आत्मान-मुपासीत मनोमयमि"-त्यादि। अग्निरहस्ये "मनोमयोऽयं पुरुष"-इत्यादि बृहदारण्यके च शाण्डिल्यविद्याऽम्नाता, सा च यथाऽनेकशाखासु वेद्यैक्याद्विद्यैक्यं, तथैकस्यामप्येकैव विद्यैक्याद्गुणोपसंहार:।

अस्यार्थ:-वाजसनेय शाखा (बृहदारण्यक) में "ब्रह्म की सत्यस्वरूप में उपासना करना", ऐसा वाक्यारम्भ में उपदिष्ट कर, तत्पश्चात् कहा गया है, "आत्मा की

मनोमय रूप में उपासना करना"। बृहदारण्यक के अग्निरहस्य में भी शाण्डिल्य विद्या के वर्णन में ऐसी उक्ति है कि, "यह आत्मा मनोमय है"। जैसे विभिन्न शाखाओं में वेद्य वस्तु एक ही है, इस सम्बन्ध में सभी प्रकार की उपासनाओं में ऐक्य है, वैसे ही एक ही शाखा में उपदिष्ट विद्यायें एक ही हैं, अतएव, यदि विद्या का एक अङ्ग किसी एक स्थल पर उक्त न होकर दूसरे किसी स्थल पर उक्त हो, तो उस अनुक्त स्थल पर भी उस अङ्ग की योजना करनी पड़ेगी। (बृहदारण्यक पञ्चम अध्याय द्रष्टव्य।)

इति विभिन्नस्थानोक्तशाण्डिल्यविद्याया एकत्वनिरूपणाधिकरणम्।

—•—

३ अ०, ३ पाद, २० सूत्रः-**सम्बन्धादेवमन्यत्रापि**।।

भाष्यः-यथा शाण्डिल्यविद्यैकं तत्सम्बन्धाद्‌गुणोपसंहार एवं "सत्यं ब्रह्म" इत्युपक्रमादेकविद्यात्वसम्बन्धात् "तस्योपनिषदहमि"-त्यधिदैवतं "तस्योपनिषदह-मित्यध्यात्ममि"-ति श्रुत्युक्ते द्वे नामनी उपसंह्रियते इति पूर्वपक्षः।।

अस्यार्थः-शाण्डिल्य विद्या एक ही है। सुतरां, उस विद्या के प्रसङ्ग में बृहदारण्यक के विभिन्न स्थानों पर जो सब धर्म उक्त हैं, शाडिल्य विद्या में सर्वत्र ही उनको ग्रहण करना पड़ता है; वैसे ही "सत्यं ब्रह्म" इत्यादि रूपों से बृहदारण्यक ने उपदेश करना आरम्भ कर, "उसका उपनिषद् (रहस्य) अहं है", इस प्रकार से अधिदैव का, तथा "उसका उपनिषद् अहं है", इस प्रकार से अध्यात्म का वर्णन किया है। अतएव, इन अध्यात्म और अधिदैव नामक दोनों उपनिषदों (रहस्यों) को अविभक्त रूप से ग्रहण करना चाहिए, अर्थात् आदित्यमण्डल में तथा चक्षु के मध्य में, ब्रह्मोपासना में, उक्त दोनों रहस्य ग्रहणीय हैं, ऐसा पूर्वपक्ष हो सकता है। (इसके उत्तर में सूत्रकार कहते हैं:-)

३ अ०, ३ पाद, २१सूत्रः -**न वा विशेषात्**।

भाष्यः-सिद्धान्तस्तु स्थानभेदादुपसंहारो नोपपद्यते इति।।

अस्यार्थः-उसके सम्बन्ध में सिद्धान्त यह है कि, सूर्यमण्डल और अक्षि, जिनमें ब्रह्म का ध्यान उपदिष्ट है, उनमें पारस्परिक विभिन्नता के कारण, उक्त प्रकार के दोनों रहस्यों की योजना प्रत्येक स्थल पर नहीं की जा सकती है।

३ अ० ३ पाद, २२ सूत्रः-**दर्शयति च**।।

भाष्यः-"तस्यैतस्य तदेव रूपं यदमुष्य रूपमि"-ति श्रुतिश्चाक्षिस्थादित्य-स्थयोर्गुणोपसंहाराभावं दर्शयति।।

अस्यार्थः–"इस पुरुष के तत्समस्त रूप हैं, जो पूर्वोक्त पुरुष के हैं" इत्यादि वाक्यों के द्वारा श्रुति ने भी, आदित्य पुरुष के रूपादि धर्मों को चाक्षुष पुरुष के अवान्तर धर्म–मात्र रूप से व्याख्यायित कर, चाक्षुष पुरुष और आदित्य पुरुष, दोनों के सम्बन्ध में उक्त गुणों को ग्रहण करना नहीं पड़ेगा इसको प्रदर्शित किया है। अतएव, उभयविध धर्म प्रत्येक स्थल पर ध्यातव्य नहीं है।

इति रहस्यानामुपसंहाराभावनिरूपणाधिकरणम्।

—•—

३ अ०, ३ पाद, २३ सूत्रः–**सम्भृतिद्युव्याप्त्यपि चातः।।**

भाष्यः–"ब्रह्मज्येष्ठा वीर्याः सम्भृतानि ब्रह्माग्ने ज्येष्ठं दिवमाततान–"–त्यादिना तैत्तिरीयकविहितानां सम्भृतिज्येष्ठा वीर्या सम्भृतानि च द्युव्याप्तिप्रभृतीनां गुणानामपि स्थानभेदादेव विद्यान्तरे नोपसंहारः।

अस्यार्थः–तैत्तिरीय राणायणीय शाखान्तर्गत खिलवाक्य (अर्थात् जो विधि भी नहीं है और निषेध भी नहीं, ऐसे वाक्य) में उक्त है कि, "ब्रह्म की सम्भृति (आकाशादि के धारण तथा पोषण) प्रभृति श्रेष्ठ शक्तियाँ हैं, देवताओं की सृष्टि के पूर्व ब्रह्म इस पूर्व–सृष्ट आकाश को व्याप्त कर वर्तमान था"। इस स्थल पर जिन सम्भृति तथा द्युव्याप्ति प्रभृति गुणों का उल्लेख है, वे भी उपासना के उपाधिभेद के कारण पृथक् विद्यारूप से गण्य हैं, सर्वत्र प्रयोज्य नहीं हैं। जिस भाँति पूर्व सूत्रोक्त रहस्यद्वय सर्वत्र प्रयोज्य नहीं है, इसको भी उसी भाँति समझना।

इति सम्भृतद्वयु याप्तिप्रभृतिगुणानामुपसंहारनिरूपणाधिकरणम्।

—•—

३ अ०, ३ पाद, २४ सूत्रः–**पुरुषविद्यायामपि चेतरेषामनाम्नानात्।।**

भाष्यः–"पुरुषो वाव यज्ञ" इत्यादिना छान्दोग्ये "तस्यैवं विदुषो यज्ञस्य" इत्यादिना तैत्तिरीयके च श्रूयमाणायां पुरुषविद्यायामपि एकत्रोक्तानां "तस्य यानि चतुर्विंशतिवर्षाणि तत्प्रातः सवनमि"–त्यादीनां प्रकाराणामन्यत्रानाम्नात् विद्याभेदः।

अस्यार्थः–"पुरुष ही यज्ञ है" इत्यादि वाक्यों के द्वारा छान्दोग्य में, और "उसी ज्ञानवान् पुरुष की आत्मा ही यज्ञ का यजमान, और श्रद्धा ही पत्नी है" इत्यादि वाक्यों के द्वारा तैत्तिरीय श्रुति में, पुरुष विद्या वर्णित हुई है; उनमें से एक श्रुति (छान्दोग्य); में "इसकी जो चतुर्विंश वर्ष की आयुः है, वह यज्ञ का प्रातः सवन है" इत्यादि वाक्यों के द्वारा जो यज्ञाङ्गसमूह उपदिष्ट हुए हैं उनके, तथा उस यज्ञ के फल प्रभृति के, दूसरी

(तैत्तिरीय) श्रुति में विभिन्न प्रकार से उपदिष्ट होने के कारण विद्याओं (उपासनाओं) में भेद रहना प्रतिभात होता है। अतएव, तैत्तिरीयोपनिषदुक्त पुरुषोपासना में छान्दोग्य-कथित विद्यासमूह योजनीय नहीं हैं।

इति पुरुषविद्याया विभिन्नत्वनिरूपणाधिकरणम्।

—•—

३ अ०, ३ पाद, २५ सूत्रः-**वेधाद्यर्थभेदात्।।**

भाष्यः-'सर्वं प्रविध्य हृदयं प्रविध्ये"-त्यादि मन्त्राणां "देवा ह वै सत्रं निषेदुरि"-त्यादिनोक्तानां वागादिकर्मणां च न विद्यायामुपसंहारः। कुतः? वेधादीनामर्थानां विद्याभिन्नत्वात्।।

अस्यार्थः-"हम लोगों के शत्रु-समूह के सर्वाङ्ग को विदीर्ण करो, उनके हृदय को विदीर्ण करो" अथर्ववेदीय उपनिषद् के प्रारम्भ में वर्णित इन सब मन्त्रों, और "देवताओं ने यज्ञ आरम्भ किया" इत्यादि वाक्यों के द्वारा उपदिष्ट वागादि यज्ञ कर्म समूह, उक्त उपनिषद् में वर्णित उपासना के अङ्ग नहीं हैं। कारण यह है कि शरीर को विदीर्ण करना प्रभृति प्रयोजन उपासना से पृथक् हैं, उपासना के साथ इनका कोई सम्बन्ध नहीं है।

इति वेधादीनां विद्याभिन्नत्वनिरूपणाधिकरणम्।

—•—

३ अ०, ३ पाद, २६ सूत्रः-**हानौ तूपायनशब्दशेषत्वात् कुशाच्छन्द-स्तुत्युपगानवत् तदुक्तम्।।**

भाष्यः-"तदा विद्वान् पुण्यपापे विधूये"-त्यादि श्रुतिप्रोक्तायां पुण्यपापविमोचनात्मिकायां हानौ "तस्य पुत्रा दायमुपयन्ति, सुहृदः साधुकृत्यां द्विषन्तः पापकृत्यामि"-ति विद्वत्त्यक्त-पुण्यपापग्रहणभूतमुपायनमुपसंह्रियते। कुतः? शाखान्तरीयोपायनशब्दस्य हानिशब्दशेषत्वात्। यथा "कुशा वानस्पत्या" इति कुशानां वानस्पत्यत्वप्रकाशकवाक्यशेषता-"मौदुम्बरा" इति वाक्यं भजते। यथा च "छान्दोभिः स्तुवीते"-ति वाक्यशेषतां "देवच्छन्दांसि पूर्वाणी-ति वाक्यं भजते। यथा च "हिरण्येन षोड़शिनः स्तोत्र-मुपाकरोती"-ति वाक्यशेषतां समयाध्युषिते सूर्ये" इतिवाक्यं गच्छति। यथा च "ऋत्विज उपगायती"-ति अस्य "नाध्वर्युरुपगायती'-ति शेषतामापद्यते। "अपि वाक्यशेषत्वादन्यायत्वात् विकल्पस्ये"-त्याद्युक्तं जैमिनिनाऽपि।

अस्यार्थ:–अथर्ववेदीय उपनिषद् (मु० ३य मु०, १ ख०) में उक्त है कि "ब्रह्मोपासना परायण पुरुष देहत्याग कर पुण्यपाप देनों का विधूनन कर (परित्याग कर) सर्वविध दोषमुक्त हो परमात्मा के साथ समताप्राप्त होता है", इस श्रुतिवाक्य में पुण्य और पाप को परित्याग करने का वर्णन है। "उसके पुत्र उसके वित्त को ग्रहण करते हैं, सुहृत् पुण्य को ग्रहण करते हैं, शत्रु पाप को ग्रहण करते हैं" इत्यादि शाट्यायन शाखाप्रोक्त वाक्यों में जो विद्वान् पुरुष के पुण्यपाप के ग्रहणरूप उपायन (अपर द्वारा ग्रहण) का उल्लेख है, इन सब उपायन–वाक्यों को पूर्वोक्त पुण्यपाप के "हानि" (परित्याग) विषयक वाक्यों के साथ योजित करना पड़ेगा, (अर्थात देहांत होने पर, विद्वान् पुरुष के पापपुण्य परित्यक्त होते हैं, केवल इतने ही के अथर्ववेदीय श्रुति में उल्लिखित रहने पर भी, अपर श्रुतियों में जो मित्रों तथा शत्रुओं के पुण्यपाप ग्रहण करने का उल्लेख है, यह फल भी अथर्ववेदीय उपासकों के सम्बन्ध में घटित होता है, ऐसा समझना)। कारण यह है कि, शाट्यायनश्रुति में उक्त "उपायन" शब्द "हानि" शब्द के अङ्गीभूत है; वह "उपायन" शब्द "हानि" विषयक वाक्य का शेषांश है। (विद्या के विभिन्न होने पर भी, फल के एकरूपत्व होने में कोई बाधा नहीं है।) इसके दृष्टान्त भी हैं; यथा,–कुशा, छन्द: स्तुति, तथा उपगान" के स्थल पर एक श्रुति का उपदेश दूसरी श्रुति में प्रयोज्य है,–यह नीचे प्रदर्शित किया जाता है। कौषीतकी श्रुति में उक्त है, "हे कुशसमूह, तुम वनस्पति हो"; परन्तु, किस प्रकार के वनस्पति, इसका उल्लेख नहीं है; किन्तु शाट्यायन शाखा में उक्त है, "औदुम्बरा: कुशा:" (कुशासमूह उदुम्बरकाष्ठनिर्मित हैं); भिन्नश्रुति में उल्लिखित होने पर भी, यह अपर स्थानों में भी ग्रहणीय है। (उद्गाता स्तोत्र गान करता है, दूसरा व्यक्ति "कुशा" अर्थात् काष्ठशलाका द्वारा उसकी संख्या की गणना करता है; यह "कुशा" साधारणत: काष्ठनिर्मित है, ऐसा अनेकानेक श्रुतियों में उल्लिखित है; किन्तु शाट्यायनी में इसके उदुम्बरकाष्ठ का शलाका कहकर उल्लिखित होने के कारण यही सर्वत्र गृहीत होता है)। इसी भाँति "छन्द–द्वारा स्तव करना" वाक्य में किसी विशेष छन्द का उल्लेख नहीं है; किन्तु अन्यत्र उपदिष्ट "देवच्छन्द" वाक्य के द्वारा "देवच्छन्द" ही पूर्वोक्त वाक्य के अङ्गीभूत रूप से ग्रहण किया जाता है। एवञ्च "हिरण्य द्वारा षोड़शि नामक यज्ञपात्र की स्तुति" करने का विधान है, किन्तु किस समय स्तुति की जायेगी, इसका उल्लेख नहीं है; अपर एक श्रुति में यह उपदिष्ट है कि, "सूर्य के उदित होने पर षोड़शि स्तव करना"; यह शेषोक्त श्रुति भी प्रथमोक्त श्रुति के अङ्गीभूत रूप से गृहीत होती है। इसी भाँति "ऋत्विक्, उपगान करेगा" किन्तु कौन ऋत्विक्, इसका उल्लेख

नहीं है; अन्यत्र, उल्लिखित है कि, "अध्वर्यु गान नहीं करेगा" यह शेषवाक्य पूर्व वाक्य के अङ्गीभूतरूप से गृहीत होता है, अर्थात् अध्वर्यु को छोड़ अपर ऋत्विक् उपगान करेगा; जैमिनजी ने भी ऐसा ही कहा है, यथाः-"अपि तु वाक्यशेषत्वात्" इत्यादि।

३ अ०, ३ पाद, २७ सूत्रः-**साम्पराये, तर्त्तव्याभावात्तथा ह्यन्ये।।**

भाष्यः-शरीराद्युत्क्रमणवेलायां निःशेषतया पापुण्यहानिः। कुतः? शरीरवियोगात् पश्चात्ताभ्यां तर्त्तव्यभोगाभावात्। एवमेवान्येऽधीयन्ते "अशरीरं वाव सन्तं न प्रियाप्रिये स्पृशत, एव सम्प्रसादोऽस्माच्छरीरात् समुत्थाय परं ज्योतिरुपसम्पद्य स्वेन रूपेणाभिनिष्पद्यते" इत्यादि। एवं सति देहवियोगसमये जाते एव कर्मक्षयो "विरजां नदीं तां मनसात्येति तत् सुकृतदुष्कृते विधूनुते" इति नदीतारुणान्तरं पठ्यते।।

अस्यार्थः-कोई-कोई कहते हैं कि, देहपरित्याग के समय ही पापपुण्य निःशेष रूप से परित्यक्त होते हैं, और वे शत्रु तथा मित्र द्वारा गृहीत होते हैं; कारण, शरीरवियोग के पश्चात् उक्त पापपुण्य के द्वारा प्राप्तव्य किसी प्रकार का भोग वर्तमान नहीं रहता है; एवञ्च अपने मत के समर्थन में, वे किसी-किसी श्रुतियों का भी उल्लेख करते हैं; यथाः-"शरीर के परित्यक्त होने पर, प्रियाप्रिय कुछ भी उसको स्पर्श नहीं करता है, वह प्रसन्नचित्त पुरुष, इस शरीर से उत्क्रान्त हो, परमज्योति को प्राप्त कर, स्वीय निर्मल रूप में प्रतिभात होता है" (छा० ८ अ०) इत्यादि। अतएव इससे दृष्ट होता है कि, देहवियोग समय के उपस्थित होते ही कर्म का क्षय होता है। ("परन्तु वह मन के द्वारा विरजा नदी को पार करता है, उसके सुकृत और दुष्कृत तद्द्वारा विधूनित होते हैं" इत्यादि कौषीतकी श्रुतिवाक्यों से (१ अ०) सिद्ध होता है कि, विरजा नदी तरने के पश्चात् ही यह संपादित होता है-देह-वियोग के ठीक पश्चात् ही नहीं होता है।

३ अ०, ३ पाद, २८ सूत्रः-**छन्दत उभयाविरोधात्।।**

भाष्यः-विदुषः पुण्यं पापं क्रमात् सुहृद्दुर्हृच्च छन्दतः प्राप्नोत्येवमुभयाविरोधो भवति।।

अस्यार्थः-जो व्यक्ति ब्रह्मोपासक के सम्बन्ध में शुभ सङ्कल्प करता है, वह उसके पुण्य को प्राप्त करता है और जो अशुभ सङ्कल्प करता है, वह उसके पाप को प्राप्त करता है" इत्यादि श्रुतियों के अनुसार ज्ञात होता है कि अपने-अपने छन्दों

(शुभाशुभ सङ्कल्पों) के अनुसार मित्र और शत्रुगण उसके पाप और पुण्य के भागी होते हैं। सुतरां, पापपुण्य किसको मिलेगा, इस सम्बन्ध में कोई विरोध नहीं है। पूर्वोक्त विषय में प्रमाण, यथा:–"यदा हि यः कश्चित् सुकृतिविदुषः शुभं सङ्कल्पयति स हि तेनैव निमित्तेन विदुषः पुण्यमादत्ते। यस्तु कश्चिदुदुष्कृतिर्विदुषोऽहितं सङ्कल्पयित, स हि तेनैव निमित्तेन विदुषः पापमादत्ते"। "तस्य प्रियाज्ञातयः सुकृतिमुपयन्त्यप्रिया दुष्कृतम् (कौ० १ अ०, ४)।

परन्तु इस सूत्र की व्याख्या ऐसी भी हो सकती है; यथा:–"अशरीरं वाव" इत्यादि शब्दवाक्यों के केवल शब्दों के प्रति लक्ष्य न कर, उसके अभिप्राय को यथार्थ रूप से ग्रहण करने से, पूर्वोक्त दोनों श्रुतियों में कोई विरोध भाव दृष्ट नहीं होता है। यह सत्य है कि, देहान्त होने पर पुण्यपाप धौत होते हैं; किन्तु, देहत्याग के पश्चात् विरजा नदी उत्तीर्ण होने के समय, यह घटित होता है।

३ अ०, ३ पाद, २९ सूत्र:–**गतेरर्थवत्त्वमुभयथाऽन्यथा हि विरोधः।।**

भाष्यः–सुकृतदुष्कृतयोरविशेषतया निवृत्त्या गतेरर्थवत्त्वं, यदि सुकृतमनुवर्त्तेत तदा तत्फलभोगानन्तरम् आवृत्तिः स्यात्। एवं सत्यनावृत्तिश्रुतिविरोधो भवेत्।।

अस्यार्थः–सृकृति और दुष्कृति दोनों की अविशेष भाव से निवृत्ति होने से ही ब्रह्मोपासक के सम्बन्ध में जो "देवयानगति" का उल्लेख हुआ है, वह सार्थक होता है; यदि ऐसा कहा जाये कि पाप पुण्य दोनों नहीं क्षय होते हैं, केवल एक ही (पाप) क्षय-प्राप्त होता है और पुण्य उसका अनुगमन करता है, तो यह भी कहना पड़ेगा कि, उस पुण्यभोग के पश्चात् उसकी संसारावृत्ति होती है। इससे अनावृत्ति विषयक श्रुतियों से विरोध उत्पन्न होता है।

(शाङ्कर भाष्य में इस सूत्र का अर्थ अन्य प्रकार से किया गया है; यथा:–ब्रह्मज्ञ पुरुष के सम्बन्ध में जो देवयानमार्ग में गति का उल्लेख है, वह सबके पक्ष में नहीं है; किसी की होती है और किसी की नहीं; ऐसे सिद्धान्त से ही श्रुति वाक्य समूह का विरोध भञ्जन होता है। इस सिद्धान्त पर परवर्त्ती अध्याय में विचार किया जायेगा।)

इस सूत्र का ऐसा भी अर्थ किया जा सकता है; यथा:–जो शरीर परित्याग और 'गति" सर्वश्रुतियों में "प्रयाण" शब्द-द्वारा वर्णित हुई हैं, पुण्यपापपरित्याग तथा विरजागमन इन दोनों को स्थिर रखने पर हो वे सार्थक होती हैं; नहीं तो, यदि ऐसा कहा जाये कि, शरीरत्याग के पश्चात् ही तत्क्षणात् पुण्यपाप परित्यक्त होते हैं, तो श्रुतिद्वय परस्पर में विरुद्ध हो जाते हैं, परन्तु श्रुतिविरोध एकान्त असम्भव है।

३ अ०, ३ पाद, ३० सूत्रः-**उपपन्नस्तल्लक्षणार्थोपलब्धेर्लोकवत्।।**

भाष्यः-ब्रह्मोपासकस्य शरीरवियोगकाले सर्वकर्मक्षयेऽपि पन्था उपपन्नः। कुतः? "परं ज्योतिरुपसम्पद्य स्वेन रूपेणाभिनिष्पद्यन्ते स तत्र पर्येति जक्षन् क्रीड़न् रममाणः" इत्यादिषु देहादिसम्बन्धलक्षणार्थोपलब्धेः। यथा भूपसेवकस्य भौमार्थसिद्धिस्तद्वत्। स स्थूलशरीरसर्वकर्मक्षयेऽपि विद्याप्रभावाद्विशिष्टस्थानगमनार्थं सूक्ष्मशरीरमनुवर्तते तद्वियोगान्तरं युक्तं श्रुतिप्रोक्तं रूपं विद्वान् प्राप्य ब्रह्मभावापन्नो भवतीति भावः।

अस्यार्थः-शरीरवियोग के समय, ब्रह्मोपासकों के सर्वविध कर्मों के क्षय-प्राप्त होने पर भी, उनकी देवयानमार्ग-प्राप्ति सिद्ध है। कारण, श्रुति ने कहा हैः-"परम ज्योति को प्राप्त होकर वे स्वीय निर्मल रूप में प्रतिभात होते हैं; वे इच्छानुसार गमन, भोजन, क्रीड़न तथा आमोद कर सकते हैं" (छा० ८ अ०, १२ ख०); इन सब वाक्यों के द्वारा देहसम्बन्धीय भोग की उपलब्धि होती है। जैसे संसार में यह दृष्ट होता है कि, राजसेवक को राजा के भोग्य पदार्थसमूह की प्राप्ति होती है, यह भी वैसे ही है। स्थूल शरीर के अनुरूप सर्वप्रकार के कर्मों के क्षीण होने पर भी, उपासक विद्या-प्रभाव से उत्तम स्थानों (ब्रह्मलोकादि) में गमन के उपयोगी सूक्ष्मशरीरविशिष्ट होते हैं; इसके पश्चात् श्रुतिप्रोक्त निर्मल रूप को प्राप्त होकर विद्वान् पुरुष ब्रह्मभाव में स्थित होते हैं।

३ अ०, ३ पाद, ३१ सूत्रः-**अनियमः सर्वेषामविरोधः शब्दानुमानाभ्याम्।।**

(शब्द=श्रुति; अनुमान=स्मृति।)

भाष्यः-उपकोशलविद्यापञ्चाग्निविद्यादिषु श्रूयमाणा गतिस्तद्विद्यावतामेवेति नियमो न। किन्तु सा ब्रह्मोपासीनानां सर्वेषां या, हि गतेः सर्वसाधारणत्वे सति। "य एवमेतद्विदुर्ये चेमेऽरण्ये श्रद्धां सत्यमुपासीते तेऽर्चिषमभिसम्भवन्ति। अग्निर्ज्योतिरहः शुल्कः षणमासा उत्तरायणम्। तत्र प्रयाता गच्छन्ति ब्रह्म ब्रह्मविदो जनाः" इत्यादि श्रुतिस्मृतिभ्यामविरोधः।।

अस्यार्थः-उपकोशल विद्या, पञ्चाग्नि विद्या, इत्यादि में जिन गतियों का श्रुति ने उपदेश किया है, वे केवल उन उपासकों के लिए व्यवस्थापित नहीं हुई हैं। सब ब्रह्मोपासकों की जो गतियाँ हैं, उनके सम्बन्ध में भी वही नियम है, ऐसा जानना। कारण, उक्त देवयानगति सर्वसाधारण ब्रह्मोपासकों ही के लिये उक्त हुई है। यथा, श्रुतिः-"जो लोग इसको इस भाँति जानते हैं, और जो लोग अरण्य में वासकर श्रद्धा समन्वित हो सत्य की उपासना करते हैं, वे इस अर्चिरादि गति को प्राप्त होते हैं (बृ०

६ अ०, २ ब्रा०)। स्मृति ने भी कहा है:–"अग्निः, ज्योति, अहः, शुक्ल, उत्तरायण, षण्मास–इन सभी के द्वारा ब्रह्मवित् पुरुष ब्रह्म को प्राप्त होते हैं"(गीता ८ अ०)। इसी भाँति श्रुति और स्मृति दोनों ने सर्व प्रकार के ब्रह्मवित् पुरुषों की गति का वर्णन किया है।

इति विदुषो देहान्ते देवयानगतिप्राप्ति, अपि च विरजानदीतरणान्तरं पुण्यपापक्षय, तेषाञ्च सुहृदादिना भोक्तव्यत्व-निरूपणाधिकरणम्।

—•—

३ अ०, ३ पाद, ३२ सूत्रः–**यावदधिकारमवस्थितिराधिकारिकारणाम्।।**

भाष्यः–वशिष्ठादीनां त्वधिकारफलकर्मवशाद्यावदधिकारमवस्थितिः।।

अस्यार्थः–(ब्रह्मोपासकों के विद्या प्रभाव से, देहवियोग काल में सर्वविध कर्मक्षय, तथा अर्चिरादि मार्ग के अवलम्बन-द्वारा गमन, और अन्त में उनकी ब्रह्मरूपता-प्राप्ति होती है, ऐसी जो उक्ति है, वह उपपन्न नहीं होती है; कारण, विद्यासम्पन्न महामुनि वशिष्ठादि के भी पुनर्जन्म प्रसिद्ध हैं। यथा, वशिष्ठ ऋषि का पुनर्जन्म होना शास्त्र में उक्त है, इसके उत्तर में सूत्रकार कहते हैं:–) वशिष्ठादि ऋषि वेदप्रवर्तनादि कर्मों के करने के अधिकारी होकर आविर्भूत हुए थे; सुतरां उन सब कर्मों के समाप्त न होने तक, वे अवस्थित रहे थे। अपने अधिकारप्रद प्रारब्ध कर्मों के क्षय होने पर, वे सर्वविध देह को परित्याग कर, अर्चिरादि मार्ग को प्राप्त हुए थे। जिन कर्मों ने फलप्रदान करना आरम्भ किया है, वे मुक्त पुरुषों के भोग द्वारा ही अन्त होते हैं; एक देह में, किसी विशेष कारणवश (जैसे अभिसम्पात-वश वशिष्ठ ऋषि के सम्बन्ध में) उन भोगों के अन्त में होने पर, दूसरी देह के अवलम्बन से भोग के द्वारा उन कर्मों को समाप्त करना पड़ता है।

इति यावदधिकारमवस्थितिनिरूपणाधिकरणम्।

—•—

३ अ०, ३ पाद, ३३ सूत्रः–**अक्षरधियां त्ववरोधः सामान्यतद्भावाभ्यामौपसदवत्तदुक्तम्।।**

[अवरोधः=परिग्रहः, सामान्यतद्भावाभ्याम्=उपास्य-स्वरूपस्य-सर्वासु ब्रह्मविद्यासु समानत्वात्, अस्थूलत्वादीनां गुणानां गुणिनः ब्रह्मणः स्वरूपान्तर्भावाच्च।]

भाष्यः–"एतद्वैतदक्षरं गार्गि! ब्रह्मणा अभिवदन्ति, अस्थूलमनण्वह्रस्वमि"-त्यक्षरसम्बन्धिनीनामस्थूलत्वादिधियां ब्रह्मविद्यासु सर्वासु परिग्रहः। कुतः?

सर्वत्राक्षरस्य ब्रह्मण: प्रधानस्य समानत्वाद्गुणानां चास्थूलत्वादीनां तत्स्वरूपानुसन्धानान्तर्भावाच्च। यथा जामदग्न्येऽहीने पुरीडाशिनीषूपसत्सु सामवेदपठितस्य मन्त्रस्या-"ग्नेर्वेर्होत्रमि"-त्यादेर्याजुर्वेदिकेन स्वरेण प्रयोग: क्रियते तदुक्तं "गुणमुख्यव्यतिक्रमे तदर्थत्वात् मुख्येन वेदसंयोग" इति।।

अस्यार्थ:-बृहदारण्यक (३ अ०, ८ ब्रा०) में उक्त है:-"हे गार्गि! यही वह अक्षर पुरुष है, जिसका ब्राह्मणगण कीर्त्तन करते हैं, यह न तो स्थूल ही है, और न अणु, न ह्रस्व"; इस वाक्य में जो अक्षरविद्या कथित हुई है, उसमें वर्णित अस्थूल, अनणु, तथा अह्रस्व गुण अक्षर ब्रह्मविद्या में सर्वत्र ही ग्रहणीय हैं; कारण यह है कि, सर्वत्र गुणी पुरुष अक्षर ब्रह्म के एकत्व के कारण, उसके अस्थूलत्वादि गुणों का चिन्तन भी उसके स्वरूपचिन्तन के अन्तर्भूत है (औपसदवत्=जिस भाँति जामदग्न्ययाग में पुरोडाशिनी उपसद के अनुष्ठान के समय "अग्नेर्वेहोत्रं" इत्यादि पुरोडाश-प्रदान मन्त्रसमूह के सामवेदीय मन्त्र होने पर भी, वे यजुर्वेदीय स्वर में अध्वर्यु द्वारा गाये जाते हैं, उसी भाँति, बृहदारण्यक में कीर्तित होने पर भी, अस्थूलत्वादि गुण अक्षर-विद्या में सर्वत्र ही ग्रहणीय हैं। जैमिनिजी ने "गुणमुख्यव्यतिक्रम" इत्यादि सूत्रों में जामदग्न्य याग के सम्बन्ध में पूर्वोक्त विधान की मीमांसा की है।

३ अ०, ३ पाद, ३४ सूत्र:-**इयदामननात्**।।

भाष्य:-अस्थूलत्वादिविशेषितैरानन्दादिभि: सर्वोत्कृष्टब्रह्मचिन्ताना-द्धेतोरियदानन्दादिकं सर्वत्रानुवर्त्तनीयं, प्रधानानुवर्त्तिनोऽपि सर्वकर्मत्वादय: यत्रोक्तास्तत्रानुसन्धेया:।।

अस्यार्थ:-अस्थूलत्वादि गुणों के साथ ही साथ आनन्दादि गुण भी उत्कृष्ट ब्रह्मचिन्तन के निमित्त सर्वत्र ग्रहणीय हैं। "सर्वकर्मा, सर्वगन्ध:, सर्वरस:" इत्यादि श्रुत्युक्त गुणसमूह जिस विशेष विद्या में उक्त हुए हैं, उसी में ग्रहणीय हैं, अन्यत्र नहीं। जिन गुणों के बिना अक्षर ब्रह्म का चिन्तन नहीं होता है, केवल वे ही सब गुण (अर्थात् अस्थूलत्व, आनन्दमयत्वादि ही गुण) अक्षरोपासना में सर्वत्र ग्रहणीय हैं।

इति अस्थूलत्वानन्दादिस्वरूपगतगुणानामेव सर्वत्राक्षरविद्यायां परिग्रहनिरूपणाधिकरणम्।।

—•—

३ अ०, ३ पाद, ३५ सूत्र:-**अन्तराभूतग्रामवत् स्वात्मनोऽन्यथा-भेदानुपपत्तिरिति चेन्नोपदेशान्तरवत्।।**

[भूतग्रामवत् स्वात्मनः भूतग्रामवतः प्रत्यागात्मनः एव उषस्तप्रश्नोत्तरे अन्तरा सर्वान्तरत्वम्, अन्यथा भेदानुपपत्तिः प्रतिवचनस्य विभिन्नत्वं नोपपद्यते, इति चेन्न, तत्र परमात्मनः एव सर्वान्तरत्वम् उपदिष्टम्। उपदेशान्तरवत् सत्यविद्या कथित-उपदेशवत्।]

भाष्यः–ननु वृहदारण्यके "यत् साक्षादपरोक्षाद्ब्रह्म य आत्मा सर्वान्तरस्तन्मे व्याचक्ष्व" इत्युषस्तप्रश्ने "यः प्राणेन प्राणिति स ते आत्मा सर्वान्तर" (इत्यादि प्रतिवचनं तत्र अन्तरा स ते आत्मा सर्वान्तर) इति देहाद्यन्तरत्वेन प्रत्यगात्म-सम्बन्ध्युपदेशः। तस्यैव प्राणापानादिहेतुत्वात्। तथैव तत्र "यदेव साक्षादपरोक्षाद्ब्रह्म य आत्मा सर्वान्तरस्तन्मे व्याचक्ष्वे"-ति कहोलप्रश्ने "योऽशनायापिपासे शोकं मोहं जरां मृत्युमत्येति"-त्यादिप्रतिवचनं तत्र तु परमात्मविषय उपदेश इति विद्याभेदः; इतरथा प्रतिवचनभेदानुपपत्तिरिति चेन्न। उभयत्र मुख्यस्यैव सर्वान्तर्यामिनः प्रश्नप्रतिवचनयोर्विषयत्वात्। यथा सत्वविद्यायां सतः परमात्मनस्त-त्तद्गुणप्रतिपादनाय "भगवांस्त्वेवमेतद्ब्रवीतु भूय एव मां भगवान्विज्ञापयत्वि"-ति प्रश्नस्य "एषोऽणिमैतदात्म्यमिदं सर्वं तत्सत्यमि"-ति प्रतिवचनस्य चावृतिर्दृश्यते। तद्वदत्रापि वेद्यस्याशनाद्यतीतत्वप्रतिपादनाय प्रश्नप्रतिवचनावृत्तिरुपपद्यते।।

अस्यार्थः–बृहदारण्यक के तृतीयाध्याय के चतुर्थ ब्राह्मण में उक्त है:–"साक्षात् ब्रह्म जो भूतसमूह की अन्तरात्मा है,–उसके सम्बन्ध में उपदेश कीजिए" इस उषस्त प्रश्न के उत्तर में याज्ञवल्क्यजी कहते हैं:–"जो प्राणरूप से जीवसमूह को प्राणयुक्त करता है, वही तुम्हारा जिज्ञास्य सर्वान्तरात्मा है; स ते आत्मा सर्वान्तरः)" इसी भाँति क्रम से व्यानापानादि का उल्लेख कर, उन्होंने सर्वत्र ही "स ते आत्मा सर्वान्तरः" इस वाक्य को अन्तर्निहित किया है; इसी भाँति देहादि में स्थित प्रत्यगात्मा ही के सम्बन्ध में उपदेश किया गया है। कारण, प्राण, अपान इत्यादि के परिचालन के हेतु, वही प्रत्यगात्मा उपदिष्ट हुआ है,–ऐसा कहना पड़ेगा। पुनश्च पञ्चम ब्राह्मण ही में उक्त है कि, कहोल ने याज्ञवल्क्यजी से प्रश्न किया था:–"जो साक्षात् ब्रह्म है, जो सर्वान्तरात्मा है, उसका मुझे उपदेश कीजिए"; इसके उत्तर में याज्ञवल्क्यजी ने कहा:–"जो क्षुधा, पिपासा, शोक, मोह, जरा तथा मृत्यु को अतिक्रम कर वर्तमान है, वही सर्वान्तरात्मा है"; इस उत्तर से यह प्रतिभात होता है कि यह परमात्मा-विषयक उपदेश है। एतद्द्वारा विभिन्न विद्याओं का उपदेश ही प्रतिपन्न होता है। प्रश्न के एक होने पर भी, उत्तर के विभिन्न होने के कारण, विद्यायें विभिन्न हैं,–ऐसा कहना पड़ेगा (अर्थात् यह प्रतिपन्न होता है कि, प्रथम उत्तर में जीवात्मा और द्वितीय उत्तर में परमात्मा अन्तरात्मा रूप से

कथित हुए हैं)। ऐसी आशङ्का के उपस्थित होने पर, सूत्रकार कहते हैं कि उक्त स्थल पर उपदेश का भेद नहीं है; दोनों स्थलों पर सर्वान्तर्यामी मुख्य परमात्मा ही प्रश्न तथा प्रतिवचन का विषय है। जिस भाँति एक ही सत्यविद्या में छान्दोग्य षष्ठ प्रपाठक के पञ्चम खण्ड में परमात्मा के तदुक्त गुणों को प्रतिपादित करने के लिए प्रथमतः प्रश्न में कहा गया है:-"हे भगवन्! पुनः आप मेरे समीप ब्रह्मस्वरूप का वर्णन कर, मुझे उस ब्रह्म का उपदेश कीजिए"; इसके उत्तर में नवम खण्ड में कहा गया है:-"यह आत्मा अतिसूक्ष्म, अणुस्वरूप है, यह समस्त जगत् तदात्मक है, वह सत्य है"; इस अंश को बारम्बार प्रश्न के उत्तर में संयोजित कर, एक ही सत्यस्वरूप ब्रह्म के नानाविध गुणों का वर्णन किया गया है। उसी भाँति बृहदारण्यक में भी "स ते आत्मा सर्वान्तरः", यह अन्तरात्मा सर्वत्र ही प्रश्नोत्तर में संयोजित हुआ है; वेद्यवस्तु प्राणादि-परिचालक ब्रह्म, प्राणादि की कार्यभूत क्षुधा पिपासा के अतीत है, इसे प्रदर्शित करने के निमित्त श्रुति ने प्रश्न और उत्तर का बारम्बार उल्लेख किया है।

३य अ०, ३य पाद, ३६ सूत्रः-**व्यतिहारो विशिंषन्ति हीतरवत्।।**

[व्यतिहारः व्यत्ययः, विशिंषन्ति; उपदिशन्ति; इतरवत् सत्यविद्योक्तप्रतिवचनवत्।]

भाष्यः-सर्वप्राणिप्राणनादिहेतुत्वेन जीवद्व्यावृत्तस्य परस्यानुसन्धानमुषस्तवत्कहोलेनापि कार्यं, तथाऽशनयाद्यतीतत्वेन जीवाद्व्यावृत्तस्य कहोलवदुषस्तेनापि कार्यमेवमन्योऽन्यमनुसन्धानव्यत्ययः। एवं सति जीवाद्ब्रह्मव्यावृत्तं भवति। यतो याज्ञवल्क्यप्रतिवचनान्युभयत्रैकं सर्वात्मानमुपास्यं विशिंषन्ति। यथा सद्विद्यायामेकमेव सद्ब्रह्मसर्वाणि प्रतिवचनानि विशिंषन्ति।।

अस्यार्थः-उषस्त प्रश्नोत्तर में सर्वप्राणियों के प्राणनक्रिया का हेतु वर्णित हुआ है; अतएव, यह सिद्ध होता है कि वह हेतु जीवात्मा नहीं हो सकता है, परमात्मा ही है; सुतरां उषस्त की भाँति कहोल ने भी परमात्मा के और भी विशेष तत्त्वों के अवगत करने के अभिप्राय से प्रश्न किया था; एवञ्च क्षुत्पिपासातीत वाक्यों में भी उपदेश का विषय जीवात्मा के न होने के कारण, कहोल की भाँति उषस्त की जिज्ञासा परमात्मा के सम्बन्ध में ही थी, ऐसा समझना पड़ेगा। इसी से प्रश्न और उत्तर की विभिन्नता निवारित होती है; और इसके द्वारा ब्रह्म का जीव-स्वभाव भी निवारित हुआ है (अर्थात् ब्रह्म, प्राणादि के परिचालन द्वारा, जीव की भाँति उनका फलभोक्ता नहीं होता है, यह प्रतिपादित हुआ है)। याज्ञवल्क्यजी ने प्रतिवचन द्वारा दोनों स्थलों पर उपदेश किया है कि, सर्वात्मा परमात्मा ही उपास्य है। जिस भाँति छान्दोग्यान्तर्गत

सद्विद्याप्रकरण में सद्ब्रह्ममात्र ही समस्त प्रत्युत्तरों में उपदिष्ट हुआ है, उसी भाँति इस स्थल पर भी समझना पड़ेगा।

इति परमात्मन एव सर्वान्तरत्व-निरूपणाधिकरणम्।

—•—

३ अ०, ३ पाद, ३७ सूत्रः-**सैव हि सत्यादयः।।**

भाष्यः—सैव सत्यशब्दाभिहिता "सेयं देवतैक्षत" "तेजः परस्यां देवतायामि"-ति प्रकृतैव खलु, यथा "सौम्य! मधुमधुकृतो निस्तिष्ठन्ति" इत्यादि पर्यायेष्वनुवर्त्तते "ऐतदात्म्यमिदं सर्वं तत् सत्यमि"-ति प्रथमपर्याये पठिता एव सत्यादयः सर्वेषु पर्यायेषूपसंह्रियन्ते।।

अस्यार्थः—परमात्मा ही सत्य-शब्द द्वारा (छा० ६ अ०, ८ ख०) सत्य विद्या में उपदिष्ट हुआ है, "इसी देवता ने ईक्षण किया"; "परदेवताओं में तेजः लीन हुआ", यह पहले ही कहा गया है। जैसे-"हे सौम्य! मधुकर मधु में अवस्थित करता है" यह वाक्य परवर्ती समस्त स्थलों पर ग्रहण किया जाता है, वैसे ही "ऐतदात्म्यमिदं सर्वं तत् सत्यम्"-इस वाक्य में उक्त प्रथम पर्याय में पठित सत्यादि गुणों को परवर्ती पर्यायसमूह में ग्रहण करना होगा।

इति सत्यविद्यायां सत्यादिगुणानां सर्वत्रोपसंहार-निरूपणाधिकरणम्।

—•—

३ अ०, ३ पाद, ३८ सूत्रः-**कामादीतरत्र तत्र चायतनादिभ्यः।।**

भाष्यः—"अथ यदिदमस्मिन् ब्रह्मपुरे दहरं पुण्डरीकं वेश्म दहरोऽस्मिन्नन्तराकाशस्तस्मिन्यदन्तस्तदन्वेष्टव्यमि"-ति उपक्रम्य "एष आत्मा अपहतपाप्मा"-इत्यादिना सत्यकामत्वादिगुणवतः छान्दोग्ये "स वा एष महानज आत्मा योऽयं विज्ञानमयः प्राणेषु एषोऽन्तर्हृदये आकाशस्तस्मिंच्छेते, सर्वस्य वशी सर्वस्येशान"-इति वशित्वादिगुणवतः परमात्मन उपासत्वं वाजसनेयके च श्रूयते। इहोभयत्र विद्यैक्यं यतः सत्यकामत्वादि वाजसनेयके वशित्वादि च छान्दोग्ये ग्रहीतव्यम्। कुतः? आयतनाद्यविशेषात्।।

अस्यार्थः—छान्दोग्योपनिषद् के अष्टम अध्याय के प्रथम खण्ड में उक्त है:-"हृदय-स्वरूप ब्रह्मपुर में जो क्षुद्र गर्त्ताकृति स्थान अधोमुख पद्मस्वरूप में अवस्थित है, उसके अभ्यन्तर जो आकाश है, उसके मध्यस्थित आत्मा को ध्यान करना चाहिए";

ऐसे वाक्यारम्भ के पश्चात्, "यह आत्मा निष्पाप है" इत्यादि वाक्यों में आत्मा के सत्यकामत्वादि गुण उल्लिखित हैं। वाजसनेय श्रुति ने भी वर्णित है:-"यह महान् जन्मरहित आत्मा, जो इन्द्रियों के मध्य विज्ञानमय रूप से अवस्थित है, यही हृदय के अभ्यन्तरस्थ आकाश में शयान है, सभी इसके अधीन हैं, और यही सबका नियन्ता है" (बृ०, ४ अ०, ४ ब्रा०); इस वाक्य के द्वारा वशित्वादिगुणविशिष्ट परमात्मा ही का उपास्यत्व उपदिष्ट हुआ है। इन सब वाक्यों के विभिन्न शाखाओं में वर्णित होने पर भी, उभय स्थलों पर एक ही विद्या उपदिष्ट हुई है ऐसा समझना पड़ेगा। वाजसनेयश्रुत्युक्त वशित्वादि गुण छान्दोग्य में, और छान्दोग्योक्त सत्यकामत्वादि गुण वाजसनेय में, दहरविद्या सम्बन्ध में ग्रहीतव्य हैं। कारण यह है कि, हृदय में उपासना की व्यवस्था दोनों में एक ही हैं, और दोनों ही के फल प्रभृति का एक होना दोनों श्रुतियों में उपदिष्ट हुआ है।

३ अ०, ३ पाद, ३९ सूत्र:-**आदरादलोपः।।**

भाष्य:-आदरादाम्नातानां सत्यकामत्वादीनां प्रतिषेधो नास्ति "नेह नाने"-ति प्रतिषेधस्याब्रह्मात्मकपदार्थपरत्वात्।।

अस्यार्थ:-श्रुतियों के द्वारा आदर के साथ प्रकाशित सत्यकामत्वादि गुणों का प्रतिषेध कहीं नहीं है; कारण, "नेह नानाऽस्ति किञ्चन" (उससे भिन्न कुछ नहीं है) (बृ०, ४ अ०, ४ ब्रा० १९) वाक्य के द्वारा ब्रह्म से भिन्न दूसरे किसी पदार्थ का वर्त्तमान रहना निषिद्ध हुआ है।

३ अ०, ३ पाद, ४० सूत्र:-**उपस्थितेऽतस्तद्वचनात्।।**

[उपस्थिते=ब्रह्मभावमापन्ने सर्वलोकेषु कामचारो भवति, अतः ब्रह्मभावप्राप्तेरेव हेतोः; तद्वचनात्=सर्वत्र कामचारविषयकवचनादित्यर्थः।]

भाष्य:-उक्तलक्षणया ब्रह्मोपासनया ब्रह्मोपसम्पन्ने सर्वलोकेषु कामचारो भवति। ननु तत्तल्लोकप्राप्तिसङ्कल्पपूर्वकं तत्तत्साधनानुष्ठानं विना कुतः सर्वत्र कामचारः? तत्रोच्यते। (अतः) उपसम्पत्तेरेव हेतोः "परं ज्योतिरुपसम्पद्य स्वेन रूपेणा-भिनिष्पद्यते" "स स्वराड् भवति तस्य सर्वेषु लोकेषु कामचारो भवती"-ति वचनात्।।

अस्यार्थ:-उक्तलक्षणसम्पन्ना ब्रह्मोपासना के द्वारा ब्रह्मरूपता को प्राप्त हो, उपासक समस्त लोकों में कामचारी होते हैं। परन्तु उक्तलोक प्राप्ति के निमित्त, संकल्पपूर्वक तदुपयोगी साधनानुष्ठान न करने पर, किस प्रकार से वे सर्वत्र कामचारी हो सकते हैं? इस प्रश्न के उत्तर में सूत्रकार कहते हैं, ब्रह्मभाव प्राप्ति ही के कारण उनका कामचारित्व

होता है, कारण, श्रुति ने कहा है:–"परं ज्योति को प्राप्त होकर, वे निष्पाप स्वरूप में प्रतिष्ठित होते हैं, तथा स्वराट् होते हैं, और समस्त लोकों में कामचारी होते हैं (छा० ७ अ०, २५ ख०)।

इति दहरविद्याया एकत्वसत्यकामत्वादिगुणानां च सर्वत्रोपसंहारनिरूपणाधिकरणम्।

—•—

३ अ० ३ पाद, ४१ सूत्र:–**तन्निर्द्धारणानियमस्तद्दृष्टेः पृथग्घ्यप्रतिबन्धः फलम्।**

(पृथक्–हि–अप्रतिबन्धः=पृथग्घ्यप्रतिबन्धः) तत् तस्य कर्माङ्गाश्रयस्य निर्द्धारणस्य उद्गीथाद्युपासनस्य, अनियमः; तद्दृष्टेः तस्य अनियमस्य दृष्टिः श्रुतौ दर्शनं, तस्मादित्यर्थः; श्रुतौ अविदुषोऽपि कर्त्तृत्वकथनेन तस्य नियमाभावः। हि यतः कर्मफलात् पृथक्, अप्रतिबन्धः अप्रतिबन्धरूपमुपासनविधेः फलं श्रूयते, कर्मफलं प्रबलकर्मान्तरफलेन प्रतिबध्यते, तद्विपरीतमुपासना–विधेः फलमित्यर्थः।]

भाष्यः–"ओमित्येतदक्षरमुद्गीथमुपासीते"–त्यादिकर्माङ्गाश्रयोपासनस्य कर्मस्वनियमः। कुतः? "तेनोभौ कुरुते यश्चैतदेवं वेद यश्च नैवं वेदे"–ति श्रुतौ तस्यानियमस्य दर्शनात्। अनुपासकस्यापि प्रणवेन कर्माङ्गभूतेन कर्माणि कर्त्तृत्वश्रवणादुपासनकर्मस्वनियतत्वं निश्चीयते। यतश्च कर्मफलादुपासनस्य पृथक्–फलं "यदेव विद्यया करोति श्रद्धयोपनिषदा तदेव वीर्यवत्तरं भवती"–त्युपलभ्यते।

अस्यार्थः–"ॐ इस एकाक्षर उद्गीथ की उपासना करना" (छा०, १ अ०, १ ख०) इत्यादि श्रुतिवाक्यों में जो कर्माङ्ग ओं–काराश्रित उपासना (ध्यानकार्य) उल्लिखित है, वह कर्मकाल में नित्य प्रयोज्य नहीं है। कारण, श्रुति ही ने कहा है, "जो यह जानते हैं, वे भी उपासना–कर्म करते हैं, और जो नहीं जानते हैं, वे भी करते हैं" (छा० १ अ०, १ ख०); इसके द्वारा यह ज्ञात होता है कि उपासना विषय (ध्यानविषय) में अनभिज्ञ व्यक्तियों के लिए भी केवल कर्माङ्ग प्रणव के उच्चारण द्वारा ही जब यागादि सम्पादित करने की विधि है, तो उक्त उपासनांश का नियतत्व नहीं है, अर्थात् ध्यान के बिना भी क्रतु सम्पादित हो सकता है। उस विषय में और भी कारण यह है कि उक्त कर्माङ्ग का फल उपासना–फल से पृथक् है; कारण, श्रुति ने कहा है, "जो लोग विद्या (ब्रह्मध्यान), श्रद्धा और रहस्य के साथ कर्म सम्पादित करते हैं, उनका वह कर्म अधिक वीर्यवान् होता है" इत्यादि। (छा० १ अ०, १ ख०)।

इति उद्गीथोपासनायां ओङ्कारस्य ध्यानानियमाधिकरणम्।

—•—

३ अ०, ३ पाद, ४२ सूत्रः-**प्रदानवदेव तदुक्तम्।।**

(प्रदानवत्=पुरोडाशप्रदानवत्।)

भाष्यः-दहरस्य गुणिनस्तद्गुणविशिष्टतया गुणचिन्तनेऽपि चिन्तनमावर्त्तनीयम्। "इन्द्राय राज्ञे पुरोडाशमेकादशकपालं निर्वपेदिन्द्रायाधिराजाय स्वराज्ञे" इति पुरोडाशप्रदानवत्तदुक्तम् "नाना वा देवतापृथक्ज्ञानादि"-ति।।

अस्यार्थः-अपहतपाप्मत्वादि गुणों के चिन्तन के साथ ही साथ उन सब गुण-विशिष्ट गुणी दहरात्माओं का भी चिन्तन दहर-उपासना में नित्य संयोगजनीय है; "प्रदानवत्" अर्थात् श्रुति में जिस भाँति पुरोडाश (पिष्टक विशेष)-प्रदानवाक्य में उल्लिखित है, "राजा इन्द्र के, इन्द्रियाधिराज इन्द्र के, स्वर्गराज इन्द्र के उद्देश में एकादश कपाल पुरोडाश प्रदान करना चाहिए," इससे इन्द्र के एक होने पर भी, राजगुण, इन्द्रियाधिराजगुण और स्वर्गराजगुण,-तीनों विभिन्न प्रकार के हैं; सुतरां, जैमिनिजी ने मीमांसा की है कि इन त्रिविध गुणों के द्वारा इन्द्र के भिन्नत्व की कल्पना कर तीन बार घृत ग्रहण करना चाहिए; इस सम्बन्ध में श्रुतिवाक्य में भी ऐसी ही उक्ति है कि, "पृथक् रूप से ज्ञान के होने के कारण, देवता भी नाना प्रकार के हैं"। इस स्थल पर भी उसी भाँति गुणसमूह के गुणी ही के धर्म होने पर भी, गुणों के पृथक् ज्ञान होने के कारण, उपासना के समय गुणचिन्तन के साथ गुणी के भी ध्यान को संयोजित करना उचित है।

इति दहरोपासनायां गुणिनोऽपि सर्वत्र ध्यातव्यत्व-निरूपणाधिकरणम्।

—•—

३ अ०, ३ पाद, ४३ सूत्रः-**लिङ्गभूयस्त्वात् तद्धि बलीयस्तदपि।।**

भाष्यः-"मनश्चितो वाक्चितः प्राणचितश्चक्षुश्चितः कर्मचितोऽग्निचित"-इत्याद्यग्न्यः "यत्किञ्चेमानि मनसा संकल्पयन्ति तेषामेव साकृति"-रिति "तान् हैतानेवंविदे सर्वदा सर्वाणि भूतानि विचिन्वन्त्यपि स्वपते" इत्येवमादिलिङ्गानां बाहुल्याद्विद्यामयक्रत्वङ्गभूता एव। लिङ्गं हि प्रकरणाद्बलीयस्तदपि शेषलक्षणे उक्तं "श्रुतिलिङ्गवाक्यप्रकरणस्थानसमाख्यानां समवाये पारदौर्बल्यमर्थ-विप्रकर्षादि"-ति।।

अस्यार्थः-वाजसनेय श्रुति में अग्निरहस्य में अग्नि "मनश्चित (मन के द्वारा निष्पन्न), वाक्चित, प्राणचित, चक्षुश्चित, कर्मचित, और अग्निचित" इत्यादि रूपों से वर्णित हुआ है। "और ये प्राणीसमूह मन के द्वारा जो कुछ संकल्प करते हैं, वे सभी

अग्नि के कार्य कहकर गण्य हैं", "भूतसमूह सदैव तत्तद्वेत्ता के निमित्त इन समस्त अग्नियों का चयन करते हैं, उनके शयन करने पर भी वे ऐस ही चयन करते रहते हैं"; इत्यादि वाक्यों के द्वारा अग्नि के लिङ्गबाहुल्य (बहुलिङ्गों) के वर्णित होने के कारण, ये सब अग्नि उपासनारूप यज्ञ के अङ्गीभूत कहकर प्रतिपन्न होते हैं; ये यज्ञ के अङ्गीभूत विविध प्रकार के प्रकृत अग्नि नहीं हैं,–मन के द्वारा सङ्कल्पित अग्निमात्र हैं; अर्थात् वागादि का अग्नि के स्वरूप में ध्यान करना ही श्रुति का अभिप्राय है। अग्नि–प्रकरण में उक्त होने पर भी, उक्त लिङ्गसमूह प्रकरण से अधिक बलवान् हैं,–यह जैमिनि के द्वारा देवताकाण्ड के "श्रुतिलिङ्ग" इत्यादि सूत्रों में सिद्ध किया गया है। सिद्धान्त यह है कि, "श्रुति, लिङ्ग, वाक्य, प्रकरण, स्थान और समाख्या–इन सभों के एकत्र दृष्ट होने पर, यदि इनके अर्थों में पार्थक्य रहे, तो इनको उपरोक्त क्रम से दुर्बल जानना"।

इति लिङ्गभूयस्त्वाधिकरणम्।

—•—

३ अ०, ३ पाद, ४४ सूत्रः–**पूर्वविकल्पः प्रकरणात् स्यात् क्रिया मानसवत्।।**

भाष्यः–अथ पूर्वः पक्षः–"इष्टकाभिरग्निं चिनुत" इति विहितस्य क्रियामयस्य पूर्वस्यैवायं विकल्पः प्रकरणात् स्यात्। लिङ्गस्यात्रार्थवादस्थत्वेन बलीयस्त्वाभावात् उक्ता अग्नयः क्रियारूपा एव, मनो ग्रहं गृह्णातीतिवत्।

अस्यार्थः–इस स्थल पर पूर्वपक्ष ऐसा हो सकता है, यथाः–"इष्टक–द्वारा अग्नि–चयन करना"–इस वाक्य में पहले जिस क्रियाङ्गभूत अग्नि का विधान उपदिष्ट हुआ है, उसी अग्नि के विकल्प स्वरूप में ये समस्त अग्नियाँ उल्लिखित हैं, ऐसा ही प्रकरण के द्वारा ज्ञात होता है। इस स्थल पर, उक्त अग्निलिङ्ग समूह के अर्थवादरूप–मात्र से वर्णित होने के कारण, क्रियाङ्ग से इनका कोई स्वातन्त्र्य नहीं है;) अतएव, ये उपासना के अङ्गीभूत नहीं हैं, यज्ञ ही के अङ्गीभूत हैं। जिस भाँति मनःकल्पित पृथिवीरूप पात्र में समुद्ररूप सोमरस के ग्रहण, स्थापन इत्यादि उपदिष्ट कार्यों के मानसिक होने पर भी, वे क्रियाङ्ग रूप ही से गण्य हैं, उसी भाँति, मनःकल्पित होने पर भी, ये समस्त अग्नियाँ क्रियाङ्गरूप ही से गणनीय हैं।

३ अ०, ३ पाद, ४५ सूत्रः–**अतिदेशाच्च।।**

भाष्यः–"तेषामेकैक एव तावान्यावानसौ पूर्व इति पूर्वस्याग्नेवीर्यं तेष्वतिदिश्यते, अतस्ते क्रियारूपा एव।

असर्थ:–इस सूत्र में भी पूर्वपक्ष ही का विस्तार किया गया है, यथा:–"(षट्त्रिंशत्सहस्र अग्नि और अर्क) इनमें प्रत्येक वही है; जो पहले उक्त हुआ है", इस वाक्य में पूर्वोक्त इष्टकाचित अग्नि के सामर्थ्य के साथ इन सब अग्नियों का अतिदेश (तुलना) किया गया है (साम्य प्रदर्शित हुआ है); अतएव शेषोक्त कल्पित अग्निसमूह भी क्रिया ही के अंग हैं, उपासना के नहीं।

३ अ०, ३ पाद, ४६ सूत्र:–**विद्यैव तु निर्धारणात् दर्शनाच्च।।**

भाष्य:–सिद्धान्ते विद्यात्मका एव ते, कुतः? "ते हैते विद्याचित एव" इति निर्द्धारणात्। अत्र "येषामङ्गिनो विद्यामयक्रतोस्ते मनसाऽधीयन्त मनसा चीयन्त मनसैषु ग्रहा अगृह्यन्त मनसा स्तुवन्त मनसा शंसत् यत्किञ्च यज्ञे कर्म क्रियते" इत्यादौ तदङ्गभूतविद्यामक्रतुप्रतीतेश्च।।

अस्यार्थ:–परन्तु सिद्धान्त यह है कि, ये समस्त कल्पित अग्नि विद्या ही के अङ्गीभूत हैं, यज्ञ के नहीं; कारण यह है कि, श्रुति ने निर्धारण वाक्य में कहा है कि, "यह निश्चित है कि पूर्वोक्त अग्निसमूह विद्याचित हैं"; और जिनके विद्यमाय क्रतु के अङ्गीभूत यज्ञ में कृत समस्त कर्म हैं, वे मन के द्वारा इनका ध्यान करेंगे, चयन करेंगे, ग्रहण करेंगे, स्तुति करेंगे, प्रशंसा करेंगे" इत्यादि वाक्यों में स्पष्ट रूप से प्रदर्शित हुआ है कि, वे सभी उपासना रूप यज्ञ ही के अङ्ग हैं।

३य अ०, ३य पाद, ४७ सूत्र:–**श्रुत्यादिबलीयस्त्वाच्च न बाधः।।**

भाष्य:–"ते हैते विद्याचित एव" इति श्रुतेः, "एवं विदे सर्वदा सर्वाणि भूतानि विचिन्वन्ति" इतिलिङ्गस्य, "विद्यया हैवैते एवं विदश्चिता भवन्ति" इति वाक्यस्य च प्रकरणाद्बलीयस्तवात्तेषामग्नीनां विद्यामयक्रत्वङ्गताबाधो न।।

अस्यार्थ:–श्रुति, लिङ्ग, और वाक्य, ये तीनों ही प्रकरण की अपेक्षा अधिक बलवान् हैं; सुतरां उक्त अग्निसमूह विद्यामय क्रतु ही के अङ्ग हैं, याग के नहीं। श्रुति, यथा:–ते हैते विद्याचित" (ये समस्त अग्नि विद्याचित है)) इत्यादि। लिङ्ग, यथा:–"एवं विदे सर्वदा सर्वाणि भूतानि" (भूतसमूह सदैव उन-उन वेत्ताओं के निमित्त इन सब अग्नियों का चयन करते हैं) इत्यादि। वाक्य, यथा:–"विद्यया हैवैते एवम्" (विद्या-द्वारा ही-उपासना के द्वारा ही-ज्ञानी पुरुष के ये अग्निसमूह चित होते हैं) इत्यादि।

३ अ०, ३ पाद, ४८ सूत्र:–**अनुबन्धादिभ्यः प्रज्ञान्तरपृथक्त्ववत् दृष्टश्च तदुक्तम्।।**

भाष्यः–"मनसैषु ग्रहा अगृह्यन्ते"–त्यादिभ्यः स्तोत्रशस्त्रादिभ्योऽनुबन्धेभ्यः श्रुत्यादिभ्यश्च विद्यामयः क्रतुः पृथगेव, शाण्डिल्यादिविद्यान्तरपृथग्वत्। तथा सति विधिः परिकल्प्यते। दृष्टश्चानुवादसरूपे "यदेवविद्यया करोती"–त्यादौ कल्प्यमानो विधिः "वचनानित्वपूर्वत्वादि"–त्युक्तं च।।

अस्यार्थः–"मन ही के द्वारा यज्ञपात्रादि ग्रहसमूह ग्रहण करना" इत्यादि स्तोत्रशस्त्रादि विषयक अनुबन्धवाक्यों से, और पूर्वकथित अतिदेश श्रुति प्रभृति से, मनश्चित प्रभृति अग्नियाँ विद्यास्वरूप अग्नि ही के अङ्गीभूत हैं, और याग से पृथक् हैं। जिस भाँति अनुबन्ध प्रभृति के द्वारा कर्मों से शाण्डिल्य-विद्या प्रभृति का पार्थक्य अवधारित होता है, उसी भाँति इस स्थल पर भी अनुबन्धादि के द्वारा मनश्चित अग्नि प्रभृति कर्मों से पृथक् ज्ञात होते हैं। ऐसा होने ही के कारण, इस सम्बन्ध में पूर्वोक्त विधि परिकल्पित हुई है। "यदेव विद्यया करोति" (छा० १ अ०) इत्यादि वाक्यों में मनश्चित प्रभृति अग्नियों की परिकल्पना-विधि दृष्ट होती है। "वचनानि त्वपूर्वत्वात्" इत्यादि वाक्योक्त फलवर्णन के द्वारा भी ऐसा ही प्रतिपन्न होता है।

३ अ०, ३ पाद, ४९ सूत्रः–**न सामान्यादप्युपलब्धेर्मृत्युवत् न हि लोकापत्तिः।**

भाष्यः–मानसग्रहसामान्यादप्येषां न क्रियामयक्रत्वङ्गत्वम्, विद्यारूपत्वोपलब्धेः। "स एष एव मृत्युर्य एतस्मिन् मण्डले पुरुषः" "अग्निर्वै मृत्युरि"–त्यग्न्यादित्य-पुरुषयोर्मनः–सादृश्येन वैषम्यापगमः। न हि लोको गौतमाग्निरि"–त्यग्नेर्लोकापत्तिः।।

अस्यार्थः–मानसग्रहसामान्य के द्वारा (अर्थात् समस्त ही मानस हैं, केवल इसी कारण) मनश्चितादि क्रियाओं का अङ्गत्व सिद्ध नहीं किया जा सकता है; ये विद्या ही के अङ्गीभूत हैं, यही श्रुतिवाक्यों से उपलब्धि होती है। "जो इस मण्डल के पुरुष हैं, यह वही मृत्यु है", "अग्नि ही मृत्यु है" इत्यादि वाक्यों (बृ० ३ अ०) में अग्नि और आदित्यमण्डलस्थ पुरुषों के एक ही मृत्युनाम से वर्णित होने पर भी दोनों एक ही नहीं हैं; इनमें पार्थक्य है। वैसे ही, इस स्थल पर भी मानसत्वविषय में समता के रहने पर भी, मनश्चितादि के क्रियाङ्गत्व का निर्देश नहीं कर सकते हैं, ये विभिन्न हैं। "हे गौतम! यह लोक अग्नि है" (छा० ५ अ० ४ ख०) इत्यादि वाक्यों से जैसे अग्नि और लोक वास्तव में एक ही नहीं कहे जाते हैं, वैसे ही इस स्थल पर भी जानना।

३ अ०, ३ पाद, ५० सूत्रः–**परेण च, शब्दस्य ताद्विध्यं भूयस्त्वात्त्वनुबन्धः।।**

भाष्यः–"अयं वाव लोक एषोऽग्निचित"–इत्यनन्तरेण चास्य शब्दस्य

मनश्चिदाद्यग्निविषयस्य ताद्विध्यं, मनश्चिदादिषूपादेयानामग्न्यङ्गानां भूयस्त्वाद्बाहुत्वात्तेषां क्रियाऽग्निसन्निधावनुबन्धः।।

अस्यार्थः:–"यह लोक अग्निचित है", यह वाक्य मनश्चितादि अग्नि ब्राह्मणों के पश्चात् ही उक्त हुआ है; इसके द्वारा पूर्वोक्त मनश्चितादि अग्निब्राह्मण-वाक्यों का एकविधत्व (विद्याविधत्व) प्रदर्शित हुआ है। बहुसंख्यक होने के कारण, मनश्चितादि में ग्रहणीय अग्न्यङ्गसमूह विद्यामय क्रतु ही के अङ्ग हैं यह सिद्ध होता है।

इति वाजसनेयश्रुत्युक्त अग्निरहस्ये वर्णितं मनश्चिताद्यग्नेर्विद्याङ्गत्वनिरूपणाधिकरणम्।

—•—

३ अ०, ३ पाद, ५१ सूत्रः–**एक आत्मनः शरीरे भावात्।।**

[एके वादिनः वदन्ति शरीरे वर्तमानस्य आत्मनः (बद्धावस्थस्य) जीवस्वरूपस्य चिन्तनीयत्वं, कुतः? तथा भावात्, बद्धावस्थायां तस्य स्थितिहेतोः।]

भाष्यः–उपासनवेलायां बद्धावस्थः प्रत्यगात्मा चिन्तनीयः, शरीरे तादृशस्यैवात्मनः सत्त्वादित्येके।।

अस्यार्थः–उपासना के समय जीव बद्धावस्था-प्राप्त कहकर अपना चिन्तन करेगा, अथवा परमात्मा से अभिन्न, शुद्ध तथा अपापविद्ध-रूप से अपना चिन्तन करेगा? ऐसे सन्देह के उत्तर में सूत्रकार कहते हैंः–कोई-कोई कहते हैं कि उपासना के समय प्रत्यगात्मा को (जीव अपने को) बद्ध मानकर चिन्तन करेगा; कारण, देह में ऐसी (बद्ध) ही अवस्था में जीवात्मा वर्तमान है। (यह पूर्वपक्ष का सूत्र है।)

३ अ०, ३ पाद, ५२ सूत्रः–**व्यतिरेकस्तद्भावभावित्वान्नतूपलब्धिवत्।।**

भाष्यः–बद्धाकाराद्विलक्षणो मुक्ताकारः प्रत्यगात्मा साधनकालेऽनुसन्धेयस्तादृग्रूपस्यैव मुक्तौ भावित्वात्। ध्यानानुरूपरमात्मप्राप्तिवत्।

अस्यार्थः–इस पूर्वपक्ष के उत्तर में सूत्रकार कहते हैंः–उपासनाकाल में प्रत्यगात्मा बद्धावस्थाप्राप्तरूप में चिन्तनीय नहीं है; वरन् बद्धावस्था में अतीत, मुक्तस्वरूप, में, ब्रह्म से अभिन्न भाव से, प्रत्यगात्मा उपासनाकाल में चिन्तनीय है; कारण, मुक्तावस्था में शुद्ध, अपापविद्ध, मुक्तस्वरूप ही उपासना के प्रभाव से प्राप्त होता है; श्रुति तथा स्मृति ने उपदेश किया है कि, उपासना काल में परमात्मा के सम्बन्ध में जिस प्रकार से ध्यान किया जाता है, उपासना के फलस्वरूप में वैसा ही परमात्मस्वरूप प्राप्त होता है; प्रत्यगात्मा सम्बन्ध में वैसा ही जानना। श्रुतिः–"तं यथा यथोपासते तदेव

भवति" इत्यादि (उपास्य के साथ एकात्मता–बुद्धिपूर्वक "सोऽहं" ज्ञान से उपासना, देवदेवी के उपासनास्थल पर भी आर्यशास्त्र में सर्वत्र उपदिष्ट हुई है, ब्रह्मोपासना के सम्बन्ध में भी यही नियम है, ऐसा जानना।)

(शाङ्करभाष्य में यह सूत्र और इसका पूर्व सूत्र विभिन्न रूप से व्याख्यायित हुए हैं; इस सूत्र का पाठ भी शङ्कर स्वामी के द्वारा विभिन्न रूप से उक्त हुआ है। शाङ्कर भाष्य में "स्तद्भावाभावित्वात्" ऐसा सूत्र–पाठ दिया गया है। शङ्करस्वामी के मत में ५१ संख्यक सूत्र का यह अर्थ है:–"देह ही आत्मा है; आत्मा देह से अतिरिक्त वस्तु नहीं है; यह पूर्वपक्ष है"। इसके उत्तर में सूत्रकार ५२ संख्यक सूत्र में कहते हैं:–"नहीं, ऐसा नहीं, आत्मा देह से पृथक् है; कारण, मृत्यु की दशा में देह के वर्तमान रहने पर भी, उसमें आत्मधर्म (चैतन्यादि) का अभाव दृष्ट होता है। आत्मा उपलब्धिरूप है, उपलब्धि देह का धर्म नहीं है; कारण वह देह का प्रकाशक है; अतएव, उपलब्धिरूप होने के कारण आत्मा देह से विभिन्न है"। इस स्थल पर वक्तव्य यह है कि, यह प्रकरण उपासना–विषयक है; अतएव, इस प्रकरण में देह से आत्मा के पार्थक्य–प्रतिपादन–विषयक विचार को प्रवर्तित करना सूत्रकार का अभिप्रेत है, ऐसा नहीं प्रतीत होता है। विशेषतः सूत्रकार ने पूर्व ही द्वितीय अध्याय के इस सम्बन्ध में सम्यक् विचार कर यह सिद्ध किया है कि, आत्मा देह से विभिन्न है। एवञ्च इस एक सामान्य सूत्र के द्वारा इस विचार की निष्पत्ति नहीं हो सकती है। अतएव निम्बार्क व्याख्या और पाठ ही सङ्गत प्रतीत होते हैं; श्रीभाष्य भी इसके अनुरूप है।)

इति उपासनाकाले जीवस्य स्वीय मुक्तस्वरूपस्य चिन्तनीयत्व-निर्णयाधिकरणम्।

—•—

३ अ०, ३ पाद, ५३ सूत्रः–**अङ्गावबद्धास्तु न शाखासु हि प्रतिवेदम्।।**

भाष्यः–"ओमित्येतदक्षमुद्‌गीथमुपासीते" त्येवमाद्याः उद्‌गीथाङ्गप्रतिबद्धा उपासना न शाखास्वेव व्यवस्थिताः। अपि तु प्रतिवेदं सर्वशाखास्येव प्रतिबध्यन्ते। यतः उद्गीथादिश्रुतेर्विशेषात्।।

अस्यार्थः– उपासना के समय तात्कालिक बद्धावस्था के चिन्तन को परित्याग कर नित्य मुक्तस्वरूप के चिन्तन की व्यवस्था करके, अब उद्‌गीथादि–उपासना में पृथक्–पृथक् सम्प्रदायों में उक्त स्वर और प्रयोगादि भेद से उपासनांशों के भी पार्थक्य को निवारित करने के अभिप्राय से सूत्रकार जी कहते हैं:–"ओं इस एकाक्षर उद्‌गीथ की उपासना करना" (छा० प्रथम अ०) इत्यादि श्रुतियों में उद्‌गीथादि के साथ

संयोजित उपासनासमूह वेद की जिन-जिन शाखाओं में विशिष्टरूप से उपदिष्ट हुए हैं, केवल उन-उन शाखाओं के निमित्त वे उपासनायें (जैसा उक्थ का पृथिवीरूप से ध्यान करना, इष्टकाचित अग्नि को एतत्समस्त लोक कहकर ध्यान करना, इत्यादि); व्यवस्थापित नहीं हुई हैं; ये सभी शाखाओं में प्रयोज्य हैं, कारण, सभी शाखाओं में "उद्गीथ की उपासना करना" इत्यादि श्रुतियाँ समभाव से उक्त हैं; अतएव, एक ही उपासना के सर्वत्र ही उपदिष्ट होने से, किसी एक शाखा में उक्त उपासना को दूसरी शाखाओं में समभाव से प्रयुक्त करना कर्त्तव्य है।

३ अ०, ३ पाद, ५४ सूत्रः-**मन्त्रादिवद्वाऽविरोधः।।**

भाष्यः-यथा, "कुटरूरसी"-ति मन्त्रः, यथा वा प्रयाजास्तद्वदन्यत्रोक्तानामुपासनानामितरत्र योगोऽविरोधः।।

अस्यार्थः-जैसे तण्डुल के पेषण के लिए जो प्रस्तर ग्रहण किया जाता है उसका मन्त्र ("कुटरूरसि") केवल यजुःशाखा में उक्त है, परन्तु वह उस कार्य में सर्वत्र ही ग्रहणीय है; और जैसे प्रयाजयाग (समिद् प्रभृति यज्ञ) मैत्रायणी शाखा में उल्लिखित न होने पर भी, अन्यत्र उल्लिखित होने के कारण, उस शाखा की क्रियाओं में भी ग्रहणीय हैं; वैसे ही एक शाखा में वर्णित उपासना को अन्यत्र योजित करना युक्तिविरुद्ध नहीं है।

इति अङ्गावबद्धाधिकरणम्।

—•—

३ अ०, ३ पाद, ५५ सूत्रः-**भूम्नः क्रतुवज्ज्यायस्त्वं तथाहि दर्शयति।।**

(भूम्नः=समग्रोपासनस्यैव, ज्यायस्त्वं प्राशस्त्यमित्यर्थः न व्यस्तोपासनानाम्। क्रतुवत्, यथा पौर्णमासादेः समस्तस्य क्रतोः प्रयोगे विवक्षिते प्रयाजादीनां साङ्गानामेकः प्रयोगः। तथा श्रुतिरपि दर्शयति।)

भाष्यः-वैश्वानरविद्यायां समग्रोपासनस्य प्राशस्त्यं, यथा पौर्णमासादीनां साङ्गानामेकः प्रयोगः, एवं "मूर्द्धा ते व्यपतिष्यत् यन्मां नागमिष्ये" इत्यादिका प्रत्यङ्गमुपासने दोषं ब्रुवन्ती, समस्तोपासनस्य प्रशस्ततां दर्शयति श्रुतिः।।

अस्यार्थः-छान्दोग्योपनिषद् के पञ्चम प्रपाठक में जो वैश्वानरविद्या (उपासना) उक्त है, (यथाः-द्युलोक वैश्वानर-आत्मा का मूर्द्धा है, विश्वरूप अर्थात् सूर्य उसका चक्षुः है, वायु उसके प्राण हैं, आकाश उसका मध्यशरीर है, रयि उसकी वस्ति है, पृथिवी उसका पाद है, वक्षःस्थल उसकी वेदी है, दूर्वा उसके लोम हैं, हृदय गार्हस्पत्य

अग्नि है, मन उसका अन्नाहार्य पचनाग्नि है, आहवनीय अग्नि उसका मुख है–५ प्रपाठक १८ खण्ड,) उसमें द्युलोकादि अङ्गसमूह की एक ही साथ उपासना करनी चाहिए; द्युलोकादि की पृथक्-पृथक् वैश्वानर-आत्मा रूप से उपासना सङ्गत नहीं है, कारण यह श्रुति का अभिप्राय नहीं है। जिस भाँति पौर्णमासादि याग में यज्ञाङ्गों के पृथक्-पृथक् प्रकरण में उपदिष्ट होने पर भी, उन समस्त यज्ञाङ्गों को एकीभूत कर, एक ही पौर्णमासी याग का सम्पादन किया जाता है; वैसे ही वैश्वानर विद्या में भी द्युलोकध्यानादि पृथक्-पृथक् अङ्गों की समष्टि भाव से उपासना करनी चाहिए। श्रुति ने भी "मूर्द्धा ते व्यपतिष्यत् य मां नागमिष्ये" (५ अ०, १२ ख०) (यदि तुम मेरे समीप उपदेश-ग्रहणार्थ न आते तो, तुम्हारा मूर्द्धा पतित होता) वाक्य के द्वारा स्पष्ट ही पृथक्-पृथक् अङ्गों की पृथक् -पृथक् उपासनाओं का दोष प्रदर्शित किया है; और सर्वाङ्गों के एकत्र ध्यान की प्रशस्तता का उपदेश किया है। (औपमन्य प्रभृति में से किसी ने द्युलोक, किसी ने सूर्य, किसी ने आकाश इत्यादि रूपों में वैश्वानर-आत्मा की उपासना करना कर्त्तव्य है, ऐसा समझा था। प्राचीनशाल ने इसको निवारित कर, द्युलोकादि में से प्रत्येक को वैश्वानर-आत्मा का एक-एक अङ्गमात्र कहकर उपदिष्ट किया था, और समग्र अङ्गों के एकत्र ध्यान की प्रशस्तता के व्याख्यान करते समय कहा था कि, समस्त अङ्गों के ध्यान-द्वारा ही जीव अमर होता है; एक-एक अङ्गमात्र को वैश्वानर कहकर उसकी उपासना करने से, जीव मरण-धर्म को अतिक्रम नहीं कर सकता है।)

इति वैश्वानरविद्यायां समग्रोपासनस्य प्राशस्त्यनिरूपणाधिकरणम्।

—•—

३ अ०, ३ पाद, ५६ सूत्रः–**नानाशब्दादिभेदात्।।**

भाष्यः–शाण्डिल्यविद्यादीनां नानात्वं, कुतस्तच्छब्दादिभेदात्।।

अस्यार्थः–शाण्डिल्य विद्या, भूमा विद्या, सद्विद्या, दहर विद्या, उपकोशल विद्या, वैश्वानर विद्या, आनन्दमय विद्या, अक्षर विद्या, उक्थ विद्या, प्रभृति ब्रह्म विद्यायें जो श्रुति में उक्त हैं, (और जिनके सम्बन्ध में इस प्रकरण में विचार किया गया है) ब्रह्मोपासना में उन सभी को एकत्रित करना नहीं चाहिए; अर्थात् जिस भाँति किसी याग के समय उसके अङ्गीभूत अंशसमूह को एकत्रित करने पर वह याग सम्पादित होता है, उसी भाँति उक्त शाण्डिल्य विद्या प्रभृति विद्यासमूह एक ही ब्रह्मोपासना रूप कार्य के अङ्ग नहीं है, इनमें प्रत्येक स्वतन्त्र ब्रह्मोपासना है; कारण, ये समस्त विद्यायें

पृथक् प्रकरण में पृथक् नाम से उक्त हुई हैं; और इनके अनुष्ठानादि को भी श्रुति ने विभिन्न रूप से उपदिष्ट किया है। यद्यपि ये सभी एक ब्रह्म ही की उपासनायें हैं, तथापि अधिकारी के भेद से प्रणालियों के पार्थक्य का श्रुति ने उपदेश किया है।

इति विभिन्नविद्यानां नानात्वनिरूपणाधिकरणम्।

—•—

३ अ०, ३ पाद ५७ सूत्रः-**विकल्पोऽपिविशिष्टफलत्वात्।।**

[विकल्पः=या काचित् एकैवानुष्ठेयेत्यर्थः कुतः? अविशिष्टफलत्वात्=सर्वासां ब्रह्मविद्यानाम् अविशेषेण ब्रह्मभावापत्तिफलकत्वात्, एक एव प्रयोजनसंसिद्धावितरानुष्ठाने प्रयोजनान्तराभावात् इत्यर्थः।)

भाष्यः—विद्याभेद उक्तस्तत्रानुष्ठानविकल्पोऽविशिष्टफलत्वात्।।

अस्यार्थः—विद्याओं के विभिन्न होने के कारण, उनमें जो जिस साधक के लिए उपयोगी है, उसी के अवलम्बन करने से ही सम्यक् फल-प्राप्ति होती है; ऐसा नहीं कि, सभी को सम्पादित न करने से, सम्यक् फल-प्राप्ति नहीं होगी; कारण, ब्रह्मस्वरूपोपलब्धि-रूप फल सभी का एक ही है।

(इस सूत्र की व्याख्या शङ्कराचार्य ने ऐसी ही की है; अतएव सर्वविध ब्रह्मविद्या का फल जो एक ही है, यह भगवान् वेदव्यास का स्थिर सिद्धान्त है, इस बात को स्मरण रखने से, परवर्ती अध्याय के विचार को समझने में सुगमता होगी)। और इस स्थल पर यह लक्ष्य करना चाहिए कि, "अक्षरविद्या भी अपरापर विद्याओं की भाँति इस प्रकरण में (३३ प्रभृति सूत्रों में) व्याख्यात हुई है। "नेति" "नेति" इत्याकार ध्यान ही, जिसके श्रीशङ्कराचार्य एकान्त पक्षपाती हैं, वह अक्षरविद्या में प्रसिद्ध है। उसका तथा और सब उपासनाओं का फल एक ही है, ऐसी उक्ति के वर्तमान रहने के कारण, इस प्रकरण को केवल सगुणोपासनाविषयक कहकर जो शङ्कराचार्य ने प्रकरण के प्रारम्भ में कहा है, वह सङ्गत नहीं है।

३ अ० ३ पाद, ५८ सूत्रः-**काम्यास्तु यथाकामं समुच्चीयेरन्न वा पूर्वहेत्वभावात्।।**

[पूर्वहेत्वभावात्=आसां काम्यानां पूर्वोक्ताविशिष्टफलत्वाभावात्।]

भाष्यः—ब्रह्मप्राप्तिव्यतिरिक्तफलानुष्ठानेऽनियमो नियमप्रयोजकपूर्वोक्तहेत्वभावात्।।

अस्यार्थः–ब्रह्म-प्राप्ति के बिना दूसरी फल-कामनाओं के पूरणार्थ जो उपासना होती है, उसमें इच्छानुसार पृथक्-पृथक् उपासना भी की जा सकती है, और समस्त उपासनायें भी की जा सकती हैं; कारण यह है कि, सकाम उपासना के फल कर्मानुसार पृथक्-पृथक् होते हैं; एक फलप्रार्थी एक उपासना कर सकता है, और बहु प्रकार फलप्रार्थी अनेक प्रकार की उपासनाओं का अनुष्ठान कर सकता है। परन्तु जो लोग ब्रह्मप्राप्ति (मोक्ष) के निमित्त ब्रह्मविद्या का अवलम्बन करते हैं, उनके लिए अपने-अपने अधिकार के अनुसार किसी एक विशेष ब्रह्मविद्या का अवलम्बन करना उचित है; उनके लिए बहुविध ब्रह्मोपासनाओं का अवलम्बन करना विधेय और प्रयोजनीय नहीं है; कारण, पूर्वोक्त प्रत्येक ब्रह्मविद्या का फल ब्रह्मप्राप्ति है; विद्या के भेद से इस फल के तारतम्य न होने से बहु-विद्याओं की उपासनायें निष्प्रयोजन हैं; एवञ्च बहुविध उपासनाओं के अवलम्बन से किसी विशेष उपासना में सम्यक् निष्ठा नहीं होती है; इस कारण वह अविधेय है।

इति अनुष्ठानविकल्प-निरूपणाधिकरणम्।

—•—

३ अ०, ३ पाद, ५९ सूत्रः–**अङ्गेषु यथाश्रयभावः।।**

[अङ्गेषु कर्माङ्गेषु उपाश्रितानां विद्यानां कर्मसु यथाश्रयभावः, यथा कर्माङ्गानां उद्गीथादीनामङ्गत्वं तद्वद्विद्यानामपि इत्यर्थः।]

भाष्यः–बहुभिर्लिङ्गैः कर्माङ्गारश्रितानमुद्गीथादिविद्यानां नियमेन कर्म-सूपादानमित्याक्षिपति उद्गीथादिष्वाश्रितानां विद्यानामुद्गीथादिवदङ्गभावः।

अस्यार्थः–उद्गीथादि कर्माङ्गों की आश्रित विद्यायें उन सब कर्माङ्गों की भाँति ही ग्रहणीय हैं अर्थात् उद्गीथादि जैसे कर्मों के अङ्ग हैं, वैसे ही उन सब उद्गीथादि अङ्गों के आश्रित (संयुक्त) विद्यासमूह (ब्रह्मध्यान) भी कर्मों के अङ्गीभूत हैं। यह पूर्वपक्षीय सूत्र है; और, परवर्ती ३ सूत्रों में इसका समर्थन किया गया है।

३ अ०, ३ पाद, ६० सूत्रः–**शिष्टेश्च।।**

(शिष्टिः=शासनं, विधानमित्यर्थः)।

भाष्यः–"उद्गीथमुपासीते"-ति शासनाचोपादननियमः।।

अस्यार्थः–"उद्गीथ की उपासना करना" इत्यादि शासन-वाक्यों का श्रुति ने स्पष्ट रूप से उल्लेख किया है; इससे भी यह सिद्ध होता है कि, उद्गीथाश्रित विद्या भी

उद्‌गीथ की भाँति अवश्य ग्रहणीय है; कारण, उन-उन विद्याओं के बिना उद्‌गीथोपासना नहीं होती।

३ अ०, ३ पाद, ६१ सूत्रः-**समाहारात्।।**

भाष्यः-"होतृषदनाद्धैवापि दुरुद्‌गीथमनुसमाहरती"-ति प्रणवोद्‌गीथयोरैक्येन सम्पादनाच्च। (दुरुद्‌गीथं=दुष्टमुद्‌गीथं वेदनहीनम् उद्‌गाता स्वकर्मणि समुत्पन्नं वैगुण्यं होतृ षदनात् होतृकर्मणः शंसनात् समादधात् इत्यनेव समाधानं ब्रुवन्ती श्रुतिर्वेदनस्योपादननियमं दर्शयति)।

अस्यार्थः-यदि उद्गाता की अपारदर्शिता के कारण उद्‌गीथ दूषित हो, तो होता के शंसन (स्तोत्र) से वह पुनः समाहृत (संशोधित) होता है। इस उक्ति के द्वारा श्रुति ने ऋग्वेदीय प्रणव और सामवेदीय उद्गीथ के एकत्व का ध्यान करना प्रदर्शित किया है; अतएव उद्गीथाश्रित ध्यान (विद्या) उद्गीथ की भाँति कर्माङ्ग का अङ्ग कहकर सिद्ध होता है।

३ अ०, ३ पाद ६२ सूत्रः-**गुणसाधारण्यश्रुतेश्च।।**

भाष्यः-"तेनेयं त्रयी वर्त्तते" इति गुणसाधारण्यश्रुतेश्च।।

अस्यार्थः-विद्या (ध्यान) के आश्रयीभूत ओङ्कार के सम्बन्ध में श्रुति ही ने कहा है कि, "यह ओङ्कार वेदत्रय का आश्रय है"; अतएव ओङ्कार वेदत्रयोक्त उपासना कर्मों का अवर्जनीय अङ्ग है; सुतरां ओङ्काराश्रित ध्यानसमूह भी ओङ्कार के अनुगामी हैं।

३ अ०, ३ पाद, ६३ सूत्रः-**न वा तत्सह-भावोऽश्रुतेः।।**

भाष्यः-नाङ्गाश्रितानां विद्यानामङ्गत्वक्रतुषूपादाननियमः, क्रत्वङ्गभावा-श्रवणात्।

अस्यार्थः-पूर्वोक्त चार सूत्रों में व्याख्यायित पूर्वपक्ष का उत्तर सूत्रकार इस सूत्र और इसके परवर्ती सूत्र में देते हैं। सूत्रोक्त "वा" शब्द से इस स्थल पर पक्ष-व्यावृत्ति समझनी पड़ेगी। सूत्रकार इस आपत्ति के उत्तर में कहते हैं कि क्रतु के ओंकारादि अङ्गों की भाँति, उस ओङ्कारादि-अङ्गाश्रित विद्या को यज्ञकर्मों में ग्रहण करने का कोई अवधारित नियम नहीं है; कारण, "क्रतु में अङ्गसमूह को भी अवश्य ग्रहण करना चाहिए" श्रुति में ऐसा उल्लेख रहने पर भी, श्रुति ने ऐसा उल्लेख नहीं किया है कि, अङ्गों की भाँति, अङ्गाश्रित विद्याओं को भी अवश्य ग्रहण करना चाहिए।

ध्यानकार्य पुरुष के चित्त का अवलम्बन कर अवस्थित करता है, यह बाह्य यज्ञ को सम्पादित करने के निमित्त नितान्त प्रयोजनीय नहीं है; सुतरां ध्यान को बाह्ययज्ञ का अलङ्घनीय अङ्ग नहीं कह सकते हैं; बाह्ययज्ञ उसके अभाव से भी सम्पादित हो सकता है; मन्त्रोच्चारण, उद्गीथादि गान और होम प्रभृति के द्वारा ही बाह्यक्रतु सम्पन्न होता है; भिन्न-भिन्न फलकामनाओं के निमित्त भिन्न-भिन्न पुरुषों के द्वारा यह बाह्यक्रतु आचरित हो सकता है; विद्यांश ज्ञानोत्पादक है; अतएव उद्गीथादि क्रत्वङ्गों की भाँति, क्रत्वङ्गाश्रित विशेष-विशेष विद्यायें भी क्रतु-कार्य को सम्पादित करने के निमित्त अवश्य ग्रहणीय नहीं हैं। श्रुति ने ऐसा उपदेश नहीं किया है। इस कारण, बृहदारण्यक और छान्दोग्य श्रुतियों ने पञ्चाग्निविद्या के फलों को वर्णित करते समय यह उपदेश किया है कि जो लोग विद्यांश का अवलम्बन करते हैं वे अर्चिरादि उत्तर मार्ग को प्राप्त होते हैं; परन्तु जो लोग विद्याविरहित ही अग्निहोत्र आचरित करते हैं, परन्तु जो लोग विद्याविरहित हो अग्निहोत्र आचरित करते हैं, वे धूममार्गादि को प्राप्त होते हैं; अर्चिरादि मार्ग ब्रह्मचित् और मुमुक्षु पुरुषों के लिए ही व्यवस्थापित हुए हैं। किन्तु बिना विद्या के भी अग्निहोत्र यज्ञ सम्पादित हो सकता है।

३ अ० ३ पाद ६४ सूत्रः–**दर्शनाच्च।।**

भाष्यः–"एवं विद्ध वै ब्रह्मा यां यजमानं सर्वांश्च ऋत्विजोऽभिरक्षती"-ति श्रुतौ वेदनानियततादर्शनाच्च।।

अस्यार्थः–"जो ब्रह्मा (यज्ञ का पुरोहितविशेष) इस प्रकार ज्ञानवान् है, वही यज्ञ, यजामन और ऋत्विक् समूह की रक्षा करता है" इत्यादि श्रुति-वाक्यों से स्पष्ट रूप से प्रतीत होता है कि, ऐसी ज्ञानवत्ता नियत नहीं है, यज्ञकर्त्ता में ज्ञान रहने से, यज्ञ अधिक फलप्रद होता है; यह इस प्रकरण के ४१ संख्यक सूत्र में श्रुति-वाक्यों के द्वारा प्रमाणित किया गया है, परन्तु ऐसा ज्ञान न रहने पर, यज्ञ पूर्ण (संपादित) नहीं होगा, ऐसा नहीं; अतएव, क्रत्वङ्गाश्रित विद्यांश विद्याङ्गों के अनुगामी रूप से अवश्य ग्रहणीय नहीं है।

इति कर्माङ्गाश्रितानामुद्गीथादि-विद्यानामङ्गभावत्वाभाव-निरूपणाधिकरणम्।

—•—

इस तृतीय पाद में श्रीभगवान् वेदव्यासजी ने प्रतिपादित किया है कि जो सब विद्यायें (अर्थात् ब्रह्मोपासना प्रणालियाँ) उपनिषद् में उक्त हैं, उन सभी के द्वारा एकमात्र ब्रह्म ही प्राप्तव्य है; ये सभी मोक्षफलप्रद हैं; अतएव किसी भी उपासना-प्रणाली

का अवलम्बन कर, निष्ठापूर्वक साधन करने ही से जीव कृतकृत्य होते हैं[१]। आदित्य, मनः, प्राण, चक्षुः, हृदय, ओङ्कार , इत्यादि ब्रह्म के विभूतिस्वरूप जो विभिन्न प्रतीक हैं उनके अवलम्बन से उपासना की और प्रतीकों के अवलम्बन बिना सत्यसङ्कल्पादि-गुण विशिष्ट रूप से उपासना की, तथा एकान्त निर्गुण अक्षर रूप से ब्रह्मोपासना की व्यवस्था श्रुति ने की है, इस कारण, विद्या विभिन्न हुई है; परन्तु सभी विद्याओं का गन्तव्य एक परब्रह्म है। विभिन्न प्रतीकों के अवलम्बन द्वारा, विभिन्न विद्याओं के उपदिष्ट होने के कारण, विद्याओं में ब्रह्मध्यान का पार्थक्य स्वतः ही हुआ है; किन्तु कोई-कोई शक्तियाँ ब्रह्म में विद्यमान हैं, वे सभी विद्याओं में साधारण हैं-जैसे सर्वज्ञत्व, सत्यसंकल्पत्व, सर्वगतत्व, सर्वनियन्तृत्व, आनन्दमयत्व इत्यादि। और यह भी सर्वविध ब्रह्मविद्या में साधारण है कि, सर्वप्रकार की ब्रह्मोपासनाओं में, साधक ब्रह्म से अभिन्नरूप में अपना चिन्तन करेगा। इन त्रिविध अङ्गों के साथ जो ब्रह्मोपासना सम्पादित होती है, वही भक्तियोग के नाम से आख्यात है; अतएव, इसमें कोई भी सन्देह नहीं है कि भक्तियोग ही वेदान्तदर्शन-द्वारा उपदिष्ट है।

इति वेदान्तदर्शने तृतीयाध्याये तृतीयपादः समाप्तः।

---

१. तथापि प्रतीक के अवलम्बन से जो उपासना की जाती है, उसके द्वारा साक्षात् सम्बन्ध में मोक्ष प्राप्ति नहीं होती है,- इस विशेष सिद्धान्त को भगवान् सूत्रकार के परवर्त्ती चतुर्थ अध्याय के ३ पाद के १४ सूत्र में ज्ञापित किया है। परन्तु, साक्षात् सम्बन्ध में मोक्ष-प्राप्त न होने पर भी, ये सब साधक क्रम-मुक्ति के अधिकारी होते हैं; और अन्त में वे अवश्यमेव परम मोक्ष को भी प्राप्त होते हैं। वास्तव में अर्चिरादि-मार्ग को प्राप्त होने से जीव के मोक्ष-लाभविषय में और आशङ्का नहीं रहती, दुःख-मय भूर्लाक में उनका पुनः पुनः गमनागमन बंद हो जाता है। यही सर्वविध उपासनाओं का समान फल है।

चतुर्थ पाद

इस चतुर्थ पाद में श्रीभगवान् वेदव्यासजी ने यह प्रतिपादित किया है कि केवल ब्रह्मविद्या ही से मोक्ष-लाभ होता है, कर्म केवल चित्त की मलिनता को दूरीभूत कर विद्या के सहायकारी होते हैं, यागादि कर्म साक्षात् सम्बन्ध में मोक्ष-प्रापक नहीं हैं, और बिना कर्म के भी विद्यावान् पुरुष मोक्षलाभ कर सकते हैं; किन्तु कर्मों का त्याग करना विहित नहीं है।

३ अ०, ४ पाद, १ सूत्रः–**पुरुषार्थोऽतः शब्दादिति वादरायणः।।**

(अतः=विद्यातः।)

भाष्यः–ब्रह्मप्राप्तिर्विद्यातः, "ब्रह्मविदाप्नोति परमि"–त्यादिशब्दादिति भगवान् वादरायणो मन्यते।।

अस्यार्थः–ब्रह्मविद्या-साधन के द्वारा ब्रह्मप्राप्ति-रूप पुरुषार्थ प्राप्त होता है। श्रुति ने स्वयं कहा हैः–"ब्रह्मवित् पुरुष सर्वश्रेष्ठ वस्तु–मुक्ति–को प्राप्त होता है" (तै० २ व०)। भगवान् वादरायण का यही सिद्धान्त है।

३ अ०, ४ पाद, २ सूत्रः–**शेषत्वात् पुरुषार्थवादी यथाऽन्येष्विति जैमिनिः।।**

भाष्यः–कर्माङ्गभूतकर्तृसंस्कारद्वारेण विद्यायाः कर्माङ्गत्वं कर्तुः कर्मशेषत्वात् फलश्रुतिरर्थवादः। यथा "पर्णमयी"द्रव्यादिष्वपापश्लाकश्रवणादिफलश्रुतिस्तद्वदिति जैमिनिर्मन्यते।।

अस्यार्थः–परन्तु जैमिनिजी कहते हैं कि, यज्ञकर्त्ता भी यज्ञकर्म का एक अङ्ग है। कर्त्ता देहादि से भिन्न है, ऐसा ज्ञान उसमें न होने से, स्वर्गादि फलप्रद यज्ञ कर्मों में कर्त्ता की अभिरुचि और विश्वास नहीं होते हैं; सुतरां यज्ञकर्म में उसकी प्रवृत्ति भी उपजात नहीं होती है; अतएव, यज्ञकर्त्ता के देहातिरिक्ततत्व विषयक संस्कार (शुद्धि) को उत्पादित करने के कारण, विद्या यज्ञ के अङ्गरूप से गण्य होती है; कर्त्ता के यज्ञ के अङ्गभूत होने के कारण, विद्याविषयक फलश्रुति को अर्थवाद कहकर मानना पड़ेगा। जैसे किंशुक, पलाश, प्रभृति यज्ञीय द्रव्य-विषय मे निष्पापरूप फलश्रुति अर्थवादमात्र है, वैसे ही विद्याफल श्रुति अर्थवादमात्र है; विद्या यज्ञ ही का अङ्ग है, इसकी पृथक् रूप से फलवत्ता नहीं है; स्वर्गादि यज्ञफल के अतिरिक्त, मोक्षोत्पादन का स्वतन्त्र सामर्थ्य विद्या में नहीं है।

(जैमिनिजी कर्मकाण्ड के उपदेष्टा हैं, सकाम साधकों की वेदोक्त यज्ञादि कर्मों

में प्रवृत्ति को उत्पादित करना ही जैमिनि सूत्रों का उद्देश्य है; सुतरां, यज्ञ के प्रति निष्ठा को स्थापित करने के अभिप्राय से, उन्होंने, सकाम शिष्यों के समीप, स्वीय अधिकारातीत निष्काम ब्रह्मविद्या को भी यज्ञाङ्गीभूत कहकर वर्णित किया है। ब्रह्मसूत्र में उच्चाधिकारियों के निमित्त ब्रह्मविद्या ही उपदिष्ट हुई है। सुतरां, श्रीभगवान् वेदव्यासजी ने इस ग्रन्थ में उस विद्या के फल को यथार्थ रूप से ही वर्णित किया है। किन्तु जैमिनि वाक्य का खण्डन न करने से शिष्यों का संशय दूरीभूत नहीं होता; अतएव भगवान् वेदव्यास ने पहले जैमिनि मत को तदनुकूल युक्तियों के साथ २ से ७ पर्यन्त वर्णित कर, पश्चात् उसका खण्डन किया है।)

३ अ०, ४ पाद, ३ सूत्रः-**आचारदर्शनात्**।।

भाष्यः-"जनको ह वैदेहो बहुदक्षिणेन यज्ञेनेजे" इत्यादि श्रुतिभ्यो जनकादीनामाचारदर्शनात्।।

अस्यार्थः-विद्यावान् का यज्ञादि-कर्माचरण भी श्रुति में प्रदर्शित हुआ है। यथा, बृहदारण्यक (३ अ०, १ ब्रा०), में उक्त है कि, "वैदेह राजा जनक ने भी बहु दक्षिणा-युक्त यज्ञ किये थे" इत्यादि श्रुति वाक्यों मे ज्ञानी जनकादि द्वारा भी यज्ञकर्म का सम्पादित होना दृष्ट होने से, विद्या को कर्म का अङ्ग कहकर ही मानना पड़ेगा।

३ अ०, ४ पाद, ४ सूत्रः-**तच्छ्रुतेः**।।

भाष्यः-"यदेव विद्यया करोति श्रद्धयोपनिषदा तदेव वीर्यवत्तरं भवती" ति विद्यायाः कर्मोपयोगित्वस्य श्रुतेः।।

अस्यार्थः-श्रुति ने कहा है, "विद्या, श्रद्धा और उपनिषद् (रहस्यज्ञान) के साथ जो विहित यागादि कर्म संपादित होते हैं, वे समधिक फल-प्रदान करते हैं" (छा० १ अ०, १ ख०)। इस वाक्य के द्वारा भी यह सिद्ध होता है कि विद्या का कर्म के साथ सम्बन्ध है, विद्या स्वतन्त्र नहीं है।

३ अ०, ४ पाद, ५ सूत्रः-**समन्वारम्भणात्**।।

भाष्यः-"तं विद्याकर्मणी समन्वारभेते" इति विद्याकर्मणोः साहित्यदर्शनाच्च।।

अस्यार्थः-"विद्या और कर्म मृत जीव का अनुसरण करते हैं" (बृ० ४ अ०, ४ ब्रा० २ ब्रा) इस श्रुतिवाक्य के द्वारा यह प्रतीत होता है कि, फलारम्भविषय में विद्या औरकर्म का सहकारीभाव है।

३ अ०, ४ पाद, ६ सूत्रः-**तद्वतोविधानात्**।।

भाष्यः–आचार्यकुलाद्वेदमधीत्य यथाविधानं गुरोः कर्मातिशेषेणाभिसमावृत्य (स्वे) कुटुम्बे शुचौ देशे स्वाऽध्यायमधीयान"–इति कर्मविधानाच्च।।

अस्यार्थः–श्रुति में ऐसी भी उक्ति दृष्ट होती है कि, "वेदाध्ययन को समाप्त कर, गुरु के आदिष्ट समस्त कर्मों को संपादित कर, आचार्य कुल से समावर्तन के पश्चात् (ब्रह्मचर्यव्रत का उद्यापन कर), स्वीय कुटुम्ब के मध्य पवित्र स्थान में, वास करते हुए वेदाध्ययन करना चाहिए" (छा० ८ अ०, १५ ख०)। इसके द्वारा श्रुति ने स्पष्ट ही कर्मवान् होकर वास करने का उपदेश किया है। अतएव विद्या कर्माङ्गभूत है, अर्थात् कर्म ही वेद का मुख्य प्रतिपाद्य है, और विद्या उसके अङ्गीभूत–मात्र है।

३ अ०, ४ पाद, ७ सूत्रः–**नियमाच्च।।**

भाष्यः–"कुर्वन्नेवेह कर्माणि जिजीविषेच्छतं समा"–इत्यादि नियमाच्च।।

अस्यार्थः–श्रुति ने और भी कहा है:–"विहित कर्मों को संपादित करने ही के अभिप्राय से शतवर्ष जीवित रहने की इच्छा करना" (ईशोपनिषद्)। ऐसे और भी श्रुतिवाक्य हैं। इनके द्वारा यह स्पष्ट ही प्रतीयमान होता है कि, मृत्युपर्यन्त कर्माचरण करने का श्रुति ने उपदेश किया है, और यह भी प्रतिपन्न होता है कि विद्या कर्म ही का अङ्गमात्र है।

अब इस पूर्व पक्ष का उत्तर क्रम से दिया जाता है:–

३ अ०, ४ पाद ८ सूत्रः–**अधिकोपदेशात्तु वादरायणस्यैवं तद्दर्शनात्।।**

भाष्यः–तत्रोच्यते, जीवात् कर्त्तुरधिकस्य सर्वेश्वरस्य सर्वनियन्तुर्वेद्यत्वेनोपदेशात् पुरुषार्थोऽतः इति भगवतो वादरायणस्य मतम्। "एष सर्वेश्वरः अन्तः प्रविष्टः शास्ता जनानां सर्वस्येशानः", "तं त्वौपनिषदं पुरुषं पृच्छामि" "सर्वे वेदा यत्पदमामनन्ती"–त्यादि तद्दर्शनात्।।

अस्यार्थः–इस पूर्वपक्ष के उत्तर में भगवान् सूत्रकार कहते हैं:– वेदान्तोपदिष्ट आत्मा सर्वेश्वर और सर्वनियन्ता है; वह कर्मकर्त्ता जीव से उत्कृष्ट है, वही वेद्यवस्तु कहकर वेदान्त में उपदिष्ट है, और विद्या द्वारा उसी की प्राप्ति होती है, जीव को देहातिरिक्त कहकर उपदिष्ट करना ही उपदेश का सार नहीं है; अतएव, भगवान् वादरायण सिद्ध करते हैं कि, विद्या से परमपुरुषार्थ मोक्षलाभ होता है। कारण, श्रुति ने स्पष्ट रूप से कहा है:–

"यह आत्मा सर्वेश्वर है, यही सर्वभूतों में अन्त:प्रविष्ट है, और सभी का नियन्ता

तथा शास्ता है; इसी उपनिषद्-प्रतिपाद्य पुरुष के विषय में मैं जिज्ञासा करता हूँ" (बृ० ३ अ०, १ ब्रा०), "वेदसमूह भी जिसकी महिमा का कीर्तन करते हैं" (कठः १ अ०, २ व०)। इसी भाँति बहुविध श्रुतियों ने उपदेश किया है कि, कर्म कर्त्ता जीवों से विद्या द्वारा वेद्य परमात्मा उत्कृष्ट है। अतएव, कर्म कर्त्ता के कर्माङ्गत्व के वर्णन द्वारा विद्या का कर्माङ्गत्व साधित नहीं होता है; पक्षान्तर में कर्मगम्य स्वर्गादि से उत्तम पुरुषार्थ जो मोक्ष है उसके विद्या द्वारा प्राप्य होने के कारण, विद्या कर्म से श्रेष्ठ है, ऐसा ही प्रतिपन्न होता है।

३ अ०, ४ पाद, ९ सूत्रः-**तुल्यं तु दर्शनम्।**

भाष्यः-विद्याया अकर्माङ्गत्वेऽपि "किमर्था वयमध्येष्यामहे किमर्था वयं यक्ष्यामहे" इत्यादि दर्शनं तुल्यम्।।

अस्यार्थः-जैसे श्रुति ने कर्मों के साथ विद्या की योजना को जनकादि स्थलों पर प्रदर्शित किया है, वैसे ही विद्यावान् पुरुषों के लिए कर्मों की अनावश्यकता को भी श्रुति ने प्रदर्शित किया है। यथा:-"किस कारण हम लोग अध्ययन करेंगे, किस कारण यज्ञ करेंगे" इत्यादि।

३ अ०, ४ पाद, १० सूत्रः-**असार्वत्रिकी।।**

भाष्यः-"यदेव विद्यये"-ति श्रुतिर्न सर्व(विद्या)-विषया।।

अस्यार्थः-"यदेव विद्ययश" (छ० १अ० १ख०) (जो विद्या द्वारा कृत होता है) इत्यादि पूर्व पक्षोल्लिखित श्रुतियाँ केवल उद्गीथ विद्या-प्रसङ्ग में उक्त हुई हैं,-ये श्रुतियाँ सर्वविध विद्याओं के सम्बन्ध में प्रयोज्य नहीं हैं।

३ अ०, ४ पाद, ११ सूत्रः-**विभागः शतवत्।।**

भाष्यः-"तं विद्याकर्मणी समन्वारभेते" इत्यत्र फलद्वयनिमित्तशत-विभागवद्विभागो ज्ञेयः।।

अस्यार्थः-"विद्या और कर्म मृत-पुरुषों के अनुगामी होते हैं" (बृ० ४ अ० ४र्थ ब्रा० २) इस श्रुतिवाक्य में विद्या और कर्म के एकत्र उक्त होने पर भी, इनके फल पृथक्-पृथक् हैं; जैसे "शत मुद्राओं को दो व्यक्तियों में विभक्त करो" कहने से यह आभासित होता है कि, उनमें से प्रत्येक को प्रथक् रूप से प्रदान करो। (अथवा, जैसे "दो कार्यों में शत मुद्राओं को खर्च करना", ऐसा कहने से प्रत्येक कार्य में पृथक् रूप से शत मुद्राओं को विभक्त कर खर्च करना प्रतिभात होता है, वैसे ही, इस स्थल पर,

विद्या और कर्म दोनों अनुगमन करते हैं, ऐसा कहने से, विद्या अपने असाधारण फल प्रदान करने के कारण और कर्म भी पृथक् रूप से स्वीय असाधारण फल प्रदान करने के कारण अनुगमन करते हैं, ऐसा समझना चाहिए।)

३य अ०, ४र्थ पाद, १२सूत्रः–**अध्ययनमात्रवतः।।**

भाष्यः–आचार्यकुलाद्वेदमधीत्ये"–त्यत्र त्वध्ययनमात्रवतः कर्म विधीयते।।

अस्यार्थः–"वेदाध्ययन के पश्चात् आचार्य कुल में समावर्तन कर" (छा० ८ अ०, १५ ख०) इत्यादि पूर्वपक्षोद्धृत श्रुतिवाक्यों में विद्यावान् पुरुषों के सम्बन्ध में कुछ भी उल्लिखित नहीं हुआ है, केवल अध्ययन पटु पुरुषों के पक्ष में कर्म–विधि उपदिष्ट हुई है।

३य अ०, ४र्थ पाद, १३ सूत्रः–**नाविशेषात्।।**

भाष्यः–नियमावाक्यस्यापि नियमेन विद्वद्विषयकत्वायोगात्।।

अस्यार्थः–"कुर्वन्नेवेह कर्माणि" इत्यादि पूर्वोद्धृत वाक्यों में विद्यावान् पुरुष का विशिष्ट रूप से उल्लेख नहीं है; यह दूसरे साधारण पुरुषों के पक्ष में उपदिष्ट हुआ है।

३ अ०, ४ पाद, १४ सूत्रः–**स्तुतयेऽनुमतिर्वा।।**

भाष्यः–विद्यास्तुतये विदुषः "कुर्वन्नेवेह कर्माणी" ति कर्मानुज्ञा क्रियते।।

अस्यार्थः–परन्तु "कुर्वन्नेवेह कर्माणि" इत्यादि ईशोपनिषदुक्त श्लोकों में जो कर्मों की विधि उपदिष्ट हुई है, वह विद्या ही की प्रशंसा के निमित्त है; अर्थात् यह प्रदर्शित करने के कारण कि, सर्वविध कर्म करने पर भी, विद्वान् व्यक्ति, उनमें लिप्त नहीं होते; श्रुति का अभिप्राय यह है कि, अपने लिए कर्म के प्रयोजनीय न होने पर भी, विद्वान् व्यक्ति लोगों के कल्याणार्थ कर्मसमूह संपादित किया करेंगे; कारण, इस वाक्य के पश्चात् ही श्रुति ने (उस श्लोक के अंतिम भाग में) कहा है:–"न कर्म लिप्यते नरे"।।

३ अ०, ४ पाद १५ सूत्रः–**कामकारेण चैके।।**

भाष्यः–किं प्रजया करिष्यामो येषां नोऽयमात्माऽयं लोक"–इत्येके विदुषां स्वेच्छया गार्हस्थ्यत्यागमत एवाभिधीयते।।

अस्यार्थः–"हम लोगों को पुत्रकलत्रादि से क्या प्रयोजन है? हम लोगों के सम्बन्ध में एक आत्मा ही एतत्समस्त है, आत्मा को प्राप्त करने से हम लोगों को समस्त ही लब्ध हुए हैं; सुतरां पुत्रादि को लेकर त्या करेंगे? (बृ० ४ अ० ४ ब्रा०)

इत्यादि वाक्यों से श्रुति ने ज्ञापित किया है, कि ब्रह्मचर्य के समाप्त होने पर ज्ञानी व्यक्ति इच्छानुसार गार्हस्थ्याश्रम को ग्रहण अथवा सम्यक् वर्जन भी कर सकते हैं। सुतरां यह प्रमाणित होता है कि, विद्यावान् व्यक्तियों के लिए गार्हस्थ्याश्रमविहित यागादि कर्म निष्प्रयोजन हैं। इच्छुक होने पर, विद्वान् व्यक्ति गार्हस्थ्याश्रम ग्रहण भी कर सकते हैं; और ग्रहण करने पर तद्विहित कर्माचरण कर्त्तव्य है; किन्तु वे उनमें किसी प्रकार से लिप्त नहीं होते हैं।

३ अ०, ४ पाद, १६ सूत्रः–**उपमर्द्दञ्च।।**

भाष्यः–अतएव विद्यया कर्म्मोपमर्दच्च, 'क्षीयन्ते चास्य कर्माणि तस्मिन् दृष्टे परावरे" इत्यादिना पठन्ति।।

अस्यार्थः–विद्या का कर्माङ्गीभूत होना तो दूर रहा, विद्या से कर्मों का विनाश होता है, ऐसा श्रुति ने स्पष्टाक्षरों में कहा है। यथाः–'क्षीयन्ते चास्य कर्माणि" इत्यादि (मुण्डक, द्वितीय, ख० २)

३ अ०, ४ पाद, १७ सूत्रः–**ऊद्ध्र्वरेतस्सु च शब्दे हि।।**

भाष्यः–ऊद्ध्र्वरेतस्सु आश्रमेषु विद्यादर्शनाच्च तस्याः स्वातन्त्र्यं निश्चीयते। ते तु 'त्रयो धर्मस्कन्धाः इत्यादिशब्दे दृश्यन्ते।।

अस्यार्थः–ऊद्ध्र्वरेता के आश्रम (संन्यास) में विद्या साधन ही का उपदेश उक्त है, कर्म का नहीं। इसके द्वारा विद्या का कर्म से स्वातन्त्र्य प्रमाणित होता है। कर्मत्यागरूप संन्यासाश्रम की विधि का भी श्रुति में उपदिष्ट होना दृष्ट होता है। यथाः–(छा० द्वितीय अ०, १३ख०) 'त्रयो धर्मस्कन्धाः", 'ये चेमेऽरण्ये श्रद्धां तप इत्युपासते" (धर्मस्कन्ध त्रिविध हैं,–यज्ञ, अध्ययन और दान। जो लोग वन में श्रद्धापूर्वक तप की उपासना करते हैं) इत्यादि। इस प्रकार की और भी अनेक श्रुतियाँ हैं:–'एतमेव प्रव्राजिनो लोकमिच्छन्तः प्रव्रजन्ति", 'ब्रह्मचर्य्यादेव प्रव्रजेत्" इत्यादि।

३ अ०, ४ पाद १८ सूत्रः–**परामर्श जैमिनिरचोदनाच्चापवदति हि।।**

(परामर्शः अनुवादः; अचोदनात्विधायक=शब्दाभावात्; अपवदति=निन्दति।)

भाष्यः–'त्रयो धर्मस्कन्धा" इत्यादौ तेषामाश्रमानामनुवादमात्रं विधायकशब्दाभावात्। 'वीरहा वा एष देवानां योऽग्निमुद्वासयते" इत्याश्रमान्तरा-पवादश्रवणाच्चश्रमान्तरमननुष्ठेयमिति जैमिनिः।

अस्यार्थः–पूर्वोक्त सिद्धान्त के सम्बन्ध में जैमिनिजी ऐसी आपत्ति करते हैं:–

'त्रयो धर्मस्कन्धाः" इत्यादि पूर्वोद्धृत श्रुतिवाक्यों में विधायक शब्द के अभाव के कारण तदुक्त संन्यासाश्रम-विषयक वाक्य अनुवाद (परामर्श) मात्र है (अर्थात् उक्त वाक्य में ऐसी विभक्ति नहीं है, जिसके द्वारा यह ज्ञात हो सके कि श्रुति ने संन्यासाश्रम को ग्रहण करने की व्यवस्था की है; ऐसी विधायक विभक्ति के न रहने से यह प्रतिभात होता है कि लोग जो कुछ कभी-कभी करते हैं, केवल उसी का श्रुति उल्लेख करती है, इस सम्बन्ध में कोई विधि उपदिष्ट नहीं हुई है। एवञ्च 'वीरहा वा एष देवानां योऽग्निमुद्वासयते" (जो अग्नि की परिचर्या करते हैं, वे देवताओं के शत्रुहन्ता हैं), नापुत्रस्य लोकोऽस्ति" (अपुत्रक व्यक्ति को स्वर्गादि ऊर्ध्वलोक-प्राप्ति नहीं होती है) इत्यादि श्रुति-वाक्यों से संन्यासाश्रम की निन्दा ही की गई है, ऐसा दृष्ट होता है।

३ अ०, ४ पाद १९ सूत्रः–**अनुष्ठेयं वादरायणः साम्यश्रुतेः।।**

भाष्यः–गार्हस्थ्येनाश्रमान्तरस्यानुवादवाक्ये तुल्यत्वश्रवणात्तदनुष्ठेयमिति भगवान् वादरायणो मन्यते।।

अस्यार्थः–इसके उत्तर में श्रीभगवान् वादरायणजी कहते हैं कि, 'यत्रो धर्मस्कन्धाः" इत्यादि वाक्यों में संन्यासाश्रम की भाँति गार्हस्थ्याश्रम के सम्बन्ध में भी अनुवाद-वाक्य ही का उल्लेख है, विधायक वाक्य नहीं है; इस सम्बन्ध में दोनों ही तुल्य हैं; अतएव गार्हस्थ्याश्रम की विधि जिस भाँति अनुवाद वाक्य द्वारा ही प्रतिभात होती है, उसी भाँति संन्यासाश्रम भी इस अनुवाद वाक्य-द्वारा ही विधिबद्ध हुआ है, ऐसा प्रतिपन्न होता है। अतएव, संन्यासाश्रम भी अनुष्ठेय है।

३य अ०, ४र्थ पाद, २० सूत्रः–**विधिर्वा धारणवत्।।**

भाष्यः–विधिरेवास्ति यथादिष्टाग्निहोत्रे श्रूयते, 'अधस्तात् समिधं धारयन्ननुद्रवेदुपरि देवेभ्यो धारयती" -ति वाक्यं भित्त्वोपरिधारणमपूर्वत्वाद्विधीयते, तद्वत्।।

अस्यार्थः–परन्तु वास्तव में उक्त आश्रमत्रय-विषयक वाक्य अनुवाद नहीं है, वह विधिवाक्य है; जैसे "अधस्तात् समिधं धारयन्ननुद्रवेदुपरि देवेभ्यो धारयति" (पित्र्यहोम करते समय होम के घृतादि के नीचे समिध् को स्थापित करना, और देवताओं के उद्देश्य में समिध् को उपरिभाग पर धारण करना) इत्यादि वाक्यों में 'धारयति" पद में विधिसूचक विभक्ति के न रहने पर भी, उपरि-धारण विषयक उपदेश के किसी स्थल पर पूर्व में उक्त न रहने के कारण, जैमिनिजी ने स्वयं ही जिस भाँति पूर्व मीमांसा में सिद्ध किया है कि यह विधिवाक्य है ('विधिस्तु धारणेऽपूर्वत्वात्"

इत्यादि जैमिनिसूत्र द्रष्टव्य); इस स्थल पर भी वैसे ही संन्यासाश्रम की अपूर्वता के कारण, विधिबोधक विभक्ति के अभाव पर भी, इसको विधिबोधक वाक्य कह कर सिद्ध करना पड़ेगा। (वास्तव में साक्षात्सम्बन्ध में प्रव्रज्याश्रम के विधिवाक्य भी श्रुति में वर्णित हैं; यथा:-'ब्रह्मचर्यादेव प्रव्रजेत्"; एवञ्च जाबालश्रुति ने स्पष्ट ही कहा है:-'ब्रह्मचर्यं समाप्य गृही भवेद्गृही भूत्वा वनी भवेद्वनी भूत्वा प्रव्रजेद् यदि वेतरथा ब्रह्मयचर्यादेव प्रव्रजेद् गृहाद्वा वनाद्वा यदहरेव विरजेत्तदहरेव प्रव्रजेदि" -ति।

इति विद्यायाः क्रत्वङ्गमात्रत्ववादखण्डनाधिकरणम्।

—•—

३ अ०, ४ पाद, २१ सूत्रः-**स्तुतिमात्रमुपादानादिति चेन्नापूर्वत्वात्**।।

भाष्यः-'स एष रसानां रसतमः परमः पराद्ध्यौष्टमो य उद्गीथः इयमेवर्गाग्निः साम अयं वाव लोकः एषोऽग्निश्चितः तदिदमेवोकथमि"-त्यादिकर्माङ्गोद्गीथादिस्तुतिमात्रं तत्सम्बन्धितया रसतमत्वादिरुपादानादिति चेन्न, अप्राप्तत्वादुद्गीथादिषु रसतमत्वादिदृष्टिविधानम्।

अस्यार्थः-('इन सब भूतों का रस सार) पृथिवी है, पृथिवी का रस जल, जल का रस ओषधि, ओषधि का रस मनुष्य, मनुष्य का रस वाक्य, वाक्य का रस ऋक्, ऋक् का रस साम, साम का रस उद्गीथ है, यही उद्गीथ प्रणव है" इत्यादि वाक्यों के कथन के पश्चात्, छान्दोग्य श्रुति ने कहा है) 'यह अष्टम रस (पृथिवी से गणना कर अष्टम)-उद्गीथ-पूर्व पूर्वोक्त रसों में श्रेष्ठ है, और परमात्मस्वरूप में उपास्य है; यही ऋक्, अग्नि साम तथा एतत्समस्त लोक है, यही चित अग्नि तथा उक्थ है" (छा० १अ०, १ खं०); ये सब वाक्य यज्ञकर्माङ्गीभूत उद्गीथ के स्तुतिमात्र हैं; कारण, उद्गीथ यज्ञकर्म सम्बन्धीय अङ्गविशेष है; है, अपरापर अङ्गों के साथ सम्बन्धविशिष्ट रूप से उद्गीथ को भी ग्रहण कर, उनकी तुलना में यह रसतम कहा गया है। जैसे 'इयमेव जुहूरादित्यः कूर्मः स्वर्गलोकः आहवनीयः" (यह जुहू- आहुतिपात्र-आदित्य, कूर्म, स्वर्गलोक है) इत्यादि कर्मकाण्डोक्त वाक्य जुहू के स्तुतिवाचक-मात्र हैं, वैसे ही पूर्वोक्त रसतमत्वादि भी उद्गीथ के स्तावक वाक्य हैं। ऐसा सिद्धान्त सत्सिद्धान्त नहीं है; कारण, उस उद्गीथोपासना की विधि पहले नहीं उपदिष्ट हुई है, विधि के वर्तमान रहने पर ही पश्चात्-स्थित वाक्यों को स्तावक कह कर मान सकते हैं। अतएव उद्गीथ सम्बन्धीय वाक्यों के पहले अनुपदिष्ट रहने से यह प्रतिभात होता है कि इसका रसतमत्वादि रूप से वर्णन स्तावक नहीं है, किन्तु यथार्थ है।

३ अ० ४ पाद, २२ सूत्रः-**भावशब्दाच्च**।।

भाष्यः–'उद्गीथमुपासीते"-त्यादिविधिशब्दाच्च।।

अस्यार्थः–'उद्गीथ की उपासना करना" (छा० १ अ० १ ख०) इत्यादि श्रुतिवाक्यों में उद्गीथोपासना की स्पष्ट विधि की गई है। इसके द्वारा यह प्रमाणित होता है कि, रसतमत्वादिगुणविशिष्ट रूप ही से श्रुति ने उद्गीथोपासना का विधान किया है, ये सब स्तावक वाक्य नहीं हैं।

इति रसतमत्वादीनां स्तुतिमात्रत्ववादखण्डनाधिकरणम्।

—•—

३ अ०, ४ पाद, २३ सूत्रः–**पारिप्लवार्था इति चेन्न विशेषितत्वात्।।**

भाष्यः–वेदान्तेष्वाख्यानश्रुतयः पारिप्लवार्था इति न मन्तव्यम्। "पारिप्लव-माचक्षीते"-त्युक्त्वा "मनुर्वैवस्वतो राजे"-त्यादिना कासाञ्चिद्विशेषितत्वात्।

अस्यार्थः–उपनिषद् के अधिकांश स्थलों पर आख्यायिकायें दृष्ट होती हैं; यथा:–जनक राजा ने यज्ञ किया था, याज्ञवल्क्य के स्त्रियाँ थीं, जनश्रुत का पौत्रायन श्रद्धापूर्वक दान करता था, इत्यादि। ये सब आख्यायिकायें पारिप्लव के निमित्त उक्त नहीं हुई हैं। (कई दिनों तक स्तुति, गान, और आख्यायिकाओं का कीर्तन करना अश्वमेध यज्ञ का एक अङ्ग है, इसमें वैवस्वत मनु, वैवस्वत यम, इत्यादि के उपाख्यानों का पाठ पुरोहित विधिपूर्वक क्रम से करते हैं, और यज्ञदीक्षित राजा कुटुम्बवर्ग-सहित श्रवण करते हैं, इसको पारिप्लव कहते हैं। उपनिषदुक्त आख्यायिकायें ऐसे पारिप्लव नहीं हैं।) कारण, 'पारिप्लव का आख्यान करना" ऐसी उक्ति करने के पश्चात्, पारिप्लव में किस-किस आख्यान का पाठ करना होगा, इसका श्रुति ने 'मनुर्वैवस्वतो" इत्यादि वाक्यों से स्पष्ट रूप से वर्णन किया है; इनमें उपनिषदुक्त आख्यायिकायें सन्निविष्ट नहीं हैं।

३ अ०, ४ पाद, २४ सूत्रः–**तथा चैकवाक्यतोपबन्धात्।।**

भाष्यः–एवं सति 'अन्यासां द्रष्टव्यः" इत्यादि विध्येकवाक्यतयोपबन्धात् सम्बन्धात् ता विद्यार्थाः।

अस्यार्थः–मनुप्रभृति की आख्यायिकाओं के पारिप्ल्व में विशिष्ट रूप से निर्दिष्ट होने के कारण, 'आत्मा वा अरे द्रष्टव्यः" इत्यादि वाक्य सम्बन्धीय उपनिषदुक्त आख्यायिकाओं का विद्याविधि के साथ एकवाक्यता में एकत्र संयोजित होना सिद्ध होता है। अतएव ये सब उपाख्यान विद्या में रुचि उत्पादित करने में और सुगमता से समझने में प्रयोजन साधक हैं, ये पारिप्लवाङ्ग नहीं हैं।

इति पारिप्लवाधिकरणम्।

—•—

३ अ०, ४ पाद, २५ सूत्रः-**अतएव चाग्नीन्धनाद्यनपेक्षा।।**

भाष्यः-'ब्रह्मनिष्ठोऽमृतत्वमेति" इत्यादिश्रुतेरूद्ध्र्वरेतःसु अग्नीन्धनाधनपेक्षा विद्याऽस्ति।।

अस्यार्थः-'ब्रह्मनिष्ठ पुरुष अमृतत्व प्राप्त होता है" इत्यादि श्रुतिवाक्यों से यह प्रतिपन्न होता है कि, ऊर्ध्वरेता संन्यासियों को, मोक्ष लाभ के निमित्त, अग्नि, इन्धन (अर्थात् यज्ञ, होम) इत्यादि का प्रयोजन नहीं होता है, केवल विद्या ही उनके लिए प्रयोजनीय हैं, ज्ञानी पुरुष विद्या ही के प्रभाव से मोक्ष प्राप्त होते हैं।

३ अ०, ४ पाद, २६ सूत्रः-**सर्वापेक्षा च यज्ञादिश्रुतेरश्ववत्।।**

भाष्यः-'तमेतं वेदानुवचनेन ब्राह्मणा विविदिषन्ति यज्ञेन दानेन तपसाऽनाशकेन" इत्यादिश्रुतेर्गमनेऽश्ववद्विद्या स्वोत्पत्तौ साधनभूतानि सर्वाणि कर्माण्यपेक्षते।।

अस्यार्थः-परन्तु 'ब्राह्मण लोग उस परमात्मा को यज्ञ, दान, तपस्या और संन्यास के द्वारा जानने की इच्छा करते हैं" (बृ० ४ अ०, ४ ब्रा०) इत्यादि श्रुति वाक्यों से यह विदित होता है कि विद्योत्पत्ति के लिए यज्ञ, दान प्रभृति समस्त विहित कार्यों का प्रयोजन है; किन्तु जैसे गमनकार्य के निमित्त अश्व प्रयोजनीय है, गमन कार्य के सम्पादित होने पर, देशप्राप्ति से जो फल मिलता है उसकी साक्षात् सम्बन्ध में कारणता अश्व में नहीं है, वैसे ही यागादि कर्म विद्या के साधन हैं, इनके द्वारा विद्यालाभ होता है; किन्तु विद्यालाभ से जो मोक्षफल प्राप्त होता है, उसके सम्बन्ध में कर्म की कोई साक्षात् कारणता नहीं है।

३ अ०, ४ पाद, २७सूत्रः-**शमदमाद्युपेतः स्यात्तथाऽपि तु तद्विधेस्तदङ्गतया तेषामवश्यानुष्ठेयत्वात्।।**

भाष्यः-ब्रह्मजिज्ञासुर्विद्याङ्गभूतस्वाश्रमकर्मणा विद्यानिष्पत्तिसम्भवेऽपि शमदमाद्युपेतः स्यात्। 'तस्मादेवंविच्छान्तोदान्त उपरतस्तितिक्षुः समाहितो भूत्वाऽत्मन्येवाऽत्मानं पश्येदि"-ति विद्याङ्गतया शमादिविधेस्तेषामवश्यानुष्ठेयत्वात्।।

अस्यार्थः-यद्यपि ब्रह्मजिज्ञासु पुरुष स्वीय आश्रमविहित विद्या के अङ्गीभूत यज्ञादि कर्माचरण के द्वारा विद्यासम्पन्न हो सकते हैं, तथापि उनके लिए शम दमादि (शम, दम, तितिक्षा, उपरति) साधानाभ्यास आवश्यकीय है। कारण, श्रुति ने कहा है:-'अतएव विद्यार्थी पुरुष शान्त, दान्त, उपरत, तितिक्षु तथा समाहित होकर आत्मा

में आत्मा का दर्शन करेंगे" (बृ० ४ अ०, ४ब्रा०); इस श्रुतिवाक्य में शमदमादि साधनों की विधि के विद्या के अङ्गीभूत रूप से उपदिष्ट रहने के कारण, वे अवश्यमेव अनुष्ठेय हैं।

इति विद्याया यज्ञादेरणपेक्षत्वशमदमादेरावश्यकत्व-निरूपणाधिकरणम्।

—•—

३ अ०, ४ पाद, २८ सूत्रः–**सर्वान्नानुमतिश्च प्राणात्यये तद्दर्शनात्।।**

भाष्यः–न ह वा एवं विदि किञ्चनानन्नं भवती"–ति सर्वान्नासानं प्राणात्ययापत्तावेव, प्राणात्यये चाक्रायणो हीभ्योच्छिष्टं भक्षणं कृतवान्। तस्य श्रुतौ दर्शनात्।।

अस्यार्थः–छान्दोग्य (५ अ०, २ ख०) में जो 'प्राणोपासकों के लिए कुछ भी अनन्न अर्थात् अभक्ष्य नहीं है"–सर्वविधि अन्न प्राणोपासक ग्रहण कर सकते हैं ऐसी उक्ति है, वह सर्वकालीन व्यवस्था नहीं है, केवल प्राण संशयस्थल की व्यवस्था है। श्रुति ने इसको छान्दोग्य (१ अ० १०ख०) में चाक्रायणोपाख्यान में प्रदर्शित किया है, यथा–कुरुदेश में शस्यसम्पत्ति के विनष्ट होने के पश्चात् दुर्भिक्ष के उपस्थित होने पर, चाक्रायण से ऋषि स्वपत्नी के साथ मिथिला देश को गये थे: वहाँ उन्होंने अन्नभाव से क्षुधातुर हो हस्तिपोच्छिष्ट भक्षण कर दो दिन प्राणधारण किया था, इसके पश्चात् मिथिलाराज जनक की सभा में जाकर यथायोग्य आहार प्राप्त किया था। इससे यह प्रतिभात होता है कि ऐसे दृष्टान्तों को प्रदर्शित कर, श्रुति ने प्राणसङ्कट काल ही में आहार्य-नियम के व्यतिक्रम की अनुमति दी है।

३ अ० ४ पाद, २९ सूतः–**अबाधाच्च।।**

भाष्यः–'आहारशुद्धौ सत्त्वशुद्धिरि"–त्यस्याबाधाच्च।।

अस्यार्थः–'आहारशुद्धि-द्वारा चित्त निर्मल होता है" (छा० ७ अ०, २६ख०), यह जो श्रुति है, उसकी बाधक-श्रुति कहीं भी नहीं है।

३ अ०, ४ पाद, ३० सूत्रः–**अपि च स्मर्यते।।**

भाष्यः–'जीवितात्ययमापन्नो योऽन्नमत्ति यतस्ततः। लिप्यते न स पापेन पद्मपत्रमिवाम्भसे"–ति स्मर्यते च।।

अस्यार्थः–स्मृति ने भी इस सम्बन्ध में ऐसी ही व्यवस्था की है; यथाः–'जीवन सङ्कट के उपस्थित होने पर, जो व्यक्ति भक्ष्याभक्ष्य-विचारहीन होकर अन्न-ग्रहण

करता है, वह इससे पाप-लिप्त नहीं होता है, जैसे जल-संयोग से भी पद्मपत्र उससे लिप्त होता है।

३ अ०, ४ पाद ३१ सूत्रः-**शब्दाश्चातोऽकामकारे**।।

भाष्यः-अतएव 'तस्माद्ब्राह्मणः सुरां न पिबोदि"-ति शब्दो यथेष्टाचारो निवृत्तौ वर्त्तते।।

अस्यार्थः-अतएव, अन्य समय पर इच्छानुसार अभक्ष्यादिभक्षणनिषेधक श्रुति भी है, यथाः-'अतएव ब्राह्मण सुरापान नहीं करेंगे" इत्यादि। अतएव 'प्राणोपासकों के अभक्ष्य कुछ नहीं हैं" इत्यादि श्रुति वाक्यों को प्राणोपासना का प्रशंसा-मात्र कह कर समझना होगा। शमदमादि भाँति सर्वान्नभक्षण को प्राणविद्या के अङ्गीभूत नहीं समझना चाहिए।

इति प्राणोपासकस्यापि भक्ष्याभक्ष्यनियमाधीनता-निरूपणाधिकरणम्।।

—•—

३ अ०, ४ पाद ३२ सूत्रः-**विहितत्वाच्चाश्रमकर्मापि**।।

भाष्यः-यद्विद्याङ्गं यज्ञादि तद्वदमुमुक्षुणा चाश्रमकर्मत्वेनाप्यनुष्ठेयं 'यावज्जोवमग्निहोत्रं जुहोती"-ति विहितत्वात्।।

अस्यार्थः-आश्रमविहित यज्ञादि कर्मों को विद्या के अङ्ग कह कर उपदिष्ट किया है, परन्तु जो मुमुक्षु नहीं है उसके लिए भी स्वीय आश्रमविहित कर्मानुष्ठान अवश्य कर्तव्य है; कारण, 'यावज्जीवन अग्निहोत्र करना", इस स्पष्ट विधिवाक्य में भी श्रुति ने ऐसा ही उपदेश किया है।

३ अ०, ४ पाद, ३३ सूत्रः-**सहकारित्वेन च**।।

भाष्यः-विद्यासहकारित्वेनापि 'विविदिषन्ति यज्ञेने"-त्यादिना याज्ञा-देर्विहितत्वान्मुमुक्षूणामप्यनुष्ठेयं संयोगपृथक्त्वेनोभयार्थत्वसम्भवात्।।

अस्यार्थः-'यज्ञ-द्वारा ब्राह्मणगण उसी आत्मा को जानने की इच्छा करेंगे इत्यादि" पूर्वोक्त (बृ० ४ अ० ब्रा०) श्रुति में यज्ञ की विधि के उपदिष्ट रहने से, मुमुक्षु पुरुषों के सम्बन्ध में भी विद्या के सहकारि रूप से यज्ञादि कर्मों का अनुष्ठान करना कर्त्तव्य है; करण, जैसे कर्म विद्याविहीन व्यक्तियों को उनके ईप्सित फल देता है, वैसे ही मुमुक्षुव्यक्तियों के सम्बन्ध में, कर्म, विद्या के सहकारि रूप से, चित्तशुद्धि के द्वारा, विद्या को दृढ़ीभूत करता है।

३ अ० ४ पाद, ३४ सूत्रः–**सर्वथापि त एवोभयलिङ्गात्।।**

भाष्यः–उभयार्थतया ते एव यज्ञादयो बोध्याः। उभयत्रैकरूप-कर्मप्रत्यभिज्ञानात्।।

अस्यार्थः–आश्रमविहित धर्म होने के कारण, और विद्या के भी सहकारी होने के कारण अग्निहोत्रयागादि कर्म अनुष्ठेय हैं, ऐसी जो उक्ति है, वह विद्वान् और आश्रमियों के सम्बन्ध में विभिन्न नहीं है, समान है। कारण दोनों स्थलों पर श्रुति में एक ही कर्म का उपदेश होना प्रतीत होता है।

३ अ० ४ पाद, ३५ सूत्रः–**अनभिभवं च दर्शयति।।**

भाष्यः–'धर्मेण पापमपनुदती"–ति श्रुतिप्रसिद्धैर्यज्ञादिभिरेव विद्याभिभवहेतुभूतपापापनयनेन विद्यायाः अनभिभवं दर्शयति।।

अस्यार्थ–"धर्माचरण के द्वारा पापसमूह को क्षीण करना" इत्यादि वाक्यों से श्रुति-प्रसिद्ध यज्ञादि के द्वारा ही विद्या के अभिभवकारी पापसमूह के अपनयन का और विद्या की अनभिभवता (प्रतिष्ठा) का सम्पादन होना प्रदर्शित हुआ है। अतएव यह प्रमाणित होता है कि, विद्यावत् गृहस्थ व्यक्तियों के लिए भी विहितकर्म अनुष्ठेय हैं। संन्यासाश्रमी ऊद्ध्र्वरेतागण के लिए यागादि कर्म अनावश्यक हैं।

इति यज्ञादीनां कर्त्तव्यता-निरूपणाधिकरणम्।।

—•—

३ य०, ४ पाद, ३६ सूत्रः–**अन्तरा चापि तु तद्दृष्टेः।।**

भाष्यः–आश्रममन्तरा वर्त्तमानानामपि विद्याधिकारोऽस्ति। रैक्वादेर्विद्यानिष्ठत्वस्य दर्शनात्।।

अस्यार्थः–आश्रमवर्हिभूत (अनाश्रमि) रूप से अन्तरालय में अवस्थानकारी विधुरादि (जिन्होंने समावर्तन के पश्चात् विवाह नहीं किया, और संन्यास ग्रहण भी नहीं किया, और जिनका, पत्नीवियोग के पश्चात्, संन्यास-ग्रहण नहीं हुआ है और पुनः विवाह भी नहीं हुआ है; एवञ्च अत्यन्त दरिद्र प्रभृति) व्यक्तियों का विद्या में अधिकार है; इसका प्रमाण शास्त्र में दृष्ट होता है; यथा, रैक्व, वाचक्लवी, इत्यादि के विधुर तथा दरिद्र होने पर भी, उनको ब्रह्मज्ञ कहकर शास्त्रों में उल्लिखित किया है।

३ अ०, ४ पाद, ३७ सूत्रः–**अपि च स्मर्यते।।**

भाष्यः–"जप्येनैव तु संसिध्येद्ब्राह्मणो नात्र संशयः। कुर्यादन्यन्न वा कुर्यान्मैत्रो ब्राह्मण उच्यते" इति तेषामपि जपादीनां विद्यानुग्रहः स्मर्यते।।

अस्यार्थ–स्मृति ने भी कहा है, "जप के द्वारा ही ब्राह्मण लोग सम्यक् सिद्धि-प्राप्त होंगे, अन्य कुछ कर्म वे करें अथवा न करें, ब्राह्मण सूर्यसदृश हैं"। इसके द्वारा स्मृति ने भी उपदेश किया है कि अनाश्रमी पुरुष भी जपादि-साधन द्वारा सिद्धि-लाभ करते हैं। जपादि द्वारा उनके अन्तःकरण के शुद्ध होने पर, उनकी विद्या का उदय होता है, और विद्याफल (मोक्ष) भी वे प्राप्त कर सकते हैं। महाभारतादि में उल्लिखित है कि, अनाश्रमी होते हुए भी, संवर्त्त प्रभृति ऋषि ज्ञानी हुए थे।

३ अ०, ४ पाद, ३८ सूत्रः–**विशेषानुग्रहश्च।।**

भाष्यः–जन्मान्तरीयेणापि साधनविशेषेण विद्यानुग्रहः स्मर्यते च "अनेकजन्मसंसिद्धस्ततो याति परां गतिमि" ति।

अस्यार्थः–जन्मान्तर में कृत विशेष साधना के फल से किसी-किसी को इस जन्म में विद्या-लाभ होता है; यथा, स्मृति (भगवद्गीता) ने कहा हैः–'बहुजन्म के साधन द्वारा सिद्धि-प्राप्त हो पश्चात् इस जन्म में परागति प्राप्त करते हैं" इत्यादि।

३ अ०, ४ पाद, ३९ सूत्रः–**अतस्त्वितरज्ज्यायो लिङ्गात्।।**

भाष्यः–अन्तरालवर्त्तित्वादाश्रमवर्त्तित्वं ज्यायः: "अनाश्रमी न तिष्ठेते" तिलिङ्गाच्च।।

अस्यार्थः–परन्तु उक्त प्रकार से अन्तरालयवर्त्ती (किसी आश्रम को अवलम्बन न कर) रहने से विहित आश्रम का ग्रहण करना श्रेयस्कर है। "अनाश्रमी न तिष्ठेत दिनमेकमपि द्विजः", संवत्सरमनाश्रमी स्थित्वा कृच्छ्ं समाचरेत्" इत्यादि स्मृतिप्रमाण-द्वारा भी यह सिद्ध होता है।

इति अनाश्रमिणामपि ब्रह्मविद्याधिकारनिरूपणाधिकरणम्।।

—•—

३ अ०, ४ पाद, ४० सूत्रः–**तद्भूतस्य तु नातद्भावो जैमिनेरपि नियमात्तद्रूपाभावेभ्यः।।**

(तद्भूतस्य=संन्यासाश्रमप्राप्तस्य; अतद्भावः=संन्यासाश्रमत्यागः, पुनर्गार्हस्थ्याश्रमप्राप्तिः; नियमात्=आश्रमप्रच्युत्यभाव-विधानात्; तद्रूपाभावेभ्यः=तस्य

(अतद्भावस्य आश्रमप्रच्युतेः) रूपाणि (शब्दरूपाणि) तद्रूपाणि आश्रमप्रच्युतिबोधकानि वाक्यानि इत्यर्थः, तेषाम् अभावः तद्रूपाभावः, तस्मात् अनाश्रमनिष्ठोत्पादकानि वाक्यानि न सन्ति इत्यर्थः, बहुवचनेन अन्येऽभावाः गृह्यन्ते, संन्यासारोहणबोधकवाक्यवत् अवरोहणवाक्याभावात्, प्रच्युतिनिमित्ताभावाच्च, शिष्टाचाराभावाच्च।)

भाष्यः–प्राप्तो ऊर्ध्वरेतोभावस्याभावस्तु नोपपद्यते, इति जैमिनेरपि सम्मतं वचनाभावान्निमित्ताभावाच्छिष्टाचाराभावाच्च।।

अस्यार्थः–एक बार संन्यासाश्रम ग्रहण करने के पश्चात् उसको परित्याग करना संगत नहीं है। जैमिनिजी ने भी ऐसा ही सिद्ध किया है; शास्त्र में भी यही नियमित किया गया है; यथाः–"अरण्यमीयान्न ततः पुनरेयात्", संन्यास्याग्निं न पुनरावर्त्तयेत्" इत्यादि। पुनः गार्हस्थ्यावलम्बन के सम्बन्ध में कोई शास्त्रप्रमाण भी नहीं है, और संन्यासश्रमप्रच्युति के पक्ष में कोई निमित्त भी नहीं है, (विषयों के प्रति सम्यक् वीतराग होने पर ही संन्यासाश्रम-ग्रहण की व्यवस्था है, नहीं तो नहीं; अतएव, वीतरागी संन्यासी के लिए पुनः विषय-ग्रहण का कोई भी निमित्त नहीं हो सकता है,) यह शिष्टाचार के भी विरुद्ध है।

३ अ०, ४ पाद, ४१ सूत्रः–**न चाधिकारिकमपि पतनानुमानात्तदयोगात्।।**

भाष्यः–अधिकारलक्षणे निर्णीतं प्रायश्चित्तं नैष्ठिकस्य न सम्भवति, तस्य तदयोगात्। 'आरूढो नैष्ठिकं धर्मं यस्तु प्रच्यवते द्विजः। प्रायश्चित्तं न पश्यामि येन शुध्येत् स आत्महे"-ति स्मृतेः।।

अस्यार्थः–पूर्वमीमांसादर्शनान्तर्गत अधिकारलक्षण में (षष्ठाध्याय में) ब्रह्मचर्यव्रतभङ्ग के निमित्त जो नैर्ऋतयागरूप प्रायश्चित्त का उल्लेख है, वह नैष्ठिक ब्रह्मचारी के स्मबन्ध की व्यवस्था नहीं है (वह उपकुर्वाण ब्रह्मचारी के सम्बन्ध में है; कारण यह है कि उस प्रायश्चित्त में अग्निचयन और स्त्रीग्रहण आवश्यक है, यह नैष्ठिक ब्रह्मचारी के सम्बन्ध में सम्भव नहीं है, स्त्रीग्रहण करने मात्र से ही उसका नैष्ठिकत्व विनष्ट होता है। अतएव, ब्रह्मचर्य के सकृत् भङ्ग होने पर नैष्ठिक ब्रह्मचारी पतित होते हैं। स्मृति ने भी कहा है:–'नैष्ठिक-ब्रह्मचर्य धर्म में आरोहित हो जो व्यक्ति उससे च्युत होता है, उस आत्मघाती पातकी पुरुष के पुनः शुद्धि-लाभ करने का कोई भी प्रायश्चित्त दृष्ट नहीं होता है।"

३ अ०, ४ पाद, ४२ सूत्रः–**उपपूर्वमपि त्वेके भावमशनवत्तदुक्तम्।।**

भाष्यः–एक तु नैष्ठिकस्य ब्रह्मचर्यच्यवनमुपपातकमतस्तत्र प्रायश्चित्तं मन्यते।

उपर्वाणवत्तस्य ब्रह्मचारित्वाविशेषात् मध्वशनादिवत्तदुक्तम् 'उत्तररेषाम-विरोधी"-ति।।

अस्यार्थः:-कोई कोई कहते हैं कि, नैष्ठिक ब्रह्मचारी के व्रतभङ्ग होने पर उसमें उपपूर्व अर्थात् उपपातक उपजात होता है: अतएव, प्रायश्चित्त के द्वारा वह दोष क्षालित हो सकता है। उपकुर्वाण और नैष्ठिक के ब्रह्मचर्य विषय में भेद के न रहने के कारण, जैसे मद्य, मांस, प्रभृति भक्षणजनित पाप उपपातक रूप से गण्य हैं और प्रायश्चित्त द्वारा क्षालित होते हैं, वैसे ही ब्रह्मर्यव्रतभङ्गजनित पातक भी प्रायश्चित्त द्वारा क्षालित होते हैं। जैमिनिमीमांसा में "उत्तरेषां तदविरोधी" सूत्र में यह मत प्रकाशित है।

३ अ०, ४ पाद, ४३ सूत्रः-**बहिस्तूभयथापि स्मृतेराचाराच्च**।।

भाष्यः-नैष्ठिकादीनां स्वाश्रमप्रच्युतेर्महापातकत्वमुपपातकत्वं वाऽस्तूभयथापि ते ब्रह्मविद्याधिकाराद्बहिर्भूताः "प्रायश्चित्तं न पश्यामि येन शुध्येत् स आत्महे"-ति स्मृतेः, शिष्टाचाराच्च।।

अस्यार्थः-परन्तु नैष्ठिक ब्रह्मचारी प्रभृति के आश्रमप्रच्युतिकारकपातक महापातक हों अथवा उपपातक हों, वे ब्रह्मविद्याधिकार से च्युत होते हैं कारण, स्मृति ने कहा है, "वह आत्मघाती पुरुष किसी प्रकार के प्रायश्चित्त द्वारा शुद्धि-लाभ नहीं कर सकता है, एवं शिष्टाचार भी ऐसा ही है।"

इति नैष्ठिकस्य ब्रह्मचर्यपरित्यागे ब्रह्मविद्याधिकाराद्बहिर्भूतत्वावधारणाधिकरणम्।

—•—

३ अ० ४ पाद, ४४ सूत्रः-**स्वामिनःफलश्रुतेरित्यात्रेयः**।।

भाष्यः-कर्माङ्गाश्रितमुपासनं यजमानकर्त्तृकमित्यात्रेयः। 'यदेव विद्यये'-ति फलश्रुतेः।।

अस्यार्थ-आत्रेय मुनि कहते हैं कि, यजमान ही को कर्माङ्गाश्रित उपासना करनी चाहिए; कारण, श्रुति ने कहा है:-'जो यज्ञ श्रद्धा, विद्या और उपनिषद् के साथ किया जाता है, वह अधिकतर फलप्रद होता है" (छ० १ अ०, १ख०); इस फलश्रुति के द्वारा यह प्रतिभात होता है कि यजमान ही को कर्माङ्गाश्रित उपासना करनी चाहिए।।

३ अ०, ४ पाद, ४५ सूत्रः-**आर्त्विज्यमित्यौडुलोमिस्तस्मै हि परिक्रीयते**।।

भाष्यः-कर्माङ्गाश्रितमुपासनमृत्वि (ज)क्-कर्त्तृकं त (स्य)स्मै कर्मणे क्रीतत्वात् फलस्य यजमानाश्रयम्।।

अस्यार्थः–आचार्य औडुलोमि कहते हैं कि, कर्माश्रित विद्योपासना ऋत्विक् के द्वारा ही कर्त्तव्य है, कारण, अङ्गों के साथ क्रतुकर्मों को सम्पादित करने के निमित्त, ऋत्विक् यजमानकर्त्तृक दक्षिणादि दानों के द्वारा क्रीत है। अतएव, ऋत्विक् कृत उपासना के द्वारा यजमान को फल प्राप्त होता है।

३ अ० ४ पाद, ४५ (क) सूत्रः–**श्रुतेश्च**।।

(यह सूत्र श्रीमच्छंकराचार्य-द्वारा धृत हुआ है। निम्बार्काचार्य अथवा रामानुजस्वामी के द्वारा धृत नहीं हुआ है। सूत्रार्थ यह हैः–श्रुतिप्रमाण द्वारा भी ऐसा ही ज्ञात होता है। श्रुति, यथाः–'यां वै काञ्चनयज्ञऋत्विज आशिषमाशासत इति यजमानयैव तामाशासत" (ऋत्विक्गण यज्ञ में जो प्रार्थनायें करते हैं, वे सभी यजमान के निमित्त हैं), इत्यादि।

इति यजमानस्य ऋत्विक्कर्मफलप्राप्तिनिरूपणाधिकरणम्।।

—•—

३य अ०, ४र्थ पाद, ४६ सूत्रः–**सहकार्यन्तरविधिः, पक्षेण तृतीयं तद्वतो, विध्यादिवत्।।**

(बृहदाररायके कहोलप्रश्ने (३ अ०, ५ ब्रा०) श्रूयते 'तस्माद्ब्रह्मणः पाण्डित्यं निर्विद्य बाल्येन तिष्ठासेत् बाल्यं पाण्डित्यञ्च निर्विद्याथ मुनिरमौनं मौनञ्च निर्विद्याथ ब्राह्मण" इति। तत्र संशयः। किमिह बाल्यपाण्डित्यवत् मौनमपि विधीयते? आहोस्विदनुद्यत ? इत्यत्रोच्यते–तद्वतो विद्यावतः तृतीयं बाल्यपाण्डित्ययोरपेक्षया तृतीयं साधनं मौनं मननशीलत्वं विधीयते। एतदेवाह–सहकार्यन्तरविधिः। ब्रह्मसाक्षात्कारे साध्ये पाण्डित्यबाल्ययोरपेक्षया सहकार्यन्तरं मौनं तस्य विधिरेव मुनिरिति। विध्यादिवत्, विधीयते उपकारितयेति विधः, यज्ञदानादिरूपः, सर्वाश्रमधर्मः शमादिरूपश्च। आदिशब्देन पाण्डित्यं बाल्यञ्च गृह्येते, तद्वत्।)

भाष्यः–'तस्माद्ब्राह्मणः पाण्डित्यं निर्विद्य बाल्येन तिष्ठासेद्बाल्यं च पाण्डित्यञ्च निर्विद्याथ मुनिरि"–त्यत्र मननशीले मौनपदप्रवृत्तिसम्भवेऽपि पक्षेण प्रकृतमननशीले प्रयोगदर्शनात् पाण्डित्यबाल्ययोरपेक्षया तृतीयं सहकार्यन्तरं मौनं विधीयते, यज्ञादिवत् शमादिवच्च।।

अस्यार्थः–बृहदारण्यकोपनिषद् के अन्तर्गत कहोलप्रश्न में उक्त हैः–'अतएव, पाण्डित्य को प्राप्त हो ब्राह्मण बाल्यभाव में (बालकवत् रसलता सम्पन्न होकर) अवस्थिति करेंगे; बाल्यभाव और पाण्डित्य को प्राप्त होकर वे मौनी होंगे" (बृ० ३ अ०, ५ ब्रा०) मननशील के अर्थ में मौनशब्द प्रयुक्त होता है, इस स्थल पर मननशीलता ही मौन शब्द का अर्थ है। ऐसा समझना होगा कि पाण्डित्य और बाल्य की तुलना में मौनव्रत को तृतीय सहकारी विधिरूप से ही श्रुति ने उल्लिखित किया है। यद्यपि

पाण्डित्य और बाल्य के सम्बन्ध में 'तिष्ठासेत्" पद के द्वारा विधि ज्ञापित की गई है, और 'मुनि' शब्द के सम्बन्ध में तद्रूप विधि का श्रुतिवाक्य में स्पष्ट उल्लेख नहीं है, तथापि, पाण्डित्य और बाल्य की भाँति मननशीलत्व भी ब्रह्मसाक्षात्काररूप साध्यविषय में और में सहकारी साधनान्तर है। अतएव, उसके सम्बन्ध में अपूर्वत्वहेतुविधिज्ञापक विभक्ति के वर्तमान न रहने पर भी, उसका विधिस्वरूप ही में श्रुति ने उल्लेख किया है, ऐसा समझना होगा। जैसे यज्ञदानादि गार्हस्थ्यधर्म, शमदमादि सर्वाश्रम-धर्म, और पाण्डित्य तथा बाल्य विधिस्वरूप में उपदिष्ट हैं, वैसे ही मौन भी विधिरूप से उपदिष्ट है, ऐसा समझना होगा।

३ अ० ४ पाद, ४७ सूत्रः-**कृत्स्नभावात्तु गृहिणोपसंहारः।।**

भाष्यः-'स खल्वेवं वर्त्तयन् यावदायुषं ब्रह्मलोकमभिसम्पद्यते, न च पुनरावर्त्तते" इति गृहिणोपसंहारः सर्वाश्रमधर्मसद्भावात् सर्वधर्मप्रदर्शनार्थः।।

अस्यार्थः-"वैसे ही विधान के अनुसार यावज्जीवन कालयापन कर, पश्चात् वे ब्रह्मलोक को प्राप्त होते हैं, वहाँ से वे पुनरावर्तित नहीं होते" (छा० ८ अ०, १५ ख० ऐसे वाक्यों के द्वारा गृहस्थाश्रमी की ब्रह्मलोक प्राप्ति का विषय उल्लिखित कर, छान्दोग्योपनिषद् ने प्रस्ताव का उपसंहार किया है। जैसे गृहस्थों के लिए गार्हस्थ्याश्रमविहित यज्ञदानादि कर्म कर्त्तव्य हैं, वैसे ही संन्यासाश्रमविहित विद्योपासना भी कर्त्तव्य है; इसी विद्या के प्रभाव से पुनरावर्त्तन की निवृत्ति होती है और ब्रह्मलोक की प्राप्ति होती है। सुतरां गृहस्थों के सम्बन्ध में जिस ब्रह्मप्राप्ति और पुनरावर्त्तन-निवृत्ति का श्रुति ने उपदेश किया है, उसी के द्वारा संन्यास प्रभृति सर्वविध आश्रमियों के सम्बन्ध में भी ब्रह्मप्राप्ति और पुनरावर्त्तननिवृत्ति व्यवस्थापित हुई हैं ऐसा समझना होगा; केवल गृहस्थाश्रमियों को उक्त फल-प्राप्ति होती है, ऐसा नहीं समझना चाहिए।

३ अ०, ४ पाद, ४८ सूत्रः-**मौनवदितरेषामप्युपदेशात्।।**

भाष्यः-तथैव तस्मिन् वाक्येऽपि मौनोपदेशः सर्वधर्माप्रदर्शनार्थः। मौनोपदेशवत् 'त्रयो धर्मस्कन्धा" इत्यादिना सर्वाश्रमधर्मोपदेशात्।।

अस्यार्थः-इसी प्रकार पूर्वोक्त 'अथ मुनिः" वाक्य में जो मौनी होने का उल्लेख किया गया है, उसके द्वारा ब्रह्मचर्य, आचार्यकुलवासादि आश्रमों में भी यह विधान उपदिष्ठ हुआ है, ऐसा समझना होगा। मौनोपदेश की भाँति 'त्रयो धर्मस्कन्धाः" (छा० २ अ०, १३ ख०) इत्यादि वाक्यों में सर्वविध आश्रमधर्म्मों का विधान श्रुति ने उपदिष्ट किया है।

इति मौनव्रतस्य सर्वाश्रमधर्मत्वनिरूपणाधिकरणम्।।

—•—

३ अ०, ४ पाद, ४६ सूत्रः–**अनाविष्कुर्वन्नन्वयात्।।**

भाष्यः–पाण्डित्य (प्रयुक्त) स्वमाहात्म्याद्यनाविष्कुर्वन् बाल्येन निरहङ्काभावेन वर्त्तेत। तस्यैवान्वयसम्भवात्।।

अस्यार्थः–पूर्वोक्त ' तस्माद्ब्राह्मणः पाण्डित्यं निर्विद्यबाल्येन तिष्ठासेत्" (बृ० ३ अ०, ५ ब्रा०) इत्यादि वाक्यों में बाल्यभाव धारण की जो व्यवस्था की गई है, उसका यह अर्थ है कि, पाण्डित्यलाभप्रयुक्त स्वीय माहात्म्यादि को प्रकाशित न कर, बालक की भाँति दम्भाहङ्कारशून्य हो ऋजुभाव से अवस्थिति करेंगे; कारण, यही वाक्य का संगत अर्थ है; ज्ञानाभ्यास के निमित्त बालक के सदृश यथेच्छाचार उपयोगी नहीं है, इस कारण, उक्त वाक्य में बालक के यथेच्छाचार के प्रति लक्ष्य नहीं किया गया है; उसके अदाम्भिकता, सरलता प्रभृति गुणों ही के प्रति लक्ष्य किया गया है, ऐसा समझना पड़ेगा।

इति "बाल्येन" शब्दस्यार्थनिरूपणाधिकरणम्।।

—•—

३ अ०, ४ पाद, ५० सूत्रः–**ऐहिकमप्रस्तुते प्रतिबन्धे, तद्दर्शनात्।।**

(अप्रस्तुते प्रतिबन्धे–असति बाधके।)

भाष्यः–असति प्रतिबन्धे ऐहिकं विद्याजन्म, तस्मिन् सत्यामुष्मिकं "मृत्युप्रोक्तां नचिकेतोऽथ लब्ध्वा विद्यामि"–त्यादौ तद्दर्शनात्।।

अस्यार्थः–प्रतिबन्ध के न रहने पर, इसी जन्म में विद्या (ब्रह्मज्ञान)-प्राप्ति हो सकती है; प्रतिबन्ध के रहने पर, परजन्म में प्रतिबन्ध के दूरीभूत होने के पश्चात्, (ब्रह्मज्ञान)-प्राप्ति होती है। कारण यह है कि, 'यमराज-कथित विद्या प्राप्तकर नचिकेता ने योग-सिद्धि प्राप्त की थी और वह ब्रह्म को प्राप्त हुआ था" इत्यादि वाक्यों में कठ (चतुर्थ व०) तथा अपरापर श्रुतियों न ऐसा ही निर्दिष्ट किया है।

३ अ०, ४ पाद, ५१ सूत्रः–**मुक्ति-फलानियमस्तदवस्था-वधृतेस्तदवस्थावधृतेः।।**

(तदवस्थावधृतेः विद्वद्रूपावस्थस्य सम्पन्नविद्यस्य अनियतमुक्तिकालत्वेन अवधृतेरित्यर्थः।)

भाष्यः–तथा मुक्तिफलानियमः "तस्य तावदेव चिरम्" इति वचनात्।।

अस्यार्थः–उसी भाँति, ऐसा भी नियम नहीं है कि, इस देह के पतन होने पर ही, मुक्तिरूप-फल प्राप्त हो ही जाय; कारण, छान्दोग्य श्रुति ने कहा है कि, "कर्मबन्धन

के सम्पूर्ण रूप से श्रन्त होने पर, ब्रह्मरूपता प्राप्त होती है" (छा० ६ अ०, १४ ख०), (जैसे प्रतिबन्ध के अभाव से, इसी जन्म में विद्या-लाभ होता है, प्रतिबन्ध रहने पर नहीं होता है, अतएव, विद्या-लाभ इसी जन्म में होगा, इसका कोई निश्चित नियम नहीं है; वैसे ही विद्या-प्राप्त व्यक्ति के सम्बन्ध में मुक्तिरूप विद्याफल की प्राप्ति भी देहान्त होने ही पर होगी, ऐसा कोई निश्चित नियम नहीं है; कारण, श्रुति ने यह अवधारित नहीं किया है कि कर्मबन्धन रहते हुए भी मुक्ति-रूप फल प्राप्त हो सकता है, कर्म से विमुक्त होने पर ही ब्रह्मरूपता प्राप्त होती है।

इति विद्यायाः तत्फलस्य च प्राप्तेरनियतकालत्व-निरूपणाधिकरणम्।

—•—

इस तृतीय अध्याय के प्रथम पाद में कर्मकारी जीवों की संसारगति वर्णित हुई हैं; इनके द्वारा जो जीव पुनः पुनः जन्ममृत्युरूप महद्दुःख से उत्तीर्ण नहीं हो सकते, इसको श्रीभगवान् वेदव्यासजी ने, श्रुति स्मृति प्रभृति शास्त्रों के प्रमाण तथा युक्तितर्क-द्वारा प्रमाणित कर, इसके द्वारा विषय-वैराग्य उत्पादित करने का प्रयत्न किया है। द्वितीय पाद में जीव की स्वप्नादि-अवस्थाओं का विचार कर, और प्रासङ्गिक रूप से ब्रह्म के द्विरूपत्व को और भी विशिष्ट रूप से प्रतिपादित कर, यह प्रदर्शित किया है कि, सर्वनियन्ता ब्रह्म की उपासना ही मुक्ति के निमित्त प्रयोजनीय है। तृतीय पाद में उपनिषदुक्त नानाविध ब्रह्मोपासनाओं पर विचार कर, यह प्रदर्शित किया है कि, नानाविधरूप से ब्रह्मचिन्तन उन उपासनाओं का सार है; और यह उपदेश किया है कि साधक अपने-अपने अधिकार के भेद से उन सबं उपासनाओं में से किसी के ग्रहण से कृतकृत्यता प्राप्त हो सकता है। चतुर्थपाद में यागादि कर्मों से विधा के स्वातन्त्र्य, को और उसकी मोक्षफल-दान-क्षमता को प्रतिपादित कर, गार्हस्थ्य, संन्यासादि आश्रमों के भेद से यज्ञादि कर्मों के आचरण के सम्बन्ध में जो कुछ पार्थक्य है, उसका वर्णन किया है; और विद्यावान् संन्यासी तथा गृही, दोनों के मोक्षाधिकार को व्यवस्थापित किया है। यह तृतीय अध्याय साधक के सम्बन्ध में विशिष्ट रूप से आदरणीय है; इसके पाठ से नाना प्रकार के साधनविषयक संशय विदूरित होते हैं, और ब्रह्मोपासना में निष्ठा उपजात होती है।

इति वेदान्तदर्शने तृतीयाध्याये चतुर्थपादः समाप्तः।

—•—

चतुर्थ अध्याय

प्रथम पाद

ब्रह्म-स्वरूप, जगत्-स्वरूप, जीव-स्वरूप, ब्रह्म के साथ जीव और जगत का सम्बन्ध, तथा ब्रह्म की उपासना, जिसके द्वारा जीव को परमपुरुषार्थ (मोक्ष) की प्राप्ति होती है, और उपासना-काल में ब्रह्म-स्वरूप का जिस प्रकार से चिन्तन करना होता है, तत्समस्त विवृत हो चुका है। इदानीम् चतुर्थाध्याय में मोक्ष-सम्बन्ध में विशेष विचार प्रवर्तित किया जाता है। इसके प्रथम पाद में विशेष रूप से यह सप्रमाणित किया जायेगा कि, अविश्रान्त साधन का अवलम्बन करना प्रयोजनीय है; तथा उपासना-काल में साधक किस रूप से अपना चिन्तन करेगा और पूर्वाध्यायोक्त प्रतीकादि का किस भाँति चिन्तन करेगा, तथा उपासना-सिद्ध होने पर जीवित पुरुष किस प्रकार की अवस्था प्राप्त करता है, इत्यादि जिज्ञास्य विषय भी मीमांसित होंगे। द्वितीय पाद में ब्रह्मज्ञ पुरुष के अर्चिरादि मार्ग द्वारा ब्रह्मलोक में गमन, तथा वहाँ पर ब्रह्म-प्राप्ति का वर्णन किया जायेगा। और अन्त में (चतुर्थपाद में) ब्रह्म-रूपता प्राप्त करने पर, विदेहमुक्तपुरुष की जिस अवस्था में स्थिति होती है वह अवधारित होगी। इस समय प्रथम पाद नीचे व्याख्यायित किया जाता है।

४र्थ अ०, १म पाद, १ सूत्र। **आवृत्तिरसकृदुपदेशात्।।**

भाष्यः-असकृत् साधनावृत्तिः कर्त्तव्या "श्रोतव्यो मन्तव्यो निदिध्यासितव्य" इत्यादिब्रह्मदर्शनायोपदेशात्।।

अस्यार्थः-**केवल एक बार ब्रह्मतत्त्वश्रवण द्वारा सिद्धमनोरथ नहीं हुआ जाता है; पुनः पुनः अविश्रान्त ब्रह्म-विद्या-साधन करना कर्त्तव्य है; कारण ब्रह्म-दर्शन के निमित्त "श्रवण, मनन, तथा निदिध्यासन, करना प्रयोजनीय है" ऐसा श्रुति ने उपदेश किया है। (बृहदारण्यक ४ अ० ५म ब्रा०)।।**

४ अ०, १ पा०, २ सूत्र। **लिङ्गाच्च।।**

(लिङ्ग=स्मृति।)

भाष्यः-"अभ्यासयोगेन ततो मामिच्छाप्तुं धनञ्जय" इत्यादिस्मृतेश्च।।

अस्यार्थः-"हे धनञ्जय! तुम पुनः पुनः अभ्यास द्वारा मुझे जानने की इच्छा करो" इत्यादि वाक्यों में स्मृति ने भी ऐसा ही उपदेश किया है। (गीता १२ अध्याय ९ श्लोक)

इति साधनावृत्तिनिरूपणाधिकरणम्।।

—•—

४ अध्याय, १ पाद, ३सूत्र। **आत्मेति तूपगच्छन्ति ग्राहयन्ति च।।**

भाष्यः-"एष मे आत्मे"-ति पूर्वे उपगच्छन्ति। "एष ते आत्मे"-ति शिष्यानुपदिषन्ति। अतो मुमुक्षुणा परमपुरुषः स्वस्यात्मत्वेन ध्येयः।।

अस्यार्थः-"परम पुरुष ब्रह्म मेरी आत्मा है" ऐसी बुद्धि में स्थित होना, और शिष्यों को भी "ब्रह्म ही तुम्हारी आत्मा है" ऐसा ध्यान करने का उपदेश करना; श्रुति (बृहदारण्यक ३ अ० ३७ ब्रा० इत्यादि)के ऐसे उपदेश करने पर, मुमुक्षु व्यक्ति के लिए परम पुरुष परमात्मा ही स्वीय आत्मा है, ऐसा ध्यान करना कर्त्तव्य है। अर्थात् अपने को ब्रह्म से अभिन्न ज्ञान-द्वारा ब्रह्म-चिन्तन करना कर्त्तव्य है। (भेद-सम्बन्ध-ज्ञान बद्ध जीव में स्वाभाविक ही है, यही जीव के बन्धन का कारण है। परन्तु अभेद-सम्बन्ध-ज्ञान पुनः पुनः अभेद-चिन्तन-द्वारा सिद्ध होता है)।

इति मुमुक्षुणा स्वास्यात्मत्वेन परमपुरुषस्य ध्यातव्यत्वावधारणाधिकरणम्।

—•—

४ अ० १ पाद, ४ सूत्र। **न प्रतीकेन हि सः।।**

भाष्यः-प्रतीके त्वात्मानुसन्धानं न कार्यं, न स उपासितुरात्मा।

अस्यार्थः-यह सत्य है कि मन, आदित्य, नाम इत्यादि प्रतीकों में ब्रह्म-बुद्धि स्थापित कर उनकी उपासना करने की विधि श्रुति में है; किन्तु मुमुक्ष के पक्ष में इन सब प्रतीकों में एकात्मबुद्धि स्थापित करके ध्यान करना पूर्वसूत्रोक्त उपदेश का अभिप्राय नहीं है; कारण, ये सब प्रतीक उपासक की आत्मा नहीं हैं।

४र्थ अ० १म पाद, ५ सूत्र। **ब्रह्मदृष्टिरुत्कर्षात्।।**

भाष्यः-मन आदौ ब्रह्मदृष्टिर्युक्तैव, न तु ब्रह्मणि मनआदिदृष्टिर्ब्रह्मण उत्कर्षात्।

अस्यार्थः–मन प्रभृति का ब्रह्मरूप से दर्शन, जो उपासना–प्रकरण में उक्त है, वह युक्त है। परन्तु ब्रह्म का मनःप्रभृति रूप से चिन्तन करना युक्त नहीं है; कारण, वह (ब्रह्म) मनः प्रमृति प्रतीकों से उत्कृष्ट है।

इति प्रतीके ब्रह्मदृष्टेरावश्यकत्वनिर्णयाधिकरणम्।।

—•—

४ अ०, १ पाद, ६ सूत्र। **आदित्यादिमतयश्चाङ्ग, उपपत्तेः।।**

भाष्यः–"य एवासौ तपति तमुद्गीथमुपासीते"–त्याद्युपासनेषूद्गीथादिष्वादित्यादिमतयः कर्त्तव्याः आदित्यादेरुत्कर्षोपपत्तेः।।

अस्यार्थः–"जो (सूर्यदेव) इस ताप को प्रदान करते हैं, वे ही उद्गीथ हैं, इस कल्पना से उद्गीथ की उपासना करो" (छान्दोग्य १ अ०, ३ खण्ड, १ ब्रा०) इत्यादि श्रुतिवाक्योक्त उद्गीथोपासना में यज्ञाङ्ग प्रणवादि में आदित्यादि बुद्धि स्थापित कर उपासना की व्यवस्था ही की गई है; आदित्यादि में प्रणवादि यज्ञाङ्ग–कल्पना–द्वारा उपासना करना विधेय नहीं है; कारण, आदित्यादि प्रणव से उत्कृष्ट हैं, प्रणवादि को आदित्यादि–दृष्टि–द्वारा संस्कृत करने पर कर्म समूह विशिष्टफलप्रद होते हैं। (अर्थात् ब्रह्म मनःप्रभृति से श्रेष्ठ है); सुतरां मनः प्रभृति को ब्रह्मरूप से ध्यान करने पर मनःप्रभृति विशुद्ध होते हैं। तद्रूप आदित्यादि कर्माङ्ग उद्गीथादि से श्रेष्ठ हैं; अतएव उन उद्गीथादि को आदित्यादि रूप से मनन न करना; इस प्रकार के साधक ब्रह्मात्मकरूप से अपना चिन्तन करेंगे, जीवरूप से ब्रह्म का चिन्तन नहीं करेंगे, ऐसा समझना।

इति उद्गीथादिषु आदित्यादिध्यानावश्यकत्वनिरूपणाधिकरणाम्।।

—•—

४ अ०, १ पाद, ७ सूत्र। **आसीनः सम्भवात्।।**

भाष्यः–आसीन एवोपासनमनुतिष्ठेत् तस्यैव तत्सम्भवात्।।

अस्यार्थः–उपविष्ट होकर उपासना करना चाहिए; कारण, उपवेशन कर उपासना करने ही पर वह सम्यक् रूप से सिद्ध होती है (शयन में आलस्य तथा निद्रा की सम्भावना है; गमनशील प्रभृति अवस्थाओं में शरीर धारणादि–विषयक प्रयत्न रहने के कारण विक्षेप की सम्भावना है।)

४ अ०, १ पाद, ८ सूत्र। **ध्यानाच्च।।**

भाष्यः–उपासनस्य ध्यानरूपत्वादासीन एव तदनुतिष्ठेत्।।

अस्यार्थः-ध्यान के द्वारा ही उपासना करनी होती है, सुतरां आसीन होकर उपासना करनी चाहिए; कारण, आसीन न होने पर ध्यान सम्यक् प्रतिष्ठित नहीं होता है।

४ अ०, १ पाद, ९ सूत्र। **अचलत्वं चापेक्ष्यः।।**

भाष्यः-"ध्यायतीव पृथिवी"-त्यत्राचलत्वमपेक्ष्य ध्यायतिप्रयोगो वर्तते। अत आसीन एवोपासनमनुतिष्ठेत्।।

अस्यार्थः-पृथिवी के अचलत्व को लक्ष्य करके ही "मानो पृथिवी ध्यान करती है" (छान्दोग्य ७ अ०, ६ ख०) इत्यादि श्रुतिवाक्यों में ध्यान शब्द का प्रयोग हुआ है। आसीन होकर ध्यानपरायण होने ही से, यह अचलत्व प्राप्त किया जाता है। अतएव आसीन होकर ही ब्रह्मोपासना में प्रवृत्त होना चाहिए।

४ अ०, १ पाद, १० सूत्र। **स्मरन्ति च।।**

भाष्यः-"शुचौ देशे प्रतिष्ठाप्य" इत्यादि स्मरन्ति च।।

अस्यार्थः-स्मृति ने भी तद्रूप उपदेश किया है, यथा "पवित्र स्थान पर आसन स्थापित कर" इत्यादि श्रीमद्भगवद्गीता-वाक्य में इस प्रकार का उपदेश किया गया है। (गीता षष्ठ अ० ११ श्लोक)।

४ अ० १ पाद ११ सूत्र। **यत्रैकाग्रता तत्राविशेषात्।।**

भाष्यः-यत्र चित्तैकाग्र्यं तत्रोपासीत्, तदतिरिक्तदेशादिविशेषाश्रवणात्।।

अस्यार्थः-जिस स्थान पर जिस समय एकाग्रता उपजात होती है, उसी स्थान पर उपासना करना; कारण यह है कि उस सम्बन्ध में किसी विशेष देश-कालादि के नियम का श्रुति ने उपदेश नहीं किया है; चित्त की एकाग्रता ही उपासना के निमित्त प्रयोजनीय है; वह जिस स्थान पर जिस समय जिसकी उपस्थित होती है, वही उस उपासक के लिए उपादेय है।

४ अ०, १ पाद, १२ सूत्र। **आप्रयाणात्तत्रापि हि दृष्टम्।।**

भाष्यः-उपासनमाप्रयाणात् कार्यम्। यतस्तत्रापि "स खल्वेवं वर्त्तयन् यावदायुषमि"-त्यादौ तद्दृष्टम्।।

अस्यार्थः-मृत्युकालपर्यन्त आजीवन उपासना कार्य करना चाहिए। कारण,

उस सम्बन्ध में श्रुति ने कहा है, "वह इसी भाँति आजीवन अवस्थान कर पश्चात् ब्रह्मलोक को प्राप्त होता है।"(छान्दोग्य ८ अ०, १५ ख०)

इति उपासनाविधिनिरूपणाधिकरणम्।।

—•—

४ अ०, १ पाद, १३ सूत्र। **तदधिगमे, उत्तरपूर्वाघयोरश्लेषविनाशौ तद्व्यपदेशात्।।**

भाष्यः–विदुष उत्तरपूर्वयोरघयोरश्लेषविनाशौ भवतः। कुतः? "एवं विदि पापं कर्म न श्लिष्यते", "अस्य सर्वे पाप्मानः प्रदुयन्ते" इति व्यपदेशात्।।

अस्यार्थः–(पूर्वोक्त सूत्रों में उपासना-प्रणाली के सम्बन्ध में पहले अनुक्त प्रयोजनीय विषयों की व्याख्या कर, अब विशेष रूप से विद्या के फल के वर्णन करने में भगवान् सूत्रकार प्रवृत्त होते हैं।)

ब्रह्मज्ञान सम्पन्न पुरुषों के पूर्वकृत पापसमूह विनष्ट होते हैं, और पश्चात्कृत पापसमूह भी उनको लिप्त नहीं कर सकते हैं। करण, श्रुति ने (छा० ४ अ०, १४ ख०) तत्सम्बन्ध में स्पष्ट रूप से कहा है कि, "इस प्रकार के ज्ञानी पुरुष को पाप कर्म लिप्त नहीं करता है; "तद्यथा पुष्करपलाशे आपो न श्लिष्यन्ते" जैसे जल पद्मपत्र पर रह कर भी उसमें लिप्त नहीं होता है तद्वत्" इत्यादि, और (छान्दोग्य ५ अ०, २४ ख०) जैसे तुलाराशि अग्नि-संयोग से दग्ध होती है, तद्रूप विद्वान् पुरुष की समस्त पातकराशि विनष्ट हो जाती है" इत्यादि।

४ अ०, १ पाद, १४ सूत्र। **इतरस्याप्येवमसंश्लेषः, पाते तु।।**

भाष्यः–पुण्यस्य काम्यकर्मणोऽपि अघवन्मुक्तिविरोधित्वादुत्तरस्याश्लेषः, पूर्वस्य विनाषः एव। उत्तरपूर्वयोश्लेषविनाशान्तरं देह पाते सति मुक्तिरेव।

अस्यार्थः–पाप की भाँति पुण्य भी मुक्ति का विरोधी है; सुतरां ज्ञानी पुरुष के पूर्वकृत पुण्य का भी विनाश होता है, तथा पश्चात्कृत पुण्य कर्मों के साथ उसका अश्लेष (अलिप्तता) घटित होता है। पूर्व कृत और पश्चात्कृत पुण्यों का विनाश तथा अश्लेष होकर देहपात होने पर, उसके पाप और पुण्य उभयविध कर्म विलुप्त होते हैं; और वह सम्यक् रूप से मुक्त पदवी को प्राप्त करता है।

(मूल सूत्र में केवल "अश्लेष" शब्द का प्रयोग है; उसका अर्थ यह है कि ब्रह्मज्ञानोदय के पश्चात्कृत पुण्य कर्म ज्ञानी पुरुष को लिप्त नहीं करता है। किन्तु पूर्वोक्त १३ संख्यक सूत्र में जिस प्रकार पूर्वकृत पाप का विनाश स्पष्ट रूप से

उल्लिखित हुआ है, इस परवर्ती सूत्र में उसका उल्लेख नहीं है। इससे इस सूत्र का अर्थ इस भाँति अनुमित हो सकता है कि, ज्ञानोदय के पश्चात्कृत पुण्य-कर्मों के साथ ज्ञानी पुरुष लिप्त नहीं होता है, किन्तु उसके पूर्वकृत पुण्यों का विनाश नहीं होता है। यह अर्थ सङ्गत नहीं है, कारण, पाप की भाँति पुण्य के भी विनाश न होने पर, मोक्ष हो नहीं सकता, ऐसा शास्त्रों में निर्दिष्ट है; "क्षीयन्ते चास्य कर्माणि" तथा 'उभे उ हैवैष एतेन तरति" इत्यादि श्रुतिवाक्य भी इसके प्रमाण हैं।)

४ अ०, १ पाद, १५ सूत्र। **अनारब्धकार्ये एव तु पूर्वे तदवधेः।।**

(तदवधेः=तस्य देहपातावधित्वोक्तत्वात्।)

भाष्यः-विद्याप्राप्तौ पूर्वे पापपुण्येऽप्रवृत्तफले एव क्षीयेते। कुतः? "तस्य तावदेव चिरं यावन्न विमोक्ष्ये अथ सम्पत्स्ये" इति शरीरपातावधिश्रवणात्।।

अस्यार्थः-किन्तु ब्रह्मज्ञान होने पर, पूर्वकृत पाप और पुण्य का विनाश होता है यह कहकर जो वर्णन किया गया है, वह समस्त पाप-पुण्य सम्बन्ध में नहीं है, जिन कर्मों ने फलदान करना आरम्भ नहीं किया है (अर्थात् एतज्जन्मकृत सञ्चित कर्म तथा अपरापर जन्म सञ्चित कर्म जो इस जन्म में फलोन्मुखी नहीं हुए हैं) उन्हीं के सम्बन्ध में यह उक्ति समझनी चाहिए। कारण यह है कि, जिस कर्म ने फल दान करना आरम्भ किया है, वह ब्रह्म-ज्ञान-लाभ होने पर भी क्षय नहीं होता है, ऐसा छान्दोग्य श्रुति ने कहा है, यथा:-"उस (ब्रह्मज्ञानी) को तावत्काल विलम्ब होता है, यावत्काल देहान्त के द्वारा प्रारब्ध कर्म क्षय-प्राप्त नहीं होते, देहान्त होने पर वह ब्रह्मरूपता को प्राप्त होता है" इत्यादि (छा० ६ अ०, १४ ख०), इन सब वाक्यों से शरीर-पतन तक विलम्ब होने का श्रुति ने स्पष्ट रूप से उपदेश किया है। (शरीर धारण करना पूर्वजन्मार्जित कर्मों ही का फल है; जाति, आयुः, तथा भोग-ये तीनों साधारणतः पूर्वजन्मार्जित कर्मों के फल हैं, एतज्जीवनकृत कर्म मृत्युकाल में फलदान के हेतु उद्दीपित होकर मृतपुरुष को प्रेरित करता है, और तदनुसार स्वर्ग-नरकादिभोगान्त के पश्चात् उसकी इस लोक में देह प्राप्ति होती है; इस लोक में प्राप्त देह, आयुः, और भोग पूर्वजन्मकृत तथा फलदान में प्रवृत्त कर्मसमूह के फलस्वरूप हैं। भगवान् सूत्रकार कहते हैं कि जो कर्म इस प्रकार फलदान में प्रवृत्त हुआ है, वह बिना भोग किये विनष्ट नहीं है; यदि सभी कर्म ब्रह्मज्ञानोदय के साथ ही साथ-एक दम विनष्ट होते, तो ब्रह्मज्ञानोत्पत्ति के साथ ही साथ मृत्यु घटित होती; कारण, समस्त कर्मों के विनाश-प्राप्त होने पर, ऐसा कोई भी कर्म नहीं रहता है, जो देह को जीवित रखे; किन्तु जीवित व्यक्ति भी,

ब्रह्मज्ञान को प्राप्त कर, मुक्त होते हैं, ऐसी सब शास्त्रों में प्रसिद्धि है। अतएव यह अवश्य स्वीकार करना पड़ेगा कि जीवित मुक्त व्यक्ति के समस्त कर्म विनाश-प्राप्त नहीं होते हैं। कौन-कौन कर्म नाश-प्राप्त होते हैं, इस सम्बन्ध में वेदव्यासजी ने कहा है कि अनारब्ध कर्मों ही का नाश होता है; जो कर्म फलदान में प्रवृत्त हुए हैं, वे विनष्ट नहीं होते हैं। परन्तु जीवित मुक्त पुरुषों के आरब्ध कर्म भी उनको लिप्त नहीं करते हैं, वे निर्लिप्त भाव से उनको भोग करते हैं; देहावसान के साथ वे सभी निवृत्त होते हैं, सुतरां उस समय उनके सर्वविध कर्मों के साथ सम्बन्ध सम्यक् विनाश-प्राप्त होता है।)

इति विद्यालाभे अप्रवृत्तफलपापपुण्यक्षयनिरूपणाधिकरणम्।

—•—

४ अ०, १ पाद, १६ सूत्र। **अग्निहोत्रादि तु तत्कार्यायैव तद्दर्शनात्।।**

भाष्य:–विद्ययाऽग्निहोत्रदानतपआदीनां स्वाश्रमकर्मणां निवृत्तिशङ्का नास्ति, विद्यापोषकत्वादनुष्ठेयान्येव। यज्ञादिश्रुतौ तेषां विद्योत्पादकत्वं दर्शनात्।

अस्यार्थ:–ब्रह्मज्ञानोदय होने पर अग्निहोत्र, दान, तप:प्रभृति आश्रमविहित कर्मों की निवृत्ति की आशङ्का है, अर्थात् वे परित्याज्य नहीं हैं; कारण, इन समस्त कर्मों के द्वारा विद्या का पोषण होता है, अतएव ये समस्त कर्म सदैव अनुष्ठेय हैं। पूर्वोद्धृत "यज्ञेन दानेन तपसा" (बृ० ४ अ०, ४ब्रा०) इत्यादि श्रुतियों में इन सब कर्मों के विद्योत्पादकत्व का उल्लेख है; अतएव ये सब कर्म विद्याविरोधी नहीं है। काम्य कर्मों ही का विनाश होना और उनको परित्यात करना सिद्ध है।

इति अग्निहोत्राद्याश्रमकर्मणां निवृत्त्यभावनिरूपणाधिकरणम्।

—•—

४ अ० १ पाद, १७ सूत्र। **अतोऽन्यापि ह्येकेषामुभयो:।।**

भाष्य:–अस्मात् प्राप्तविषयात् कर्मणो विद्योत्पादकादि-रूपादन्याप्यलब्धविषयाकृत्याऽस्ति। तद्विषयमेकेषां "सुहृद: साधुकृत्यां, द्विषन्त: पापकृत्यामि"-त्युभयो: पुण्यपापयोर्विभागवचनम्।।

अस्यार्थ:–प्राप्तविषय कर्मों (फलोत्पादन में प्रवृत्त कर्मों) और अग्निहोत्रादि विद्योत्पादक कर्मों के अतिरिक्त अपर अप्राप्तविषय कर्म भी जीवन्मुक्त पुरुषों के अवश्य रहते हैं; (विद्योत्पत्ति के पश्चात् जीवित काल में में कृतकर्म समस्त ही अप्राप्तविषय कर्म हैं)। इस सम्बन्ध में किसी-किसी सम्प्रदाय के लोग कहते हैं कि,

"मुक्त पुरुषों के देहान्त होने पर उनके पुण्यकर्मों के फलों को सुहृद्गण तथा पापकर्मों के फलों को शत्रुगण प्राप्त करते हैं" इत्यादि वास्यों से श्रुति ने उन सब पापों और पुण्यों की ऐसी व्यवस्था की है कि मुक्त पुरुषकर्तृक भुक्त न होने पर भी, इनके फल दुसरों के द्वारा विभागक्रम से भुक्त होते हैं।

इति अलब्धविषयकर्मणमन्यैर्भोग्यत्वनिरूपणाधिकरणम्।।

—•—

४ अ०, १ पाद, १८ सूत्र। **यदेव विद्ययेति हि।**

भाष्यः–कर्मणः प्रबलत्वदुर्बलत्वसूचनार्थमिदमुच्यते 'यदेव विद्यया' इति हि।।

अस्यार्थः–छान्दोग्य उपनिषद (१ अ०, १ ख०) में उक्त है कि, "श्रद्धा और उपनिषद् के साथ जो विद्यायें सम्पादित की जाती हैं, फलदान में वे अधिकतर शक्तिशलिनी हैं"; इस वाक्य का अर्थ यह नहीं है कि, विद्याविरहित यागादि अकर्त्तव्य, और विद्यायुक्त यागादि ही कर्त्तव्य हैं। वास्तव में आश्रमविहित सभी कर्म ज्ञानी पुरुषों के लिए कर्त्तव्य हैं। विद्यायुक्त यागादि के श्रेष्ठत्व तथा विद्याविरहित यागादि के अश्रेष्ठत्व-मात्र उक्त श्रुति ने प्रदर्शित किये हैं; इन श्रेष्ठतम अश्रेष्ठत्व (प्रबलत्व, दुर्बलत्व) को प्रदर्शित करना-मात्र उस छान्दोग्य वाक्य का अभिप्राय है।

इति विद्यया कृतकर्मणः फलाधिक्यनिरूपणाधिकरणम्।।

—•—

४ अ०, १ पाद, १९ सूत्र। **भोगेन त्वितरे क्षपयित्वाऽथ सम्पद्यते।।**

भाष्यः–विद्वानारब्धकार्ये तु सुकृतदुष्कृते भोगेन क्षपयित्वा ब्रह्म सम्पद्यते।।

अस्यार्थः–आरब्धविषयक जो पाप और पुण्य कर्म हैं, उनका भोग के द्वारा क्षय क़र, ज्ञानी व्यक्ति ब्रह्मरूपता को प्राप्त होते हैं।

इति प्रवृत्तफलकर्मणां भोगेन क्षयनिरूपणाधिकरणम्।।

इति वेदान्तदर्शने चतुर्थाध्याये प्रथमपादः समाप्तः।।

—•—

द्वितीय पाद

४ अ०, २ पाद, १ सूत्र। **वाङ्मनसि दर्शनात् शब्दाच्च।।**

भाष्यः–"वाङ्मनसि सम्पद्यते" इति वागिन्द्रियस्य मनसि संयोगरूपा सम्पतिरुच्यते, वागिन्द्रिये उपरतेऽपि, मनः प्रवृत्तिदर्शनात्, "वाङ्मनसि सम्पद्यते" इति शब्दाच्च।।

अस्यार्थः–श्रुति ने कहा है, "प्रयाणकाल में मृत पुरुष की वागिन्द्रिय मन के साथ समता-प्राप्त होती है" (छा० ६ अ०, १५ ख०)। इसके द्वारा यह ज्ञात होता है कि जीवन्मुक्त पुरुष के देह-त्याग काल में उसकी वागिन्द्रिय मन के साथ संयोग रूप "सम्पत्ति" को लाभ करती है, (अर्थात् मन के साथ वागिन्द्रिय एकत्व लाभ करती है, इसका पृथक् स्फुरण नहीं रहता है) कारण वागिन्द्रिय के उपरत होने पर भी (मृत्यु काल में पुरुष के वाक्-रोध होने पर पर भी), मन की प्रवृत्ति का रोध न होना दृष्ट होता है; एवं पूर्वोक्त "वाङ्मनसि सम्पद्यते" (वाक् मन के साथ समता प्राप्त करती है) इस श्रुतिवाक्य से भी यह प्रमाणित होता है।

श्रीमच्छङ्कराचार्य का अभिमत यह है कि, इस पाद में केवल सगुणोपासकों की गति अवधारित की गई है। किन्तु सगुणोपासक और निर्गुणोपासक कह कर किसी प्रकार का प्रभेद महर्षि सूत्रकार ने प्रदर्शित नहीं किया है; इस प्रकार के प्रभेद को दूसरे कोई भी भाष्यकार स्वीकार नहीं करते हैं। सूत्रसमूह के क्रमानुसार पाठ करने पर भी, श्रीमच्छङ्कराचार्य का सिद्धान्त किसी प्रकार से सङ्गत कह कर अनुमित नहीं होता है। इस अध्याय के प्रथम पाद में जो सर्वविध मुमुक्ष पुरुषों की आचरणीय उपासना के विषय में उपदेश प्रदत्त हुए हैं, उस विषय में कोई मतविरोध नहीं है। इस पाद में उक्त उपासकों के मृत्यु-काल की अवस्था वर्णित है; उसमें भगवान् सूत्रकार किसी विशेष श्रेणी के उपासक का विषय वर्णन करते हैं, ऐसा ज्ञापित न करने से, सर्व प्रकार के उपासकों के सम्बन्ध में यह वर्णन प्रयोज्य कह कर सिद्धान्त करना ही सङ्गत है।

४ अ०, २ पाद, २ सूत्र। **अतएव सर्वाण्यनु।।**

भाष्यः–वाचमनु सर्वाण्यपीन्द्रियाणि मनसि सम्पद्यन्ते, तथा दर्शनात् "इन्द्रियैर्मनसि सम्पद्यमानैरि"-ति शब्दाच्च।।

अस्यार्थः–वागिन्द्रिय के मन के साथ समता-प्राप्त होने के पश्चात् और सभी इन्द्रियाँ मन के साथ समता-प्राप्त होती हैं; कारण, मृत्यु-काल में पहले ही वाक्-रुद्ध

होना और पश्चात् दूसरी इन्द्रियों का उपरत होना प्रत्यक्षीभूत होते हैं; श्रुति ने भी कहा है, "इन्द्रियसमूह मन के साथ समता को प्राप्त होता है।"

४ अ०, २ पाद, ३ सूत्र। **तन्मनः प्राण उत्तरात्।।**

भाष्यः-तच्च प्राणेन संयुज्यते। "मनः प्राणे" इत्युत्तराच्छब्दात्।।

अस्यार्थः-सर्वेन्द्रियसंयुक्त मन प्राण के साथ संयुक्त होतो है; कारण, श्रुति ने उपरोक्त वाक्य के पश्चात् ही कहा है, "मन प्राण में समता लाभ करता है"। (श्रुति, यथाः-"अस्य वाङ्मनसि सम्पद्यते मनः प्राणे प्राणस्तेजसि तेजः परस्यां देवतायम्" इति छा०, ६ अ०, १५ ख०)

इस स्थल पर यह लक्ष्य करना पड़ेगा कि, "परस्यां देवतायाम्" अर्थात् अन्त में परब्रह्म में लीन होने की कथा का उल्लेख कर, श्रुति ने यह आशय प्रकाशित किया है कि जो पुरुष देहान्त होने पर परममोक्ष प्राप्त करते हैं उन्हीं का विषय वह (श्रुति) वर्णन कर रही है।

४ अ०, २ पाद, ४ सूत्र। **सोऽध्यक्षे तदुपगमादिभ्यः।।**

भाष्यः-प्राणो जीवेने संयुज्यते। कुतः? "एवमेवेममात्मानमन्त काले सर्वे प्राणा अभिसमायन्ति", "तमुत्क्रामन्तं प्राणोऽनुत्क्रामति", "कस्मिन् वा प्रतिष्ठिते प्रतिष्ठितः स्यामि"-ति तदुपगमादिबोधकवाक्येभ्यः जीवसंयुक्तस्य प्राणस्य तेजसि सम्पत्तिरिति फलितोऽर्थः।

अस्यार्थः-मनःसंयुक्त प्राण जीव के साथ संयुक्त होता है; कारण, श्रुति ने कहा है, "अन्तकाल उपस्थित होने पर, प्राण समूह जीव के अभिमुख "समागत होते हैं" (बृ० ४ अ०, ३ ब्रा०) "जीव के उत्क्रान्त होने पर, मुख्य प्राण भी उसके साथ उत्क्रान्त होता है (बृ० ४ आ०, ४ ब्रा०) "और किसमें प्रतिष्ठित रहेगा" इन सब वाक्यों से जीव के साथ प्राण के उत्क्रमण, अनुगमन और अवस्थान उक्त हुए हैं। "प्राणस्तेजसि" इत्यादि श्रुति-वाक्यों में (छा०, ६ अ०, १५ ख०) प्राण का तेज में लय भी होना उक्त है। अतएव जीव में संयुक्त होकर प्राण की तेजोरूपता प्राप्ति होती है, यही सूत्र का फलितार्थ समझना पड़ेगा।

४ अ०, २ पाद, ५ सूत्र। **भूतेषु तच्छ्रुतेः।।**

भाष्यः-सा च जीवसंयुक्तस्य तस्य तेजः सहितेषु भूतेषु भवति "पृथ्वीमयः आपोमयो वायुमयः आकाशमयस्तेजोमयः" इति सञ्चरतो जीवस्य सर्वभूतमयत्वश्रवणात्।।

अस्यार्थः–जीवसंयुक्त प्राण की और और भूतसमन्वित तेजःप्रधानरूपता–प्राप्ति होती है; कारण, "यह पुरुष पृथिवीमय, आपोमय, वायुमय, आकाशमय तथा तेजोमय है", इत्यादि श्रुति वाक्यों में उत्क्रमणकारी जीवों का सर्वभूतमयत्व उक्त हुआ है (बृ०, ४ अ०, ५ब्रा०)।

४ अ०, २ पाद, ६ सूत्र। **नैकस्मिन् दर्शयतो हि।।**

भाष्यः–एकस्मिन्तु सा न सम्भवति "तासां त्रिवृत्तमेकैकां करवाणि" नानावीर्याः पृथग्भूतास्ततस्ते संहतिंविना नाशक्नुवन् प्रजाः स्रष्टुमसमागम्य कृत्स्नशः" इति श्रुतिस्मृती एकैकस्य कार्याक्षमत्वं दर्शयतः।

अस्यार्थः–केवल एक तेजोरूपता–प्राप्ति नहीं होती है; कारण, श्रुति ने तथा स्मृति ने प्रत्येक भूत का पृथक् रूप से किसी कार्य में सामर्थ्य न रहना प्रदर्शित किया है। श्रुति, यथा, "उन तीनों देवताओं में प्रत्येक को त्रिवृत किया है" (छा० ६ अ०, ३ख०); (अर्थात् एक एक को प्रधान कर, तथा और दोनों को उसके साथ मिलाकर, जागतिक प्रत्येक वस्तु की रचना की गई है। इस स्थल पर त्रिवृत्तकरण शब्द पञ्चभूत के पञ्चीकरण का अर्थबोधक है; पञ्चमहाभूत परस्पर पृथक् रूप से अवस्थित नहीं हैं, मिलित भाव से सर्वत्र अवस्थित हैं; यही श्रुतिवाक्य का फलितार्थ (आशय) है)। स्मृति, यथा "विभिन्न–शक्तियुक्त भूतसमूह मिलित न होकर, पृथक् भाव से, सृष्टि कार्य करने में समर्थ नहीं हुए हैं" इत्यादि।

इति जीवस्य देहान्ते इन्द्रियादिसमन्वित–भूतसूक्ष्ममयदेह प्राप्त्यधिकरणम्।।

—•—

४ अ०, २ पाद, ७ सूत्र। **समाना चासृत्युपक्रमादमृतत्वञ्चानुपोष्य।।**

[(आसृत्युपक्रमात् विद्वदविदुषोरुत्क्रान्तिः समानैव) सृतिर्गतिरर्चिरादिका, तस्या उपक्रमो नाडीप्रवेशलक्षणः तस्मात् प्रागित्यर्थः। मूर्द्धन्यनाड्योत्क्रम्य विदुषोऽपि छान्दोग्ये गतिः श्रूयते। नाडीप्रवेशे तु जीवन्मुक्तानां विशेषः। "अमृतत्वं च अनुपोष्य" इत्यत्र चशब्दोऽवधारणे। अनुपोष्यैव (उष दाहे इत्यस्य रूपं) देहेन्द्रियादिसम्बन्धमदग्ध्वैव अमृतत्वं सम्भवति, तत् "यदा सर्वे प्रमुच्यन्ते कामा......अमृतो भवति" इत्यादि–वाक्येनोच्यते।]

सूत्रार्थः–देहपरित्याग के पूर्ण नाड़ीमुखप्रवेश के पूर्व पर्यन्त अविद्वान् पुरुष के साथ विद्वान् पुरुष का साम्य (समानभाव) है, और देह सम्बन्ध विच्युत न होते हुए ही उसका अमृतत्व भी है।

भाष्य:-"शतं चैका च हृदयस्य नाड्यस्तासां मूर्द्धानमभिनिःसृतैका तयोर्द्ध्वमापन्नमृतत्वमेति विश्वगण्या उत्क्रमणे भवन्ती"-ति नाडीविशेषेण विदुषोऽप्युत्क्रम्य गतिः श्रूयते। एवं सति विदुषो नाडीप्रवेशलक्षणगत्युपक्रमात् प्रागुत्क्रान्तिः समानैव। यत्तु "यदा सर्वे प्रमुच्यन्ते कामा येऽस्य हृदि स्थिताः अथ मर्त्त्योऽमृतो भवती"-ति विदुष इहैवामृतत्वं श्रूयते। तदेन्द्रियादि-सम्बन्धमदग्ध्वैवोत्तरपूर्वाघाश्लेषविनाशलक्षणमुपपद्यते।।

अस्यार्थः-हृत्पुण्डरीक में एकशत एकसंख्यक नाड़ियाँ हैं, उनमें एक मस्तक की ओर गई है, उस नाड़ी के द्वारा उत्क्रमण-काल में ऊर्ध्वदिशा की और गमन कर, (ब्रह्मज्ञानी पुरुष) ब्रह्मस्वरूप प्राप्त करते हैं, तथा अमृतत्व लाभ करते हैं" (कठ, २ अ०, ३व०, छा०, ८अ०, ६ ख०) इत्यादि वाक्यों से श्रुति ने नाड़ी-विशेष-द्वारा ब्रह्मज्ञानी पुरुषों की गति का वर्णन किया है। अतएव नाड़ीप्रवेशलक्षण-गति-प्राप्ति के पूर्व पर्यन्त, ज्ञानी पुरुषों की तथा अज्ञानी पुरुषों की गतिप्रणाली, जिसकी उक्तियाँ पूर्व-पूर्व सूत्रों में हुई हैं (अर्थात् इन्द्रियादि का मुख्य प्राण में लय, तत्पश्चात् मुख्य प्राण का तेजःप्रधान भूतग्राम में लय, वह) समान ही है। कारण यह है कि, "जब सर्वविध हृदिस्थित काम से मुक्त होता है, तब मर्त्त्य व्यक्ति भी अमृतत्व प्राप्त करता है" इत्यादि श्रुतिवाक्यों में (कठ, २ अ०, ३ व०) जीवित-काल में ही ब्रह्मज्ञानी पुरुषों की जो अमृतत्व-प्राप्ति का वर्णन है, वह उस समय इन्द्रियादि के साथ सम्बन्ध दग्ध न होकर ही घटित होती है; इसका लक्षण पूर्वकृत पापपुण्य का विनाश, और उत्तरकालकृत पाप-पुण्य के साथ अलिप्तता है। अतएव, देहान्तकाल के उपस्थित होने पर, जीवन्मुक्त पुरुषों की भी, इन्द्रियादिसंयुक्त होकर ही, उत्क्रान्ति (देह से गमन) घटित होती है। (इसमें किसी प्रकार के दोष की आशङ्का नहीं है)।

शाङ्कर भाष्य में इस सूत्र की व्याख्या किञ्चित् विभिन्न रूप से उल्लिखित हुई है, यथाः-"समाना चैषोत्क्रान्तिर्वाङ्मनसीत्याद्या, विद्वदविदुषोरासृत्युपक्रमात् भवितुमर्हति; अविशेषश्रवणात्। अविद्वान् देहबीजभूतानि भूतसूक्ष्माण्याश्रित्य कर्मप्रयुक्तो देहग्रहणमनुभवितुं संसरति। विद्वांस्तु ज्ञानप्रकाशितमोक्षं नाड़ीद्वारमाश्रयते, तदेतदासृत्युपक्रमादित्युक्तम्। नन्वमृतत्वं विदुषा प्राप्तव्यं, न च तद्देशान्तरायत्तं, तत्र कुतो भूताश्रयत्वं सृत्युपक्रमों वेति? अत्रोच्यते "अनुपोष्य" चेदम्; अदग्ध्वाऽत्यन्तमविद्यादीन् क्लेशानपरविद्यासामर्थ्यादापेक्षिकममृतत्वं प्रेप्स्यते; सम्भवति तत्र सृत्युपक्रमो भूताश्रयत्वञ्च। नहि निराश्रयाणां प्राणानां गतिरुपपद्यते। तस्माददोषः"।।

अस्यार्थः–[अर्चिरादि पथ के अवलम्बन के उपक्रमपर्यन्त विद्वान (ब्रह्मज्ञानी) तथा अविद्वान्, दोनों ही के लिए वाक्य का मन में लय प्रभृति पूर्वोक्त विषय-समूह समान है, ऐसा कहना पड़ेगा; कारण, श्रुति ने इन विषयों पर दोनों (विद्वान् और अविद्वान्) में कोई तारतम्य नहीं किया है। अविद्वान् पुरुष, देह के बीजभूत भूतसूक्ष्मसमूह का आश्रय ग्रहण कर, स्वीयकर्मों के द्वारा प्रेरित होकर, देह ग्रहण करने के निमित्त गमन करते हैं; विद्वान् पुरुष नाड़ी-द्वारा-प्रवेश-पूर्वक ब्रह्मज्ञान के द्वारा प्रकाशित मोक्ष प्राप्त करते हैं; (उस नाड़ी-द्वार को प्राप्त होकर, ब्रह्मलोक को प्राप्त होते हैं, अतएव नाड़ी-द्वार-प्राप्ति ही मोक्ष कही जाती है)। अतएव देह-परित्याग के उपक्रमपर्यन्त दोनों की समानता उक्त हुई है। परन्तु इस स्थल पर इस प्रकार की आपत्ति हो सकती है कि, विद्वान् पुरुष अमृतत्व को ही प्राप्त होते हैं, किन्तु मोक्ष देशान्तर-प्राप्ति के अधीन नहीं है, अतएव उनकी भूतसूक्ष्म-प्राप्ति और उनका अर्चिरादिमार्गावलम्बन किस निमित्त होंगे ? इस आपत्ति के उत्तर में भगवान् सूत्रकार कहते हैं, अनुपोष्य चेदम् (अमृतत्वम्) अर्थात् अविद्यादि क्लेश सम्बन्ध के आत्यन्तिक रूप से दग्ध न होने पर भी ब्रह्मविद्या बल से आपेक्षिक, अमृतत्व लाभ होता है। अतएव सूक्ष्मभूताश्रयत्व तथा अर्चिरादिमार्गावलम्बन सम्भव है। प्राण, किसी के आश्रय बिना, गमन नहीं कर सकता है; अतएव इस सिद्धान्त में कोई दोष नहीं है।]

किन्तु इस स्थल पर यह वक्तव्य है कि, अविद्या के रहने पर अमृतत्व (मोक्ष) लाभ होने की कथा का कोई अर्थ ही नहीं है, और श्रुति ने किसी स्थान पर इस प्रकार की अवस्था के प्रति लक्ष्य कर, अमृतत्व पद का व्यवहार नहीं किया है। "अनुपोष्य" शब्द का अर्थ "परित्याग न कर" है, अर्थात् इन्द्रियादि के साथ ही मुक्त पुरुष भी मोक्षमार्ग में गमन करते हैं। अविद्या के साथ सम्बन्ध को परित्याग कर, आपेक्षिक अमृतत्व प्राप्ति होती है, ऐसा जो शाङ्करभाष्य में उल्लिखित हुआ है, वह सूत्र के वाक्यार्थ द्वारा किसी प्रकार से प्रतिपन्न नहीं होता है; यह सम्पूर्ण रूप से काल्पनिक है।

४ अ०, २ पाद, ८सूत्र। **तदापीतेः संसारव्यपदेशात्।।**

(आ+अपीतेः=आपीतेः, अपीतिः ब्रह्मभावापत्तिः।)

भाष्यः–तदमृतत्वं देहसम्बन्धमदग्ध्वैव बोध्यम्। कुतः ? "तस्य तावदेव चिरं यावन्न विमोक्ष्येऽथ सम्पत्स्ये" इति आविमुक्तेः संसारव्यपदेशात्।।

अस्यार्थः–पूर्व सूत्र में कहा गया है कि, देह-सम्बन्ध के दग्ध न होते हुए ही

अमृतत्व लाभ होता है, उस सम्बन्ध में श्रुति ने ही "तस्यतावदेव चिरम्" (ब्रह्मज्ञानी पुरुषों को तावत्काल ही विलम्ब होता है, यावत्काल उनकी प्रारब्ध कर्मभोग से मुक्ति नहीं होती है; देहान्त होने पर वे ब्रह्मसारूप्य प्राप्त करते हैं) इत्यादि वाक्यों (छा०, ६ अ०, १४ ख०) के द्वारा उपदेश किया है। उक्त श्रुति-वाक्यों से ज्ञात होता है कि देह से सम्पूर्ण रूप से विमुक्ति लाभ न करने तक, ज्ञानी पुरुषों का भी और जीवों के सदृश सांसारिक कार्य रहता है। (अतएव नाड़ी-मुख-प्रवेश के पूर्व पर्यन्त, जो ज्ञानी और अज्ञानी की समता (इन्द्रिय का मन में लय, मन का प्राण में लय इत्यादि) उक्त हुई है, वह संगत है।

४ अ०, २ पाद, ९ सूत्र-**सूक्ष्मं, प्रमाणतश्च तथोपलब्धेः।।**

भाष्यः-सूक्ष्मं शरीरमनुवर्त्तते "विदुषस्तं प्रतिब्रूयात्, सत्यं ब्रूयात्" इति प्रमाणतस्तद्भावोपलब्धेः।।

अस्यार्थः-स्थूल देह के विनष्ट होने के पश्चात्, ज्ञानी पुरुष का सूक्ष्म शरीर वर्तमान रहता है; कारण, श्रुति-प्रमाण-द्वारा यही बोधगम्य होता है। यथा, श्रुति ने देवयान-पथ (अर्चिरादि पथ) में गमनकारी ज्ञानी पुरुष और चन्द्रमा के कथोपकथन का वर्णन किया है, सूक्ष्मशरीर के वर्तमान न रहने पर, यह सम्भव नहीं हो सकता। श्रुति, यथा, "विदुषस्तं प्रतिब्रूयात्" (विद्वान् पुरुष चन्द्रमा को प्रत्युत्तर करता है) इत्यादि। (कौ०, २ अ०)

४ अ०, २ पाद, १० सूत्र। **नोपमर्द्देनातः।।**

भाष्यः-अतः "अथ मर्त्त्योऽमृतो भवति" इति न देहसम्बन्धोपमर्द्देनामृतत्वं वदति।

अस्यार्थः-"तदनन्तर मर्त्त्यजीव अमृतत्व लाभ करता है" (कठ, २ अ०, ३ व०) इस श्रुति में देहसम्बन्ध के विनष्ट होने के पश्चात् अमृतत्व प्राप्त होने के विषय का वर्णन नहीं किया, (परन्तु देह के रहते ही अमृतत्व-प्राप्ति का उपदेश किया है)। इसके द्वारा भी ज्ञात होता है कि जीवित काल ही में ब्रह्मसाक्षात्कार होता है, और जीव को मुक्ति प्राप्त होती है। अतएव स्थूलदेह के पतन के पश्चात्, मुक्त पुरुष के सूक्ष्मदेह के साथ सम्बन्ध-विशिष्ट होकर रहने में कोई विचित्रता नहीं।

४ अ०, २ पाद, ११ सूत्र। **अस्यैव चोपपत्तेरुष्मा।।**

भाष्यः-स्थूलदेहे सूक्ष्मदेहस्यैव धर्मभूतः उष्मोपलभ्यते। तस्मिन्नसति तदनुपलब्धे-रित्युपपत्तेः।।

अस्यार्थः–सूक्ष्म शरीर ही की धर्मभूत उष्मा (उत्ताप) स्थूलदेह में दृष्ट होती है; कारण सूक्ष्मशरीर के निष्क्रान्त होने पर, उष्मा दृष्ट नहीं होती; इसके द्वारा यह प्रतिपन्न होता है कि, स्थूल देह का उत्ताप उसका अपना नहीं है, वह सूक्ष्मदेह का है।

४ अ०, २ पाद, १२ सूत्र। **प्रतिषेधादिति चेन्न शरीरात् स्पष्टो ह्येकेषाम्।।**

भाष्यः–"अथाकामयमानो योऽकामो निष्कामः आप्तकामः आत्मकामो न तस्य प्राणा उत्क्रामन्ति ब्रह्मैव सन् ब्रह्माप्येती"–ति विप्रतिषेधाद्विदुष उत्क्रान्तिरनुपपन्नेति चेन्नायं विरोधः, यतोऽयं प्राणानामुत्क्रान्तिप्रतिषेधाद्विदुषः प्रकृताच्छरीरा–"तस्मात् प्राणा उत्क्रामन्ती"–ति स्पष्टं एकेषां पाठे। तस्मादेव तेषामुत्क्रान्तिप्रतिषेधः श्रूयते।।

अस्यार्थः–"परन्तु जो लोग कामना नहीं करते हैं, अतएव कामनारहित, निष्काम, आप्तकाम तथा आत्मकाम हैं, उनके प्राणसमूह (इन्द्रिय समूह) उत्क्रान्त नहीं होते हैं; ब्रह्मभाव लाभ कर वे ब्रह्म ही को प्राप्त होते हैं" बृहदारण्यक के चतुर्थ अध्याय के चतुर्थ ब्राह्मण में जो यह वाक्य उल्लिखित है, उससे प्राणों की उत्क्रान्ति के निषेध होने से, विद्वान् पुरुषों की देह से प्राणसमूह ही उत्क्रान्ति, जो पूर्व में कही गई है, सिद्ध नहीं होती है; इस प्रकार की आपत्ति के उत्थापित होने पर, उसका उत्तर यह है कि उपरोक्त श्रुतिवाक्यों के साथ पूर्व–पूर्व सूत्रोल्लिखित मीमांसा का कोई विरोध नहीं है। कारण यह है कि बृहदारण्यकोक्त पूर्वकथित श्रुतिवाक्यों में शारीर–विद्वान् पुरुष ही से इन्द्रियसमूह की उत्क्रान्ति का प्रतिषेध हुआ है, शरीर से उत्क्रान्ति का प्रतिषेध नहीं हुआ है; माध्यन्दिन शाखा में उक्त श्रुति के पाठ में "तस्य प्राणाः" के स्थल पर "तस्मात् प्राणा" ऐसा पाठ रहने से यह स्पष्ट रूप से प्रमाणित होता है। (उक्त श्रुतिः–"योऽकामो निष्काम आप्तकाम आत्मकामो न तस्मात् प्राणा उत्क्रामन्ति"।) अतएव विद्वान् पुरुषों के प्राणसमूह उनको परित्याग करके नहीं जाते हैं, उनके साथ वे भी ब्रह्मभाव–प्राप्त होते हैं, यही प्रथमोक्त श्रुति ने भी उपदेश किया है, ऐसा समझना होगा।।

यह सूत्र शाङ्कर भाष्य में दो अंशों में विभक्त किया गया है। "प्रतिषेधादिति चेन्न शरीरात्" इस अंश को एक स्वतन्त्र सूत्र और "स्पष्टो ह्येषाम्" इस अंश को दूसरा एक स्वतन्त्र सूत्र मानकर शाङ्कर भाष्य में इनकी पृथक्–पृथक् रूप से व्याख्या की गई है। प्रथमोक्त अंश के अर्थ सम्बन्ध में कोई व्याख्या–विरोध नहीं है। यथा, इस सूत्र के व्याख्यान में "अथाकामायमानो योऽकामो" इत्यादि पूर्वोद्धृत बृहदारण्यक के चतुर्थाध्यायोक्त वाक्य का उल्लेख कर, आचार्य शङ्कर ने कहा है:–"अतः पर–

विद्याविषयात्, प्रतिषेधात्, न परब्रह्मविदो देहात् प्राणानामुत्क्रान्तिरस्तीति चेन्नेत्युच्यते। यतः शारीरदात्मन एष उत्क्रान्तिप्रतिषेधः प्राणानां, न शरीरात्। कथमवगम्यते। "न तस्मात् प्राणा उत्क्रामन्ति" इति शाखान्तरे पञ्चमीप्रयोगात्। सम्बन्धसामान्यविषया हि षष्ठी शाखान्तरगतया पञ्चम्या सम्बन्धविशेषे व्यवस्थाप्यते। तस्मादिति च प्राधान्य-दभ्युदयनिः श्रेयसाधिकृतो देही सम्बध्यते, न देहः। न तस्मादुच्चिक्रमिषोर्ज्जीवात् प्राणा उत्क्रामन्ति सहैव तेन भवन्ति इत्यर्थः।"

अस्यार्थः:-"पूर्वोक्त "अथाकामयमानो" इत्यादि वाक्यों के परविद्याविषयक होने से, तथा उनमें प्राणों की उत्क्रान्ति के प्रतिषेध होने से यही सिद्धान्त होता है कि, परब्रह्मवित् पुरुषों के मृत्युकाल में उनकी देह से प्राणसमूह की उत्क्रान्ति नहीं होती है। ऐसी आपत्ति का उपस्थित होना संगत नहीं है। कारण, शरीर से प्राणसमूह की उत्क्रान्ति उक्त वाक्य में प्रतिषिद्ध नहीं हुई है, शारीर पुरुष ही से उत्क्रान्ति का प्रतिषेध हुआ है। यदि कहा जाय कि, श्रुतिवाक्य का अर्थ किस निमित्त ऐसा समझना पड़ेगा, तो उसका उत्तर यह है कि "न तस्मात् प्राणा उत्क्रामन्ति" उक्त श्रुति का ऐसा पाठ शाखान्तर में रहना दृष्ट होता है, उसमें षष्ठ्यन्त "तस्य प्राणा" के स्थल पर पञ्चम्यन्त "तस्मात् प्राणा" ऐसा पाठ है। षष्ठी विभक्ति जिस पाठ में है, उसमें केवल सम्बन्धमात्र प्रकाशित होता है। ("उनके प्राणसमूह उत्क्रान्त नहीं होते" केवल यही वाक्यार्थ है। किन्तु उक्त वाक्य द्वारा यह विशेष रूप से विदित नहीं होता है कि, उनके प्राणसमूह किससे उत्क्रान्त नहीं होते, देह से अथवा शारीर जीव से)। किन्तु पाठान्तर में पञ्चमी विभक्ति का प्रयोग होने से, यह स्पष्ट रूप से बोधगम्य होता है कि शारीर जीव से ही उत्क्रान्ति नहीं होती (कारण " तस्मात्" शब्द के पूर्व "शरीर" शब्द का उल्लेखमात्र नहीं है, विद्वान् पुरुष का का ही उल्लेख है, अतएव "तस्मात्" शब्द से "तस्मात् पुरुषात्" ऐसा ही स्पष्ट सिद्धान्त होता है)। "तस्मात्" शब्द के प्राधन्य हेतु मोक्षाधिकारी देही के साथ ही "तत्" शब्द का सम्बन्ध है, देह के साथ नहीं। अतएव श्रुतिवाक्य का अर्थ ऐसा ही समझना पड़ेगा कि, देह को परित्याग कर गमनेच्छु जीवों के प्राणसमूह उनसे उत्क्रान्त नहीं होते, अर्थात् उनके सहकारी होते हैं।

परन्तु इस सूत्र की इस प्रकार व्याख्या कर, आचार्य शङ्करजी कहते हैं कि, यह पूर्वपक्षीय सूत्र है, इसमें वेदव्यासजी ने अपने मत को ज्ञापित नहीं किया है; पूर्वपक्ष का इस भाँति उल्लेख कर, उसका उत्तर परवर्ती सूत्र में वेदव्यासजी ने प्रदान किया है। यथाः-

"स्पष्टो ह्येकेषाम्"।

श्रीमच्छङ्कराचार्यजी ने इस सूत्र के अर्थ की इस प्रकार व्याख्या की है। यथा:–"सप्राणस्य च प्रवसतो भवत्युत्क्रान्तिर्देहादित्येवं प्राप्ते प्रत्युच्यते "स्पष्टो ह्येकेषाम्"। नैतदस्ति यदुक्तं परब्रह्मविदोऽपि देहादस्त्युत्क्रान्तिः, प्रतिषेधस्य देह्यपादानत्वादिति। यतो देहापादन एवोत्क्रान्तिप्रतिषेध एकेषां समाम्नातृणं स्पष्ट उपलभ्यते। तथा ह्यार्त्तभागप्रश्नोत्तरे "यत्रायं पुरुषो म्रियते तदास्मात् प्राणा उत्क्रामन्त्याहोस्विन्नेति" इत्यत्र "नेति होवाच याज्ञवल्क्यः" इत्युत्क्रान्तिपक्षं परिगृह्य न तर्ह्ययमनुत्क्रान्तेषु प्राणेषु मृत इत्यस्यामाशङ्काया 'मत्रैव समवलीयन्त' इति प्रविलयं प्राणानां प्रतिज्ञाय तत्सिद्धये 'स उच्छ्यत्याध्मायत्याध्मातो मृतः शेते' इति सशब्दपरामृष्टस्य प्रकृतस्योत्क्रान्त्यवधेरुच्छ्यनादीनि समामनन्ति। देहस्य चैतानि स्युर्न देहिनः। तत्सामान्यात् 'न तस्मात् प्राणा उत्क्रामन्त्यत्रैव समवलीयन्ते' इत्यत्राथभेदोपचारेण। देहदेहिनोर्देहपरामर्शिना सर्वनाम्ना देह एव परामृष्ट इति पञ्चमीपाठे व्याख्येयम्। येषान्तु षष्ठीपाठस्तेषां विद्वत्सम्बन्धिन्युत्क्रान्तिः प्रतिषिध्यत इति प्राप्तोत्क्रान्तिप्रतिषेधार्थत्वादस्य वाक्यस्य देहापादानैव सा प्रतिषिद्धा भवति देहादुत्क्रान्तिः प्राप्ता न देहिनः। अपि च 'चक्षुषो वा मूर्ध्नो वाऽन्येभ्यो वा शरीरदेशेभ्यस्तमुत्क्रामन्तं प्राणोऽनूत्क्रामति प्राणमुत्क्रामन्तं सर्वे प्राणा अनुत्क्रामन्ति' इत्येवमविद्वद्विषयेषु सप्रपञ्चमुत्क्रमणं संसारगमनञ्च दर्शयित्वा 'इति नु कामयमानः' इत्युपसंहृत्याऽविद्वत्कथाम् 'अथाकामयमानः' इति यपदिश्य विद्वांसं यदि तद्विषयेऽप्युत्क्रान्तिमेव प्रापयेदसमञ्जस एव व्यपदेशः स्यात्। तस्मादविद्वद्विषये प्राप्तयोर्गत्युत्क्रान्त्योर्विद्वद्विषये प्रतिषेध इत्येवमेव व्याख्येयं व्यपदेशार्थवत्त्वाय। न च ब्रह्मविदः सर्वगतब्रह्मात्मभूतस्य प्रक्षीणकामकर्मण उत्क्रान्तिर्गतिर्वोपपद्यते निमित्ताभावात्। "अत्र ब्रह्म समश्नुते" इति चैवञ्जातीयकाः श्रुतयो गत्युत्क्रान्त्योरभावं सूचयन्ति।

अस्यार्थः–देहपरित्यागकारी विद्वान् पुरुष भी प्राणसमूह के साथ युक्त होकर देह से उत्क्रान्त होते हैं। इस प्रकार आपत्ति का उत्तर-'स्पष्टो ह्येकेषाम्'–इस सूत्र में दिया जाता है। यथा:–'तस्मात्' पद में पञ्चमी विभक्ति का प्रयोग होने से, 'अथाकामयमानो' इत्यादि पूर्वोक्त श्रुतिवाक्यों में देही पुरुषों से प्राणसमूह ही उत्क्रान्ति का जो प्रतिषेध किया गया है (देह से उत्क्रान्ति का प्रतिषेध नहीं किया गया), सुतरां ब्रह्मज्ञानी पुरुषों की देह से प्राणों की उत्क्रान्ति होती है, पूर्वपक्ष में जो ऐसा कहा गया है, वह ठीक नहीं है। कारण, एक शाखा के पाठ से, देह की से उत्क्रान्ति से प्रतिषेध होने की स्पष्ट रूप से उपलब्धि होती है; यथा, बृहदारण्यकोपनिषद् के तृतीयाध्याय के द्वितीय ब्राह्मण में, आर्त्तभाग और याज्ञवल्क्य में जो प्रश्नोत्तर उक्त हैं, उसमें दृष्ट होता है कि आर्त्तभागजी ने प्रश्न किया, "जब यह पुरुष मृत होता है, तब उसके प्राणसमूह उत्क्रान्त होते हैं,

अथवा नहीं?" इसके उत्तर में याज्ञवल्क्यजी ने कहा, "नहीं," अर्थात् उसके प्राणसमूह उत्क्रान्त नहीं होते हैं। परन्तु केवल इतने ही के उक्त होने से, इस प्रकार की आशङ्का हो सकती है कि, प्राणसमूह की उत्क्रान्ति न होने से, विद्वान् पुरुष की मृत्यु ही नहीं होती है; ऐसी आशङ्का के निवारणार्थ याज्ञवल्क्यजी ने पुनः कहा है, "(देह) में ही उसके प्राणसमूह सम्यक् लय-प्राप्त होते हैं; इस प्रकार से प्राणसमूह के लय को ज्ञापित कर, उसको प्रमाणित करने के हेतु उन्होंने पुनः कहा है, "वह उस समय उच्छूनता (बाह्यवायुप्रपूरण से वृद्धि) प्राप्त होता है, तथा आध्मात होता है (घड् घड् शब्द करता है), और ऐसा घड् घड् शब्द कर, मृत हो शयन करता है"। इन सब वाक्यों में श्रुति ने "स" शब्द के साथ ही अन्वय कर, "उत्क्रान्ति से उच्छ्यनादि" पर्यन्त क्रियाओं का उल्लेख किया है; परन्तु "उच्छ्यनादि" कार्य देह ही के हैं, देही के नहीं; इस "उच्छ्यनादि" के साथ "उत्क्रामन्ति" पद के भी समार्थभाव रहने से, "न तस्मात् प्राणा उत्क्रामन्ति, अत्रैव समवलीयन्ते" इस स्थल पर भी परवर्ती वाक्यों के साथ सामञ्जस्य रक्षित कर "तस्मात्" पद में जो तद् शब्द में पञ्चमी विभक्ति है, उस तद् शब्द से यद्यपि दृष्टतः देही ही प्रतीत होता है, तथापि उक्त स्थल पर "देह" ही के अर्थ में उसका प्रयोग समझना चाहिए। और जो लोग "न तस्मात् प्राणा उत्क्रामन्ति" ऐसा पाठ न कर, "न तस्य प्राणा उत्क्रामन्ति" ऐसा पाठ करते हैं, उनके पाठ में विद्वान् पुरुषों के सम्बन्ध में श्रुति ने उत्क्रान्ति का प्रतिषेध किया है; उत्क्रान्ति का प्रतिषेध उस वाक्य के द्वारा आदिष्ट होने से, देह से उत्क्रान्ति प्रतिषिद्ध हुई है, ऐसा समझना चाहिए। विद्वान् पुरुषों की देह से जो प्राणादि की उत्क्रान्ति नहीं होती है, उसे सिद्धान्त करने का और भी कारण यह है कि, बृहदारण्यक के चतुर्थाध्याय के चतुर्थ ब्राह्मण में प्रथमतः जीव के उत्क्रान्त होने पर, "चक्षु, मूर्द्धा अथवा शरीर के दूसरी प्रदेश से उत्क्रान्त होकर, प्राण उसका सहकारी होता है; मुख्य प्राण के उत्क्रान्त होने पर, और और प्राणसमूह उसका अनुसरण करते हैं", इत्यादि वाक्यों से अविद्वान् पुरुषों के सम्बन्ध में प्राणादि के साथ उत्क्रमण तथा पुनः संसार-गमन प्रदर्शित कर ('इति नु कामयमानः) (सकाम पुरुषों की इस प्रकार की गति) इस वाक्य के द्वारा, तद्विषयक गति-वर्णन के उपसंहार में, 'अथाकामयमानः' (तदनन्तर जो निष्कामी है) इत्यादि वाक्यों के (श्रुति-द्वारा) उपदिष्ट होने से, यदि विद्वान् पुरुषों की भी उस प्रकार की उत्क्रान्ति श्रुति द्वारा उपदिष्ट हो तो श्रुति के उपदेशों में सामञ्जस्य नहीं रहता। अतएव यह सिद्धान्त करना पड़ेगा कि, अविद्वान् के सम्बन्ध में जो गति तथा उत्क्रान्ति का श्रुति ने पहले उपदेश किया है, विद्वान् के सम्बन्ध में तत्पश्चात् उसी का प्रतिषेध हुआ है; श्रुतिवाक्यों के इसी प्रकार अर्थ करने से, उनकी अर्थवत्ता स्थिरतर रहती है।

ब्रह्मविद् पुरुष सर्वगत ब्रह्म के साथ एकता-प्राप्त होते हैं, उनके सकाम कर्म-समूह विनाश-प्राप्त होते हैं, सुतरां उनकी देह से उत्क्रान्ति के पक्ष में कोई निमित्त (कारण) नहीं रहता है; अतएव, देहान्त के पश्चात् उनकी देह से उत्क्रान्ति, युक्ति से भी, प्रतिपन्न नहीं होती है। "यहीं वे ब्रह्म लाभ करते हैं" इत्यादि श्रुतिवाक्यसमूह भी ब्रह्मज्ञानी की उत्क्रान्ति-गति के न रहने के ज्ञापक हैं।

परन्तु श्रीभाष्य (रामानुज भाष्य) भी निम्बार्क भाष्य ही के अनुरूप है। अतएव इस स्थल पर यह विचार्य है कि, कौन व्याख्या सूत्र की प्रकृत व्याख्या कह कर ग्रहणीय है ? व्याख्याद्वय सम्पूर्ण रूप से विरोधी हैं, इनका सामञ्जस्य किसी प्रकार से सम्भव नहीं है।

प्रथमतः, यह दृष्ट होता है कि, "प्रतिषेधादिति चेन्न शरीरात्" सूत्र का यह अंश यदि शाङ्करिक व्याख्यानुसार पूर्वपक्ष का उक्तिमात्र कहा जाय; तो उसके उत्तर स्वरूप में वेदव्यासजी ने जो "स्पष्टो ह्येकेषाम्" इस सूत्रांश की रचना की है, उसका कोई निदर्शन शेषोक्त सूत्रांश (अथवा सूत्र) में नहीं है। पक्षव्यावर्त्तन स्थल पर ब्रह्मसूत्र में वेदव्यासजी ने 'तु' अथवा 'वा' अथवा 'न वा' इत्यादि शब्दों को उत्तरस्थानीय सूत्र के स्पष्ट वाक्य के द्वारा जिस स्थल पर उत्तरस्थानीय सूत्र कहकर वह सूत्र बोधगम्य नहीं होता है, उस स्थल पर सर्वत्र ही ब्रह्मसूत्र में संयोजित किया है; किन्तु इस स्थल पर ऐसा न कर उन्होंने जिस प्रकार से सूत्र की रचना की है, उसके पाठ से सूत्रार्थ ऐसा ही प्रतीत होता है कि, सूत्र का "स्पष्टो ह्येकेषाम्" अंश "प्रतिषेधादिति चेन्न शारीरात्" अंश का पोषक है, तद्विपरीत मत-ज्ञापक नहीं है। इन दोनों अंशों को विभक्त कर पृथक्-पृथक् दो सूत्रों के रूप से जिस प्रकार शङ्कराचार्यजी ने प्रदर्शित किया है, उससे सूत्रार्थ में कोई पार्थक्य नहीं होता है। इस सूत्र के गठन के साथ और दो सूत्रों का सादृश्य प्रदर्शित किया जाता है। यथा, ब्रह्मसूत्र के तृतीयाध्याय के द्वितीय पाद के द्वादश और त्रयोदश सूत्र। द्वादश सूत्र, यथा, "भेदादिति चेन्न प्रत्येकमतद्वचनात्", इस स्थल पर "भेदात्" अंश पूर्वपक्षीय है, उसको तत्परस्थित "इति चेत्" वाक्य के द्वारा प्रदर्शित कर, उसके उत्तर में वेदव्यासजी कहते हैं 'न', और उसके पश्चात् ही क्यों नहीं, इसका कारण "प्रत्येकमतद्वचनात्" वाक्य के द्वारा उन्होंने प्रदर्शित किया है; और "अपि चैवमेके" इस त्रयोदश सूत्र के द्वारा उक्त कारण का समर्थन किया है। इस चतुर्थाध्याय के द्वितीय पाद का द्वादशसंख्यक सूत्र, जिसके अर्थ की समालोचना की जाती है, उसका गठन पूर्वोक्त तृतीयाध्याय के द्वितीय पाद के १२ और १३ संख्यक सूत्रों के ठीक अनुरूप है। पूर्वप्रदर्शित रीति के अनुसार ही उसके अर्थ को ग्रहण

करना उचित है। यथा, "प्रतिषेधात्" अंश पूर्वपक्षीय है, इसको तत्परस्थित "इति चेत्" वाक्य द्वारा प्रदर्शित कर, उसके उत्तर में वक्ता सूत्रकारजी कहते हैं 'न' और क्यों नहीं ? इसका कारण प्रदर्शित करने में सूत्रकारजी कहते हैं "शारीरात्"; और इसके परवर्ती "स्पष्टो ह्येकेषाम्" वाक्य के द्वारा इसी का समर्थन उन्होंने किया है, ऐसा प्रतीत होता है। अतएव सूत्र के गठन पर विचार करने से यह प्रतीत होता है कि, सूत्र के दोनों अंश एक ही सिद्धान्त को ज्ञापित करते हैं। एकांश को पूर्वपक्षीय और अपरांश को उसी पूर्वपक्षीय का उत्तर कह कर आचार्य शङ्कर ने जो कल्पना की है, सूत्र के गठन पर विचार करने से, ऐसा अनुमित नहीं किया जा सकता है।

द्वितीयत:, इस १२ सूत्र के चार सूत्र पूर्व, चतुर्थाध्याय के द्वितीय पाद के सप्तम संख्यक सूत्र में वेदव्यासजी ने कहा है, "समाना चासृत्युपक्रमात्", इसकी व्याख्या शङ्कराचार्यजी ने स्वयं इस प्रकार की है यथा, "समाना चैषोत्क्रान्तिर्वाङ्मनसीत्याद्या विद्वदविदुषोरासृत्युपक्रमात् भवितुमर्हति। अविशेषश्रवणात्" (इस सप्तम सूत्र की व्याख्या में तत्सम्बन्धीय शाङ्करभाष्य उद्धृत तथा व्याख्यायित किया गया है, वह द्रष्टव्य है) अर्थात् ब्रह्मज्ञ और अब्रह्मज्ञ पुरुषों की उत्क्रान्ति का क्रम, वागादि इन्द्रियों का मन में लय होना, मन का मुख्य प्राण में लय होना, तथा मुख्य प्राण का जीव के साथ समता-प्राप्त होना, तुल्य है; कारण, इनमें किसी प्रकार की विभिन्नता का उल्लेख श्रुति ने नहीं किया है। (ब्रह्मसूत्र में सर्वत्र ही विद्वान् शब्द का ब्रह्मज्ञ के अर्थ में व्यवहार हुआ है, इस सम्बन्ध में कोई भी विरोध नहीं है।) यह पहले ही प्रतिपन्न किया गया है कि, "अमृतत्वं चानुपोष्य" अंश की व्याख्या जो शाङ्करभाष्य में उक्त है, वह सङ्गत नहीं है। यह कैसे संगत हो सकता है कि, केवल चार सूत्र पूर्व ऐसा कह कर, वेदव्यासजी द्वादश सूत्र में निष्काम विद्वान् पुरुषों की किसी प्रकार की उत्क्रान्ति (गति) नहीं है, ऐसा कहेंगे ? यदि सगुण और निर्गुण उपासकों के भेद पर ऐसी उत्क्रान्ति और अनुत्क्रान्ति को उपदिष्ट करना उनका अभिप्राय होता (शङ्कराचार्यजी ने ऐसी ही मीमांसा की है), तो उस सम्बन्ध में सूत्ररचना कर, वे स्पष्ट रूप से उसका निर्देश करते; किन्तु समस्त ग्रन्थ के किसी स्थल पर उन्होंने ऐसा निर्देश नहीं किया है; पक्षान्तर में, तृतीयाध्याय के तृतीय पाद के ५७ संख्यक ("विकल्पोऽविशिष्ट-फलत्वात्") सूत्र में ऐसा ही निर्देश किया है कि, सर्वविध विद्या का एक फल ब्रह्म-प्राप्ति है। सुतरां ऐसी भेद-कल्पना करने का कोई भी कारण दृष्ट नहीं होता है।

तृतीयत:, "निष्काम, आप्तकाम, आत्मकाम" पुरुषों की गति विषयक श्रुति को उद्धृत कर, शङ्कराचार्य ने स्वीय व्याख्या का समर्थन किया है। किन्तु इस स्थल पर

यह जिज्ञास्य है कि, क्या सगुण ब्रह्मोपासक, जिसने ब्रह्मज्ञान लाभ कर विद्वान्-पदवी को प्राप्त किया है, निष्काम न होते हुए ही ब्रह्मवित् होता है? जीवित काल ही में उसकी ब्रह्मज्ञान-प्राप्ति की सम्भावना का, श्रुति के अनुसार, वेदव्यासजी ने तृतीयाध्याय के अन्तिम पाद से आरम्भ कर चतुर्थाध्यायपर्यन्त, सर्वत्र ही वर्णन किया है; और शाङ्करभाष्य में भी कहीं उसकी विपरीत व्याख्या नहीं की गई है। सुतरां, यह अवश्य ही स्वीकार करना पड़ेगा कि, वह जीवितकाल ही में आप्तकाम होता है। ब्रह्मदर्शन होने पर, जीव की हृदयग्रन्थि छिन्न होती है, पूर्वसञ्चित कर्मसमूह का क्षय होता है, (इस अवस्था को प्राप्त होने पर भी जिसके निमित्त उसकी देह जीवित रहती है उस) आरब्ध कर्म में वह किसी प्रकार से लिप्त नहीं होता है, इत्यादि सभी को, (सर्वविध ब्रह्मविद्या में प्रतिष्ठित ब्रह्मज्ञानी के पक्ष में) वेदव्यासजी ने श्रुतिप्रमाण द्वारा पूर्व ही प्रमाणित किया है; और तृतीयाध्याय के उपासना-प्रकरण में स्पष्ट रूप से यह मीमांसा की है कि विद्याओं के विभिन्न होने पर भी, सभी ब्रह्मविद्याओं का एक फल ब्रह्म-प्राप्ति है, और ब्रह्मविद्या के सिद्ध होने पर, जीवितकाल ही में ब्रह्मदर्शन-लाभ होता है। सगुण-ब्रह्मोपासकों की भाँति निर्गुण-ब्रह्मोपासक भी ब्रह्मदर्शन लाभ के पश्चात् जीवित रहते हैं; अतएव सर्वविध ब्रह्मोपासकों को जीवित काल ही में निष्कामत्व और आप्तकामत्व प्राप्त हो सकते हैं। सुतरां जब जीवन्मुक्त सर्वविध ब्रह्मोपासक "अकाम, निष्काम, आत्मकाम तथा आप्तकाम होते हैं, तब, श्रुति अथवा सूत्रकार के, उनमें श्रेणी-विभाग कर, अन्तिम काल की गति के विषय में, किसी स्थल पर पार्थक्य प्रदर्शित न करने के कारण जो शङ्कराचार्यजी ने इस प्रकार के पार्थक्य की कल्पना की है, वह एकान्त अमूलक प्रतीत होती है। यदि "अथाकामयमानो योऽकामो निष्कामः" इत्यादि श्रुतिवाक्यों का अर्थ शङ्कराचार्य की व्याख्या के अनुरूप किया जाय, तो कहना पड़ेगा कि, सर्वविध ब्रह्मज्ञ (विद्वान्) पुरुषों के सम्बन्ध में ही वह प्रयुज्य है; सगुण तथा निर्गुण उपासक, दोनों ही जब निष्काम-प्रभृति अवस्थायें प्राप्त करते हैं, और केवल निष्कामत्व प्रभृति का उल्लेख कर जब श्रुति ने उत्क्रान्ति का प्रतिषेध किया है, और उक्त निष्कामियों में जब कोई श्रेणीभेद नहीं किया है, तब सर्वविध जीवन्मुक्त पुरुषों के सम्बन्ध में उक्त प्रतिषेध प्रयुज्य है। परन्तु पूर्वोक्त "समाना चासृत्युपक्रमात्" इत्यादि बहुसंख्यक सूत्रों में, पूर्व अथवा पश्चात्, सूत्रकार भगवान् वेदव्यासजी ने जीवन्मुक्त विद्वान् पुरुषों की भी देह से उत्क्रान्ति होने का श्रुतिप्रमाण-द्वारा सिद्धान्त किया है, उसमें किसी प्रकार का व्याख्या-विरोध नहीं है। सुतरां ऐसा ही सिद्धान्त करना पड़ेगा कि, शङ्कराचार्य की व्याख्या काल्पनिक है, प्रकृत नहीं है।

केवल अनिर्देश्य "सत्" ब्रह्मोपासकों की अथवा आनन्द-वर्जित केवल 'चिद्रूप' ब्रह्मोपासकों की, देहान्त होने पर, कोई गति नहीं है; सगुण (सर्वज्ञ, सर्वशक्तिमान्, आनन्दमय) ब्रह्म के उपासकों की, देहान्त होने पर, गति होती है, इस प्रकार से ब्रह्मवित् पुरुषों में श्रेणीविभाग करने का वास्तव में कोई संगत हेतु भी दृष्ट न्हीं होता है। जो लोग जिस रूप की उपासना करते हैं, वे तद्रूपता प्राप्त करते हैं, इसका छान्दोग्य श्रुति ने (३ अ० ४र्थ ख०) "यथाक्रतुरस्मिँल्लोके पुरुष भवति, तथेतः प्रेत्य भवति" वाक्य द्वारा स्पष्ट रूप से उपदेश किया है। जो लोग सगुण ब्रह्म के उपासक हैं, वे सर्वव्यापी सर्वशक्तिमान् रूप से ही ब्रह्म की उपासना करते हैं; और ब्रह्म के सर्वव्यापी तथा सर्वशक्तिमान् होने का असंख्य श्रुतियों ने वर्णन किया है; और किसी भाष्यकार ने इसे अस्वीकार नहीं किया है और न कोई कर सकता है। निर्गुण-उपासकों के निकट ब्रह्म जैसे निज-आत्मा-स्वरूप है, सगुण-उपासकों के निकट भी वह वैसे ही आत्मास्वरूप है; वह सगुण-उपासकों की आत्मा से दूर नहीं है, जीवात्मा उसी के चिदंशमात्र हैं। निगुण-उपासक उस परमात्मा के किसी गुण का ध्यान नहीं करते हैं, सगुण उपासक गुणों के साथ उसका ध्यान करते हैं, केवल यही प्रभेद है; दोनों के पक्ष में वह अदूरस्थित है। तो इसका कोई भी सङ्गत हेतु दृष्ट नहीं होता है कि निर्गुण उपासक देहान्त होने पर ब्रह्म को प्राप्त होते हैं, और सगुण उपासक उसको प्राप्त नहीं होते हैं। उभयविध उपासक तो ब्रह्म ही के उपासक हैं, कोई भी तो केवल नामादि प्रतीकावलम्बन से उपासक नहीं हैं। दोनों ही निष्काम हैं, दोनों आत्मकाम हैं, और जीवितकाल में ब्रह्मसाक्षात्कार कर आप्तकाम हो सकते हैं। और श्रुति ने अथवा सूत्रकार ने किसी स्थल पर इनमें पार्थक्य अथवा इनकी अन्तिम गति की भिन्नता प्रदर्शित नहीं की है। अतएव दोनों ही के पक्ष में जब ब्रह्म समान रूप से आत्मस्थ तथा अदूरवर्ती है, तो इस कारण, निर्गुण उपासकों की, देहान्त होने पर, अन्यत्र गति का न रहना सिद्धान्त करने से, सगुण उपासकों की भी उसी एक कारण से गति का निषेध करना पड़ेगा। किन्तु श्रुति ने अनेक स्थलों पर यह वर्णन किया है कि, देहान्त होने पर, ब्रह्मज्ञ पुरुषों की अर्चिरादि मार्ग में गति होती है; यथा, छान्दोग्य (८ अ० ३ ख०) "एषसम्प्रसादोऽस्माच्छरीरात् समुत्थाय परं ज्योतिरुपसम्पद्य स्वेन रूपेणाभिनिष्पद्यत एष आत्मा", तथा अन्यत्र "तयोर्ध्वमायन्नमृतत्वमेति" इत्यादि। और भगवान् सूत्रकार ने भी ऐसा ही निर्दिष्ट किया है। अतएव श्रीमच्छङ्कराचार्यजी का सिद्धान्त किसी प्रकार से भी सत्सिद्धान्त कहकर ग्रहणीय नहीं हो सकता है।

चतुर्थतः शास्त्रीय प्रमाण के अभाव पर भी यदि सगुण और निर्गुण उपासना के

पार्थक्या की कल्पना कर, सगुण उपासकों की अर्चिरादि–मार्ग में गति को, तथा निर्गुण–उपासकों की गति के अभाव को, आचार्य शङ्कर के प्रदर्शित हेतु के आधार पर, सिद्धान्त करने की इच्छा करो, तो भी निविष्ट चित्त हो विचार करने पर यह प्रतीत होगा कि, पूर्वोद्धृत सूत्रभाष्य में शङ्कराचार्यजी ने जिन सब हेतुओं के आधार पर स्वकृत सूत्र व्याख्या को स्थापित करने की चेष्टा की है, वे किसी प्रकार से संगत नहीं हो सकते। शङ्करोक्त हेतुसमूह का एक एक करके विचार किया जाता है:–

(१) बृहदारण्यकोपनिषद् के तृतीयाध्याय के द्वितीय ब्रह्मणोक्त आर्त्तभाग और याज्ञवल्क्य के प्रश्नोत्तर को उद्धृत कर, उन्होंने, उसकी व्याख्या के द्वारा, प्रथमतः स्वीय मत के पुष्टि–साधन करने का प्रयत्न किया है। उक्त प्रश्नोत्तर का सारांश नीचे वर्णन किया जाता है:–

बृहदारण्यकोपनिषद्, तृतीयाध्याय द्वितीय ब्राह्मण, "जरत्कारुवंशोद्भव आर्त्तभाग ने याज्ञवल्क्य को सम्बोधन कर कहा, याज्ञवल्क्य! ग्रह कितने हैं, अतिग्रह कितने हैं?' याज्ञवल्क्य बोले, "ग्रह आठ हैं और अतिग्रह भी आठ हैं। आर्त्तभाग ने पूछा, 'अष्ट ग्रह और अष्ट अतिग्रह कौन–कौन हैं ?।। १।।

"याज्ञवल्क्य बोले, 'प्राण एक ग्रह है; वह प्राणरूपग्रह अपान नामक अतिग्रह द्वारा आकृष्ट होकर, उसी अपान के द्वारा गन्ध ग्रहण करता है।। २।।

"वाक् अपर एक ग्रह है। वह वाक् नामरूप (वक्तव्यविषयरूप) अतिग्रह द्वारा गृहीत होता है, वाक् द्वारा नामसमूह उच्चारित किये जाते हैं।। ३।।

"जिह्वा अपर एक ग्रह है। वह जिह्वा रसनासक अतिग्रह द्वारा गृहीत होता है, जिह्वा–द्वारा रससमूह आस्वादित किये जाते हैं।। ४।।

"चक्षु एक ग्रह है। वह रूपनामक एक अतिग्रह द्वारा गृहीत होता है। चक्षु द्वारा रूपसमूह के दर्शन किये जाते हैं।। ५।।

"श्रोत्र एक ग्रह है, वह शब्दनामक अतिग्रह द्वारा गृहीत होता है। श्रोत्र द्वारा शब्द–समूह श्रवण किये जाते हैं।। ६।।

"मन एक ग्रह है, वह कामनारूप अतिग्रह के द्वारा गृहीत होता है। मन के द्वारा काम्यविषयसमूह की कामना की जा सकती है।। ७।।

हस्तद्वय एक ग्रह हैं। ये कर्मरूप अतिग्रह द्वारा गृहीत होते हैं। हस्तद्वय के द्वारा कर्मसमूह सम्पादित किये जाते हैं।। ८।।

"त्वक् एक ग्रह है। यह स्पर्शरूप अतिग्रह द्वारा गृहीत होता है। त्वक्-द्वारा स्पर्श अनुभूत होते हैं।

ये अष्ट ग्रह तथा अष्ट अतिग्रह वर्णित किये गये हैं।। ९।।

"आर्त्तभाग ने पुनः जिज्ञासा की, 'याज्ञवल्क्य! दृश्यमान एतत्समस्त ही मृत्यु के अन्नस्वरूप हैं। परन्तु मृत्यु भी जिनका अन्नस्वरूप है, वे देवता कौन हैं ? याज्ञवल्क्य ने कहा, "अग्नि ही मृत्यु है, वही अग्नि अप् (जल) का अन्न है। अप् मृत्यु को जय करता है (जीव अप् का आश्रय ग्रहण कर मृत्यु को जय करता है)"।। १०।। (इस स्थल पर छान्दोग्योक्त पञ्चाग्निविद्या द्रष्टव्य है)।"

"आर्त्तभाग ने पुनः पूछा, 'याज्ञवल्क्य! जब इस पुरुष की मृत्यु होती है, तब प्राणसमूह की उससे उत्क्रान्ति होती है, अथवा नहीं ?" याज्ञवल्क्य ने कहा, "नहीं, इसी (पुरुष ही) में वे लय-प्राप्त होते हैं; वह स्फीत होता रहता है, घड्-घड् शब्द करता रहता है; ऐसा शब्द कर मृत हो शयन करता है"।। ११।।

(इस शेषोक्त ११ संख्यक प्रश्नोत्तर ही के आधार पर शाङ्कर भाष्य में विचार प्रवर्त्तित किया गया है)। अतएव मूलश्रुति, जिसका अर्थ ऊपर व्याख्यात हुआ है, इस स्थल पर उद्धृत की जाती है:-

'याज्ञवल्क्येति होवाच यत्रायं पुरुषो म्रियत उदस्मात् प्राणाः कामन्त्याहो नेति? नेति होवाच याज्ञवल्क्योऽत्रैव समवलीयन्ते स उच्छ्वयत्याध्मायत्याध्मातो मृतः शेते'।। ११।।

"आर्त्तभाग ने पूछा, 'जब इस जीव की मृत्यु होती है, तब कौन उसको त्याग नहीं करता है ?' याज्ञवल्क्य ने कहा, "नाम उसको त्याग नहीं करता; नाम अनन्त है, विश्वदेवगण अनन्त हैं; मृतव्यक्ति नाम के द्वारा लोकसमूह को जय करता है"।। १२।।

पुनः आर्त्तभाग ने पूछा, "याज्ञवल्क्य! जब इस मृत पुरुष के वाक् अग्नि में, प्राण वायु में, चक्षुर्द्वय आदित्य में, मन चन्द्र में, कर्ण दिशाओं में, स्थूल शरीर पृथिवी में, आत्मा आकाश में, लोमसमूह ओषधि में, केशसमूह वनस्पतिसमूह में, रक्त और रेतः जल में, लय-प्राप्त होते हैं, तब वह पुरुष कहाँ अवस्थिति करता है?" तब याज्ञवल्क्यजी ने कहा, "हे सौम्य आर्त्तभाग! मेरे साथ आओ, हम दोनों इस प्रश्न का उत्तर एकान्त में अवधारित करेंगे, जनाकीर्ण स्थान पर (सभामध्य में) इसका उत्तर दातव्य नहीं है।" तदनन्तर उन दोनों ने सभास्थल को परित्याग कर, उस विषय पर विचार किया। उन्होंने मीमांसा की कि कर्म ही जीव के आश्रय हैं, कर्मों ही की उन्होंने

प्रशंसा की; पुण्यकर्मकारी जीव पुण्य–द्वारा पुण्य ही प्राप्त होते हैं, पापकर्मकारी जीव पाप द्वारा पाप ही को प्राप्त होते हैं। ऐसा उत्तर सुनकर, आर्त्तभाग पुनः प्रश्न करने से विरत हुए"।। १३।।

इति बृहदारण्यके तृतीयाध्याये द्वितीयं ब्राह्मणम्।।

—•—

पूर्वोक्त एकादश संख्यक प्रश्नोत्तरव्याख्या द्वारा ही प्रथमतः शङ्कराचार्यजी ने स्वीय मत का पोषण किया है; उनके मत में, यह प्रश्नोत्तर केवल ब्रह्मज्ञ–पुरुषविषयक है, अर्थात् मृत्यु के समय, ब्रह्मज्ञ पुरुष के प्राणसमूह उत्क्रान्त होते हैं या नहीं? यही आर्त्तभाग का प्रश्न है; इस सम्बन्ध में याज्ञवल्क्य का उत्तर 'न' 'नहीं' होता है। शङ्कराचार्य के मत में इस प्रश्नोत्तर का सारमर्म यह है कि, विद्वान् पुरुष के मृत्युकाल में उसके प्राणसमूह देह से उत्क्रान्त नहीं होते हैं, देह ही में विलीन होते हैं। यदि प्रश्न केवल ब्रह्मज्ञ पुरुषों के सम्बन्ध में न होकर, विद्वान् और अविद्वान् दोनों के सम्बन्ध में होवे, अथवा विलीन अविद्वान् पुरुष के सम्बन्ध में होवे, तो उक्त एकादश प्रश्नोत्तर की व्याख्या जिस प्रकार से शङ्कराचार्यजी ने की है, (अर्थात् देह से प्राणसमूह उत्क्रान्त नहीं होते हैं, देह ही में विलीन होते हैं), वह कभी संगत नहीं हो सकती; कारण यह है कि अविद्वान् पुरुषों के प्राणसमूह जो मृत्यु के समय उनके साथ देह से उत्क्रान्त होते हैं, इसका श्रुति ने स्पष्ट रूप से अन्यत्र वर्णन किया है; यथा, "तमुत्क्रामन्तं प्राणोऽनूत्क्रामति अन्यं नवतरं कल्याणतरं रूपं कुरुते" (बृ०, ४ अ०, ४ ब्रा०) (जीव के उत्क्रान्त होने पर, तत्पश्चात् प्राण भी देह से उत्क्रमण करता है और दूसरा नूतन इष्टसाधक रूप निर्माण करता है)। भगवान् वेदव्यासजी ने भी पूर्ववर्त्ती सूत्रों में स्पष्ट रूप से इसका सिद्धान्त किया है, और यह शङ्कराचार्यजी का भी सम्मत है। अतएव यह अवश्य स्वीकार करना पड़ेगा कि यदि उक्त प्रश्नोत्तर केवल ब्रह्मवित् पुरुष के सम्बन्ध में न होवे, तो शङ्कराचार्यजी की व्याख्या कभी सङ्गत नहीं हो सकती।

परन्तु, उक्त प्रश्नोत्तर केवल ब्रह्मविद्विषयक हैं, ऐसा जो शङ्कराचार्यजी कहते हैं, इसका कोई कारण उन्होंने प्रदर्शित नहीं किया है। आर्त्तभाग और याज्ञवल्क्य में जो विचार हुआ था, वह सम्यक् रूप से विवृत किया गया। प्रथम प्रश्न यह था कि ग्रह और अतिग्रह कितने प्रकार के हैं और क्या क्या हैं? उसके उत्तर में याज्ञवल्क्य ने आठ इन्द्रियार्थों को ग्रह और अतिग्रह कहकर उनका वर्णन किया है उसके पश्चात् का प्रश्नः–मृत्यु किसका अन्न है ? उसके उत्तर में याज्ञवल्क्य ने कहा है, अग्नि ही मृत्यु है, और वही अग्नि अप् का अन्न है। तत्परवर्ती प्रश्नः–पुरुष के मृत्यु–काल के

उपस्थित होने पर, उससे उसके प्राण-समूह उत्क्रान्त होते हैं या नहीं ? उत्तर, नहीं। पुनः प्रश्नः-पुरुष के मृत होने पर, उसको क्या परित्याग नहीं करता है ? उत्तर, नाम। तत्परवर्ती प्रश्नः-पुरुष के मृत होने पर, उसकी देह के भस्मीभूत होने पर, वह किसको अवलम्बन कर वर्तमान रहता है ? उत्तर-कर्म। पुण्य कर्म पुण्य-लोक-प्राप्ति कराता है, और दूसरे पुण्य-कर्मों में प्रेरणा करता है, पापकर्म तद्विपरीत फल प्रदान करता है। केवल यही सम्पूर्ण विचार है। इसमें ब्रह्मवित्पुरुष के सम्बन्ध में विशेष रूप से कोई भी प्रसङ्ग दृष्टिगोचर नहीं होता है। एकादश प्रश्न के पूर्ववर्ती प्रश्नोत्तर में, अप् (जल) का आश्रय गहण कर, अग्निरूप मृत्यु के जय करने की कथा ही का उल्लेख है; दशम प्रश्न परब्रह्मोपासना-विषयक नहीं है, अग्निजय-मात्र ही इसका विषय है; कारण, याज्ञवल्क्य का उत्तर सुनकर, यह प्रकृत उत्तर नहीं है ऐसा कहकर, आर्त्तभाग ने इसका प्रतिवाद नहीं किया; अतएव प्रश्न भी अग्नि और अप् के सम्बन्ध में था, ऐसा प्रतिपन्न होता है। पुनः, द्वादश तथा त्रयोदश प्रश्नोत्तर में "नाम" मृत पुरुष को परित्याग कर नहीं जाता है, और पाप कर्म से मृतपुरुष पाप भोग को, तथा पुण्य कर्म से पुण्य भोग को प्राप्त करते हैं, इत्यादि वाक्यों से स्पष्ट ही प्रतीयमान होता है कि ये सब प्रश्नोत्तर ब्रह्मवित् पुरुष के सम्बन्ध में नहीं हैं। इन सब कारणों से, अविद्वान् पुरुष ही पूर्वोल्लिखित एकादश संख्यक प्रश्नोत्तर का विषय है, ऐसा मानकर श्री रामानुजस्वामी-प्रभृति भाष्यकारों ने इसकी व्याख्या की है। इस श्रुति में केवल विद्वान् पुरुष ही लक्षित हुआ है, ऐसा सिद्धान्त करने का कोई भी सङ्गत कारण शङ्कराचार्य ने प्रदर्शित नहीं किया है; अतएव उनकी मीमांसा और श्रुति-व्याख्या सङ्गत नहीं हो सकती। मृत्युकाल के उपस्थित होने पर, पूर्वोक्त 'ग्रह' (इन्द्रिय) समूह के कार्य रुद्ध होते हैं, ऐसा सदैव दृष्ट होता है; इस पर आर्त्तभाग ने जिज्ञासा की, "क्या ये सब ग्रह जीव को परित्याग करते हैं ?" याज्ञवल्क्य ने कहा, 'नहीं' अर्थात् देहादि की भाँति उससे (अस्मात्) विच्युत नहीं होते हैं, उसी में लीन होकर वर्तमान रहते हैं; इनके कार्यों के रुद्ध होने पर, वह (जीव) स्फीत होता रहता है, घड्-घड् शब्द करता रहता है, एवं पत्पश्चात् वह देह को परित्याग करता है, देह निश्चेष्ट होकर पड़ी रहती है। जब वह देह को परित्याग करता है, तब उसमें लीन ग्रह समूह अवश्य उसके संग ही जाते हैं; यह इस श्रुति के केवल भाव से मालूम होता है, स्पष्ट वाक्य से नहीं; किन्तु अपर श्रुतियों ने स्पष्ट रूप से ही कहा है, ये पहले उद्धृत हुई हैं। इस श्रुति का ऐसा अर्थ श्रीरामानुजस्वामी ने स्वीय भाष्य में स्पष्ट रूप से लिखा है; यथा, "अविदुषस्तु प्राणाऽनुत्क्रान्तिवचनं, स्थूलदेहवत् प्राणा न मुञ्चन्ति, अपितु भूतसूक्ष्मवज्जीवं परिष्वज्य गच्छन्तीति प्रतिपादयति"।

श्रीमच्छङ्कराचार्य ने यह स्वीकार किया है कि, श्रुति में जो 'अस्मात्' शब्द है ("अस्मात् प्राणाः क्रामन्ति"), उस वाक्य के अन्वयानुसार वह 'पुरुष' बोधक है; श्रुति के इस वाक्य के प्रथमोक्त चरण में "अयं पुरुषो म्रियते", ऐसी उक्ति है, उस पुरुष शब्द के साथ ही परवर्ती 'अस्मात्' शब्द समन्वित है, अर्थात् 'अस्मात्' शब्द से "इस पुरुष से" ऐसा प्रतिभात होता है; "पुरुष के शरीर से" ऐसा अर्थ उस वाक्य के अन्वय-द्वारा लब्ध नहीं होता है; कारण, 'अस्मात्' शब्द के पूर्व 'शरीर' शब्द का कोई प्रयोग नहीं है। किन्तु इसको स्वीकार करने पर भी वे कहते हैं कि, "स उच्छ्वयति, अध्मायति" (वह, अर्थात् मृत्युमुख में पतित व्यक्ति, "स्फीत होता है, घड्-घड् शब्द करता है), इस परवर्ती वाक्य से यह "स्पष्ट रूप से प्रतीत होता है कि, 'स' शब्द शरीरवाचक है, कारण, होना और घड्-घड् शब्द करना शरीर ही के कार्य हैं, जीव के नहीं। अतएव प्राणसमूह 'समवलीयन्ते' (उसमें सम्यक् विलीन होते हैं) पद में भी शरीर ही में विलीन होते हैं, ऐसा समझना पड़ेगा; जीव वाची होने पर भी, 'स' शब्द शरीरार्थक है, सुतरां 'अस्मात्' पद भी 'शरीरात्' के अर्थ में व्यवहृत हुआ है, ऐसा समझना चाहिए।

इस स्थल में वक्तव्य यह है कि, "वह स्फीत होता है, घड़ू घड़ू शब्द करता है", इस वाक्य में स्फीत होना तथा घड़ू घड़ू शब्द करना यद्यपि शरीर ही के कार्य हैं, इसमें सन्देह नहीं, किन्तु शरीरधारी जीव के सम्बन्ध में ऐसे वाक्य सदैव प्रयुक्त होते हैं। मैं स्फीत हुआ हूँ, मैं कृश हुआ हूँ, मैं गौर हूँ, मैं कृष्ण हूँ, इत्यादि वाक्यों का व्यवहार सदैव से प्रसिद्ध है। यद्यपि प्रधानतः शरीर ही के सम्बन्ध में ये वाक्य-समूह सार्थकता प्राप्त होते हैं, तथापि। जीव के साथ एकात्म भाव से सम्बन्ध विशिष्ट होकर, शरीर के, अवस्थिति करने के कारण और उसमें जीव की आत्मबुद्धि के वर्तमान रहने के कारण, इन सब वाक्यों के वक्ता, जीव ही के प्रति उन सब वाक्यों को आरोपित कर, वाक्य-प्रयोग किया करते हैं; श्रुति ने भी ऐसा ही किया है। यदि "वह पुरुष स्फीत होता है" प्रभृति वाक्यों को लक्ष्य कर, उस 'पुरुष' शब्द का शरीर मात्र अर्थ किया जाय, और इस कारण 'समवलीयन्ते' और 'उत्क्रामन्ति' पदों का भी शरीर से उत्क्रान्ति न होने और शरीर में लय होना अर्थ किया जाय, तो प्रश्नोक्त 'म्रियते' और परवर्त्ती 'मृतः शेते' पदों का भी अर्थ इसी प्रकार करना उचित होगा; अर्थात् प्रश्न का अर्थ तब ऐसा करना पड़ेगा कि, "शरीर जब मृत होता है, तब उससे प्राण-समूह उत्क्रान्त होते हैं अथवा नहीं ?" और उत्तर का भी ऐसा अर्थ करना पड़ेगा कि, "नहीं, नहीं होते हैं, शरीर ही में लीन होते हैं, शरीर-स्फीत होता है, घड्-घड् शब्द कर मृत हो शयन करता है।" किन्तु "शरीर की मृत्यु" ऐसा वाक्य प्रायशः व्यवहृत नहीं होता

है, श्रुति ने भी नहीं किया है; गौणार्थ में प्रयुक्त होने पर भी, जीव ही के सम्बन्ध में जन्म, मृत्यु-प्रभृति शब्दों का प्रयोग हुआ करता है; और परवर्ती वाक्य से यह स्पष्ट प्रतिपन्न होता है कि यह प्रश्न जीव ही के सम्बन्ध में है, यथा, "नाम जीव को परित्याग नहीं करता है, देह के उपकरण-समूह पृथिव्यादि में लय-प्राप्त होते हैं; स्वकृत पुण्यपाप रूप कर्मों का आश्रय ग्रहण कर, जीव उनका फल भोग करते हैं" इत्यादि। मृत्यु अर्थात् देह-त्याग-पर्यन्त जो जो घटित होता है, श्रुति ने उसी का इस स्थल पर वर्णन किया है; श्रुति ने नहीं कहा है कि, मृत्यु के पश्चात् प्राणसमूह देह में लीन होकर रहते हैं, जीव का अनुगमन नहीं करते हैं। अतएव "उच्छ्वयति तथा आध्मायति" पद के आधार पर, समग्र वाक्यों में 'पुरुष' और 'स' शब्दों का 'शरीर' अर्थ करना युक्ति-सङ्गत नहीं है।

अन्त में वक्तव्य यह है कि, "प्रतिषेधादिति चेन्न शारीरात्" इस परिष्कार, युक्तिपूर्ण सूत्रांश को यदि पूर्वपक्षस्वरूप में वेदव्यासजी ने वर्णन किया हो, और "स्पष्टो ह्येकेषाम्" इस अंश में उसका उत्तर दिया हो, तो पूर्वोल्लिखित श्रुत्युक्त "समवलीयन्ते" पद का अर्थ "शरीर ही में लय होते हैं" यह स्पष्ट रूप से, अर्थात् अवितर्कित भाव से, सभी को बोधगम्य करना उचित है। किन्तु पूर्वोक्त व्याख्याविरोध और युक्ति पर विचार करने से, क्या यह कहा जा सकता है कि, उक्त श्रुति-वाक्य में 'समवलीयन्ते' क्रिया के अपादान 'अस्मात्' (पुरुषात्) पद के स्पष्ट रूप से उल्लेख रहने पर भी, इस "अस्मात्" शब्द का 'शरीरात्' अर्थ इतना स्पष्ट है कि, वेदव्यासजी ने, उसके सम्बन्ध में दूसरा कोई कारण दिखाये बिना, केवल 'स्पष्ट' इस वाक्य के द्वारा ही समस्त आपत्तियों का खण्डन किया है ? अतएव इस स्थल पर शाङ्करमत ग्रहीतव्य नहीं है।

(२) अतः पर बृहदारण्यकोपनिषद् के दूसरे एक वाक्य का उल्लेख कर, श्रीमच्छङ्कराचार्यजी ने स्वीय सूत्रव्याखा की पुष्टि करने का प्रयत्न किया है। अब उस विषय की समालोचना की जाती है:-

बृहदारण्यकोपनिषद् के चतुर्थाध्याय में राजर्षि जनक और याज्ञवल्क्य का संवाद विवृत हुआ है। उस चतुर्थाध्याय के चतुर्थ ब्राह्मण के ५ और ६ संख्यक वाक्यों में याज्ञवल्क्य ने ऐसा कहा है:-

"स वा अयमात्मा ब्रह्म विज्ञानमयो मनोमयः प्राणमयश्चक्षुर्मयः श्रोत्रमयः पृथिवीमयः आपोमयो वायुमय आकाशमयस्तेजोमयोऽतेजोमयः **काममयोऽकाममयः** क्रोधमयोऽक्रोधमयो धर्मयोऽधर्ममयः सर्वमयस्तद् सदेतदिदम्मयोऽदोमय इति, यथाकारी

यथाचारी तथा भवति, साधुकारी साधुर्भवति, पापकारी पापोभवति, पुण्यः पुण्येन कर्मणा भवति, पापः पापेन अथो खल्वाहुः काममय एवायं पुरुष इति स यथाकामो भवति तत्क्रतुर्भवति, यत् क्रतुर्भवति तत्कर्म कुरुते, यत्कर्म कुरुते तदभिसम्पद्यते।।५।।

"तदेष श्लोको भवति। तदेव सक्तः सह कर्मणैति लिङ्गं मनो यत्र निषक्तमस्य प्राप्यान्तं कर्मणस्तस्य यत् किञ्चेह करोत्ययम्। तस्माल्लोकात् पुनरेत्यस्मै लोकाय कर्मण इति नु कामयमानोऽथाकामयमानो योऽकामो निष्काम आप्तकाम आत्मकामः न तस्य प्राणा उत्क्रामन्ति ब्रह्मैव सन् ब्रह्माप्येति"।।६।।

अस्यार्थः–यह जीवात्मा ब्रह्म है, यह विज्ञानमय, मनोमय, प्राणमय, चक्षुर्मय, श्रोत्रमय, पृथिवीमय, आपोमय, वायुमय, आकाशमय, तेजोमय, अतेजोमय, **काममय, अकाममय,** क्रोधमय, अक्रोधमय, धर्ममय, अधर्ममय, जो कुछ प्रत्यक्षाप्रत्यक्षीभूत, तत्सर्वमय है, वह जैसा कर्म करता है, तथा जैसा आचारविशिष्ट होता है वैसा ही होता है। साधुकर्मकारी साधु होता है, पापकर्मकारी पापी होता है, पुण्यकर्मकारी पुण्ययोनि को प्राप्त होता है, पापकर्मकारी पापयोनि को प्राप्त होता है। अतएव पुरुष काममय कहा जाता है; जिसकी जैसी कामना होती है, वह तद्रूप ही कर्मकर्त्ता होता है और उसी के अनुसार वह कर्म करता है, और यद्रूप कर्म करता है, वैसी ही अवस्था को प्राप्त होता है।।५।।

इस सम्बन्ध में ऐसा श्लोक उक्त है, यथा–इस लोक में जीव जो समस्त कर्म करता है, उनमें आसक्त चित्त होने पर, उसी आसक्ति के कारण, जीव उन (कर्मों) के साथ परलोकगत होकर, उनके क्षय न होने तक परलोक में उनका फलभोग करता है। भोगान्त के पश्चात् परलोक से (निष्क्रान्त होकर) पुनः इस लोक में कर्म करने के निमित्त प्रत्यागमन करता है। कामनावान् पुरुष के सम्बन्ध में यही उक्ति है। अकामनावान् पुरुष के सम्बन्ध में अब कहा जाता है; जो अकाम, निष्काम, आप्तकाम, और आत्मकाम है, उसके प्राणसमूह उत्क्रान्त नहीं होते हैं; वह ब्रह्म होकर ब्रह्म ही को प्राप्त होता है।।६।।

इन पञ्चम और षष्ठ संख्यक वाक्यों के पूर्व में उल्लिखित चतुर्थ ब्रह्मण के प्रथम से चतुर्थ तक याज्ञवल्क्योक्त वाक्यसमूह का मर्म नीचे विवृत्त किया जाता है:–

जब यह पुरुष दुर्बल हो मोहित की भाँति पतित होता है, तब उसके प्राण (इन्द्रिय) समूह उसके अभिमुख आगमन करते हैं। वह पुरुष तैजस् चक्षुरादि समस्त इन्द्रियों को ग्रहण कर हृदय-प्रदेश में गमन करता है; तब चाक्षुष पुरुष–

आदित्य-चक्षुरिन्द्रिय को अनुगृहीत करने से पराङ्मुख होते हैं, अतएव पुरुष को उस समय रूप-ज्ञान नहीं होता है।। १।।

चक्षु उस समय आत्मा के साथ एकीभूत होते हैं, और इस स्थिति में "जीव नहीं देवता है", ऐसा लोग कहते हैं। इसी भाँति घ्राणेन्द्रिय, रसना, श्रवण, मन, त्वक्, और बुद्धि जीव के साथ एकीभूत होती हैं; और लोग कहते हैं, "वह घ्राण नहीं करता है, श्रवण नहीं करता है, अनुभव नहीं करता है" इत्यादि। उस समय उसके हृदय का अग्रभाग आलोकित होकर प्रकाशित होता है; उस हृदयाग्र नाड़ीमुख के प्रकाशित होने पर, जीवात्मा, चक्षुः मूर्द्धा अथवा शरीर के दूसरे अंशों के द्वारा शरीर से उत्क्रान्त होता है; उस जीवात्मा के उत्क्रान्त होने पर, मुख्य प्राण भी उसके साथ उत्क्रान्त होता है, और तत्पश्चात् और और इन्द्रियाँ भी उसके साथ उत्क्रान्त होती हैं; तब वह कर्म-संस्कार ही को संग में लेकर देह से गमन करता है। **विद्या**, कर्म और पूर्वप्रज्ञा उसका अनुगमन करती हैं। ("तं विद्याकर्मणी समन्वारभेते पूर्वप्रज्ञा च")।। २।।

जैसे तृण-जलौका, एक तृण के अन्त्यभाग पर जा, दूसरे एक तृण का आश्रय लेकर, प्रथमोक्त तृण से अपना उपसंहार करती है, वैसे ही यह जीव स्थूल शरीर को परित्याग कर, अविद्यावश देहान्तर को अवलम्बन करता है, और पूर्वदेह से उपसंहृत होता है।। ३।।

जिस भाँति स्वर्णकार सुवर्ण के अंश-समूह को लेकर नूतन सुन्दर-सुन्दर वस्तुयें बनाता है, उसी भाँति जीवात्मा, इस स्थूल देह के विनष्ट होने पर, अविद्या को अवलम्बन कर, दूसरे नूतन अभीप्सित पैत्र्य, अथवा गान्धर्व, अथवा देवा, अथवा प्राजापत्य, अथवा **ब्राह्म**, अथवा और किसी प्राणी के रूप को अवलम्बन करता है।। ४।।

इसी प्रकार प्रथम से चतुर्थ वाक्यपर्यन्त सर्वप्रकार के जीवों की परलोक-प्राप्ति का वर्णन कर, वहाँ जाने के पश्चात् क्या होता है, यह तत्परवर्ती इन समस्त वाक्यों के पश्चात् ही पूर्वोद्धृत पञ्चम और षष्ठ वाक्यों में श्रुति ने उल्लिखित किया है। पञ्चम वाक्यों में पापी, पुण्यात्मा, कामी, अकामी, सभी की (देहान्त होने पर) यथोपयुक्त गति के विषय का उल्लेख कर, षष्ठ वाक्य में श्रुति ने कहा है कि, कर्मानुसार तत्फलसमूह को परलोक में भोग कर, सकाम कर्मकारी जीव परलोक से निष्क्रान्त हो, इस लोक में पुनः कर्म करने के हेतु आगमन करता है। इस वाक्य के पश्चात् ही श्रुति ने कहा है कि, निष्काम पुरुषों के सम्बन्ध में यह नियम नहीं है; "उनके प्राणसमूह पुनः उत्क्रान्त नहीं होते हैं, वे ब्रह्म होकर ब्रह्म ही को प्राप्त होते हैं"। इसके

द्वारा यह स्पष्ट रूप से प्रतिपन्न होता है कि, निष्कामी पुरुष पुनः संसार में प्रत्यावृत्ति नहीं करते हैं, ऐसा उपदेश करना ही इस स्थल पर श्रुति का स्पष्ट अभिप्राय है। श्रुति ने पहले ही वर्णन किया है कि अविद्यावश ही संसार में पुनरागमन होता है; विद्वान् पुरुषों की अविद्या के विनष्ट होने के कारण, उनका प्रत्यागमन नहीं होता है, इसी का श्रुति ने इस स्थल पर स्पष्ट रूप से उपदेश किया है। स्थूल देह परित्याग-काल में परलोकगमन के समय देह से प्राण उत्क्रान्त होते हैं या नहीं, इस विषय का उपदेश करना इस स्थल पर श्रुति का अभिप्राय है, ऐसा अनुमान नहीं किया जा सकता है; परलोक में कर्मफल-भोग के पश्चात् सकाम पुरुषों के सम्बन्ध में, पूर्वोद्धृत षष्ठ संख्यक वाक्य के प्रथमांश में, श्रुति ने जो इस लोक में पुनरावृत्ति का वर्णन किया है, उसी का उक्त वाक्य के शेषांश में निष्काम पुरुषों के सम्बन्ध में निषेध किया है। अतएव, अकाम पुरुष संसार में पुनः प्रत्यावर्तन नहीं करते हैं, इसी का उपदेश करना उक्त श्रुतिवाक्य का अभिप्राय है। श्रुति कहती है कि, ब्रह्मज्ञ अकाम पुरुषों के इन्द्रियसमूह उनके साथ ब्रह्मरूपता प्राप्त होते हैं। इसके पश्चात् पञ्चम वाक्य में ब्रह्मज्ञ पुरुष के जीवितकाल ही में ब्रह्म-साक्षात्कार के विषय का उपदेश कर श्रुति ने कहा है कि, जीवन्मुक्त पुरुष की देह में आत्मबुद्धि सम्पूर्ण रूप से अपगत होती है, और वे ब्रह्मभाव को प्राप्त होते हैं, और देहान्त होने के पश्चात् वे मुक्तिमार्ग में गमन करते हैं, "तेन धीरा अपि यान्ति ब्रह्मविदः स्वर्गं लोकमितः ऊद्ध्वं विमुक्ताः"। तत्पश्चात् नवम वाक्य में ब्रह्मवित् पुरुषों के गन्तव्य मार्गों के शुक्लत्वादि वर्णों[१] का वर्णन कर श्रुति ने कहा है "एष पन्था ब्रह्मणा हानुवित्तस्तेनैति ब्रह्मवित्" (ब्रह्मवित् पुरुष इस मार्ग का अनुसरण कर गमन करता है)। अतएव इस श्रुति-वाक्यार्थ पर विचार करने से भी, शाङ्कर भाष्य सङ्गत कह कर अनुमित नहीं होता है। स्थूल देह के पतन होने पर, अन्यत्र गमन किये बिना ही, ब्रह्मविद्गण की ब्रह्मरूपता-प्राप्ति होती है, इस वाक्य के इस मत के पुष्टिसाधक होने से, बृहदारण्यक के तृतीयाध्याय के द्वितीय ब्राह्मण के पूर्वोद्धृत एकादश वाक्य की भाँति, भगवान् सूत्रकार इस चतुर्थाध्यायोक्त वाक्य का

१. (१) एष शुक्ल एष नील" इत्यादि श्रुतियों में सूर्य में शुक्लत्वादि वर्णों का रहना वर्णित है। ब्रह्मविद्गण सूर्यमण्डल को भेद कर ऊपर की ओर गमन करते हैं। इस कारण उन मार्गों के शुक्लादि वर्ण उल्लिखित हुए हैं, ऐसा अनुमान किया जाता है। एवञ्च मूर्द्धन्य नाड़ी द्वारा देह को परित्याग कर ब्रह्मविद्गण ऊपर की ओर गमन करते हैं। वह मूर्द्धन्य नाड़ी जिस रस के द्वारा पूर्ण रहती है, उसका वर्ण परिवर्तित होता है, इसी कारण ब्रह्मविद्गण के गन्तव्य मार्ग में वर्णों का शुक्लादि पार्थक्य उपदिष्ट हुआ है; ऐसा किसी किसी का अभिमत है। परन्तु ब्रह्मविद्गण का देह-परित्याग कर गमन करना दोनों व्याख्याओं से सिद्ध है।

भी उल्लेख सूत्र में अवश्य करते। इस शेषोक्त वाक्य का श्रीमच्छङ्कराचार्यकृत अर्थ कदापि नहीं हो सकता है; और किसी ने भी ऐसा अर्थ नहीं किया है; इसी कारण, इस विचार-स्थल पर उस वाक्य के प्रति लक्ष्यमात्र न कर, भगवान् सूत्रकार ने तृतीयाध्यायोक्त पूर्वोक्त सन्दिग्धार्थ वाक्य की व्याख्या के निमित्त सूत्र-रचना की है, ऐसा अनुमित होता है। अतएव, इस श्रुति की व्याख्या को अवलम्बन कर, शङ्कराचार्यजी ने जो स्वीय मत के समर्थन करने का प्रयत्न किया है, वह भी निष्फल है।

(३) तत्पश्चात् आचार्य शङ्करजी ने कहा है कि, ब्रह्मवित् पुरुषों की जब "सर्वगतब्रह्मात्मभूतत्व" सिद्धि होती है, और उनके कर्मसमूह जब सम्यक् क्षय-प्राप्त होते हैं, तब देह से उनकी उत्क्रान्ति युक्ति के आधार पर भी असम्भव है; और पूर्वोक्त जनक और याज्ञवल्क्य के संवाद के उपलक्ष में कथित "अत्र ब्रह्म समश्नुते" इत्यादि वाक्यों में, जब ब्रह्मवित् पुरुष यहाँ ही ब्रह्म को प्राप्त होते हैं, ऐसा उल्लिखित है, तो उत्क्रान्ति की सम्भावना कहाँ ?

इस सम्बन्ध में प्रथमतः वक्तव्य यह है कि, जीवन्मुक्त पुरुष जो सब कर्म करते हैं उनमें वे लिप्त नहीं होते हैं, यह सत्य है; किन्तु वे समस्त कर्म अवश्य उन्हीं को आश्रय कर वर्तमान रहते हैं; कारण, उन समस्त कर्मों की स्मृति का उनमें वर्तमान रहना प्रत्यक्ष और शास्त्र प्रमाण-सिद्ध है। किन्तु वेदव्यासजी ने श्रुति-प्रमाण के आधार पर कहा है कि,पद्मपत्रस्थ जल की भाँति जीवन्मुक्त पुरुषों के कर्म उनके साथ लिप्त नहीं होते हैं। वे समस्त कर्म उनको ब्रह्मलोक में ले जाने में समर्थ हैं, और ब्रह्मलोक के द्वार पर स्थित विरजानदी को उत्तीर्ण होने के समय, उनसे सम्यक् रूप से विश्लिष्ट हो, उनके बन्धु तथा द्वेष्टागण का आश्रय ग्रहण करते हैं; ऐसा कौषीतकी श्रुति ने उल्लेख किया है; इसका पहले ही वर्णन हो चुका है। यदि ऐसा भी सिद्धान्त किया जाय कि ये कर्मसमूह देह-त्याग के साथ ही साथ विनष्ट होते हैं, तथापि जो ब्रह्मोपासनारूप कर्म विद्वान् पुरुषों के कर्त्तव्य कहकर पूर्वाध्याय में व्यवस्थापित हुए हैं उनके प्रभाव ही से वे ब्रह्मलोक में जा सकते हैं। एवञ्च जिस भाँति पूर्वसंस्कार ब्रह्मवित् पुरुषों की स्थूल देह को रक्षित कर वर्तमान रहता है, इस कारण ब्रह्मवित् होकर भी वे स्थूल-देहावलम्बन से जीवित रहते हैं, परन्तु स्थूलदेहनिष्ठ संस्कार के क्षय होने पर स्थूल देह का पतन होता है; उसी भाँति स्थूल देह के पश्चात् भी स्थूलदेहनिष्ठ संस्कार की विद्यमानता के कारण उसके अवलम्बन से वे ब्रह्मलोक में गमन करते हैं; वहाँ उस सूक्ष्मदेहनिष्ठ संस्कार के भी सम्पूर्णरूप से क्षय प्राप्त होने पर, वे स्वीय चिदानन्द रूप में प्रतिष्ठित होते हैं। इस सिद्धान्त में किसी प्रकार की

अयौक्तिकता नहीं है। अतएव केवल अनुमान के आधार पर यह सिद्धान्त नहीं किया जा सकता है कि, ब्रह्म-लोकप्रापक कोई निमित्त कारण नहीं है।

एवञ्च वेदव्यासजी ने पहले ही स्पष्ट रूप से वर्णन किया है कि, इस देह के जीवित रहते हुए ही ब्रह्म-साक्षात्कार सम्भव है, और "अत्र ब्रह्म समश्नुते" इत्यादि वाक्यों से श्रुति ने इस विषय का स्पष्ट रूप से उपदेश किया है, और इस विषय में श्रीमच्छंकराचार्यजी की भी कोई विरुद्ध व्याख्या अथवा विरुद्ध मत नहीं है; यह सिद्धान्त सर्ववादिसम्मत है। इस ब्रह्मसाक्षात्कार के होने से ही पुरुष मायाबन्धन से मुक्त होते हैं, सुतरां इस स्थिति में वे जीवन्मुक्त कहे जाते हैं; जीवित रहते हुए भी वे मुक्त हैं, उनका पुन: अविद्या-बन्धन कभी नहीं होता, और किसी प्रकार में कर्म उनको लिप्त नहीं कर सकते। ये सभी सर्ववादिसम्मत हैं, और वेदव्यासजी ने पूर्व ही इसका स्पष्ट रूप से वर्णन किया है। इस जीवन्मुक्त अवस्था में पुरुष का सर्वत्र समदर्शन होता है, ऐसा सर्वशास्त्रों में प्रसिद्ध है; जीवन्मुक्त पुरुष अपना तथा जगत् का ब्रह्मरूप ही से दर्शन करते हैं। यह भी सर्ववादिसम्मत है, कारण, ऐसा न होने से "मुक्त" शब्द अर्थ-शून्य होता। श्रुति ने कहा है कि, ब्रह्मसाक्षात्कार होने के पश्चात्, वामदेवजी ने कहा था, "अहं सूर्य:, अहं मनु:" इत्यादि, अर्थात् उन्होंने अपना तथा सूर्य, मनु, इत्यादि समस्त जागतिक वस्तुओं का ब्रह्म से अभिन्न रूप में दर्शन किया था। वास्तव में जीवन्मुक्त पुरुष जीवितावस्था में जो समस्त पुण्य और पाप कर्म करते हैं, उनमें जो वे लिप्त नहीं होते, उसका केवल यही कारण है कि, सर्वत्र ही उनमें ब्रह्मबुद्धि प्रतिष्ठित रहती है। भेदबुद्धि के कारण ही साधारण जीवों में अप्राप्त विषयों की आकाङ्क्षा इत्यादि के उत्पन्न होने से उनमें वासनारूप संस्कारसमूह भी उपजात होते हैं। भेदबुद्धिरहित होने से, तद्रूपवासना और संस्कार उपजात नहीं हो सकते। अतएव श्रुति के जो कहा है, "यहाँ ही वे ब्रह्म को प्राप्त होते हैं," वह जीवन्मुक्त पुरुषों के सम्बन्ध में ध्रुवसत्य है। बृहदारण्यक के चतुर्थाध्याय के चतुर्थ ब्राह्मण में वर्णित याज्ञवल्क्य और जनक के संवाद के त्रयोदश वाक्य में ऐसी स्पष्ट उक्ति है, "वास्यानुवित्त: प्रतिबुद्ध आत्मास्मिन् संदेह्ये गहने प्रविष्ट: स विश्वकृत् से हि सर्वस्य कर्त्ता तस्य लोक: स उ लोक एव" (इस गहन स्वरूप अनेकार्थसङ्कुलदेह में प्रविष्ट आत्मा को जिसने सम्यक् जाना है, वह सर्वकर्त्ता है, यह लोक उसका है, और वह यह लोक है)। तत्पश्चात् चतुर्दश संख्यक वाक्य में श्रुति ने कहा है, "इहैव सन्तोऽथ विद्मस्तद्वयं न चेदवेदिर्महती विनष्टि:, ये तद्विदुरमृतास्ते भवन्ति" (इस देह में रहते हुए ही, हम लोग आत्मा को जानते हैं; आत्मा को यदि हम लोग न जानते तो हम लोगों का महाविनाश

उपस्थित होता, जो लोग इसका जानते हैं, वे अमृत होते हैं)। ब्रह्म सर्वगत है, और उस सर्वगत ब्रह्म के साथ जीवन्मुक्त पुरुषों में अभेद ज्ञान रहने के कारण उनकी "सर्वगतब्रह्मात्मता सिद्ध ही है। परन्तु जीव स्वरूपतः अणुस्वरूप है; सुतरां ब्रह्म के साथ उसका भेदाभेद सम्बन्ध है, यह वेदव्यासजी ने पहले ही विशद रूप से प्रतिपादित किया है। अतएव जीव के मुक्त होने पर भी, उसके लिए स्थूलदेहधारी होकर रहना असम्भव नहीं है; मुक्त होकर भी, वह इस देह में जीवित रहता है। अतएव इस देह के अन्त में, सूक्ष्मदेहधारी हो, इस देह से उत्क्रमणपूर्वक पहले ब्रह्मलोक में गमन करना उसके लिए युक्तिविरुद्ध नहीं है। ऐसे जीव, सर्वगतभाव प्राप्त करने के पश्चात् भी, यदि स्थूलदेहविशिष्ट होकर जीवित रह सकते हैं, तो स्थूलदेहान्त के पश्चात् सूक्ष्मदेहविशिष्ट हो ब्रह्मलोकपर्यन्त गमन करना उनके लिए असम्भव है, यह कैसे कहा जा सकता है? अतएव मुक्तपुरुषों के सर्वगत ब्रह्म को प्राप्त होने के कारण, मृत्युकाल ही में उनकी सूक्ष्यदेह के भी आत्यन्तिक विनाश की अथवा उनसे सम्यक् विश्लेष की कल्पना का कोई भी संगत हेतु नहीं है। अतएव मृतदेह से उत्क्रान्ति भी अवश्य सुसिद्ध है ऐसा मानना पड़ेगा। इन्द्रियादि सूक्ष्मदेह ही के अङ्गीभूत हैं, इनके द्वारा सूक्ष्मदेह रचित होती है, यह सर्वशास्त्रसम्मत है; देहान्त होने पर जीव के अङ्गीभूत होकर इन्द्रियसमूह का गमन करना सत्सिद्धान्त है।

इस स्थल पर यह जिज्ञास्य हो सकता है कि, जीवन्मुक्त पुरुष और विदेहमुक्त पुरुष (अर्थात् जिस मुक्त पुरुष की स्थूलदेह मृत्युकाल में विनष्ट हुई है)–इन दोनों में प्रभेद क्या है ? इसके उत्तर में इस स्थल पर, इस ब्रह्मसूत्र तथा श्रुति के मीमांसानुसार, केवल यही कहा जा सकता है कि जीवन्मुक्त पुरुष की भेद-बुद्धि के रहित होने के कारण, तथा सुख-दुःख, पाप-पुण्य इत्यादि समस्त विषयों में उसकी समबुद्धि के वर्तमान रहने के कारण, प्रारब्ध कर्मों (जो जाति, आयुः तथा भोग-सृष्टि के द्वारा फलोन्मुखी हुए हैं) को विनष्ट करने की प्रवृत्ति मुक्त पुरुषों में उपजात होने का कोई कारण नहीं है और न उत्पन्न होती है, इस देह के अवलम्बन ही से वे पहले ब्रह्मोपासना में प्रवृत्त होते हैं, इस देह को विनष्ट करने के अभिप्राय से नहीं; उस उपासना के प्रभाव से ब्रह्मसाक्षात्कार होने पर, सुख, दुःख, देह, विदेह, सभी विषयों में उनकी समबुद्धि आविर्भूत होती है; उस स्थिति में उनकी देह को अथवा देह सम्बन्धीय आरब्ध कर्मों को और इन (कर्मों) के अनुगामी सुखदुःखादि को विनष्ट करने के निमित्त, नूतन रूप से किसी प्रकार की इच्छा अथवा साधन के उत्पन्न होने का उनके सम्बन्ध में कोई भी हेतु नहीं वर्तमान रहता है। अतएव जो प्रारब्धकर्म उनके

देह, आयु तथा भोगरूप फलों को उत्पादित करने के लिए उन्मुख हुए हैं, उनको प्रतिरोध करने की किसी आभ्यन्तरिक शक्ति की प्रेरणा के वर्तमान न रहने के कारण, वे (प्रारब्ध कर्म) अप्रतिहत रहते हैं। ये प्रारब्धकर्म जब तक इस प्रकार भोग के द्वारा क्षय-प्राप्त नहीं होते हैं, तब तक मुक्त पुरुषों के सम्बन्ध में स्थूल देह के कार्य दूसरे जीवों की भाँति ही सम्पादित होते रहते हैं। यही जीवन्मुक्त पुरुषों में विशेषत्व है। प्रारब्ध कर्मों के क्षय-प्राप्त होने पर, प्रथमतः स्थूल देहनिष्ठ संस्कार विलुप्त होता है, और स्थूलदेह का पतन होता है। किन्तु सूक्ष्म देह का संस्कार अत्यधिक बद्धमूल होता है कारण, पूर्व जन्मों में स्थूल देह के पतन होने पर भी, सूक्ष्म देह के अवलम्बन से जीव का रहना सिद्ध है। इसी देह ही में भी सूक्ष्म देह के अङ्गीभूत इन्द्रियादि में जिस परिमाण से आत्मबुद्धि रहती है, हस्तपदादि स्थूल देहावयवों में उस परिमाण से आत्मबुद्धि नहीं रहती है। अतएव, स्थूल देह के पतन होने पर ही सूक्ष्म देहनिष्ठ-संस्कार विलुप्त नहीं होता है। स्थूल देह के विनष्ट होने पर मुक्त पुरुषगण, स्थूल देहनिष्ठ संस्कारवर्जित सूक्ष्म देह-मात्र के आश्रय से, अर्चिरादि मार्ग को अवलम्बन कर, ब्रह्मलोकपर्यन्त गमन करते हैं; वहाँ जाते-जाते सूक्ष्मदेहिनिष्ठ संस्कार-समूह क्रमशः शिथिल होते हैं; ब्रह्मलोक में उन समस्त सूक्ष्म संस्कारों के भी विलुप्त होने पर, वे विदेह मुक्त पुरुषों की पदवी को प्राप्त होते हैं; तब वे जिस स्थिति को प्राप्त होते हैं, उसका वेदव्यासजी ने इस अध्याय के अन्तिम प्रकरण में वर्णन किया है; उसमें उक्त है कि उनकी सूक्ष्म देह के उपकरण समूह साक्षात् ब्रह्मरूपता प्राप्त करते हैं, वे आनन्दमय तथा 'स्वराट्' होते हैं; किन्तु इस प्रकार के ब्रह्म सारूप्य को प्राप्त होने पर भी, विश्व के सृष्टि-संहार के विषय में उनमें स्वतन्त्र सामर्थ्य नहीं रहता है। इसके द्वारा यह स्पष्ट रूप से ज्ञात होता है कि, ब्रह्म के साथ विदेहमुक्त पुरुषों का सम्बन्ध एकान्त अभेद सम्बन्ध नहीं है-किञ्जित् भेद भी रहता है; अर्थात्, ब्रह्म से अभिन्न होने पर भी, वे ब्रह्म के अंश-स्वरूप ही में अवस्थित रहते हैं विभुस्वरूप पूर्णब्रह्म नहीं होते हैं। अतएव जीवन्मुक्त पुरुषों और विदेहमुक्त-पुरुषों में यह विशेषत्व (पार्थक्य) है कि, जीवन्मुक्त पुरुषों के सम्बन्ध में जिस प्रकार फलदान में प्रवृत्त प्रारब्ध कर्मों की कथञ्चित् अधीनता है, विदेहमुक्त पुरुषों के सम्बन्ध में उस प्रकार की अधीनता नहीं है; जीवन्मुक्त पुरुषों की उक्त कर्माधीनता के रहने के कारण, उन कर्मों के भोग के निमित्त उनको ब्रह्मरूपता-प्राप्ति सम्पूर्ण रूप से नहीं होती है। अतएव, श्रुति ने 'स्वराट' शब्द-द्वारा विदेहमुक्त षुरुषों को जीवन्मुक्त पुरुषों से विशेषित किया है। विदेहमुक्त अवस्था के लब्ध होने पर, प्रारब्धकर्मों का भोग, (जो जीवन्मुक्त पुरुष के सम्बन्ध में व्यवस्थापित हुआ है वह) नहीं हो सकता, अतएव उस भोग के अनुरोध

से जीवन्मुक्त पुरुषों के सम्बन्ध में परब्रह्मरूपत्व प्राप्ति के विषय को उल्लिखित न कर, श्रुति ने विदेहमुक्त पुरुषों के सम्बन्ध में ही उसकी व्यवस्था की है। विदेहमुक्त पुरुषों के जो बुद्धि, मन, इन्द्रियादि सूक्ष्मशरीरगत उपकरणसमूह ब्रह्मभाव प्राप्त होते हैं, वे किस प्रकार के हैं, यह सहज में बोधगम्य होने का नहीं। योगसूत्र के विभूतिपाद के ३५ संख्यक सूत्र के भाष्य में "पौरुषेय प्रत्यय" कहकर वेदव्यासजी ने जो उल्लिखित किया है, उस पर विचार करने से यह कथञ्चित् बोधगम्य हो सकता है; किन्तु वास्तव में यह वर्णनातीत है; जिनको ब्रह्मदर्शन हुए हैं, वे ही इसको जान सकते हैं।

पूर्वोक्त कारण से, उक्त द्वादश सूत्र की श्रीमच्छंकराचार्यकृत व्याख्या गृहीत न होकर, इस ग्रन्थ में श्रीमन्निम्बार्कादि आचार्यों की व्याख्या ही गृहीत हुई। वास्तव में "ब्रह्म सत्य है और जगत् मिथ्या है" इस मत को जो आचार्य शङ्कर ने नाना ग्रन्थों में नाना स्थलों पर, प्रकाशित किया है, उस मत को सर्वथा सत्य कहकर ग्रहण करने से, ब्रह्मज्ञ मुक्त पुरुषों की देह से मृत्युकाल में उत्क्रान्ति का निषेध अवश्य ही करना पड़ेगा; कारण यह है कि जिस मत में देहादि प्रपञ्च सत्य नहीं हैं, इनको सत्य कहकर जानना ही अज्ञान है, वह अज्ञान जब ब्रह्मज्ञान द्वारा ही विनष्ट होता है, तो 'ब्रह्मज्ञानी की देह से उत्क्रान्ति' वाक्य का कुछ भी अर्थ नहीं हो सकता। अज्ञानवश, अविद्वान् पुरुषों में देह, इन्द्रिय, इत्यादि का भ्रम रहता है, इस कारण, उन्हीं के सम्बन्ध में यातायात शब्द व्यवहृत हो सकता है। इस मत का पुष्टिसाधन करने के तथा इसके साथ सामञ्जस्य रक्षित करने के अभिप्राय से ही शङ्कराचार्यजी इस सूत्र की व्याख्या इस प्रकार से करने में बाध्य हुए हैं; इस प्रकार से व्याख्या न करने से, उनके मायावाद के ऊपर भी विश्वास स्थापित नहीं हो सकता। किन्तु प्रकृत प्रस्ताव से सूत्र की इस प्रकार की व्याख्या सुव्याख्या कहकर स्वीकृत नहीं की जा सकती; उस (व्याख्या) से उनके मायावाद के खण्डित होने के कारण, वह मायावाद ही परिहार्य है, ऐसा सिद्धान्त करना उचित है। किन्तु मुक्तिविषयक विचार के द्वारा और और कारणों से भी शङ्कराचार्योपदिष्ट मायावाद रक्षित नहीं किया जा सकता। वेदव्यास जी ने स्पष्ट रूप से उपदेश किया है कि, जीवन्मुक्तावस्था-जीवितकाल ही में ब्रह्मज्ञान-लाभ करना-सम्भव है और शङ्कराचार्य जी ने भी इसे स्वीकृत किया है। यदि किसी पुरुष को ब्रह्मज्ञान प्राप्त होवे तो "जगन्मिथ्या"-वादियों के मत में, उस पुरुष के सम्बन्ध में 'जीवित' प्रभृति वाक्यों का प्रयोग कैसे किया जा सकता है, यह बोधगम्य करना कठिन है; फलप्रदानोन्मुख कर्मों का भोग उस पुरुष के सम्बन्ध में कैसे प्रयुक्त हो

सकता है? देह, कर्म, एतत्समस्त ही तो असत्य–मायामात्र हैं, ज्ञानोत्पत्ति से तो उसके ये सभी विनष्ट हुए हैं; तो उसकी देह क्या है, प्रारब्ध कर्म ही उसका क्या है, और उसका भोग अथवा देहपात ही क्या है ? यदि उसके निज ज्ञान में आत्मसम्बन्ध में एतत्समस्त कुछ भी नहीं रहा, तो दूसरे के ज्ञान में वह कैसे रह सकता है ? ब्रह्मज्ञान के उदय होने पर ही तो, दूसरों के ज्ञान में भी उसकी मृत्यु अथवा विलुप्ति का होना मालूम होना चाहिए, ब्रह्मज्ञान के उदय होने पर उसके निज ज्ञान में तो देह ही नहीं रह सकती, ऐसा स्वीकार करना पड़ेगा; कारण यह है कि, शाङ्करिक मत में देह का कोई भी अस्तित्व नहीं है यह भ्रममात्र है, ब्रह्मज्ञानी का वह भ्रम अवश्य ही दूरीभूत हुआ है; अतएव उस देह की आश्रयीभूत अविद्या के विनष्ट होने के कारण, दूसरे जीवों के निकट भी उसकी देह के विनष्ट होने का बोध होना युक्तिसिद्ध है। वास्तव में जगत् का तथा कर्मसमूह का अनस्तित्ववाद किसी भी भकार से सिद्ध नहीं होता है। यही इस विचार का भी फल है।

४ अ०, २ पाद, १३ सूत्र। **स्मर्यते च।।**

भाष्यः–"सविरुद्धस्तु तेनात्मा सर्वेष्वायतनेषु वै। जगाम भित्त्वा मूर्द्धानं दिवमभ्युत्पपात ह।।" इति विदुष उत्क्रान्तिः स्मर्यते।।

अस्यार्थः–महाभारत में उक्त है कि, "वह देह को परित्याग कर मस्तक को भेद कर आकाश में उत्पतित हुआ", इसके द्वारा श्रुति ने भी प्रमाणित किया है कि विद्वान् पुरुष की भी उत्क्रान्ति है।

शाङ्करभाष्य में:–

सर्वभूतात्मभूतश्च सम्यग्भूतानि पश्यतः।
देवा अपि मार्गे मुह्यन्त्यपदस्य पदैषिणः।।

इस महाभारतीय वाक्य को उद्धृत कर कहा गया है कि, एतद्–द्वारा ब्रह्मज्ञ पुरुषों की देह से उत्क्रान्ति का निषेध किया गया है। इस श्लोक का अर्थ यह है:–"जो लोग भूतसमूह को आत्मभाव से देखते हैं, जो लोग भूतसमूह के सम्यक् समदर्शन करते हैं, पदप्रार्थी देवतासमूह भी उन 'अपद' पुरुषों के मार्ग (गति) विषय में मोह–प्राप्त होते हैं, अर्थात् वे भी इसे नहीं जान सकते।" "पदैषिणः देवाः" शब्द से "पद"–प्रार्थी देवगण समझा जाता है; सुतरां "अपद" शब्द से पद (ब्रह्मपद, इन्द्रपद, इत्यादि) जिनमें नहीं हैं, और जो उन पदों को प्राप्त करने की अभिलाषा नहीं करते उनका बोध होता है। ब्रह्मवित् पुरुष देवलोक को भी अतिक्रम कर जाते हैं,

सुतरां देवगण भी उनके गन्तव्य स्थान को नहीं जानते हैं; यही इस श्लोक का अर्थ है। इसके द्वारा कैसे यह समझा जाय कि, स्मृति ने ब्रह्मवित् पुरुषों के सम्बन्ध में स्थूल देह से उत्क्रान्ति का निषेध किया है; यह शङ्कराचार्य जी ने नहीं प्रकाशित किया है।

इति ब्रह्मज्ञानां देवयानगतिप्राप्तिनिरूपणाधिकरणम्।।

—•—

४ अ०, २ पाद, १४ सूत्रः-**तानि परे तथा ह्याह।**

भाष्यः-तेजःप्रभृतिभूतसूक्ष्माणि परस्मिन् सम्पद्यन्ते। "तेजः परस्यां देवतायाम्"-इत्याह श्रुतिः।

अस्यार्थः-तेजःप्रभृति भूतसूक्ष्मसमूह भी परब्रह्मरूपता प्राप्त करते हैं। "तेजः परमात्मा में समता-प्राप्त होता है" यही श्रुति ने कहा है।

४ अ०, २ पाद, १५ सूत्रः-**अविभागो वचनात्।**

भाष्यः-तेषां वागादिभूतसूक्ष्माणां परेऽविभागस्तादात्म्यापत्तिः "भिद्यते चासां नामरूपे पुरुष इत्येवं प्रोच्यते" इति वचनात्।।

अस्यार्थः-"एवमेवास्य परिद्रष्टुरिमाः षोडशकलाः पुरुषायणाः पुरुषं प्राप्यास्तं गच्छन्ति" (प्र० ६, पञ्चम) अर्थात् (जैसे नदियों समुद्र में प्रवेश करती हैं) वैसे ही इस ब्रह्मदर्शी पुरुष की षोडश कलायें (एकदश इन्द्रिय तथा पञ्चभूतसूक्ष्म) परम पुरुष को प्राप्त होकर अस्तगत होती हैं, इत्यादि वाक्यों से प्रथमतः कलासमूह की ब्रह्मरूपता- प्राप्ति का वर्णन कर, श्रुति ने कहा है "भिद्यते चासां नामरूपे पुरुष इत्येवं प्रोच्यते" (प्र०६, पञ्चम) (उन कलाओं के नाम और रूप मिट जाते हैं, तब वह पुरुषमात्र कहा जाता है)। इसके द्वारा वागादि भूतसूक्ष्म कलासमूह की ब्रह्म से अभिन्नता तथा तादात्म्यप्राप्ति प्रतिपन्न होती हैं। (इस "अविभाग" शब्द का अर्थ विनाश नहीं है, उसका अर्थ ब्रह्मात्मता प्राप्ति है; वास्तव में कोई भी वस्तु एकान्त विनष्ट नहीं होती है; सभी ब्रह्म के अंशरूप से नित्य अवस्थित हैं।)

इति ब्रह्मज्ञानां सूक्ष्मदेहगतभूतसूक्ष्माणां ब्रह्मरूपताप्राप्तिनिरूपणाधिकरणम्।।

—•—

४ अ०, २ पाद, १६ सूत्रः-**तदोकोऽग्रज्वलनं, तत्प्रकाशितद्वारो विद्यासामर्थ्यात्तच्छेषगत्यनुस्मृतियोगाच्च हार्दानुगृहीतः शताधिकया।।**

भाष्यः-"शतं चैका च हृदयस्य नाड्यः, तासां मूर्द्धानमभिनिःसृतैका

तयोर्ध्वमायन्नमृतत्वमेति" इति श्रुत्युक्ता नाडी वर्त्तते। विद्यासामर्थ्यात्तच्छेष-गत्यनुस्मृतियोगाच्च प्रसन्नेन वेद्येनानुगृहीतो यदा भवति, ततस्तस्योको हृदयमग्रज्वलनं भवति, तदा परमेश्वरप्रकाशितद्वारस्तां विदित्वा विद्वान् तया निष्क्रामति।।

अस्यार्थः–"हृदयप्रदेश में १०१ नाड़ियाँ हैं, उनम एक नाड़ी हृदय से मूर्द्धा की ओर गई है, इस नाड़ी के द्वारा ऊर्ध्व दिशा की ओर जाकर ब्रह्मवित् पुरुष अमृतत्व को प्राप्त होते हैं", इस प्रकार से (कठ, २ अ०, ३ ब०; छा०, ८अ०, ६ ख०) श्रुतियों ने जो एक नाड़ी के रहने के सम्बन्ध में कहा है, वह (नाड़ी) वर्तमान है। निज विद्याप्रभाव से और निज अन्तिम गति स्वरूप परमात्मा को सदैव स्मरण करने के कारण, प्रसन्न होकर श्रीभगवान् पुरुषोत्तम उस पर जो अनुग्रह करते हैं तद्द्वारा उस नाड़ी का मूलस्थान (ओक) अर्थात् हृदय का अग्रभाग दीप्तियुक्त होता है; तत्पश्चात् भगवत्कृपा से उस नाड़ी का द्वार प्रकाशित होता है। यह जानकर विद्वान् पुरुष उक्त नाड़ी के द्वारा निष्क्रान्त होते हैं।

नाड़ीमुख से प्रकाशित होने के पूर्वपर्यन्त मृत्युकाल में विद्वान् और अविद्वान् पुरुषों का तुल्यत्व पूर्व ही व्याख्यात हुआ है; एवञ्च देहान्त होने के पश्चात् विद्वान् पुरुषों के लिङ्ग शरीर की ब्रह्मरूपता प्राप्ति भी पूर्व ही वर्णित हुई है। अब इस सूत्र के आरम्भ से विद्वान् पुरुषों की उत्क्रान्ति प्रणाली भगवान् सूत्रकार विस्तृत रूप से विवृत करने में प्रवृत्त हुए हैं।

४ अ०, २ पाद, १७ सूत्रः–**रश्म्यनुसारी।।**

भाष्यः–विद्वान्मूर्द्धन्यया नाड्या निष्क्रम्य सूर्यरश्म्यनुसार्येवोर्ध्वं गच्छति "तैरेव रश्मिभिरि"–त्यवधारणात्।

अस्यार्थः–विद्वान् पुरुष मूर्द्धन्य नाड़ी द्वारा निष्क्रान्त हो सूर्यरश्मि को (जो उस मूर्द्धन्य नाड़ी के साथ सम्बन्धयुक्त है) अवलम्बन कर ऊपर की ओर गमन करता है।

इति ब्रह्मज्ञानां देहान्ते ऊर्ध्वगमनप्रणालीनिरूपणाधिकरणम्।।

—•—

४ अ०, २ पाद, १८ सूत्र। **निशि नेति चेन्न, सम्बन्धस्य यावद्देहभावित्वाद्दर्शयति च।।**

भाष्यः–निशि मृतस्य विदुषो न परप्राप्तिरिति न वाच्यम्, यावद्देहभाविकर्मसम्बन्धापगमात्तस्य तत्प्राप्तिः स्यादेव, "तस्य तावदेव चिरं यावन्न विमोक्षेऽथ सम्पत्स्ये" इति श्रुतेः।

अस्यार्थः–यह वक्तव्य नहीं है कि रात्रिकाल में मृत विद्वान् पुरुष की परब्रह्मप्राप्ति नहीं होती; जब तक देह रहती है, तभी तक विद्वानें पुरुष का कर्मसम्बन्ध रहता है, (जिस किसी समय देहत्याग होता है देहत्याग होने पर ही उसकी परब्रह्मप्राप्ति अवश्य ही होती है; कारण, श्रुति ने स्पष्ट रूप से कहा है "उसके ब्रह्मप्राप्ति-विषय में तभी तक विलम्ब होता है, जब तक वह कर्मसम्बन्धरहित नहीं होता है" (छा० ९ अ०, १४ ख०) यह नहीं कहा जा सकता है कि, सूर्यरश्मियों के वर्तमान न रहने के कारण, रात्रिकाल में मृत विद्वान् पुरुष के लिए उन रश्मियों को अनुसरण कर ऊपर की ओर गमन करना असम्भव है; कारण, देह के साथ सूर्यरश्मि का सम्बन्ध सदैव वर्तमान है; श्रुति ने कहा है, "अहरेवैतद्रात्रौ विदधाति" अर्थात् सूर्यदेव रात्रिकाल में भी रश्मियों को वितरण करते हैं; शाङ्करभाष्य में भी ऐसा ही अर्थ किया गया है।)

४र्थ अ०, २य पाद, १९ सूत्रः–**अतश्चायनेऽपि दक्षिणे।।**

भाष्यः–उक्तहेतोर्दक्षिणायनेऽपि मृतस्य विदुषो ब्रह्मप्राप्तिः।

अस्यार्थः–पूर्वोक्त कारण से दक्षिणायन में मृत होने पर भी विद्वान् पुरुषों को ब्रह्मप्राप्ति में बाधा नहीं उपस्थित होती है; वे ब्रह्म ही को प्राप्त होते हैं।

४र्थ अ०, २य पाद, २० सूत्रः–**योगिनः प्रति स्मर्यते, स्मार्त्ते चैते।।**

(स्मार्त्ते=स्मृतिविषयभूते।)

भाष्यः–"यत्र काले त्वनावृत्तिरि"-त्यादिना च योगिनः प्रति स्मृतिद्वयं स्मर्यते। ते चैते स्मरणार्हे, अतो न कालविशेषनियमः।।

अस्यार्थः–श्रीमद्भगवद्गीता में लिखित है:–"जिस समय मरने से अनावृत्ति और जिस समय मरने से आवृत्ति-प्राप्ति होती है, उसे कहता हूँ, हे भरतश्रेष्ठ ! उसे श्रवण करो" (गीता, ८ अ०, २३ श्लो०) इत्यादि वाक्यों के पश्चात् यह उक्त है कि, उत्तरायण तथा दिवाभाग में मृत्यु होने से अनावृत्ति होती है, और दक्षिणायन तथा निशाभाग में मृत्यु होने से आवृत्ति होती है। यह सत्य है कि, इन सब वाक्यों में पितृयान और देवयान मार्गों में गति का विषय उल्लिखित है; परन्तु ये समस्त वाक्य योगियों के केवल गति-द्वय के बोध के निमित्त हैं। सकाम-कर्माङ्ग अनुष्ठान का फल पितृयानमार्ग-प्राप्ति है, और ज्ञानाङ्ग-अनुष्ठान का फल देवयानमार्ग-प्राप्ति है ये दोनों गति साधकों की होती हैं; ब्रह्मज्ञ योगियों को इतना ज्ञापित करना ही केवल इन वाक्यों का अभिप्राय है; उनके सम्बन्ध में भी मृत्यु का कोई कालनियम है, यह

अवधारित करना इन वाक्यों का अभिप्राय नहीं है। कारण यह है कि इन वाक्यों के उपसंहार में श्रीभगवान् ने कहा है, "नैते सृती पार्थ, जानन् योगी मुह्यति कश्चन" (इन दोनों मार्गों को जानने से कोई भी योगी पुरुष मोह-प्राप्त नहीं होता है), इस वाक्य में केवल यही कहा गया है कि, योगियों के लिए ये दो गति ज्ञातव्य हैं; ज्ञान के उपजात होने पर, उनको देवयान मार्ग ही प्राप्त होता है, इसीका, उनके स्मरणार्थ, उक्त स्थल पर, उपदेश किया गया है; उक्त वाक्य का यह अभिप्राय नहीं है कि ब्रह्मज्ञानी पुरुषों की मृत्यु के सम्बन्ध में कोई कालविचार है।

इत्ति ब्रह्मज्ञानां देहत्यागविषये कालनियमाभावनिरूपणाधिकरणम्।

इति वेदान्तदर्शने चतुर्थोध्याये द्वितीयपादः समाप्तः।

—•—

तृतीय पाद

४ अ०, ३ पाद, १ सूत्रं:–**अर्च्चिरादिना तत्प्रथितेः।**

[प्रथितेः=प्रसिद्धेः।]

भाष्यः–एक एव मार्गोऽर्च्चिरादिर्ज्ञेयोऽतस्तेनैव विद्वांसो गच्छन्ति "अर्च्चिषमेवाभिसम्भवन्ति। अर्च्चिषोऽह, रह्न आपूर्यमाणपक्षमा, पूर्यमाणपक्षाद्यान् षदङ्‌डेति मासां, स्तान्मासेभ्यः संवत्सरं, संवत्सरादादित्यमा, दित्याच्चन्द्रमसं, चन्द्रमसो विद्युतं, तत्पुरुषोऽमानवः स एतान् ब्रह्म गमयति, एष देवपथो ब्रह्मपथ; एतेन प्रतिपद्यमाना इमं मानवमावर्त्तं नावर्त्तन्ते" इति छान्दोग्ये। तेऽर्च्चिषमभिसम्भवन्ति, अर्च्चिषोऽहरह्न आपूर्यमाणपक्षमा, पूर्यमाणपक्षाद्यान्, षड्डुदङ्ङादित्यमेति, मासेभ्यः देवलोकं, देवलोकादादित्यमादित्याद्वैद्युतं, तान् वैद्युतात् पुरुषोऽमानव एत्य ब्रह्मलोकान् गमयति" इति बृहदारण्यके; अन्यत्रापि तथैव प्रसिद्धेः।

अस्यार्थः–अर्चिरादि मार्ग एक ही है, ऐसा जानना। इसी के द्वारा विद्वान् पुरुष शरीर से उत्क्रान्त होकर गमन करते हैं। छान्दोग्य उपनिषद् के ४र्थ प्रपाठक के पञ्चदश खण्ड में उल्लिखित है कि, "ब्रह्मवित् पुरुष अर्चिरादि मार्ग को प्राप्त होते हैं अर्थात् प्रथमतः अर्चि को प्राप्त होते हैं, अर्चि के पश्चात् अहरभिमानी देवता को, तत्पश्चात् शुक्लपक्षाभिमानी देवता को, शुक्लपक्षाभिमानी देवता के पश्चात् उत्तरायण-षण्मासाभिमानी देवता को, षण्मासाभिमानी देवता के पश्चात् संवत्सराभिमानी देवता को, संवत्सराभिमानी देवता के पश्चात् आदित्याभिमानी देवता को, आदित्याभिमानी देवता के पश्चात् चन्द्रमसभिमानी देवता को, तत्पश्चात् विद्युदभिमानी देवता को प्राप्त होते हैं; तत्पश्चात् अमानव पुरुष उनको ब्रह्मलोक-प्राप्ति कराते हैं, यही देवपथ है, और यही ब्रह्मपथ है; जो लोग इस पथ को प्राप्त होते हैं, वे पुनः पुनः आवर्तनशील मनुष्य-लोक में आगमन नहीं करते।" बृहदारण्यक उपनिषद् के षष्ठ अध्याय के द्वितीय ब्राह्मण में भी इसी प्रकार का वर्णन है; यथा–"जो अरण्यवासी श्रद्धायुक्त हो सत्य की उपासना करते हैं, वे भी इसी अर्चिरादि मार्ग को प्राप्त होते हैं; प्रथमतः अर्चिरभिमानी देवता को प्राप्त होकर, तत्पश्चात् अहरभिमानी देवता को, तत्पश्चात् शुक्लपक्षाभिमानी देवता को, तत्पश्चात् उत्तरायणषण्मासाभिमानी देवता को, तत्पश्चात् देवलोकाभिमानी देवता को, तत्पचात् आदित्याभिमानी देवता को, तत्पश्चात् विद्युदभिमानी देवता को प्राप्त होते हैं; तत्पश्चात् अमानव पुरुष उनको ब्रह्मलोक में ले

जाते हैं। अन्यत्र भी श्रुतियों में इसी प्रकार की गति की उक्ति है (यथा कौषीतकी इत्यादि)।

इति अर्च्चिराद्यधिकरणम्।

—•—

४ अ०, ३ पाद, २ सूत्रः–**वायुमब्दादविशेषविशेषाभ्याम्।**

[अब्दात्=संवत्सरात्।]

भाष्यः–छान्दोग्यश्रुतिपठितात् संवत्सरादूर्द्ध्वमादित्यात् पूर्व "मग्निलोकमागच्छति स वायुलोकमि"-ति कौषीतकी श्रुत्युक्तं वायुमभिसम्भवति, अविशेषविशेषाभ्याम् 'अग्निलोकमागच्छति स वायुलोकमि' त्यत्र वायुरविशेषेणोपदिष्टत्वात् "तस्मै स तत्र विजिहीते यथा रथचक्रस्य खं तेन स ऊर्ध्वमाक्रमते स आदित्यमागच्छती"-त्यत्र विशेषावगमाच्च।

अस्यार्थः–कौषीतकी उषनिषद् के प्रथमाध्याय में देवयान पथ में गति का विषय इस प्रकार उल्लिखित है, यथा:–"स एतं देवयानं पन्थानमापद्याग्निलोकमागच्छति स वायुलोकं स आदित्यलोकं स वरुणलोकं स इन्द्रलोकं स प्रजापतिलोकं स ब्रह्मलोकम्" (वह देवयान–मार्ग को प्राप्त होकर, अग्निलोक को प्राप्त होता है; और: क्रम से वायुलोक, आदित्यलोक, वरुणलोक, इन्द्रलोक, प्रजापतिलोक और ब्रह्मलोक को प्राप्त होता है)। यह वर्णन साधारण भाव का वर्णन है, इसमें मार्ग सम्यक् विशेषित करके निर्दिष्ट नहीं किया गया है। छान्दोग्य श्रुति के साथ इस श्रुति को मिलाने से यह प्रतीत होता है कि, इस कौषीतकी श्रुति में जो अग्निलोक के पश्चात् वायुलोक–प्राप्ति का विषय उल्लिखित है, वही वायुलोक–प्राप्ति छान्दोग्योक्त संवत्सराभिमानी–देवलोक–प्राप्ति के पश्चात् और आदित्यलोक–प्राप्ति के पूर्व में, घटित होती है; कारण यह है कि कौषीतकी श्रुति में अग्निलोक के पश्चात् जिस वायुलोक की कथा उल्लिखित है, उस वायुलोक को कौषीतकी श्रुति ने विशेष रूप से वर्णन नहीं किया है; बृहदारण्यक के ५ अध्याय के १० ब्राह्मण में उस विषय में विशेष रूप से कहा गया है कि, "यदा वै पुरुषोऽस्माल्लोकात् प्रैति स वायुमागच्छति तस्मै स तत्र विजिहीते यथा चक्रस्य खं तेन स ऊर्ध्वमाक्रमते स आदित्यमागच्छति" (जब वह पुरुष इस लोक को परित्याग कर गमन करता है, तब वह वायु को प्राप्त होता है; उसके निमित्त वायु अपने को सच्छिद्र करती है, वह छिद्र रथचक्र–छिद्र के सदृश है; उस छिद्र के द्वारा पुरुष ऊर्ध्वगामी होता है, और तत्पश्चात् आदित्य को प्राप्त होता है)। (अग्नि शब्द से

ज्वलन आभासित होता है, अर्चि शब्द से भी ज्वलन आभासित होता है; अतएव कौषीतकी श्रुत्युक्त अग्नि और छान्दोग्योक्त अर्चि एक ही हैं; परन्तु ऐसा सन्देह उपजात हो सकता है कि, अग्नि के पश्चात् जिस वायुलोक-प्राप्ति के सम्बन्ध में कौषीतकी श्रुति में उल्लिखित है, क्या वह, अर्च्चिः प्राप्ति के पश्चात् और अहः प्रभृति के पूर्व में घटित होती है, अथवा संवत्सराभिमानी देवता-प्राप्ति के पश्चात् और आदित्य के पूर्व घटित होती है? इसमें भगवान् सूत्रकारः कहते हैं कि, यह वायुलोक-प्राप्ति संवत्सराभिमानी देवलोक-प्राप्ति के पश्चात् और आदित्यलोक-प्राप्ति के पूर्व घटित होती है; कारण, कौषीतकी उपनिषद् में वायुलोक का स्थान विशेष रूप से निर्दिष्ट नहीं हुआ है, उसमें साधारण भाव से वायुलोक प्राप्ति-मात्र का उल्लेख है; किन्तु बृहदारण्यकोपनिषद् के उपदेश द्वारा यह स्पष्ट रूप से ज्ञात होता है कि, वायुलोक-प्राप्ति आदित्यलोक-प्राप्ति के ठीक पहले ही होती है। यही सूत्रार्थ है।)

इति वाय्वधिकरणम्।।

—•—

४ अ०, ३ पाद, ३ सूत्र। **तड़ितोऽधिवरुणः सम्बन्धात्।।**

[तड़ितः=विद्युतः; अधि=उपरि; वरुणः=वरुण-लोकः; सम्बन्धात=विद्युद्वरुणयोः सम्बन्धात्।]

भाष्यः–"स एतं देवयानं पन्थागनमापद्याग्निलोकमागच्छति स वायु लोकं स वरुणलोकं स इन्द्रलोकं स प्रजापतिलोकं स ब्रह्मलोकमि"-ति कौषीतकीश्रुत्युक्तो "वरुणश्चन्द्रमसो विद्युतमि"-ति छान्दोग्यश्रुत्युक्तविद्युत उपरि तेजो विद्युद्वरुण-सम्बन्धादिन्द्रप्रजापती च तदग्रे योज्या।।

अस्यार्थः–कौषीतकी उपनिषद् में देवयान मार्ग के उल्लेख के पश्चात्, प्रथमतः अग्निलोक प्राप्ति, तत्पश्चात् क्रमशः वायुलोक, वरुणलोक, इन्द्रलोक, प्रजापतिलोक तथा ब्रह्मलोक प्राप्ति के उल्लेख हैं; उपरोक्त वरुणलोक की स्थिति छान्दोग्योक्त चन्द्रमस् और विद्युत् लोकों के ऊपर समझनी पड़ेगी; कारण विद्युत् के साथ वरुण का प्रकट सम्बन्ध है; इस वरुणलोक के पश्चात् इन्द्रलोक, प्रजापतिलोक और ब्रह्मलोक हैं।

इति वरुणाधिकरणम्।

—•—

४ अ०, ३ पाद, ४ सूत्रः–**आतिवाहिकास्तल्लिङ्गात्।।**

भाष्यः–अर्चिरआदयो गन्तृणां गमयितारः "स एतान् ब्रह्म गमयती"–त्यमानवस्य गमयितृत्वश्रवणात् पूर्वेषामपि गमयितृत्वं गम्यते।

अस्यार्थः–पहलें जो अर्चिरादि (अर्च्चिः, अहः, शुक्लपक्ष, षण्मास, संवत्सर, वायु, आदित्य इत्यादि) कहे गये हैं, वे ब्रह्मलोक में गन्ता पुरुषों के वाहनकारी देवता हैं। कारण यह है कि, बृहदारण्यक (६ अ०, २ ब्रा०) और छान्दोग्योक्त "स एतान् ब्रह्म गमयति" (वह इन लोगों को ब्रह्म–प्राप्ति कराता है) वाक्य में अमानुष (देवता) के ब्रह्मलोक–प्रापकत्व का उल्लेख रहने के कारण, इस वाहकत्व चिह्न के द्वारा तत्पूर्ववर्त्ती अर्च्चिः, दिवस इत्यादि शब्दों के वाच्य वाहक–देवता कहकर ही सिद्ध होते हैं।।

(इस सूत्र के पश्चात् दूसरा एक सूत्र शाङ्कर भाष्य में धृत हुआ है, वह दूसरे भाष्यकारगण द्वारा धृत नहीं हुआ है। वह सूत्र यह हैः–

"उभयव्यामोहात् तत्सिद्धेः।"

"यदि अर्च्चिः प्रभृति अचेतन होते, तो अचेतन होने के कारण, वे गन्ता पुरुष को स्थानान्तर नहीं ले जा सकते हैं; गन्ता पुरुष भी उक्त पथ के विषय में अज्ञ है; अतएव अर्चिरादि अचेतन पदार्थ नहीं हैं, वे तदभिमानी चेतन देवता हैं।।)

४र्थ अ०, ३य पाद, ५ सूत्रः–**वैद्युतेनेव ततस्तच्छ्रुतेः**

भाष्यः–विद्युत उपरिष्टादमानवेनैव विद्वान्नीयते, वरुणादयस्तु साहित्येनोपकारकाः।

अस्यार्थः–विद्युत् के ऊपर अमानव पुरुष द्वारा विद्वान् नीत होता है; वरुणादि उसके साथी होकर उसका उपकार करते हैं। बृहदारण्यक श्रुति ने स्पष्ट रूप से कहा है।

"तान् वैद्युतान् पुरुषोऽमानव एत्य ब्रह्मलोकान् गमयति।"

इति अर्च्चिरादीनां देवत्वनिरूपणाधिकरणम्।।

—•—

४ अ०, ३ पाद, ६ सूत्रः–**कार्यं वादरिरस्य गत्युपपत्तेः।।**

भाष्यः–अर्च्चिरादि–गणः कार्यं ब्रह्म तदुपासकान्नयति, कार्यस्य ब्रह्मण एव गत्युपपत्तेरिति वादरिर्मन्यते।

अस्यार्थः–वादरि मुनि कहते हैं कि, अर्च्चिरादि देवतासमूह कार्यब्रह्म के उपासकों

को कार्यब्रह्म अर्थात् हिरण्यगर्भ ही की प्राप्ति कराते हैं, परब्रह्म की नहीं, कारण, गतिशब्द के द्वारा देश विशेष में स्थित कार्यब्रह्म ही की संगति होती है।

४ अ०, ३ पाद, ७ सूत्रः–**विशेषितत्वाच्च**।।

भाष्यः–"तेषु ब्रह्मलोकेषु पराः परावन्तो वसन्ती"–ति लोक–शब्दबहुवचनाभ्यां विशेषितत्वाच्च।।

अस्यार्थः–विशेषतः, बृहदारण्यक कथित पूर्वोक्त श्रुतिवाक्य में उक्त है कि, "वे ब्रह्मलोकसमूह में चिरकाल वास करते हैं"; इस वाक्य में "ब्रह्मलोक" शब्द के तथा बहुवचन के प्रयुक्त होने से, यह स्पष्ट रूप से प्रतीयमान होता है कि, अर्च्चिरादि देवगण यथाक्रम हिरण्यगर्भ की ही प्राप्ति कराते हैं।

४ अ०, ३ पाद, ८ सूत्रः–**सामीप्यात्तु तदुपदेशः**।

भाष्यः–प्रथमजत्वेन ब्रह्मसामीप्यात्तु "ब्रह्म गमयती"–ति व्यपदेश उपपद्यते।।

अस्यार्थः–वादरि मुनि कहते हैं, "ब्रह्म गमयति" (ब्रह्म की प्राप्ति कराते हैं) बृहदारण्यकोक्त इस पद में जो "ब्रह्म" शब्द व्यवहृत हुआ है, वह असङ्गत नहीं है; कारण, हिरण्यगर्भ ब्रह्मा ही सृष्टि का आदिपुरुष है, उसके परब्रह्म के सामीप्य हेतु उसको ब्रह्मपदवी दी गई है।

४ अ०, ३ पाद, ९ सूत्रः–**कार्यात्यये तदध्यक्षेण सहातः परमभिधानात्**।।

भाष्यः–कार्यब्रह्मलोकनाशे कार्यब्रह्मणा सह कार्यब्रह्मणः परं प्राप्नोति "ते ब्रह्मलोके तु परान्तकाले परामृतात् परिमुच्यन्ति सर्वे" इत्यभिधानात्।।

अस्यार्थः–कार्यब्रह्मलोक के लयकाल में उसके अध्यक्ष हिरण्यगर्भ के साथ उस लोक के निवासी शुद्ध ब्रह्मपद को प्राप्त होते हैं, यह श्रुति ने कहा है; यथा "ते ब्रह्मलोके" इत्यादि। अतएव ब्रह्मलोक–प्राप्त पुरुष की संसार में अनावृत्ति सूचक जो श्रुतियाँ हैं, वे भी उक्त "ते ब्रह्मलोके" इत्यादि श्रुतिवाक्यों के द्वारा समञ्जसीभूत होती हैं। (मु० ३, २ ख०)

४ अ०, ३ पाद, १० सूत्रः–**स्मृतेश्च**।।

भाष्यः–"ब्रह्मणा सह ते सर्वे सम्प्राप्ते प्रतिसंचरे। परस्यान्ते कृतात्मानः प्रविशन्ति परं पदमि"–ति स्मृतेश्चोक्तार्थोऽवगम्यते।

अस्यार्थः–स्मृति में भी ऐसा ही उल्लिखित है, यथा, "महाप्रलय के समय

हिरण्यगर्भ ब्रह्मा के लय–प्राप्त होने पर, उस लोक के निवासी लब्ध ब्रह्मज्ञान होकर (विष्णु के) परमपद को प्राप्त होते हैं"।।

४ अ०, ३ पाद, ११ सूत्रः–**परं जैमिनिर्मुख्यत्वात्।**

भाष्यः–"परं ब्रह्म नयति" "एतान् ब्रह्म गमयती"–ति ब्रह्मशब्दस्य परस्मिन् मुख्यत्वात्।

अस्यार्थः–जैमिनि मुनि कहते हैं कि, परब्रह्म प्राप्ति कराने ही के निमित्त अर्च्चिरादिदेवगण ले जाते हैं; ये कहते हैं कि, इस स्थल पर ब्रह्मशब्द परब्रह्म–बोधक है; कारण यह है कि, "परंब्रह्म नयति," "एतान् ब्रह्म गमयति" इत्यादि स्थलों पर ब्रह्म शब्द मुख्यार्थ ही में प्रयुक्त हुआ है, मुख्यार्थ में ब्रह्म शब्द से परब्रह्म ही प्रतिभात होता है; इस मुख्यार्थ को परित्याग कर, गौणार्थ को ग्रहण करना सङ्गत नहीं है। (लोकशब्द के बहुवचनान्त होने पर भी, उसके द्वारा कार्यब्रह्म आभासित नहीं होता है; कारण, ब्रह्म के सर्वगत होने पर भी, स्वेच्छानुसार विशेषदेशवर्ती होने में उसको कोई बाधा नहीं होती है। कारण, श्रुति ने कहा है, "योऽस्याध्यक्षः परमे व्योमन् तिष्ठति तद्विष्णोः परमं पदम्" इत्यादि। एवञ्ज ब्रह्मलोक का भी नित्यत्व सिद्ध है, "अकृतं कृतात्मा ब्रह्मलोकं सम्भवानि" इत्यादि श्रुतियाँ इसके प्रमाण हैं। लोकप्रदेश की बाहुल्य–विवक्षा में बहुवचन व्यवहृत होना असङ्गत नहीं है; यथा, स्मृति ने कहा है, "ये लोका मम विमलाः सकृद्विभान्ति ब्रह्माद्यैः सुरवृषभैरपीष्यमाणाः। तान् क्षिप्रं व्रज सतताग्निहोत्र–याजिन्मत्तुल्यो भव गरुडोत्तमाङ्गयान" इत्यादि (द्रोणपर्वोक्त श्रीभगवद्वाक्य)। श्री श्री निवासाचार्यकृत भाष्य से यह व्याख्यांश गृहीत हुआ है।)

४ अ०, ३ पाद, १२ सूत्रः–**दर्शनाच्च।।**

भाष्यः–"परं ज्योतिरुपसम्पद्य स्वेन रूपेणाभिनिष्पद्यते" इति परप्राप्यत्वदर्शनाच्च।।

अस्यार्थः–श्रुति ने भी अन्यत्र परब्रह्म–प्राप्ति ही स्पष्ट रूप से प्रदर्शित की है। यथा, परं ज्योतिरुपसम्पद्य" इत्यादि। (छा० ८ अ०, ३ खं०)

४ अ०, ३ पाद, १३ सूत्रः–**न च कार्ये प्रतिपत्त्यभिसन्धिः।**

(ब्रह्मोपासकस्य मृत्युकाले या प्रतिपत्त्यभिसन्धिः ब्रह्मप्राप्तिसङ्कल्पः सा न कार्ये ब्रह्मणि सम्भवतीत्यर्थः।)

भाष्यः–"प्रजापतेः सभां वेश्म प्रपद्ये" इत्ययं प्राप्तेः सङ्कल्पः कार्यब्रह्मविषयको न, किन्तु परमात्मविषयकः तस्यैवाधिकारात्।

अस्यार्थः-"मैं प्रजापति-ब्रह्मा के सभागृह को प्राप्त हुआ" (छा० ८ अ०, १४ खं०) इस श्रुतिवाक्य में जो ऐसा संकल्प उक्त है, वह कार्यब्रह्मविषयक नहीं है, परमात्मविषयक है; कारण, "नामरूपयोर्निर्वहिता ते यदन्तरा तद्ब्रह्म" (वह नाम और रूप का निर्वाहक है; नाम और रूप जिसके बहिर्वर्ती हैं, वह ब्रह्म है) इत्यादि (छा० ८ अ०, १४ ख०) श्रुति-वाक्यों में परब्रह्म का जो प्रस्ताव आरम्भ किया गया है, उक्त गति-श्रुति उसी प्रस्ताव के अन्तर्गत है। अतएव परब्रह्म ही लब्ध होता है, कार्यब्रह्म नहीं।

४ अ०, ३ पाद, १४ सूत्रः-**अप्रतीकालम्बनान्नयतीति वादरायण उभयथा दोषात्तत्क्रतुश्च।।**

भाष्यः-अर्च्चिरादिगणः प्रतीकालम्बनव्यतिरिक्तान्परब्रह्मोपासकान् ब्रह्मात्मकतयाऽक्षरस्वरूपोपासकांश्च परं ब्रह्म नयति। कुतः ? उभयथा दोषात्। कार्योपासकान्नयतीत्यत्र "अस्माच्छरीरात् समुत्थाय परं ज्योतिरुपसम्पद्य"-त्यादि श्रुतिव्याकोपः स्यात्। परोपासीनानेव नयतीति नियमे तु "तद् य इत्थं विदुर्ये चेमेऽरण्ये श्रद्धां तप इत्युपासते ते अर्च्चिषमभिसम्भवन्ती"-ति श्रुतिव्याकोपः स्यात्। "तस्माद् यथाक्रतुरस्मिँल्लोके पुरुषो भवति तथेतः प्रेत्य भवती"-त्यादि श्रुतेस्तत्क्रतुस्तथैव प्राप्नोतीति सिद्धान्तो भगवान् वादरायणो मन्यते।

अस्यार्थः-पूर्वोक्त विषय में महर्षि वादरायण की मीमांसा यह है कि, जो लोग केवल प्रतीकावलम्बन द्वारा उपासना करते हैं, (अर्थात् जो लोग ब्रह्मभाव से नाम, मन, अथवा इसी प्रकार के दूसरे प्रतीकों का उपास्य रूप में भजन करते हैं "ये नाम ब्रह्मेत्युपासीते" इत्यादि श्रुत्युक्त नामादिक प्रतीकों की ब्रह्मबुद्धि से उपासना करते हैं) उनको छोड़ कर दूसरे परब्रह्मोपासकों को, और, जो लोग निज-आत्मा की ब्रह्मस्वरूप धारण कर अक्षरात्मा की उपासना करते हैं, इनको अर्च्चिरादिवाहक देवतागण परब्रह्म ही की प्राप्ति कराते हैं, कार्यब्रह्म की नहीं। कारण, पूर्वोक्त दोनों (वादरिकृत तथा जैमिनिकृत) मीमांसाओं में दोष है; यदि ऐसी मीमांसा की जाय कि, कार्यब्रह्मोपासकों ही को अर्च्चिरादि-देवगण ले जाकर कार्यब्रह्म की प्राप्ति कराते हैं, (जो लोग पर ब्रह्मोपासना करते हैं, उनका न किसी लोक में गमन है और न उनको कोई ले जाता है,) तो "अस्माच्छरीरात् समुत्थाय परं ज्योतिरुपसम्पद्य" (दहर और सत्यविद्यानिष्ठ परब्रह्मोपासकगण इस शरीर से उत्थित होकर, परम ज्योतिरूप परमात्मा को प्राप्त हो स्वीय चिन्मयरूप में प्रतिष्ठा-लाभ करते हैं), इत्यादि श्रुतिवाक्यों (छा० ८ अ० ३, १२ ख०) के साथ इस मीमांसा का विरोध उत्पन्न होता है। और यदि ऐसी मीमांसा की जाय, कि केवल पर ब्रह्मोपासकों ही को अर्च्चिरादि देवगण ले जाते हैं, तो "तद्

य इत्थं विदुर्ये चेमेरण्ये श्रद्धां तप इत्युपासते तेऽर्च्चिषमभिसम्भवन्ति" (छा० ५ अ० १० ख०) (जो लोग यह जानते हैं, और अरण्य में तपस्यारूप श्रद्धा की उपासना करते हैं, वे अर्च्चिरादि गति को प्राप्त होते हैं), इत्यादि श्रुतिवाक्यों में पञ्चाग्नि उपासकों के लिए अर्च्चिरादि गति-प्राप्ति के उपदेश रहने से, उक्त श्रुतिसमूह इस मीमांसा के विरोधी होते हैं। श्रुति ने कहा है:–"अतएव पुरुष इस लोक में यद्रूप क्रतु (उपासना) विशिष्ट होते हैं, इस लोक को परित्याग कर तद्रूपता ही को प्राप्त होते हैं" (छा० ३ अ०,१४ ख०)। इस मर्म की और श्रुतियाँ भी हैं; एतद्द्वारा यह सिद्ध होता है कि, जो पुरुष यद्रूप क्रतु (उपासना) सम्पन्न होते हैं, वे तद्रूप स्वरूप को प्राप्त होते हैं। हिरण्यगर्भोपासक हिरण्यगर्भ को प्राप्त होते हैं, परब्रह्मोपासक परब्रह्म ही को प्राप्त होते हैं। श्रीवादरायण वेदव्यास का यही सिद्धान्त है।

४र्थ अ०, ३य पाद, १५ सूत्रः–**विशेष च दर्शयति।**

भाष्यः–"यावन्नाम्नोगतं तत्रास्य यथाकामचारो भवती"–त्यादिका श्रुतिः प्रतीकोपासकस्य गत्यनपेक्षं फलविशेषं च दर्शयति।।

अस्यार्थः–केवल नामादिक प्रतीकोपासकों के संबन्ध में परब्रह्म प्राप्ति की गति का उल्लेख न कर, श्रुति ने उन लोगों के लिए दूसरे फलों का उपदेश किया है; यथा,–"यावन्नाम्नोगतं तत्रास्य यथाकामचारो भवति वाग्वाव नाम्नो भूयसी यावद्वाचोगतं तत्रास्य यथाकामचारो भवति मनो वाव वाचो भूयः" इत्यादि (नाम की गति जहाँ तक है, नाम-ध्याता वहाँ तक प्राप्त होता है, तब उसके अनुसार उसकी कामचारिता होती है; वाक् नाम से श्रेष्ठ है, जहां तक वाक् की गति है, वहाँ तक वाक् के उपासक कामचारी होते हैं; मन वाक् से श्रेष्ठ है, जहाँ तक मन को गति है वहाँ तक मन के उपासक कामचारी होते हैं)। (छा० ७ अ० १ ख०)। इस कारण प्रतीकोपासक को छोड़कर दूसरों की परब्रह्मप्राप्ति उपदिष्ट हुई है।

इति परब्रह्मोपासकानामक्षरोपासकानाञ्च परब्रह्मप्राप्तिः तदितरेषामुपास्यलोकप्राप्तिनिरूपणाधिकरणम्।।

—•—

सिद्धान्त यह है कि, जो जिसकी उपासना करता है, वह, देह परित्याग कर, तद्रूपता को प्राप्त होता है। केवल नाम, मन इत्यादि प्रतीकों की जो लोग उपासना करते हैं, वे प्रतीकोपासक कहे जाते हैं, उन प्रतीकों में प्रकाशित ब्रह्म की जो समस्त शक्तियाँ हैं, उनके उपासक तत्समस्त को प्राप्त हो, तदनुरूप कामचारता-प्राप्त होते हैं, उनके ध्यान में प्रतीकों ही के प्रधान होने के कारण, ब्रह्म अप्रधान भाव से उनका

उपास्य होता है, सुतरां मुख्य ब्रह्म-प्राप्ति-रूप फल उनके साक्षात् सम्बन्ध में नहीं होता है। परन्तु जो लोग, किसी विशेषप्रतीक की ओर निरपेक्ष होकर, सर्वान्तर्यामी, सर्वनियन्ता, सर्वकर्त्ता सत्यसङ्कल्प, सर्वात्मा, शुद्ध, अपापविद्ध इत्यादि रूपों से ब्रह्म का ध्यान तथा उसकी उपासना करते हैं, उनकी उपासना में परब्रह्म ही प्रधान रूप से ध्येय है; अतएव देहान्त होने पर इनके लिए परब्रह्मप्राप्ति ही का श्रुति ने उपदेश किया है; उनकी मुख्य ब्रह्मोपासना के अङ्गीभूत दूसरे कर्माङ्गों के रहने पर भी (गृहस्थों के लिए वेदव्यास जी ने पूर्वाध्याय में इन कर्मों का भी उपदेश किया है), इनके द्वारा उनकी मुख्य ब्रह्मोपासना में सहायता (आनुकूल्य) ही होती है। जो लोग उक्त प्रकार से मुख्य ब्रह्मोपासना नहीं करते हैं, प्रतीकादि ही जिनके मुख्य रूप से उपास्य हैं, उनकी भी उपासना के उत्कर्ष भेद से, उनमें से किसी किसी को देवयान मार्ग प्राप्त हो सकता है; परन्तु, उस उपासना के प्रभाव से, वे परब्रह्म को नहीं प्राप्त हो सकते; उपासना के फलस्वरूप वे इन्द्रलोकादि उच्च लोकसमूह को प्राप्त हो सकते हैं: और शास्त्र में कथित है कि, उनमें कोई कोई ब्रह्मलोक को भी प्राप्त हो सकते हैं; किन्तु उस उपासना के प्रभाव से वे इस देह के त्याग के पश्चात् ही, साक्षात्सम्बन्ध में परब्रह्म को प्राप्त नहीं होते हैं; वे ब्रह्मलोक में परब्रह्मोपासना के पश्चात्, ब्रह्मा के साथ एकीभूत होकर उनके साथ परब्रह्म को प्राप्त होते हैं। जो लोग प्रत्यगात्मा का ब्रह्मात्मक- बोध से अक्षर-स्वरूप में ध्यान करते हें उनकी उपासना के प्रतीकावलम्बन-उपासना न होने के कारण, उनकी भी, देहान्त होने पर, साक्षात्-सम्बन्ध में परब्रह्मप्राप्ति होती है। अतएव केवल प्रतीकावलम्बन-उपासकों को छोड़, साक्षात् सम्बन्ध में सत्यकामत्वादि-गुणविशिष्ट परब्रह्मोपासक और अक्षरोपासकगण अमानव पुरुष द्वारा नीत होकर परब्रह्मरूपता को प्राप्त होते हैं; यही श्रीभगवान् वेदव्यास की मीमांसा है और यही पूर्वोद्धृत बृहदारण्यक प्रभृति श्रुतिवाक्यों का मर्म (अभिप्राय) है।

इति वेदान्तदर्शने चतुर्थाध्याये तृतीयपादः समाप्तः।।

—•—

चतुर्थ पाद

४ अ०, ४ पाद, १ सूत्रः–**सम्पद्याविर्भावः स्वेनशब्दात्।**

भाष्यः–जीवोऽर्च्चिरादिकेन मार्गेण परं सम्पद्य स्वाभाविकेन रूपेणाविर्भवतीति "परं ज्योतिरुपसम्पद्य स्वेन रूपेणाभिनिष्पद्यत" इति वाक्येन प्रतिपाद्यते, स्वेनेति शब्दात्।।

अस्यार्थः–अर्च्चिरादि मार्ग में गमनानन्तर परब्रह्म को प्राप्त होकर, जीव स्वीय स्वाभाविक रूप को प्राप्त होता है; अर्थात् उसको देवकलेवर अथवा और किसी विशेष धर्मविशिष्ट कलेवर की प्राप्ति नहीं होती; श्रुति ने जो "स्वेन" (निज) शब्द का व्यवहार किया है, उसके द्वारा यही निश्चित होता है; श्रुति यथाः–"एवमेवैष सम्प्रसादोऽस्माच्छरीरात्समुत्थाय परं ज्योतिरुपसम्पद्य स्वेन रूपेणाभिनिष्पद्यते (छान्दोग्य ८ अ० १२ ख० प्रजापतिवाक्य)। (इस संसार–दुःख से विमुक्त तथा सम्प्रसाद प्राप्त पुरुष, इस शरीर से सम्यक् उत्थित होकर परमज्योति में प्रतिष्ठित होता है--सर्वप्रकाशक ब्रह्म में प्रतिष्ठित होता है; स्वीय स्वाभाविक विशुद्ध रूप में आविर्भूत होता है।)

४ अ०, ४ पाद, २ सूत्रः–**मुक्तः प्रतिज्ञानात्।**

भाष्यः–बन्धाद्विमुक्त एवात्र स्वेन रूपेणाभिनिष्पद्यते इत्युच्यते। कुतः? "य आत्मा अपहतयाप्मे"–त्युपक्रम्य "एतं त्वेव ते भूयोऽनुव्याख्यास्यामी"–ति प्रतिज्ञानात्।

अस्यार्थः–पूर्वोक्त छान्दोग्य श्रुति में जो "स्वेन रूपेणाभिनिष्पद्यते" (स्वीय स्वाभाविकरूपसम्पन्न होता है) (छा० ८ अ०, १२ ख०) कहा गया है, इसका आशय यह है कि, (वह) सर्वविध बन्धन से मुक्त होता है। यह उक्त श्रुति के प्रतिज्ञावाक्य के द्वारा स्थिरीकृत होता है। श्रुति ने प्रथमतः आख्यायिका के उपक्रम में कहा है, "य आत्मा अपहतपाप्मा" (आत्मा निष्पाप, निर्मल है) (छा० ८ अ० ७ ख०), इस उपक्रमवाक्य में आत्मा के स्वाभाविक मुक्तस्वरूप को वर्णन कर, तत्पश्चात् "एतं त्वेव ते भूतोऽनुव्याख्यास्यामि" (पुनः तुमसे इस आत्मा की कथा वर्णन करता हूँ) (छा० ८ अ० ११ ख०); ऐसी प्रतिज्ञा कर पुनः आख्यायिका के अन्त में उक्त "स्वेन रूपेणाभिनिष्पद्यते" इस वाक्य के द्वारा आख्यायिका को समाप्त किया है।

४ अ०, ४ पाद, ३ सूत्रः–**आत्मा प्रकरणात्।**

भाष्यः–आत्मैवाविर्भूतरूपस्तत्प्रकरणात्।।

अस्यार्थः–पूवोक्त "परं ज्योतिरुपसम्पद्य" इत्यादि वाक्यों में जो "ज्योतिः" शब्द प्रयुक्त है, वह आत्मा-बोधक है; कारण उक्त प्रकरण में आत्मा ही वर्णित है। इस सूत्र के भाष्य को समाप्त करके श्रीनिवासाचार्य ने कहा है, "तस्मादर्च्चिरादिना परं ब्रह्मोपसम्पद्य स्वाभाविकेनैव रूपेणाभिनिष्पद्यते प्रत्यगात्मेति सिद्धम्" (अतएव अर्च्चिरादि मार्ग में गमनानन्तर, परब्रह्म में सम्यक् रूप से प्रतिष्ठित होकर, जीव स्वाभाविक देहादिविकारशून्य विशुद्ध रूप को प्राप्त करता है, यही सिद्ध हुआ अर्च्चिरादिमार्गगामी पुरुष कार्यब्रह्म ही को प्राप्त होते हैं, परब्रह्म को नहीं और जो लोग देहान्त होने पर परब्रह्म को प्राप्त होते हैं, वे अर्च्चिरादि मार्गों में गमन नहीं करते, ऐसा सिद्धान्त सङ्गत नहीं है।

इति विदेहमुक्तस्य स्वरूपे प्रत्तिष्ठा-निरूपणाधिकरणम्।।

—•—

४र्थ अ०, ४र्थ पाद, ४ सूत्रः–**अविभागेन दृष्टत्वात्।**

भाष्यः–मुक्तः परस्मादात्मानं भागाविरोधिना अविभागेनानुभवति। तत्वस्य तदानीमपरोक्षतो दृष्टत्वात्, शास्त्रस्याप्येवं दृष्टत्वात्।।

अस्यार्थः–जिस भाँति अंशी के भागमात्र होते हुए भी, अंश अंशी से अभिन्न है, उसी भाँति मुक्त पुरुष, परमात्मा से अभिन्न रूप में, अपना अनुभव करता है; उस समय उसको सभी के परमात्म-स्वरूप में दर्शन होते हैं, शास्त्र ने भी ऐसा ही प्रकाशित किया है।

विदेहमुक्त पुरुषों के सर्वविध बन्धन से मुक्त होने के कारण, ब्रह्म से भिन्न बुद्धि उनमें कभी स्फुरित नहीं होती, वे ब्रह्मरूप ही में सबके दर्शन करते हैं। किन्तु पूर्व ही वेदव्यासजी ने कहा है कि जीव स्वभावतः अणुस्वरूप हैं; किन्तु ब्रह्म विभुस्वरूप है; सुतरां मुक्तावस्था में भी जीव ब्रह्म के अंश हैं, पूर्ण ब्रह्म नहीं; मुक्तजीव, ब्रह्म से अभिन्न रूप से (अर्थात् ब्रह्म के अंश होने के कारण ब्रह्म ही के रूप से), सदैव अपना अनुभव करते हैं, तथा समस्त जगत् के भी तद्रूप दर्शन करते हैं। "सदेव सौम्येदमग्र आसीत्" "सर्वं खल्विदं ब्रह्म" इत्यादि श्रुतिवाक्यों में दृश्यमान जड़ जगत् का भी ब्रह्माभिन्नत्व सिद्ध है। किन्तु एतत्समस्त ब्रह्म के अंशमात्र हैं; "एकांशेन स्थितो जगत्" इत्यादि गीतावाक्यों में और "अंशो नानाव्यपदेशादन्यथा चापि" इत्यादि सूत्रों में यही सिद्ध हुआ है। सुतरां जीवात्मा ब्रह्म से अभिन्न हैं, उसके अंशस्वरूप हैं, संसारावस्था में वे यह नहीं जान सकते हैं, मुक्तावस्था में उनकी यह ब्रह्मांशरूपता

(सुतरां अभिन्नता) सम्पूर्ण रूप से स्फुरित होती है; सर्वप्रकार देहाभिमान विदूरित होता है।

इति विदेहमुक्तस्य ब्रह्माभिन्नरूपेण स्थितिनिरूपणाधिकरणम्।

—•—

४ अ०, ४ पाद, ५ सूत्रः–ब्राह्मेण जैमिनिरुपन्यासादिभ्यः।

भाष्यः–अपहतपाप्मत्वादि–ब्राह्मेण गुणेन युक्तः प्रत्यगात्माऽविर्भवतीति जैमिनिर्मन्यते। दहरवाक्ये ब्रह्मसम्बन्धितया श्रुतानामपहतपाप्मत्वादीनां प्रजापतिवाक्ये प्रत्यगात्मसम्बन्धितयाऽप्युपन्यासादिना जक्षणादिभ्यश्य।।

अस्यार्थः–जैमिनि जी कहते हैं कि, ब्रह्म के जो अवहतपाप्मत्वादि गुणसमूह श्रुति में उक्त हैं, मुक्तावस्था में जीव, तद्विशिष्ट होकर आविर्भूत होते हैं। कारण यह है कि दहर–विद्या–विषयक वाक्यों में ये अपहत–पाप्मत्व, सत्यसङ्कल्प, सर्वज्ञत्व इत्यादि गुणसमूह ब्रह्मसम्बन्ध में उक्त हुए हैं; पूर्वोक्त प्रजावतिवाक्य में उक्त अपहतपाप्मत्वादि गुण, मुक्त जीवों के सम्बन्ध में भी, "एष आत्मापहतपाप्मा", "सत्यकामः सत्यसङ्कल्पः" इत्यादि उपन्यासवाक्यों में, उक्त हैं। एवञ्च "स तत्र पर्य्येति जक्षन् क्रीड़न् रममाणः" (उस समय वह स्वेच्छानुसार पर्यटन करता है, भोग करता है, क्रीड़ा करता है, रममाण होता है) इत्यादि वाक्यों से भी ऐसा ही ज्ञात होता है।

४ अ०, ४ पाद, ६ सूत्रः–**चिति तन्मात्रेण तदात्मकत्वादित्यौडुलोमिः।**

भाष्यः–ब्रह्मणि चिद्रूपे उपसन्नः प्रत्यगात्मा चिन्मात्रेण रूपेणाविर्भवति। "प्रज्ञानघन एवे"–ति तस्य तदात्मकत्वश्रवादित्यौडुलोमिर्मन्यते।।

अस्यार्थः–औडुलोमि मुनि कहते हैं कि, मुक्तावस्था में जीवात्मा केवल चैतन्यमात्रस्वरूप ब्रह्म को प्राप्त होकर केवल चैतन्यमात्र रूप में आविर्भूत होते हैं; कारण, श्रुति ने उनको "प्रज्ञानवन" मात्र कहकर निर्दिष्ट किया है।

४ अ०, ४ पाद, ७ सूत्रः–**एवमप्युपन्यासात् पूर्वभावादविरोधं वादरायणः।**

(पूर्वभावात्–"पूर्वोक्तादपहतपाप्मत्वादिगुणसम्पन्न विज्ञानस्वरूप प्रत्यगात्माविर्भावात्।")

भाष्यः–विज्ञानमात्रस्वरूपत्वप्रतिपादने सत्यपि अपहतपाप्मत्वादि–मद्विज्ञानस्वरूपाविर्भावादविरोधं भगवान् वादरायणो मन्यते। कुतः? मुक्तजीवसम्बन्धितया अपहतपाप्मत्वाद्युपन्यासात्।।

अस्यार्थः–यद्यापि यह सत्य है कि, मुक्त-आत्मा विज्ञानमात्र-स्वरूप को प्राप्त होता है, तथापि, भगवान् वादरायण वेदव्यास का सिद्धान्त यह है कि उसका वह विज्ञानरूप स्वीयस्वरूप अपहतपाप्मत्वादि गुणविशिष्ट है; कारण, मुक्त जीव के सम्बन्ध में अपहतपाप्मत्वादि गुणों को श्रुति ने पूर्वोक्त उपन्यास वाक्य (छा० ८ अ०) में जो प्रदर्शित किया है, उसका कहीं भी प्रतिवाद नहीं हुआ है।

विदेहमुक्तावस्था में भी जो सत्यसङ्कल्पादि ऐश्वर्य वर्तमान रहते हैं उसका वेदव्यास जी ने इस स्थल पर स्पष्ट रूप से उपदेश किया है; और यह भी पहले स्पष्ट रूप से उल्लिखित हुआ है कि, यही 'ब्रह्मभाव' तथा संसारातीत मुक्तावस्था है। एतद्द्वारा यह स्पष्ट रूप से सिद्ध होता है कि, चिन्मात्र होने पर भी, ब्रह्म सत्यसङ्कल्पादि ऐश्वर्य-विशिष्ट है और यह उसका जगदतीत स्वरूप है। इस स्थल पर जो पूर्णमुक्तस्वरूप वर्णित हुआ है, उनमें कोई विरोध नहीं है; इसमें कोई सन्देह नहीं हो सकता कि, वह व्यवहारातीत (संसारातीत) रूप है; कारण यह है कि, व्यवहारावस्था के साथ पार्थक्य को प्रदर्शित करने के अभिप्राय ही से, श्रुति का अनुसरण कर, वेदव्यासजी ने इस सूत्र के द्वारा यह वर्णन किया है कि, देहान्त होने के पश्चात् परब्रह्मरूपता प्राप्त होती है।

शङ्कराचार्य जी ने भी इस सूत्र की व्याख्या ऐसे ही की है; परन्तु उन्होंने कहा है कि, व्यवहारापेक्षा में ही ये समस्त गुण स्वीकृत किये जाते हैं। इस सूत्र का शङ्करकृत सम्पूर्ण भाष्य नीचे उद्धृत किया जाता है।

"एवमपि पारमार्थिकचैतन्यमात्र स्वरूपाभ्युपगमेऽपि व्यवहारापेक्षया पूर्वस्याप्युन्यासादिभ्योऽवगतस्य ब्राह्मस्यैश्वर्यरूपस्याप्रत्याख्यानादविरोधं वादरायण आचार्यो मन्यते"। उक्त व्याख्यान के 'पारमार्थिक' और 'व्यवहारपेक्षया'–ये दोनों पद श्रीमच्छङ्कराचार्य के स्वकपोल-कल्पित हैं, ये सूत्र में किसी स्थान पर नहीं हैं। अपने मत के साथ वेदव्यासजी के मत का अविरोध प्रदर्शित करने के अभिप्राय से, उन्होंने व्याख्या में इन दोनों पदों की संयोजना की है। इस स्थल पर 'व्यावहारिक' विषय का कोई भी सम्बन्ध नहीं है; देहपात होने से वह सम्बन्ध लोप प्राप्त हुआ है, और परब्रह्मभावप्राप्ति हुई है; वह परब्रह्मभाव क्या है, इस सम्बन्ध में जैमिनि और औडुलोमि के मतों का उल्लेख कर, और दोनों में सामञ्जस्य तथा श्रुतिवाक्यों की एकता स्थापित कर, वेदव्यास जी कहते हैं कि, उस परब्रह्मभाव का अर्थ एक ओर 'विज्ञानघनत्व' और दूसरी ओर उसके साथ 'सत्यसङ्कल्पत्व', 'अपहतपाप्मत्व' प्रभृति हैं।

अतएव यह सिद्ध होता है कि, वेदव्यासकृत यह सूत्र शाङ्करिक मत का सम्पूर्ण विरोधी है, और यही सिद्धान्त शाङ्करिक ब्रह्मस्वरूपनिर्णय-विषयक मत का स्पष्ट खण्डनस्वरूप गण्य किया जा सकता है। सत्यसङ्कल्पत्वादिगुणविशिष्ट परब्रह्मोपासकगण जो अर्च्चिरादि मार्ग को प्राप्त होकर परब्रह्म ही को प्राप्त होते हैं, इस विषय में भी यह सूत्र एक अकाट्य प्रमाणस्वरूप गण्य है, इसमें कोई सन्देह नहीं है।

४र्थ अ०, ४र्थ पाद, ८ सूत्रः–**सङ्कल्पादेव तच्छ्रुतेः।**

भाष्यः–मुक्तस्य सङ्कल्पादेव पित्रादिप्राप्तेः। कुतः ? "स यदि पितृलोककामो भवति सङ्कल्पादेवास्य पितरः समुत्तिष्ठन्ति" इति तदभिधानश्रुतेः।।

अस्यार्थः–मुक्त पुरुषों में जो सत्यसङ्कल्पत्वादि गुण होते हैं, इसका प्रमाण यह भी है कि, श्रुति ने कहा है कि मुक्त पुरुषों के सङ्कल्पमात्र ही से उनके समीप पित्रादि का आगमन होता है। यथा, दहर-विद्या में उक्त है कि, "यदि वे पितृलोकदर्शन की इच्छा करें तो उनके सङ्कल्पमात्र से पितृगण आ जाते हैं" (छा० ८ अ० १ ख०)।

४ अ०, ४ पाद, ९ सूत्रः–**अताएवानन्याधिपत्तिः।।**

भाष्यः–परब्रह्मात्मको मुक्त आविर्भूतसत्यसङ्कल्पत्वादेवानन्याधिपतिर्भवति, "स स्वराड् भवति" इति श्रुतेः (छा० ७ अ०, २५ ख०)।

अस्यार्थः–परब्रह्मात्मक होकर सत्यसङ्कल्पत्वगुणविशिष्ट होने के कारण, मुक्तपुरुष अनन्याधिपति अर्थात् सम्पूर्ण स्वाधीन होते हैं; दूसरा कोई उनका अधिपति नहीं होता है, (वे फिर गुणाधीन नहीं रहते)। कारण, श्रुति ने कहा है, "वे स्वराट् होते हैं"।

इति विदेहमुक्तस्य विज्ञानघनरूपताप्राप्तिपूर्वसत्यसङ्कल्पत्वादि-गुणोपेतत्वाधारणाधिकरणम्।।

—•—

४ अ०, ४ पाद, १० सूत्रः–**अभावं वादरिराह ह्येवम्।।**

[ह्येवम्='हि' यतः श्रुतिः 'एवं' शरीराद्यभावन् आह।]

भाष्यः–मुक्तस्य शरीराद्यभावं वादरिर्मन्यते; यतः "अशरीरं वाव सन्तं न प्रिया-प्रिये स्पृश्यत" इति श्रुतिस्तथैवाह।।

अस्यार्थः–वादरि मुनि कहते हैं कि, मुक्त पुरुषों के शरीर और इन्द्रियादि नहीं होते; कारण, "वे अशरीर होते हैं, और प्रिया-प्रिय उनको स्पर्श नहीं करते हैं" इत्यादि वाक्यों के द्वारा श्रुति (छा० ८ अ०, १२ ख०) ने ऐसा ही प्रकाशित किया है।

४ अ०, ४ पाद, ११ सूत्रः-**भावं जैमिनिर्विकल्पामननाम्।**

भाष्यः-तच्छरीरादिभावं जैमिनिर्मन्यते। कुतः? "स एकधा भवति त्रिधा भवति" इत्यादि वैविध्यामननात्।।

अस्यार्थः-जैमिनि जी कहते हैं कि मुक्त पुरुषों के भी शरीरादि रहते हैं। कारण, वे मुक्तपुरुष कभी एक प्रकार के होते हैं, कभी तीन प्रकार के होते हैं" इत्यादि श्रुतिवाक्यों (छा० ७ अ २६ ख०) में उनका विविध रूपों का धारण करना वर्णित है।

४ अ०, ४ पाद, १२ सूत्रः-**द्वादशाहवदुभयविधं वादरायणोऽतः।**

भाष्यः-सङ्कल्पादेव शरीरत्वमशरीरत्वञ्च मुक्तस्य भगवान् वादरायणो मन्यते। द्वादशाहस्य यथा "द्वादशाहमृद्धिकामा उपेयुः," द्वादशाहेन प्रजाकामं याजयेदिति सत्रत्वमहीनत्वञ्च भवति, तद्वत्।।

अस्यार्थः-भगवान् वादरायणा (वेदव्यास) जी उस सम्बन्ध में इस प्रकार की मीमांसा करते हैं कि मुक्त पुरुष अपने सङ्कल्प के अनुसार कभी सशरीर और कभी अशरीर होते हैं, जैसे पूर्वमीमांसा में 'द्वादशाह' (द्वादशदिवसव्यापी एक यज्ञ) के सम्बन्ध में इस प्रकार मीमांसित है कि "द्वादशाहमृद्धिकामा उपेयुः" वाक्य में श्रुति ने, 'उपेयुः' पद का प्रयोग कर, उस यज्ञ का 'सत्रत्व' प्रदर्शित किया है, पुनः, "द्वादशाहेन प्रजाकामं याजयेत्" वाक्य में 'याजयेत्' पद का प्रयोग कर, उसी यज्ञ का 'अहीनत्व' स्थापित किया है; अतएव 'द्वादशाह' यज्ञ की ('सत्रत्व' तथा 'अहीनत्व') उभयरूपता ही सिद्व है; वैसे ही मुक्त पुरुषों के सम्बन्ध में श्रुतियों में 'सशरीरत्व' तथा 'अशरीत्व'- उभय प्रकार के उपदेशों के वर्तमान रहने के कारण, मुक्त पुरुषों की उभयरूपता ही सिद्ध होती है। (जो यज्ञ, 'उपयन्ति' और 'आसते' इन दोनों क्रियापदों के द्वारा उपदिष्ट हुआ है, औरः जो बहुकर्त्ता द्वारा निष्पाद्य है, उसी को 'सत्र' कहते हैं; जिस यज्ञ के सम्बन्ध में श्रुति में यज् धातु के पद का प्रयोग है उसे 'अहीन' कहते हैं।)

इस सूत्र की व्याख्या में शाङ्करभाष्य के साथ किसी प्रकार का विरोध नहीं है।

४र्थ अ०, ४र्थ पाद, १३ सूत्रः-**तन्वभावे सन्ध्यवदुपपत्तेः।**

भाष्यः-स्वसृष्टशरीराद्यभावे स्वप्नवद्भगवत्सृष्टशरीरादिना मुक्तभोगोपपत्तः शरीरादेर्मुक्तसृज्यत्वानियमः।।

अस्यार्थः-जिस भाँति स्वसृष्ट शरीरादि के अभाव पर भी, स्वप्नकाल में बद्धजीव का भोग होता है, उसी भाँति भगवत्सृष्ट-शरीरादिसमन्वित होकर मुक्त पुरुषों का भोग

उत्पन्न हो सकता है; अतएव ऐसा भी कोई नियम नहीं है कि मुक्त पुरुष–द्वारा ही उनके शरीरादि सृष्ट होवें।

(इन सूत्रों के द्वारा यह सुस्पष्ट रूप से प्रतिपन्न होता है कि मुक्तावस्था में भी, परब्रह्म और मुक्त पुरुषों में सम्पूर्ण अभेद सम्बन्ध नहीं होता है; उस स्थिति में भी वे भगवदंश ही रहते हैं, पूर्ण ब्रह्म नहीं। अतएव मुक्तावस्था के सम्बन्ध को भी भेदाभेद सम्बन्ध ही कहना पड़ेगा; और इसी का वेदव्यासजी ने पूर्व सूत्रों के द्वारा उपदेश किया है। अतएव एक अद्वैत मात्र की मीमांसा विशुद्ध मीमांसा नहीं है; द्वैताद्वैत मीमांसा ही वेदान्त–दर्शन द्वारा अनुमोदित है। निम्नोद्धृत सूत्र भी इस विषय में द्रष्टव्य है ? इस सूत्र में भी कोई व्याख्या–विरोध नहीं है।)

४ अ०, ४ पाद, १४ सूत्रः–**भावे जाग्रद्वत्।**

(देहविशिष्ट होने पर जाग्रद्वत् भोग होता है।)

भाष्यः–स्वसृष्टशरीरादिभावेऽपि मुक्तस्य भगवल्लीलारसभोगोपपत्तेः कदाचिद्भगवल्लीलानुसारिणा स्वसङ्कल्पेनापि सृजति।।

अस्यार्थः–निज कर्तृक–सृष्ट शरीरादिविशिष्ट होते हुए भी, मुक्तपुरुष भगवल्लीलारस–भोग कर सकते हैं; अतएव मुक्त पुरुष भगवल्लीला का अनुसरण कर, जाग्रत पुरुषों की भाँति, स्वयं ही सङ्कल्पपूर्वक शरीरादि की सृष्टि किया करते हैं।

वास्तव में ब्रह्म स्वरूपतः आनन्दमय है, और उसके चिन्मय भी होने के कारण, वह नित्य उसी अपरिसीम आनन्द का भोक्ता है। विभुत्वस्वभावविशिष्ट उस चित् के अनुरूप अंश ही जीव का स्वरूप है; उपाधिभूत शरीर में आत्मबुद्धियुक्त होने ही के कारण जीव, स्वीय चिन्मयता को विस्मृत होकर, वृद्धावस्था को प्राप्त होता है। जब भगवदुपासना के द्वारा उसका चिद्रूप प्रतिभात होता है, तब, उसकी देहात्मबुद्धि के विलुप्त होने के पश्चात् जब उसका सर्वविध देहात्मसंस्कार विदूरित होता है तब वह 'मुक्त' संज्ञा प्राप्त होता है। उस स्थिति में, शुद्ध चिद्रूप में प्रतिष्ठित होने के कारण, जीव, ब्रह्म–स्वरूपभुक्त रहकर, उसके साथ ('सहब्रह्मणा') उस (ब्रह्म) के स्वरूपगत अनन्त आनन्द का उपभोग करता रहता है; यह भोग स्वभावतः स्वयं ही उपजात होता है, इसमें किसी प्रकार की चेष्टा की आवश्यकता नहीं होती। जैसे स्वप्नद्रष्टा पुरुष को बिना चेष्टा किये अपने ही से स्वप्नभोग होता है। वैसे ही मुक्तजीव को भी बिना किसी चेष्टा के ब्रह्म के स्वरूपगत अनन्त निर्मल आनन्द का भोग होता है। यही त्रयोदश सूत्र में 'सन्ध्यवत्' शब्द द्वारा भगवान् सूत्रकार ने ज्ञापित किया है। एवञ्च भगवदङ्गीभूत

होने के कारण, जब वह भगवत्प्रेरणा से, किसी विशिष्ट शरीर के अवलम्बन द्वारा तदुपयोगी आनन्द को अनुभव करने की इच्छा करता है, तब जिस किसी लोक के उपयोगी शरीर धारण करने की शक्ति उसमें प्रादुर्भूत होती है; वह हिरण्यगर्भ-लोक की देह धारण कर उस लोक के आनन्द को भी अनुभव कर सकता है; और इस मर्त्यलोक में भी अवतीर्ण होकर लीला करने में समर्थ होता है। उस अवस्था में उसके सत्यसङ्कल्प होने के कारण, वह जैसी इच्छा करता है, वैसा ही कर सकता है; उसके अविद्याजनित अहंभाव के विदूरित होने पर, सत्यसङ्कल्प परमात्मा के साथ अभिन्नात्म होने के कारण, वह भी परमात्मा के साथ एकीभूतभाव से सत्यसङ्कल्प होता है, और इच्छानुरूप लीला कर सकता है। यही १४ सूत्र में भगवान् सूत्रकार ने 'जाग्रद्वत्' शब्द के द्वारा प्रकाशित किया है। १२ सूत्र में जो "उभयविधत्व" वर्णन किया गया है, वही १३ और १४ सूत्रों में विस्तृत रूप से व्याख्यात हुआ है। परन्तु समग्र जगत् के सृष्टि प्रभृति व्यापार विभुस्वभाव भगवत्स्वरूप ही के अन्तर्गत हैं; वे उसके अंशीभूत जीवों के द्वारा साधित नहीं होते हैं; भगवान् स्वयं उस कार्य को सम्पादित करते हैं; सुतरां तदङ्गीभूत मुक्त पुरुषों के द्वारा वे सम्पादित नहीं होते हैं, अतएव इस सम्बन्ध में उनके प्रति भगवत्प्रेरणा भी नहीं होती है। जगद्व्यापार-साधन विषय में मुक्त पुरुषों की विशेष इच्छा भी उत्पन्न नहीं होती; सुतरां वे उसे सम्पादित कर भी नहीं सकते। यही परवर्त्ती सप्तदश प्रभृति सूत्रों में वर्णित हुआ है।

४ अ०, ४ पाद, १५ सूत्रः-**प्रदीपवदावेशस्तथा हि दर्शयति।**

भाष्यः-प्रभाया दीपस्येव ज्ञानेन धर्मभूतेन जीवस्यानेकशरीरेष्वावेशो भवति "स चानन्ताय कल्पते" इति श्रुतिस्तथाहि दर्शयति।।

अस्यार्थः-(ईश्वर की भाँति विभु स्वभाव न होने के कारण) मुक्त पुरुष, एक होकर भी, कैसे जैमिनिधृत "स एकधा भवति, त्रिधा भवति, पञ्चधा, सप्तधा" इत्यादि श्रुतिवाक्यों के अनुरूप बहुशरीरधारी हो सकते हैं ? इस सम्बन्ध में सूत्रकार कहते हैं कि, जैसे प्रदीप एक स्थान में स्थित होकर भी अपने प्रभाव के द्वारा अनेक प्रदेशों में प्रविष्ट हो सकता है, वैसे ही मुक्त पुरुष भी स्वीय ज्ञानैश्वर्य के प्रभाव से अनेक शरीरों में आविष्ट होते हैं।

मुक्त पुरुषों के जो ऐसे ऐश्वर्य हो सकते हैं, उसको श्रुति ही ने प्रदर्शित किया है; यथा:-"बालाग्रशतभागस्य शतधा कल्पितस्य च। भागो जीवः स विज्ञेयः स चानन्ताय कल्पते" (केश के अग्र भाग को शत भाग कर उसको पुनः शतभाग करने से, वह

जैसा सूक्ष्म होता है, जीव वैसा ही सूक्ष्म अणुपरिमाण है; किन्तु ऐसा अणुस्वरूप होने पर भी, वह गुण में अनन्त हो सकता है) इत्यादि (श्वेत० ५ अ०, ९ म०)। अतएव जीव के अन्तर्निहित ज्ञान के सङ्कोचत्व और असङ्कोचत्व के द्वारा ही उसके बद्धत्व तथा मुक्तत्व निरूपित होते हैं; मुक्त पुरुषों के ज्ञानैश्वर्य किसी के द्वारा बाधित नहीं हैं; सुतरां उनके बहुदेहों में चालित होने में कोई भी विचित्रता नहीं है।

४ अ०, ४ पाद, १६ सूत्रः–**स्वाप्ययसम्पत्त्योरन्यतरापेक्षमाविष्कृतं हि।**

[स्वाप्ययसम्पत्त्योः=सुषुप्ति–उत्क्रान्त्योः]

भाष्यः–"प्राज्ञेनात्मना परिष्वक्तो न बाह्यं किञ्चन वेद नान्तरमि"–ति वाक्यं तु न मुक्तविषयं, किन्तु सुषुप्त्युत्क्रान्त्योरन्यतरापेक्षम् "नाह खल्वयं सम्प्रत्यात्मानं जानात्यहमस्मी"–ति "नो एवेमानि भूतानि विनाशमेव" इति भूतानीति "एतेभ्यो भूतेभ्यः समुत्थाय तान्येवानुविनश्यती"–ति च "स वा एष एतेन दिव्येन चक्षुषा मनसैतान् कामान् पश्यन्नि"–ति च जीवस्योभयत्र निर्बोधत्वं मुक्तावस्थायां च सर्वज्ञत्वं शास्त्रेणाविष्कृतम्।।

अस्यार्थः–बृहदारण्यक के ४ अध्याय के ३ ब्राह्मण में उक्त हैं, "(जैसे प्रिय–स्त्री–द्वारा आलिङ्गित होकर, जीव बाह्य तथा आन्तर, सर्वप्रकार बोधविरहित होता है, वैसे ही) जीव, प्राज्ञ परमात्मा–कर्तृक परिवृत होकर, बाह्य अथवा आन्तर कुछ भी नहीं जान सकता है"। यह वाक्य मुक्तपुरुष–सम्बन्धी नहीं है, किन्तु सुषुप्ति अवस्था प्राप्त पुरुषविषयक है। सुषुप्ति और उत्क्रान्ति (मृत्यु) इन दोनों को लक्ष्य कर ऐसे वाक्य अनेक स्थलों पर उक्त हुए हैं। यथा सुषुप्ति अवस्था को लक्ष्य कर छान्दोग्य श्रुति ने कहा है "उस स्थिति में उसकी 'मैं यह हूँ' यह भी नहीं ज्ञात होता है", "एतत्समस्त मानों कुछ नहीं है, ऐसा बोध होता है" (छा० ८ अ०, ११ ख०); एवञ्च मृत्यु को लक्ष्य कर उक्त हुआ है "एतेभ्यो भूतेभ्यो" इत्यादि (इन भूतों से सम्यक् उत्थित होकर उन सभी के विनाश से विनष्ट होता है, तब उसकी कोई संज्ञा नहीं रहती) (बृ० ४अ० ५ ब्रा० १३) इत्यादि। वैसे ही इन दोनों अवस्थाओं के सम्बन्ध में ऐसा कहकर, छान्दोग्य श्रुति ने मुक्तावस्था को लक्ष्य कर कहा है, "वे, दिव्य चक्षु को प्राप्त कर, मन के द्वारा ही एतत्समस्त के दर्शन करते हैं (छा० ८ अ० १२ ख० ५) इत्यादि। इसी प्रकार से शास्त्र में सर्वत्र ही सुषुप्ति एवं मृत्यु की अवस्थाओं में संज्ञाहीनत्व और मुक्तावस्था में सर्वज्ञत्व स्पष्ट रूप से प्रकाशित किये गये हैं।

[श्रीशङ्कराचार्य ने व्याख्या की है कि, सूत्रोक्त 'सम्पत्ति' शब्द का अर्थ कैवल्य है; इस अर्थ में भी सम्पत्ति शब्द व्यवहृत होता है; "वाङ्मनसि सम्पद्यते............ तेजः परस्यां देवतायाम्" इत्यादि स्थलों पर सम्पत्ति शब्द का अर्थ लय (मृत्यु) है। यदि 'सम्पत्ति' शब्द कैवल्य के अर्थ में प्रयुक्त हुआ हो, तो भी यह अर्थ हो सकता है कि, श्रुति के प्रकरण-विचार से यह प्रतिपन्न होता है कि, श्रुति ने सुषुप्ति स्थल पर संज्ञाहीनता और मुक्तिस्थल पर सर्वज्ञता का उपदेश किया है।

इति विदेहमुक्तस्य सर्वैश्वर्यनिरूपणाधिकरणम्।।

—•—

४ अ०, ४ पाद, १७ सूत्रः-**जगद्व्यापारवर्जं प्रकरणादसन्निहितत्वाच्च।**

भाष्यः-जगत्सृष्ट्यादिव्यापारेतरं मुक्तैश्वर्यम्। कुतः? यतो वा इमानि भूतानिम् जायन्ते" इत्यादौ परब्रह्मप्रकरणान्मुक्तस्य तत्रासन्निहितत्वाच्च।

अस्यार्थः-जगत्-सृष्ट्यादि व्यापार को छोड़, मुक्त पुरुषों को दूसरे सर्वविध ऐश्यर्य प्राप्त होते हैं। कारण यह है कि, "जिससे ये समस्त भूतग्राम सृष्टिप्राप्त होते हैं" इत्यादि सृष्टिप्रकरणोक्त श्रुतिवाक्यों में उक्ति है कि, परब्रह्म ही जगत् का स्रष्टा है; उक्त प्रकरण मुक्त पुरुषों के सम्बन्ध में नहीं है, और मुक्त पुरुषगण उक्त प्रकरणभुक्त नहीं हैं। और श्रुति ने कहीं भी ऐसा उपदेश नहीं किया है कि, मुक्त पुरुषों में जगत् सृष्टि का सामर्थ्य होता है।

श्रीमच्छंकराचार्यजी कहते हैं कि, जो लोग सगुणब्रह्मोपासना के प्रभाव से ईश्वर-सायुज्य रूप मुक्ति को प्राप्त होते हैं, उन्हीं के सम्बन्ध में वेदव्यास जी ने इस सूत्र में कहा है कि, उनमें जगत्सृष्टि-सामर्थ्य नहीं होता। परन्तु इस प्रकरण में किसी स्थल पर सगुणब्रह्मोपासक अथवा निर्गुणब्रह्मोपासक कहकर किसी प्रकार के भेद का वर्णन नहीं किया गया है; ब्रह्मज्ञ पुरुष, देहान्त होने पर, जब परब्रह्म में मिलित होते हैं, जब उनको 'ब्रह्मसम्पत्ति' प्राप्त होती है, तब उनकी अवस्था कैसी होती है, इसी का वेदव्यासजी ने इस प्रकरण में वर्णन किया है; इस प्रकरण के आद्योपान्त पठन से ही, यह स्पष्ट रूप से प्रतीयमान होता है। तथापि शङ्कराचार्यजी जो ब्रह्मज्ञ पुरुषों में इस प्रकार श्रेणीभेद करने की इच्छा करते हैं, उसका कारण यह है कि, उनके मत में निर्गुण ब्रह्मोपासकगण परब्रह्म के साथ सम्पूर्णरूप से एकीभूत हैं, अंशमात्र नहीं हैं, अविद्या के कारण जीवत्व प्रकाशित हुआ था, अविद्या के विनष्ट होने से वह विलुप्त हुआ है, ब्रह्म तो है ही, वह यद्रूप है तद्रूप ही रहता है। इस मत को वेदव्यास जी ने ब्रह्मसूत्र में किसी स्थल पर व्यक्त नहीं किया है; यदि यह (मत) सत्य होता, तो

वेदव्यास जी, इस विषय को अस्पष्ट तथा संदिग्ध रखकर, केवल वितण्डा-सृजन द्वारा अपने शिष्यों को मोहित न करते; इस सम्बन्ध के भेद-समूह की प्रदर्शित कर स्पष्ट रूप से सूत्र की रचना करते। इस अन्तिम प्रकरण में ब्रह्मसम्पत्प्राप्त पुरुषों की अवस्थाओं को ज्ञापित करने के अभिप्राय से जो सूत्रसमूह रचित हुए हैं, उनमें किसी स्थल पर ब्रह्मज्ञ ब्रह्मसम्पत्प्राप्त पुरुषों में श्रेणीभेद प्रदशित नहीं हुआ है। केवल नाम, मन, प्राण, सूर्य इत्यादि प्रतीकों में जो लोग ब्रह्मोपासना करते हैं, उनको परब्रह्मसम्पति-प्राप्ति नहीं होती, और कार्यब्रह्मोपासकगण भी हिरण्यगर्भ ही को प्राप्त होते हैं, (परब्रह्म को नहीं), उसी का वेदव्यासजी ने इस अध्याय के तृतीय प्रकरण के १४ संख्यक सूत्र में स्पष्टरूप से उपदेश किया है;–निर्गुणब्रह्मोपासकों को छोड़ और किसी की सम्पूर्ण रूप से परब्रह्म-प्राप्ति-रूप मुक्ति नहीं होती है, यह शाङ्करिक मत यदि वेदव्यास जी का भी होता, तो इस सम्बन्ध में भी इस प्रकार का स्पष्ट सूत्र अवश्य ही रहता। परब्रह्म-प्राप्ति देहान्त होने पर घटित होती है, इसे तृतीय प्रकरण में वर्णित कर, परब्रह्म-प्राप्त, कर्मबन्धन से सम्यक् विमुक्त, पुरुषों की अवस्थाओं को वर्णित करनें के निमित्त ही वेदव्यासजी ने इस चतुर्थ प्रकरण को रचित किया है; शाङ्करिक मत के संगत होने पर, इस सम्बन्ध में स्पष्ट सूत्र का इस प्रकरण में रहना क्या नितान्त प्रयोजनीय न होता ? शङ्कराचार्य निरवच्छिन्न अद्वैतवादी हैं; अतएव उनके मतानुसार मुक्त पुरुषों में किसी प्रकार का पार्थक्य रहना स्वीकार्य नहीं हो सकता है; इसे स्वीकार करने से, उनको द्वैताद्वैत मत का अवलम्बन करना पड़ता; कारण यह है कि, परब्रह्म से मुक्त पुरुषों का किञ्चिन्मात्र भेद स्वीकृत होने पर, निरवच्छिन्न अद्वैतवाद सम्यक् अप्रतिष्ठ हो जाता है। इस सूत्र में वेदव्यास जी ने कहा है कि, ब्रह्मरूपप्राप्त मुक्त पुरुषों मे भी परब्रह्म की जगतसृष्टत्वादि-शक्ति उपजात नहीं होती, अतएव किञ्चित् भेद तो रह ही जाता है। जिस मत के अनुसार मुक्त जीव भी परब्रह्म के अंशमात्र हैं, उस मत में मुक्त पुरुषों की परब्रह्मरूप-प्राप्ति, अथच उनका सृष्टि सामर्थ्य-प्राप्त न होना स्वभावतः ही स्वीकृत हैं; कारण यह है कि, अंश अंशी से भिन्न नहीं है, तथापि अंशी की सम्यक् शक्ति अंश में रह नहीं सकती; मुक्त पुरुष भगवदंश हैं; अतएव उसके साथ उनका ऐक्य भी है और शक्ति विषय में न्यूनता भी है। मुक्त होने के कारण उनका भेदज्ञान सम्यक् विलुप्त होता है; सर्वविध शक्याश्रय ब्रह्म के स्वरूप का ज्ञान उनमें उपजात होने के कारण, उनको सर्वत्र ही ब्रह्मदर्शन होते हैं–यही उनमें और बद्ध जीवों में प्रभेद है। किन्तु शाङ्करिक मत को अवलम्बन करने से, इस सूत्र और प्रकरण के उपदेश-समूह के अर्थ को संकुचित करना अवश्य पड़ेगा; इसी कारण शङ्कराचार्य जी ने सूत्रार्थ को उक्त प्रकार से सङ्कुचित करने की

चेष्टा की है। अतएव यही सिद्ध होता है कि, ब्रह्मभाव-प्राप्त मुक्त पुरुषों की अवस्थाओं के सम्बन्ध में भगवान् वेदव्यास जी ने इस सूत्र में और साधारणतः इस प्रकरण में जो उपदेश किया है, वह शाङ्करिक मत का विरोधी है।

४ अ०, ४ पाद, १८ सूत्रः-**प्रत्यक्षोपदेशान्नेति चेन्नाधिकारिक-मण्डलस्थोक्तेः।**

[आधिकारिकमण्डलस्थाः हिरण्यगर्भादिलोकस्था भोगास्तेऽपिमुक्तानुभवविषयास्तेषामुक्तेः छान्दोग्यादिश्रुत्या तत्प्रतिपादनादित्यर्थः।]

भाष्यः-"स स्वराड् भवति तस्य सर्वेषु लोकेषु कामचारो भवति" इत्यादि श्रुत्या मुक्तत्य जगद्व्यापारप्रतिपादनात् "जगद्व्यापारवर्ज्जमि"-ति यदुक्तं तन्नेति चेन्न, तया श्रुत्या हिरण्यगर्भादिलोकस्थानां भोगानां मुक्तानुभवविषयतयोक्तत्वात्।।

अस्यार्थः-"वह स्वराट् (सम्पूर्ण स्वाधीन) होता है, वह समस्त लोकों में कामचारी होता है" इत्यादि छान्दोग्य श्रुतिवाक्यों में (छा० ७ अ०, २५ ख०) मुक्त पुरुषों का जगत्-सृष्ट्यादि-सामर्थ्य प्राप्त होना स्पष्ट रूप से प्रतिपन्न होता है; अतएव जगद्व्यापार को छोड़ और सर्वशक्तियाँ उनमें रहती हैं, ऐसी जो उक्ति है, वह सत्सिद्धान्त नहीं है-इस प्रकार की आपत्ति सङ्गत नहीं है; कारण, उक्त श्रुति का केवल यही अभिप्राय है कि, हिरण्यगर्भादिलोकस्थित पुरुषों के जो समस्त भोग होते हैं, वे सभी मुक्त पुरुषों के आयत्ताधीन हैं।

४ अ०, ४ पाद, १९ सूत्रः-**विकारावर्त्ति च तथाह्रि स्थितिमाह।**

[विकारे=जन्मादिषट्के न आवर्त्तते इति विकारवर्त्ति जन्मादिविकारशून्यंः च शब्दोऽवधारणे। तथाहि मुक्तस्थितिमाह श्रुतिरित्यर्थः।]

भाष्यः-जन्मादिविकारशून्यं स्वाभाविकाचिन्त्यानन्तगुणसागरं सविभूतिकं ब्रह्मैव मुक्तोऽनुभवति। तथाहि मुक्तस्थितिमाह श्रुतिः। "यदा ह्येवैष एतस्मिन्न दृश्ये अनात्म्येऽनिरुक्तेऽनिलयनेऽभयं प्रतिष्ठां विन्दतेऽथ सोऽभयं गतो भवति," "रसो वै स, रसं ह्येवायं लब्ध्वा आनन्दीभवति" इत्यादिका।।

अस्यार्थः-(जगद्व्यापार-सामर्थ्य प्राप्त न होने पर भी,) मुक्त पुरुष जन्मादि-विकार-शून्य होते हैं; वे स्वाभाविक अचिन्त्य, अनन्तगुणासागर सर्वविभूति-सम्पन्न ब्रह्म के स्वरूप में अपने को अनुभव करते हैं। मुक्त पुरुषों की ऐसी ही स्थिति का श्रुति ने उपदेश किया है; यथा, तैत्तिरीय श्रुति ने मुक्तावस्था के सम्बन्ध में कहा है:-"जब जब ये जीव इस अदृश्य, देहादिविवर्जित, अक्षर, स्वप्रतिष्ठ परब्रह्म में

सुप्रतिष्ठित होते हैं, और इस कारण सर्वविध भय से विमुक्त होते हैं, तब वे उसी अभय ब्रह्मरूपत्व को प्राप्त होते हैं", "वह रसस्वरूप है; ये जीव भी उसी रसस्वरूप को प्राप्त हो, आनन्दरूपता प्राप्त करते हैं"; इत्यादि। सर्वविभूतिसम्पन्न भगवान् को प्राप्त कर मुक्त पुरुष भगवद्विभूतिविशेष जो हिरण्यगर्भादि हैं, उनके लोकस्थित भोगसमूह को प्राप्त होते हैं; यही मुक्त पुरुषों के कामचारित्व-विषयक श्रुतिवाक्यों का अभिप्राय है; मुक्त पुरुष के उपरान्त हिरण्यगर्भोपासक भी हिरण्यगर्भलोक (ब्रह्म लोक) को प्राप्त हो सकते हैं। किन्तु वे परब्रह्मसम्पद् को प्राप्त नहीं होते।

शाङ्कर भाष्य में इस सूत्र का इस प्रकार अर्थ किया गया है, यथा–ऐसा नहीं है कि, परमेश्वर केवल विकारभूत सूर्यमण्डलादि के अधिष्ठातृरूप से वर्तमान है, वह विकारावर्ती है अर्थात् नित्यमुक्त विकारातीत रूप में भी विराजमान है; उसकी इस द्विरूप में स्थिति का श्रुति ने भी वर्णन किया है, यथा–"तावानस्य महिमा ततो ज्यायांश्च पूरुषः" "पादोऽस्य सर्वा भूतानि", "त्रिपादस्यामृतं दिवि" इत्यादि (एतत्समस्त ही परमेश्वर की विभूति हैं; वह सभी को अतिक्रम कर वर्तमान है, इन सभी से वह श्रेष्ठ है: ये समस्त भूत उसके एक पादमात्र हैं, अवशिष्ट तीन पाद अमृत हैं और स्वर्ग में अवस्थित हैं)। इस स्थल पर यह व्याख्या प्रासङ्गिक कहकर अनुमित नहीं होती है; जो हो, ईश्वर के इस द्विरूपत्व को ही द्वैताद्वैतवादी मानते हैं–ईश्वर गुणातीत तथा सगुण, दोनों है। यदि यही वेदव्यास जी का अभिप्राय है, तो ब्रह्म केवल निर्गुण है ऐसा कहकर, शङ्कराचार्यजी ने जो अपने मत को प्रकाशित किया है, वह इस सूत्र की उन्हीं की निज व्याख्या द्वारा खण्डित होता है। इसमें अब कोई सन्देह नहीं रहा कि, उनका मत भगवान् वेदव्यासजी के मतानुकूल नहीं है। अतएव, दूसरे स्थलों पर भगवान् वेदव्यास जी के सिद्धान्त की व्याख्या करते समय, उन्होंने केवल निर्गुण कहकर ब्रह्म का जो वणर्न किया है, वह व्याख्या सङ्गत नहीं है ऐसा स्वीकार करना पड़ेगा।

४ अ०, ४ पाद, २० सूत्रः–**दर्शयतश्चैवं प्रत्यक्षानुमाने।**

[प्रत्यक्ष=श्रुति; अनुमान=स्मृति]

भाष्यः–कृत्स्नजगत्सृष्ट्यादि व्यापारार्हब्रह्मैव "स कारणं कारणाधिपाधिपः सर्वस्य वशी सर्वस्येशानः", "मयाध्यक्षेण प्रकृतिः सूयते सचराचरमि"-ति श्रुतिस्मृती दर्शयतः "जगद्व्यापारवर्ज्जं मुक्तैश्वर्यम्"।

अस्यार्थः–श्रुति और स्मृति–दोनों ही ने स्पष्ट रूप से प्रदर्शित किया है कि, सम्यक् जगत् के सृष्ट्यादि व्यापार केवल ब्रह्म-द्वारा ही सम्पादित हो सकते हैं। श्रुति, यथाः–"स कारणं कारणाधिपाधिपः" इत्यादि; स्मृति, यथाः–"मयाध्यक्षेण प्रकृतिः

सूयते सचराचरम्" (इति भगवद्गीतावाक्य)। अतएव मुक्त पुरुषों मे जगत्सृष्ट्यादि सामर्थ्य नहीं है, ऐसा जो सिद्धान्त किया गया है वह सङ्गत है।

४ अ०, ४ पाद, २१ सूत्रः–**भोगमात्रसाम्यलिङ्गाच्च।**

भाष्यः–"सोऽश्नुते सर्वान् कामान् सह ब्रह्मणा विपश्चिते"–ति भोगमात्र-साम्यलिङ्गाच्च मुक्तेश्वर्य्यं जगद्व्यापारवर्ज्जम्।।

अस्यार्थः–"मुक्तपुरुष सर्वज्ञ ब्रह्म के साथ सर्वविध भोग (आनन्द) की उपलब्धि करते हैं", इस स्पष्ट श्रुतिवाक्य (तै० २०) में ईश्वर के साथ मुक्त पुरुषों की केवल भोग-सम्बन्ध में ही समता प्रदर्शित की गई है, सामर्थ्यं की समता उपदिष्ट नहीं की गई। अतएव इसके द्वारा भी मुक्तपुरुषों में जगत्सृष्ट्यादि विषय में सामर्थ्य न रहना सिद्ध होता है।

इति विदेहमुक्तानां जगद्व्यापारसाधनसामर्थ्याभावनिरूपणाधिकरणम्।।

—•—

४ अ० ४ पाद, २२ सूत्रः–**अनावृत्तिः शब्दादनावृत्तिः शब्दात्।**

भाष्यः–परंज्योतिरुपसम्पन्नस्य संसाराद्विमुक्तस्य प्रत्यगात्मनः पुनरावृत्तिर्न भवति। कुतः? "एतेन प्रतिपद्यमाना इमं मानवमावर्त्तं नावर्त्तन्ते," "मामुपेत्य तु कौन्तेय! पुनर्जन्म न विद्यते" इति शब्दात्।।

अस्यार्थः–परमज्योतिः स्वरूप-प्राप्त तथा संसार से विमुक्त जीवों की संसार में पुनरावृत्ति नहीं होती। कारण, श्रुति ने कहा हैः–"देवयानमार्ग में प्रस्थित जीवों को इस मर्त्यलोक में पुनरागमन नहीं करना पड़ता" (छा० ४ अ०, १५ ख०)। श्रीमद्भगवद्गीता में भी श्रीभगवान् ने कहा है, "हे कौन्तेय! मुझे प्राप्त कर लेने पर, फिर पुनर्जन्म नहीं होता।"

इस सूत्र की व्याख्या में श्रीशङ्कराचार्यजी ने कहा है कि, इसके द्वारा सगुण-ब्रह्मोपासकों की पुनरावृत्ति ही का श्रीभगवान् वेदव्यासजी ने प्रतिषेध किया है। जब सगुण ब्रह्मोपासकों की पुनरावृत्ति निषिद्ध हुई, "तब निर्वाणपरायण, सम्यक् निर्गुणब्रह्म-दर्शियों की अनावृत्ति तो सिद्ध ही है," अर्थात् इस सम्बन्ध में किसी विशेष उपदेश की आवश्यकता नहीं है। परन्तु वेदव्यास जी जब सर्वविध ब्रह्मोपासकों की गति और मुक्तावस्था को वर्णन करने में प्रवृत्त हुए हैं, तो यदि निर्गुण और सगुण ब्रह्मोपासकों की गति और मुक्ति में पार्थक्य वर्तमान रहता, तो उसे प्रदर्शित न करना दोषावह ही होता और इससे ग्रन्थ की पूर्णता का अभाव होता। अतएव शङ्करकृत व्याख्या सङ्गत

कहकर ग्रहणीय नहीं हो सकती। केवल नाम मनः, प्राण, सूर्य इत्यादि प्रतीकों ही के अवलम्बन द्वारा जो लोग ब्रह्मोपासना करते हैं, उनको उस उपासना के प्रभाव से साक्षात्सम्बन्ध में परब्रह्म-प्राप्ति नहीं होती; जो लोग हिरण्यगर्भ की उपासना करते हैं, उस उपासना द्वारा, वे हिरण्यगर्भलोक को प्राप्त हो सकते हैं, और ब्रह्मा के जीवितकालपर्यन्त वहाँ वास कर, उसके पश्चात् ब्रह्मा के साथ परब्रह्म में लीन हो सकते हैं; किन्तु जो लोग हिरण्यगर्भ के भी स्रष्टा परब्रह्म की उपासना करते हैं, उनकी, हिरण्यगर्भलोक में गमन के पश्चात्, परब्रह्म ही के साथ एकता प्राप्ति होती है: सुतरां ब्रह्मसम्पत्ति-लाभ करने में उन्हें विलम्ब नहीं होता। उन्हीं के सम्बन्ध में श्रीमद्‌भगवद्‌गीता में श्रीभगवान् ने कहा है, "सर्गेऽपि नोपजायन्ते प्रलये न व्यथन्ति च"; परब्रह्म के साथ सम्यक् एकत्व बोध होने पर भी, उनकी जो एकदम निर्वाण-प्राप्ति (विलुप्ति) नहीं होती, इस सम्बन्ध में पूर्वोक्त वाक्य ही प्रमाण है; यदि शक्ति-विषय में भी कोई प्रभेद न रहता, यदि वे ब्रह्म के साथ सम्पूर्ण रूप से समता-प्राप्त होते, तो "प्रलये न व्यथन्ति च" इत्यादि वाक्य निरर्थक हो जाते। श्रीभगवान् वेदव्यास जी ने इस प्रकरण के द्वादश से पञ्चदश सूत्रों में श्रुतिप्रमाण द्वारा भी इसे सिद्ध किया है; एवञ्च वेदव्यासजी ने जो सप्रमाणित किया है कि, मुक्तपुरुषों में जगत्सृष्ट्यादिसामर्थ्य नहीं होता, इसके द्वारा भी यही सिद्ध होता है कि, मुक्त पुरुष और परब्रह्म में सर्वांश (समस्त विषयों) में समता नहीं होती।

शङ्कराचार्य कहते हैं, जब स्थूल देह के निधन के साथ ही प्रारब्ध कर्मों का अन्त होता है, तो और किस हेतु के अवलम्बन द्वारा ब्रह्मज्ञ पुरुष अर्च्चिरादिमार्गावलम्बन कर ब्रह्मलोक में जायँगे ? चतुर्थ अ० के द्वितीय पाद के द्वादश सूत्र के व्याख्यान में इस विषय का विचार और इस तर्क का उत्तर वर्णित है; अधुना इस सम्बन्ध में केवल यही कहना है कि, सम्यक् मुक्त होने पर भी, जीव स्वरूपतः विभु स्वरूप नहीं है; केवल परमात्मा ही विभुस्वरूप है, इसको वेदव्यासजी ने पहले ही प्रमाणित किया है। जीव यदि स्वरूपतः विभुस्वरूप अर्थात् सर्वव्यापी तथा सर्वशक्तिमान् होता तो उसकी बद्धावस्था ही एकदम असम्भव होती; जो स्वभावतः विभु है, उसको कुछ भी आच्छादित नहीं कर सकता जिसका संकोच-विकास धर्म है, उसी को सीमाबद्ध कहना होगा; वह विभु (सर्वव्यापी) नहीं है; सर्वव्यापित्व-धर्म का सङ्कोच असम्भव है और विकास भी असम्भव है। सुतरां, जीव यदि स्वभावतः विभुस्वरूप होता तो उसकी बद्धावस्था असम्भव होती। पूर्व ही विस्तृत रूप में विचार-द्वारा इस विषय की मीमांसा की गई है। अतएव जीव के स्वभावतः विभुस्वरूप न होने के कारण, मुक्तावस्था में भी उसको विभुत्वप्राप्ति नहीं होती; वह (जीव) ईश्वर के अंशरूप में

ही रहता है; और जीवितकाल में ब्रह्म ज्ञान प्राप्त होने पर भी, उसका स्थूल देहविशिष्ट होकर रहना और देहान्त होने पर सूक्ष्म देहावलम्बन से ब्रह्मलोकपर्यन्त गमन करना असम्भव नहीं है। सर्वगत होते हुए भी, ब्रह्म जगदतीत है। प्रकाशित जगत् साक्षात्सम्बध में ब्रह्मलोक ही में अधिष्ठित है। ब्रह्मलोक परब्रह्म का प्रकाशित प्रधानतम विभूतिस्वरूप है; सुतरां ब्रह्म को प्राप्त होने के लिये, इस ब्रह्मलोक की प्राप्ति की भी आवश्यकता है। इस ब्रह्मलोक-प्राप्ति के द्वारा प्रथमतः इस चतुर्दशभुवनव्यापी भगवद्विभूति का साक्षात्कार होता है, और इसी विभूति-साक्षात्कार के साथ ही साथ तदतीत, सर्वातीत, सर्वाश्रय, ब्रह्मरूप भी लब्ध होता है; इसी को श्रुति ने प्रदर्शित किया है; यही परब्रह्मप्राप्ति का क्रम है; इसी प्रकार से परब्रह्मप्राप्ति होती है, ऐसा श्रुति ने उपदेश किया है। अतएव यह सिद्ध होता है कि, देहान्त होने पर ब्रह्मज्ञपुरुष ब्रह्मरन्ध्र को भेद कर, इस देह से सूक्ष्म शरीर द्वारा निर्गत होते हैं, और अर्चिरादि मार्ग को अवलम्बन कर ब्रह्मलोक को प्राप्त होते है; वहाँ उनके सूक्ष्मदेहान्तर्गत इन्द्रियादि ब्रह्मरूप में समता प्राप्त होते हैं; स्वीय चिद्रूप में अवस्थित होकर ब्रह्म के अङ्गीभूत होने के कारण, वे सर्वत्र अभेददर्शी और ब्रह्मदर्शी होते हैं-ध्यानमात्र ही से उनमें सब विषयों का ज्ञान उद्भूत होता है; उनकी इच्छा अप्रतिहत होती है; इच्छुक होने पर, वे देह धारण भी कर सकते हैं। परन्तु उनमें ब्रह्म से स्वातन्त्र्य न रहने के कारण, जगत्सृष्टिव्यापारादि विषयों में ईश्वर से स्वतन्त्र इच्छा और सामर्थ्य उनमें नहीं रहते हैं। ऐसी मीमांसा से समस्त श्रुति-वाक्यों में सामञ्जस्य स्थापित होता है।

इति विदेहमुक्तस्य पुनरावृत्त्यभाव-निरूपणाधिकरणम्।।

इति वेदान्तदर्शने चतुर्थाध्याये चतुर्थपादः समाप्तः।।

—•—

उपसंहार

(१)

वेदान्तदर्शन का व्याख्यान समाप्त हुआ। अब निविष्ट चित्त हो विचार करके देखना चाहिए:–सूत्रकार भगवान् वेदव्यास जी ने इन सब सूत्रों में जीव का स्वरूप, ब्रह्म का स्वरूप, जगत् का स्वरूप, एवं जीव और जगत् के साथ ब्रह्म का सम्बन्ध, इन सभी के सम्बन्ध में किस प्रकार का उपदेश किया है।

जीव के स्वरूप को अवधारित करते समय भगवान् सूत्रकारजी ने इस दर्शन के २ अ०, ३ पाद, १६ सूत्र में कहा है:–

चराचरव्यपाश्रयस्तु स्यात्तद्व्यपदेशो भाक्तस्तद्भावभावित्वात्।

अर्थात् चराचर देह के भावाभाव ही के प्रति लक्ष्य कर जीवात्मा के जन्म-मरण का आदेश किया गया है। जीव के जन्म-मरण गौण हैं; जीव सम्बन्ध में जन्म-मृत्यु शब्द मुख्यार्थ में व्यवहृत नहीं हुआ है। जीव के देह-सम्बन्ध ही को लक्ष्य कर जन्म-मृत्यु शब्द व्यवहृत हुआ है।

इस सूत्र का श्रीनिम्बार्क भाष्य में पूर्वोक्त प्रकार का अर्थ किया गया है। शाङ्करभाष्य में भी ऐसा ही अर्थ किया गया है, यथा:–

"..भाक्तस्त्वेष जीवस्य जन्ममरणाव्यपदेशः।..... ....स्थावरजङ्गमशरीरविषयौ....................... जन्ममरणशब्दौ......... .... जीवात्मन्युपचर्येते।............शरीरप्रादुर्भावतिरोभावयोर्हि सतोर्जन्ममरणशब्दौ भवतो नासतोः। न हि शरीरसम्बन्धादन्यत्र जीवो जातो मृतो वा केनचिदुपलक्ष्यते।... ....देहाश्रयौ तावज्जीवस्य स्थूलावुत्पत्तिप्रलयौ न स्त, इत्येतदनेन सूत्रेणावोचत्"।

अर्थात् " ....जीव के जो जन्म और मरण का वर्णन किया जाता है, वह गौणार्थ में।........................स्थावर और जङ्गम शरीरों के विषय में ही जन्म और

मरण शब्दों का मुख्य प्रयोग होता है,......................जीवात्मा के सम्बन्ध में उपचार क्रम से ही उनका प्रयोग होता है;...................शरीर के प्रादुर्भाव और तिरोभाव होने ही से, इन दोनों (जन्म और मरण) शब्दों का प्रयोग होता है; नहीं तो (जीव के केवल स्वरूप-मात्र के प्रति लक्ष्य कर) नहीं होता है। जन्म और मरण ये दोनों जीव के सम्बन्ध में देहसम्बन्ध को छोड़ अन्यत्र दृष्ट नहीं होते हैं; केवल देहसम्बन्ध ही में ये दोनों मुख्यार्थ में व्यवहृत होते हैं।............... इस सूत्र में यही कहा गया है कि, उत्पत्ति और प्रलय जीव के स्वरूपगत नहीं हैं।"

तत्परवर्त्ती सप्तदश सूत्र में कहा गया है:-

"नात्माऽश्रुतेर्नित्यत्वाच्च ताभ्यः।"

अर्थात् जीवात्मा की उत्पत्ति नहीं है; कारण, श्रुति ने उसकी स्वरूपतः उत्पत्ति का उपदेश नहीं किया है; एवं "न जायते म्रियते वा" इत्यादि कठ, श्वेताश्वतर प्रभृति श्रुतियों में आत्मा के नित्यत्व तथा अजत्व ही वर्णित हैं।

शाङ्करभाष्य में भी इसी प्रकार का अर्थ किया गया है। अन्यान्य आपत्तियों को खण्डित कर, सूत्रार्थ के वर्णन के भाष्यकारजी कहते हैं:-" ....नात्मा जीव उत्पद्यत इति। कस्मात्? अश्रुतेः।..................नित्यत्वाच्च ताभ्यः। च शब्दादजत्वादिभ्यश्च। नित्यत्वं ह्यस्य श्रुतिभ्योऽवगम्यते, तथाजत्वमविकारित्वमविकृतस्यैव ब्रह्मणो जीवात्मनावस्थानं ब्रह्मात्मता चेति।...............।"

अर्थात् "................आत्मा अर्थात् जीव उत्पन्न नहीं होता है; कारण, ऐसी कोई श्रुति नहीं है।............श्रुतियों के द्वारा आत्मा का नित्यत्व ही वर्णित हुआ है। सूत्रोक्त 'च' शब्द के द्वारा यही ज्ञात होता है कि, आत्मा के अजत्वादि (जिनका श्रुति ने स्पष्ट रूप से वर्णन किया है उनके) द्वारा भी नित्यता ही प्रमाणित होती है। श्रुति के द्वारा आत्मा का नित्यत्व ज्ञात होता है और अजत्व तथा अविकारित्व भी ज्ञात होते हैं; और: यह भी ज्ञात होता हैं कि, ब्रह्म, **अविकृत रह कर भी, जीव तथा ब्रह्म, इन दोनों रूपों में वर्तमान है।**..................।"

इस स्थल पर लक्ष्य करना उचित है कि, एकान्ताद्वैतवादी भाष्यकार जी ने भी मूल सूत्र के व्याख्यान में यह स्वीकृत किया है कि अविकारी रहते हुए भी, ब्रह्म की जीव और ब्रह्म इन दोनों रूपों में अवस्थिति श्रुतियों ने ज्ञापित की है। इस द्विरूपत्व को कभी "विद्या और अविद्या विषयों के भेद से श्रुतियों ने वर्णन किया है"

("विद्याविद्याविषयभेदेन ब्रह्मणो द्विरूपतां दर्शयन्ति वाक्यानि"[१]), ऐसा नहीं कहा जा सकता कारण यह है कि जीवत्व के अविद्या-मूलक होने से, केवल अविद्या के प्रति लक्ष्य कर श्रुति द्वारा इसके वर्णित होने से, यह जीवत्व विनश्वर पदार्थ हो जाता है, इसका नित्यत्व और नहीं रहता। कारण, जीवत्व की उत्पादिका अविद्या नित्य वस्तु नहीं है; ज्ञान से इसका नाश है, अतएव यह विनश्वर है; सुतरां तत्कल्पित जीवत्व भी विनश्वर हो जाता है। किन्तु भगवान् सूत्रकार, बहुविध श्रुतियों और स्मृतियों के आधार पर, निज स्थिर सिद्धान्त को ज्ञापित करते हैं कि जीव नित्य है, विनश्वर नहीं सुतरां ब्रह्म की जिस जीवरूप में स्थिति है, वह भी नित्य है; अतएव उसका द्विरूपत्व भी स्वरूपगत तथा नित्य है। यह अवश्य कहा जा सकता है कि इस स्थल पर श्रीमच्छंकराचार्य जी ने केवल सूत्रकार ही के सूत्रार्थ की व्याख्या की है, निज मत को ज्ञापित नहीं किया है। परन्तु, यदि ऐसा स्थिरीकृत होवे, कि यह भगवान् वेदव्यासजी का निज सिद्धान्त है तो इसके विरुद्ध केवल अनुमान के आधार पर स्थापित, आचार्य शङ्कर का मत आदरणीय नहीं हो सकता है।

श्रीमद्रामानुज भाष्य में सूत्र का पाठ "नात्मा श्रुतेर्नित्यत्वात् ताभ्यः" ऐसा है, और सूत्रार्थ ऐसा किया गया है, यथा:-

"नात्मा उत्पद्यते, कुतः ? श्रुतेः "न जायते म्रियते वा" (कठ० २।१८) "ज्ञाज्ञौ द्वावजौ" (श्वेताश्व०, १। ९) इत्यादिभिर्ज्जीवस्योत्पत्ति प्रतिषेधो हि श्रूयते, आत्मनो नित्यत्वं च ताभ्यः श्रुतिभ्य एवावगम्यते 'नित्यो नित्यानां..................' (श्वेता० ६।३),..................'अजो नित्यः............................' (कठ० २।१८) इत्यादिभ्यः। अतश्च नात्मोत्पद्यते।...........।"

अर्थात् "आत्मा नहीं उत्पन्न होती है; कारण, श्रुति ने कहा है, 'विपश्चित् व्यक्ति जन्म-ग्रहण भी नहीं करता, और न उसकी मृत्यु ही है," (कठ, २।२८) अज्ञ (ईश्वर) और अज्ञ (जीव) ये दोनों ही अज (जन्मरहित) हैं (श्वेताश्व०, १।९) इत्यादि श्रुतियों ने जीव की उत्पत्ति का प्रतिषेध किया है। इन सब श्रुतियों के द्वारा आत्मा का नित्यत्व भी ज्ञात होता है। यथा, 'जो नित्यों का नित्य..................... ' (श्वेताश्व०, ६। ३), 'आत्मा अज तथा नित्य है..............' (कठ० २।१८) इत्यादि। नित्यत्व ही के कारण वह उत्पत्ति-विहीन है।'...............।"

इसके पश्चात् अष्यदश सूत्र में कहा गया है:-

"ज्ञोऽतएव"

---

१. यह अन्य स्थल पर शङ्कराचार्य का प्रकाशित निज मत है।

अर्थात् श्रुति द्वारा यह प्रतिपन्न होता है कि, 'अहं' पद का अर्थभूत 'जीवात्मा' नित्यज्ञ अर्थात् चैतन्यस्वरूप (ज्ञाता) है।

शाङ्कर भाष्य में भी कहा गया है:-

"ज्ञः नित्यचौतन्योऽयमात्मा। अतएव यस्मादेव नोत्पद्यते परमेव ब्रह्माविकृतमुपाधिसम्पर्काज्जीवभावेनावतिष्ठते। परस्य हि ब्रह्मणश्चैतन्यस्वरूपत्वमाम्नातं. ....श्रुतिषु। तदेव चेत् परं ब्रह्म जीवस्तस्माज्जीवस्याऽपि नित्यचैतन्यस्वरूपत्व-मग्न्यौष्ण्यप्रकाशवदिति गम्यते।..........।"

अस्यार्थः-यह आत्मा ज्ञ अर्थात् नित्य-चैतन्य स्वरूप है। (सूत्र के) 'अतएव' शब्द का अर्थ यह है:-जिस कारण, उसकी उत्पत्ति नहीं है,-अविकृत परब्रह्म ही उपाधि-सम्पर्क हेतु जीवभाव में अवस्थिति करता है; और: जिस कारण, अनेक श्रुतियों में ब्रह्म का चैतन्यस्वरूपत्व कीर्तित हुआ है; अतएव जब वही परब्रह्म जीव है, तो जीव की भी **नित्यचैतन्यस्वरूपता** अवश्यमेव स्वीकार्य है। जैसे अग्नि के सम्बन्ध में उष्णता और प्रकाश हैं, वैसे ही ब्रह्म के सम्बन्ध में जीव हैं........।"

इस स्थल पर लक्ष्य करना कि, पूर्व सूत्र के व्याख्यान में भाष्यकारजी ने कहा है कि, ब्रह्मा अविकृत रहते हुए ही जीव और ब्रह्मा-उभय रूपों से अवस्थिति करता है। इस (वर्तमान) सूत्र की व्याख्या में उन्होंने कहा है कि, उपाधि-सम्पर्क ही के कारण ब्रह्म की जीवभाव में स्थिति होती है। यह सत्य है अथवा नहीं, और सत्य होने पर किस अर्थ में सत्य है, इस पर विचार करना इस स्थल पर निष्प्रयोजन है। परन्तु पूर्ववर्ती सूत्र में जब जीवात्मा का निन्यत्व अवधारित हुआ है, और इस सूत्र के शाङ्करभाष्यानुसार उपाधिसम्पर्क ही के कारण, जब परब्रह्म की जीवरूप में स्थिति सिद्ध हुई, तो जीवात्मा की नित्यत्वहेतु-उपाधि और उपाधि के साथ परब्रह्म के सर्म्पक का भी नित्यत्व-इस भाष्य के अनुसार सिद्ध होते हैं। यह किसी प्रकार से भी अस्वीकृत नहीं किया जा सकता है। वास्तव मे उपाधि (जगत्) के साथ भी ब्रह्म का अंशांशी सम्बन्ध है, जगत् ब्रह्म का अंश विशेष है; अतएव इसके साथ उसका सम्बन्ध भी नित्य है, यह पश्चात् प्रदर्शित होगा।

श्रीमद्रामानुज भाष्य में इस सूत्र की व्याख्या निम्नलिखित रूप से की गई है:-

" ....ज्ञ एव अयमात्मा ज्ञातृत्वस्वरूप एव, न ज्ञानमात्रम्। नापि जड़स्वरूपः कुतः ? अतएव-श्रुतेरेवेत्यर्थः।'नात्मा श्रुतेः' इति प्रकृत श्रुतिः अतः इति शब्देन परामृश्यते।......................।"

अस्यार्थः–"यह आत्मा निश्चय ही ज्ञ अर्थात् ज्ञाता है, केवल ज्ञानमात्र नहीं है; और जड़स्वरूप भी नहीं है; कारण, श्रुति ही ने ऐसा प्रतिपादित किया है। "नात्मा श्रुतिः" इस पूर्वोक्त सूत्र में जो श्रुति उक्त हुई है, वह श्रुति इस सूत्र के 'अतः' शब्द के द्वारा परामृष्ट हुई है.............।"

इन सूत्रों के अर्थ-सम्बन्ध मे किसी प्रकार का विशेष विरोध नहीं है, और इन्हीं के द्वारा जीव के नित्यत्व और 'ज्ञ' स्वरूपत्व (ज्ञातृत्व) भगवान् सूत्रकार द्वारा श्रुतियों के आधार पर स्थिरीकृत हुए हैं। इसके पश्चात् एकोनविंश सूत्र से आरम्भ कर बहुसूत्रों में भगवान् सूत्रकार जी ने जीव के स्वरूपतः अणुत्व को सिद्ध किया है। किन्तु इन सब सूत्रों के व्याख्या-सम्बन्ध मे भाष्यकारों में मतविरोध है। श्रीमच्छङ्कराचार्य का मत यह है कि जीव स्वरूपतः विभु-स्वभाव-परमात्मा से सम्पूर्ण रूप से अभिन्न, पूर्ण-ब्रह्मस्वरूप-है। और भाष्यकारों का मत यह है कि, जीव स्वरूपतः विभुस्वभाव नहीं है किन्तु 'अणु'-स्वभाव और परमात्मा का अंशमात्र है। भाष्यकारों ने अपने-अपने मतों के अनुकूल सूत्रसमूह की व्याख्या की है। कौन व्याख्या ठीक है, और भगवान् सूत्रकारजी का यथार्थ भूत क्या है, इसको अवधारित करने के हेतु, प्रथमतः दो चार सूत्रों का उल्लेख किया जाता है, जिनकी व्याख्या के सम्बन्ध में किसी प्रकार का मतविरोध नहीं है। यथाः–

२ अ०, ३ पाद, ४२ सूत्रः–**"अंशो नानाव्यपदेशादन्यथा चापिदाशकितवादित्वमधीयत एके।"**

अस्यार्थः–जीव परमात्मा का अंश है; कारण यह है कि, "ज्ञाज्ञौ द्वावजावीशानीशौ" (ज्ञ और अज्ञ-ईश्वर और जीव-ये दोनों अज तथा नित्य हैं) इत्यादि (श्वेताश्वतरादि) श्रुतिवाक्यों में जीव और ईश्वर में भेद प्रदर्शित किया गया है। पुनः "तत्त्वमसि" (छा०) इत्यादि वाक्यों से श्रुति ने ब्रह्म और जीव की अभिन्नता का उपदेश किया है। यहाँ तक कि, अथर्वशास्त्रियों ने कैवर्त्त, दाश और धूर्त्तगण को भी स्पष्ट रूप से ब्रह्म कहकर कीर्त्तित किया है। अतएव जीव और ब्रह्म में भेदाभेद सम्बन्ध है।

शाङ्कर भाष्य में भी सूत्र का फलितार्थ ऐसा ही किया गया है; यथाः–

" ....जीव ईश्वरस्यांशो भवितुमर्हति।..................यथाऽग्नेर्विस्फुलिङ्गः।. .... नानाव्यपदेशात्।................अन्यथा चापि व्ययपदेशो भवत्यनानात्वस्य प्रतिपादकः। तथा हि-एके शाखिनो दाशकितवादिभावं ब्रह्मण आमनन्ति। आथर्वणिका ब्रह्मसूक्ते-'ब्रह्मदाशा ब्रह्मदासा ब्रह्मेमे कितवा उत' इत्यादिना.

..........सर्वे ब्रह्मेवेति हीनजन्तूदाहरणेन सर्वेषामेव नामरूपकृतकार्य-कारणसङ्घातप्रविष्टानां जीवानां ब्रह्मत्वमाहु:।.........................चैतन्यञ्चाविशिष्टं जीवेश्वरयोर्यथाग्निविस्फुलिङ्गयोरौष्ण्यम्। अतो भेदाभेदावगमाभ्यामंशत्वावगम:।.... ....।"

अस्यार्थ:-"जीव ईश्वर ही का अंश है; जैसे विस्फुलिङ्ग अग्नि ही का अंश है।. ....कारण यह है कि, श्रुति ने अनेक स्थलों पर जीव की ब्रह्म से भिन्नता का उपदेश किया है।.................और, दूसरी ओर, ब्रह्म से जीव की अभिन्नता-प्रतिपादिका अनेक श्रुतियाँ हैं। यहाँ तक कि, एक शाखियों ने कैवर्त्त (केवट) और दासगण को भी ब्रह्म कहकर वर्णित किया है; जैसा अथर्ववेदीय ब्रह्मसूक्त में है-"ब्रह्म ही कैवर्त्त, ब्रह्म ही दास, ब्रह्म ही द्यूतसेवी' इत्यादि।........... इन सब वाक्यों के द्वारा समस्त ही ब्रह्म कहे गये हैं; नीचजातिसमूह का विशेष रूप से उल्लेख कर, उनके ब्रह्मत्व का उपदेश करने से,नाम-रूप इत्यादि विशिष्ट कार्य-कारणात्मक सर्वविध देहों में प्रविष्ट, जीवसमूह का ब्रह्मत्व ज्ञापित किया गया है, ऐसा मानना पड़ेगा।..... .... जीव और ईश्वर दोनों ही चैतन्य स्वरूप हैं, इस सम्बन्ध में दोनों में कोई भेद नहीं है, जैसे अग्नि और स्फुलिङ्ग दोनों ही उष्ण स्वभाव हैं, इस सम्बन्ध में उनमें कोई पार्थक्य नहीं है। अतएव श्रुति ने जब ईश्वर और जीव में भेद और अभेद-दोनों ही के रहने का उपदेश किया है, (और जब यह उभयविधसम्बन्ध केवल अंश और अंशी में ही रहते हैं, अन्यत्र कहीं भी नहीं) तो यही निश्चित सिद्धान्त है कि, **जीव ब्रह्म का अंश** है।.......................।"

श्रीमद्रामानुजस्वामि कृत भाष्य में भी ऐसा ही अर्थ किया गया है, यथा:-

"................उभयथा हि व्यपदेशो हि दृश्यते। नानात्वव्यपदेशस्तावत् स्रष्टृत्वसृज्यत्वनियन्तृत्वनियम्यत्व, सर्वज्ञत्वाज्ञत्व, स्वाधीनत्वपराधीनत्व, शुद्धत्वाशुद्धत्व, कल्याणगुणाकरत्व तद्विपरीतत्व, पतित्वशेषत्वादिभिर्दृश्यते। अन्यथा च-अभेदेन व्यपदेशोऽपि 'तत्त्वमसि', 'अयमात्मा ब्रह्म' इत्यादिभिर्दृश्यते। अपि दाशकितवादित्वमधीयते एके-'ब्रह्मदाशा ब्रह्मदासा ब्रह्मेमे कितवा:,' इत्याथर्वणिका ब्रह्मणो दाशकितवादित्वमप्यधीयते। ततश्च सर्वजीवव्यापित्वेनाभेदो व्यपदिश्यते इत्यर्थ:। एवमुभयव्यपदेशमुख्यत्वसिद्धये जीवोऽयं ब्रह्मणोंऽश इत्यभ्युपगन्तव्य:।.............. .....।

अस्यार्थ:- जीव और ब्रह्म के सम्बन्ध में द्विविध उपदेश दृष्ट होते हैं; यथा, ईश्वर का स्रष्टृत्व, जीव का सृज्यत्व, ईश्वर का नियन्तृत्व, जीव का नियम्यत्व, इत्यादि

विषयों के उपदेश-द्वारा, श्रुतियों ने ब्रह्म से जीव के भेद को प्रदर्शित किया है। फिर, 'तत्त्वमसि', 'अयमात्मा ब्रह्म' इत्यादि वाक्यों से ब्रह्म के साथ जीव के अभेद का भी उपदेश किया है; यहाँ तक कि एक शाखियों ने ब्रह्म ही की कैवर्त्त, धूर्त्त और द्यूत सेवी-रूप से अवस्थिति का वर्णन किया है; यथा, अथर्ववेद में उक्त है:-'ब्रह्मदाशा ब्रह्मदासा ब्रह्मेमे कितवा:'; इन वाक्यों में दाश प्रभृति शब्द सर्वप्रकार जीववाचक हैं। अतएव सर्वविध जीव ही ब्रह्म हैं-इसी का उपदेश करना उक्त श्रुतियों का अभिप्राय है। इन दोनों प्रकार के उपदेशों के मुख्यत्व को सिद्ध करने के हेतु यही सिद्ध करना पड़ेगा कि जीव ब्रह्म का अंश है।.............।"

२ अ०, ३ पाद, ४३ सूत्र:-"**मन्त्रवर्णात्।**"

अस्यार्थ:-इस अनन्त-मस्तक पुरुष का एकपाद (अंश) मात्र यह विश्व है-इस श्रुतिमन्त्र के द्वारा यह प्रतिपादित होता है कि, जीव परमात्मा का अंश है। (इस सूत्र की व्याख्या भी शाङ्कर भाष्य में और रामानुज भाष्य में ठीक एक ही प्रकार से की गई है।)

२ अ०, ३ पाद, ४४ सूत्र:-"**अपि च स्मर्यते।**"

अस्यार्थ:-स्मृति ने भी ऐसा ही कहा है; यथा:-"ममैवांशो जीवलोके जीवभूत: सनातन:।" इत्यादि। (शाङ्कर भाष्य में तथा रामानुज भाष्य में इसी गीतावाक्य को उद्धृत कर, सूत्र की ऐसी ही व्याख्या की गई है।)

२ अ०, ३ पाद, ४५ सूत्र:-"**प्रकाशादिवत्तु नैवं पर:।**"

अस्यार्थ:-जीव के परमात्मा के अंश होने पर भी, परमात्मा जीवकृत कर्मों के फल (सुखदु:खादि) का भोक्ता नहीं है। जिस प्रकार सूर्यादि प्रकाशक पदार्थ अपने अंशभूत किरणों के मलमूत्रादि अशुद्ध वस्तुओं को स्पर्श करने के कारण दूषित नहीं होते, उसी प्रकार परमात्मा भी अपने अंशभूत जीवों के द्वारा कृतकर्मों से दूषित नहीं होता। (शाङ्कर भाष्य और रामानुज भाष्य में ऐसा ही अर्थ किया गया है।)

अतएव इन सब सूत्रों के द्वारा भगवान् सूत्रकार जी ने जीव को, सुस्पष्ट रूप से ब्रह्म का नित्य अंशमात्र कहकर श्रुति के आधार पर, अपने सिद्धान्त को ज्ञापित किया है, यह सभी भाष्यकारों का सम्मत है; और यह भी सर्ववादिसम्मत है कि जीवरूपी अंश में कर्मफल-भोक्ता होने पर भी, तदतीत स्वीय ब्रह्मरूप में वह सदैव निर्मल तथा निर्लिप्त रहता है।

२ अ०, १ पाद, २१ सूत्र में यह विषय स्पष्टीकृत हुआ है। यथा:-"**अधिकं तु भेदनिर्देशात्।**"

व्याख्या:–श्रुति ने जीव के ब्रह्म से अभेद को निर्दिष्ट किया है एवञ्च सुखदु:खादि के भोक्ता जीव से ब्रह्म के आधिक्य (श्रेष्ठत्व) को निर्दिष्ट कर, जीव से ब्रह्म के भेद का भी उपदेश किया है। यथा: "आत्मानमन्तरो यमयति" इत्यादि वाक्यों में श्रुति ने नियम्य जीव और नियन्ता ब्रह्म में भेद का भी प्रदर्शन करके, इनके अत्यन्त अभेद को निवारित किया हे। अतएव ब्रह्म जीब से 'अधिक' अर्थात् महत्तर, श्रेष्ठ है; सुतरां जगत्कारण ब्रह्म के जन्ममरणादि क्लेश नहीं हैं; एवं ब्रह्म में 'हिताकरण' रूप दोष नहीं उत्पन्न होता।

शाङ्कर भाष्य में भी इस सूत्र का फलितार्थ ऐसा ही किया गया है। यथा:–

"..................'आत्मा वा अरे द्रष्टव्य:..................' इत्येवञ्जातीयक: कर्त्तृकर्मादिभेदनिर्देशो जीवादधिकं ब्रह्म दर्शयति। नन्वभेदनिर्देशोऽपि दर्शित: 'तत्त्वमसि' इत्येवञ्जातीयक:, कथं भेदाभेदौ सम्भवेयाताम्। नैष दोष:। आकाशघटाकाशन्यायेनोभयसम्भवस्य तत्र तत्र प्रतिष्ठापितत्वात्।..............।"

अस्यार्थ:–"..................अरे, आत्मा जीव के द्रष्टव्य है..................' एतज्जातीय श्रुतियों ने जीव से ब्रह्म के आधिक्य को प्रदर्शित किया है। परन्तु 'तत्त्वमसि' (तुम ही ब्रह्म हो) इत्यादि श्रुतियों ने जीव के साथ ब्रह्म के अभेद को भी निर्दिष्ट किया है; परन्तु भेद और अभेद इन दो विरुद्ध सम्बन्धों का एकत्र समावेश कैसे हो सकता है, ऐसी आपत्ति नहीं हो सकती। आकाश और घटाकाश के दृष्टान्त में ऐसी स्थिति का सम्भव होना पूर्व ही अनेकानेक स्थलों पर प्रदर्शित किया गया है।...........।"

श्रीमद्रामानुजस्वामिकृत भाष्य भी इसी मर्म का ज्ञापक है।

यह सत्य है कि सूत्रार्थ को इस प्रकार ज्ञापित करके भी, श्रीमच्छङ्कराचार्य जी ने अपने मत को इस भाँति प्रकाशित किया है कि, मोक्षावस्था में जीव का ब्रह्म के साथ किसी प्रकार का पार्थक्य नहीं रहता है। इस मत के असंगत तथा श्रुतिविरुद्ध होने की समालोचना इस ग्रन्थ के नाना स्थलों पर विस्तृत रूप से की गई है। (२ अ०, १ पाद, १४ सूत्र और ३ अ०, २ पाद, ११ सूत्र प्रभृति द्रष्टव्य।) किन्तु इस स्थल पर यह लक्ष्य करना चाहिए कि, भगवान् सूत्रकार के सूत्र का अर्थ यह है कि, 'जीव ब्रह्म है' इसके सत्य होने पर भी, ब्रह्म स्वरूपत: जीव से 'अधिक' है। इस विषय में भाष्यकारों में कोई मतभेद नहीं है। वास्तव में पूर्वोद्धृत २ अ०, ३ पाद, ४२ सूत्र में भगवान् वेदव्यास जी ने स्पष्ट रूप से निज सिद्धान्त कहकर यह ज्ञापित किया है कि, जीव ब्रह्म का अंशमात्र है। भाष्यकारों का भी इस सम्बन्ध में कोई मतभेद नहीं है। सुतरां जीव

अंश है; ब्रह्म के अंशी होने के कारण उसका जीव से 'अधिक' होना स्वतःसिद्ध है, ऐसा स्वीकार करना पड़ेगा। अंशी के अंश से अधिक व्यापक न होने से, अंश शब्द का कुछ भी अर्थ नहीं होता। अतएव पूर्वोद्धृत सूत्रों में भगवान् सूत्रकार ने जो ब्रह्म को जीव से अधिक और जीव को ब्रह्म का अंशमात्र कहकर ज्ञापित किया है, इससे यही सिद्ध होता है कि, जीव ब्रह्म के सदृश सर्वव्यापक अर्थात् विभुस्वभाव नहीं है। जीव के स्वरूपतः विभु (सर्वव्यापी) होने पर, उसको ब्रह्म का अंशमात्र कहना कभी सङ्गत नहीं हो सकता। अतएव, जीव के अणुत्व अथवा विभुत्व निर्णायक सूत्रों का वाक्यार्थ यदि जीव के अणुत्व-प्रतिपादक रूप से व्याख्या के योग्य हो, तो पूर्वापर सूत्रसमूह के सामञ्जस्य को सुरक्षित करने के निमित्त, उसी अर्थ को ग्रहण करना उचित है। यद्यपि उन सब सूत्रों के शब्दसमूह जीव के विभुत्व-प्रतिपादक कहकर भी व्याख्यायित किये जा सकें, तथापि तद्रूप व्याख्या करना सङ्गत नहीं होगा; कारण, उससे सूत्रों में पारस्परिक विरुद्धता दृष्ट होगी। किन्तु, दत्तचित्त हो सूत्रसमूह को पढ़ने से यह स्पष्ट रूप से बोधगम्य होगा कि, वास्तव में सूत्रों का स्वाभाविक अर्थ अणुत्व ही का प्रतिपादक है, विभुत्व का नहीं। जो सब सूत्र पहले उद्धृत किये गये हैं, उनके उपरान्त और भी अनेकानेक सूत्र हैं (यथा, १ अ०, २ पाद, ७ और ९ से १२ सूत्र), जिनके स्वीकृत अर्थ के साथ 'विभुत्व' अर्थ का विरोध होता है। एवञ्च जीव के स्वरूपतः विभु होने पर, उसकी बन्धन, मोक्ष, पापपुण्य-भोग प्रभृति अवस्थाओं के परिवर्तन की किसी प्रकार की सङ्गत व्याख्या सम्भव नहीं है। इसे भगवान् सूत्रकार ने भी नानाविध सूत्रों के द्वारा प्रदर्शित किया है। अब आत्मा के सावयवत्व-प्रतिषेधक और दो तीन सूत्रों की व्याख्या करके जीवात्मा के अणुत्व अथवा विभुत्व विषयक सूत्रों में कई एक की विशेष व्याख्या की जायेगी।

३य अ०, २य पाद, ३४ सूत्रः-**एवं चात्माऽकात्स्न्यर्म्।**

अस्यार्थः-जैन लोग कहते हैं कि, आत्मा शरीर-परिमाण है। ऐसा नहीं हो सकता; कारण, क्षुद्रकायविशिष्ट (पिपीलिकादि) जीवों के देहान्त होने के पश्चात् कर्मवश, बृहत् शरीर (गजशरीरादि) प्राप्त होने पर, वे जीव गजशरीर-सम्बन्ध में अकृत्स्न (अव्यापी, क्षुद्र) होंगे। (एवञ्च यदि देहत्याग के पश्चात् गजशरीरस्थ आत्मा को पिपीलिका के शरीर में जाना पड़े तो उसे उस शरीर में स्थान नहीं प्राप्त हो सकता।)

२ अ०, २ पाद, ३५ सूत्रः-**न च पर्य्यायादप्यविरोधोविकारादिभ्यः।**

अस्यार्थः-हम लोगों के मत में आत्मा सावयव है, अतएव गज-शरीर में उसके

अवयवों की वृद्धि तथा क्षुद्र शरीर अपचय-प्राप्ति होती है; सुतरां इस कारण, "जीव के शरीर-परिमाण-मत" में कोई दोष नहीं है-ऐसा भी नहीं कह सकते हो; कारण, इससे आत्मा के विकारादि दोषों की प्रसक्ति होती है। आत्मा के सावयव तथा परिवर्तनशील होने से, वह देहादि के सदृश विकारी तथा अनित्य हो पड़ता है; इत्यादि दोष उपस्थित होते हैं।

२ अ०, २ पाद, ३६ सूत्रः-**अन्त्यावस्थितेश्चोभयनिन्यत्वादविशेषः।**

अस्यार्थः-(मोक्षावस्थाप्राप्ति के समय जो देह होती है उस) शेष देह का परिमाण अपरिवर्तनीय, नित्य एक ही है-जैनों के ऐसा स्वीकार करने पर, (आत्मा और उसके परिमाण भी जब नित्य हैं, तो) जीव के आद्य और मध्य परिमाणों को भी नित्य ही कहना पड़ेगा; सुतरां अन्त्य देह और तत्पूर्व देहों में कोई तारतम्य नहीं रहता; अतएव आद्य मध्य देहों को भी उपचय-अपचय-विहीन कहना पड़ेगा; सुतरां देह-परिमाणवाद अपसिद्धान्त है।

पूर्व-पूर्व सूत्रों में जीव को अंशमात्र कहने से, जीव के विभुत्व का निषेध किया गया है; एवञ्च इन सूत्रों में सावयवत्व के भी प्रतिषेध करने से, जीव-स्वरूप का केवल अणुत्व-मात्र होना अवशिष्ट रहता है; इसी का जो सूत्रकारजी ने उपदेश किया है, वह अब प्रदर्शित हो रहा है; यथाः-

२ अ०, ३ पाद, १९ सूत्रः-**उत्क्रान्तिगत्यागतीनाम्।**

अस्यार्थः-शरीर के ध्वंस के समय जीवात्मा की देह से उत्क्रान्ति अन्यत्र गमन, और पुनः नूतन देह में आगमन अथवा मोक्ष-प्राप्ति प्रभृति को श्रुति ने ज्ञापित किया है, इसके द्वारा जीव का स्वरूपतः अणु परिमाण रहना (विभुत्व, सर्वव्यापित्वः न रहना) सिद्ध होता है। (३४१, ३४२ पृष्टि में श्रीनिम्बार्कभाष्य द्रष्टव्य)।

शाङ्करभाष्य भी इसी अभिप्राय का ज्ञापक है; यथाः-

"...............उत्क्रान्तिगत्यागतीनां श्रवणात् परिच्छिन्नस्तावज्जीव इति प्राप्नोति। न हि विभोश्चलनमवकल्पत इति। सति च परिच्छेदे, शारीर-परिमाणत्वस्यार्हत परीक्षायां निरस्तत्वादणुरात्मेति गम्यते।"

अस्यार्थः-जीवात्मा की उत्क्रान्ति, गति और अगति के श्रुतियों में भी वर्णित होने के कारण, जीवों की परिच्छिन्नता (अर्थात् विभुत्वाभाव) का रहना ही सिद्ध होता है। कारण, जो वस्तु विभु (सर्वव्यापी) है, उसका एक स्थान से दूसरे स्थान में गमन असम्भव है। अतएव जीवात्मा को परिच्छिन्न (असर्वव्यापी) ही कहना पड़ेगा;

परन्तु जैन मत पर विचार करते समय भगवान् सूत्रकार ने प्रदर्शित किया है कि, जीव अवयवविशिष्ट (शरीर परिमाण) भी नहीं है: सुतरां जीव का अणु परिमाण होना ही सिद्ध है।

अतः पर २० से २६ पर्यन्त सूत्रों में अन्यान्य हेतुओं और प्रमाणों के द्वारा जीव के स्वरूपतः अणुपरिमाणत्व-विषयक सिद्धान्त की ही पोषकता की गई है। इनमें यह कहा गया है कि, जीव के अणुपरिमाणत्व का श्रुति ने साक्षात्-सम्बन्ध में ही उपदेश किया है, यथा:-

"एषोऽणुरात्मा, बालाग्रशतभागस्य शतधा कल्पितस्य च भागो जीवः" (जीवात्मा अणुपरिमाण है, केशाग्र के शतभाग के शतभाग सदृश सूक्ष्म है; किन्तु गुणों में अनन्त होने के योग्य है)।

यह भी कहा गया है कि, जैसे शरीर के एक स्थान पर स्पृष्ट होने से, चन्दन समस्त शरीर को पुलकित करता है और जैसे एक स्थल पर रहते हुए भी, प्रदीप समस्त गृह को प्रकाशित करता है, वैसे ही स्वरूपतः सूक्ष्म होने पर भी, जीव ज्ञान-वृत्ति द्वारा समस्त देह में व्यापार को प्रकाशित करता है।

इन सब सूत्रों की व्याख्या शाङ्कर भाष्य में भी इसी प्रकारः की है। श्रीरामानुज भाष्य में भी इसी प्रकार की व्याख्या है। किसी-किसी स्थल पर केवल पारिभाषिक भेद है-यह अकिञ्चित्कर है। इन सब सूत्रों के द्वारा जीव का अणुपरिमाणत्व स्थापित किया गया है, यह सभी भाष्यकारों का सम्मत है। जीवस्वरूप के अणुत्व विषय में श्रीरामानुजस्वामी का सिद्धान्त निम्बार्क-सिद्धान्त के अनुरूप है; सुतरां इस विषय पर विचार करते समय रामानुजभाष्य-सम्बन्ध में पृथक् उल्लेख नहीं किया जायगा।

२६ सूत्र पर्यन्त इस प्रकार से जीवस्वरूप के अणुत्व को स्थापित कर भगवान् सूत्रकार ने, एक आपत्ति का उत्तर २७ सूत्र में दिया है। वह आपत्ति यह है कि, श्रुति में किसी-किसी स्थल पर जीवात्मा को ज्ञानस्वरूप ही कहा है। सुतरां जब ज्ञान का व्यापकत्व पूर्वोक्त २५ तथा २६ सूत्रों में स्वीकृत किया गया, तो जीव का अणुत्व कैसे सिद्ध किया जा सकता है ? इसके उत्तर में सूत्रकारजी कहते हैं:-

२ अ०, ३ पाद, २७ सूत्रः-**पृथगुपदेशात्।**

अर्थात्-श्रुति ही ने ज्ञान से जीव के भेद का भी उपदेश किया है यथा, "प्रज्ञया शरीरमारुह्य" इत्यादि। अतएव जीव के ज्ञान के महत् होने पर भी, जीव अणु है। शाङ्कर भाष्य में भी इस सूत्र की व्याख्या ठीक ऐसी ही की गई है। यथा, "प्रज्ञया

शरीरः समारुह्य इति चात्मप्रज्ञयोः कर्त्तृकरणभावेन पृथगुपदेशात् चैतन्यगुणेनैवास्य शरीरव्यापिताऽवगम्यते।"

अस्यार्थः–"प्रज्ञा-द्वारा शरीर में आरोहण कर" इस श्रुति में जीवात्मा को आरोहण क्रिया का कर्त्ता और प्रज्ञा को उस आरोहण क्रिया का करण कहकर पृथक् रूप से उपदेश करने से यह स्पष्ट रूप से प्रतीयमान होता है कि, चैतन्य रूप गुणों के द्वारा ही आत्मा का सर्वव्यापित्व होता है।................

इसके परवर्त्ती सूत्रों की व्याख्या में शाङ्कर भाष्य के साथ और और भाष्यों का सम्पूर्ण विरोध दृष्ट होता है। यथाः–निम्बार्क भाष्य का सार यह है कि जीवात्मा के अणुत्व के सिद्धान्त सम्बन्ध में प्रतिपक्षवादी की दूसरी एक आपत्ति के उत्तर में २८ प्रभृति सूत्र रचित हुए हैं। वह आपत्ति यह है कि, श्रुति ने, "नित्य विभुं.........." इत्यादि वाक्यों से, जीवात्मा ही के सम्बन्ध में विभुत्व का स्पष्ट रूप से उपदेश किया है, सुतरां आत्मा का अणुत्व-विषयक सिद्धान्त उस श्रुति का विरोधी है। इस आपत्ति के उत्तर में सूत्रकार जी कहते हैं:–

२ अ०, ३ पाद, २८ सूत्रः–**तद्गुणसारत्वात्तु तद्व्यपदेशः प्राज्ञवत्।**

अर्थात्–आत्मा का गुण जो ज्ञान है, उसके विभुत्व को प्रतिपादित करना ही उक्त वाक्य का सार अर्थात् मुख्य अभिप्राय है। आत्मा के स्वरूप के विभुत्व को प्रतिपादित करना उस वाक्य का अभिप्राय नहीं है। जैसे प्राज्ञ परमात्मा के ब्रह्मनाम की निरुक्ति को वर्णन करते समय श्रुति ने स्वयं कहा है, "बृहन्तो गुणाः अस्मिन्निति ब्रह्म", वैसे ही जीवात्मा के भी गुणस्थानीय ज्ञान के विभुत्व का उपदेश करने के अभिप्राय से श्रुति ने उस (जीवात्मा) को विभु कहा है।

परन्तु १९ से २७ सूत्रों की पूर्वोक्त प्रकार व्याख्या कर श्रीमच्छङ्कराचार्य कहते हैं कि इन सब सूत्रों में प्रतिपक्ष का मत मात्र ही ज्ञापित हुआ है। २८ सूत्र में इन सब पूर्वपक्षों का ही उत्तर भगवान् सूत्रकार ने दिया है। इस २८ सूत्र की व्याख्या श्रीमच्छङ्कराचार्य ने इस प्रकार की है, यथाः–

"तु शब्द पक्षं व्यावर्त्तयति। नैतदस्त्यणुरात्मेति................. परमेव चेद् ब्रह्म जीवस्तर्हि यावत् परं ब्रह्म तावानेव जीवो भवितुमर्हति। परस्य च ब्रह्मणो विभुत्वमाम्नातं, तस्माद्विभुर्जीवः।.................... कथं तर्ह्यणुत्वादिव्यपदेश इत्यत आह–तद्गुणसारत्वात्तु तद्व्यपदेश इति।.................... तस्या बुद्धेर्गुणास्तद्गुणा इच्छा, द्वेषः सुखं दुःखमित्येवमादयस्तद्गुणाः सारः प्रधानं यस्यात्मनः संसारित्वे सम्भवति

स तद्‌गुणसारस्तस्य भावस्तद्‌गुणसारत्वम्। नहि बुद्धेर्गुणैर्विना केवलस्यात्मनः संसारित्वमस्ति। बुद्ध्युपाधिधर्माध्यासनिमित्तं हि कर्तृत्वभोक्तृत्वादिलक्षणं संसारित्वमकर्त्तुरभोक्तुश्चासंसारिणो नित्यमुक्तस्य सत आत्मनः। तस्मात् **तद्‌गुणसारत्वाद्‌बुद्धि**परिमाणेनाऽस्य परिमाणव्यपदेशः।................ एवमुपाधिगुणसारत्वाज्जीवस्याणुत्वादिव्यपदेशः प्राज्ञवत्। यथा प्राज्ञस्य परमात्मनः सगुणेषूपासनाषूपाधिगुणसारत्वादणीयस्त्वादिन्यपदेशोऽणीयान् व्रीहेर्वा यवाद्वा मनोमयः प्राणशरीरः सर्वगन्धं सर्वरसः सत्यकामः सत्यसङ्कल्प इत्येवम्प्रकारस्तद्वत्।"

अस्यार्थः–"सूत्रोक्त 'तु' शब्द इस पूर्वपक्ष का निषेधबोधक है, अर्थात्मा के 'अणु' होने का पक्ष ग्रहण करने के योग्य नहीं है................जीव जब ब्रह्म से अभिन्न है, तब बह्म का जो परिमाण है, जीव का भी वही परिमाण होना चाहिए। किन्तु श्रुति ने परब्रह्म को विभु कहकर निर्दिष्ट किया है; अतएव जीव भी विभु है।. .....तो, जीव के अणुत्व का उपदेश श्रुति में किस कारण हुआ है ? इसके उत्तर में सूत्रकारजी कहते हैं, 'तद्‌गुणसारत्वात्तु.............' इत्यादि २८ सूत्र। इस सूत्र के 'तत्' शब्द का अर्थ बुद्धि है। बुद्धि के गुण इस अर्थं में 'तद्‌गुणाः' शब्द व्यवहृत हुआ है; इच्छा, द्वेष सुख इत्यादि ये सब गुण हैं; आत्मा की संसारित्वावस्था में ये ही समस्त गुण प्रधान रूप में वर्तमान रहते हैं; इस अर्थ में 'तद्‌गुणसार' शब्द प्रयुक्त हुआ है–इसी का भाव इस अर्थ में 'तद्‌गुणसारत्व' है। बुद्धि के इन सब गुणों के बिना, केवल आत्मा का संसारित्व नहीं होता है। उपाधिभूत बुद्धि के ये सब गुण आत्मा में अध्यस्त होते हैं, इसीसे स्वरूपतः अकर्त्ता, अभोक्ता, असंसारी तथा नित्यमुक्त आत्मा के कर्त्तृत्व-भोक्तृत्वादि-लक्षण-युक्त संसारित्व का वर्णन किया जाता है। अतएव संसारी आत्मा के बुद्धिगुणप्रधान होने के कारण, **बुद्धि के परिमाण द्वारा ही आत्मा के परिमाण का उपदेश किया गया है।**.........इस प्रकार (संसारित्व अवस्था में) उपाधिभूत गुणों के प्राधान्य के कारण जीव के अणुत्वादि का उपदेश श्रुति ने किया है। प्राज्ञ परमात्मा के सम्बन्ध में श्रुति के इसी प्रकार उपदेश करने से, जीव सम्बन्ध में भी ऐसा ही किया गया है। यथाः–सगुण उपासना में परमात्मा के भी उपाधिभूत गुणों के प्राधान्य के प्रति लक्ष्य कर, उसको धान्य, यवादि की भी अपेक्षा क्षुद्र कहकर निर्दिष्ट किया है; किसी स्थल पर तो वह सर्वगन्ध, सर्वरस इत्यादि शब्दों से वर्णित है; पुनः किसी स्थल पर इसको मनोमय प्राणशरीर इत्यादि वाक्यों से वर्णित किया है। जीव-सम्बन्ध में अणुत्व का उपदेश भी ऐसा ही समझना पड़ेगा।

इन दोनों व्याख्याओं को मिलाकर देखने से यह विदित होगा कि सूत्र के शब्दों

के अर्थ-सम्बन्ध में दोनों में कोई भी विरोध नहीं है। यह दोनों का सम्मत है कि, 'तु' शब्द पक्ष-व्यावर्त्तन-ज्ञापक है। श्रीनिम्बार्क स्वामी कहते हैं, 'नित्यं विभुं......................' प्रभृति श्रुतियों में जीवात्मा के विभुत्व के वर्णित होने से, उस पर निर्भर कर प्रतिपक्ष यह आपत्ति करते हैं कि, आत्मा विभु है, अणुस्वभाव नहीं। यही पूर्वपक्ष है, इसका उत्तर 'तु' शब्द द्वारा ज्ञापित किया गया है। श्रीशङ्कराचार्य कहते हैं कि, १९ से २७ सूत्रों में जो जीव का अणुत्व वर्णित है, वे सभी पूर्वपक्ष की उक्तियाँ हैं; ग्रन्थकार के सिद्धान्त नहीं हैं। ग्रन्थकार जी ने इस पूर्वपक्ष का उत्तर ही २८ सूत्र में दिया है। इस पक्ष-व्यावर्त्तन ही को ज्ञापित करने के हेतु 'तु' शब्द व्यवहृत हुआ है।

सूत्रोक्त "तद्गुणसारत्वात्' पद का फलितार्थ भी दोनों व्याख्याओं में एक ही प्रकार का है। श्रीनिम्बार्क भाष्य में कहा गया है कि, २७ सूत्र में यह सिद्ध किया गया है कि बुद्धि (ज्ञानवृत्ति) आत्मा का गुण है "बुद्धिरूप गुण के प्रति 'प्रधान' रूप से लक्ष्य करने के हेतु" ही 'तद्गुणसारत्वात्' पद का अर्थ है श्रीमच्छङ्कराचार्य जी ने भी भाष्य के अन्तिम भाग में यह ज्ञापित किया है कि बुद्धि के परिमाण-द्वारा ही (बुद्धिपरिमाणेन) श्रुति ने आत्मा के परिमाण को वर्णित किया है। अतएव इस पद का फलितार्थ दोनों भाष्यों में एक ही है।

इसके पश्चात् 'तद्व्यपदेशः' पद के अर्थ-सम्बन्ध में भी कोई भेद नहीं है। इसका अर्थ 'वह उपदेश' है; किन्तु कौन उपदेश इसी विषय में उभय भाष्यों में विरोध है। श्रीनिम्बार्क भाष्य में कहा गया है कि, "वह उपदेश" से सूत्रकार जी ने 'नित्यं विभुं. ....' इत्यादि श्रुत्युक्त विभुत्व के उपदेश को लक्ष्य किया है। आचार्य शङ्कर जी कहते हैं, 'एषोऽणुरात्मा' "बालाग्रशतभागस्य शतधा कल्पितस्य तु भागो जीवः" इत्यादि श्रुतियों के आधार और पूर्वोक्त १९, २२ प्रभृति सूत्रों के द्वारा स्थापित आत्मा के अणुत्व का उपदेश ही इस सूत्र के 'तद्व्यपदेश' पद के द्वारा निर्दिष्ट किया गया है।

यह भी दोनों का सम्मत है कि, सूत्र के 'प्राज्ञवत्' शब्द का अर्थ **परमात्मा की भाँति है।** किन्तु परमात्मा सम्बन्धीय किस श्रुत्युक्ति की भाँति?– इस विषय में उभय भाष्यों में मतभेद है। श्रीनिम्बार्क भाष्य में कहा गया है कि, परमात्मा ब्रह्मनाम से जो वर्णित किया जाता है, इसका कारण श्रुति ने स्वयं ब्रह्मनाम के निरुक्ति-वर्णन में इस प्रकार से व्याख्यायित किया है, यथाः–'बृहन्तो गुणा अस्मिन्निति ब्रह्म' (अर्थात् इसमें बृहत् गुण हैं, इस अर्थ में वह ब्रह्म कहा जाता है)। उसी भाँति जीव के भी गुणस्थानीय ज्ञान का विभुत्व है, इस कारण, उसको विभु कहकर '**नित्य विभुं...........**' इत्यादि श्रुतियों ने वर्णित किया है। यही 'प्राज्ञवत्' पद का अर्थ है। श्रीमच्छङ्कराचार्य

कहते हैं कि, सगुण उपासना के निमित्त "अणोरणीयान्................" इत्यादि श्रुतियों में परमात्मा ही को कभी अणु, और कभी महत् कहा है।

इसके द्वारा वास्तव में उसके स्वरूप का कुछ वर्णन नहीं किया गया है; केवल उपासक के ध्यान के 'प्रकार' के प्रति लक्ष्य कर, श्रुतियों ने ब्रह्म-सम्बन्ध में ये सब उक्तियों की हैं। उसी प्रकार जीव की भी बुद्धि के परिमाण के प्रति लक्ष्य कर, श्रुतियों में उसके अणुत्व का वर्णन किया गया है।

अब यही विचार्य है कि, कौन-सी व्याख्या सङ्गत है। प्रथमतः यह दृष्ट होता है कि, बुद्धि के अणुपरिमाणत्व-विषय में वास्तव में कोई भी श्रुतिप्रमाण नहीं है। बुद्धि स्वयं स्वरूपतः एक व्यापक वस्तु है, यह सर्ववादिसम्नत है, ऐसा कहा जा सकता है। निर्मल बुद्धि ही महत्तत्त्व के नाम से सांख्य और योगसूत्र में वर्णित है। वास्तव में प्रकाशित जगत् में बुद्धि ही सर्वापेक्षा अधिक व्यापक है। अहंकार, मन, इन्द्रियसमूह, पञ्चतन्मात्र और पञ्चमहाभूत सभी का मूल (आधार) बुद्धि है। सुतरां बुद्धि के अणुपरिमाण न होने के कारण, यह कहना किसी भी प्रकार से सङ्गत नहीं हो सकता है कि श्रुति ने बुद्धि के प्रति लक्ष्य कर जीवात्मा को अणु कहा है। यह सत्य है कि बुद्धि अतीव सूक्ष्म विषय को भी लक्ष्य कर सकती है; बुद्धि के इस गुण के प्रति लक्ष्य कर सूक्ष्म कहकर भी उसका वर्णन किया जा सकता है; किन्तु यह स्वरूपतः अणु-परिमाण नहीं है। ठीक पूर्ववर्ती २७ संख्यक सूत्र में भी उभय पक्षों ने स्वीकार किया है कि बुद्धि व्यापक वस्तु है। अतएव यह किसी प्रकार से सम्भव नहीं हो सकता कि इस सूत्र में उसी को ठीक विपरीत रूप से वर्णित कर, सूत्रकार जी प्रतिपक्ष की आपत्ति के खण्डन करने में प्रवृत्त होंगे। एवञ्च 'वालाग्रशतभागस्य शतधा कल्पितस्य च भागो जीवः', इस श्रुत्यंश के ठीक परवर्ती अंश के साथ इसको मिलाकर पढ़ने से, यह प्रतीत होगा कि यह अंश वास्तव में जीव के निज स्वरूप ही का परिचायक है। सम्पूर्ण श्रुति नीचे उद्धृत की जाती है:-

बालाग्रशतभागस्य शतधा कल्पितस्य च।
भागो जीवः स विज्ञेयः स चानन्त्याय कल्प्यते।।

अर्थात् एक केशाग्र के शतभाग के शतभाग की भाँति सूक्ष्म होने पर भी, जीव अनन्तत्व-प्राप्त होने के (अनन्त्याय=अनन्तत्वलाभाय) योग्य है। अर्थात् परमात्मा अनन्त है; जीव स्वयं अशुवत् सूक्ष्म होते हुए भी, अनन्त परमात्मा को प्राप्त होकर, उसके साथ एकीभूत होकर विभुगुणसम्पन्न हो सकता है। दृष्टान्त द्वारा श्रुति ने अन्यत्र इसे ऐसे समझाया है कि क्षुद्रकाय होने पर भी नदीसमूह जैसे, विस्तृत समुद्र के साथ

मिलित होकर, निज क्षुद्र नाम और रूप को परित्याग कर समुद्र के साथ एकीभूत होते हैं, वैसे ही (स्वरूपतः क्षुद्र होने पर भी) जीव भी मोक्षावस्था में अनन्त चिदात्मक परमात्मा को प्राप्त होकर, देहादि विशेष चिह्नसमूह को परित्याग कर, चिन्मयता प्राप्त करता है। अतएव, ऐसा ही अनुमित होता है कि, पूर्वोद्धृत श्रुति का यही आशय है कि सूक्ष्मत्व जीव के स्वरूपगत है। यह सत्य है कि मोक्ष दशा में जीव की परमात्मा से भेदबुद्धि सम्पूर्ण रूप से विलुप्त होती है; किन्तु उस अवस्था में भी जीव परमात्मा का अंश ही रहता है। अंश सर्वावस्था में अंशी के अन्तर्भूत है, अंशी को अतिक्रम कर अंश का कुछ भी नहीं रह सकता है; अतएव यही युक्तिसंगत है कि सत्यदर्शी अंश अपने को अंशी से अभिन्न समझेगा; अतः मोक्षावस्था में जीव भी अपने को परमात्मा से भिन्न नहीं समझेगा। किन्तु, इस कारण मुक्तजीव का स्वरूप ब्रह्मवत् विभु नहीं ही जाता है। यह सत्य है कि नदी का जल समुद्र में प्रविष्ट होकर **समुद्रधर्म** प्राप्त होता है और समुद्र ही कहकर गण्य होता है; किन्तु नदी का (अपेक्षाकृत क्षुद्रपरिमाण) जल स्वरूपतः विस्तृत होकर समग्र समुद्रव्यापी नहीं होता है; परन्तु यह समुद्र के अंशमात्ररूप ही से वर्तमान रहता है। मोक्षावस्था-प्राप्त जीव के सम्बन्ध में भी ठीक ऐसा ही घटित होता है। इस विषय की वेदान्त दर्शन के चतुर्थाध्याय के चतुर्थ पाद में विस्तृत रूप से व्याख्या की गई है।

परमात्मा के सम्बन्ध में श्रुति ने कहा है, "सर्वं खल्विदं ब्रह्म"। इस प्रकार के बहुविध श्रुतिवाक्य हैं। सुतरां स्थूल सूक्ष्म सभी वह है। साधकगण निज-निज प्रवृत्ति के अनुसार जिन-जिन रूपों में उसका ध्यान करते हैं, वे सभी वह है; अतएव श्रुति ने जो उसको 'अणोरणीयान्' "महतो महीयान्" इत्यादि वाक्यों में अणु से सूक्ष्म और महत् से भी महत् कहकर वर्णित किया है, वे सभी सत्य हैं। कारण यह है कि, वह जब 'सर्व' है, तो यथार्थ ही सूक्ष्म भी वह है और महत् भी वह है। ऐसा नहीं है कि केवल साधकों के ध्यान के प्रकार के ऊपर निर्भर कर उसका इस प्रकार वर्णन किया है। उक्त वाक्यों के वर्णनस्थल पर साधक के ध्यान के सम्बन्ध में श्रुति ने कोई उल्लेख नहीं किया है, उनमें ब्रह्म का स्वरूप ही वर्णित हुआ है। यथा, कठोपनिषद् के प्रथम अध्याय के द्वितीय वल्ली के २० श्लोक में परमात्मा के स्वरूप को वर्णन करते समय श्रुति ने "अणोरणीयान् महतो महीयान्" इत्यादि वाक्यों का प्रयोग कर तत्परवर्ती २१ श्लोक में कहा है, "आसीनो दूरं व्रजति शयानो याति सर्वतः" (वह निश्चल है, तथापि दूर तक गमन करता है वह शयान है तथापि सर्वगामी है) इत्यादि। ये सभी परमात्मा के स्वरूपोपदेशक वाक्य हैं। इसके उपरान्त यदि तर्कस्थल पर यह स्वीकार

किया जाय कि साधकों के ध्यान के प्रति लक्ष्य कर उपरोक्त वाक्य व्यवहृत हुए हैं, तो भी वर्तमान स्थल पर दृष्टान्त और दार्ष्टान्त एक प्रकार के नहीं हैं। कारण, बुद्धि के साथ जीव का सम्बन्ध और साधक के ध्यान के साथ परमात्मा का सम्बन्ध एक ही प्रकार के नहीं हैं। परन्तु यह जैसा भी हो, जिन सूत्रों में जीवात्मा को परमात्मा का अंशमात्र कहकर वर्णित किया है, (जिनकी व्याख्या में कोई भी विरोध नहीं है) उनके साथ इस व्याख्या का किसी प्रकार सामञ्जस्य नहीं होता है। स्वरूपतः विभु होने से जीव ब्रह्म का अंशमात्र नहीं रहता–पूर्णब्रह्म ही होता है। भगवान् सूत्रकार ऐसे परस्परविरोधी सिद्धान्तों को स्वरचित सूत्रों में प्रकाशित करेंगे–ऐसा कभी सम्भव नहीं है। वास्तव में इस सूत्र के द्वारा यदि १९ से २६ संख्यक सूत्रों में वर्णित जीवात्मा के अणुत्व सिद्धान्त को खण्डित करना सूत्रकार का अभिप्रेत होता, तो उन सूत्रों में उल्लिखित हेतुसमूह के खण्डन के निमित्त, दूसरे सूत्र रचित होते; किन्तु सूत्रकारजी ने ऐसा नहीं किया है। परवर्त्ती सूत्र के व्याख्यान पर विचार करने पर भी यह प्रमाणित होता है कि, इस सूत्र की शाङ्कर व्याख्या असङ्गत है। यथा:–

२ अ०, ३ पाद, २९ सूत्र:–**यावदात्मभावित्वाच्च न दोषस्तद्दर्शनात्।**

अर्थात्–बुद्धिरूप गुण के विभुत्व के कारण जीव को विभु कहना दूषणीय नहीं है; कारण, उस गुण का '*यावदात्मभावित्व*' है, अर्थात् आत्मा जब तक है, गुण भी तभी तक वर्तमान रहता है। आत्मा जैसे अविनाशी है, आत्मा का गुण भी वैसे ही अविनाशी है और उसका सहचर है। श्रुति ने भी यह प्रदर्शित किया है, यथा:–"न हि विज्ञातुर्विज्ञातेर्विपरिलोपो विद्यते, अविनाशित्वात्" (बृ० ४, अ०, ३ ब्रा०), "अविनाशी वा अरे..............अयमात्माऽनुच्छित्ति धर्म" इत्यादि (बृह०)। (उस विज्ञाता आत्मा का **विज्ञान** कभी लोप-प्राप्त नहीं होता है; कारण वह **अविनाशी** है। "इसका कभी विनाश नहीं है।" अतएव ज्ञान (बुद्धि) आत्मा का नित्य सहचर है; सुतरां इस पर लक्ष्यकर आत्मा का विभुत्व-वर्णन दूषणीय नहीं है।

शाङ्कर भाष्य में कहा गया है कि, बुद्धिरूप गुण के प्राधान्य ही के हेतु यदि आत्मा का संसारित्व होवे, तो जब बुद्धि और आत्मा की विभिन्नता के कारण, इनके संयोग का विलोप अवश्यम्भावी है, (बुद्धि आत्मा से किसी समय पृथक् हो ही जायगी, और उस समय आत्मा का असंसारित्व अवश्यमेव घटित होगा,) तब बुद्धि के परिमाण से आत्मा का परिमाण कैसे वर्णित कहा जा सकता है, सभी अवस्थाओं में आत्मा के साथ बुद्धि का संयोग तो नहीं रहता है? इस आपित्त के उत्तर में २९ सूत्र में सूतकारजी कहते हैं कि, इस दोषाशङ्का का कोई भी कारण नहीं है, "..........

कस्मात्। यावदात्मभावित्वात् बुद्धिसंयोगस्य। यावदयमात्मा संसारी भवति यावदस्य सम्यग्दर्शनेन संसारित्वं न निवर्त्तते, तावदस्य बुद्ध्या योगो न शाम्यति। यावदेव चायं बुद्ध्युपाधिसम्बन्धस्तावदेवास्य **जीवस्य जीवत्वं संसारित्वञ्च।.............परमार्थतस्तु न जीवो नाम बुद्ध्युपाधिपरिकल्पितस्वरूपव्यतिरेकेणास्ति।** न हि नित्यमुक्तस्वरूपात् सर्वज्ञादीश्वरादन्यश्चेतनधातुर्द्वितीयो वेदान्तार्थ-निरूपणायामुपलभ्यते।.........कथं पुनरवगम्यते यावदात्मभावी बुद्धिसंयोग इति तद्दर्शनादित्याह, तथा हि शास्त्रं दर्शयति 'योऽयं विज्ञानमयः प्राणेषु हृद्यन्तर्ज्योतिः पुरुषः स समानः सन्नुभौ लोकावनुसञ्चरति ध्यायति च लेलायति च' इत्यादि"।

अस्यार्थः-"कारण यह है कि, आत्मा के साथ बुद्धि के संयोग का यावदात्मभाव है; अर्थात् जब तक यह आत्मा संसारी रहता है, जब तक सम्यग्दर्शन द्वारा आत्मा का संसारित्व निवर्तित नहीं होता है, तब तक बुद्धि के साथ संयोग विलुप्त नहीं होता। जब तक इस बुद्धिरूप उपाधि के साथ सम्बन्ध वर्तमान रहता है, **तभी तक जीव के जीवत्व और संसारित्व रहते हैं।** वास्तव में **सत्य यह है कि बुद्धिरूप-उपाधि द्वारा ही जीवत्व कल्पित होता है, उसके अतिरिक्त जीवनाम से किसी का भी अस्तित्व नहीं है।** नित्यमुक्त सर्वज्ञ ईश्वर के अतिरिक्त द्वितीय और कोई चेतन वस्तु वेदान्तार्थनिरूपण में नहीं मिलती है।..............इस बुद्धि संयोग का पूर्ववर्णित यावदात्मभाव कैसे ज्ञात होता है?...............इसके उत्तर में सूत्रकार जी कहते हैं कि शास्त्र ने इसे प्रदर्शित किया है; यथा-यह जो पुरुष प्राणों में विज्ञानमयरूप से और हृदय में अन्तर्ज्योतिरूप से वर्तमान है, वह इनके साथ एकता-प्राप्त होकर, उभयलोकों में सञ्चरण करता है, ध्यान करता है, क्रीड़ा करता है, इत्यादि।......"

अब जिज्ञास्य यह है कि, शाङ्कर-भाष्य के अनुसार सूत्रार्थ का यदि ऐसा ही होना स्वीकार किया जाय कि, यथार्थ में जीवत्व मिथ्या, काल्पनिक मात्र है, तो जीव के नित्यत्व और ब्रह्मांशत्व के प्रतिपादक जो सब सूत्र पहले ही व्याख्यायित हुए हैं, और जिनकी व्याख्या में कोई भी विरोध नहीं है, उनके साथ क्या इस सूत्र की सम्पूर्ण विरुद्धता स्थापित नहीं होती है ? एवञ्च निम्बार्कभाष्योक्त "न हि विज्ञातुर्विज्ञाते-र्विपरिलोपो विद्यते अविनाशित्वात्" इत्यादि श्रुतियाँ और इस श्रेणी की और भी बहुसंख्यक श्रुतियाँ क्या इस मत की सम्पूर्ण रूप से विरोधी नहीं होतीं ? यदि यही भगवान् वेदव्यास का मत होता, तो चतुर्थाध्याय के चतुर्थ पाद में जो उन्होंने विदेहमुक्त पुरुषों की अवस्थाओं का वर्णन किया है, उन सभी सूत्रों की क्या प्रलाप-वाक्य में गणना नहीं होती ? वास्तव में इस संक्षिप्त विचार के द्वारा ही यह स्थिरीकृत होता है

कि शाङ्कर व्याख्या ग्रन्थप्रदत्त समस्त उपदेशों की विरोधी है। इस शाङ्करिक मत पर सुदीर्घ विचार, इस ग्रन्थ के अनेक स्थलों पर, पूर्व ही किये गये हैं। सुतरां, इस स्थल पर, पुनः इससे अधिक दीर्घ समालोचना नहीं की गई। पूर्वोद्धृत २ अ०, ३ पाद, १७ सूत्र के भाष्य में तथा बहुविध स्थलों पर, श्रीमच्छङ्कराचार्य भी स्वीकार करने में बाध्य हुए हैं कि, ब्रह्म, अविकृत रहकर ही, जीव और ब्रह्म, उभयरूपों में वर्तमान रहता है; और जीव भी नित्य है; वास्तव में ब्रह्मस्वरूप जब अपरिवर्तनीय है, तब, आकस्मिक भाव से उसके जीवत्व का उपजात होना, अथवा अनादिकाल से स्थित जीवत्व का विनष्ट होना, कभी सम्भव नहीं हो सकता है; ऐसा होने से वह (ब्रह्म) विकारी हो जाता है और शाङ्कर मत में ब्रह्म के अतिरिक्त जब दूसरी कोई भी चेतन वस्तु नहीं है, और ब्रह्म जब सदैव अपरिवर्तनीय है तथा सर्वज्ञ ब्रह्मरूप ही में नित्य अवस्थिति करता है, तो उसमें अविद्यासंयुक्त होकर कैसे जीवत्व का प्रकाश हो सकता है और पुनः ज्ञान के द्वारा उसका कैसे विनाश हो सकता है, इसको बोधगम्य करना असम्भव है। अतएव इस सूत्र की शाङ्कर व्याख्या, किसी प्रकार से संगत मानकर, ग्रहणीय नहीं है। परन्तु इस सूत्र की व्याख्या के असङ्गत होने से, पूर्ववर्ती २८ सूत्र की व्याख्या भी स्वतः ही अग्राह्य होती है।

२ अ०, ३ पाद, ३० सूत्रः-**पुंस्त्वादिवत्त्वस्य सतोऽभिव्यक्तियोगात्।।**

अर्थात्-जैसे बाल्यकाल में बीजभाव से रहने के कारण पुंधर्मसमूह युवावस्था में प्रकाशित होते हैं, वैसे ही सुषुप्ति-प्रलयादि में बीजभाव से रहने के कारण, ज्ञान भी पश्चात् प्रकाशित होता है। इस सूत्र की व्याख्या शाङ्कर भाष्य में भी एक ही प्रकार की है।

२ अ०, ३ पाद, ३१ सूत्रः-**नित्योपलब्ध्यनुपलब्धिप्रसङ्गोऽन्यतरनियमो वाऽन्यथा।।**

अस्यार्थः-जीवात्मा सर्वगत और स्वरूपतः विभुस्वभाव है, ऐसा स्वीकार करने पर, उपलब्धि और अनुपलब्धि (ज्ञान और अज्ञान) दोनों ही जीवात्मा के नित्य हैं ऐसा मानना पड़ेगा; अर्थात् जीवात्मा के अणु न होकर स्वरूपतः व्यापक स्वभाव होने पर, उसका नित्य सर्वज्ञत्व (उपलब्धि) सिद्ध होता; और दूसरी ओर संसार-बन्धन (अज्ञान) के रहने के कारण, उसका वह अज्ञान भी नित्य होता। अतः बन्धन और मोक्ष, ये दोनों विरुद्ध धर्म नित्य होते। नहीं तो नित्य ही बद्ध अथवा नित्य ही मुक्त, इन दोनों में से एक की व्यवस्था करनी पड़ती। बद्ध रहकर पश्चात् मुक्त होने की सङ्गति किसी प्रकार से नहीं होती।

इस सूत्र का शाङ्कर भाष्य ऐसा है; यथा:-

"तच्चात्मन उपाधिभूतमन्तःकरणं मनोबुद्धिर्विज्ञानं चित्तमिति चानेकधा तत्र तत्राभिलप्यते। क्वचित् च वृत्तिविभागेन संशयादिवृत्तिकं मन इत्युच्यते, निश्चयादिवृत्तिकं बुद्धिरिति। तच्चैवम्भूतमन्तःकरणमवश्यमस्तीत्यभ्युपगन्तव्यम्। अन्यथा ह्यनभ्युपगम्यमाने तस्मिन्नित्योपलब्ध्यनुपलब्धिप्रसङ्गः स्यात्। आत्मेन्द्रियविषयाणामुपलब्धिसाधनानां सन्निधाने सति नित्यमेवोपलब्धिः प्रसज्येत। अथ सत्यापि हेतुसमवधाने फलाभावस्ततोऽपि नित्यमेवानुपलब्धिः प्रसज्येत। न चैवं दृश्यते। अथवान्यतरस्यात्मनः इन्द्रियस्य वा शक्तिप्रतिबन्धोऽभ्युगन्तव्यः। न चात्मनः शक्तिप्रतिबन्धः सम्भवति, अविक्रियत्वात्। नापीन्द्रियस्य। न हि तस्य पूर्वोत्तरयोः क्षणयोरप्रतिबद्धशक्तिकस्य ततोऽकस्माच्छक्तिः प्रतिबध्येत। तस्मात् यस्यावधानानवधानाभ्यामुपलब्ध्यनुपलब्धी भवतस्तन्मनः।................"

अस्यार्थः-"आत्मा की उपाधि स्थानीय वस्तु अन्तःकरण है; वह मन, बुद्धि, विज्ञान और चित्त, इन चार नामों से अभिहित है। वृत्ति के भेद से अन्तःकरण ही की ये सब संज्ञायें होती हैं। संशयादिवृत्तियुक्त होने पर मन के नाम से, तथा निश्चयादिबुद्धियुक्त होने पर बुद्धि के नाम से यह आख्यात होता है। यह अवश्य स्वीकार करना होगा कि, ऐसा अन्तःकरण अवश्यमेव वर्तमान है; कारण, ऐसा न करने से, नित्य उपलब्धि अथवा नित्य अनुपलब्धि का प्रसङ्ग होता है। आत्मा, इन्द्रिय तथा विषय-ये सब उपलब्धि के साधन हैं (जिनके द्वारा उपलब्धि होती है), इनका सन्निधान सदैव है। सुतरां इसी के द्वारा उपलब्धि होने से वस्तुओं की सदैव उपलब्धि होनी उचित है। और यदि इनके सान्निध्य के नित्य वर्तमान रहने पर भी, उसके फल से उपलब्धि घटित न हो, तो सदैव अनुपलब्धि अर्थात् वस्तुज्ञान न होना उचित है। किन्तु नित्य उपलब्धि अथवा नित्य अनुपलब्धि का आत्मा में वर्तमान रहना दृष्ट नहीं होता है; ऐसा ही दृष्ट होता है कि, उपलब्धि कभी होती है, औरः कभी नहीं होती; अतएव यह कहना पड़ता है कि, आत्मा का अथवा इन्द्रियों की शक्ति का प्रतिबन्ध घटित होता है। किन्तु आत्मा का प्रतिबन्ध नहीं हो सकता। कारण, आत्मा सदैव निर्विकार है; उसका कोई परिवर्तन नहीं होता। इन्द्रियों की शक्ति के प्रतिबन्धन को भी स्वीकार नहीं कर सकते; कारण, पूर्वक्षण अथवा परक्षण में इन्द्रियों की शक्ति का प्रतिबन्धन दृष्ट नहीं होता। अकस्मात् मध्यक्षण में उनकी शक्ति का प्रतिबन्धन घटित होना असम्भव है। अतएव यह अवश्यमेव स्वीकार करना पड़ेगा कि, जिसकी अवधानता अथवा अनवधानता के हेतु उपलब्धि अनुपलब्धि घटित होती है, ऐसा मन

(अन्तःकरण) नामक पदार्थ आत्मा और इन्द्रियादि के बीच में अवस्थित है। श्रुति ने भी कहा है, मन के किसी एक विषय में आसक्त रहने से दूसरे विषय के उपस्थित होने पर उसका ज्ञान नहीं उपजात होता है।........................"

इस व्याख्या में कितनी अधिक कष्टकल्पना है, यह इसके पाठ से ही बोधगम्य होता है। सूत्र में अन्तःकरण अथवा मन का कोई भी उल्लेख नहीं है, किन्तु श्रीनिम्बार्काचार्यकृत स्वाभाविक शब्दार्थ को ग्रहण करने पर, आचार्य शङ्कर का आत्मविमत्व-विषयक सिद्धान्त स्थिर नहीं रहता है; अतएव इतनी कष्टकल्पना करके उनको किसी प्रकार से सूत्र का अन्यार्थ करना पड़ा है; किन्तु उन्होंने जो अर्थ किया है, उसको कभी सङ्गत कहकर ग्रहण नहीं कर सकते हैं। कारण, उनके मत में जीव कहकर कुछ भी नहीं है; केवल एक सर्वज्ञ, सर्वव्यापी परमात्मा ही है; वह सर्वव्यापी है। यह सत्य होने पर, केवल एक अन्तःकरण को अवलम्बन कर जीव के ज्ञान के न्यूनाधिक्य की किसी प्रकार की सङ्गति नहीं की जा सकती है; कारण यह है कि, जीव के सर्वव्यापी होने के कारण, जीव और इन्द्रियों के मध्य में अन्तःकरण पदार्थ के रहने पर भी, सभी अन्तःकरणों के साथ उस (जीव) का समसम्बन्ध स्थापित होता है; ज्ञानी नाम से कोई भी भेद अथवा नियम वर्तमान नहीं रहता। यदि ऐसा कहा जाय कि, तत्तच्छरीरावच्छिन्न "प्रदेश-व्यापी" आत्मांशनिष्ठ ज्ञान के भेद की कल्पना करने से ही व्यवहार-सिद्ध ज्ञान और अज्ञान का नियम स्थापित होता है; तो इसका उत्तर परवर्ती ५२ सूत्र में भगवान् सूत्रकार ने दिया है। इस सूत्र की व्याख्या आगे की जाती है; उसको इस स्थल पर देखना चाहिए। उस सूत्र की युक्ति विभुस्वभाव आत्मा के एकत्ववाद और विभुत्ववाद-इन दोनों ही के सम्बन्ध में प्रयुज्य है। एवञ्च सर्वव्यापी परमात्मा स्वरूपतः अखण्ड है, इसको श्रुति ने प्रमाणित किया है और यह सर्ववादिसम्मत है। सुतरां 'उसका कोई विशेष शरीरावच्छिन्न प्रदेश' शब्द का कुछ भी अर्थ नहीं है। वह प्रत्येक स्थान में पूर्णरूप से वर्तमान है। अतएव इस सूत्र की व्याख्या किसी प्रकार से सङ्गत कहकर ग्रहणीय नहीं हो सकती।

इसके पश्चात् ३२ से ३९ सूत्रों में जीवकृत कर्म, जीव के कर्त्तृत्व तथा तत्फलभोक्तृत्व के रहने को शास्त्रों के आधार पर प्रमाणित कर, भगवान् सूत्रकार ने ४० सूत्र में उपदेश किया है कि, जीव का वह कर्त्तृत्व पामात्मा के अधीन है; और ४१ सूत्र में उन्होंने कहा है कि जीव के कर्मों का नियन्ता होने पर भी, ईश्वर जीव के पूर्वकृतकर्मानुसार ही उसको इस जन्म में प्रेरणा करता है। (इन सब सूत्रों की व्याख्या में शाङ्कर भाष्य के साथ कोई भी विरोध नहीं है; दोनों भाष्य एक ही प्रकार के हैं।) किन्तु, यह कैसे

सम्भव हो सकता है–इसके उत्तर में ४२ से ५२ सूत्रों में भगवान् सूत्रकार ने यह ज्ञापित किया है कि, जीव ब्रह्म का नित्य अंशमात्र है। इनमें ४२ सूत्र ("अंशो नानाव्यपदेशादन्यथा चापि................" इत्यादि) से ४६ सूत्रों की व्याख्या पहले ही की गई है। इसमें भी शाङ्कर भाष्य के साथ कोई विरोध नहीं है, यह पूर्व ही प्रदर्शित हुआ है। किन्तु इस अधिकरण के पूर्व व्याख्यात उन सब सूत्रों के परवर्त्ती किसी किसी सूत्र के व्याख्यान में विरोध है; वह नीचे क्रम से प्रदर्शित होगा।

पूर्व व्याख्यात ४२ से ४६ सूत्रों में जीव को ब्रह्म का अंश कह कर वर्णन किया है। इसके पश्चात् ४७ सूत्र में भगवान् सूत्रकार ने कहा है कि, जीव के ब्रह्म के अंश-मात्र होने से ही, विशेष-विशेष देहों के साथ उस (जीव) का सम्बन्ध हो सकता है और होता भी है। अतएव शास्त्रों के विधि-निषेध वाक्यसमूह की सार्थकता स्थापित होती है; विभुत्व वाद से यह नहीं होती है। कारण यह है कि, आत्मा के विभु होने से, सब शरीरों के साथ उसका समसम्बन्ध होता है–किसी विशेष देह के साथ उसका किसी प्रकार का विशेष सम्बन्ध नहीं हो सकता है।

शाङ्कर भाष्य में इस सूत्र का इस प्रकार अर्थ किया गया है कि विशेष देहों के साथ जीव का अविद्याजनित आत्मबुद्धिरूप सम्बन्ध है। इस कारण, शास्त्रोक्त अनुज्ञा (विधि) और परिहार (निषेध) सूचक वाक्यों का आनर्थक्य घटित नहीं होता है। अब ४८ सूत्र को सम्पूर्ण व्याख्या ही दी जाती है।

२ अ०, ३ पाद, ४८ सूत्र। **असन्ततेश्चाव्यतिकरः।।** (असन्ततेः सर्वैः शरीरैः सह सम्बन्धाभावात् अव्यतिकरः कर्मणस्तत्फलस्य वा विपर्ययो न भवति।)

अर्थात्:-जीव के स्वरूपतः अणुस्वभाव (परिच्छिन्न) होने के कारण, समस्त शरीरों के साथ उसका सम्बन्ध नहीं होता है। किसी विशेष शरीर के साथ वह सम्बन्धयुक्त हो सकता है; अतएव कर्म और उसके फल का विपर्यय घटित नहीं होता। यदि जीव स्वरूपतः विभुस्वभाव (सर्वव्यापी) होता, तो समस्त जीवों के कर्मों के साथ प्रत्येक जीव का समसम्बन्ध होता; अतएव किसी को दूसरे के किये हुए कर्म के फल भोग करने में किसी प्रकार की बाधा न होती, किसी विशेष कर्म के साथ किसी का भी विशेष सम्बन्ध न रह सकता। परन्तु ऐसे विशेष सम्बन्ध का रहना आत्मानुभव तथा शास्त्रसिद्ध है; अतएव जीव ब्रह्म की भाँति विभुस्वभाव नहीं है, उसका अंशमात्र है।

इस सूत्र की व्याख्या शाङ्कर भाष्य में निम्नलिखित रूप से की गई है:-

"..................यस्त्वयं कर्मफलसम्बन्धः स चैकात्म्याभ्युपगमे व्यतिकीर्यते स्वाम्येकत्वादिति चेत्, नैतदेवम्, असन्ततेः। नहि कर्त्तुर्भोक्तुश्चात्मनः सन्ततिः सर्वैः शरीरैः सम्बन्धोऽस्ति। उपाधितन्त्रो हि जीव इत्युक्तम्। उपाध्यसन्तानाच्च नास्ति जीवसन्तानः। ततश्च कर्मव्यतिकरः फलव्यतिकारो वा न भविष्यति।"

अस्यार्थः–" ....(सम्यक् ज्ञानोदय होने पर, जीवत्व का सम्पूर्ण विनाश घटित होता है, एकमात्र ब्रह्म ही रहता है–इस प्रकार के एकत्ववाद को स्वीकृत करने पर)? कर्मों का उनके फलों के साथ जो सम्बन्ध है, (अर्थात् जो व्यक्ति जो कर्म करता है, उसको उस कर्म के फल को भोगना पड़ता है, यह जो नियम है,) वह और नहीं रहता है। इसके व्यतिक्रम का घटित होना निवारित नहीं होता है। कारण यह है कि, आत्मा जब एकमात्र परब्रह्म है, तो कोई एक कार्य का कर्त्ता, और अपर कोई दूसरे कार्य का कर्त्ता, ऐसा भेद नहीं रहता है। सुतरां कर्मफल-भोग का भी कोई नियम नहीं रह सकता है। इस प्रकार की आपत्ति के उत्तर में इस सूत्र की रचना हुई है। कर्त्ता और भोक्ता जो आत्मा है, उसके साथ 'सन्तति' अर्थात् समस्त शरीरों का सम्बन्ध नहीं है; कारण यह है कि, जीव स्वीय उपाधिगत देहनिष्ठ है, दूसरी देहों के साथ उसका सम्बन्ध नहीं है। उपाधिगत शरीर के सर्वव्यापित्व न होने के कारण, तन्निष्ठ जीव का भी सब देहों के साथ सम्बन्ध नहीं होता है। अतएव कर्म अथवा कर्मफल का व्यतिक्रम नहीं होता है।

इस स्थल पर भाष्यकारजी ने कहा है कि, आत्मा का समस्त शरीरों के साथ सम्बन्ध नहीं होता है। केवल अपने उपाधिगत शरीर के साथ ही उसका सम्बन्ध रहता है; सुतरां कर्म तथा कर्म-फल का व्यतिक्रम नहीं घटित होता है। परन्तु, यदि उनके द्वारा प्रचारित जीव का विभुत्वविषयक मत स्वीकार किया जाय, तो इस वाक्य के तात्पर्य (आशय) को बोधगम्य करना सुकठिन है। जीव यदि परमार्थतः विभुस्वभाव हो और परमात्मा के साथ अत्यन्त अभिन्न हो, तो किसी विशेष शरीर को उसके उपाधिगत कहकर किस प्रकार से ग्रहण कर सकते हैं? विभु का तो सभी शरीरों के साथ समसम्बन्ध है। जो नित्य एक सर्वज्ञस्वभावमात्र है, उसके ज्ञान के कदापि किसी प्रकार के आवरण का न रहना अवश्यमेव स्वीकार्य है। एवञ्च उसके सर्वव्यापी तथा अद्वितीय होने के कारण, सभी शरीरों के साथ वह समसम्बन्ध विशिष्ट है। तो चेतन वस्तु और क्या रहेगी, जिसकी विशेष रूप से उपाधिभूत कोई विशेष देह होगी ? एकान्ताद्वैतवादी भाष्यकारजी इसकी कोई व्याख्या किसी स्थल पर नहीं कर सके हैं। अतएव, यह अवश्य स्वीकार करना पड़ेगा कि उनकी इस सूत्र की व्याख्या सङ्गत नहीं है।

२ अ, ३ पाद, ४९ सूत्रः-**"आभाषा एव च"**।।

अर्थात्-अतएव कपिलादि-प्रचारित आत्मा के सर्वगतत्ववाद को अपसिद्धान्त ही कहना पड़ेगा। शाङ्कर भाष्य में इस सूत्र का यह पाठ ग्रहण नहीं किया गया है। "आभास एव च", ऐसा सूत्र) पाठ ग्रहण किया गया है, और इसका अर्थ यह किया गया है कि, जीव आभास अर्थात् ब्रह्म का प्रतिबिम्ब मात्र है। अतएव जिस भाँति सूर्य के जलस्थ एक प्रतिबिम्ब के कम्पनादि दूसरे स्थान के प्रतिबिम्ब को कम्पित नहीं करते, उसी भाँति प्रतिबिम्बस्थानीय एक जीव का कर्मफल दूसरे किसी को प्राप्त नहीं होता। परन्तु सूर्यदेव स्वयं एक सीमाबद्ध वस्तु हैं; इनसे भिन्न भाव से जलप्रभृति विभिन्न पदार्थ विभिन्न स्थानों में वर्तमान हैं; सुतरां सूर्य के विभिन्न प्रतिबिम्ब इन सब विभिन्न पदार्थों पर पतित हो सकते हैं; और एक स्थलस्थ प्रतिबिम्ब के कम्पन द्वारा अपर स्थलस्थ प्रतिबिम्ब के कम्पन न होने की सम्भावना है। किन्तु शाङ्कर मत में ब्रह्म को छोड़ दूसरा कोई पदार्थ नहीं है, तथा ब्रह्म स्वयं सर्वव्यापी है; सुतरां अन्यत्र उसके प्रतिबिम्ब के पतित होने का कुछ भी अर्थ नहीं हो सकता है। विशेषतः पूर्व ही भगवान् सूत्रकार ने जीव को ब्रह्म का अंश कहकर वर्णित किया है; परन्तु प्रतिबिम्ब कभी अंश नहीं कहा जा सकता है और अंश भी कभी प्रतिबिम्ब नहीं हो सकता। अतएव शाङ्करिक व्याख्यायुक्त इस सूत्र-पाठ को प्रकृत कहकरः ग्रहण नहीं कर सकते हैं।

इसके पश्चात् आत्मा के विभुत्व को स्वीकार करके भी जिन सांख्य प्रभृति मतों में आत्मा का बहुत्व उपदिष्ट हुआ है, उन समस्त मतों का ५० से ५२ सूत्रों में खण्डन किया गया है। शाङ्करभाष्य में ५० सूत्र ("अदृष्टानियमात्") इस प्रकार व्याख्यात हुआ है कि वैशेषिकों का अदृष्ट नामक दूसरा जो एक पदार्थ स्वीकृत है, उसकी कल्पना कर, उसके अवलम्बन द्वारा कर्म और कर्मफल के व्यतिक्रम को निवारित करने को चेष्टा की जा सकती है; किन्तु वह भी निष्फल है। कारण यह है कि आत्मा के सर्वगत होने के कारण सभी तुल्य हैं; अदृष्ट किस आत्मा का अवलम्बन करेगा, उसका कोई नियम नहीं रह सकता। इस सूत्र की व्याख्या में कोई विरोध नहीं है।

२ अ०, ३ पाद, ५१ सूत्रः-**अभिसन्ध्यादिष्वपि चैवम्**।।

अर्थः-जीव की जो विशेष-विशेष अभिसन्धि (सङ्कल्पादि) दृष्ट होती है, जीवात्मा के विभुत्व (सर्वगतत्व) वाद में उनका भी कोई नियम नहीं रह सकता। शाङ्करभाष्य में भी इस सूत्र का फलितार्थ एक ही प्रकार का है।

२ अ०, ३ पाद, ५२ सूत्रः-**प्रदेशादिति चेन्नान्तर्भावात्**।।

अर्थः-उन-उन शरीरावच्छिन्न आत्मप्रदेशों में ही विशेष-विशेष सङ्कल्पादि हो सकते हैं, अतएव आत्मासमूह के विभुत्ववाद में कोई अनियम घटित नहीं होता है, ऐसा भी तो नहीं कह सकते। कारण, आत्मा के विभु होने से सभी शरीर सब आत्माओं के अन्तर्भूत हैं। अतएव किसी विशेष शरीर को किसी विशेष आत्मा के अन्तर्भूत नहीं कह सकते।

शाङ्करभाष्यः-" ....विभुत्वेऽप्यात्मनः शरीरप्रतिष्ठेन मनसा संयोगः शरीरावच्छिन्न एवात्मप्रदेशे भविष्यति। अतः प्रदेशकृता व्यवस्थाऽभिसन्ध्यादीनामदृष्टस्य सुखदुःखयोश्च भविष्यतीति तदपि नोपपद्यते। कस्मात् ? अन्तर्भावात्। विभुत्वाविशेषाद्धि सर्व एवात्मनः सर्वशरीरेष्वन्तर्भवन्ति।...........।"

अर्थः-आत्मा के विभु होने पर भी, शरीर-स्थित मन का आत्मा के साथ संयोग शरीरस्थ आत्मप्रदेश ही में होता है। अतएव विशेष-विशेष अभिसन्धि प्रभृति का, अदृष्ट का, तथा सुखदुःखादि-भोग का विपर्यय घटित नहीं होता है; तत्सम्बन्धी नियम भी ठीक रहता है, ऐसा कहना भी युक्तिसङ्गत नहीं है। कारण यह है कि सभी आत्मायें समस्त शरीर के अन्तर्भूत हैं; सभी आत्माओं में समान भाव से विभुत्व रहने के कारण, सभी आत्मायें समस्त शरीरों में वर्तमान हैं। अतएव वैशेषिक लोग किसी विशेष आत्मा के प्रदेश सम्बन्ध में किसी विशेष शरीरावच्छिन्नत्व की कल्पना करने में समर्थ नहीं होंगे।................।"

यहीं तक इस पाद का तथा इस विचार का अन्त है। यह सत्य है कि, शेषोक्त कई सूत्रों में, भगवान् सूत्रकार ने आत्मा के विभुत्व अथ च बहुत्ववादियों के मतों का ही साक्षात्सम्बन्ध में खण्डन किया है; किन्तु एकात्मवादियों के समन्ध में भी ये सूत्रोक्त विचारसमूह (यथोचित परिवर्तित होकर) सम्पूर्ण रूप से प्रयुक्त हो सकते हैं, यह स्पष्ट रूप से मालूम होता है। वास्तव में "ज्ञाज्ञौ...................." इत्यादि श्वेताश्वतर श्रुति ने तथा अन्यान्य श्रुतियों ने ब्रह्म की सर्वज्ञ ईश्वररूप में, असर्वज्ञ (अर्थात् विशेषज्ञ) जीव रूप में, जगद्रूप में, और अक्षर रूप में नित्यस्थिति का स्पष्ट रूप से उपदेश किया है। जिन "तत्त्वमसि" प्रभृति श्रेणियों की श्रुतियों के प्रति लक्ष्य कर श्रीमच्छङ्कराचार्य ने ब्रह्म के साथ जीव के एकान्ताभिन्नत्व को स्थापित करने की चेष्टा की है, उनके द्वारा उनका यह मत स्थिरीकृत नहीं होता है, यह इस ग्रन्थ के अनेक स्थलों पर प्रदर्शित किया गया है। अतः इस स्थल पर उसकी पुनरावृत्ति अनावश्यक है।

इस स्थल पर जीवसम्बन्ध में यहीं तक कहा गया। अब जगत् और ब्रह्मस्वरूप के सम्बन्ध में संक्षेपतः ग्रन्थ का मर्म नीचे वर्णित हो रहा है।

जगत्स्वरूप

यह जगत् पहले नहीं था, और अकस्मात् असत् अवस्था से उत्पन्न हुआ है, ऐसा नहीं है। यह सदैव दृष्ट होता है कि, जो कोई वस्तु उत्पत्तिप्राप्त होती है, वह पूर्ववर्ती किसी उपादान के अवलम्बन द्वारा ही उत्पन्न होती है; बिलकुल कुछ भी नहीं-ऐसी अवस्था से किसी पदार्थ का उत्पन्न होना कभी दृष्ट नहीं होता है। इस सम्बन्ध में सम्पूर्ण दृष्टान्ताभाव है। सुतरां यह अनुमान-द्वारा भी सिद्ध नहीं होता है कि, जगत् पूर्व में एकान्त असत्-अवस्था से अकस्मात् उत्पन्न हुआ है। श्रुति ने स्पष्टरूप से कहा है:-

"सदेव सौम्येदमग्र आसीदेकमेवाद्वितीयम्। तद्धैक आहुरसदेवेदमग्र आसीदेकमेवाद्वितीयम्, तस्मादसतः सज्जायत।। (छान्दोग्य, ६ अ०, २ खण्ड, १ वाक्य।)

कुतस्तु खलु सौम्येवं स्यादिति होवाव कथमसतः सज्जायेतेति। सत्त्वेव सौम्येदमग्र आसीदेकमेवाद्वितीयम्।। (द्वितीय वाक्य।)

हे सौम्य, उत्पत्ति के पूर्व यह जगत् एक 'सत्' पदार्थ था; और द्वितीय कुछ नहीं था। कोई कोई कहते हैं कि, उत्पत्ति के पूर्व जगत् **असत्** था, अपर कुछ नहीं था; उस **असत्** से ही यह **'सत्'** जगत् प्रकाशित हुआ है।। १।।

हे सौम्य, ऐसा किस प्रकार से हो सकता है ? एकान्त **असत्** से **सत्** कैसे उत्पन्न हो सकता है ? (इसका तो कोई भी दृष्टान्त देखने में नहीं आता) निश्चय ही यह जगत् पहले एक अद्वितीय सत्पदार्थ था।। २।।

वह सद्वस्तु ब्रह्म है, ऐसा पूर्वोद्धृत श्रुतियों की भाँति अपर श्रुतियों ने भी स्पष्ट रूप से उल्लेख किया है। यथा:-

"ब्रह्म वा इदमग्र आसीत्" (अर्थात् "पहले सृष्टि के पूर्व एक मात्र ब्रह्म ही था") इत्यादि (बृहदारण्यक)। इसी भाँति ऐतरेय श्रुति ने कहा है, "आत्मा वा इदमेक एवाग्र आसीत्। नान्यत् किञ्चनमिषत्"...........इत्यादि। इस प्रकार की अनेक श्रुतियों ने उपदेश किया है कि ब्रह्म ही जगत् का आदि उपादान है, और वही जगद्रूप से प्रकाशित हुआ है। तैत्तिरीयोपनिषद् की भृगुवल्ली में उल्लिखित है कि भृगु ने अपने

पिता वरुणजी से कहा, "भगवन् मुझे ब्रह्मोपदेश दीजिए", पिता जी ने उत्तर में कहा, "जिससे इस जगत् की उत्पत्ति, स्थिति और लय हैं, वही ब्रह्म है। ध्यान के द्वारा तुम उसके स्वरूप को जानो। ध्यान-निमग्न होने पर भृगु को पहले ज्ञात हुआ कि अन्न ही से जगत् की उत्पत्ति है और अन्न ही में जगत् स्थित तथा लय-प्राप्त होता है; अतएव अन्न ही जगत् का मूल उपादान है। इसके पश्चात् उनको ज्ञात हुआ कि अन्न से भी सूक्ष्म प्राण ही सबके उपादान हैं। इस प्रकार ध्यान-द्वारा क्रम से पहले मन को तत्पश्चात् विज्ञान को जगत् का मूल उपादान कहकर उन्होंने अवगत किया। अन्त में उनको ज्ञात हुआ कि आनन्द ही जगत् का अन्तिम उपादान है; और वह आनन्द ही ब्रह्म का स्वरूप है ("आनन्दो ब्रह्मेति व्यजानात्। आनन्दाद्ध्येव खल्विमानि भूतानि जायन्ते, आनन्देन जातानि जीवन्ति, आनन्दं प्रयन्त्यभिसंविशन्तीति।" अर्थात् उनको यह ज्ञात हुआ कि, आनन्द ही ब्रह्म है, आनन्द ही से जगत् की उत्पत्ति होती है, आनन्द ही के द्वारा सब जीवित रहते हैं, और आनन्द ही में अन्त में लीन होते हैं)।

इनके तथा अन्यान्य श्रुतियों के द्वारा यही सिद्ध होता है कि, आनन्दरूप ब्रह्म ही जगत् का मूल उपादान है। परन्तु, उपादान वस्तु से जो वस्तु गठित होती है, वह गठित वस्तु उपादान से भिन्न नहीं हो सकती। यह (गठित वस्तु) मूल उपादान वस्तु ही की रूपान्तर-मात्र है। जैसे सुवर्णनिर्मित वलय-कुण्डलादि सुवर्ण के ही रूपविशेष हैं, सुवर्ण से भिन्न वे दूसरे कोई अन्य पदार्थ नहीं हैं, केवल नामरूप द्वारा विशेष विशेष वस्तुरूप से प्रकाशित होते हैं। अतएव कार्यस्थानीय वस्तु के कारण स्थानीय उपादान-वस्तु ही के रूपान्तर और नामान्तर-मात्र होने के कारण, उस उपादान-वस्तु के स्वरूव और गुणससूह के सम्यक् ज्ञात होने पर, उस उपादान-वस्तु के द्वारा गठित सभी वस्तुओं का ज्ञान प्राप्त हो सकता है। इस तथ्य को श्रुति ही ने दृष्टान्त द्वारा स्वयं प्रकाशित किया है। यथा:-

"यथा सौम्येकेन मृत्पिण्डेन सर्वं मृण्मयं विज्ञातं स्याद्वाचारम्भणं विकारो नामधेयं मृत्तिकेत्येव सत्यम्।" (छा० ६ अ०, १ ख०, ४ वाक्य।)

अर्थः-हे सौम्य ! जैसे एक ही मृत्पिण्ड के गुण और स्वरूप को सम्पूर्ण रूप से जानने पर मृत्तिका-निर्मित समस्त पदार्थ ज्ञात हो सकते हैं, एवञ्च यह निश्चित रूप से ज्ञात होता है कि मृत्तिका निर्मित (घटशरावादि) पदार्थ केवल नामों ही के द्वारा मृत्तिका से विशेषित किये जाते हैं; वास्तव में ये मृत्तिका के अतिरिक्त और कुछ भी नहीं हैं-इनकी सत्ता में मृत्तिका के अतिरिक्त और कुछ नहीं है; घटशरावादि रूप में एकमात्र मृत्तिका ही वर्तमान (सद्वस्तु) है। अतएव, कार्यस्थानीय वस्तु और उसका

कारण वास्तव में अभिन्न हैं। भगवान् वेदव्यास जी ने, पूर्वोक्त श्रुति के आधार पर, स्पष्ट रूप से इसका वर्णन किया है। यथाः-

२ अ०, १ पाद, १४ सूत्रः-**तदनन्यत्वमारम्भणशब्दादिभ्यः।**

(तत् तस्मात् कारणात्, कार्यस्य कारणात्; अनन्यत्वम्-अभिन्नत्वम्; आरम्भणशब्दः आदिर्येषां वाक्यानां तान्यारम्भणशब्दादीनि वाक्यानि, तेभ्यः।)

अर्थः-कारण वस्तु से कार्य का अभिन्नत्व है; यह, "आरम्भण शब्द से आरम्भ कर जो सब वाक्य छान्दोग्य श्रुति में वर्णित हुए हैं, ("वाचारम्भणं विकारो नामधेयं मृत्तिकेत्येव सत्यम्"...........इत्यादि,) उनके द्वारा ज्ञात होता है। अतएव, सूत्रार्थ का यह तात्पर्य है कि, कार्यस्थानीय जगत् कारणस्थानीय ब्रह्म से अभिन्न है। शाङ्कर भाष्य में सूत्र का व्याख्यार्थ ऐसा ही किया गया है। परन्तु ऐसा अर्थ करके भी आचार्य शङ्कर ने कहा है कि, पूर्वोक्त "मृत्तिकेत्येव सत्यम्" वाक्य का तात्पर्य यह है कि, घटशरावादि विकारस्थानीय वस्तु एकान्त असत् हैं; कारण, श्रुति ने मृत्तिका ही को एकमात्र सत्य कहकर वीर्णत किया है। किन्तु यह सिद्धान्त एकान्त अपसिद्धान्त है, यह, इन सब दृष्टान्तों के पश्चात् वर्णित जो "सदेव सौम्येदमग्र आसीत्" इत्यादि वाक्य हैं, जो पूर्व में उद्धृत हुए हैं, उनके द्वारा स्पष्ट रूप से प्रमाणीकृत होता है; कारण उनमें श्रुति ने "कथमसतः सज्जायेत" वाक्य-द्वारा जगत् को 'सत्' वस्तु कहकर स्पष्ट रूप से उल्लिखित किया है; एवं जगत् के 'सत्' होने के कारण, वह 'असत्' से उत्पन्न नहीं हो सकता है, यह स्पष्ट रूप से ज्ञापित किया है। कार्यस्थानीय घटशरावादि के सम्यक् मिथ्या होने से, इस दृष्टान्त के द्वारा श्रुति की मूल प्रतिज्ञा (एक वस्तु के विज्ञान से और सभी का विज्ञान होता है यह प्रतिज्ञा) भी किसी प्रकार से प्रमाणित नहीं होती है; कारण घटशरावादि वस्तु ही जब नहीं है, तब 'नहीं' वस्तु का फिर विज्ञान कैसे हो सकता है? श्रीमच्छङ्कराचार्य के इस सिद्धान्त को सङ्गत कहकर किसी प्रकार से ग्रहण नहीं कर सकते, इस पर विस्तृत विचार मूलग्रन्थ में उक्त सूत्र के व्याख्यान में किया गया है। अतएव इस स्थल पर इस सम्बन्ध में यहीं तक कहा गया। द्वितीय अध्याय के प्रथम पाद के परवत्ती १५ से १९ सूत्रों में इसी मीमांसा की पोषकता की गई है। उस १९ सूत्र के व्याख्यान में श्रीमच्छङ्कराचार्य ने भी कहा हैः-

"अतश्च कृत्स्नस्य जगतो ब्रह्मकार्यत्वात् तदनन्यत्वाच्च सिद्धैषा श्रौती प्रतिज्ञा "येनाश्रुतं श्रुतं भवत्यऽमतं मतमविज्ञातं विज्ञातमिति।" अर्थात् एक के विज्ञान से और सभी का विज्ञान होता है-यह जो श्रुति की प्रतिज्ञा है, वह, 'जगत् ब्रह्म ही का कार्य है, सुतरां उससे अभिन्न है' इस सिद्धान्त द्वारा सिद्ध हुई। अतएव यही यदि इन

सब सूत्रों का सार हो, तो कार्यस्थानीय जगत् जब ब्रह्म से अभिन्न है, और ब्रह्म जब सत्य है, तब उस जगत् को प्रकृतपक्ष में एकान्त मिथ्या कहकर कैसे निर्दिष्ट कर सकते हैं ? अतएव श्रीनिम्बार्क ऋषि ने कहा है:–"परिवर्तनशील होने पर भी, जगत् मिथ्या नहीं है, वरन् वह सत्य है।"

एवञ्च, जगत् के उपादान होने पर भी, ब्रह्म जगत् से अधिक व्यापक वस्तु है; अतएव जगत् उसका अंशमात्र है। जगत् के साथ ब्रह्म के इस अंशांशी–सुतरां भेदाभेद–सम्बन्ध को श्रुति ही ने नाना स्थलों पर वर्णित किया है। यथा, पुरुषसूक्त में कहा गया है:–"पादोऽस्य सर्वभूतानि" इत्यादि (अर्थात् समस्त भूतग्राम ब्रह्म का एक अंशमात्र है)। श्रीमद्भगवद्गीता में भी श्री भगवान् ने कहा है:–

"विष्टभ्याहमिदं कृत्स्नमेकांशेन स्थितो जगत्।"

भगवान् सूत्रकार ने भी नाना स्थलों पर इसी अंशांशी अर्थात् भेदाभेद सम्बन्ध ही की व्याख्या की है, जो मूलग्रन्थ के व्याख्यान में नाना स्थलों पर प्रदर्शित हुआ है।

वास्तव में ग्रन्थ के प्रारम्भ ही में भगवान् सूत्रकार ने कहा है कि ब्रह्म ही जगत् का उपादान तथा निमित्त कारण है; सुतरां वह व्यापक वस्तु है; जगत् उसका व्याप्य, अतएव अंशमात्र है। जैसे घट की उपादान कारण मृत्तिका व्यापक वस्तु है; घट मृत्तिका का व्याप्य, सुतरां अंशमात्र है; वैसे ही जगत् भी तत्कारण–स्थानीय ब्रह्म का अंशमात्र है। ऐसा अवश्यमेव कहा जा सकता है कि, कारण–स्थानीय वस्तु जिस प्रकार सर्वावयव में (सम्पूर्ण रूप से) परिवर्तित होकर कार्यवस्तु के रूप में परिणत हो सकती है, उसी प्रकार ब्रह्म भी सर्वावयव में (सम्पूर्ण रूप से) परिवर्तित होकर जगद्रूप ही में परिणत हुआ है; परन्तु ऐसी उक्ति कभी सङ्गत नहीं हो सकती; श्रुतियों ने अथवा सूत्रकार ने कहीं ऐसा उल्लेख नहीं किया है कि, ब्रह्म जगत् की केवल सृष्टि ही करता है, जगद्रूप में प्रकाशित मात्र होता है। परन्तु, जगत् को प्रकाशित कर, वह उसको **परिचालित** और **नियमित** भी करता है, और अन्त में उसका लय–साधन भी करता है; वास्तव में, जगत्, प्रतिमुहूर्त्त परिवर्तित होकर, नूतन आकार में प्रकाशित होता रहता है; अतएव ब्रह्म की लयकारिणी शक्ति भी, नित्य ही उसमें वर्तमान रहकर, विनाश–कार्य को नित्य सम्पादित करती रहती है; और इन (सृष्टि और प्रलय) कार्यों को उसकी स्वरूपगत स्थितिसाधिनी नियन्तृत्व–शक्ति पुनः नित्य ही नियमित करती रहती है। अतएव यह नहीं कहा जा सकता है कि, जगत्–मात्र में ही ब्रह्म की सत्ता पर्याप्त हुई है; वास्तव में जगत् को प्रकाशित करके भी, वह जगदतीत–रूप में वर्तमान है। यह जगदतीत–रूप सूक्ष्म अथवा स्थूल रूप में प्रकाशित जगत् नहीं है,

श्रुति ने पुनः पुनः इसका उपदेश किया है; "पादोऽस्य सर्वभूतानि" प्रभृति श्रुति वाक्यों में इसको स्पष्ट रूप से उल्लिखित किया है। बृहदारण्यक उपनिषद् के द्वितीय अध्याय के तृतीय ब्राह्मण, सभी इसी विषय के हैं। आचार्य शङ्कर ने किन्तु इसकी दूसरे रूप से व्याख्या करने की चेष्टा की है; अतएव यह सम्यक् रूप से व्याख्या के योग्य है। द्वितीय अध्याय के प्रथम ब्राह्मण में उक्त है कि गर्गवंशीय वालाकि ने काशिराज अजातशत्रु के समीप उपस्थित होकर कहा कि, वे ब्रह्मोपदेश करने आये हैं; राजा ने प्रसन्न होकर कहा, "आप मुझे ब्रह्मोपदेश दीजिए। तब गार्ग्य ने कहा, "आदित्य में जो पुरुष है, वही ब्रह्म है"। तब राजा बोले, कि इस ब्रह्म को वे जानते हैं; यह कहकर उन्होंने उसके स्वरूप का तथा उसकी उपासना के भोगप्रद विशेष फलों का भी वर्णन किया। तत्पचात् गार्ग्य ने क्रमशः चन्द्र में विद्युत् में, आकाश में, वायु में, अग्नि में, जल में, आदर्श में शब्द में दिशाओं में छाया में, और बुद्धि में, जो पुरुष अवस्थिति करता है, उसको ब्रह्म कहकर वर्णित किया; किन्तु राजा ने प्रत्येक स्थल पर कहा कि, उन उन ब्रह्मों को वे जानते हैं; उन सब ब्रह्मों की उपासना से मोक्षलाभ नहीं होता है; दूसरे जो विशेष-विशेष फल उससे होते हैं उनका भी उन्होंने वर्णन किया। तब गार्ग्य ने विनीत होकर (मोक्षफल प्रद) परब्रह्म विषयक उपदेश करने के हेतु राजा से प्रार्थना की। राजा ने भी, प्रसन्न हो उपदेश देना आरम्भ कर, कहा कि अग्नि से स्फुलिङ्ग की भाँति, इसी परमात्मा से इन्द्रियादि सभी प्रकाशित होते हैं; यही (परमात्मा) "सत्यों का सत्य" है। प्रथम ब्राह्मण में यहाँ तक कह कर, द्वितीय ब्राह्मण में शरीरस्थ अधिकरणादि का वर्णन कर, वे तृतीय ब्राह्मण में ब्रह्म के सम्पूर्ण स्वरूप को वर्णित करने में प्रवृत्त हुए। उस तृतीय ब्राह्मण के प्रथम वाक्य में उक्त है:-

"द्वे वाव ब्रह्मणो रूपे, मूर्त्तञ्चैवामूर्त्तञ्च, मर्त्त्यञ्चामृतञ्च, स्थितञ्च यच्च, सच्च त्यच्च"।।१।।

अर्थः-ब्रह्म के दो रूप हैं,-एक मूर्त्त (मूर्त्तिमान्), दूसरा अमूर्त्त (मूर्तिहीन, सूक्ष्म); एक मर्त्त्य (दृष्टतः मरणधर्मा-परिवर्तनशील, दूसरा अमर्त्त्य (दृष्टतः अपरिवर्तनशील); एक स्थित (स्थितिशील, भारी-दृष्टिगोचर-योग्य), दूसरा यत् (गमनशील-सदैव व्यातिधर्मविशिष्ट); एक सत् (अर्थात् विशेष वस्तुरूप से अवस्थित-ऐसे बोध के योग्य), दूसरा त्यत् (अनिर्देश्य-प्रत्यक्ष होने के अयोग्य)।

ब्रह्म के स्वरूप का यह वर्णन उसके जगद्रूप का वर्णन है। इसके परवर्ती द्वितीय से पञ्चम वाक्यों में यह और भी विशेष रूप से स्पष्टीकृत हुआ है; यथा, द्वितीय वाक्य में कहा गया है:-"जो वायु और आकाश से भिन्न हैं (अर्थात् क्षिति, अप् तथा

तेज:) वे ही पूर्वोक्त मूर्त्त-रूप हैं; ये ही 'मर्त्य', 'स्थित' और 'सत्' कहकर भी वर्णित किये जाते हैं ?।। २।।

तृतीय वाक्य में कहा गया है कि, "वायु और अन्तरिक्ष (आकाश) पूर्वोक्त अमूर्त्तरूप हैं; इन्हीं को 'अमृत', 'यत्', और 'त्यत्', कहकर वर्णित करते हैं। सूर्यमण्डलस्थित पुरुष, इन 'अमूर्त्त', 'अमृत', 'यत्' और 'त्यत्' वस्तुओं का रस (सार पदार्थ, अर्थात् जिससे इनकी पुष्टि होती है) है। यह अधिदैवत कहा गया" ।। ३ ।।

चतुर्थ वाक्य में कहा गया है कि, अब अध्यात्म के विषय में कहा जाता है :-

जो प्राणवायु और शरीराभ्यन्तरस्थ आकाश से भिन्न (अर्थात् स्थूल भूतत्रय) है, वही मूर्त्त-रूप है, यही मर्त्य, स्थित और सत् है। इस मूर्त्त, स्थित और सत् का रस (सार) चक्षु है; चक्षु ही सत् (दर्शन योग्य अस्तित्वशील पदार्थों) का सार है" ।। ४ ।।

इसके पश्चात् पञ्चम वाक्य में कहा गया है कि, "अब अमूर्त्त रूप की कथा कही जाती है; प्राणवायु और शरीराभ्यन्तरस्थित आकाश ये दोनों 'अमृत' हैं, ये ही 'यत्' और 'त्यत्' हैं, ये ही इन अमूर्त्त, अमृत, यत्, और त्यत् के रस हैं, ये दक्षिणअक्षिस्थ पुरुष हैं; ये ही (पुरुष) इनके रस हैं" ।। ५ ।।

वास्तव में पृथिवी, अप् और तेज:-इन्हीं स्थूल भूतत्रय का अस्तित्व स्पष्टत: दृष्ट होता है। आकाश अति सूक्ष्म, निरवयव सर्वव्यापी वस्तु है, यह किसी विशेष वस्तुरूप से इन्द्रियादि के द्वारा अनुभूत नहीं किया जा सकता है। सूक्ष्मत्व के कारण, वायु, किसी प्रकार अवयवविशिष्ट रूप से, अनुभव का विषय नहीं होती है; चलनशीलता इसका गुण है, इसी के द्वारा इसका अस्तित्व अनुमित होता है। अतएव पहले ही पृथिव्यादि स्थूल भूतत्रय को ही मुख्य रूप से ब्रह्म का स्थितिशील मूर्त्त रूप कहकर और वायु तथा आकाश को उसका अमूर्त्त रूप कहकर, श्रुति ने वर्णित किया है। ये दोनों ही दक्षिणअक्षिस्थ द्रष्टा पुरुष के दृश्य-स्थानीय हैं, उस पुरुष के दर्शन के विषय रूप से ही इनका अस्तित्व निरूपित होता है अतएव उसी पुरुष को इनका 'रस' (मूल अर्थात् अवस्थिति का हेतु) कहकर, श्रुति ने उपदिष्ट किया है। श्रुति के इन वाक्यों के अर्थ के सम्बन्ध में कोई भी मतविरोध नहीं है।

इसके पश्चात् इस पाद के अन्तिम (षष्ठ) वाक्य के प्रथमांश में कहा गया है कि, "उस पुरुष का रूप हरिद्रारञ्जित वस्त्र सदृश पीतवर्ण, मेषरोमज वस्त्र के सदृश पाण्डुवर्ण, इन्द्रगोप (वीरबहूटी) कीट के सदृश रक्तवर्ण, अग्निशिखा के सदृश उज्ज्वलवर्ण, (श्वेत अथवा रक्तवर्ण) पद्म के सदृश मनोरम, एकत्रित विद्युत्पुञ्ज के

सदृश तेजोमय है। जो व्यक्ति इस पुरुष को ऐसे जानते हैं, उनकी भी एकत्रराशीकृत विद्युत् के सदृश उज्ज्वल श्री होती है।

परन्तु यह भी भोग ही है, सुतरां परिच्छिन्न है। यह सर्वसन्तापहारक मोक्षप्रद नहीं है; मोक्ष के कारण ही ब्रह्म-जिज्ञासा होती है। अतएव इसके पश्चात् श्रुति ब्रह्म के मोक्षप्रद रूप को वर्णित करने में प्रवृत्त हुई है; यथा:-'अथातो आदेशो नेति नेति; न ह्येतस्मादिति नेत्यन्यत परमस्त्यथ नामधेयं सत्यस्य सत्यमिति। प्राणा वै सत्यं तेषामेष सत्यम्"।।६।।

अर्थः-" अतः (=अतएव मूर्त्तामूर्त्त के तथा तत्सारभूत पुरुषस्वरूप के ज्ञान के भी भोगप्रद-मात्र होने के कारण,-मोक्षप्रद न होने के कारण); "अथ" (= अतः पर, ब्रह्म के पूर्वोल्लिखित रूपसमूह के वर्णन के पश्चात्, अब); "नेति नेति" [=यह (यहाँ तक जो रूपसमूह वर्णित हुए हैं वे ही मात्र) नहीं, यही (मात्र नहीं)]; "इति आदेशः" (=यही ब्रह्म का स्वरूप-निर्देशक प्रसिद्ध शेष वाक्य है)। (इस "नेति नेति वाक्य का आशय यह है कि) "नहि एतस्मात् अन्यत् परम् अस्ति, इति न" [=अब तक ब्रह्म के जो जो रूप वर्णित हुए हैं, उन से पर (उन से श्रेष्ठ) (एतस्मात् परं) ब्रह्म का जो और कुछ नहीं है (अन्यत् न अस्ति) ऐसा नहीं; (इति न) अर्थात् वर्णित रूपसमूह से श्रेष्ठ दूसरा जो एक रूप है, वही ब्रह्म का स्वरूप-निर्देशक अन्तिम रूप है]। "अथ नामधेयं सत्यस्य सत्यम्" [=अतएव इसी ने (पूर्वपाद में वर्णित) सत्य का सत्य नाम धारण किया है)। "प्राणाः वै सत्यम्" (=प्राण समूह भी सत्य के नाम से आख्यात हैं, किन्तु) "तेषामेष सत्यम्" [=इनका भी सत्य (सार पदार्थ), यह सर्वशेष में वर्णितरूप है, यही सत्य का सत्य है)। इस वाक्य का सार (मर्म) यह है कि, मूर्त्त तथा अमूर्त्त (स्थूल तथा सूक्ष्म) ये दोनों और इनके सारभूत पुरुष भी ब्रह्म ही के रूप हैं; किन्तु इनके अतिरिक्त "सत्य के सत्य" नाम से उसका दूसरा श्रेष्ठ रूप भी है; अर्थात् जगद्रूपी होते हुए भी, तदतीत रूप में भी, ब्रह्म स्वयं वर्तमान है; अतएव इसमें कोई भी सन्देह नहीं हो सकता है कि जगत् को उस (ब्रह्म) का एक अंश-मात्र कह कर वर्णित करना इस श्रुति का अभिप्राय है। पूर्वोक्त षष्ठ वाक्य के अन्तिमांश के प्रति लक्ष्य कर, भगवान् सूत्रकार ने इसी सिद्धान्त के अनुकूल निम्नलिखित सूत्र की रचना की है। यथा:-

३ अ०, २ पाद, २२ सूत्र:-**प्रकृतैतावत्त्वं हि प्रतिषेधति, ततो ब्रवीति च भूयः।**

अर्थः-"नेति नेति" वाक्य द्वारा जो प्रतिषेध वर्णित है, उसके द्वारा ब्रह्म सम्बन्ध

में पूर्वकथित मूर्त्तामूर्त्तरूपमात्रत्व ही का प्रतिषेध किया गया है (अर्थात् ऐसा नहीं कि, ब्रह्म पूर्ववर्णित मूर्त्तामूर्त्त-रूपमात्र है)। मूर्त्तामूर्त्त जगद्रूप ब्रह्म का एकदम नहीं है, ऐसा ज्ञापित करना जो उक्त निषेध का अभिप्रेत नहीं है, यह स्पष्ट रूप से उस वाक्य के व्याख्याकारी परवर्त्ती वाक्य ("न ह्येतस्मादिति नेत्यन्यत् परमस्ति") के द्वारा सिद्ध होता है। इस सूत्र का निम्बार्क भाष्य यथास्थल पर देखना।

श्रीमच्छङ्कराचार्य ने इस सूत्र की व्याख्या में कहा है कि, पूर्वोद्धृत "अथातो आदेशो नेति नेति न ह्येतस्मादिति नेत्यन्यत् परमस्ति" श्रुत्यंश का अर्थ यह है कि जगत् नहीं है-अस्तित्वहीन, एकमात्र ब्रह्म ही है, ब्रह्म के व्यतिरिक्त और कुछ भी नहीं है; एवं सूत्र के "प्रकृतैतावत्त्वं हि प्रतिषेधति" अंश का यही अर्थ है। और सूत्र के "ततो ब्रवीति च भूयः" अंश का यह अर्थ है कि, यदि कोई ऐसा कहे कि पूर्वोक्त "नेति नेति" इत्यादि वाक्यों का आशय यह है कि, जगत् नहीं है और तदतीत ब्रह्म भी नहीं है-नेति वाक्य में जो नञ् प्रत्यय है, उसके द्वारा सभी का प्रतिषेध हुआ है-केवल सर्वाभाव पदार्थ स्थापित हुआ है,-तो ऐसा कहना सङ्गत नहीं है; कारण उस वाक्य के पश्चात् "नामधेयं सत्यस्य सत्यं" अंश में श्रुति ने ब्रह्म के अस्तित्व को वर्णित किया है। शाङ्कर भाष्य में नाना प्रकार के विचार के पश्चात् सूत्रार्थ निम्नोक्त प्रकार से व्याख्यात हुआ है, यथा:-

"तत्रैषाक्षरयोजना-नेति नेतीति ब्रह्मादिश्य तमैवादेशं पुनर्निर्वक्ति। नेति नेतीत्यस्य कोऽर्थः? न ह्येतस्मात् ब्रह्मणो व्यतिरिक्तमस्तीति, अतो नेति नेतीत्युच्यते, न पुनः स्वयमेव नास्तीत्यर्थः। तच्च दर्शयति अन्यतः परमप्रतिषिद्धं ब्रह्मास्ति" इति। यदा पुनरेवमक्षराणि योज्यन्ते न ह्येतस्मादिति नेति नेति प्रपञ्चप्रतिषेधस्वरूपादेशादन्यत् परमादेशं न ब्रह्मणोस्तीति, तदा "ततो ब्रवीति च भूय" इत्येतन्नामधेयविषयं योजयितव्यम्। "अथ नामधेयं सत्यस्य सत्यम्" इति तच्च ब्रह्मावसाने प्रतिषेधे समञ्ज-सम्भवति। अभावावसाने तु प्रतिषेधे, किं सत्यस्य सत्यमित्युच्यते? तस्मात् ब्रह्मावसानोऽयं प्रतिषेधो नाभावावसान इत्यध्यवस्यामः"।

अस्यार्थः:-पूर्वोक्त विचारानुसार सूत्र के पदसमूह की ऐसी योजना कर अर्थ करना चाहिए कि, "नेति नेति (यह नहीं है यह नहीं है)", ऐसा उपदेश ब्रह्म के सम्बन्ध में करके, पुनः उस उपदेश के अभिप्राय को ज्ञापित करने के लिए श्रुति ने कहा है:-यह नहीं है, (नेति नेति) वाक्य का क्या अर्थ है ? (इसका अर्थ यह है कि) इस ब्रह्म के अतिरिक्त (ब्रह्म को छोड़) कुछ भी नहीं है, इसी अर्थ में उस "नेति नेति" वाक्य का उपदेश किया गया है; ब्रह्म स्वयं नहीं है, यह अर्थ उस वाक्य का अभिप्रेत

नहीं है। जिसमें और सबका प्रतिषेध है (अर्थात् जगत् प्रपञ्च से भिन्न) ऐसा अप्रतिषिद्ध ब्रह्म जो वर्तमान है, इसको श्रुति ही ने (वाक्य के अन्त में) प्रदर्शित किया है। (अर्थात्) यदि श्रुत्युक्त प्रथमांश के पदसमूह की इस भाँति योजना कर उसका अर्थ किया जाय कि, "नहि एतस्मात्" (इसके अतिरिक्त कुछ भी नहीं है)–इस अर्थ में "नेति नेति" अर्थात् मूर्त्तामूर्त्त प्रपञ्च जगत् नहीं है, इस प्रतिषेधरूप आदेश के अतिरिक्त ब्रह्म सम्बन्ध में अपर आदेश कुछ भी नहीं है (अर्थात् प्रपञ्च नहीं है तथा तदतीत ब्रह्म कहकर भी और कुछ नहीं है, इस अर्थ में नेति नेति वाक्य का प्रयोग हुआ है); तो उसके उत्तर में "ब्रवीति च भूयः" सूत्र का यह शेषांश जो श्रुति के "नाभधेय" वाक्यांश को लक्ष्य कर गठित हुआ है, उसकी योजना करना चाहिए, अर्थात् सूत्रकार जी उसके उत्तर में कहते हैं कि, उक्त वाक्य के पश्चात् ही "यह सत्य का सत्य नामधारी है; प्राणसमूह सत्य हैं, किन्तु यह प्राणसमूह का भी सत्य है"–यह शेष वाक्य–है; परन्तु यह कथन तभी सङ्गत हो सकता है यदि प्रथम वाक्य में वर्णित प्रतिषेध ब्रह्म ही में अवसान-प्राप्त होवे (अर्थात् यदि बह समझा जाय कि, ब्रह्म के अतिरिक्त प्रपञ्च जगत् नहीं है, केवल यही प्रतिषेध का अर्थ है); और यदि कुछ नहीं है (अर्थात् ब्रह्म भी नहीं है),–इस अभाव-मात्र का वर्णन करना इस प्रतिषेध का अभिप्राय है,–ऐसी व्याख्या की जाय, तो परवर्त्ती वाक्य में "नामधेयं सत्यस्य सत्यं प्राणा वै सत्यं तेषामेव सत्यं" कहकर जिसको निर्दिष्ट किया है, वह कौन है ?–अर्थात् ऐसा अर्थ करने से, श्रुतिवाक्य का यह अंश निरर्थक हो जाता है। अतएव वह, "नेति नेति" वाक्यस्थ प्रतिषेध, ब्रह्म को प्राप्त होकर ही, निवृत्ति-प्राप्त हुआ है, उस (ब्रह्म) को अपना विषय करके भी सर्वाभाव मत की ज्ञापित नहीं किया है, यही हम कहते हैं।

इस सम्बन्ध में संक्षेपतः यह कहना है कि, पूर्वोद्धृत षष्ठ वाक्य के आद्योपान्त पाठ करने से, यह किसी प्रकार से बोधगम्य नहीं होता है कि, "सत्य का सत्य" नामक ब्रह्म के अतिरिक्त और कुछ नहीं है, इसी को वर्णित करना "नेति नेति" वाक्यांश का अभिप्राय है। "नेति" पद में जो 'इति' शब्द है इसका अर्थ पूर्ववर्णित "मूर्त्तामूर्त्त" जगद्रूप है इसमें कोई विरोध नहीं है। सुतरां, "नेति" (न इति) शब्द का अर्थ "मूर्त्तामूर्त्त" जगद्रूप नहीं है; यह ब्रह्म प्रकरण है–इसमें ब्रह्म ही व्याख्यायित हुआ है; अतएव, "नेति" वाक्य का अर्थ मूर्त्तामूर्त्त जगत् ब्रह्म नहीं है, आपाततः ऐसा ही प्रतीत होता है। किन्तु इस प्रकरण के प्रथम वाक्य से पञ्चम वाक्यपर्यन्त मूर्त्तामूर्त्त जगत् ब्रह्म ही का रूप कहकर पहले वर्णित हुआ है; अतएव, इस संक्षिप्त "नेति"

वाक्य का यथार्थ अभिप्राय क्या है इस विषय में संशय उपस्थित होता है। (१) जगत् है ही नहीं, अथवा (२) जगत् है, किन्तु वह जगत् ब्रह्म नहीं है–ब्रह्म से भिन्न (पृथक्), अथवा (३) पूर्व वर्णन के अनुसार, जगत् के ब्रह्म ही के रूप होने पर भी, केवल जगत् ही में ब्रह्म की सत्ता पर्याप्त नहीं है, उस (ब्रह्म) का जगदतीत श्रेष्ठ रूप भी है; ये त्रिविध अर्थ ही 'नेति' वाक्य के अर्थ हो सकते हैं। श्रीमच्छङ्कराचार्य ने कहा है कि, इसके अतिरिक्त और एक अर्थ भी हो सकता है; यथा:–जगत् भी नहीं है, और ब्रह्म भी नहीं है, अर्थात् सर्वाभाव-मात्र ही "नेति नेति" शब्द का अर्थ हो सकता है। इस संशय को विदूरित करने के निमित्त भगवान् सूत्रकार जी ने कहा है:–

प्रकृतैतावत्त्वं हि प्रतिषेधति।

अर्थात् ("प्रकृत") पूर्ववर्णित ("एतावत्त्वं") मूर्त्तामूर्त्तमात्रत्व का ही ("प्रतिषेधति") उस (नेति नेति) श्रुति ने प्रतिषेध किया है, अर्थात् पूर्ववर्णित मूर्त्तामूर्त्त-रूप-मात्र ही ब्रह्म नहीं है; तदतीत (तदपेक्षा श्रेष्ठ) रूप भी उसका है;–इसका उपदेश करना ही "नेति नेति" वाक्य का अभिप्राय है। यह कैसे कहा जा सकता है कि, यही "नेति नेति" वाक्य का अर्थ है ? इसके उत्तर में भगवान् सूत्रकार कहते हैं, "ततो ब्रवीति च भूयः" अर्थात् ("हि") जिस कारण, ("ततः") उस नेति नेति वाक्य के पश्चात् ही ("ब्रवीति च पुनः") श्रुति ने पुनः इसी अभिप्राय को प्रकाशित किया है। यथा, "नेति नेति" वाक्य के ठीक पश्चात् ही श्रुति ने कहा है:–

"एतस्मात्परम् अन्यत् न अस्ति इति न"।

अर्थात् ("एतस्मात् परं") पूर्ववर्णित मूर्त्तामूर्त्त रूप के अतिरिक्त, ("अन्यत् न अस्ति") और कुछ नहीं है, ("इति न") ऐसा नहीं। अर्थात् ब्रह्म के जिन मूर्त्तामूर्त्त रूपों का रहना पहले वर्णित हुआ है, वे तो उसके हैं ही, इनके अतिरिक्त तथा इनसे श्रेष्ठ उसका दूसरा एक श्रेष्ठरूप भी है। ऐसा कहकर श्रुति ने और भी कहा:–

"अथ नामधेयं सत्यस्य सत्यम्; प्राणा वै सत्यम्; तेषामेष सत्यम्"।

अर्थात् यह अतीत रूप ही "सत्यों का सत्य" नामधारी है; प्राणसमूह सत्य हैं; परन्तु यह "सत्यों का सत्य" है। इस स्थल पर श्रुति ने स्पष्ट रूप से कहा है कि, (मूर्त्तामूर्त्त रूपों के अन्तर्गत और उनमें सबसे श्रेष्ठ) प्राणसमूह सत्य हैं,–मिथ्या नहीं; किन्तु ब्रह्म का शेषवर्णित रूप "सत्यों का सत्य है", अर्थात् जगत् में जो प्राणादि श्रेष्ठ हैं, उनसे भी श्रेष्ठ सत्य है।

अतएव इस सूत्र के द्वारा यह स्पष्ट रूप से प्रमाणित हुआ कि, जगत् को मिथ्या

कहना श्रुति का अभिप्राय नहीं है। एवञ्च जगत् को ब्रह्म का एक रूप कहकर श्रुति के स्पष्ट रूप से वर्णित करने के कारण, भगवान् सूत्रकार ने यह प्रतिपन्न किया है कि, जगत् ब्रह्म का अंशमात्र है, सुतरां उसके साथ ब्रह्म का भेदाभेद सम्बन्ध है।

"न ह्येतस्मा"-दित्यादि श्रुतियों के अर्थ करते हुए, श्रीमच्छङ्कराचार्य ने कहा है कि, इसका अर्थ यह है कि, "न ह्येतस्मात् ब्रह्मणो व्यतिरिक्तमस्तीति" (अर्थात् सत्य के सत्य ब्रह्म के अतिरिक्त कुछ भी नहीं है)। परन्तु श्रुत्युक्त "न ह्येतस्मात्............ ...अन्यत् परमस्ति"- इस वाक्यांश-मात्र का ऐसा अर्थ अवश्य किया जा सकता है; किन्तु भाष्यकार जी ने यह लक्ष्य भी नहीं किया है कि, उस वाक्य में "अन्यत्" पद के पूर्व में "नेति" (न इति) पद की पुनरुक्ति है; "ह्येतस्मात्" पद के पहले "नञ्" है, और पुनः "इत्यन्यत्" पद के पूर्व भी "नञ्" का प्रयोग है:-"नञ्" पद अभावबोधक है; अतएव, "नञ्" पद के दो बार प्रयुक्त होने से, उसके द्वारा अभाव का अभाव अर्थात् भाव सिद्ध हुआ है। दो बार नञ् पद के रहने से, उस वाक्य का आशय यह होता है:-इसके अतिरिक्त और कुछ भी **नहीं है**, (यहीं तक शाङ्कर भाष्य में धृत हुआ है) **ऐसा नहीं** (इस शेषांश का अर्थ शाङ्कर भाष्य में धृत नहीं हुआ है। इस शेषांश के वर्तमान रहने के कारण, वाक्य का यह अर्थ होता है कि, इस जगत् के उपरान्त भी कुछ है। सूत्रकारजी ने भी ऐसा ही कहा है। वास्तव में, यदि मूर्त्तामूर्त्त जगत् को एकान्त मिथ्या कहकर उपदिष्ट करना श्रुति का अभिप्राय होता, तो प्रकरण के प्रारम्भ ही में इस मूर्त्तामूर्त्त रूप को ब्रह्म ही का रूप कहकर वर्णित करने का कोई भी सङ्गत कारण दृष्ट नहीं होता है। (द्वे वाव ब्रह्मणो रूपे मूर्त्तञ्चैवामूर्त्तञ्च" इत्यादि द्रष्टव्य।) अतएव, इस सम्बन्ध में, श्रीमच्छङ्कराचार्य की व्याख्या को सङ्गत कहकर किसी प्रकार से ग्रहण नहीं कर सकते हैं।

वास्तव में जगत् ब्रह्म के निज-स्वरूपगत आनन्दांश ही का विकारमात्र है; यह पूर्व-व्याख्यात तैत्तिरीय उपनिषद् के भृगुवल्ली के उल्लिखित वाक्यसमूह और अपरापर श्रुतियों ने स्पष्ट रूष से निर्देशित किया है। इस स्थल पर जगत् के सम्बन्ध में और अधिक कहना निष्प्रयोजन है। अब अवशिष्ट ब्रह्मस्वरूप विवृत किया जाता है।

ब्रह्म-स्वरूप

ब्रह्म-स्वरूप के सम्बन्ध में श्रुति ने ऐसा उपदेश किया है कि वह चिदानन्दरूप, अद्वितीय, सर्वशक्तिमान्, सद्वस्तु है। उसकी स्वरूपतः आनन्दमयता पूर्वोद्धृत "आनन्दो ब्रह्मेति व्यजानात्" इत्यादि वाक्यों में स्पष्ट रूप से वर्णित हुई है। उसकी चित् (ज्ञान)-

रूपता तैत्तिरीय के ब्रह्मानन्दवल्ली के प्रारम्भ ही में उक्त हुई है; यथा:--"सत्यं ज्ञानमनन्तं ब्रह्म"। इस मर्म की और भी अनेक श्रुतियाँ हैं; ग्रन्थ-व्याख्या में, नाना स्थलों पर वे उद्धृत की गई हैं; और ब्रह्म जो एकमात्र, अद्वितीय, अनन्त सद्वस्तु है, यह पूर्वोद्धृत तथा अपर बहु श्रुतियों के द्वारा प्रमाणित होता है। उसकी सर्वशक्तिमत्ता को भी "अहं बहुस्याम्" इत्यादि जगद्रचनाविषयक तथा और और बहुविध श्रुतियों ने प्रमाणित किया है। जगत् इसके स्वरूपगत आनन्दांश ही का प्रकाशभाव है, और जीव उसके स्वरूपगत चिदंश का अंश अर्थात् विशेष प्रकारभेदमात्र है। अतएव, जगत् और जीव दोनों ही उसके अंश हैं। ब्रह्म जैसा चिद्रूप अर्थात् ज्ञातास्वरूप है, जीव भी वैसा ही ज्ञाता स्वरूप है, इसको २ अ०, ३ पाद, २८ सूत्र, "ज्ञोऽत एव" इत्यादि सूत्रों में भगवान् वेदव्यास जी ने भी श्रुति के आधार पर अपना सिद्धान्त कहकर ज्ञापित किया है। इस सम्बन्ध में भाष्यकारों में कोई मतभेद नहीं है। दोनों ही के 'ज्ञ' स्वरूप होने के कारण उनमें क्या प्रभेद है, और उनमें जो अंशांशी सम्बन्ध उपदिष्ट है, वह कैसे सम्भव है, इसको "ज्ञाज्ञौ द्वावजावीशानीशावजाह्येका भोक्तृभोग्यार्थयुक्ता" [अर्थात् ब्रह्म ईश्वररूप में "ज्ञ" अर्थात् सर्वज्ञस्वभाव है; अनीश्वर अर्थात् जीवरूप में वह "अज्ञ" अपूर्णज्ञ (असर्वज्ञ)-स्वभाव है; यह उभयरूपत्व ही उसका नित्य है। इनके अतिरिक्त उसका और एक रूप है,-जो जीवरूपी ब्रह्म का भोगसाधक अर्थात् बहिर्जगत् है; वह भी नित्य है] इस श्रुति ने स्पष्ट रूप से वर्णित किया है। इस मर्म की और और श्रुतियाँ भी हैं। इनके द्वारा यह ज्ञात होता है कि, ब्रह्म की चिच्छक्ति (अथवा चिद्रूप) के द्विविध भेद हैं:--सर्वज्ञत्त्व अथवा असर्वज्ञत्व। सर्वज्ञरूप में उसका ईश्वरत्व नित्य सिद्ध है। असर्वज्ञ शब्द का अर्थ सम्पूर्ण रूप से ज्ञानाभाव नहीं है; परन्तु युगपत् (एक साथ ही) सर्व विषयक ज्ञान का अभाव है; सर्वविषयक ज्ञान के युगपत् वर्तमान न रहने से, केवल विशेष ज्ञान (अर्थात् विशेष विशेष वस्तुओं के ज्ञान) ही का रहना समझा जाता है। अतएव जीव को जो स्वरूपतः 'ज्ञ'-स्वरूप कहकर पूर्वोद्धृत सूत्र में वर्णित किया है, उसका आशय यह है कि, वह (जीव) नित्य ही विशेषज्ञ है। ये दोनों-सर्वज्ञत्व और असर्वज्ञत्व (विशेषज्ञत्व)-नित्य एकत्र कैसे रह सकते हैं ? ऐसी आपत्ति उपस्थित नहीं हो सकती है, यह सर्वत्र ही दृष्ट होता है। किसी वृक्ष के सम्यक् (सम्पूर्णाङ्ग) दर्शन (ज्ञान) के साथ ही साथ उसके विशेष-विशेष अङ्गों का ज्ञान भी अवश्य वर्तमान रहता है; यह विशेषाङ्ग का ज्ञान समग्र ज्ञान के अन्तर्गत है; ये उभयविध ज्ञान युगपत् वर्तमान रहते हैं, ये परस्पर विरोधी नहीं हैं। और और वस्तुओं के ज्ञानसम्बन्ध में भी ऐसा ही है। विशेषतः श्रुति ने जब स्वयं, ईश्वर और जीव के स्वरूप के सम्बन्ध में इस पार्थक्य का उपदेश कर, दोनों को नित्य

कहकर वर्णित किया है, तो इस विषय के विरुद्ध अनुमान का कोई भी हेतु नहीं रह सकता है। मोक्षावस्था में भी वास्तव में जीव की ईश्वर के सदृश युगपत् सर्वज्ञता नहीं होती है। इसमें सन्देह नहीं है कि, श्रुति ने किसी-किसी स्थल पर जीव को भी सर्वज्ञ कहकर वर्णित किया है; परन्तु ऐसा कहने का तात्पर्य यह है कि, सम्यक् मुक्त पुरुषों की अवस्था को वर्णित करते समय श्रुति ने कहा है कि, वह ध्यानमात्र से ही किसी विशेष विषय को ज्ञात कर सकता है; यथा, छान्दोग्य उपनिषद् के अष्टम अध्याय में कहा गया है कि मुक्तपुरुष "सर्वेषु लोकेपु कामचारो भवति," अर्थात् इच्छा करने से, वह जिस किसी लोक में चाहे जा सकता है; अतएव, ईश्वर के सदृश वह नित्य सर्वग नहीं है; **इच्छानुसार** ही वह जहाँ चाहे जा सकता है। इसके पश्चात् ही उस श्रुति ने पुनः कहा है:-"स यदि पितृलोककामो भवति, सङ्कल्पादेवास्य पितरः समुत्तिष्ठन्ति, तेन पितृलोकेन सम्पन्नो महीयते" अर्थात् वह यदि पितृलोक के दर्शन (निज ज्ञान का विषय) करने की इच्छा करे, तो उसकी इच्छामात्र ही से पितृगण उसके समीप उपस्थित होते हैं। उनके साथ मिलित होकर वह प्रभूत आनन्दानुभव करता है। इस मर्म की अनेक श्रुतियाँ वर्तमान हैं। सुतरां मुक्तावस्था में भी जीव के स्वरूपगत विशेषज्ञत्व का परिरवर्तन नहीं होता है। इस स्वरूपगत विशेषज्ञत्व के कारण ही जीव की अवस्था के परिवर्तन (बद्धावस्था से मुक्तावस्था प्राप्ति) की सम्भावना और सङ्गति होती हैं। जब जीव केवल गुणात्मक (विकारात्मक) जागतिक विशेष वस्तुमात्र के दर्शन (स्वीय ज्ञान का विषय) करता है, तब उसकी बद्धावस्था घटित होती है। जब उसको निजस्वरूपगत चिद्रूप के, और विकार स्थानीय जगत् के आश्रयीभूत बल उपादान ब्रह्मस्वरूप के दर्शन (ज्ञान) होते हैं, तब वह मुक्त कहा जाता है।

सुतरां, जीव और जगत्-दोनों ही के ब्रह्म के नित्य अंश होने के कारण, ब्रह्म नित्य ही ईश्वर, जीव तथा जगद्रूप में विराजमान है। यह त्रिविधत्व उसके स्वरूप में नित्य प्रतिष्ठित है। परन्तु पूर्व ही कहा गया है कि, जगत् ब्रह्म के आनन्दांश का विकार है; सुतरां इस आनन्द के अनन्तत्व के प्रति लक्ष्य करके ही श्रुति ने ब्रह्म को अनन्त कहकर वर्णित किया है। उसका स्वरूपगत आनन्द ही समस्त रूपों में प्रकाशित होता है; मृत्तिका जिस भाँति घटशरावादि नाना रूपों में प्रकाशित हो सकती है, ब्रह्म का स्वरूपगत आनन्द भी उसी भाँति अनन्त विभिन्न रूपों में प्रकाशित हो सकता है। इन्हीं के वह निज स्वरूपगत चिदंश के द्वारा दर्शन, अनुभव, भोग किया करता है; कारण उसके विना द्वितीय दर्शनीय वस्तु और कुछ नहीं है। उसके स्वरूपगत चित् को ही ईक्षण प्रभृति शब्दों के द्वारा भी श्रुति ने लक्ष्य किया है। दोनों एक ही अर्थ के

बोधक हैं। वास्तव में इस ईक्षण के प्रभेद से ही उसका आनन्दांश अनन्त विभिन्न रूपों में प्रकाशित होता है। "प्रकाशित होना" शब्द का अर्थ किसी के अनुभव का विषय होना ही है। ईक्षण (ज्ञान) के प्रभेद ही से जो बहुत्व प्रकाशित होता है, इसका उपदेश करते समय श्रुति ने स्वयं कहा है:-"**तदैक्षत** अहं बहुस्यां प्रजायेय" (अर्थात् उसने ऐसे **ईक्षण** किया, जिससे वह बहुरूपों में प्रतिभात हो सके)। इसी ईक्षण के प्रभेद से उसकी ईश्वर और जीव संज्ञा होती है। यह प्रभेद नित्य है; सुतरां ईश्वरत्व और जीवत्व-दोनों ही-नित्य हैं। एवञ्च उसके ईक्षण (अनुभव) के विषयस्थानीय स्वीय स्वरूपगत आनन्दांश में भी अनन्त रूप से दृष्ट (अनुभूत) होने की योग्यता नित्य वर्तमान है; अतएव, जगत् को भी ब्रह्म का अंश अतएव नित्य कहकर पूर्वोक्त श्रुतियों ने वर्णित किया है। परन्तु, जीवज्ञान के नित्य परिवर्तित होने के कारण, जीव परिवर्तनशील है।

पूर्वोलिखित दृष्टान्त में, घटशरावादि मृण्मय सर्वविध वस्तुओं का ज्ञान यदि किसी को युगपत् हो, तो वह दार्ष्टान्त का उल्लिखित ईश्वरस्थानीय होगा; और घटशरावादि किसी **विशेष विशेष** मृण्मय वस्तुओं के सम्बन्ध में जिसका ज्ञान है, वह जीवस्थानीय कहा जायगा। यह सत्य है कि मृत्तिका, किसी न किसी आकार को अवलम्बन किये बिना नहीं रह सकती है; परन्तु, किसी प्रकार के विशेष आकार के प्रति लक्ष्य न करके भी, केवल मृत्तिकात्व का ज्ञान सम्भव है। इस मृत्तिकामात्र (मृत्तिकासामान्य) के ज्ञान में उसके किसी विशेष आकार का ज्ञान संयुक्त नहीं रहता है। अतएव मृत्तिका के सर्वविध रूपों के युगपत् ज्ञान से, तथा केवल विशेष विशेष घटशरावादिय रूपों के विशेष ज्ञान से, यह मृत्तिका सामान्य का ज्ञान भिन्न प्रकार का ज्ञान है। ये त्रिविध ज्ञान ही मृत्तिका के सम्बन्ध में सम्भव हैं। वैसे ही ब्रह्म ही के आनन्दांश के त्रिविध रूपों का ज्ञान (ब्रह्म में) नित्य वर्तमान है:- (१) उस आनन्द के विशेष-विशेष रूपों का ज्ञान, (२) उस आनन्द के अनन्त सर्वविध रूपों का युगपत् ज्ञान, और (३) रूपवर्जित केवल आनन्दमात्र का ज्ञान। विशेष-विशेष रूपों के ज्ञान-विशिष्ट रूप से उसकी जीव संज्ञा होती हैं, सर्वविध आनन्द-रूपों के युगपत् ज्ञानविशिष्ट-रूप से उसकी ईश्वर संज्ञा होती है, और रूपवर्जित आनन्दमात्र के ज्ञानविशिष्ट रूप से उसकी अक्षर संज्ञा होती है। सुतरां ब्रह्म नित्य चतुविध रूप से विराजमान है:-जगत्, जीव (बद्ध तथा मुक्त) ईश्वर और अक्षर। इसको श्रुति ने स्पष्टरूप से वर्णित किया है, यथा:-

उद्गीतमेतत् परमन्तु ब्रह्म।
तस्मिंस्त्रयं सुप्रतिष्ठाऽक्षरञ्च।

(श्वेताश्वतर, १ अ०, ७ श्लोक)

अर्थात् इसी ब्रह्म को वेद ने परम वस्तु (सर्वसार) कहकर उपदिष्ट किया है; उसमें त्रिविधत्व (ईश्वरत्व, जीवत्व और जगद्रूपत्व, जो नवम श्लोक के पूर्वोद्धृत "ज्ञाज्ञौ..............."-इत्यादि वाक्यों में वर्णित है) और अक्षरत्व सम्यक् रूप से प्रतिष्ठित हैं। एवञ्च अष्टमश्लोक के प्रारम्भ में "संयुक्तमेतत् क्षरमक्षरञ्च" वाक्यों के द्वारा श्वेताश्वतर श्रुति ने स्पष्ट रूप से वर्णित किया है कि, क्षरत्व और अक्षरत्व-दोनों ही युक्तभाव से ब्रह्मस्वरूप में नित्य वर्तमान हैं।

इन चतुर्विध रूपों में ब्रह्म का युगपत्स्थिति-विषयक सिद्धान्त द्वैताद्वैत सिद्धान्त के नाम से प्रसिद्ध है। भागवत-धर्म में जो वासुदेव, सङ्कर्षण, प्रद्युम्न अनिरुद्ध (इन चार प्रकारों) के रूपों में ब्रह्म की स्थिति का वर्णन है, ये चतुर्विध रूप भी इस चतुर्विधत्व के अन्तर्गत हैं। पूर्वोक्त नित्य सर्वज्ञ ईश्वररूप और अक्षररूप-ये दोनों एकत्र "वासुदेव" शब्दवाच्य हैं। पृथक् रूप में प्रकाशित **समष्टिभावापन्न** समग्र स्थूल जगत् के अधिष्ठाता-पुरुष में ब्रह्म को "अनिरुद्ध" कहते हैं। जगत् के मूल **समष्टिभावापन्न** बुद्धितत्त्व के अधिष्ठाता-पुरुषरूष में ब्रह्म का नाम "प्रद्युम्न" है, और समग्र प्रकृतितत्त्व के अधिष्ठातृरूप में ब्रह्म सङ्कर्षण नाम से वर्णित होता है। अलमिति विस्तरेण।

—•—

(२)

(क) ब्रह्म के ईश्वर, जीव, गुणात्मक जगत् और अक्षर, इन चतुर्विध रूपों के रहने से, अक्षर रूप में उसका एकान्ताद्वैतत्व सिद्ध है; ईश्वर, जीव और जगत्-रूपों में उसका द्वैतत्व भी सिद्ध है; एवञ्च ईश्वररूपी ब्रह्म के सशक्तिक होने के कारण, और उसके जगद्व्यापार सम्पादित कर, उससे सदैव निर्लिप्त और अतीत भाव से अवस्थिति करने के कारण, उसका विशिष्टाद्वैतत्व भी सिद्ध है। ईश्वरत्व, जीवत्व और त्रिगुणत्व (सत्त्वादिगुणात्मक-जगद्रूपत्व)-इन तीनों के ब्रह्म के सम्बन्ध में नित्य-सिद्ध होने के कारण, द्वैतवादि भाष्य में द्वैतत्व की और विशिष्टाद्वैत भाष्य में विशिष्टाद्वैतत्व की जो मीमांसायें की गई हैं, वे सभी सत्य हैं, परन्तु आंशिक सत्य हैं; शाङ्करभाष्य में, ब्रह्म के केवल अक्षररूप के प्रति लक्ष्य कर, जो एकान्ताद्वैत मीमांसा स्थापित की गई है,

वह भी सत्य है,–किन्तु आंशिक सत्य है। इस ग्रन्थ में जो शाङ्कर भाष्य का ही विशेषरूप से प्रतिवाद किया गया है, वह ब्रह्म के अक्षररूप के प्रतिषेध करने के अभिप्राय से नहीं; यह अक्षरत्व ही एकमात्र सत्य है, और ब्रह्म की शक्तिमत्ता औपचारिक-मात्र है, और जगत् अस्तित्वहीन अविद्याकल्पित-मात्र है,–ऐसा जो शङ्कराचार्य ने वर्णित किया है उसी के दोषसमूह को प्रदर्शित करने के निमित्त शाङ्करिक मत का प्रतिवाद इस ग्रन्थ में विशिष्ट रूप से किया गया है। वेदान्तदर्शन में सत्कार्यवाद उपदिष्ट हुआ है, और कार्य तथा कारण का एकत्व उपदिष्ट हुआ है (वेदान्तदर्शन के द्वितीयाध्याय के प्रथम पाद के १५, १६, १७ इत्यादि सूत्र द्रष्टव्य)। ब्रह्म ही जो जगत्कारण है इसकी श्रीभगवान् वेदव्यास ने ब्रह्मसूत्र के प्रारम्भ से सर्वत्र ही प्रतिपादित किया है; इस सम्बन्ध में कोई व्याख्याविरोध नहीं है। परन्तु कारणरूपी ब्रह्म सत्य है, यह सर्ववादिसम्मत है; अतएव यह किसी प्रकार से अस्वीकृत नहीं किया जा सकता है कि, कारण की भाँति कार्य-जगत् भी सत्य है। कारणरूप ब्रह्म से जगत् की विभिन्नता का बोध ही अज्ञान, भ्रम और मिथ्या शब्दों का वाच्य है; अतएव ब्रह्म से पृथक् रूप से अस्तित्वशील जगत् मिथ्या है,–ऐसी उक्ति में कोई आपत्ति नहीं है। परन्तु ऐसा न कहकर, यदि जगत् निपट अस्तित्वविहीन-कल्पित-मात्र कहा जाय, तो (इसके स्वीकार करने से,) वैदिक उपासना-विषयक अधिकांश उपदेश सारशून्य हो जाते हैं, धर्मसाधन में प्रवृत्ति तिरोहित हो जाती है, धर्माधर्म तथा पुण्य-पाप-किसी का भी विचार नहीं रहता है, और कार्यतः नास्तिकता प्रश्रय-प्राप्त होती है। इसी कारण इस ग्रन्थ में शाङ्करभाष्य का विशेष रूप से प्रतिवाद करना आवश्यक हुआ है; वितण्डा के अभिप्राय से नहीं, और शङ्कराचार्य के प्रति भक्तिश्रद्धा के अभाववश नहीं। वास्तव में श्रीमच्छङ्कराचार्यजी ने भी अपने भाष्य में लिखित मत का कार्यक्षेत्र में पश्चात् समर्थन नहीं किया है, यह उनकी प्रणीत "आनन्दलहरी" से निम्नोक्त वाक्यों के द्वारा आंशिकरूप से सप्रमाणित होता है:–

शिवः शक्त्यायुक्तो यदि भवति शक्तः प्रभवितुं
न चेदेवं देवो न खलु कुशलः स्पन्दितुमपि।
अतस्तामाराध्यां हरिहरविरञ्च्यादिभिरपि
प्रणन्तुं स्तोतुं वा कथमकृतपुण्यः प्रभवति।।१।।

भवानि त्वं दासे मयि वितर दृष्टिं सकरुणा-
मिति स्तोतुं वाञ्छन् कथयति भवानि त्वमिति यः।

तदैव त्वं तस्मै दिशसि निजसायुज्यपदवीं
मुकुन्दब्रह्मेन्द्रस्फुटमुकुटनीराजितपदाम् ।। २।।

अस्यार्थः-शक्तियुक्त होने से ही महेश्वर जी सृष्टिकार्य करने में समर्थ होते हैं; नहीं तो वह देव स्पन्दित होने में भी समर्थ नहीं होते हैं। अतएव, हरि, हर और विरञ्चि की भी आराध्या उन ब्रह्मशक्तिरूपा देवी की पुण्यात्मा पुरुषों को छोड़ दूसरा कौन प्रणति अथवा स्तुति करने में समर्थ होगा ?।। १।।

"हे भवानि ! अपने दास मुझ पर कृपाकटाक्षनिक्षेप करो"-ऐसा कह कर स्तुति करने के इच्छुक हो किसी व्यक्ति के केवल "हे भवानि तुम" इतना कहते ही उसको तत्क्षणात्, ब्रह्मा, विष्णु, इन्द्र प्रभृति के मुकुट जिस पद में नमित होते हैं, वह आत्मसायुज्य पद तुम अर्पित करती हो।। २।।

आनन्दलहरी में आद्योपान्त इसी प्रकार से श्रीमच्छङ्कराचार्य जी ने सर्वत्र वर्णित किया है; सुतरां सशक्तिक (ईश्वररूपी) ब्रह्म की उपासना जो जीव के लिए सर्वापेक्षा इष्टप्रद है, और ब्रह्मादि देवगण भी जो इसी का अवलम्बन करते हैं, यह श्रीमच्छङ्कराचार्य ने भी इस ग्रन्थ में प्रकाशित किया है।

(ख) इस स्थल पर और एक विषय का उल्लेख करना आवश्यक है पहले ही कहा गया है कि, ज़गत् ब्रह्म का अंश है; परन्तु बद्धजीव के ज्ञान में जगत् के सम्बन्ध में वैसी उपलब्धि नहीं होती है; बद्धजीव के ज्ञान में जागतिक प्रत्येक वस्तु पृथक्-पृथक् है; अपूर्णदर्शिता के कारण, उसका ऐसा ज्ञान है; समुद्र के तरङ्गसमूह दृष्टतः पृथक्-पृथक् प्रतीत होते हैं; बालक उनको पृथक् ही जानते हैं; किन्तु ज्ञानवृद्धि के साथ ही साथ ये समुद्र के अंश रूप से ज्ञात होते हैं। तरङ्गों के सम्बन्ध में स्वातन्त्र्य बोध अपूर्णदर्शिता का फल है; इस अपूर्णादर्शिता के हेतु, अभिन्न वस्तुओं के भिन्न वस्तु के रूप से प्रतीत होने का ज्ञान जीवों में उपजात होता है। किसी वस्तु का दूसरी किसी वस्तु के रूप से जो ज्ञान है, उसको "विवर्त्त ज्ञान" कहते हैं। शङ्कराचार्य के मत में ब्रह्म ही एकमात्र सत्य है, जगत् मिथ्या है; सत्यस्वरूप ब्रह्म ही में मिथ्या कल्पना से जगत्-ज्ञान उपजात होता है। शङ्कराचार्य के इस मत को "विवर्त्त रूप" कहते हैं। इस मत के खण्डन के निमित्त किसी-किसी भाष्यकार ने "परिणामवाद" प्रभृति का उपदेश किया है। अब निविष्ट चित्त हो विचार करने पर प्रतीत होगा कि, इन दोनों मतों में जितना विरोध भाव रहना दृष्ट होता है, वास्तव में उतना विरोध नहीं है। ब्रह्म की गुणरूपा प्रकृति को "क्षरस्वभावा"-परिणामशीला-कहकर श्रुति ही ने प्रकाशित किया है (पूर्वोक्त "क्षरं प्रधानम्" इत्यादि श्रुतिवाक्य द्रष्टव्य)। वास्तव में, यदि जगत्

परिवर्तनशील न होता,–यदि जागतिक चित्रसमूह अनवरत परिवर्तन-प्राप्त न होते–तो ज्ञान का कोई भी भेद न रहता। अनन्तरूप से स्वीय स्वरूप के दर्शन और भोग करने ही के अभिप्राय से ब्रह्म ने स्वीय ऐशी शक्ति के प्रभाव से जगत् को प्रकटित किया है; इसी को "तदैक्षत बहु स्याम्" इत्यादि वाक्यों से श्रुति ने उपदिष्ट किया है। वास्तविक, जगत् का अनन्तरूप में प्रकटन ही पूर्वोक्त विवर्त्त ज्ञान का एक प्रधान कारण है; ब्रह्म के अनन्त पृथक्-पृथक् रूपों से प्रकटित होने ही के कारण, जागतिक वस्तुसमूह पृथक्-पृथक् प्रतीत होते हैं। अतएव इस परिणामवाद के साथ विवर्त्त वाद का प्रकृत पक्ष में वास्तव में अत्यन्त विरोध नहीं है। यदि विवर्त्त वाद का इस प्रकार अर्थ किया जाय कि, जगत् एकान्त अस्तित्वविहीन है,–इसको अस्तित्वशील कहना ही विवर्त्त वाद है, तभी परिणामवाद के साथ उसका विरोध उपस्थित होता है; कारण यह है कि, सत्कारणवादी जगत् को निपट मिथ्या नहीं कह सकते हैं; कारण, सत्यकारण (ब्रह्म) का मिथ्याकार्य (जगत्) का जनक होना एकान्त अर्थशून्य है; जैसे "वन्ध्या का पुत्र" अर्थशून्य वाक्य है, वैसे ही "मिथ्या (अस्तित्वविहीन) जगत् का कर्त्ता" वाक्य भी अर्थशून्य है। परन्तु श्रुति ने जब जगत् को ब्रह्म का नित्य अंश और ब्रह्म को इसका कर्त्ता कहा है, तब इस (जगत्) का मिथ्यात्ववाद ग्रहणीय नहीं हो सकता है। अतएव, इस मिथ्यात्ववाद को वर्जित करने पर पूर्वोक्त मतद्वय में वास्तव में और विरोध नहीं रहता है। जो कुछ विरोध है, वह केवल जगत् के सम्पूर्ण मिथ्यात्ववाद के सम्बन्ध में ही है।

—•—

(३)
वेदान्त-दर्शन और सांख्यदर्शन में सम्बन्ध

सांख्य-दर्शन में (सांख्यप्रवचन सूत्र, सांख्यकारिका और पातञ्जल दर्शन में) ब्रह्म के चतुर्विध रूपों में से जीवरूप और जगद्रूप के विषय पर ही विशेष विचार प्रवर्त्तित किया गया है। ये रूपद्वय जो अनादि हैं, यह वेदान्त-दर्शन का भी स्वीकार्य है। सांख्य-दर्शन में जीव से जगत् का पार्थक्य, अति विस्तृत विचार के द्वारा, प्रतिपादित किया गया है; सांख्य-शास्त्र में यह उपदिष्ट किया गया है कि, जीव दृक्-शक्ति (चिति शक्ति) है और जगत् दृश्य (अचेतन) शक्ति तथा गुणात्मक है; इस सम्बन्ध में भी वेदान्त-दर्शन के साथ किसी प्रकार का विरोध नहीं है। प्रकाशित जगत् में ब्रह्म के जीवरूप की जगद्रूप से विभिन्नता भी वेदान्तदर्शन का सम्मत है। अतः पर सांख्यशास्त्र में यह उपदेश है कि, "नेति, नेति" विचार के द्वारा जीव, अपने

को जगत् से सम्पूर्ण विभिन्न तथा स्वरूपतः गुणातीत मुक्त स्वभाव समझ कर, उस गुणातीत स्वीय स्वरूप के चिन्तन-द्वारा मुक्ति को प्राप्त होता है। वेदान्त-दर्शन की शिक्षा के साथ सांख्यशास्त्र के इस उपदेश का भी कोई विरोध नहीं है; श्रीभगवान् वेदव्यास ने भी वेदान्तदर्शन के तृतीयाध्याय के तृतीय पाद के ५२ संख्यक प्रभृति सूत्रों में यह ज्ञापित किया है कि मोक्षमार्गावलम्बी साधक अपने को स्वरूपतः विशुद्ध मुक्तस्वभाव कहकर चिन्ता करेंगे; एवञ्च प्रथमाध्याय के प्रथम पाद के शेष सूत्र में जो ब्रह्मोपासना का त्रिविधत्व उपदिष्ट हुआ है, उसमें भी ऐसे चिन्तन की आवश्यकता वर्णित है। परन्तु सांख्यशास्त्र में जीवात्मा विभुस्वभाव कहकर वर्णित हुआ है; इसका फल यह है कि, सांख्यमार्गीय साधक जगदतीत, शुद्ध विभु आत्मा कहकर अपना चिन्तन करते हैं। वेदान्त-दर्शन में परब्रह्म के सम्बन्ध ही में विभुत्व का उपदेश हुआ है; अतएव सांख्यमार्गीय साधन वेदान्तदर्शनोक्त 'अक्षर-ब्रह्म' की उपासना के अङ्गीभूत है।। 'अक्षर-ब्रह्म' की उपासना में 'नेति नेति' विचार-द्वारा ब्रह्म को गुणातीत निष्क्रिय तथा विभुस्वभाव कहकर चिन्तन करना चाहिए; और साधक अपने को भी उस (ब्रह्म) का अंशमात्र समझकर, उस अक्षर-ब्रह्म से अभिन्न रूप से अपना ध्यान करते हैं; सुतरां सांख्यशास्त्र की उपदिष्ट उपासना-प्रणाली वेदान्तोक्त अक्षरब्रह्मोपासना के अङ्गीभूत है। इस अर्थ में सांख्यमार्ग के उपासनाविषयक उपदेशों में भी वेदान्त-दर्शन के उपदेश का कोई विरोध नहीं है। वेदान्त-दर्शन द्वारा उपदिष्ट मोक्षप्रद उपासना का यह एक अङ्गविशेष है।

पुरुषबहुत्व सांख्यशास्त्र में उपदिष्ट हुआ है। वेदान्त-दर्शन में भी जीवशक्ति को नित्य कहकर उपदिष्ट किया है; और जीव का अनन्त होना भी वेदान्त-दर्शन अस्वीकार नहीं करता है; जीव को 'अणु' स्वभाव, और ब्रह्म को 'विभु' स्वभाव कहकर जो व्याख्या की गई है, उससे यह स्पष्ट रूप से ज्ञात होता है कि, जीव का असंख्येयत्व वेदान्त-दर्शन-द्वारा स्वीकृत है, इस अंश में भी सांख्य-दर्शन के साथ वेदान्त-दर्शन का कोई विरोध नहीं है।

ईश्वर जीव से विभिन्न है, और वह 'सर्वज्ञ' तथा 'पुरुषविशेष' है, ऐसा जो पातञ्जल-दर्शन में उपदिष्ट है, वह भी वेदान्त-दर्शन द्वारा अस्वीकृत नहीं है; कारण, श्रुति ने और भगवान् वेदव्यास जी ने यह उपदिष्ट किया है कि, ऐशी शक्ति जीवशक्ति से पृथक् है,-यह पहले प्रदर्शित हुआ है। सांख्यप्रवचन सूत्रों में भी ("स हि सर्ववित् सर्वकर्त्ता", "ईदृशेश्वरसिद्धिः सिद्धा" इत्यादि सूत्रों में) ईश्वरास्तित्व स्वीकृत है। अतएव इस अंश में भी दोनों दर्शनों में कोई विरोध नहीं है। इन सांख्यप्रवचन सूत्रों

की विज्ञानभिक्षुकृत व्याख्या सद्व्याख्या नहीं है,–यह उस दर्शन की व्याख्या करते समय स्पष्ट रूप से प्रदर्शित हुआ है।

परन्तु वेदान्तदर्शन में सम्पूर्ण ब्रह्मविद्या वर्णित हुई है; अतएव इसका उपदेश सांख्यशास्त्रीय उपदेश से अधिक व्यापक है। इस उपसंहार के प्रथम भाग में वर्णित ब्रह्म के चतुर्विधरूप वेदान्त-दर्शन के उपदेश के विषय हैं। सुतरां, जीवशक्ति और जगच्छक्ति में पारस्परिक विभिन्नता को स्वीकृत करते हुए भी, वेदव्यास जी ने वेदान्त-दर्शन में इन दोनों के ब्रह्मरूप में एकत्व का उपदेश किया है; और जीवों में पारस्परिक विभिन्नता है; सुतरां, बहु होने पर भी, वे सभी ब्रह्म ही के अंशमात्र हैं, और उससे अभिन्न हैं–यह भी वेदान्तदर्शन में उपदिष्ट हैं। सांख्यदर्शन के एकदेशदर्शी होने के कारण, (साक्षात्सम्बन्ध में ब्रह्म के सांख्योपदेश के विषयीभूत न होने के कारण,) गुणात्मिका प्रकृति को सांख्यशास्त्र में स्वभावतः ही 'गर्भदासवत्', ईश्वराधीन तथा जगत्कारण कहकर निर्दिष्ट किया है, और ईश्वर को अकर्त्ता तथा गुणात्मिका प्रकृति के साथ केवल नित्य सान्निध्य-सम्बन्ध में अवस्थित कहकर वर्णित किया है। वेदान्तदर्शन में यह सिद्ध किया गया है कि, प्रकृति स्वतन्त्र नहीं है, यह ब्रह्म ही की शक्तिविशेष है; सुतरां ब्रह्म ही जगत् का मूल उपादान तथा निमित्त कारण है। श्वेताश्वतरोपनिषद् के प्रथमाध्याय के तृतीय प्रभृति श्लोकों में कहा गया है कि, द्वितीय श्लोकोक्त भूतादि के कारणत्व रहने पर भी, वे ब्रह्म के अङ्गीभूत और नियति के अधीन हैं; सुतरां मूलकारणत्व ब्रह्म ही का है। किन्तु ब्रह्म के जगत्कारणत्व के रहने पर भी, वह जो अक्षररूप में अकर्त्ता और गुणातीत शुद्धस्वभाव है, इसका वेदान्त ने भी उपदेश किया है। अतएव दत्तचित्त हो चिन्तन करने से यह प्रतीत होगा कि, दोनों दर्शनों में जिस प्रकार विरोध रहने की कल्पना की जाती है, वह प्रकृत नहीं है। वैसे ही परमाणुकारणवादों के साथ भी वेदान्त-दर्शन का कोई प्रकृतविरोध नहीं है। कारण, स्थूलपञ्चभूतात्मक द्रव्यसमूह का परमाणुसमूह के पञ्चीकरण द्वारा गठित होना वेदान्त-दर्शन द्वारा अस्वीकृत नहीं है। परन्तु ईश्वर परमाणुओं का भी प्रकाशक तथा नियन्ता है; अतएव, एकमात्र मूलकारण सर्वशक्तिमान् ब्रह्म कहकर ब्रह्मसूत्र में जो उपदेश किया गया है, वह वास्तव में परमाणुकारणवाद का विरोधी नहीं है। श्रुति को परित्याग कर तार्किक महोदयों ने जो परमाणुकारणवाद की नाना अवान्तर (आनुषङ्गिक) शाखायें विस्तृत की हैं, उन्हीं के शास्त्रविरुद्ध होने के कारण भगवान् वेदव्यास जी ने उनका अशेष रूप से खण्डन किया है। इसी प्रकार से सभी दर्शन वेदान्त में समन्वित होते हैं। वास्तव में ब्रह्म की युगपत् द्विरूपता सम्यक् हृदयङ्गम न होने ही से, शास्त्रवाक्यों में विरोध दृष्ट होता है। निम्बार्कभाष्योपदिष्ट ब्रह्म की द्विरूपता से समस्त शास्त्र समन्वित होते हैं।

सांख्यप्रभृति दर्शनशास्त्रों में एकदेशदर्शी उपदेश जिस कारण प्रदत्त हुए हैं, वे "ब्रह्मवादी ऋषि और ब्रह्मविद्या" नामक ग्रन्थ के द्वितीय और तृतीय अध्यायों में विशिष्ट रूप से प्रदर्शित हुप हैं। उक्त स्थल पर यह प्रतिपादित हुआ है कि, उपदेशप्रार्थी शिष्य को जिज्ञासा तथा प्रकृति और योग्यता के प्रभेद ही ऋषियों के उपदेशसमूह की विभिन्नता के कारण हैं। इस स्थल पर उन सब विषयों की पुनरुक्ति निष्प्रयोजनीय है। उपदिष्ट विषयों में शिष्यों के विश्वास को दृढ़ीभूत करने के अभिप्राय से दर्शनवक्ता ऋषिगण दूसरे मतों का खण्डन करने में भी बाध्य हुए हैं। परन्तु इससे उनके पारस्परिक (अपने में) मतविरोध रहने की कल्पना करना सङ्गत नहीं है, इस सम्बन्ध में भी पूर्वोक्त ग्रन्थ में विस्तृत समालोचना की गई है। इस स्थल पर उसकी पुनरुक्ति अनावश्यक है।[१]

—•—

(४)
निवेदन

अन्त में वक्तव्य यह है कि, अपनी-अपनी प्रकृति और योग्यता के अनुसार सद्गुरु के समीप साधन का अवलम्बन कर, दर्शनशास्त्र का अध्ययन करना उचित है। ऐसा करने ही से दर्शनशास्त्र का पाठ सफल होता है और दर्शनशास्त्रोल्लिखित उपदेशसमूह स्फूर्त्ति-प्राप्त होते हैं। साहित्यों की भाँति दर्शनशास्त्र के पठन से, केवल मतामतविचार ही में दक्षता उपजात होती है और तार्किकता की वृद्धि होती है; परन्तु इससे मनुष्यजीवन का चरम उद्देश्य सिद्ध नहीं होता है। श्रीभगवान् वेदव्यास ने, इतने परिश्रम को स्वीकृत कर वेदान्तदर्शन में, जो ब्रह्मस्वरूप, जीवतत्त्व, तथा जगत्तत्त्व का वर्णन किया है, वह केवल जीवों के पाप-ताप के मोचन के निमित्त और जिज्ञासु साधकों को मोक्षमार्ग प्रदर्शित करने के अभिप्राय से, स्वीय पाण्डित्य की जगत् में घोषणा करने के निमित्त नहीं। सर्वाश्रय, सर्वनियन्ता ब्रह्म ही जीवों का गन्तव्य है, उसको प्राप्त होने ही से जीव कृतार्थ होते हैं, वही जीवों का पापतापहारी तथा आनन्ददाता है-इसको निश्चित रूप से जानकर, जीव जिससे अपनी सुगति के निमित्त ब्रह्म के शरणापन्न हों और सर्वान्तःकरण के साथ उसके भजन भौर चिन्तन में अनुरक्त हों, उस विषय में बुद्धि को प्रेरित करना ही परमकारुणिक भगवान् श्रीवेदव्यास

१. दत्तचित्त हो विचार करने पर यह भी प्रतिपन्न होगा कि, बौद्ध और जैन मतों में भी दार्शनिक सत्य आंशिक रूप से निहित है; परन्तु उसके साथ वेदविरुद्ध और अयौक्तिक मतसमूह भी मिश्रित हैं। इन मतों को सम्पूर्ण सत्य कहकर जो मीमांसा है, वही भ्रान्त है, और वेदान्त-दर्शन में उसी का प्रतिवाद किया गया है।

जी का अभिप्राय है। इस तत्त्व के विस्मृत होने पर, दर्शनपाठ से केवल तार्किकता ही का पुष्टिसाधन होता है, उससे मनुष्य जीवन के मुख्य उद्देश्य के प्रति दृष्टि सञ्चालित नहीं होती है। अतएव जो लोग अपने कल्याण के इच्छुक हैं, वे ब्रह्मवित् सदगुरु के अनुगत होकर, दर्शनशास्त्र की आलोचना में प्रवृत्त हों,–यही उनके समीप मेरी विनीत प्रार्थना है। ब्रह्मविद्याप्राप्ति के निमित्त जो ब्रह्मवित् सद्गुरु का आश्रय ग्रहण करना एकान्त आवश्यक है, यह जीव के कल्याण के निमित्त, सदैव सर्वविध आर्यशास्त्रों में कीर्तित हुआ है। श्रीभगवद्गीता में श्रीकृष्णजी ने अर्जुन को तत्त्वोपदेश करते हुए कहा है:–

तद्विद्धि प्रणिपातेन परिप्रश्नेन सेवया।
उपदेक्ष्यन्ति ते ज्ञानं ज्ञानिनस्तत्त्वदर्शिनः।।
यज्ज्ञात्वा न पुनर्मोहमेवं यास्यसि पाण्डव।
येन भूतान्यशेषेण द्रक्षस्यात्मन्यथो मयि।।

श्रीमद्भगवद्गीता ४ अ०, ३४-३५ श्लोक

अस्यार्थः–तत्त्वदर्शी ज्ञानिगण को प्रणिपात कर और उनसे जिज्ञासा कर तथा उनको सेवा के द्वारा, इस ज्ञान को प्राप्त करना; वे तुमको इस ज्ञान का आदेश प्रदान करेंगे। हे पाण्डव ! इस प्रकार से इस ज्ञान को प्राप्त होने पर, तुम पुनः मोह प्राप्त नहीं होगे, और ऐसा करने ही से तुम भूतसमूह के अशेष रूप से आत्मा में और अन्त में मुझ में दर्शन कर सकोगे।

श्रीमच्छङ्कराचार्य जी ने मोहमुद्गर नामक परम उपादेय ग्रन्थ में कहा है:–

"क्षणमिह सज्जनसङ्गतिरेका
भवति भवार्णवतरणे नौका।।"

अस्यार्थः–'सत्' पुरुष का सङ्गलाभ ही भवरूप अपार समुद्र उल्लङ्घन करने का एकमात्र तरणीस्वरूप है।

श्रीमन्महाप्रभु ने कहा है:–

यदि किसी भागी पर, कृष्ण-कृपा होवे।
अन्तर्यामिरूप गुरु, शिक्षा-बीज बोवे।।
साधुसङ्ग कृष्णभक्ति, श्रद्धा यदि होवे।
भक्तिफल प्रेम होवे, लय भव होवे।।
महत्कृपा बिना कभी, भक्ति नहीं होवे।
कृष्णभक्ति बिना भव, क्षीण नहीं होवे।।

साधुसङ्ग ! साधुसङ्ग ! सर्वशास्त्र गावे।
साधुसङ्ग से ही जीव, सर्व सिद्धि पावे।।

× × × × ×

भाग्यवश यदि जीव, श्रद्धायुक्त होवे।
तव वह जीव शुभ्र, साधुसङ्ग सेवे।।
साधुसङ्ग से ही होवे, श्रवण कीर्त्तन।
साधन भक्ति से होवे, दुःखविवर्त्तन।।

श्रीगुरु नानक प्रभृति अन्य धर्मोपदेष्टाओं ने भी सर्वत्र ऐसा ही उपदेश किया है।

श्रुति ने स्वयं नाना स्थलों पर इस तथ्य का कीर्त्तन किया है; यथा:-

"आचार्याद्धयैव विद्या विदिता साधिष्ठं (साधुतमत्वं) प्रापयति।"

अस्यार्थः-आचार्य ही से प्राप्त की हुई विद्या सम्यक् कल्याण साधन करती है, इत्यादि।

यक्य देवे परा भक्तिर्यथा देवे तथा गुरौ।
तस्य ते कथिता ह्यर्थाः प्रकाशन्ते महात्मनः।।

अतएव कल्याणप्रार्थी पुरुष, सर्वविध धर्मप्रवर्तक महापुरुषों के सम्मत उपदेशों के प्रति श्रद्धावान् हो, उनके वाक्यों के प्रति श्रद्धा स्थापित कर, कार्यक्षेत्र में अग्रसर होने ही से, परमपुरुषार्थ-लाभ करने में समर्थ होंगे; इस विषय में सन्देह करने का कोई भी कारण नहीं है। इस घोर संसार में पतित होकर, संसार के परे अवस्थित आलोकप्रदर्शक महापुरुषों के प्रदर्शित मार्ग का अनुसरण करना ही सर्व प्रकार से उचित है। इति।

वेदान्त-सुबोधिनी भाषा-व्याख्या समाप्ता।
समाप्तमिदं ब्रह्ममीमांसाशास्त्रम्।।

—•—

एतत्सर्वं श्रीविष्णुपादार्पितमस्तु।

ॐ पूर्णमदः पूर्णमिदं पूर्णात् पूर्णमुदच्यते।
पूर्णस्य पूर्णमादाय पूर्णमेवावशिष्यते।।
ॐ शान्तिः ॐ शान्तिः ॐ शान्तिः।।

—•—

सूत्रानुक्रमणिका